公司理财学系列教材
Corporate Finance Series

公司中级理财学

Intermediate Corporate Finance

（第二版）

熊楚熊 刘传兴／编著

立信会计出版社
LIXIN ACCOUNTING PUBLISHING HOUSE

图书在版编目(CIP)数据

公司中级理财学 / 熊楚熊,刘传兴编著.—2版.
—上海:立信会计出版社,2016.8 (2022.8重印)
ISBN 978-7-5429-5194-6

Ⅰ.①公… Ⅱ.①熊…②刘… Ⅲ.①公司—财务管理 Ⅳ.①F276.6

中国版本图书馆 CIP 数据核字(2016)第 194822 号

责任编辑　孙　勇
封面设计　南房间

公司中级理财学(第二版)
GONGSI ZHONGJI LICAIXUE

出版发行	立信会计出版社			
地　　址	上海市中山西路 2230 号	邮政编码	200235	
电　　话	(021)64411389	传　真	(021)64411325	
网　　址	www.lixinaph.com	电子邮箱	lixinaph2019@126.com	
网上书店	http://lixin.jd.com	http://lxkjcbs.tmall.com		
经　　销	各地新华书店			
印　　刷	苏州市古得堡数码印刷有限公司			
开　　本	787 毫米×1092 毫米　1/16			
印　　张	31.75			
字　　数	649 千字			
版　　次	2016 年 8 月第 2 版			
印　　次	2022 年 8 月第 3 次			
书　　号	ISBN 978-7-5429-5194-6/F			
定　　价	54.00 元			

如有印订差错,请与本社联系调换

前　言

在市场经济条件下,首先,公司本身就是一种特殊的商品,它必须为其投资人的价值增值服务。在公司价值增值过程中,公司必须面对不同的市场,公司要能在复杂多变的市场环境中生存和发展,就必须充分利用不同市场所提供的机会,按最经济的成本筹集资金,把有限的资源投向收益最大的领域,在追求最大的收益的同时,有效控制企业的风险,使企业价值最大化。其次,公司还必须为公司的各种外部和内部利益主体的经济利益服务,而公司财务正是与企业相关的各种外部和内部利益主体经济利益的交汇点,公司筹资、投资、盈利分配等一切财务活动都会直接涉及不同利益集团切身的经济利益;这决定了在公司理财中,必须研究如何依法正确处理公司的各种财务关系。正是由于公司财务活动的复杂化、涉及利益主体的多元化,才使得公司理财的内容日渐丰富,相关的理论层出不穷,实务工作越来越复杂。公司理财工作的复杂化,自然对公司财务管理人员的要求越来越高,为了适应培养现代公司理财人员的需要,我们撰写了这套教材,希望能对我国的公司理财教育有所帮助。

为了能系统地反映国内外公司理财理论和实务的现状,我们在借鉴国内外各种版本的优秀公司理财学教材和研究公司理财的最新研究成果的基础上,结合我国公司理财的实务和我们多年来在公司理财方面的理论研究成果和教学经验,推出了由《公司理财学原理》和《公司中级理财学》两本书组成的公司理财学系列教材。本套教材在内容组织方面的基本特征是:从原理到实务,环环相扣,步步深入,对公司理财学的内容进行了全面的探讨;并尽可能采用通俗易懂的语言,对复杂的公司理财问题进行讲解。为了能理论联系实际,提高实际操作技能,本套教材中的法规和案例都尽可能地结合我国公司理财的实际,不少素材更是直接来自于我国公司理财的实践。本套教材在每章前面都有本章提要、学习目标、要求掌握和了解的基本内容,在章后附有案例与资料和思考与练习,以便于读者学习理解公司理财的基本理论和方法。本套教材在正式出版之前先后在工商管理学、会计学、财务管理学、经济学、金融学、国际贸易学等专业的本科学生,以及 MBA 和其他经济管理类的研究生中进行过广泛的试用,并在公司总经理、财务经理以及其他中层管理干部有关的继续教育中多次使用,反应和效果均良好。希望本套教材的出版能对学习公司理财学的有关人员提供帮助。

本套教材中的《公司理财学原理》重点从公司管理的角度讨论公司理财的基本原理和方法,并简要介绍筹资、投资和盈利分配等公司理财的主要内容;本教材是在《公司理财学原理》的基础上重点探讨公司在筹资、投资、盈利分配等方面的基本理论与方法,是对公司理财具体内容的详细讲解。《公司理财学原理》与《公司中级理财学》这两本教材中关于公司理财内容方面略有重复,其原因是考虑到一些专业的学生可能只学习《公司理财学原理》,而不再学习公司财务方面的课程,因此,有必要对前者的内容进行完整的介绍。对于要进一步学习《公司中级理财学》的学生,则可以省略《公司理财学原理》中关于公司筹资、投资和盈利分配方面的内容,将这部分内容留在《公司中级理财学》中学习。对于会计和财务管理专业的学生来说,如果在其他学科中已经学习过诸如全面预算、财务制度设计等方面的知识,则《公司理财学原理》中的这些部分可以不再学习。我们相信,学生在学习完本套教材之后,将具备从事公司理财的必要知识和技能。

由于公司理财学内容庞杂,涉及面较广,其理论与实务的发展也十分迅速,这些因素都将会使本教材的谬误在所难免,希望读者能对本教材提出宝贵的意见,以便我们进一步的修改。

为了方便教学,本书配有PPT教学课件和习题的参考答案等资料,授课老师可发E-mai至chenggen765@163.com联系索取。

编　者

目　　录

第一章　资金结构理论与最优资金结构 ... 1
　第一节　资金结构理论 ... 1
　第二节　最优资金结构 ... 9
　第三节　追加筹资金额同边际资金成本的关系 ... 15
　第四节　确定最优资金结构方法例解 ... 18
　案例与资料 ... 23
　思考与练习 ... 24

第二章　资本金筹资 ... 27
　第一节　企业资本金制度 ... 27
　第二节　非股票形式的资本金筹资 ... 32
　第三节　普通股票筹资 ... 35
　第四节　优先股票筹资 ... 56
　案例与资料 ... 62
　思考与练习 ... 73

第三章　长期负债筹资 ... 77
　第一节　长期借款筹资 ... 77
　第二节　融资租赁筹资 ... 85
　第三节　长期债券筹资 ... 93
　第四节　长期负债筹资策略综述 ... 104
　案例与资料 ... 106
　思考与练习 ... 114

第四章　具有选择权性质的证券筹资 ... 119
　第一节　可转换证券筹资 ... 119
　第二节　认股权证筹资 ... 135
　第三节　优先认股权筹资 ... 150

案例与资料 ·· 153
思考与练习 ·· 171

第五章　流动负债筹资 ·· 176
第一节　自然筹资 ·· 176
第二节　商业汇票筹资 ·· 182
第三节　商业票据筹资 ·· 186
第四节　短期银行借款筹资 ·· 193
第五节　负债基金筹资 ·· 198
第六节　流动负债筹资策略综述 ·· 199
案例与资料 ·· 201
思考与练习 ·· 208

第六章　流动资产投资管理 ·· 211
第一节　流动资产投资总额决策 ·· 211
第二节　现金管理 ·· 215
第三节　短期有价证券投资管理 ·· 223
第四节　应收账款投资管理 ·· 226
第五节　存货投资管理 ·· 238
思考与练习 ·· 251

第七章　固定资产投资管理 ·· 256
第一节　固定资产投资的特征及分类 ·· 256
第二节　投资项目的现金流量分析 ·· 259
第三节　投资项目的评价方法 ·· 263
第四节　投资项目评价标准和投资项目排队 ·· 275
第五节　风险投资决策 ·· 280
案例与资料 ·· 283
思考与练习 ·· 286

第八章　证券投资 ·· 290
第一节　债券投资 ·· 290
第二节　普通股票投资 ·· 300
第三节　具有选择权性质的证券投资 ·· 312
案例与资料 ·· 323

思考与练习 ··· 333

第九章　证券投资组合 ··· 337
　　第一节　证券投资组合的必要性和可能性 ································· 337
　　第二节　证券投资组合的收益与风险 ······································ 342
　　第三节　现代证券投资组合理论 ·· 348
　　第四节　证券投资组合策略 ·· 358
　　案例与资料 ·· 362
　　思考与练习 ·· 371

第十章　企业投资与筹资有机配合的策略 ·· 374
　　第一节　投资和筹资总量的综合决策 ······································ 374
　　第二节　投资结构与筹资结构的综合决策 ································· 377
　　第三节　流动资产结构和流动负债结构的收益与风险 ················ 379
　　第四节　流动资产与流动负债的综合决策 ································· 385
　　第五节　利用财务风险策略综述 ·· 389
　　第六节　财务风险与经营风险的具体匹配策略 ························· 394
　　思考与练习 ·· 396

第十一章　盈利分配与股利分配 ·· 399
　　第一节　公司盈利分配的内容 ··· 399
　　第二节　股利分配政策 ·· 402
　　第三节　股利分配的动因探讨 ··· 408
　　思考与练习 ·· 410

第十二章　现金股利 ··· 412
　　第一节　股利支付率理论 ··· 412
　　第二节　最佳股利支付率决策 ··· 420
　　第三节　股利支付程序 ·· 424
　　第四节　股利支付策略 ·· 425
　　第五节　影响股利支付的各种制约因素 ··································· 430
　　案例与资料 ·· 433
　　思考与练习 ·· 435

第十三章　非现金股利 ·· 437

第一节	股票股利	437
第二节	股票回购	443
第三节	股票分割	450
第四节	股票合并	453
案例与资料		455
思考与练习		458

第十四章 企业年金 461
第一节	企业年金制度	461
第二节	企业年金基金筹集	467
第三节	企业年金基金投资	474
第四节	年金会计处理规范	481
案例与资料		485
思考与练习		497

参考文献 499

第一章 资金结构理论与最优资金结构

【本章提要】 不同的资金来源具有不同的资金成本和风险水平，公司资金结构会直接影响到公司综合资金成本的高低以及财务风险水平和总风险水平的高低。资金结构一直是公司理财学中研究的重要内容之一，广受理财专家的关注，其理论繁多，在公司理财学学科中无其他内容可以与之匹敌。这些理论流派不同，不乏高深难懂的理论。本章尽可能用通俗易懂的语言，深入浅出地对资金结构的基本理论，以及最优资金结构等问题进行讨论，希望读者通过对本章的学习，能对资金结构的理论和方法有较深入的认识。

【学习目标】 通过本章学习，要求掌握和了解如下内容：(1) 了解 MM 资金结构理论。(2) 了解 MM 资金结构理论与实际的差异。(3) 掌握资金结构与加权平均资金成本之间的关系。(4) 掌握最优资金结构的不同判断标准。(5) 掌握资金成本突破点计算的基本理论与方法。(6) 掌握最优资金结构确定的方法。

第一节 资金结构理论

对于公司是否存在最优资金结构的问题，在理论上存在众多的流派，有赞成的，也有反对的。在这些理论中，最具有代表性的理论是 MM 资金结构理论，本节将对 MM 资金结构理论进行介绍。

一、MM 资金结构理论概述

1958 年，莫迪格莱尼(Modigliani)和米勒(Miller)两位学者提出了公司的资金来源结构(资本结构)与公司价值无关的命题，简称 MM 定理。按照无税和有税，MM 定理首先分为 MM 定理(无税)和 MM 定理(有税)两种情况，在无税和有税下面分别存在 MM 定理 1(无税)和 MM 定理 2(无税)，以及 MM 定理 1(有税)和 MM 定理 2(有税)四种情况。

（一）无税条件下的 MM 定理

MM 定理 1：$V_L = V_U$

式中　V_L——有财务杠杆的公司价值；
　　　V_U——无财务杠杆的公司价值。

MM 定理 2：$K_s = K_u + \dfrac{B}{S}(K_u - K_b)$

式中　K_s——股权资金成本；
　　　K_u——无财务杠杆的股权资金成本；
　　　B——负债资金总额；
　　　S——股权资金总额；
　　　K_b——负债资金成本。

推论：

MM 定理 1：投资者利用自制的财务杠杆，个人能够复制或消除公司财务杠杆的影响。

MM 定理 2：由于股权风险与财务杠杆成正比，因此，股权成本随财务杠杆的增大而增加。

（二）有税条件下的 MM 定理

MM 定理 1：$V_L = V_U + TB$

式中　TB——负债价值。

MM 定理 2：$K_s = K_u + \dfrac{B}{S}(K_u - K_b)(1 - T)$

式中　T——所得税税率。

推论：

MM 定理 1：由于公司的利息支出可以在税前收益中列支，因此，公司的财务杠杆可以减少公司所得税支出。

MM 定理 2：由于股权风险与财务杠杆成正比，因此，股权成本随财务杠杆的增大而增加。

二、无税条件下 MM 定理的证明

（一）MM 定理（无税）的假设前提

MM 定理 1（无税）命题的主要假设前提如下：

(1) 公司占用的一切资产归公司所有。
(2) 没有公司及个人所得税，也不存在证券交易成本和破产成本。
(3) 公司只发行有风险的股票和无风险的债券这样两种证券。
(4) 公司和个人都能按照同样的利率借入或贷出资金。
(5) 投资者对公司未来的盈利能力和现金流量存在着相同的预期。

(6) 投资不发生变化，现金流是永续不断的。

（二）证明 MM 定理 1（无税）

1. MM 定理 1（无税）的基本内容

MM 定理 1（无税）的表达式如下：

$$V_L = V_U$$

式中　V_L——有财务杠杆的公司价值；

　　　V_U——无财务杠杆的公司价值。

从该表达式可以看出，企业价值与企业的资金来源结构无关。

2. 证明 MM 定理 1（无税）

根据上述假设前提，可以对 MM 定理 1 命题进行证明，证明是建立在投资者利用自制杠杆作用套利的基础之上的。其证明过程如下：

假设投资者有下面两种选择，如表 1-1 所示。

表 1-1

投资者的两种选择

决　策	投　资	收　益
A：购买有杠杆作用公司股权（L）α	αS_L	$\alpha(X-K_b B)$
B：购买无杠杆作用公司股权（U）α；借款 αB	$\alpha S_U - \alpha B$	$\alpha X - \alpha K_b B = \alpha(X-K_b B)$

表中　L——有杠杆作用；

　　　U——无杠杆作用；

　　　S——普通股票的市场价值；

　　　B——负债（债券）的市场价值；

　　　K_b——负债的边际成本；

　　　X——净收益（也可使用息税前收益）；

　　　α——投资者购买的股票占公司总股份的百分比，$0 \leqslant \alpha \leqslant 1$。

从表 1-1 可以看出，A 投资者购买的是有杠杆作用公司的股票；B 投资者购买的是无杠杆作用公司的股票，但是，同时按照公司杠杆系数 α 借入资金，自己创造与公司相等的杠杆系数 α。由于这两种投资方式产生的收益完全相等，因此，其投资价值也应该完全相等，即：

$$\alpha S_L = \alpha S_U - \alpha B$$

在方程式两边同时除以 α 有：

$$S_L = S_U - B$$

移项后可得：

$$S_L + B = S_U$$

因为：

$$S_L + B = V_L,\ S_U = V_U$$

所以：

$$V_L = V_U$$

MM 定理1(无税)证毕。

3. MM 定理1(无税)的经济含义

MM 定理1(无税)的经济含义可用图1-1表示。

图1-1表明,在不存在税收的条件下,公司资金来源结构完全与公司价值无关。它认为,企业价值只与其预期收益和风险折现率相关,企业价值等于预期收益的折现值,即:

图1-1 MM 定理1(有税)图解

$$V=(S+B)=\frac{X}{K}$$

式中　V——公司的市场价值;
　　　S——公司普通股票的市场价值;
　　　B——公司负债(债券)的市场价值;
　　　X——公司的息税前收益($EBIT$);
　　　K——市场同风险收益率。

(三) 证明 MM 定理2(无税)

1. MM 定理2(无税)的基本内容

$$K_s=K_u+\frac{B}{S}(K_u-K_b)$$

式中　K_s——有杠杆作用公司的股权资金收益率;
　　　K_u——无杠杆作用公司的股权资金收益率;
　　　K_b——有杠杆作用公司的负债利息率;
　　　B——有杠杆作用公司负债的市场价值;
　　　S——有杠杆作用公司股权的市场价值。

MM 定理2(无税)说明:有杠杆作用公司的股权成本,等于无杠杆作用公司的股权成本加上无杠杆作用公司的股权成本与有杠杆作用公司的负债成本之差同负债与股权之比的乘积。

2. 证明 MM 定理2(无税)

由于股票价值为:

$$S=\frac{NI}{K_s}$$

式中 NI——公司净收益。

因此股权成本为：

$$K_s=\frac{NI}{S}$$

在无公司所得税情况下的公司净收益为：

$$NI=X-K_bB$$

由于 $X=K_uV_L$，所以有：

$$NI=K_uV_L-K_bB$$

设 $V_L=S+B$，有：

$$NI=K_u(S+B)-K_bB=K_uS+K_uB-K_bB$$

方程式两边除以 S 得：

$$\frac{NI}{S}=K_s=\frac{K_uS}{S}+\frac{K_uB}{S}-\frac{K_bB}{S}$$

$$K_s=K_u+\frac{B}{S}(K_u-K_b)$$

MM 定理 2（无税）证毕。

3. MM 定理 2（无税）的经济含义

根据上面的结论，可以推论出，在无税的条件下，公司加权平均资金成本不受公司资金来源结构的影响，或者说公司加权平均资金成本与公司资金来源结构无关，或者说公司加权平均资金成本等于无杠杆作用公司的股权资金成本。即：

$$K_{平均}=K_u$$

该等式可以按下述方法证明。

由于在无税情况下，有：

$$K_u=\frac{X}{V_U} \text{ 和 } V_U=V_L$$

因此，有：

$$K_{平均}=\frac{X-BK_b}{V_L}+\frac{BK_b}{V_L}=\frac{X-BK_b+BK_b}{V_L}=\frac{X}{V_L}=\frac{X}{V_U}=K_u$$

即：

$$K_{平均}=K_u$$

证明完毕。

MM 定理 2（无税）的经济含义可用图 1-2 表示。

图 1-2 表明，在无税的条件下，公司加权平均资金成本不受公司资金来源结构的影响，或者说公司加权平均资金成本与公司资金来源结构无关。

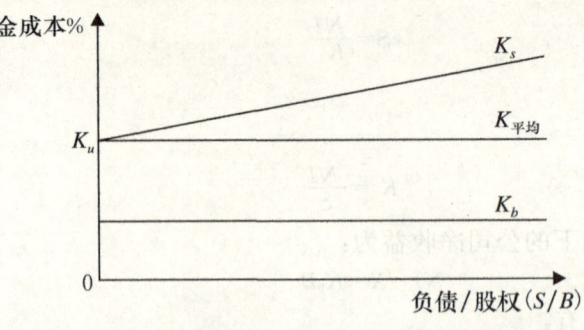

图 1-2 MM 定理 2(无税)图解

三、有税条件下 MM 定理的证明

(一)证明 MM 定理 1(有税)

1. MM 定理 1(有税)的基本内容

MM 定理 1(有税)的基本内容,可以用下式表达:

$$V_L = V_U + TB$$

2. 证明 MM 定理 1(有税)

由于收益存在着所得税以及负债可以在税前收益中列支的因素,因此,再运用前面的套利过程就有如表 1-2 所示的结果。

表 1-2

投资者的两种选择

决　　策	投　　资	收　　益
A:购买有杠杆作用公司股权(L)α	αS_L	$\alpha(X - K_b B)$
B:购买无杠杆作用公司股票(U)α;借款 α(1−T)B	$\alpha S_U - \alpha(1-T)B$	$\alpha X(1-T) - \alpha(1-T)K_b B = \alpha(X - K_b B)$

由于两种投资的收益相等,因此有:

$$\alpha S_L = \alpha S_U - \alpha(1-T)B$$

在方程式两边同时除以 α 有:

$$S_L = S_U - (1-T)B$$

展开方程式有:

$$S_L = S_U - B + TB$$

移项后可得:

$$S_L + B = S_U + TB$$

因为：
$$S_L + B = V_L, 且 S_U = V_U$$

所以：
$$V_L = V_U + TB$$

MM 定理 1（有税）证毕。

3. MM 定理 1（有税）的经济含义

MM 定理 1（有税）的经济含义可用图 1-3 表示。

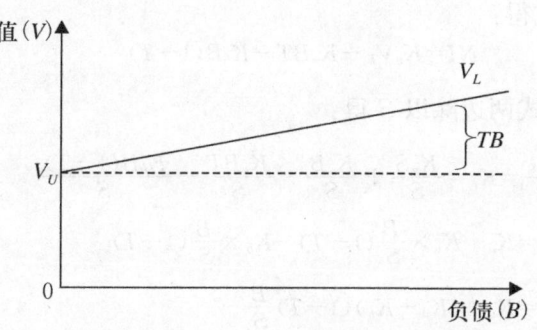

图 1-3 MM 定理 1（有税）图解

图 1-3 说明，在税收存在的条件下，由于负债的税收挡板作用的存在，公司价值与公司负债呈正相关，即随着公司负债的增加，公司价值也随之上升。

（二）证明 MM 定理 2（有税）

1. MM 定理 2（有税）的基本内容

MM 定理 2（有税）的基本内容可用下式表达：

$$K_s = K_u + (K_u - K_b)(1-T)\frac{B}{S}$$

式中 K_s——有杠杆作用公司的股权资金收益率；
  K_u——无杠杆作用公司的股权资金收益率；
  K_b——有杠杆作用公司的负债利息率；
  T——所得税率；
  B——有杠杆作用公司负债的市场价值；
  S——有杠杆作用公司股权的市场价值。

MM 定理 2（有税）说明：有杠杆作用公司的股权成本，等于无杠杆作用公司股权成本加上无杠杆作用公司股权成本与有杠杆作用公司负债成本之差同负债与股权之比和 1 减所得税率的乘积。

2. 证明 MM 定理 2（有税）

由于股票价值为：

$$S=\frac{NI}{K_s}$$

因此股权成本为：

$$K_s=\frac{NI}{S}$$

净收益为：

$$NI=(X-K_bB)-(X-K_bB)T$$

化简上式得：

$$NI=X(1-T)-K_bB(1-T)$$

将股权成本代入上式得：

$$NI=K_uV_L-K_uBT-K_bB(1-T)$$

设 $V_L=S+B$，方程式两边除以 S 得：

$$\frac{NI}{S}=K_s=\frac{K_uS}{S}+\frac{K_uB}{S}-\frac{K_uBT}{S}-\frac{K_bB(1-T)}{S}$$

$$K_s=K_u+K_u\times\frac{B}{S}(1-T)-K_b\times\frac{B}{S}(1-T)$$

$$K_s=K_u+(K_u-K_b)(1-T)\frac{B}{S}$$

MM 定理 2 证毕。

3. MM 定理 2（有税）的经济含义

根据上面的结论，可以推论出，在有税的条件下，有杠杆作用公司的加权平均资金成本低于无杠杆作用公司的股权资金成本；杠杆作用大的公司的加权平均资金成本低于杠杆作用小的公司的加权平均资金成本。即：

$$K_{平均}<K_u$$

该等式可以按下述方法证明。

由于在有税情况下，有：

$$K_u=\frac{X(1-T)}{V_U}\text{ 和 }V_L=V_U+TB$$

因此，有：

$$K_{平均}=\frac{(X-BK_b)(1-T)}{V_L}+\frac{BK_b(1-T)}{V_L}=$$

$$\frac{X-BK_b-XT+BK_bT+BK_b-BK_bT}{V_L}=$$

$$\frac{X-XT}{V_L}=\frac{X(1-T)}{V_L}=\frac{X(1-T)}{V_U+TB}$$

所以：

$$K_u = \frac{X(1-T)}{V_U} > \frac{X(1-T)}{V_U + TB} = K_{平均}$$

从上式中很容易推出，B 越大，$X(1-T)/(V_U+TB)$ 值就越小，即 $K_{平均}$ 值就越小。故有"在有税的条件下，有杠杆作用公司的加权平均资金成本低于无杠杆作用公司的股权资金成本；杠杆作用大的公司的加权平均资金成本低于杠杆作用小的公司的加权平均资金成本。"

证明完毕。

MM 定理 2(有税)的经济含义可用图 1-4 表示。

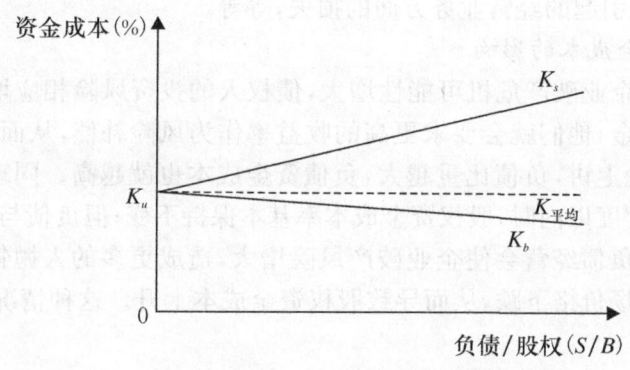

图 1-4 MM 定理 2(有税)图解

图 1-4 表明，在存在税收的条件下，公司的加权平均资金成本受公司资金来源结构的影响，且随负债与股权之比的增大而降低。

第二节 最优资金结构

显然，在现实生活中，MM 资金结构理论的前提条件是不存在的，因此需要对 MM 资金结构理论进行修正。对 MM 资金结构理论修正的理论主要有多种税收并存的影响、负债与股权转换的影响、期权定价问题的影响、代理问题的影响、信号理论和破产成本，等等，本节只讨论破产成本对资金结构的影响问题。在存在破产成本的条件下，公司应该存在着最优资金结构，本节将讨论最优资金结构的问题。

一、破产成本对资金成本的影响

(一)破产成本

在现实中，债权人绝不可能按照一个固定不变的利率向不同负债与股权之比的企业贷款。这是因为，债权人贷给不同负债与股权之比的企业所承受的风险是不同的，风险越大，债权人所要求的风险补偿就越高，最终导致贷款利息率上涨，使加权平均资金成本变成一个非线性的函数。负债比例越大,企业不能按期还本付息的可能性就越大,企业面临的破产风险也就越大。如果企业破产,将会发生极高的破产成本。这些成本包括:

(1) 破产时低价拍卖财产以筹集现金所发生的损失。

(2) 由企业财务危机造成的债务纠纷而导致的企业实际资产价值的恶化,以及增加的法律诉讼费用和仲裁、清理费用。

(3) 在面临破产时,企业为了避免步入破产境地,采取的诸如以牺牲长远利益来换取短期活力所造成的损失。

(4) 由企业破产危机引起的经营业务方面的损失,等等。

(二) 破产成本对资金成本的影响

随着负债比重上升,企业破产危机可能性增大,债权人的投资风险相应增大,在这种情况下,如要他们借出资金,他们就会要求更高的收益率作为风险补偿,从而导致负债资金成本上升。至少从理论上讲,负债比重越大,负债资金成本也就越高。同理,当负债对企业价值的比率在某个程度以内时,股权资金成本率基本保持不变;但负债与企业价值之比一旦超出了一定范围,负债经营会使企业破产风险增大,造成更多的人抛售这种股票,使股票供大于求,股票市场价格下跌,从而导致股权资金成本上升。这种情况可用图 1-5 表示。

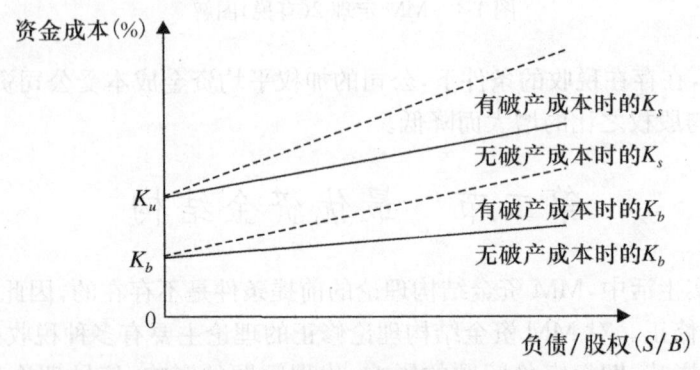

图 1-5 破产成本对资金成本的影响

图 1-5 简明地表示了破产成本对负债资金成本和股权资金成本的影响。但是,图 1-5 是将它们描述为线性,这与实际存在着一定的差异,在实际中应该是非线性的。下面分别负债资金成本、股权资金成本同负债与企业价值之间的关系进行分析。

二、最优资金结构

最优资金结构可以有资金成本、企业价值和净资产收益率三种判断标准,以下分别讨论这三种判断标准。

(一)用资金成本判断最优资金结构

在现实中,当负债对企业价值的比率在某个程度以内时,负债资金成本率基本保持不变或缓慢增长;但是,当负债与企业价值之比一旦超出了一定范围之后,企业的破产风险就会迅速增大,从而导致负债资金成本率迅速上升。这可以用图1-6简示。

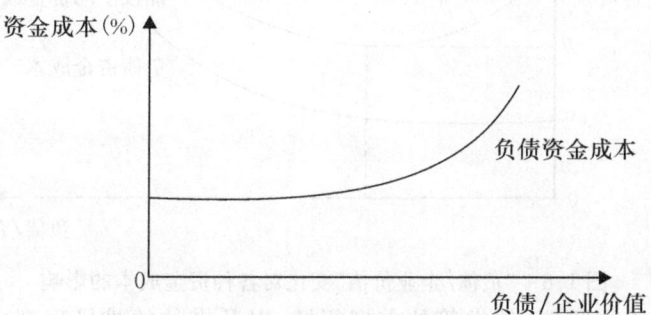

图1-6 "负债/企业价值"变化对负债资金成本的影响

股权资金成本同负债与企业价值之比也具有上述的关系。当负债与企业价值之比一旦超出了一定范围之后,会导致股权资金成本以加速的形式上升,即股权资金成本同负债与企业价值之间的关系也是一种非线性的关系。这种情况可用图1-7加以简示。

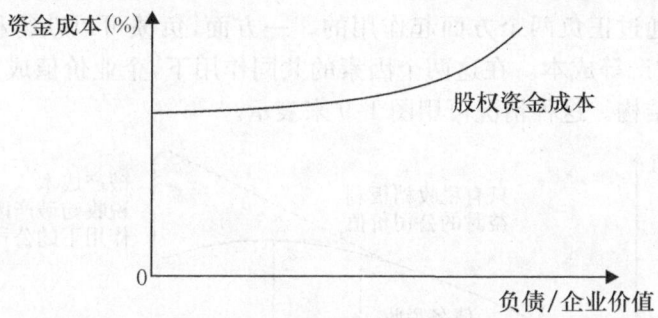

图1-7 "负债/企业价值"变化对股权资金成本的影响

在分别考虑负债比重对负债资金成本和股权资金成本的影响之后,就可以将它们综合起来,计算出在不同负债与企业价值之比条件下的加权平均资金成本,然后比较不同加权平均资金成本的大小,就可以求得企业资金的最优结构。这种情况可用图1-8表示。

从图1-8可以看出,企业资金结构在A点达到最优,因为与A点相对应的B点是加权平均资金成本的最低点。当离开这一点,无论是增加负债比重,还是减少负债比重,加权平均资金成本都会上升。

企业在筹资活动中,应尽可能地使企业资金结构逼近最优资金结构。凡是原来资金结构比较合理的企业,在筹集资金时,应继续保持合理的资金结构;凡是原来资金结构不太合理的企业,应通过筹资活动,尽量使资金结构趋于合理,逼近最优。要做到这一点,就要求企业财务人员在利用债务时,密切关注金融市场对公司资金结构的反映,这些反映包

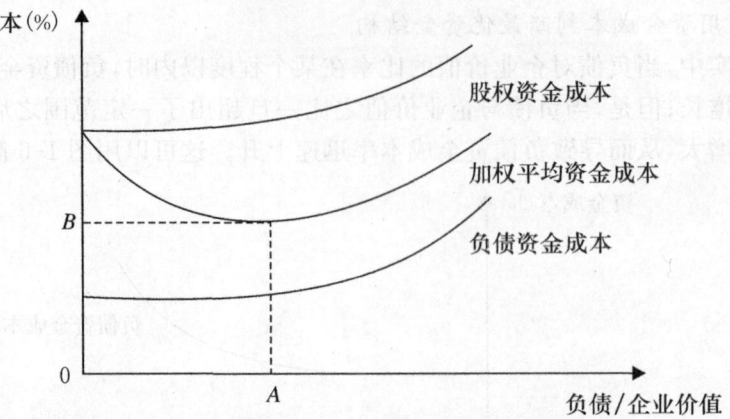

图1-8 "负债/企业价值"变化对各种资金成本的影响

括企业普通股票、优先股票、债券等的市场行情,以及借款的难易程度、利息率的高低、筹资费用的大小等因素。如能做到这一点,企业的资金结构就可能逐渐逼近最优点,使加权平均资金成本降至最低限度,从而有利于股东权益最大化目标的实现。

(二)用企业价值判断最优资金结构

负债除了会影响到公司的加权平均资金成本之外,还会影响到企业价值。负债对企业价值的影响是通过正负两个方面起作用的。一方面,负债可以获得税收利益;另一方面,负债会产生破产等成本。在这两个因素的共同作用下,企业价值成为一条曲线,从而存在最优的资金结构。这种情况可用图1-9来表示。

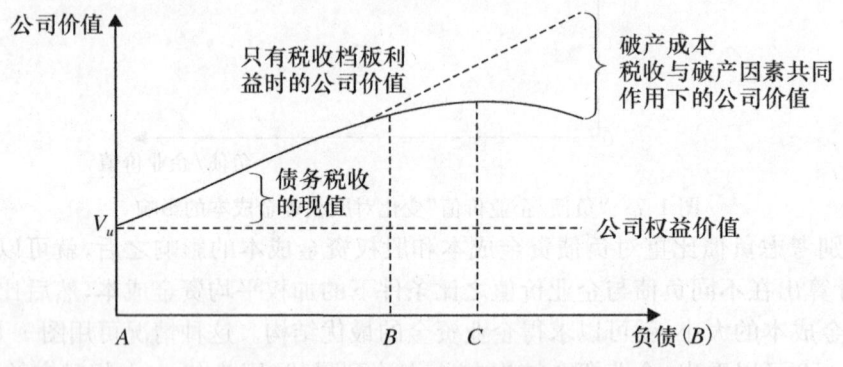

图1-9 负债对公司价值的影响

从图1-9可以看出,当负债金额为 C 时,公司的价值达到最大化。

(三)用净资产收益率判断最优资金结构

净资产收益率可以用下式表示:

$$净资产收益率=资产收益率+(负债\div净资产)\times(资产收益率-负债成本率)$$

从上述净资产收益率的计算公式中可以看出,净资产收益率受资金结构的影响,当然资金结构也会影响到负债资金成本率。严格地说,负债资金成本率是负债与净资产之比的函数,净资产收益率是负债与净资产之比的复合函数,即:

净资产收益率＝资产收益率＋(负债÷净资产)×[资产收益率－f(负债÷净资产)]

这种关系可以用图1-10简示。

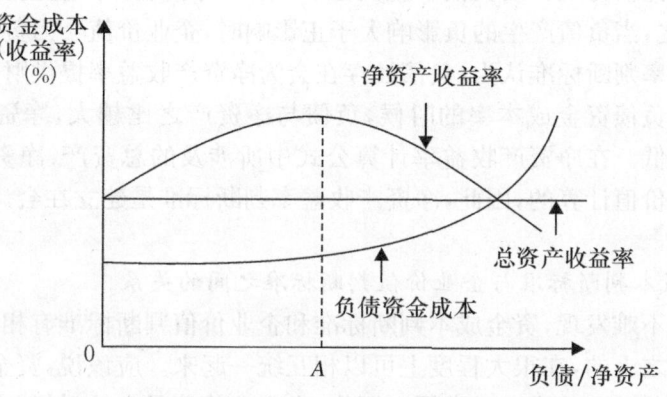

图1-10 "负债/净资产"变化对净资产收益率的影响

从图1-10可以看出,随着负债与净资产之比的变化,企业负债资金成本率和净资产收益率均随之变化。在总资产收益率不变的条件下,随着负债占总资金来源的比重增大,虽然负债资金成本率随之逐渐上升,但是由于财务杠杆的作用,净资产收益率也随之逐渐上升。但是当负债占总资金来源的比重高到一定的程度之后,随着负债资金成本率的上升,净资产收益率则开始下降,当负债资金成本率等于总资产收益率的时候,净资产收益率又等于总资产收益率;当负债资金成本率大于总资产收益率的时候,净资产收益率就低于总资产收益率,这时公司增加负债就完全得不偿失。公司可以通过对不同资金结构条件下的净资产收益率的比较,寻找到能使净资产收益率达到最大化的资金结构。能使净资产收益率达到最大化的资金结构就是最优的资金结构。就图1-10而言,当负债与净资产之比为 A 时,企业价值达到最大化。

三、对不同最优资金结构判断标准的评价

以上讨论了三种最优资金结构的判断标准,可以相信在多数情况下,用不同判断标准会得出不同的结论,那么究竟应该如何看待这些不同的标准?

(一)不同最优资金结构判断标准的基础

资金成本判断标准和企业价值判断标准都是以企业市场价值为基础的,而净资产收益率判断标准则是以企业账面价值为基础的。

资金成本判断标准认为,负债产生的风险不但影响到负债本身的资金成本,而且还会影响到企业股权资金的市场价值,而股权资金成本是股利与股权资金市场价值之商,因此

负债与企业价值之比会影响到股权资金的成本。在股利支付额不变的条件下,股权资金的成本与企业的市场价值成反比,企业价值越大,股权资金成本率就越低;反之则越高。

企业价值判断标准认为,负债产生的财务杠杆作用一方面会增加企业价值,另一方面又会因为破产等成本的存在而减少企业价值,负债对企业价值的最终影响是通过这正负两方面的力量对比获得的。当负债产生的正影响大于负影响时,企业价值会因为负债的存在而增加;反之,当负债产生的负影响大于正影响时,企业价值会因负债的存在而减少。

净资产收益率判断标准认为,负债的存在会为净资产收益率提供财务杠杆效应,当总资产收益率大于负债资金成本率的时候,负债与净资产之比越大,净资产收益率就会越高;反之,则会越低。在净资产收益率计算公式中所涉及的总资产、净资产、负债等指标,均是按会计账面价值计算的,因此,净资产收益率判断标准是建立在会计账面价值基础之上的。

(二)资金成本判断标准与企业价值判断标准之间的关系

从上面所述不难发现,资金成本判断标准和企业价值判断标准有相同之处,都是建立在市场价值基础之上的,在很大程度上可以相互统一起来。应该说,资金成本判断标准是在企业价值标准基础上的进一步发展。因为,在企业价值最大的时候,企业的股权资金成本就最低。资金成本判断标准与企业价值判断标准的关系可以用图1-11简示。

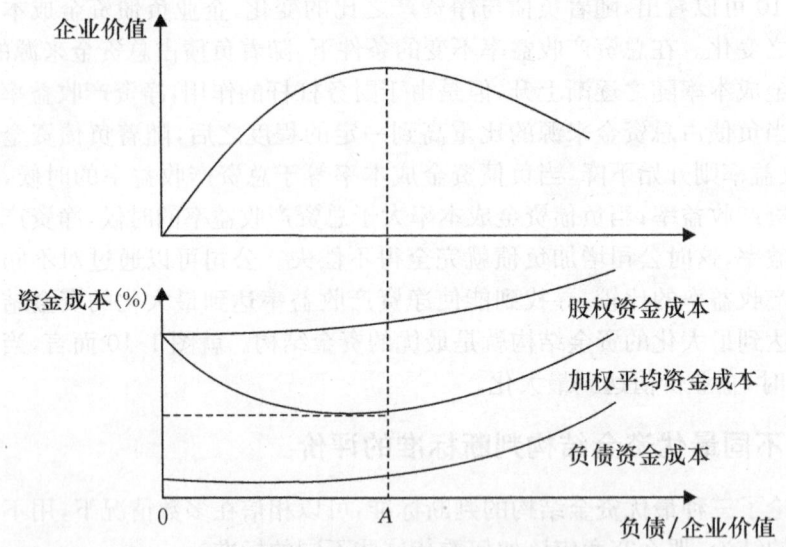

图1-11 资金成本判断标准与企业价值判断标准的关系

从图1-11可以看出,当负债与企业价值之比为A的时候,资金成本达到最低点,企业价值达到最高点,资金来源结构在此点达到最优。

(三)净资产收益率判断标准与资金成本和企业价值判断标准之间的矛盾

净资产收益率完全是按照会计账面价值计算的结果,是企业净收益与会计账面净资产价值之比,它没有考虑负债的外部影响,即财务风险对企业适用折现率的影响。股权(净资产)的内涵价值是企业预期净收益的折现值,该价值除了受企业净收益额的影响之外,还受企业适用折现率的影响,而企业适用折现率视同风险的市场折现率。该折现率受企业财务风险或企业负债与净资产之比的影响。如果由于负债的存在,使企业净收益的增长速度高于适用折现率的增长速度,那么,负债会导致企业价值增加;反之,当企业净收益的增长速度低于适用折现率的增长速度时,负债则会导致企业价值减少。但是用净资产收益率标准则不能考察该种现象,只能选择净资产收益率高的资金结构方案。这样,净资产收益率判断标准就会与资金成本判断标准和企业价值判断标准产生矛盾。

比较三种不同的最优资金结构判断标准,虽然用资金成本和企业价值判断标准能够更好地确定最优资金结构,但是,其缺点是企业价值变化无常,而且难以取得,所以在实际运用的时候会存在一定的问题。在资料不足的情况下,特别是对非上市公司是难以运用这两个标准判断最优资金结构的。而净资产收益率标准,不存在企业价值的确定问题,因此,可以运用于任何公司。

第三节 追加筹资金额同边际资金成本的关系

前面讨论的问题是在筹资金额不变条件下,资金结构变化同加权平均资金成本之间的关系。但在实际中,任何一个企业的筹资额都是在不断变化的,筹资额的变动不可避免地会导致资金成本的变动,这种因追加筹资额而产生的追加的资金成本称之为边际资金成本。本节将专门讨论追加筹资金额同边际资金成本的关系。

一、边际资金成本

从严格的意义上讲,边际资金成本是指资金增量(ΔX)引起的资金成本增量(ΔY),在资金增量 $\Delta X \to 0$ 时,与资金增量 ΔX 的比值,即:

$$\text{边际资金成本} = \lim_{\Delta X \to 0} \frac{\Delta Y}{\Delta X}$$

但在筹资实务中,筹资金额不可能无限小,也不可能计算出每新增 1 元筹资额所增加的资金成本。因此,在公司理财的实务中均简单地把新增的资金成本称为边际资金成本。如果某公司现有各种资金来源总额为 10 000 万元,加权平均资金成本为 10%,现为了扩大生产经营规模,新发行债券 1 000 万元,其资金成本为 6%,那么,这 6% 就是公司发行新债券筹资的边际资金成本。

边际资金成本是一个动态的概念,它一般随着筹资规模的扩大而上升。究其原因,是在实际中任何企业都不可能以一个固定的资金成本率筹集到无限的资金。另外,由于新增资金来源往往并非唯一,因此,也需要计算新增资金的加权平均资金成本。这时,新增资金的加权平均资金成本就是新增筹资额的边际资金成本。

二、边际资金成本的计算

加权平均边际资金成本的确定应按如下步骤进行:

步骤一:测定各类资金来源的资金成本分界点。资金成本分界点是指使资金成本发生变动时的筹资金额。如果某企业长期债券在2 000万元及以下时,债券的资金成本为8%,当超过2 000万元时,债券的资金成本则上升为10%;那么,2 000万元就为长期债券筹资方式的成本分界点。在实务中,该成本分界点是根据金融市场上的供求关系预测而得的。

步骤二:确定追加筹资金额的资金结构。

步骤三:确定筹资突破点和划分与之对应的筹资范围。筹资突破点是指使某种资金来源的资金成本发生变动时的筹资总额。在筹资突破点以内筹资,资金成本保持不变,但是一旦超出了筹资突破点,即使资金结构维持不变,其资金成本也会发生变化。筹资突破点的计算方法如下:

$$筹资突破点 = \frac{某种资金来源的成本分界点筹资金额}{该种资金来源占筹资总额的比重}$$

步骤四:分组计算追加筹资金额的边际资金成本。

下面以实例说明边际资金成本的确定和追加筹资金额同边际资金成本的关系。

【例1-1】 假定某公司为了满足追加投资的需要,拟筹集一定金额的长期资金。根据对资金市场状况和公司有关条件的分析,得到了如下的各种筹资方式下筹资规模与资金成本关系方面的资料,如表1-3所示。

表1-3

各种筹资方式下筹资规模与资金成本

筹资方式	资金成本分界点(万元)	个别资金筹资范围(万元)	资金成本(%)
长期借款	100	100以内	5
	200	100~200	6
		200以上	7
长期债券	150	150以内	6
	300	150~300	7
		300以上	8
普通股票	300	300以内	12
	600	300~600	13
		600以上	14

公司通过分析,确定追加筹资的资金结构为长期借款20%、长期债券20%、普通股票60%。

根据前述加权平均资金成本的计算方法,其计算过程和结果如下。

(1) 计算筹资突破点,如表1-4所示。

表1-4

筹 资 突 破 点

筹资方式	资金成本(%)	资金成本分界点(万元)	筹资结构(%)	筹资突破点(万元)	筹资范围(万元)
长期借款	5	100	20	500	0~500
	6	200	20	1 000	500~1 000
	7	>200	—	—	>1 000
长期债券	6	150	20	750	0~750
	7	300	20	1 500	750~1 500
	8	>300	—	—	>1 500
普通股票	12	300	60	500	0~500
	13	600	60	1 000	500~1 000
	14	>600	—	—	>1 000

(2) 计算加权平均资金成本,如表1-5所示。

表1-5

加权平均资金成本

筹资范围(万元)	筹资方式	资金结构(%)	个别资金成本(%)	加权平均资金成本(%)
0~500	长期借款	20	5	1
	长期债券	20	6	1.2
	普通股票	60	12	7.2
	加权平均资金成本			9.4
500~750	长期借款	20	6	1.2
	长期债券	20	6	1.2
	普通股票	60	13	7.8
	加权平均资金成本			10.2

(续表)

筹资范围(万元)	筹资方式	资金结构(%)	个别资金成本(%)	加权平均资金成本(%)
750～1 000	长期借款	20	6	1.2
	长期债券	20	7	1.4
	普通股票	60	13	7.8
	加权平均资金成本			10.4
1 000～1 500	长期借款	20	7	1.4
	长期债券	20	7	1.4
	普通股票	60	14	8.4
	加权平均资金成本			11.2
＞1 500	长期借款	20	7	1.4
	长期债券	20	8	1.6
	普通股票	60	14	8.4
	加权平均资金成本			11.4

可以将表1-5边际资金成本绘制成图1-12,以直观反映追加筹资同边际资金成本间的关系。

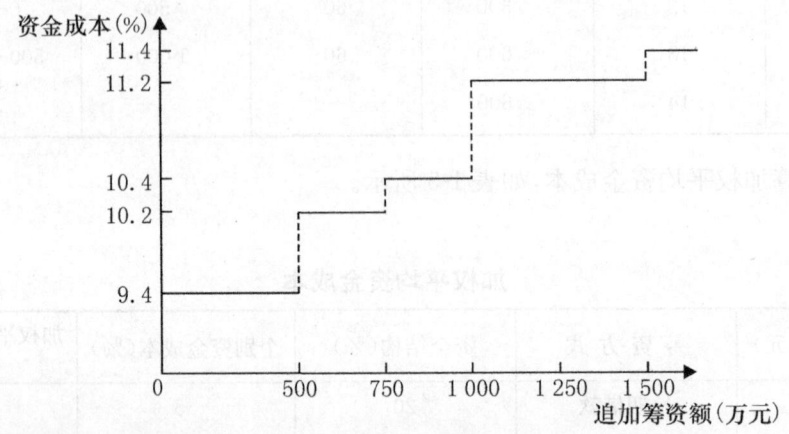

图1-12　追加筹资同边际资金成本间的关系图

掌握了边际资金成本,就可以用它与投资项目的收益率相比较,确定一个企业的最佳投资额和筹资额,为企业进行正确的投资和筹资决策奠定基础。

第四节　确定最优资金结构方法例解

下面,我们将上述确定最优资金结构的原理应用于实例,来讨论求解最优资金结构的具体方法。

一、资料

【例1-1】 设某股份有限公司目前的资金结构和有关资料如表1-6所示。

表1-6

公司资金结构相关资料表

金额单位：万元

资金来源	账面价值	市场价值	比 重② (%)	资金成本② (%)	加权平均资金成本② (%)
长期债券	6 000	6 000	34.29	4.2	1.44
优先股票	1 000	1 500	8.57	9	0.77
普通股票①	5 000	10 000	57.14	12	6.86
合　　计	12 000	17 500	100	—	9.07

① 普通股票市场价格为10元/股，共发行在外1 000万股。
② 为了简化计算，在资金成本计算时，除普通股票和优先股票按照市场价值为基础计算之外，其他资金成本均以账面价值为基础计算。以下相同。

该公司的所得税税率为30%。本年期望普通股票股利为0.7元/股，并预计以后将以每年5%的速度递增。债券的票面利息率为6%。

现公司拟增资3 000万元进行一项投资，该项目投产后，公司的息税前收益总额预计为2 000万元。现在公司需要研究筹措资金的最佳方案。

公司拟订了如下几种筹资方案，并预计不同方案的市场价值和资金成本（只考虑长期资金来源的资金成本）如下：

方案一，按面值发行3 000万元的债券，债券利息率为10%，发行费用为债券总额的3%。因发行费用造成的资金不足部分由流动负债弥补。流动负债的资金成本现不予考虑（以下方案相同，不再提示）。通过预测得知，由于公司负债比重上升，风险相应增加，在普通股票每股股利增至0.8元/股，且股利按年增长率6%的速度递增的情况下，普通股票的市场价格将下跌为9元/股。其余资金来源的市场价格不变。

方案二，只发行债券2 000万元，年利息率降为9%，发行费用仍为3%；同时以10元/股的价格发行普通股票100万股，筹集资金1 000万元，股利仍为0.7元/股，年股利递增速度为5%，无发行费用。预计这种筹资方式可保持公司普通股票市场价格维持在10元/股的水平不变。其余资金来源的市场价格不变。

方案三，只发行债券1 000万元，年利息率降至8%，发行费用仍为3%；同时，以10元/股的价格发行普通股票20万股，筹集资金2 000万元。这时预计普通股票的市场价格将上涨为11元/股，股利将仍保持在0.7元/股，股利年增长率将仍为5%，无发行费用。其余资金来源的市场价格不变。

试根据上述资料按照加权平均资金成本最低、企业价值最大、净资产收益率最高的标准确定最优资金结构。

二、确定最优资金结构

（一）按照加权平均资金成本标准确定最优资金结构

寻找公司资金的最优结构，一般应先从资金成本最低的资金来源开始，由于负债的资金成本在公司各种资金来源中是最低的，因此应从充分利用负债开始，然后再逐渐降低负债的比重。每改变一次负债比重，就测算一次它对公司资金成本的影响，从而形成多种可供选择的方案。最后，从这些方案中选择资金成本最低的方案作为筹资的最佳方案。现按逐次测试法寻找筹集资金的最佳方案。

方案一，根据给出的资料，可以编制资金成本计算表（如表 1-7 所示）。

表 1-7

资金成本计算表

金额单位：万元

资金来源	账面价值	市场价值	比重(%)	资金成本	加权平均资金成本(%)
长期债券（旧）	6 000	6 000	30.77	4.2%	1.29
长期债券（新）	3 000	3 000	15.38	$7.22\%* \left[=\dfrac{10\%\times(1-30\%)}{1-3\%}\right]$	1.11
优先股票	1 000	1 500	7.69	9%	0.69
普通股票（市场价格 9 元/股，发行在外 100 万股）	5 000	9 000	46.16	$14.89\%\left(=\dfrac{0.8}{9}+6\%\right)$	6.87
合　　计	15 000	19 500	100	—	9.96

* 为简化的近似计算。

方案二，根据给出的资料，可以编制资金成本计算表（如表 1-8 所示）。

表 1-8

资金成本计算表

单位：万元

资金来源	账面价值	市场价值	比 重(%)	资金成本	加权平均资金成本(%)
长期债券（旧）	6 000	6 000	29.27	4.2%	1.23
长期债券（新）	2 000	2 000	9.76	$6.49\%* \left[=\dfrac{9\%\times(1-30\%)}{1-3\%}\right]$	0.63
优先股票	1 000	1 500	7.32	9%	0.66
普通股票（市场价格 10 元/股，发行在外 110 万股）	6 000	11 000	53.65	$12\%\left(=\dfrac{0.7}{10}+5\%\right)$	6.44
合　　计	15 000	20 500	100	—	8.96

* 为简化的近似计算。

第一章 资金结构理论与最优资金结构

方案三,根据给出的资料,可以编制资金成本计算表(如表 1-9 所示)。

表 1-9

资金成本计算表

金额单位:万元

资金来源	账面价值	市场价值	比重(%)	资金成本	加权平均资金成本(%)
长期债券(旧)	6 000	6 000	27.65	4.2%	1.16
长期债券(新)	1 000	1 000	4.61	$5.77\%*\left[=\dfrac{8\%\times(1-30\%)}{1-3\%}\right]$	0.27
优先股票	1 000	1 500	6.91	9%	0.62
普通股票(市场价格11元/股,发行在外120万股)	7 000	13 200	60.83	$11.36\%\left(=\dfrac{0.7}{11}+5\%\right)$	6.91
合　　计	15 000	21 700	100	—	8.96

* 为简化的近似计算。

将上述三方案的结果相比较,可以发现方案三,即发行债券 1 000 万元和发行普通股票 200 万股,可以使公司资金结构达到最优,这时的资金成本仅为 8.96%。因此,公司应该按方案三的资金结构筹资。

从上面的讨论中可以看出,公司测试的次数越多,可供选择的方案就越多,资金结构就越容易逼近最优。

(二) 按照企业价值标准确定最优资金结构

根据前面计算的结果,可以将三个方案的企业市场价值和普通股票市场价值列表反映,如表 1-10 所示。

表 1-10

价 值 比 较 表

	方 案 一	方 案 二	方 案 三
企业市场价值(万元)	19 500	20 500	21 700
普通股票市场价值(元)	9	10	11

比较三个方案,方案三的企业市场价值和普通股票的市场价值均最大,故方案三最优。

(三) 按照净资产收益率标准确定最优资金结构

根据前面计算的结果,可以将三个方案的净资产收益率和普通股票收益率列表反映,如表 1-11 所示。

表 1-11

收益率计算表

金额单位：万元

	方案一	方案二	方案三
息税前收益	2 000	2 000	2 000
减：长期债券利息（旧）	360	360	360
长期债券利息（新）	300	180	80
税前收益	1 340	1 460	1 560
减：所得税	402	438	468
税后收益	938	1 022	1 092
减：优先股股利	90	90	90
归普通股票拥有的收益	818	932	1 002
净资产总额	6 000	7 000	8 000
普通股票权益	5 000	6 000	7 000
净资产收益率（%）	15.63	14.6	13.65
普通股权益收益率（%）	16.36	15.53	14.31

　　比较三个方案，方案一的净资产收益率和普通股权益收益率均最高。因此，以净资产收益率作为选择最优资金结构的标准，方案一最优。

　　比较上述三种最优资金结构选择的标准，可知资金成本选择标准与企业价值标准不存在任何矛盾，而净资产收益率选择标准则与资金成本选择标准和企业价值选择标准存在着矛盾。这是因为净资产收益率标准是以账面价值为基础计算的结果，而其他两种选择标准均是以市场价值为基础计算的结果。完全站在股东的立场上考察，以市场价值为基础的选择标准更能满足股东财富最大化的需要。但是，从操作的可行性来考察，以净资产收益率作为选择标准更具有可操作性。因为，计算净资产收益率所需的各种数据资料都是现存的，而计算企业市场价值的资料则是难以取得的，甚至是不存在的。总之，在企业的市场价值能够取得的条件下，确定最优的资金结构，应该尽可能地采用资金成本或企业价值标准，当企业的市场价值无法取得的时候，才可以用净资产收益率标准来取而代之。不过就是在不得已而采用净资产收益率标准的时候，也要尽可能考虑不同资金结构条件下企业所承受的风险程度，对净资产收益率进行风险调整，使选择的结果尽可能符合现实情况。有关风险调整净资产收益额和收益率的方法，本书将在以后的相关章节中论及。

案例与资料

【案例与资料1】 中国全部国有企业1997—2006年平均资金来源结构（如表1-12所示）

表1-12

中国全部国有企业1997—2006年平均资金来源结构表

单位：%

项目	1997年	1998年	1999年	2000年	2001年	2002年	2003年	2004年	2005年	2006年
流动负债	42.67	41.56	40.95	41.27	38.39	36.96	38.22	37.56	36.75	36.21
长期负债	20.38	19.74	20.22	21.15	19.93	20.41	20.22	20.27	20.11	20.75
递延税款贷项	0.02	0	0	0.02	0.02	0.06	0.05	0.06	0.07	0.06
少数股东权益	0	1.30	1.78		4.81	5.65	5.96	6.50	7.03	7.62
负债合计	63.06	62.63	62.96	62.38	63.15	63.08	64.45	64.39	63.96	64.63
实收资本（股本）	22.30	23.27	22.71	23.62	23.45	23.15	22.30	21.72	20.66	18.55
资本公积	13.03	13.32	13.73	13.57	12.85	12.79	11.62	11.45	11.57	12.17
盈余公积	5.21	5.23	5.38	5.16	4.91	5.21	5.22	5.19	5.30	4.60
未确认的投资损失	0	0	−0.02	−0.07	−0.14	−0.14	−0.18	−0.31	−0.28	−0.27
未分配利润	−3.61	−4.46	−4.77	−4.67	−4.22	−4.09	−3.41	−2.46	−1.22	0.33
外币折算差额	0	0	0	0	0.01	0	0.02	0.01	−0.01
所有者权益合计	36.94	37.37	37.04	37.62	36.85	36.92	35.55	35.61	36.04	35.37
资金来源总计	100	100	100	100	100.00	100.00	100.00	100.00	100.00	100.00

注：1. 负债总额中含少数股东权益。
 2. 根据财政年鉴的"全国国有企业负债主要项目构成"和"全国国有企业所有者权益主要项目构成"计算而得。

【案例与资料2】 中国全部非金融类上市公司1995—2005年平均资金来源结构（如表1-13所示）

表1-13

中国全部非金融类上市公司1995—2005年平均资金来源结构表

单位：%

项目	1995年	1996年	1997年	1998年	1999年	2000年	2001年	2002年	2003年	2004年	2005年
流动负债	42	40	39	38	39	39	40	42	43	47	55
长期负债	11	9	8	7	7	7	7	7	7	7	7
所有者权益	47	51	54	55	54	55	53	51	49	46	38
合计	100	100	100	100	100	100	100	100	100	100	100

资料来源：根据WIND数据库计算而得。

思考与练习

一、复习思考题

1. 什么是 MM 资金结构理论？其基本内容是什么？
2. MM 定理的基本经济含义是什么？这些含义又是如何推论出来的？
3. MM 定理的假设前提与现实生活中存在着什么主要的差异？
4. 在现实生活中，资金结构与加权平均资金成本之间存在着什么关系？
5. 最优资金结构可以用什么标准进行判断？不同的判断标准各有什么基本的特征？
6. 什么是资金成本的突破点？其计算的基本理论与方法是什么？
7. 如何利用资金成本标准来确定最优的资金结构？
8. 如何利用净资产收益率标准来确定最优的资金结构？

二、练习题

1. 乙公司为了满足追加投资的需要，必须筹集一定金额的长期资金。公司通过对资金市场状况和公司有关条件的分析，得到了如下的各种筹资方式下筹资规模与资金成本关系方面的资料，如表1-14所示。

表1-14

各种筹资方式下筹资规模与资金成本

筹资方式	资金成本分界点(万元)	个别资金筹资范围(万元)	资金成本(%)
长期借款	500	500 以内	6
	1 000	500～1 000	7
		1 000 以上	8
长期债券	1 000	1 000 以内	5
	2 000	1 000～2 000	6
		2 000 以上	7
普通股票	2 000	2 000 以内	12
	4 000	2 000～4 000	13
		4 000 以上	14

公司通过分析，确定追加筹资的资金结构为长期借款20%、长期债券20%、普通股票60%。

请计算筹资突破点；计算公司筹资量小于 1 000 万元、筹资量为 1 000 万～5 000 万

第一章 资金结构理论与最优资金结构

元、筹资量大于 5 000 万元时的边际加权平均资金成本;绘制边际资金成本图。

2. 东方公司根据对资金市场状况和公司有关条件的分析,预测公司各种可能的筹资方式下的筹资规模与资金成本关系如表 1-15 所示。

表 1-15

各种可能的筹资方式下筹资规模与资金成本

筹资方式	资金成本分界点(万元)	个别资金筹资范围(万元)	资金成本(%)
长期借款	300	300 以内	6
	600	300~600	7
		600 以上	8
长期债券	500	500 以内	5
	1 000	500~1 000	6
		1 000 以上	7
普通股票	1 000	1 000 以内	12
	2 000	1 000~2 000	13
		2 000 以上万元	14

公司通过分析,认为当追加筹资的资金结构为长期借款 20%、长期债券 30%、普通股票 50%时,公司的资金结构达到最优。

公司又分析,投资规模与投资收益率存在如下的关系,如表 1-16 所示。

表 1-16

投资规模与投资收益率关系

投资规模(万元)	500 以下	500~1 000	1 000~1 500	1 500~2 000	2 000~2 500
投资收益率(%)	16	14	12	10	8

试根据上述资料确定东方公司的最佳追加投资量。

3. 假设南方股份有限公司目前的资金结构和有关资料如表 1-17 所示。

表 1-17

南方公司资金来源结构表

金额单位:万元

资　金　来　源	账面价值	票面利率(%)	市场价值
长期债券	2 000	7	2 000
优先股票(面值 100 元/股)	300	10	400
普通股票(发行在外 200 万股)	1 200	—	2 400
合　　计	3 500	—	4 800

南方公司的所得税率为30%,本年期望股利为0.6元/股,并预计以后将以每年6%的速度递增。

现南方公司有一项有利可图的投资项目,需要筹资1 000万元,项目投产之后,公司的息税前收益总额将达到800万元。通过分析,有如下几个筹资方案可供选择:

方案一,按面值发行1 000万元的5年期长期债券,债券利息率为10%,发行费用为债券总额的3%。通过预测得知,由于公司负债比重上升,风险相应增加,在普通股票每股股利增至0.7元/股,且股利按年增长率6%的速度递增的情况下,普通股票的市场价格将下跌至10元/股。其他资金来源的市场价值保持不变。

方案二,按面值发行500万元的5年期长期债券,债券利息率为9%,发行费用为债券总额的3%;同时,以10元/股的价格发行普通股票50万股,筹资500万元,筹资费用为筹资额的4%。通过预测得知,在普通股票每股股利保持原0.6元/股,股利按年增长率6%的速度递增的情况下,普通股票的市场价格将下跌至11元/股。其他资金来源的市场价值保持不变。

方案三,按面值发行200万元的5年期长期债券,债券利息率为9%,发行费用为债券总额的3%;按面值100元/股,发行优先股票2万股,金额200万元,股息率为11%,发行费用为发行额的4%,发行新优先股票后,优先股票的市场价格预计为150元/股;以10元/股的价格发行普通股票60万股,筹资600万元,发行费用为发行额的4%。通过预测得知,在普通股票每股股利保持0.6元/股不变,股利按年增长率6%的速度递增的情况下,普通股票的市场价格将保持12元/股不变。其他资金来源的市场价值保持不变。

方案四,按面值100元/股,发行优先股票3万股,金额300万元,股息率为11%,发行费用为发行额的4%,发行的新优先股票的市场价格预计为160元/股;同时,以10元/股的价格发行普通股票70万股,筹资700万元,发行费用为发行额的4%。通过预测得知,在普通股票每股股利保持0.6元/股,股利按年增长率6%的速度递增的情况下,普通股票的市场价格将增至13元/股。其他资金来源的市场价值保持不变。

方案五,以10元/股的价格发行普通股票100万股,筹资1 000万元,发行费用为发行额的4%。通过预测得知,在普通股票每股股利保持0.6元/股,股利按年增长率6%的速度递增的情况下,普通股票的市场价格将增至14元/股。其他资金来源的市场价值保持不变。

以上各方案中,资金不足部分将按年8%的利息率从银行取得长期借款来弥补。

请根据上述资料分别按照资金成本标准、企业价值标准和净资产收益率标准选择最优的筹资方案。

第二章 资本金筹资

【本章提要】 资本金投入是组建企业的前提,资本金投入的多少不仅关系到企业经营能力的大小,还关系到企业风险水平和盈利能力,涉及企业价值在不同股东之间的分配,影响到股东的利益。资本金的投入形式多种多样,不同的资本金筹资方式会产生不同的结果,对股东利益有不同的影响,因此,资本金筹资本质上还是一个处理股东间经济利益的分配问题。资本金筹资是一个复杂的问题,需要公司认真对待。本章重点讨论不同的资本金制度,以及非股票形式、普通股票、优先股票等资本金的筹资理论和方法,并分析其筹资利弊,探讨其筹资策略。

【学习目标】 通过本章学习,要求掌握和了解如下内容:(1)掌握资本金的基本概念。(2)掌握资本金制度的分类与基本内容。(3)掌握非股票形式资本金筹资的基本特征、利弊与策略。(4)掌握普通股票的特征。(5)掌握普通股票筹资过程中新老股东利益之间的关系。(6)了解普通股票的分类,以及我国普通股票分类的特殊性。(7)了解普通股票持有者的基本权利。(8)了解我国普通股票发行的有关规定。(9)掌握普通股票筹资的利弊与策略。(10)掌握优先股票的特征与分类。(11)掌握优先股票筹资的利弊与策略。

第一节 企业资本金制度

资本金制度是规范和约束公司及其投资者行为的法律规范。本节将重点介绍不同的资本金制度和我国资本金制度的基本内容。

一、资本金制度简介

(一)资本金

资本金是企业投资者创办企业时投入企业的本钱,它是企业赖以生存的基础。资本金在法律形式上就是注册资本,公司的注册资本为在公司登记机关登记的全体股东认缴的出资额。资本金的作用可归纳如下。

1. 资本金是企业从事经营活动的前提

企业资本金是企业从事生产经营活动的物质基础,有了这个物质基础,企业才可能从事正常的经营活动和承担相应的法律责任,保障债权人及社会公众的权益。资本金也是国家维护社会经济秩序的手段。

2. 资本金是企业对外借债的基础

资本金的多少从一定程度上反映了企业实力的大小,决定了企业对外借债的能力,资本金越多,企业承担负债的能力就越强。在《公司法》中,之所以对不同组织形式的公司规定不同的最低法定注册资本,其实就是反映了不同组织形式的公司对外借债的要求是不一样的这样一个事实,通过强制性的最低注册资本的规定,可以在一定程度上保护债权人的权益。

3. 资本金有利于保障投资者的权益

资本金可以明确企业的产权关系。《公司法》不但对公司的最低注册资本金有明确的规定,而且还对公司投资者的人数有规定,公司投资者通过法定的注册,可以明确公司与投资者之间、不同投资者之间的产权关系,使投资者权益受到法律的保护。有了资本金,才能在资本保全的基础上正确核算企业的盈亏,为促进企业实现自负盈亏、自主经营、自我发展、自我约束创造物质条件。

(二) 资本金制度分类

财务上的资本金是指企业的实收资本,它与法律上的资本金——注册资本不尽相同。注册资本是企业在工商行政管理部门登记的注册资本,在注册资本登记管理上,世界上流行的模式主要有如下三种。

1. 实收资本制

实收资本制,又称法定资本制,它要求在企业设立时,必须确定资本金总额并一次缴足,否则不得设立。在实收资本制度下,企业的实收资本等于注册资本。在该制度下,企业要增减资本,都必须修改公司章程,并在工商行政管理部门办理重新登记手续,企业增减资本的灵活性低。实收资本制主要在属于成文法系的国家使用,如欧洲大陆国家。我国就曾长期采用实收资本制,目前对一人有限公司仍实行实收资本制。

2. 授权资本制

授权资本制,虽然要求企业在公司章程中确定资本金总额,但是并不要求在企业设立时一次缴足全部资本,只要缴纳了第一期出资额,企业即可成立。剩余未缴资本金,则授权董事会在公司成立之后分期到位。在该种制度下,允许实收资本与注册资本不一致,企业增减资本灵活。授权资本制主要在属于非成文法系的国家使用,如英美等国。

3. 折衷资本制

折衷资本制是介于实收资本制和授权资本制之间的一种资本金制度,它要求在企业设立时,应确定资本金总额,并规定首期出资额或比例。该种资本金制度,筹资灵活性虽不如授权资本制大但却高于实收资本制;法律约束力则低于实收资本制,高于授权资本制。我国从2006年1月开始实行的新《公司法》采用的就是折衷资本制。

(三)资本金管理原则

资本金制度是指国家围绕资本金的筹集、管理以及投资者责权利等方面所作的法律规范。从筹资行为看,资本金制度是公司与投资者之间签约的基本规范,主要体现在一国《公司法》及相应的法规制度中。

资本金制度的建立,集中体现在资本确定、资本充实、资本不变和资本保值增值四项管理原则上。这四项管理原则的基本内容如下。

1. 资本确定原则

资本确定原则要求公司章程中必须明确规定公司的资本总额,以及各投资者在资本总额中所占的比重。

2. 资本充实原则

资本充实原则要求投资者应按既定的资本规模缴入资本,并保证所投资本是殷实、不折不扣的。具体要求公司不得折价发行股票,公司必须按规定的比例提取一定公积金,以保持原有资本的安全与充实等。

3. 资本不变原则

资本不变原则指公司除非按规定的法律程序办理增减资本手续,不得任意增减资本总额,增减资本决议由股东大会作出。另外,在公司存续期内,投资者除依法转让其投资权益外,不得以任何方式收回原始投入资本等。

4. 资本保值与增值原则

资本保值与增值原则要求企业不但要保全原始投入资本,即在经营活动中以保持资本完整为前提来确认收益,而且要求资本不断增值,因为只有这样才能满足投资者的收益期望,也只有这样才能从过程的管理中来保证资本充实原则的实现。由于资本观念不同,因此对资本保值与增值的具体衡量方法也不尽相同。如财务资本保全要求公司以货币形式反映的资本得到保值和增值,而实物资本保全则要求公司以生产经营能力形式反映的资本得到保值和增值。

二、我国资本金制度的基本内容

(一)资本金筹集制度

我国资本金筹集制度主要涉及法定资本金、资本金构成和资本公积、筹资方式、筹资期限、验资及出资证明、投资者违约责任等方面的内容。

1. 法定资本金

法定资本金是指国家规定的开办某类公司必须筹集的最低资本金限额。该最低资本金限额因企业经营的性质和企业组织形式而异。在我国,《公司法》规定了设立公司最低资本金的要求,即股东出资必须达到法定资本最低限额,没有达到该资本金限额,企业就不可能设立。《公司法》对不同组织形式的公司设定了不同的注册资本的最低限额,对有限责任公司注册资本的最低限额是人民币3万元,对一人有限责任公司注册资本的最低限额是人民币10万元,对股份有限公司注册资本的最低限额是人民币500万元。当然,如果法律、行政法规对有限责任公司注册资本的最低限额有较高规定的,公司最低注册资本还应遵从其规定。

《公司法》对外商投资企业要求其注册资本必须与生产经营的规模和范围相适应,并明确规定了注册资本占投资总额的最低比例或最低限额。投资总额在300万美元以下的,注册资本所占比例不得低于70%;投资总额为300万~1 000万美元的,其比例不得低于50%,其中投资总额在400万美元以下的,注册资本不得低于210万美元;投资总额为1 000万~3 000万美元的,其比例不得低于40%,其中投资总额为1 250万美元以下的,注册资本不得低于500万美元;投资总额为3 000万美元以上的,其比例不得低于1/3,其中投资总额在3 600万美元以下的,注册资本不得低于1 200万美元。

2. 资本金的构成和资本公积金

根据我国相关法规规定,资本金按照投资主体分为国家资本金、法人资本金、个人资本金和外商资本金。与此相适应,股份制企业的股份划分为国家股、法人股、个人股和外资股。

资本公积金是一种资本储备形式,或者说是一种准资本,是所有者权益的构成部分,它可以按照法定程序转化为资本金。其主要来源包括:

(1) 投资者实际缴付的出资额超出资本金的差额。如发行股票的溢价净收入等。

(2) 法定财产重估增值。即按照国家法律和法规规定进行企业财产重估,其资产评估确认价值或者合同和协议约定价值(现行法规允许在对外投资等经济活动中,其资产作价和确定投资额按评估确定价值上下浮动20%)与原账面净值的差额,作为资本公积金。

(3) 资本汇率折算差额。所谓资本汇率折算差额,是指资产账户与实收资本账户采用的折算汇率不同而产生的折算记账本位币差额。为了体现资本不变的原则,其差额不得调整资本账户,而作为资本公积金处理。它包括外商投资企业在分期多次缴纳资本金时,以后各次缴纳资本金时的汇率同第一次缴纳资本金时的汇率相比发生变化所产生的折算记账本位币差额。

(4) 接受捐赠的财产。企业接受捐赠的财产除货币资金以外,均要按照规定对捐赠财产计价入账,一方面增加企业资产,另一方面增加资本公积金。

3. 筹资方式

企业资本金筹集方式可以多种多样,是投资者依法投入的任何财产。按照我国公司法规定:除法律、行政法规规定不得作为出资的财产之外,股东可以用货币出资,也可以用实物、知识产权、土地使用权等可以用货币估价并可以依法转让的非货币财产作价出资;对作为出资的非货币财产应当评估作价,核实财产,不得高估或者低估作价。但是,全体股东的货币出资金额不得低于有限责任公司注册资本的30%。股份制企业还可通过发行股票筹集资本金。股东以货币出资的,应当将货币出资足额存入公司在银行开设的账户;以非货币财产出资的,应当依法办理其财产权的转移手续。

4. 筹资期限

企业资本金可一次筹足,也可按法律规定分期筹集,对出资期限的限定,应以国家有关法律和法规以及合同和章程为准。我国《公司法》规定,公司全体股东的首次出资额不得低于注册资本的20%,也不得低于法定的注册资本最低限额,其余部分由股东自公司成立之日起2年内缴足;其中,投资公司可以在5年内缴足。筹资期限的规定,有利于企业按时形成正常的生产经营能力,并保护投资者、债权人的权益。

5. 验资及出资证明

股东缴纳出资后,必须经依法设立的验资机构验资并出具证明。验资证明包括价值确认和时间确认两项内容。从价值量与入账时间看,对于现金出资方式,它以实际收到或存入企业开户银行的日期和金额作为投入资本的入账依据;对于以实物投资和无形资产投资的,应按合同和协议或评估确定确认的价值作为投资入账价值。在时间上,实物投资在办理完成实物转移和产权手续时确认其投资;无形资产投资则依合同和协议或公司章程规定,移交有关凭证时确认其投资。

股东的首次出资经依法设立的验资机构验资后,由全体股东指定的代表或者共同委托的代理人向公司登记机关报送公司登记申请书、公司章程、验资证明等文件,申请设立登记。

6. 投资者违约责任

投资者的违约及其责任。资本金筹集方式、投资者的出资期限及出资比例等,都在投资协议或合同中作了约定,并写入企业章程中,它是企业资本金筹集与管理的重要依据。但有时投资者出于各种目的或其他因素,违反企业章程和有关协议或者合同的规定,没有及时足额地出资,从而影响了企业的成立,这种行为在法律上视为出资违约。对于投资者出资违约,企业和其他投资者可以依法追究其违约责任,政府部门应根据国家有关法律、法规,对违约者进行处罚:属于单方违约的,守约方有权按法律程序要求违约方赔偿由延期缴入资本金而产生的利息及相应的经济损失等;属于各方共同违约的,工商行政管理部门有权对违约各方进行处罚,直到吊销营业执照。

(二)资本金管理制度

资本金管理要求因企业组织形式而异,但主要包括资本金保全、投资者的权利和责任两方面的内容。

1. 资本金保全

资本金保全是资本金制度的重要内容之一,即企业资本金在企业生产经营期间内,投资者只能依法转让,不得抽回投资。《中华人民共和国公司登记管理条例》规定,公司的发起人股东在公司成立后,抽逃出资的,由公司登记机关责令改正,并处以所抽逃出资额

10%以下的罚款。构成犯罪的,依法追究刑事责任。公司减少注册资本的,当自减少注册资本决议或者决定作出之日起 90 日后申请变更登记,在变更登记时应提交公司在报纸上登载公司减少注册资本的公告(该公告在 90 日内至少刊登三次的有关证明和公司债务清偿或者债务担保情况的说明)。

2. 投资者的权利和责任

该方面的内容规定了投资者对其出资所拥有的权利和承担的责任,即投资者按照出资比例或者合同和章程的规定,分享企业利润和分担风险以及亏损。现代企业是以有限公司为基本组织形式的,因此投资者只以投入资本承担有限责任。

第二节 非股票形式的资本金筹资

非股票形式的资本金筹资是非股份公司制企业资本金筹资的主要形式,本节将对它进行介绍。

一、非投票形式资本金筹资的特征

非股票形式的资本金筹资,是企业直接与各类投资者之间签订投资合同融入资本金的筹资形式。该类筹资形式的基本特征有二。

(一)不以股票为媒介

不以股票为媒介是该种筹资方式不同于股票筹资的最显著特征。它广泛适用于各类非股份公司制企业,是非股份公司制企业资本金筹资的主要形式。

(二)出资方式多样化

虽然股份公司发行股票筹资,股东出资方式存在多样化的现象,但这种现象还不算普遍,特别是向社会公众发行股份时,公司多以现金形式筹集资本金;但非股份公司制企业筹资时,股东出资方式多样化则是十分常见的现象。具体有现金出资和非现金出资两种方式。

1. 现金出资

现金出资是企业吸收直接投资的主要形式。现金具有使用上的灵活性,它既可用于购置资产,也可用于支付费用。因此,企业在筹资时吸收一定量的现金额投资,对其生产经营的正常进行十分有利。也正因为如此,各国法律、法规才对现金在出资总额中的比例有一定的规定。

2. 非现金出资

非现金出资包括吸收实物资产投资(即投资者以房屋、建筑物、设备等固定资产和材料、商品等流动资产作价出资)和吸收无形资产投资(即投资者以专利权、商标权、非专有技术、土地使用权等无形资产投资)。与现金出资方式比较,非现金形式的出资优点是可以直接形成经营所需资产,有利于缩短企业经营筹备期,提高效率;缺点是价值估计困难,不能根据企业的需要灵活地改变资产结构。

二、非股票形式的资本金结构

在我国目前情况下,吸收直接投资的资本金结构包括四类:国有资本、法人资本、个人资本和外商资本。在这种分类中的国有资本、法人资本和个人资本从资本的来源地看,均来自于我国国内,而外商资本则来自于中国大陆之外,包括来自于其他国家和中国台湾、香港和澳门地区的资本。

(一)国有资本

国有资本是指由有权代表国家投资的政府部门或机构以国有资产投入企业而形成的资本,具体包括:国家财政部门或企业上级主管部门拨入企业的各种款项,现阶段有权代表国家投资的政府部门向新设企业投入的资本,以及经授权代表国家投资的投资公司、资产经营公司、经济实体性总公司、企业集团等机构向企业投入的资本。国家对企业的投资形成国有资本,被投资的企业形成国有独资企业、国有控股企业和国有参股企业。

(二)法人资本

法人资本是指各类企业法人以其有权支配或控制的法人资产投入企业而形成的资本。随着跨地区、跨部门、跨所有制、跨国的企业集团的形成与壮大,法人之间的相互投资将成为调整资本结构、产业结构,开展资本经营的主要形式。

(三)个人资本

个人资本是指以自然人的财产投入企业而形成的资本。个人资本的范围极宽,包括社会上的各种个人、本企业的管理者和职工以其合法的个人财产投入企业而形成的资本。个人投入企业的资本受到国家宪法和各种法规的保护,任何人,甚至国家都不能侵占。将个人的储蓄转化为企业资本,可以扩大整个社会的积累,促进社会经济的发展。企业内部职工个人投资于企业而形成的内部职工股,不但能为企业筹集必要的资本,更重要的是它能将职工与企业的利益紧密相连,有利于调动职工参与管理的积极性,提高企业经济效益。

(四)外商资本

外商资本是指外商利用其财产直接投入企业而形成的资本。外商包括其他国家商人和中国香港、澳门和台湾地区的商人。需要注意的是,外商资本只是从资本的来源地分类的结果,它与前述的法人资本、个人资本,甚至国有资本都会存在交叉,比如,外商资本既可以是外国法人资本,又可以是外国个人资本,甚至还可以是外国的国有资本。

三、非股票形式资本金筹资的利弊

非股票形式资本金筹集方式有利也有弊,其利弊可简略地归纳如下。

(一)非股票形式资本金筹资的优点

1. 程序简单

它可以以相对简单的法律程序、快捷的筹资速度直接融入资本金,迅速地提高企业对外借债的能力。

2. 经营准备周期短

非股票形式资本金筹集资产的种类多样化,既包括现金和非现金的实物资产,又包括各种无形的技术和经验。其中,以非现金资产筹资,可以在很大程度上将公司的筹资过程和投资过程统一起来,使公司能在筹集资本金的过程中完成生产经营的准备过程,从而节省了将现金转化为生产经营所需要的非现金资产的时间,缩短了生产经营的准备周期。

(二)非股票形式资本金筹资的缺点

1. 资金成本高

非股票形式的资本金转让能力差,主要表现在两个方面:一方面,非股票形式的资本金转让在产权市场中产权交易远不如股票市场中股票交易活跃,变更产权登记手续复杂;另一方面,非股票形式的资本金转让,无论比例大小如何,都需得到企业股东会的批准,障碍多。这些都直接导致非股票形式的资本金的资金成本要高于股票的资金成本。

2. 筹资较困难

非股票形式的资本金筹资难度较大,主要是由于它的变现能力差,因此不利于吸引投资者。此外,资本金没有证券化,产权关系没有股票明确,容易产生产权纠纷也是其筹资困难的原因之一。

四、非股票形式资本金筹资的策略

企业在吸收直接投资决策时,要在预测资金需要量的前提下,研究其筹集资本金的策略。该策略包括确定筹集资本金的总量、出资形式、产权关系等具体内容,下面分别加以讨论。

(一)确定筹集资本金总量的策略

企业资本金筹集规模应与生产经营相适应,而吸收直接投资在大多数情况下能直接形成生产经营资产,因此,企业在创建时必须注意其资本金筹集规模与投资规模的关系,要求从总量上协调两者关系,以避免因吸收直接投资规模过大而造成资产闲置、或因规模不足而影响资产经营效益。此外,还要充分注意到资金来源结构的问题,力争取得资金来源成本最低的最佳资金结构,使资本金的收益最大化。

(二)选择出资形式的策略

选择出资形式,主要目的是要使企业保持其合理的出资结构与资产结构。由于在吸收直接投资形式下,各种不同出资方式形成的资产的周转能力与变现能力不同,对企业正常生产经营能力的影响也不相同;为保证各种出资方式下资产间的合理搭配,提高资产的运营能力,因此,对不同出资方式下的资产,应在吸收投资时确定较合理的结构关系,包括实物资产与无形资产间的结构关系、流动资产与长期资产间的结构关系(包括流动资产与固定资产间的结构关系)等。保持出资结构的合理性,可以使企业在未来的经营中能按发展需要来调整其资产结构,避免资产结构僵化,保持其资产的流动性和经营弹性。

(三) 选择投资合作伙伴的策略

不论各投资主体采用何种出资方式,企业吸收直接投资时,都必须认真选择投资合作伙伴。选择投资合作伙伴要考虑的因素至少应该包括:

(1) 投资方的投资能力。确认投资者的投资能力可以有效地避免未来的投资纠纷。确认各类投资者投资能力的方法多种多样,比如,通过查看企业的财务报表可以判断企业资产的流动性,一般来讲,流动性强的企业,它的现金投资能力会较强,反之则较弱;再如,一家流动性不强但长期资产大量闲置的企业,用其长期资产投资的能力则较强,等等。

(2) 与公司主营业务的关联程度。寻找一家不但实力强大而且与本公司业务密切相关的大公司作为投资合作伙伴,将有助于企业未来的发展。

(四) 明确投资过程中的产权关系

由于不同投资者之间的投资数额不同,从而享有的权益也不相同,因此,企业在吸收投资时必须明确各投资者间的产权关系,包括企业与投资者间的产权关系,以及各投资者间的产权关系。企业与投资者间产权关系的确立以各投资者所投资产办理产权转移手续为前提。只有在产权转移完成的前提下,才能真正证明投资者拥有企业的产权,才能明确企业与投资者的责权利关系。各投资者间的产权关系涉及各投资主体间的投资—收益对等关系,涉及各投资者间对企业经营权的控制能力,以及分享收益、承担风险的比例,因此它必须以具有法律效力的合同和协议的方式确定。

第三节 普通股票筹资

普通股是构成股份公司的最基本的股份,普通股票持有人才是公司的最终所有者,离开了普通股,股份公司将不会存在。普通股本还是公司向外借债的基础。本节将较为详细地讨论普通股票及其筹资策略的问题。

一、普通股票的特征

普通股票代表对公司剩余资产的所有权,普通股股东共同拥有公司,承担同公司所有权相联系的最终风险,但他们的责任只限于自己的投资额。普通股票的主要特征如下。

(一) 永久性资金来源和有限责任

普通股票是公司最基本的资金来源,它在公司成立过程中最先出现。普通股票是没有规定最后到期日的有价证券。普通股票持有者不能从公司收回自己的投资,但持有的股票可以在二级市场上转让,收回投资。只有在公司清算时,普通股票持有者才能从公司分得剩余资产。普通股股东是公司的所有者,并承担以其投资额为限的风险,即只承担有限责任。

(二) 定额股份、已发行股份、库存股份和流通中股份

公司章程中所规定的普通股票的最大发行量,就是定额股份,也称之为法定股份。在

授权资本制下,为了保持一定程度的灵活性,公司的定额股份一般并不一次发行,这样就可以在公司需要资金时随时发行,而不必再修改公司章程。定额股份中已发售出去的,称为已发行股份。已发行股份中为社会大众所持有的股份,称之为流通中股份。由于种种原因,公司可将其发行在外的部分股票购回,这种购回并储存的股票称之为库存股份。应注意的是,库存股份必须是已发行而后又购回的股票,因此,已发行股份等于库存股份与流通中股份之和。库存股份没有选举、收取股利或其他方面的股东权利。在公司资产负债表上,应分别注明定额股份、已发行股份和库存股份的数量。

【例 2-1】 某股份有限公司的定额股份为 20 000 万股,已经对外发行股份 15 000 万股,回购股份 3 000 万股,问该公司定额股份、已发行股份、库存股份和流通中股份各为多少?

解:

定额股份 20 000 万股;

已发行股份 15 000 万股;

库存股份 3 000 万股;

流通中股份 = 15 000 - 3 000 = 12 000(万股)。

在我国,因为实行的是实收资本制,因此,已发行股份必须等于定额股份,对回购股份作了比较严格的规定。根据《公司法》第 143 条对四种情况下可回购本公司的股票作了明确规定:① 减持公司注册资本,应当自收购之日起 10 日内注销。② 与持有本公司股份的其他公司合并;应在 6 个月内转让或注销。③ 将股份奖励给本公司职工,收购总额不得超过本公司已发行股份总额的 5%,并在 1 年之内转让给职工。④ 股东因对股东大会作出的公司合并、分立决议持异议,要求公司收购其股份的,应在 6 个月内转让或注销。这些法规说明在我国上市公司不可能长期存在大量的库存股份。

(三)票面价值

普通股票由于是一种无到期日的有价证券,公司没有按照普通股票面值收回普通股票的义务,因此,从理论上说,它有无票面价值并不重要。普通股票的票面价值只是公司章程中对每股普通股票规定的票面价值,它本身没有什么经济意义。但从实际上来看,我国明文规定,普通股票必须标明票面价值。还进一步规定,普通股票不得以低于票面价值的价格发行。如果普通股票的发行价低于其票面价值的话,那么,普通股票持有者就要对债权人承担股票的购价与面值之间的差额的责任。因此,实际上,我国普通股票的面值都定得比其市价低许多,即普通股票总是溢价发行。在这种情况下,普通股票账户只反映面值,而发行价高于面值的溢价收入,则单独反映在股票溢价账户中。

如果普通股票没有面值,那么股票账面价值就是发行价或预先规定的某个价格,股票溢价则反映发行价格与规定价格之间的差额。

(四)账面价值和内含价值

全部普通股票的账面价值等于公司资产账面值减去流通在外的优先股票权益之差,

每股普通股账面价值等于全部普通股的账面价值除以流通在外的普通股股数之商。

【例 2-2】 某股份有限公司资产负债表的权益资料如表 2-1 所示,试确定普通股票的账面价值。

表 2-1

所有者权益表

单位:万元

优先股(每股面值 10 元)	10 000
普通股(每股面值 1 元)	20 000
资本公积	30 000
盈余公积	20 000
未分配利润	20 000
所有者权益合计	100 000

解:

$$普通股每股账面价值=(100\ 000-10\ 000)\div 10\ 000=9.00(元/股)$$

从理论上说,在币值不变的前提下,每股普通股票的账面价值和其内含价值应当一致。股票的内含价值即公司资产的清理价值。但实际上,币值总在不断变化的过程之中,就是在总物价水平不变的场合下,不同资产的价格也必然或多或少会发生变化,这就使得普通股票的账面价值必然会与其内含价值存在差异。公司一些资产的清理价值小于它的账面价值,而另一些资产的清理价值则会高于它的账面价值。公司总资产的现实价值究竟是高于还是低于其账面价值,需要用专门的资产评估方法评估之后才能知晓。常用的评估方法有物价指数法和重置价值法两种。

(五) 市场价值

普通股票每股市场价值,是指其当前的市场交易价格。在实际中,各种热门股票的市价容易取得,但是,交易量小的股票,其市价往往难以取得。因为交易过程中反映的市价实际上只是一种边际价格,当股票交易量很少的情况下,这种边际价格并不能代表其真实市价。所以,在分析这些公司股票市价信息的时候,必须慎重。一般为了能准确地反映股票的市场价值,可以采用一段时间(如 1 周、1 个月或 3 个月等)股票的加权平均市场价格来表示股票的市场价值。

在我国,股份公司的股票分类复杂,不同类别的股票流通性不一样,交易市场不一样,投资者也不一样,要准确确定股票的市场价值,更是一件难事,关于该问题将在股票分类中讨论。

普通股票每股市场价值,是有关股票的当前股利以及投资者对该种股票预期的未来股利和风险的一个函数。由于这些因素与股票的账面价值和内含价值只存在部分的因果联系,因此,普通股票市价不可能和它的账面价值或清理价值紧密相关。

二、普通股票筹资中的创业利润

(一)创业利润的含义

普通股票筹资是股份有限公司不断的筹资行为,任何股份有限公司都可以多次从股票市场上筹集资金。虽然公司每次发行普通股票筹资时外部的市场环境和内部的筹资条件都不同,股票发行的价格也不同,但是由于普通股票的发行价格必须要高于普通股票的每股账面价值;因此,每次新发行普通股票,都会导致普通股票的账面价值提高。这样,就产生了所谓创业利润的问题。创业利润是指原股东通过对外发行新股票,而获得的所持股票净资产价值增加的利益。

【例 2-3】 假定某公司通过对外发行股份,从有限公司转变为股份有限公司。该公司原有净资产为 10 000 万元,按 1 元/股的价格折合普通股票 10 000 万股。对外发行新股 5 000万股,发行价格 8 元/股。问该公司的原创业股东可以获得多少创业利润?

解:

发行新股后的企业价值=10 000+5 000×8=50 000(万元)

发行新股后创业股东
占有净资产的价值 =50 000×[10 000÷(10 000+5 000)]=33 333(万元)

发行新股后创业股东获得创业利润=33 333-10 000=23 333(万元)

从上例可以看出,原创业股东出资 10 000 万元创办的公司,在转换为股份有限公司之后,拥有新公司 2/3 的股权,享有 33 333 万元的净资产;而新加入股东出资 40 000 万元,却只占有新公司 1/3 的股权,只享有 16 667 万元的净资产。发行普通股票,为创业股东带来了 23 333 万元的创业利润;而新股东则在拥有的净资产方面亏损了 23 333 万元。当然,新股东在普通股票的市场价格方面可能并不会产生亏损,如果普通股票的市场价格大于 8 元/股,新股东可以获得认购普通股票的利益。比如,普通股票的市场价格为 10 元/股,那么,新股东就可以获得 10 000 万元(5 000×10-40 000)的利益。

追求创业利润,是众多创业股东愿意将公司转为上市公司发行普通股票的基本原因之一。市场上有人愿意以远远高于净资产的价格购买普通股票的基本原因,是可以从市场上获得资本收益。当然,产生这种双赢局面的前提条件是公司拥有较高的盈利能力,才能为新加入公司的投资者带来相应的回报。

(二)新股发行数量对原股东获取创业利润的影响

在新股发行价高于原每股账面价值的条件下,新股发行数量与原股东获取的创业利润成正比。这是在确定发行新股数量时应该加以考虑的因素。下面对这一结论进行证明。

假定:新股发行价格=每股收益×20

令:总收益=R;新股发行前公司净资产总额=N;总股本=S;新增加股本=ΔS;新股

发行后公司每股账面价值=P。

那么，新股发行后的每股账面价值为：

$$P = \frac{\frac{N}{S} + \frac{\Delta S}{S} \times \frac{R}{S} \times 20}{1 + \frac{\Delta S}{S}} = \frac{\frac{1}{S}\left(N + \frac{\Delta S}{S} \times 20R\right)}{\frac{1}{S}(S + \Delta S)} = \frac{N + \frac{\Delta S}{S} \times 20R}{S + \Delta S} =$$

$$\frac{\Delta S\left(\frac{N}{\Delta S} + \frac{20R}{S}\right)}{\Delta S\left(\frac{S}{\Delta S} + 1\right)} = \frac{\frac{N}{\Delta S} + \frac{20R}{S}}{\frac{S}{\Delta S} + 1}$$

当 $\Delta S \to \infty$ 时，有：

$$\frac{\frac{N}{\Delta S} + \frac{20R}{S}}{\frac{S}{\Delta S} + 1} \to \frac{20R}{S}$$

由于 $\frac{20R}{S}$ 就是新股发行价格，所以，新股发行量越大，每股账面价值就越接近市场价格。

只要 $\frac{N}{S} < \frac{20R}{S}$，那么，在这种情况下，原股东占有净资产的增值额就越大，即原股东获得的创业利润就越多。

这一机制，可以用图 2-1 简示。

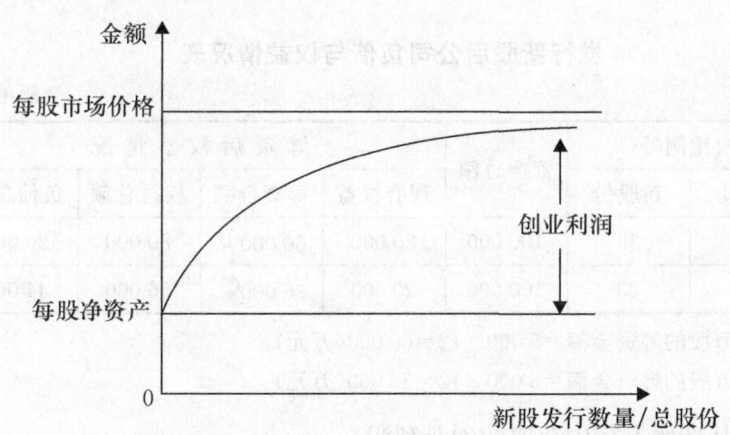

图 2-1　创业利润与新股发行量的关系

图 2-1 充分说明，在新股发行价格＞每股账面净资产的条件下，新股发行量与原股东获取创业利润的关系为：发行新股的数量越大，原股东获取的创业利润就越多。

（三）创业利润与未来收益的关系

虽然扩大新股发行量，原股东可以获取较高的创业利润，但是这是以稀释原股东控制权为代价的。随着原股东控制权的稀释，原股东在公司未来收益中所占有的份额必然会有所降低，虽然公司原股东所获的绝对收益并没有减少，但是会相对减少，即将承受收益增长速度减慢的机会损失。这在公司未来收益很高时会显得特别明显。因此，如何处理创业利润与未来收益的关系，也是在确定发行新股数量时应该加以考虑的因素。下面以实例来讨论这一问题。

【例2-4】 假定华胜公司现有普通股票10 000万股，净资产为20 000万元，年净利润为6 000万元，每股收益为0.6元。现根据市场需要，决定将总资产扩张到100 000万元，估计扩张之后的总资产息税前收益率可以达到20%。公司预计新股能按照20倍的市盈率，即12元/股的价格顺利发行。公司拟定了两个发行方案，甲方案：发行5 000万股；乙方案：发行3 000万股。资金不足部分，通过年利息率为8%的银行借款解决。公司所得税率为30%。试根据上述资料回答下列问题：

(1) 按照两种不同方案，原股东所获得的创业利润各为多少？
(2) 按照两种不同方案，原股东所获得的未来收益各为多少？
(3) 哪一种方案对公司的现有股东更为有利？

解：
根据资料，可以按以下步骤分析求解：
(1) 计算两种不同方案下原股东所获得的创业利润。

按照发行新股5 000万股和3 000万股的标准，计算发行新股后公司负债与权益情况，如表2-2所示。

表2-2

发行新股后公司负债与权益情况表

金额单位：万元

发行新股的政策标准(万股)	股权比例(%)		资产总额	筹资后权益情况				负债与权益之比
	原股份	新股份		现有权益	筹资金额	权益总额	负债总额	
5 000	67	33	100 000	20 000	60 000①	80 000	20 000	0.25
3 000	77	23	100 000	20 000	36 000②	56 000	44 000	0.785 7

① 发行5 000万股的筹资金额＝5 000×12＝60 000(万元)。
② 发行3 000万股的筹资金额＝3 000×12＝36 000(万元)。

原股东可以从新股发行中获取的创业利润：
按照政策的上下限发行新股，原股东获取的创业利润分别为：
按照5 000万股发行：

原股东可以获得的创业利润＝80 000×67%－20 000＝33 600(万元)

按照3 000万股发行：

原股东可以获得的创业利润＝56 000×77%－20 000＝23 120(万元)
两种不同发行方案创业利润之差＝33 600－23 120＝10 480(万元)

(2) 计算两种不同方案下原股东所获得的未来收益。

不同新股发行方案的净资产收益率：

根据公司的总资产收益率预测，公司的净资产收益率在不同筹资方案下将分别为：

按照5 000万股发行：

公司筹资后的净资产收益率＝[20%＋0.25×(20%－8%)]×(1－30%)＝16.1%

按照3 000万股发行：

公司筹资后的净资产收益率＝[20%＋0.7857×(20%－8%)]×(1－30%)＝20.6%
两种不同发行方案公司净资产收益率之差＝20.6%－16.1%＝4.5%

不同新股发行方案原股东分享的净利润差异：

按5 000万股发行：

公司净利润＝80 000×16.1%＝12 880(万元)

其中，原股东享有的公司净利润＝12 880×67%＝8 629.6(万元)

按3 000万股发行：

公司净利润＝56 000×20.6%＝11 536(万元)

其中，原股东享有的公司净利润＝11 536×77%＝8 882.72(万元)

两种不同发行方案公司原股东获得的净利润之差＝8 882.72－8 629.6＝253.12(万元)

(3) 分析不同方案对公司现有股东利益的影响。

根据不同新股发行方案收益与成本的比较分析，可以综合判定不同方案的优劣，为决策提供可靠的依据。通过上述的计算，公司发行5 000万股新股比发行3 000万股新股，原股东可以多获得10 480万元的创业利润，但是每年占有公司的净利润会减少253.12万元。每年减少的这253.12万元的净利润，就是公司原股东多赚取10 480万元创业利润的成本。但是，应该注意的是，原股东获取的创业利润是无风险的，而在未来每年获取的净利润是存在风险的。另外，还应该将未来可能少获取的净利润折算为现值，才能与获取的创业利润直接相比较，判断不同方案的得失。

考虑货币的时间价值之后，该成本可以按下式计算：

因为：

$$10\ 480 = \frac{253.12}{i}$$

所以：

$$i = \frac{253.12}{10\ 480} = 2.42\%$$

上述计算结果表明,如果不考虑控制权稀释的影响,只从经济得失出发,那么,不同的筹资方案,公司原股东多获得的创业利润的成本仅为 2.42%。将该成本与公司的负债成本 8%相比较,应该说,采用发行 5 000 万股的筹资方案优于发行 3 000 万股的筹资方案。

三、普通股票的分类

(一)国外普通股票分类

普通股票分类,是指按普通股票在投票权和分红权上的差异进行的分类。这种分类又称之为分级。它风行于 20 世纪 20 年代。当时,一般将普通股票分为 A 类和 B 类。两类股票最初只存在投票权上的差异,即 A 类股票没有投票权,是公司创办人在保持投票控制权的情况下向外界发行的旨在用于筹集资金的股票;B 类股票主要掌握在创办者手中,有投票权。当时的 A 类普通股票不外乎是变形的优先股票而已。随着时间的推移,为了使 A 类普通股票能吸引投资者,逐渐削弱了两类股票在投票权上的差异,赋予了 A 类股票部分投票权。这样,A 类普通股票就拥有了部分投票权和优先要求股利的权利;B 类普通股票则拥有较大的投票权,但无优先要求股利的权利,即当公司未达到某种盈利水平时,将不支付 B 类普通股票的股利。

B 类普通股票持有者为了取得控制权,必须放弃一部分分享公司股利的要求权和对净资产的索赔权,只有这样,才能吸引广大投资者购买 A 类普通股票。将股票这样分类,可使不同投资者根据自己的偏好,选择对自己有利的股票进行投资。另外,公司要想有效地筹集到 A 类股票的资金,也必须在投票权与对股利和净资产的要求权之间进行适当权衡。

股票分类通常既可以给公司创办人带来高额的创业利润,又可以使他们有效地控制公司的经营管理权。这才是公司对普通股票进行分类的真正目的所在。通过发行 A 类普通股票,即使 A、B 两类股票均拥有一股一票的投票权,但是由于两者的发行价不相同,实际的投票权仍然会存在差异。如某公司的 A 类股票和 B 类股票均享有一股一票的投票权,A 类股票在发行时以每股 10 元的价格发行 2 000 万股,共筹资 20 000 万元;而 B 类股票则以每股 2 元的价格发行 5 000 万股,筹资 10 000 万元。在这种情况下,虽然 B 类股票筹资数只占公司筹资总数的 1/3,但 B 类股票持有者拥有的投票权却占总数的 5/7。这样,就保证了 B 类股票持有者能获取产业利润和有效地控制公司的经营管理权。

(二)我国普通股票分类

按我国有关规定,中外合资股份有限公司的普通股票也分为 A 类和 B 类。只是 A 类和 B 类普通股票的含义完全不是上述的含义。我国的 A 类普通股票是中外合资股份有限公司发行的人民币股票的简称,而 B 类普通股票是中外合资股份有限公司发行的人民币特种股票的简称。非中外合资股份有限公司在吸纳外资时,也可经批准后发行 B 类股票。这里所谓的 B 类股票,是指以人民币标明其票面价值,以外币认购和进行交易的股票。我国原来规定,B 股是专供其他国家和中国香港、澳门、台湾地区投资者买卖的股票;

但在 2001 年 2 月 28 日起,我国重新规定,中国大陆投资者也可以用合法的外汇买卖 B 类股票。但是,其他国家和专供其他国家和中国香港、澳门、台湾地区的投资者依然不得买卖 A 类股票。在我国,持有 B 类股票的投资者与持有 A 类股票的投资者享有完全相同的权利和义务。可见,我国 A 类股票与 B 类股票的差异仅在投资者的来源和交易币种不同之上。

在我国,普通股票还可分为流通股和非流通股,上述 A 股和 B 股均为流通股,非流通股可分为国有股和法人股,有些公司还存在暂不能上市流通的内部职工股。流通股除了按投资者的来源和交易币种不同,分为 A 股和 B 股之外,还可按上市地点的不同,分为境内上市股和境外上市股。常见的境外上市股有 H(Hong Kong)股,N(New York)股,S(Singapore)股等。

需要注意,在我国,由于股票的投资者不一样、交易币种不一样、交易地点不一样,以及交易活跃性不一样,因此,不同类别的股票的交易价格相差极大。其交易价格由高到低的排列顺序大致是 A 股、B 股、境外上市股、法人股、国有股。虽然这些不同种类的股票均同股同权,但实际上交易价格相差悬殊,高者与低者相差数倍是常见现象。

这种同股同权,但股价相差悬殊的现象,给我国股份公司理财带来了极大困难。比如公司配股时,配股价就难以确定,按 A 股市价配股,由于 B 股市价要低于配股价,B 股股东必然会选择放弃配股权,而放弃配股权则会产生控制权稀释,因此不同意配股。按 B 股市价配股,公司发行同样股份的筹资量又会减少,多发股份一则政策不允许,再则会稀释股东权益。从现实来看,拥有低价股票的股东,如法人股东、国有股东、B 股股东,通常对公司配股采取两种态度:第一,从避免自身控制权遭削弱的角度出发,投票反对公司配股筹资,而由于他们拥有的股份多,这种反对多能付诸实施。第二,放弃配股权,分享每股账面值提升的好处。因为配股价必须高于账面值,所以配股完成后,每股的账面值会有所上升。

【例 2-5】 甲股份有限公司现有 A 股、B 股、H 股、法人股和国有股五类普通股票,其相关资料如表 2-3 所示。

表 2-3

股票分布情况表

股票分类	股数(万股)	净资产(万元)	每股净资产(元)	市场价格(元/股)	市场价值合计(万元)
A 股	10 000	15 000	1.5	10	100 000
B 股	10 000	15 000	1.5	4	40 000
H 股	10 000	15 000	1.5	3	30 000
法人股	10 000	15 000	1.5	2	20 000
国有股	20 000	30 000	1.5	1.5	30 000
合　计	60 000	90 000	1.5		220 000

现该股份有限公司有一有利可图的投资项目,准备按现有股份 30% 的比例向全部股

东配售普通股票。假定配股后的 A 股市场价格按照原市场价格与发行价格的加权平均价格确定,B 股、H 股和法人股的市场价格按照原市场价格与每股净资产之比确定,国有股市场价格按照每股净资产确定。

试分析以下几个问题:
(1) 不同类别股东对配股价格基础的看法,以及会采取的相应措施。
(2) 按照不同配股价格基础,公司所筹集的股权资金数量。
(3) 按 A 股市场价格为基础配股,对不同股东利益和公司的影响。

解:
(1) 不同类别股东对配股价格基础的看法,以及会采取的相应措施,可以用表 2-4 加以简要归纳。

表 2-4

不同股东对不同配股价的态度

配股价格基础	最高配股价格	不同股东对配股的态度					对不同股东控制权的影响
		A 股	B 股	H 股	法人股	国有股	
A 股	10	购买	不购买	不购买	不购买	不购买	按高价配股,不购买股票的股东对公司的控制权削弱,购买股票的股东则至少会出现机会亏损。
B 股	4	购买	购买	不购买	不购买	不购买	
H 股	3	购买	购买	购买	不购买	不购买	
法人股	2	购买	购买	购买	购买	不购买	
国有股	1.5	购买	购买	购买	购买	购买	

(2) 按不同配股价格基础,公司最大筹集股权资金的数量,如表 2-5 所示。

表 2-5

公司可以筹集的最大资金量

配股价格基础	最高配股价格	各种股票可以获得配股数(万股)					配股数合计	最大筹资金额(万元)
		A 股 3 000	B 股 3 000	H 股 3 000	法人股 3 000	国有股 6 000		
A 股	10	购买	不购买	不购买	不购买	不购买	3 000	30 000
B 股	4	购买	购买	不购买	不购买	不购买	6 000	24 000
H 股	3	购买	购买	购买	不购买	不购买	9 000	27 000
法人股	2	购买	购买	购买	购买	不购买	12 000	24 000
国有股	1.5	购买	购买	购买	购买	购买	18 000	27 000

显然,以 A 股的市场价格作为配股基础,公司可以最少的新增股份筹集到最多的资金,对公司最为有利。因为,这样可以为公司未来的每股收益快速增长提供有利的基础。

(3) 按照 A 股市场价格为基础配股,对不同股东利益和公司的影响。
按照 A 股市场价格为基础配股,有:

公司配售股份数＝10 000×30％＝3 000(万股)

筹资金额＝3 000×10＝30 000(万元)

发行后 A 股市场价格＝(100 000＋30 000)÷(10 000＋3 000)＝10(元/股)

发行后 B 股市场价格＝1.904 762×(4÷1.5)＝5.079(元/股)

发行后 H 股市场价格＝1.904 762×(3÷1.5)＝3.81(元/股)

发行后法人股市场价格＝1.904 762×(2÷1.5)＝2.54(元/股)

发行后国有股市场价格＝1.904 762(元/股)

对不同股东利益和公司的影响可以用表 2-6 和表 2-7 反映。

表 2-6

不同股东拥有股票市场价格的盈亏

股票分类	每股市场价格的盈亏(元)			市场价格盈亏合计(万元)	
	现市场价格	原市场价格	盈　亏	所持股数(万股)	盈　亏
A 股	10	10	0	13 000	—
B 股	5.079	4	1.079	10 000	10 790
H 股	3.81	3	0.81	10 000	8 100
法人股	2.54	2	0.54	10 000	5 400
国有股	1.905	1.5	0.405	20 000	8 100
合　计	—	—	—	63 000	32 390

表 2-7

不同股东拥有股票净资产的盈亏

股票分类	投资总额(万元)			所持股数(万股)	拥有净资产(万元)	净资产盈亏(万元)
	原投资	新增投资	合　计			
A 股	15 000	30 000	45 000	13 000	24 761.90	−20 238.1
B 股	15 000	—	15 000	10 000	19 047.62	4 047.62
H 股	15 000	—	15 000	10 000	19 047.62	4 047.62
法人股	15 000	—	15 000	10 000	19 047.62	4 047.62
国有股	30 000	—	30 000	20 000	38 095.24	8 095.24
合　计	90 000	30 000	120 000	63 000	120 000	—

总之,我国普通股票分类是我国股份公司和股票市场不健全的表现,相信随着经济体制改革的深入和市场体系的完善,这种同股同权但不同价的股票分类问题最终将得到解决。

四、普通股票持有者的基本权利

如无特殊规定,在我国,普通股票持有者应享有以下的一些基本权利。

(一) 盈利分配权

普通股票持有者有权获得股利。但普通股股利的发放与公司债券利息和优先股股利的支付不同,除了前者的支付顺序次于后两者之外,它的发放与否完全取决于公司董事会是否决定将公司的一部分利润作为股利分配。对债券而言,如果公司不能按照契约条款的规定还本付息,债权人有权采取法律行动进行追索,迫使公司清偿债务,即使迫使公司破产也理所当然。而普通股票持有者则不可能采取法律行动要求公司分配股利。只有在公司经理和董事会营私舞弊的情况下,普通股股东才可以向法院提出控诉,强迫公司支付股利。

(二) 剩余资产索偿权

公司进行清算时,普通股票持有者有权在债权人、优先股票持有人分得公司资产之后,分享公司的剩余资产。如清算之后公司资产不能补偿自己的投资,普通股股东只能自己承担损失。普通股股东与公司存在着风险共担、利益共享的关系。如公司获利丰厚,他们是主要受益者;如公司经营亏损,他们就是主要受害者。

(三) 投票表决权

普通股票持有者既然是公司的所有者,他们就有资格参与公司董事会的选举权,并对公司的重大经济活动有投票表决权。大公司的众多股东只能通过由他们选举产生的董事会来间接控制公司。公司的直接控制权掌握在董事会和由董事会选出的经理人员手中。由于大公司股东众多,且分散于各地缺乏联系,因此只能通过一年一度的股东大会来表决他们对管理上的意见。股东对公司的间接管理,在于行使其表决权。

绝大多数的股东并不可能参加一年一度的股东大会,而是委托少数股东代表为自己投票。这种委托通常是通过"代表委托证"进行的。代表委托证是指股东把自己的投票权转让给别人的书面凭证。因此,股东们争取对公司的控制权往往首先表现在争取多数代表委托证之上。

董事的选举方法通常采用多数票选举制、累计票数选举制和分期选举制三种方法。

1. 多数票选举制

在这种选举制下,每持有一张股票就有一票表决权,而且,股东对董事会的每一个席位逐一进行投票表决,得到多数选票的候选人才可以成为公司董事。显然,在这种选举制下,只要拥有多数股票,就能控制多数选票,并能包办整个董事会的选举,如某一股东所持有的股份总额超过了总股份的50%,或者他们征集的委托投票权的股份数量超过了总投票权的50%,那么,他们就可以获取所有的董事席位,而其他股东则无法获得任何一个席位。

比如,某股份有限公司的总普通股票的总股数为1 000万股,其中,有一位股东拥有

5 000万股加1股,另一些股东则拥有5 000万股减1股,那么,按照多数票选举的规则,每一次对一位董事候选人投票的时候,前一位股东推荐的候选人,都可以获得比后一类股东推荐的候选人多两票的优势,从而取得董事资格。这样,前者就可以获取公司全部的董事席位,而后者,虽然只比前一位股东的股数少1股,但是却不能选举出一名代表自己利益的董事。显然,这种选举制度有欠公平。

2. 累计票数选举制

为了克服上述多数票选举制的缺陷,许多公司都规定采用累计票数选举制。我国证监会也要求所有的上市公司都采用累计票数选举制。所谓累计票数选举制,是指股东可以将其投票权累计用于一个或数个董事候选人身上,而不必像多数选举制那样平均投于每一个候选人身上的选举制度。比如,公司要从若干名董事候选人选出9名董事,那么,每一股就可以获得9张投票权,股东可以将这9张投票权全部投在某一位候选人身上,使该候选人从这一股中就获得了9票,从而令该候选人的得票数量迅速增加。累计票数选举制与多数票选举制不同,它可以使少数股权所有者也能选出一定数额的董事。其选出某个数额的董事所必需的最低票数的计算公式如下:

$$\text{选出董事所必需的票数} = \frac{\text{流通在外的普通股票总数} \times \text{希望选出的董事人数}}{\text{拟选举的董事总数} + 1} + 1$$

【例2-6】 设天地公司有50 000 000股普通股票流通在外,拟选举董事总数为9人,少数股东集团至少需掌握多少股份才能获得一名董事席位?

解:

根据公式有:

$$\text{选出董事所必需的票数} = \frac{50\,000\,000 \times 1}{9+1} + 1 = 5\,000\,001(\text{股})$$

即只要拥有5 000 001股,就能保证少数集团获得一名董事席位。

显然,由于累计票数选举制能使少数股权所有者有机会选出自己在公司董事会中的代表,因此这种选举制度比多数票选举制更为民主。故它是最常用的选举方法。

3. 分期选举制

这种选举方法不是一次选出全部董事,而是分多次选举产生。如上例中的9名董事不是一年一次选出,而是采取每年选3名,三年三次选出。采取分期选举制,前述公式的分母会随着选举人数的减少而减小,而分子不变,因此,获得1名董事席位所必需的最低股份拥有数量必然会相应增加。故分期选举制不利于少数股权所有者。

【例2-7】 假定[例2-6]中的9名董事不是一次选举产生,而是每年选3名,问选举1名董事席位必须持有的股份数为多少?

$$\text{选出董事所必需的票数} = \frac{50\,000\,000 \times 1}{3+1} + 1 = 12\,500\,001(\text{股})$$

显然,少数股权所有者获取一个董事席位的最低股份数已大大高于前一种情况。事实上,这种分期选举制是一种阻挠少数股权所有者获取董事席位的方法。

(四) 优先购股权

按照相关法规,公司在发行新股票时,必须给予现有股东优先认购的权利。这种对增发新股的优先认购权,也是股东的权利之一。优先购股权的目的有二:一是维护股东在公司的既得利益,为股东提供免于股票价值稀释的保障;二是维持股东对公司所有权的比例,保护现有股东对公司的控制权。

(五) 查账权

按照我国规定,公司应按每个会计年度,在股东大会召开15日前,将经会计师事务所验证过的公司当年的资产负债表、利润表、财务状况变动表、营业报告、利润分配方案等会计账册和其他相关文件资料,备置于公司注册所在地,供股东查阅。如有必要,股东还可进一步检查公司会计账册,拥有监督公司经营和财务管理的权利,以及提出建议或质询的权利。

五、普通股票的发行

(一) 股票发行条件

股票发行人必须是具有股票发行资格的股份有限公司。按照我国《中华人民共和国证券法》和《股票发行与交易管理暂行条例》规定,股票发行分为新设立股份有限公司、原有企业改组设立股份有限公司、股份有限公司增资、定向募集公司发行股票四种形式。这四种形式发行股票的条件如下。

1. 新设立股份有限公司股票发行条件

新设立股份有限公司申请公开发行股票,应当符合下列条件:

(1) 其生产经营符合国家产业政策。

(2) 其发行的普通股限一种,同股同权。

(3) 发起人认购的股本数额不少于公司拟发行的股本总额的35%。

(4) 在公司拟发行的股本总额中,发起人认购的部分不少于人民币3 000万元,但是国家另有规定的除外。

(5) 向社会公众发行的部分不少于公司拟发行的股本总额的25%,其中公司职工认购的股本数额不得超过拟向社会公众发行的股本总额的10%;公司拟发行的总额超过人民币4亿元的,证监会按规定可以酌情降低向社会公众发行部分的比例,但是最低不少于公司拟发行的股本总额的15%。

(6) 发起人在近3年内没有重大违法行为。

(7) 证券委规定的其他条件。

2. 原有企业改组设立股份有限公司股票发行条件

原有企业改组设立股份有限公司申请公开发行股票,除应当符合新设立股份有限公

司申请公开发行股票的规定条件外,还应当符合下列条件:

(1) 发行前1年末,净资产在资产中所占比例不低于30%,无形资产在净资产中所占比例不高于20%,但是证券委另有规定的除外。

(2) 近3年连续盈利。

3. 股份有限公司增资股票发行条件

股份有限公司增资申请公开发行股票,除应当符合新设立股份有限公司申请公开发行股票和原有企业改组设立股份有限公司申请公开发行股票规定条件外,还应当符合下列条件:

(1) 前一次公开发行股票所得资金的使用与其招股说明书所述的用途相符,并且资金使用效益良好。

(2) 距前一次公开发行股票的时间不少于12个月。

(3) 从前一次公开发行股票到本次申请期间没有重大违法行为。

(4) 证券委规定的其他条件。

4. 定向募集公司股票发行条件

定向募集公司申请公开发行股票,除应当符合新设立股份有限公司申请公开发行股票和原有企业改组设立股份有限公司申请公开发行股票规定条件外,还应当符合下列条件:

(1) 定向募集所得资金的使用与其招股说明书所述的用途相符,并且资金使用效益良好。

(2) 距最近一次定向募集股份的时间不少于12个月。

(3) 从最近一次定向募集到本次公开发行期间没有重大违法行为。

(4) 内部职工股权证按照规定范围发放,并且交国家指定的证券机构集中托管。

(5) 证券委规定的其他条件。

(二) 申请公开发行股票需履行的程序

1. 申请公开发行股票的程序

申请公开发行股票应按如下程序办理:

(1) 申请人聘请会计师事务所、资产评估机构、律师事务所等专业机构,对其资信、资产、财务状况进行审定、评估和就有关事项出具法律意见书后,聘请保荐机构具体负责发行股份上市的保荐工作。

(2) 保荐机构负责证券发行的主承销工作,依法对公开发行募集文件进行核查,向中国证券监督管理委员会出具保荐意见。

(3) 被批准的发行申请,送证监会复审;经证监会复审同意的,申请人应当向证券交易所上市委员会提出申请,经上市委员会同意接受上市,方可发行股票。

2. 公开上市的条件

(1) 股票是经中国证监会批准,已经向社会公开发行的。

(2) 公司发起人认购股份不少于人民币3 000万元。

(3) 开业时间已在 3 年以上,且最近 3 年连续盈利。
(4) 持有股票面值在人民币 1 000 元以上的股东超过 1 000 人,向社会公开发行股份占总股本的比重不少于 25%。
(5) 最近 3 年内无重大违法行为,财务会计报告无虚假记载。

(三) 招股说明书

公司的招股说明书应当按照证监会规定的格式制作,并载明下列事项:
(1) 公司的名称、住所。
(2) 发起人、发行人简况。
(3) 筹资目的。
(4) 公司现有股本总额,本次发行的股票种类、总额、每股的面值、售价、发行前的每股净资产值和发行结束后每股预期净资产值,发行费用和佣金。
(5) 初次发起人认购股本的情况、股权结构及验资证明。
(6) 承销机构的名称、承销方式与承销数量。
(7) 发行的对象、时间、地点及股票认购和股款缴纳的方式。
(8) 所筹资金的运用计划及收益、风险预测。
(9) 公司近期发展规划和经注册会计师审核并出具审核意见的公司下 1 年的盈利预测文件。
(10) 重要的合同。
(11) 涉及公司的重大诉讼事项。
(12) 公司董事、监事名单及其简历。
(13) 近 3 年或者成立以来的生产经营状况和有关业务发展的基本情况。
(14) 经会计师事务所审计的公司近 3 年或者成立以来的财务报告和由 2 名以上注册会计师及其所在事务所签字、盖章的审计报告。
(15) 增资发行公司前次公开发行股票所筹资金的运用情况。
(16) 证监会要求载明的其他事项。

(四) 承销协议

公司公开发行的股票应当由证券经营机构承销。承销包括包销和代销两种形式。发行人应当与证券经营机构签署承销协议。承销协议应当载明下列事项:
(1) 当事人的名称、住所及法定代表人的姓名。
(2) 承销方式。
(3) 承销股票的种类、数量、金额及发行价格。
(4) 承销期及起止日期。
(5) 承销付款的日期及方式。
(6) 承销费用的计算、支付方式和日期。
(7) 违约责任。

(8) 其他需要约定的事项。

证券经营机构收取承销费用的原则,由证监会确定。

(五) 股票形式及内容

股份有限公司的资本划分为股份,每一股的金额相等。公司的股份采取股票的形式。股票是公司签发的证明股东所持股份的凭证。

股票采用纸面形式或国务院证券管理部门规定的其他形式。股票应当载明下列主要事项:

(1) 公司名称。

(2) 公司登记成立日期。

(3) 股票种类、票面金额及代表的股份数。

(4) 股票的编号。

股票由董事长签名,公司盖章。发起人的股票,应当标明发起人股票字样。

公司向发起人、国家授权投资机构、法人发行的股票,应当为记名股票。发行记名股票的公司应置备股东名册,记载下列事项:

(1) 股东的姓名或者名称及住所。

(2) 各股东所持股份数。

(3) 各股东所持股票的编号。

(4) 各股东取得其股份的日期。

公司对社会公众发行的股票,可以为记名股票,也可以为无记名股票。发行无记名股票的,公司应当记载其股票数量、编号及发行日期。

六、普通股票的利弊

从发行公司的角度考察,利用普通股票筹资的利弊和筹资策略可概括如下。

(一) 普通股票的优点

1. 永久性的资金来源、无财务风险

普通股票没有固定的到期日,是一项永久性的资金来源。普通股票也没有固定的费用负担,有盈利才支付股利,无盈利则可不必支付股利。甚至在有盈利的情况下,也可不支付或少支付股利。因此,用普通股票筹资,公司风险最小,或没有财务风险。

2. 有利于降低负债资金成本

普通股票筹资,由于没有企业财务风险,保障了债权人的利益,因此会增加公司债券的价值,使债券筹资成本降低。

3. 筹资容易

普通股票筹资比债券筹资更容易。这是因为:

(1) 普通股票的预期收益比优先股和债券高。其收益之所以高是由两个原因引起:一是在公司经营优良、盈利高时,它不但能为投资者带来丰厚的股利,而且会使市价大幅度上升,给股东带来丰厚收益;二是普通股票代表公司主权,在通货膨胀情况下,普通股票的价值会随公司资产价格的上涨而上升,不承担币值贬值风险。

(2) 普通股票代表着对公司一定的控制权,因此特别受某些希望参与管理的投资者欢迎。

(二) 普通股票的缺点

1. 不能获得财务杠杆利益

普通股票筹资虽无财务风险,但也享受不到财务杠杆带来的利益,不能像负债那样以加速的形式提高现有权益资金盈利率。

2. 资金成本高

普通股股利不可减免所得税,而且对其投资者而言投资风险较大,因此,其资金成本比债券资金成本高。

3. 会削弱控制权

增加普通股票发行量,将导致现有股东对公司控制权的削弱。对中小企业而言,其控制权还有可能被他人夺走。

七、普通股票筹资策略

(一) 普通股票筹资的基本策略

针对普通股票筹资的优缺点,筹资采取的策略应是在充分权衡风险与收益的情况下,合理确定普通股权益占企业总资金来源的比重,使普通股权益收益率在可承受风险范围内最大化。具体地说,要注意如下几方面的问题。

1. 注意资产盈利率与负债成本率的差异

将企业资产盈利率与负债成本率相比较,如企业资产盈利率大于负债成本率,借债可取,企业资产盈利率越是高于负债成本率,并且越稳定,扩大借债规模就越可取;反之,则不可取。因此,确定所有者权益筹资的规模,首先得从权衡负债规模开始,然后在负债与所有者权益之比达到最优的基础上,再确定所有者权益筹资规模。

2. 注意净资产盈利率与优先股股息率的差异

将企业净资产盈利率与优先股股息率相比较,如果企业净资产盈利率大于优先股股息率,那么发行优先股票筹资可取,前者越是大于后者,且稳定程度越高,优先股权益与普通股权益之比越大就越可取;反之,则不可取。因此,确定普通股票发行规模,必须还要考虑优先股票的发行规模,在确定优先股权益与普通股权益的最佳比例之后,再确定普通股票的筹资规模。

3. 关注资本市场的反应

要确定企业资本的最优结构,就必须关注市场对企业资本结构的反应,该反应主要是通过筹资成本反映出来的。

普通股票筹资策略除了考虑最基本的资本结构性问题,以及不同资金来源的资金成本和收益能力的问题之外,还要考虑普通股票发行的时间、发行方式、销售方式、发行价格等方面的具体问题,因为这些具体措施会直接影响到公司实际获得的筹资金额、普通股票的发行数量、普通股票的每股账面值、每股收益和每股市价,对原普通股股东的利益产生直接的影响。下面对有关普通股票发行时间和方式,以及普通股票的销售方式和定价等策略方面的问题进行专门讨论。

(二) 选择普通股票发行时间的策略

选择普通股票的发行时间至少需要注意以下两个方面的问题。

1. 宏观经济活动状况

任何一个国家的经济都存在衰退、复苏、繁荣、高涨等的周期性循环。公司的经营状况也不可避免地会受到不同经济循环周期的影响。一般来说,在经济衰退时期,虽然一方面由于公司的销售量下降,盈利减少,内部留存收益筹资能力减弱;另一方面公司的投资机会也会减少,因此公司对资金的需求下降,对外筹资的需求也相应减弱。而在国民经济进入复苏阶段之后,虽然公司投资机会增多,对资金的需求量增加,但是一方面由于公司销售量的增加,盈利增加,使公司可以通过消化库存筹集资金;另一方面由于公司的生产能力可能尚未能充分发挥作用,因此公司可以暂缓对外筹集资金。在经济繁荣阶段,公司投资旺盛,资金需求量大,仅靠内部筹资已经无法满足需要,对外筹资成为筹资的主导形式。在国民经济高涨期,资金缺口进一步扩大,公司对外部资金的要求更加迫切。与公司对资金的需求量相反,筹资成本在衰退期最低,然后经复苏期、繁荣期逐步提高,到高涨期达到最高峰。因此,公司在发行普通股票筹资时,除了需要考虑对股权资金的需要量之外,还要考虑到经济周期对筹资成本的影响,将内部资金需求量与外部筹资成本结合在一起考虑,尽可能在满足需要的同时,降低筹资成本。

2. 股票市场行情状况

股票行情不仅是对整个国民经济状况的反映,而且密切与公司筹资成本相关。当股票市场价格上涨时,普通股票的发行价格就高,公司筹集同量资金所发行的股票数量就较少,相应地筹资成本也就较低,股东权益就不会受到稀释。相反,当股票市场价格下降时,筹资成本会相应上升,筹资成本上升会导致股东权益稀释,给公司原股东带来损失。因此,公司应尽可能避免在股票市场价格降低时发行普通股票筹资。

实际上,股票市场行情是与宏观经济活动周期密切联系在一起的,在选择股票筹资时间时应将这两个因素联系在一起考虑。一般而言,在衰退期,一方面由于股票市场价格较低;另一方面借款利息率也较低,因此用负债筹资比用股票筹资优;而在繁荣期和高涨期,一方面由于股票市场价格较高;另一方面借款利息率也较高,因此用股票筹资比用负债筹资优。

(三) 选择普通股票发行方式的策略

普通股票的发行方式是指公司通过何种途径发行股票。总的来看,股票发行的方式可归为公开发行和不公开发行两大类。选择公开方式发行股票或不公开方式发行股票应注意的问题如下。

1. 公开方式发行股票

公开方式发行是指通过中介机构,间接向社会公众发行股票的股票发行方式。公开发行股票的好处是发行范围广、发行对象多,容易筹足所需的资金;股票的变现能力强、流通性好,有助于宣传公司、提高公司的知名度和扩大影响力,等等。不足之处是手续繁琐,筹资成本高,以及无法根据公司发展需要选择股东,等等。

2. 不公开方式发行股票

不公开方式发行是指只是向少数特定对象直接发行股票的股票发行方式。不公开发行股票的好处是发行方式弹性较大,可以有目的地选择对公司发展有重要帮助的股东,通过筹资与其建立紧密的关系,利于公司的长远发展;筹资成本低,等等。不足之处是发行范围小,股票变现能力差,筹资相对困难,等等。

在我国,对公司选择股票发行方式的制约条件较多,公司的选择权利并不大,因此要求公司在选择股票发行方式时必须熟悉相关法规,只有这样,公司选择的方案才具有可行性。

(四)选择普通股票销售方式的策略

股票销售方式也会对筹资成本产生重要影响。股票销售方式有自销和委托承销两种方式。股票销售方式直接关系到筹资成本和筹资金额,因此需要公司认真对待。

1. 股票发行的自销方式

股票发行的自销方式是指发行公司自己直接将股票销售给认购者。这种销售方式的好处是股票发行公司可以直接控制整个发行过程,实现发行意图,并能够降低发行费用。不足之处是筹资时间长,发行公司要承担全部发行风险,且只有知名度高、实力强和信誉卓著的发行公司才能采用这种股票发行方式。

2. 股票发行的承销方式

股票发行的承销方式是指发行公司将股票销售业务委托给证券公司代理。我国有关法规规定,我国的股份有限公司向社会公开发行股票时,必须采用承销发行方式。股票承销又分为包销和代销两种具体形式。

所谓包销,是指发行公司根据与证券公司签订的承销协议,将股票的销售权交给证券公司,而证券公司根据承销协议规定的价格,一次性购入发行公司本次发行的全部股票,然后以较高的价格出售给社会上的其他投资者。对发行公司而言,包销的好处是发行公司可以及时筹足资本,不承担发行风险,股票是否能按高于包销价格卖出的风险均由证券公司承担;缺点是股票包销价格较低,部分发行股票的溢价由证券公司获得,筹资成本高。

所谓代销,是指发行公司根据与证券公司签订的代销协议,将股票交给证券公司代理销售,但是在这种形式下,证券公司只负责代销股票,不承担发行风险,并且根据代销股票的量获取佣金。对发行公司而言,代销的好处是筹资成本较包销低,缺点是风险大。

（五）普通股票发行价格制订的策略

股票发行价格是股票发行时使用的价格。制订发行价格是普通股票筹资策略的重要组成部分。它直接涉及普通股票的发行数量，以及能否成功发行等，对股东权益有举足轻重的影响，因此，公司必须认真对待。

一般来说，普通股票发行价格的制订要考虑诸如股票的账面价值、每股收益、股票市场行情、流通盘的大小、所属行业、公司所在地区、公司发展潜力等等多种因素，经过公司与证券商或投资者的协商来确定。在完全市场化的前提条件下，普通股票的发行价格具体可以通过如下几种方法确定。

1. 通过承销人之间的竞争性出价确定

采用这种方式确定普通股票的发行价格，要求公司公开对外进行招标。在这种定价方式下，各个承销商会根据自己掌握的股票价格信息，预测公司股票在市场上的可能销售价格，并在此基础上确定承销股票的最高价格，然后参与招标。公司则根据承销商的出价，选择出价高者为其承销商。如果承销商之间的竞争足够充分，那么，采用这种定价法对公司是最为有利的。

2. 通过与承销商直接谈判确定

当发行公司没有足够的承销商可以选择时，就可以采用这种方法来确定一个发行公司和承销商都能接受的普通股票发行价格和承销价。但是采用该种定价方式，要求公司必须了解和预测公司普通股票的市场价格及其未来变化趋势，因此，对财务人员的要求较高。

3. 由发行公司自己确定

采用这种定价方式，普通股票的发行价格完全由发行公司自己确定。投资者则根据公司确定的发行价格订购股票，如果股票的订购量超过了发行量，那么，公司将按发行量与订购量的百分比确定每位投资者实际可以购入的股票数量。当然，也可以采用抽签等公平的方式确定每位投资者可以购入的股票数量。

采用由发行公司自己确定普通股票发行价格的定价方式，可以有效地防止承销商在股票推销中的渔利机会，因此是一种可取的定价方式。但是，如果公司对股票市场价格的预测发生错误，将会对公司股票筹资带来不利的影响。比如股票因发行价格高于市场价格而无法售出，或因股票发行价格过分低于市场价格而蒙受损失，等等。因此，采用由发行公司自己确定普通股票发行价格的定价方式，对公司财务人员的素质要求极高。

4. 以拍卖方式确定

采用该种定价方式的具体做法：先由投资者出价，然后再选择一个略低于某个有利于股票推销的出价为公司股票的发行价格。从理论上来讲，由于直接对投资者的拍卖方式能充分反映股票市场的需求状况，因此，以拍卖方式确定发行价格应是最为合理的定价方式。

总之，普通股票筹资量的确定，要放在其他各类资金来源之后来考虑，并充分注意其发行时间和方式对其发行价格的影响,只有这样才能充分利用普通股票筹资的优点,回避其缺点,使股东权益最大化的目标得以实现。

第四节 优先股票筹资

优先股是企业权益资金之一,但它又与普通股存在着很大的差异,从股份公司的最终所有者——普通股票持有者的角度看,优先股票性质很像债券。本节将讨论优先股票筹资的若干问题。

一、优先股票的特征

(一)优先股票中"优先"的含义

优先股票的优先有如下两层含义:一是指在企业清算时对偿付债务后所余净资产要求权的优先,即它的索赔权优先于普通股票;二是指获取股利的权利优先,即它的股利支付应先于普通股票股利的支付。优先股票持有者获得这两重优先的代价:第一,丧失了投票权,即没有了在公司管理方面权利;第二,丧失了获取公司超额利润的权利。

(二)优先股票具有混合证券的特征

优先股票实际上是一种混合性筹资形式,既具有债券的特点——固定的股息率,又具有普通股票的特点——不需要还本。优先股票的收益是股票面值与其规定股利率之积,它们一般不参与公司剩余利润的分配,就这点而论,优先股票与债券的性质相同;优先股票无到期日,不需要还本,甚至可以不支付股利,就这点而论,优先股票与普通股票的性质相同。优先股票持有者对公司资产的要求权小于债权人,但大于普通股票持有人,是介于债券和普通股票之间的一种筹资工具。

(三)优先股票股利优先权的特征

虽然优先股票规定有固定股利,但实际上,公司对这种股利的支付却带有随意性,并非必须支付不可。不支付优先股股利,并不会像不支付债券利息那样,使企业面临破产的威胁。而且公司不支付优先股股利,并不是就必然意味公司不履行合同义务或丧失了偿付能力,这可能是公司的其他决策原因所致。

二、优先股票的种类

优先股票按发行条款和股利分配条款的不同,可分为若干种类。下面简述最常见的分类。

(一)按股利能否累积为标准分类

按股利能否累积为标准分类,可分为累积优先股票和非累积优先股票。

1. 累积优先股票

几乎所有的优先股票都具有累积股利的特征,即任何1年未付的股利都能递延到以后各年去支付。未支付的优先股票股利会使优先股票在公司中的权益增加。公司必须付清了优先股票股利之后才能支付普通股票的股利。

【例 2-8】 某公司已经连续 3 年没有支付每股面值为 100 元、股利率为 10％的优先股票的股利,问公司累积拖欠优先股票股利为多少?每股优先股票在公司中的权益为多少?

解:

$$公司累积拖欠优先股票股利 = 100 \times 10\% \times 3 = 30(元/股)$$
$$每股优先股票在公司中的权益 = 100 + 30 = 130(元/股)$$

在[例 2-8]中,公司必须在偿清每股 30 元的优先股票股利之后,才能支付普通股票的股利。正是由于优先股票的股利可以拖欠,因此,当年支付股利并没有保障。如果公司不想支付普通股票股利,那么就可以不付清拖欠的优先股票股利。

一般而言,公司不支付当年优先股票股利,通常是其经营状况不好所致。但是,在公司经营状况很好时,也不必一定付清拖欠的优先股票股利。

在大量拖欠优先股股利时,公司若想支付普通股股利,可以采用将优先股票调换为普通股票而使优先股票持有人放弃对拖欠股利的要求权来达到。例如,某公司的优先股股票每股面值为 100 元,由于该公司已 4 年未支付股利率为 10％的股利,共累计拖欠 40 元,使得该优先股票市价降为 70 元/股。如果该公司既想不付拖欠的优先股票股利,又想支付普通股票股利,那么公司可用一定市价的普通股票调换上述优先股票。比如用市价为 110 元一股的普通股票去调换上述市价为 70 元一股的优先股票。从理论上说,优先股票持有者以每股 140 元的优先股票只交换到 110 元的普通股票,似乎损失了 30 元;但从现实来看,他们却是以 70 元的优先股票换取了 110 元的普通股票,并没发生损失。当然上述例子是按 1∶1 的市价进行调换的,在实际中,调换比例可以多种多样。但这种调换必须得到国家有关管理机关认可才行。

2. 非累积优先股票

非累积优先股票是指当年未付的优先股票股利不能转移到以后年度补付的优先股票。在这种情况下,公司没有补付过期优先股票股利的义务,优先股票持有者也无权要求公司予以补付。公司在以后年度一旦有盈利,只要先支付该年的优先股票股利,就可以支付普通股票股利了。显然,这种非累积优先股票不利于保护该类股票持有人的权益,从投资者的角度来看,它甚至不如收益债券。因此,在实际中很少发行该类优先股票,一般只有在公司改组的情况下才可能发行。

(二) 按能否参与剩余利润分配为标准

按能否参与剩余利润分配为标准,可分为参与分配优先股票和非参与分配优先股票。

1. 参与分配优先股票

参与分配优先股票是指优先股票在获取自己应得的股利之外,如公司有超额利润,有权参与同普通股一样的分配,分享额外股利。参与性的主要特征,是当公司利润丰厚、普通股股利超过优先股所获股利时,优先股票持有人可以参与超额利润的分配,获得与普通股票持有人相同的股利报酬,以共享公司的经营成果,即优先股股东可以获取双重的分红权。

【例 2-9】 某公司发行一种面值为 100 元/股,股利率为 8% 的优先股票,规定能按 1:1 的比例参与公司剩余利润的分配。普通股票账面价值 5 元/股,当年普通股票实际股利分配情况为 0.5 元/股。问在这种情况下,优先股票的第二次分红可以得到多少股利?

解:

(1) 计算普通股票以账面价值为基础的股利率。

$$普通股票以账面价值为基础的股利率 = 0.5 \div 5 = 10\%$$

(2) 按普通股票获得的股利率计算优先股票的应得股利。

$$优先股票的应得股利 = 100 \times 10\% = 10(元/股)$$

(3) 计算优先股票第二次可以分得的股利。

$$优先股票第二次可以分得的股利 = 10 - 8 = 2(元/股)$$

在实际中,参与分配的比例不一定就是上述的 1:1 情况,比例可以是多种多样的。在计算优先股票的第二次分红金额的时候,应该根据具体情况具体计算。虽然这种参与分配优先股票对该类股票的投资者有利,但是,实际中很少有优先股票能享受这种参与。

2. 非参与分配优先股票

非参与分配优先股票是指只能获得事先规定股利的股票。公司所获得的超额利润全部归普通股所有,优先股票持有人无权参与其再分配。

(三) 按是否可转换为普通股票为标准

按是否可转换为普通股票为标准,可分为可转换优先股票和不可转换优先股票。

1. 可转换优先股票

可转换优先股票是指该股票在持有一段时间之后,可以按事前规定的兑换率转换为普通股票的优先股票;也可以不转换,将它作为优先股票,获取固定的股利。总之,转换权力归优先股股东所有。

2. 不可转换优先股票

不可转换优先股票是指只能享受固定股利,不能转换为普通股票的优先股票。该类股票与普通股票不发生任何联系。

(四) 按是否有收回优先股票的权利为标准

按是否有收回优先股票的权利为标准,可分为可收回优先股票和不可收回优先股票。

1. 可收回优先股票

虽然优先股票同普通股票一样,没有规定到期日,但是一般认为优先股票不是公司的永久性资金来源,因为在有关合同中都附有收回这种股票的条款。即在优先股票发行若干年后，公司可随时按照预先规定的价格和方式收回已发行的优先股票。需要强调的是，此项收回的决定权归发行公司所有，而不是优先股票持有人。优先股票的收回性质增加了公司的筹资机动性。收回的价格一般高于票面价值或清偿价值，以示对优先股票的补偿。

为了保证收回优先股票的资金来源，企业可设立偿付基金。偿付基金应该根据收回优先股票的资金实际需要量计算提取。

【例 2-10】 某公司发行计划在 12 年内收回发行在外的可收回优先股票 10 000 万元，收回比例为每隔 3 年收回面值的 25%，合同规定的收回价格为优先股票面值的 120%，适用折现率为 6%。问该公司每年应该提取多少偿付基金？

解：

分析：首先，由于优先股票的股利已经每年支付，因此不需要再为股利提取偿付基金；其次，由于每隔 3 年收回一次优先股票，因此提取偿付基金的时间应以 3 年为 1 期。设每年计提的偿付基金为 A，根据以上分析，有：

$$10\,000 \times 25\% \times 120\% = \sum_{t=1}^{3} A \times (1+6\%)^t$$

$$A = \frac{10\,000 \times 25\% \times 120\%}{\sum_{t=1}^{3}(1+6\%)^t} = \frac{3\,000}{3.374\,6} = 888.99(万元)$$

根据上述计算结果可知，只要公司每年提取 888.99 万元的偿付基金，就可以满足按合同条款规定收回优先股票的资金需要。

一般来说，当发生如下几种情况时，公司可用偿付基金收回优先股票：第一，当市场利率降低，且公司可以以其他筹资方式获得成本更低的资金时，收回以前发行的优先股票可减轻股利负担；第二，当公司资金充裕时，可以收回资金成本较高的优先股票以减轻财务负担；第三，当公司不愿再受优先股票的契约条款所限制，且又可用其他方式获取资金时，可以收回优先股票，摆脱限制。

【例 2-11】 某公司在 5 年前发行了面值为 100 元/股，股息率为 10% 的优先股票。在优先股票发行合同中规定：在优先股票发行 5 年之后，公司可以按照当时市场价格 10% 的溢价收回发行在外的优先股票，该收回权利归公司所有。现在该优先股票的市场价格为 160 元/股。公司预计同风险的市场利率已经降为 6%，并且在未来还有进一步下降的空间，估计在未来的第 3 年起将下降至 5%。因此，公司决定按照合同的约定收回该批优先股票。试问收回该优先股票可以给公司带来什么好处？

解：

分析：收回优先股票的收益是可以降低未来的股息支出，成本是收回价格与发行价格之差。

(1) 计算收回优先股票的收益。

第 1 年和第 2 年年节约股息支出 $=100\times(10\%-6\%)=4$(元/股)

第 3 年以后年节约股息支出 $=100\times(10\%-5\%)=5$(元/股)

节约股息支出的现值 $=\dfrac{4}{1+6\%}+\dfrac{4}{(1+6\%)^2}+\dfrac{1}{(1+6\%)^2}\times\dfrac{5}{5\%}=96.33$(元/股)

(2) 计算收回优先股票的成本。

收回优先股票的成本 $=160\times(1+10\%)-100=76$(元/股)

(3) 计算收回优先股票的盈亏。

收回优先股票的盈亏 $=96.33-76=20.33$(元/股)

计算结果表明,收回该优先股票可以给公司带来每股 20.33 元的好处,因此,该收回行为是可取的。

企业可以利用偿付基金,在公开市场上买进优先股票或按发行契约所规定的回收价格收回一部分优先股票。偿付基金的建立有利于优先股票持有者,因为在其回收过程中会驱使剩余优先股票的市价上扬。根据供求关系,随着流通在外的优先股票的不断减少,其股票市场价格必定会上升。但是,偿付基金的建立却不利于普通股票持有者,因为它提前造成现金流出,使公司财务风险增大。正是由于这些原因,公司发行的有偿付基金的优先股票的股利率,一般都低于无偿付基金的优先股票的股利率。

2. 不可收回优先股票

不可收回优先股票是指在有关合同条款中,没有赋予公司以某一价格或方式收回优先股票的权利的股票。公司如要收回此类优先股票,只能在证券市场上按市价收购,或者以其他证券调换优先股票。

三、优先股票的表决权

优先股票持有者对公司的净资产和利润有优先要求权,但对公司经营管理决策方面的重大问题没有投票表决权。按我国股份公司规定,只有在发行公司连续 3 年不支付优先股票股利的情况下,优先股票持有者才可以获得一股一票的表决权。在这种情况下,全部优先股票持有者就有权选举若干名董事,间接参与公司管理。但是,一方面由于优先股票选举出的董事通常占董事总人数的比重很小;另一方面由于优先股票持有者能参加公司的经营管理之前,公司已经陷入严重的财务困境;因此,优先股票持有者即使获得一股一票的表决权,从实际上看,也起不了多大的作用。

虽然优先股票持有者可以按他们同公司签订的契约,在公司违反条款时取得一股一票的表决权,也可以在合同中规定若干限制条款,比如要求公司应达到某些财务比率等;但应该指出的是,不管公司违反它和优先股票持有者所签契约中的哪一款规定,都不会像公司违反贷款和债券契约那样,要承担立即偿付的义务。在违反优先股票契约时,公司只是给予优先股股东选举董事来间接参与经营管理的权利,并保证在违反契约期间不支付普通股票股利而已。因此，法律赋予优先股股东的权利要比债权人小得多。

四、优先股票的利弊和筹资策略

（一）优先股票的优点

1. 财务负担轻

由于优先股票股利不是发行公司必须偿付的一项法定债务，如果公司财务状况恶化时，这种股利可以不付，从而减轻了企业的财务负担。

2. 财务上灵活机动

由于优先股票没有规定最终到期日，它实质上是一种永续性借款。优先股票的收回由企业决定，企业可在有利条件下收回优先股票，具有较大的灵活性。

3. 财务风险小

由于从债权人的角度看，优先股属于公司股本，它增加了公司对外借债的权益基础，提高了公司的举债能力，降低了公司的财务风险。

4. 不减少普通股票收益和控制权

与普通股票相比，优先股票每股收益是固定的，只要企业净资产收益率高于优先股票成本率，普通股票每股收益就会上升。另外，优先股票无表决权，因此，不影响普通股股东对企业的控制权。

总之，优先股票一方面财务风险小，另一方面不减少普通股股东既得利益，这两方面是它的主要优点。

（二）优先股票的缺点

1. 资金成本高

由于优先股票股利不能抵减所得税，因此其成本高于债务成本。这是优先股票筹资的最大不利因素。

2. 股利支付的固定性

虽然公司可以不按规定支付股利，但这会影响企业形象，进而对普通股票市价产生不利影响，损害到普通股股东的权益。当然，如在企业财务状况恶化时，这是不可避免的；但是，如企业盈利很大，想更多地留用利润来扩大经营时，由于股利支付的固定性，便成为一项财务负担，影响了企业的扩大再生产。

（三）优先股票筹资策略

正是由于优先股票筹资有上述利弊，因此在筹资时应注意分析在不同盈利水平条件下优先股票筹资的不同影响。一般来说，确定优先股票的发行量应注意如下的问题。

1. 关注净资产收益率与优先股票成本之差

将公司的净资产收益率与优先股票成本相比较，如公司的净资产收益率较高，足以抵消优先股票的成本时，企业发行优先股票可以获得财务杠杆利益，使普通股股东收益最大化。

【例 2-12】 已知南山公司净资产收益率为 16%,如果将优先股票的股息率设定为 8%,那么,优先股票可以按照面值发行。试分别计算优先股权益与普通股权益之比为 0.3∶1、0.6∶1、0.8∶1 和 1∶1 时的普通股权益收益率为多少?

解:
在不同情况下,普通股权益收益率分别为:

$$\text{优先股权益与普通股权益之比为 0.3∶1 时的普通股权益收益率} = 16\% + \frac{0.3}{1} \times (16\% - 8\%) = 18.24\%$$

$$\text{优先股权益与普通股权益之比为 0.6∶1 时的普通股权益收益率} = 16\% + \frac{0.6}{1} \times (16\% - 8\%) = 20.8\%$$

$$\text{优先股权益与普通股权益之比为 0.8∶1 时的普通股权益收益率} = 16\% + \frac{0.8}{1} \times (16\% - 8\%) = 22.4\%$$

$$\text{优先股权益与普通股权益之比为 1∶1 时的普通股权益收益率} = 16\% + \frac{1}{1} \times (16\% - 8\%) = 24\%$$

从上例可以看出,随着优先股权益与普通股权益之比的增大,发行优先股所获得的财务杠杆利益就越大,当优先股权益与普通股权益之比达到 1∶1 时,公司的净资产收益率达到了 24%。当然,如果企业还能按某种最佳的负债权益比,同时增加债务和优先股,那么,企业还能更充分地运用有利的财务杠杆,使普通股股东收益率以更快的速度上升。

2. 关注企业财务风险的变化

注意企业现行的财务风险,在控制企业财务风险的前提条件下追求普通股股东收益的最大化。当企业经营风险较大时,增加债务虽然可以获得较高的普通股权益收益率,但是,这样会增加公司的财务风险并放大总风险,使企业价值降低。因此,在此时,企业为了回避财务风险,就应少增加债务,多增优先股;因为这样做既可以减少企业总风险,又可使普通股票持有者获得最大的风险收益。

总之,如在依靠负债筹资会过多增大企业风险,而又不愿发行普通股票削弱企业的控制权和丧失风险收益的情况下,最佳的筹资方案就只能是发行优先股票筹资。

从我国现实情况看,目前尚未见优先股票流通。究其原因,一是我国公司的筹资管理尚未能以股东财富最大化为目标,公司筹资的目的主要是从市场上融入生产经营所需的资金,对资金来源的结构,特别是股本的结构对股东权益的影响问题并不重视;二是股票市场尚不健全,公司难以自主决定发行股票的种类。可以预见,随着规范化的股份公司日益增多,公司理财目的将会逐渐转向股东财富最大化;随着股票市场的日益健全,公司发行股票的自主权会相应增加,到时,股份公司将自然会考虑到优先股票筹资的问题,优先股票也终将成为我国证券市场上的常见证券品种。

案例与资料

【案例与资料 1】 我国股票筹集资金情况(如表 2-8~表 2-11 所示)。

表 2-8

我国股票募集资金情况统计表

日期	募集资金（亿元）	实际募集资金（亿元）
1990	2.11	2.11
1991	10.87	10.68
1992	221.85	221.02
1993	294.32	190.46
1994	119.92	118.15
1995	98.27	96.29
1996	319.75	308.37
1997	901.44	876.80
1998	792.69	772.10
1999	877.66	855.83
2000	1 551.58	1 508.57
2001	1 218.94	1 184.14
2002	736.22	712.88
2003	646.16	624.27
2004	617.96	593.08
2005	339.03	333.21
2006	2 677.15	2 628.51
2007	7 985.82	7 865.80
2008	3 516.68	3 457.49
2009	5 160.74	5 057.34

表 2-9

我国股份公司首次发行股票募集资金情况统计表

日期	首发家数（家）	首发股数（亿股）	首发募集资金（亿元）	首发发行费用（亿元）	首发实际募集资金（亿元）	首发市盈率（倍）
1990	11	1.382	2.109	0.000	2.109	
1991	16	3.465	10.869	0.194	10.675	13.320
1992	97	18.457	221.848	0.827	221.021	65.485
1993	155	65.278	234.133	3.849	230.284	14.030
1994	58	21.699	60.728	1.482	59.246	11.114
1995	34	17.589	42.023	0.626	41.396	11.306
1996	203	63.238	253.035	10.091	242.944	13.870
1997	207	132.209	693.023	20.863	672.160	11.969
1998	111	81.110	417.469	13.067	404.402	10.086
1999	94	86.183	498.935	13.477	485.458	20.387

(续表)

日期	首发家数（家）	首发股数（亿股）	首发募集资金（亿元）	首发发行费用（亿元）	首发实际募集资金（亿元）	首发市盈率（倍）
2000	146	120.870	871.593	25.330	846.263	32.884
2001	68	79.735	563.182	15.946	547.236	32.259
2002	71	121.242	516.963	15.539	501.424	19.219
2003	66	83.637	453.508	15.210	438.298	18.298
2004	98	54.881	353.459	17.420	336.039	17.398
2005	15	13.915	57.631	2.811	54.820	20.434
2006	71	394.828	1 642.564	41.931	1 600.632	24.447
2007	121	413.691	4 469.964	88.925	1 381.039	29.666
2008	78	121.378	1 040.051	30.832	1 009.218	26.749
2009	111	260.378	2 021.966	70.357	1 951.609	52.930

表 2-10

我国上市公司增发发行股票募集资金情况统计表

日期	首发家数（家）	首发股数（亿股）	增发募集资金（亿元）	增发费用（亿元）	增发实际募集资金（亿元）	增发市盈率（倍）
1990	0	0.000	0.000	0.000	0.000	
1991	0	0.000	0.000	0.000	0.000	
1992	0	0.000	0.000	0.000	0.000	
1993	0	0.000	0.000	0.000	0.000	
1994	0	3.200	7.680	0.000	7.680	
1995	0	0.000	0.000	0.000	0.000	
1996	0	0.000	0.000	0.000	0.000	
1997	0	0.000	0.000	0.000	0.000	
1998	7	6.350	30.463	0.659	29.804	12.111
1999	6	6.714	59.748	1.317	58.431	19.870
2000	18	11.098	170.459	5.085	165.375	26.693
2001	24	15.708	225.126	7.256	217.870	35.000
2002	27	16.885	162.642	5.800	156.842	
2003	17	12.530	116.132	3.534	112.598	
2004	11	22.439	159.729	3.817	155.972	
2005	5	53.300	278.780	2.807	275.972	
2006	57	206.758	1 030.265	6.494	1 023.770	47.485
2007	170	314.860	3 288.180	29.433	3 258.747	
2008	142	221.707	2 325.059	25.099	2 299.960	22.790
2009	135	408.629	3 032.800	31.000	3 001.801	27.423

表 2-11

我国上市公司配股发行股票募集资金情况统计表

日期	配股家数（家）	配股股数（亿股）	配股募集资金（亿元）	配股费用（亿元）	配股实际募集资金（亿元）
1990	0	0.000	0.000	0.000	0.000
1991	0	0.000	0.000	0.000	0.000
1992	0	0.000	0.000	0.000	0.000
1993	55	12.606	60.185	0.004	60.180
1994	53	14.623	51.512	0.288	51.224
1995	78	14.830	56.247	1.357	54.890
1996	41	16.972	66.714	1.287	65.427
1997	96	37.279	208.415	3.777	204.638
1998	160	51.588	344.761	6.864	337.898
1999	116	41.751	318.978	7.019	311.959
2000	161	56.066	509.532	12.597	496.935
2001	126	42.053	430.636	11.602	419.034
2002	22	6.537	56.613	1.995	54.618
2003	25	10.354	76.524	3.152	73.371
2004	23	22.983	104.767	3.637	101.130
2005	2	0.547	2.620	0.204	2.416
2006	2	1.108	4.319	0.215	4.104
2007	7	19.548	227.675	1.663	226.012
2008	9	12.794	151.570	3.257	148.312
2009	10	17.265	105.969	2.034	103.935

资料来源：WIND 数据库。

【案例与资料 2】 中国长江电力股份有限公司首次公开发行股票上市公告书

中国长江电力股份有限公司首次公开发行股票上市公告书

第一节 重要声明与提示(略)

第二节 概览(略)

第三节 绪言(略)

第四节 发行人概况

一、公司基本情况(略)

二、公司历史沿革

1. 公司设立及发展历程

公司在中国长江三峡工程开发总公司下属的原葛洲坝水力发电厂的基础上改制设立。公司于 2002 年 11 月 4 日在国家工商行政管理总局登记注册成立。

2. 公司股本变动情况

公司发起人出资及股本结构如表 2-12 所示。

表 2-12

公司发起人出资及股本结构表

发起人	出资额(万元)	出资形式	折合股本(万股)	持股比例(%)	股权性质
三峡总公司	760 718.83	资产	494 935	89.5	国家股
华能国际	25 498.95	现金	16 590	3.0	国有法人股
中核集团公司	25 498.95	现金	16 590	3.0	国家股
中石油	25 498.95	现金	16 590	3.0	国家股
葛洲坝集团	8 499.65	现金	5 530	1.0	国有法人股
长江委	4 249.83	现金	2 765	0.5	国有法人股
合　计	849 965.16		553 000	100	

公司设立以来至本次 A 股发行前股本结构未发生过变化。

三、公司主要经营情况

(一) 公司经营概况

公司的主要业务为水力发电,拥有的葛洲坝电站是我国规模最大的水力发电站之一,总装机容量 2 715MW,多年平均发电量 157 亿 kWh,在全国各发电厂中位居前列;收购三峡工程首批投产机组后,公司总装机容量达到 5 515MW,成为国内规模最大的水电企业。

(二) 公司的竞争优势及劣势

1. 公司的竞争优势

作为全国规模最大的水力发电企业之一,公司在规模、成本、设备与技术、管理与人才等方面具有竞争优势,具体如下:

(1) 规模优势。公司目前总装机容量为 5 515MW,是国内规模最大的水电企业;随着三峡工程投产机组及其他发电资产的持续收购,公司的规模将持续增长。公司计划用 20 年左右时间发展成为国内及国际一流的清洁能源公司。

(2) 成本及现金流量优势。目前国内水电公司运行成本是 0.04～0.09 元/kWh;火电企业运行成本为0.198元/kWh左右(资料来源:《中国行业景气分析报告》)。公司近3年的单位发电成本平均为0.032元/kWh左右,具有较明显的成本优势。公司近3年平均电力销售收入在14亿元左右,款项回收及时;2003年1~6月公司成本中无需支付现金的折旧费用占主营业务成本的59%以上,现金流充足、稳定,生产经营活动产生的现金流量能为公司提供稳定的资金来源。

(3) 设备与技术优势。葛洲坝电厂综合自动化水平已达到国内领先水平,部分装备的技术性能达到国际领先水平。公司收购的三峡发电机组可靠性好、自动化水平高,机组容量为世界最大(单机额定功率700MW,最大容量可达840MVA);水轮机稳定性、抗泥沙磨蚀、抗气蚀性能均较好;机组效率最高达95%,技术水平属国际领先。

(4) 管理与人才优势(略)。

2. 公司的竞争劣势

公司在生产经营中存在以下劣势:

(1) 目前公司电源为单一的水电结构。其中,葛洲坝电站属径流式电站,三峡电站为季调节电站,调节能力较弱。

(2) 公司发电生产所需的主要资源为长江天然来水,其来水量存在不均衡性,可能给公司的发电量和经营业绩带来一定的波动。

(3) 目前我国最大的5家发电集团平均可控装机容量为32 000MW,权益容量为20 000MW左右,公司目前装机容量为5 515MW,与5家发电集团相比,规模尚有差距。公司将通过收购三峡工程陆续投产的发电机组和其他优质发电资产,逐步提高市场竞争能力。

(三) 公司的主要财务指标

公司近3年主要财务指标见本上市公告书之"财务会计资料"。

(四) 公司享有的财政税收优惠政策

葛洲坝电站自2003年1月1日起、三峡电站自发电之日起,电力产品增值税税负超过8%的部分实行即征即退的政策。

第五节 股票发行与股本结构

一、首次公开发行股票的情况

(1) 发行股数:232 600万股,占发行后总股本的比例为29.61%。

(2) 发行价格:4.30元/股。

(3) 募集资金总额:1 000 180万元,扣除发行费用后实收资金988 553.747 881万元(含申购资金冻结期间产生的利息收入5 898.091 880万元)。

(4) 发行方式:网下向法人投资者含战略投资者、证券投资基金和一般法人投资者定价配售与网上向二级市场投资者定价配售发行相结合。

(5) 配售主要对象:网下配售对象包括战略投资者、证券投资基金和一般法人投资者；网上配售对象为上海证券交易市场或深圳证券交易市场的 A 股投资者。

（6）配售比例：网下向法人投资者定价配售发行数量为 104 670 万股，占本次发行总量的 45%，有效冻结资金 23 811 815.3 万元，其中向战略投资者配售发行 40 000 万股，配售比例 20%；向一般法人投资者配售发行 64 670 万股，配售比例为 1.176 468 448%。网下配售发行共有余股 655 股由主承销商包销。网上向二级市场投资者定价配售，发行数量为 127 930 万股，占本次发行总量的 55%，配号总数为 89 229 610 个，市值配售中签率为 1.433 716 90%。

（7）发行费用总额及项目：本次发行费用为 17 524.343 999 万元，包括承销费、上网发行手续费、审计费、评估费、律师费和审核费。

（8）每股发行费用：0.075 3 元。

二、本次上市前首次公开发行股票的承销情况

本次公开发行的 232 600 万股社会公众股中，网下配售发行数量为 104 670 万股，由战略投资者、证券投资基金和一般法人投资者认购；网上配售发行数量为 127 930 万股，采取市值配售方式由二级市场投资者认购。网下配售发行部分确定配售比例后产生的余股为 655 股；网上配售发行部分因中签投资者资金账户中认购资金不足而放弃认购的股票为 2 106.492 6 万股，合计 2 106.558 1 万股，占本次发行总股数的 0.91%，由主承销商中信证券股份有限公司包销。

三、本次上市前首次公开发行股票募集资金的验资报告

北京中洲光华会计师事务所有限公司对本公司本次上市前首次公开发行股票募集资金出具了《验资报告》（中洲光华[2003]验字第 026 号），摘录如下。

中国长江电力股份有限公司全体股东：

长江电力原注册资本为人民币 5 530 000 000 元，于 2003 年 10 月 28 日向社会公开发行人民币普通股（A 股）232 600 万股，每股面值 1 元，每股发行价格为 4.30 元。经我们审验，截至 2003 年 11 月 11 日，长江电力已收到社会公众股东缴入的出资款人民币 10 001 800 000 元，申购资金于冻结期间产生的利息收入 58 980 918.80 元，扣除发行费用后实际收到人民币 9 885 537 478.81 元，其中新增注册资本人民币 2 326 000 000 元，余额计人民币 7 559 537 478.81 元作为资本公积。

本验资报告仅供长江电力申请变更登记及据以向股东签发出资证明时使用，不应将其视为是对长江电力验资报告日后资本保全、偿债能力和持续经营能力等的保证。因使用不当所造成的后果，与执行本验资业务的注册会计师及会计师事务所无关。

四、募集资金入账情况

（1）入账时间：2003 年 11 月 11 日。

（2）入账金额：989 181.747 881 万元（扣除承销费和上网发行费，含申购资金于冻结期间产生的利息收入）。

五、发行人上市前股本结构及各类股东的持股情况

1. 本公司上市前的股权结构

表 2-13

公司上市前股权结构表

股 本 类 别	股 数（股）	比例(%)
一、未上市流通股份	5 530 000 000	70.39
发起人股	5 530 000 000	70.39
1. 国家股	5 281 150 000	67.22
其中：三峡总公司	4 949 350 000	63.00
中核集团公司	165 900 000	2.11
中石油	165 900 000	2.11
2. 国有法人股	248 850 000	3.17
其中：华能国际	165 900 000	2.11
葛洲坝集团	55 300 000	0.71
长江委	27 650 000	0.35
二、社会公众股	2 326 000 000	29.61
1. 本次上市流通股	1 279 300 000	16.29
2. 战略投资者持有股份	400 000 000	5.09
3. 一般法人投资者持有股份	646 700 000	8.23
股 本 合 计	7 856 000 000	100.00

注：战略投资者持有股份锁定期限为18个月，一般法人投资者持有股份锁定期限为6个月，在锁定期满后，方可上市流通。

2. 本次股票上市前，公司前十名股东及其持股比例（略）

第六节 董事、监事、高级管理人员（略）

第七节 同业竞争与关联交易

一、同业竞争

1. 同业竞争情况

三峡总公司是公司的控股股东，主要从事三峡工程建设和经营管理，本次发行前持有公司89.5%的股份。改制重组设立公司时，为避免同业竞争，三峡总公司已将与发电业务相关的全部经营性资产投入公司，不从事与公司构成同业竞争的业务，其附属企业与公司也不存在同业竞争情况。但随着三峡发电机组的逐步建成投产，三峡总公司将与公司产生同业竞争。

2. 公司解决同业竞争的措施

为避免可能产生的同业竞争，公司设立时在《关于共同发起设立中国长江电力股份有

限公司之发起人协议》中专门制订了不竞争条款;并由三峡总公司出具了《避免同业竞争承诺函》,承诺三峡总公司在作为公司控股股东期间,不直接或间接在中国境内或境外从事与公司营业执照载明的主营业务构成竞争或可能构成竞争的业务,并促使其全资、控股企业在中国境内或境外不经营导致或可能导致与公司主营业务直接或间接产生竞争的业务。

为解决由于三峡发电机组逐步投产产生的同业竞争问题,三峡总公司赋予公司以合理价格优先收购陆续投产的三峡发电机组的权利。公司与三峡总公司签订了《三峡工程 2#、3#、5#、6# 发电机组资产收购协议》,计划运用本次发行股票募股资金配以一定债务筹资收购三峡工程首批投产的 4 台发电机组,并拟根据公司财务状况和资本市场的实际情况,通过持续筹资逐步收购三峡工程后续投产的发电机组。公司还与三峡总公司签订了《三峡发电资产委托管理协议》,由三峡总公司委托公司统一管理已建成投产但暂未进入公司的三峡发电机组。

二、关联交易

(一) 关联方及关联关系

公司本次发行前存在的关联方包括公司控股股东、其他股东、控股股东控制或参股的企业、公司参股企业及公司董事控制的其他企业。

1. 控股股东

三峡总公司是公司的控股股东,本次发行前持有公司 89.5% 的股份,发行后持有公司 63.0% 的股份。

2. 控股股东控制或参股的企业(略)

3. 公司持股比例 20% 以上的参股企业

公司持有三峡财务有限责任公司 27.08% 的股份。

4. 公司董事控制的其他企业(略)

(二) 公司目前存在的重大关联交易情况

公司与三峡总公司及其下属企业在委托管理发电资产、提供劳务、综合服务等方面存在一定的关联交易。利用本次募股资金向三峡总公司收购三峡工程首批投产机组也属于关联交易。

(三) 公司减少和规范关联交易的措施

公司在《公司章程》、《股东大会议事规则》、《关联交易制度》等规章制度中对关联交易行为作出了严格规定,并通过与三峡总公司签订《综合服务协议》,对公司与三峡总公司及其下属企业间发生的生产供水、物业管理、社会服务等涉及关联交易的行为作了原则性规定,从而逐步减少和规范公司存在的关联交易。

第八节 财务会计信息

一、注册会计师意见

北京中洲光华会计师事务所有限公司对公司 2002 年 12 月 31 日、2003 年 6 月 30 日的资产负债表和2000年度、2001年度、2002年度及2003年1~6月的利润表以及2002年11月11日至12月31日、2003年1~6月的现金流量表进行了审计。北京中洲光华会计师事务所有限公司出具了标准无保留意见的审计报告(中洲光华[2003]股审字第045号)。

二、公司简要会计报表

1. 简要资产负债表

表2-14

简要资产负债表

单位:元

项 目	2003年6月30日	2002年12月31日
应收账款	643 010 008.41	509 056 755.58
其他应收款	13 743 690.82	7 994 126.26
预付账款	13 888 990.31	12 326 407.17
流动资产合计	1 441 115 560.35	1 870 094 088.18
长期投资合计	176 573 137.93	169 322 250.85
固定资产合计	7 898 824 501.33	7 872 440 978.19
资产总计	9 516 513 199.61	9 911 857 317.22
应付账款	2 442 747.82	5 861 728.77
其他应付款	36 957 286.87	85 560 120.58
应付股利	253 699 339.77	19 511 406.11
流动负债合计	960 893 427.91	706 963 506.89
长期负债合计	—	701 232 000.00
负债合计	960 893 427.91	1 408 200 060.89

2. 简要利润表

表2-15

简要利润表

单位:元

项 目	2003年1~6月	2002年度	2001年度	2000年度
主营业务收入	696 240 582.71	1 371 139 637.93	1 414 965 181.06	1 407 285 229.72
主营业务利润	437 645 922.69	798 244 673.06	866 404 964.28	890 603 982.96
营业利润	426 350 657.93	664 671 019.80	717 182 725.01	730 800 245.14
利润总额	459 694 862.83	675 246 246.33	729 243 946.82	744 252 590.98
净利润	305 661 855.14	442 623 815.28	493 591 446.22	505 068 257.15

3. 简要现金流量表

表 2-16

简要现金流量表

单位：元

项　　目	2003 年 1～6 月	2002 年 11 月 11 日至 12 月 31 日
经营活动产生的现金流量净额	359 044 418.83	58 188 662.67
投资活动产生的现金流量净额	−166 115 312.43	−38 473 208.46
筹资活动产生的现金流量净额	−708 561 694.99	−29 165 500.00
现金及现金等价物净增加额	−515 632 588.59	−9 450 045.79

三、公司会计报表附注（略）
四、公司主要财务指标

表 2-17

公司主要财务指标

财务指标	2003 年 6 月 30 日	2002 年 12 月 31 日	2001 年 12 月 31 日	2000 年 12 月 31 日
流动比率	1.5	2.65	1.07	1.26
速动比率	1.47	2.59	1.03	1.24
资产负债率（%）	10.10	14.21	31.21	28.49
应收账款周转率（次）	1.21	2.60	2.65	2.48
存货周转率（次）	8.18	17.93	21.98	23.59
净资产收益率（%）	3.57	5.21	5.80	5.94
扣除非经常性损益后的净资产收益率（%）	3.60	5.25	5.85	6.02
每股收益（元）	0.055	0.080	0.089	0.091

注：公司 3 年又一期每股收益均依据本次发行前股本 553 000 万股计算。

五、盈利预测

本公司盈利预测的编制遵循了谨慎性原则，但盈利预测所依据的各种假设具有重大不确定性，投资者进行投资决策时不应过分依赖该项资料。公司盈利预测表如表 2-18 所示。

表 2-18

公司盈利预测表

单位：元

项　　目	2002 年度实际发生数	2003 年度预测数	2004 年度预测数
主营业务收入	1 371 139 637.93	3 004 529 055.00	5 524 839 246.00
主营业务利润	798 244 673.06	2 138 549 400.00	3 958 943 846.00
营业利润	664 671 019.80	1 890 849 073.00	3 417 162 940.00
利润总额	675 246 246.33	2 140 154 394.16	3 892 878 472.00
净利润	442 623 815.28	1 414 503 444.16	2 605 228 576.00

第九节 其他重要事项(重点描述本次股票发行后至上市公告书公告之日公司的各种重大事项,略)

第十节 董事会上市承诺(略)

第十一节 上市推荐人及其意见

一、上市推荐人有关情况

1. 中信证券股份有限公司(略)
2. 国泰君安证券股份有限公司(略)

二、上市推荐人意见

中信证券股份有限公司、国泰君安证券股份有限公司的推荐意见主要内容如下:

长江电力公司章程符合《中华人民共和国公司法》等有关法律、法规和中国证监会的相关规定;按照《中华人民共和国公司法》和《中华人民共和国证券法》及《上海证券交易所股票上市规则》等国家有关法律、法规的规定,上市推荐人认为长江电力股票已具备公开上市的条件。

上市推荐人保证发行人的董事了解法律、法规、上海证券交易所上市规则及股票上市协议规定的董事义务与责任,并协助发行人健全了法人治理结构、协助发行人制订了严格的信息披露制度与保密制度。上市推荐人已对上市文件所载的资料进行了核实,确保上市文件真实、准确、完整,符合规定要求。上市推荐人保证发行人的上市申请材料、上市公告书没有虚假、严重误导性陈述或者重大遗漏,保证对其承担连带责任,并保证不利用在上市过程中获得的内幕信息进行内幕交易,为自己或他人谋取利益。

中信证券股份有限公司、国泰君安证券股份有限公司作为中国长江电力股份有限公司首次公开发行股票的上市推荐人,特此推荐长江电力本次发行的 1 279 300 000 股人民币普通股股票在上海证券交易所上市交易。

中国长江电力股份有限公司
二〇〇三年十一月十二日

思考与练习

一、复习思考题

1. 什么是资本金?
2. 资本金制度可以分为哪几类?我国资本金制度的基本内容是什么?
3. 非股票形式的资本金筹资有什么特殊性?其筹资又有哪些利弊?
4. 非股票形式的资本金筹资有哪些基本的策略?
5. 普通股票的特征是什么?
6. 普通股票筹资是如何影响到新老股东之间的利益关系的?

7. 对普通股票进行分类有什么作用？
8. 你如何看待我国普通股票分类的特殊性？
9. 在我国,普通股票持有者有哪些基本的权利？
10. 我国对普通股票发行有哪些基本的规定？
11. 普通股票筹资的主要利弊是什么？
12. 普通股票筹资有哪些基本的策略？
13. 优先股票的基本特征是什么？
14. 优先股票是如何进行分类的？不同分类的基本目的是什么？
15. 优先股票筹资的主要利弊是什么？
16. 优先股票筹资有哪些基本的策略？

二、练习题

1. 已知光明股份有限公司章程中规定的定额股份为40 000万股,已发行股份30 000万股,现有库存股份为5 000万股,问该公司流通中的股份为多少？

2. 南珠股份有限公司资产负债表的权益资料如表2-19所示。

表2-19

南珠股份有限公司资产负债表的权益资料表

单位：万元

优先股(每股面值10元)	10 000
普通股(每股面值1元)	10 000
资本公积	40 000
盈余公积	20 000
未分配利润	30 000
所有者权益合计	110 000

优先股票的票面股利率为10%,但公司已经连续两年未计提和分配优先股票的股利。

试根据表2-12计算普通股的每股账面价值。

3. 设练习题2中南珠股份有限公司在清算后的净资产分别为30 000万元和120 000万元,问在这两种情况下,普通股票每股可以各分得多少金额？

4. 设W公司发行A、B两类股票。A类股票和B类股票均享有一股一票的投票权。B类股票的持有者为公司创始人,B类股票的发行价格为2元/股,发行数量为10 000万股。A类股票对社会公众发行,发行价格为10元/股,发行数量为5 000万股。问B类股票持有者通过发行A类股票可以获得多少创业利润？

5. 假定振业股份有限公司现有普通股票10 000万股,净资产为40 000万元,年净利润为5 000万元,每股收益为0.5元。现根据市场需要,决定投资扩大生产经营规模,投资完成之后,公司的总资产将扩张到120 000万元,估计扩张之后的总资产收益率可以达到18%。公司感到如果不增加普通股本,那么扩张后的资产负债率就会太高,不利于公司未来的发展。因此,决定发行普通股票,降低资产负债率。公司预计新股能按照16倍的市盈率,即8元/股的价格顺利发行。公司拟定了两个发行方案,方案甲:发行6 000万股;方案乙:发行3 000万股。资金不足部分,通过年利息率为6%的银行借款解决。公司所得税率为30%。试根据上述资料回答:按照两种不同方案,原股东所获得的创业利润各为多少?原股东所获得的未来收益又各为多少?您认为两个方案中,哪一个方案最优?为什么?

6. 长空股份有限公司现有A股、B股、H股、法人股和国有股五类普通股票,其相关资料如表2-20所示。

表2-20

长空股份有限公司相关资料表

股票分类	股数(万股)	净资产(万元)	每股净资产(元)	市场价格(元/股)	市场价值合计(万元)
A股	30 000	60 000	2	10	300 000
B股	10 000	20 000	2	5	50 000
H股	10 000	20 000	2	4	40 000
法人股	10 000	20 000	2	3	30 000
国有股	20 000	40 000	2	2	40 000
合 计	80 000	160 000	—	—	460 000

现该股份有限公司有一有利可图的投资项目,准备按现有股份30%的比例向全部股东配售普通股票。试分析:不同类别股东对配股价格基础的看法,以及会采取的相应措施;按照不同配股价格基础,公司所筹集的股权资金数量。

假定配股后的A股市场价格按照原市场价格与发行价格的加权平均价格确定,B股、H股和法人股的市场价格按照原市场价格与每股净资产之比确定,国有股市场价格按照每股净资产确定。试问按A股市场价格为基础配股对不同股东利益的影响,以及对公司的影响。

7. 大华公司有80 000 000股普通股票流通在外,拟选举董事总数为9人,问少数股权所有者至少需掌握多少股份才能获得1名董事席位?

8. 如果练习题7中的大华公司采用分期选举制,每次选出董事3人,问少数股权所有者至少需掌握多少股份才能获得1名董事席位?

9. S股份有限公司的普通股票总数为20 000万股,现准备新发行普通股票3 000万股。王先生目前持有S公司的普通股票30 000股,问王先生可以获得多少股的优先购股权?

10. 长风股份有限公司现有总资产5 000万元,资产盈利率为12%,负债与净资产(全部为普通股票所有)之比为0.8∶1,负债资金成本率为6%。目前有一个资产盈利率为10%的投资项目,需要筹资2 000万元。根据分析,当负债与净资产之比在1∶1之内时,公司的负债资金成本率和普通股票的市场价格均不会发生变化。试根据上述资料求解最佳的普通股票筹资量,以及筹资后的净资产收益率。

11. C公司已经连续3年没有支付每股面值为100元、股利率为8%的累积优先股票的股利,问该公司每股优先股票的权益为多少?

12. D公司发行一种面值为100元,股利率为5%,按1∶1参与剩余利润分配的优先股票。2002年,D公司普通股票的账面价值为4元/股,股利为0.3元/股。问每股优先股票在2002年参与第二次分红,可以分得多少股利?

13. 华风公司在5年前发行了面值为100元/股,股息率为8%的优先股票。在优先股票发行合同中规定:在优先股票发行5年之后,公司可以按照当时市场价格10%的溢价收回发行在外的优先股票,该收回权利归公司所有。现在该优先股票的市场价格为150元/股。公司预计同风险的市场利率目前已经降为6%,并且在未来3年保持不变,从未来的第4年起将下降至5%。因此,公司正思考是否按照合同的约定收回该批优先股票。试问公司是否应该收回该优先股票?为什么?

14. F公司发行计划在10年内收回的可收回优先股票20 000万元,收回比例为每隔2年收回面值的20%,收回金额为优先股票面值的120%,适用折现率为8%。问该公司每年应该提取多少偿付基金?

15. G公司的净资产收益率为15%,优先股票成本率为9%,试计算当优先股票与普通股票之比分别为0.5∶1、0.8∶1、1∶1情况下的普通股票收益率。

第三章 长期负债筹资

【本章提要】 长期负债筹资的形式繁多,各种不同形式的长期负债所具有的成本和风险各不相同,对股东权益的影响差别也很大,是公司各类筹资方法中较复杂的一种方法,其筹资策略变化多端,值得公司重视。本章重点讨论公司长期借款、融资租赁、长期债券等公司长期负债筹资的理论和方法,分析各类长期负债筹资利弊,以及探讨筹集长期负债的策略。

【学习目标】 通过本章学习,要求掌握和了解如下内容:(1)掌握长期借款偿债计划的编制方法。(2)掌握长期借款利率确定方法。(3)了解长期借款的保护性条款的基本内容。(4)了解长期借款的利弊与筹资的基本策略。(5)掌握经营租赁与融资租赁之间的异同。(6)掌握融资租赁决策需要考虑的主要因素。(7)了解售后租回方式筹资对企业财务的影响。(8)了解融资租赁的利弊与筹资策略。(9)掌握长期债券的基本特征与分类。(10)掌握长期债券的不同收回方法。(11)了解长期债券的发行条件。(12)了解长期债券的利弊和筹资策略。

第一节 长期借款筹资

长期借款是指从银行或其他金融机构和企业借入的,偿债期在1年以上的借款,它是企业长期负债的主要来源之一。在本节,将重点讨论长期借款的偿债计划编制、合同条款,以及长期借款筹资利弊等方面的问题。

一、长期借款偿债计划

长期借款金额大、期间长,为了保证按期还本付息,企业必须编制偿债计划。该计划通常是由借贷双方协商确定的,它是长期借款合同中最重要的内容。就借款企业而言,确定偿债计划要充分注意到企业现金流入量的时间和积累这样两个因素,尽量使长期借款的偿债期和偿付量与现金流入期和积累量相衔接,以规避偿还长期借款的风险。具体的偿还方式主要有分期付息到期还本、分期还本付息,以及分期等额偿还本息等多种方式。下面分别加以讨论。

(一) 分期付息到期还本

所谓分期付息,就是按既定的期间,如一年、半年、一个季度或一个月,对借款本金支付利息;所谓到期还本,就是在借款到期时,一次偿还借款本金。举例如下:

【例 3-1】 假定甲公司向银行取得 1 000 万元、年利息率为 10% 的 5 年期长期借款,借款合同规定的偿债方式为每年年末付息一次、到期还本。试编制该笔借款的偿债计划。

解:

根据借款合同,编制的该笔长期借款的偿债计划如表 3-1 所示。

表 3-1

分期付息到期还本偿债计划

单位:万元

年 次	支付利息	偿还本金	偿债总额	剩余本金
0	—	—	—	1 000
1	100		100	1 000
2	100		100	1 000
3	100		100	1 000
4	100		100	1 000
5	100	1 000	1 100	0
合 计	500	1 000	1 500	—

分期付息到期还本的偿还方式在实际中极为普遍。用该方式还债,相对于其他偿还方式,对借款企业而言,有两方面的优点:一是前期偿债压力比较小,即使企业经营状况不理想,也能将偿债风险后置,从而给予企业较长时期的机动,有利于企业扭转被动的经营局面;二是可以实实在在地在整个借款期内占用全部借款金额,从而有利于保证企业的资金需要。但该种偿债方式,在长期借款到期日偿债压力较大,因此,为了保证到期日偿还借款本金的需要,借款企业必须在平时就注意积累现金,或在长期借款到期日前筹划新的资金来源,以满足偿债的需要。该种偿债计划虽然对借款企业而言好处较多,但是对贷款方而言,其风险较大,因此,按该种偿债计划筹措长期借款的利率会较高。

(二) 分期还本付息

该种偿债方式的基本特征是分期等额偿还本金,对未还本金则按期支付利息。因随着本金的偿还,利息支付额会逐渐降低,所以每期偿债的金额并不相等。举例如下:

【例 3-2】 仍以[例 3-1]公司为例,但公司还款计划为每年等额支付 200 万元的本金,对尚未还的本金支付利息。试编制该笔借款的偿债计划。

解：

根据借款合同，编制的偿债计划如表3-2所示。

表 3-2

分期还本付息偿债计划

单位：万元

年　　次	剩余本金	偿还本金	支付利息	偿债总额
0	1 000	—	—	—
1	800	200	100	300
2	600	200	80	280
3	400	200	60	260
4	200	200	40	240
5	0	200	20	220
合　　计	—	1 000	300	1 300

从表3-2可以看出，随着借款本金的逐年偿还，剩余本金，即实际占用借款数量，呈逐年下降的趋势，就该例来看，甲公司实际年均占有借款金额不是1 000万元，而是600万元[(1 000+800+600+400+200)÷5]。显然，这种偿债方式有利于减少贷款方的风险，故贷款方普遍喜欢该种偿债计划。但对借款方而言，前期还款量多，风险大；且随着本金的偿还，借款量减少，可能会导致企业资金供应紧张。

一般而言，对借款企业来讲，如果长期借款是用来购买立即可以投入使用的固定资产，那么，可以采用该种偿债计划。特别是借款期与固定资产折旧期相一致时，采用分期还本付息的偿债计划较优。因为，以折旧形式流入的现金正好可以用来偿还借款本金，而固定资产产生的收益则只需用来保证利息支付，其负担较轻，风险也相对较低。

相反，对建设期间较长的固定资产项目，则不应该采用分期还本付息的偿债计划。因为这类固定资产投资项目，在建设期间不可能产生足够现金流入量，无法以项目本身产生的现金流入量来满足偿还本金和利息的需要。例如，用长期借款建筑一条收费的高速公路，就不能采用在公路未建好之前就分期偿付本金，甚至支付利息的偿债方案。对建设期间较长的固定资产项目，可行的借款方案是与银行签订递延的分期还本付息的偿债计划。在固定资产项目建成并投入使用，即产生现金流入量之后才开始偿债。

（三）分期等额偿还本息

该种偿债计划的基本特征，是在借款期内按某一相等的金额偿付借款的本金和利息。由于借款前期的利息多，后期的利息少；因此，按相等金额偿付借款本息的结果必然是前期偿还的本金少，后期偿的本金多。举例如下：

【例 3-3】 假定[例 3-1]中甲公司的偿债计划为分期等额偿还借款本息,试编制偿债计划。

解:

根据借款合同,编制的偿债计划如表 3-3 所示。

表 3-3

分期等额还本付息偿债计划

单位:万元

年 次	年偿债额	支付利息	偿还本金	本金剩余额
0	—	—	—	1 000
1	263.8	100	163.8	836.2
2	263.8	83.6	180.2	656
3	263.8	65.6	198.2	457.8
4	263.8	45.8	218	239.8
5	263.8	24	239.8	0
合 计	1 319	319	1 000	

表 3-3 中的年偿债额按照如下的方式确定。

因为:

$$1\,000 = \sum_{t=1}^{5} \frac{\text{年偿债额}}{(1+10\%)^t}$$

所以:

$$\text{年偿债额} = \frac{1\,000}{\sum_{t=1}^{5} \frac{1}{(1+10\%)^t}} = \frac{1\,000}{3.790\,79} = 263.8(\text{万元})$$

由于利息是计入企业成本或费用可以抵税的项目,故还需要将年偿债额分为偿还本金和支付利息两个部分。具体方法如下:

本年支付利息=上年度本金剩余额×10%

偿还本金=年偿债额—支付利息

本年本金剩余额=上年本金剩余额—本年偿还本金

从表 3-3 可以看出,甲公司 5 年内共偿付本息 1 319 万元,其中本金 1 000 万元,利息 319 万元。

按该偿债计划,甲公司实际年均借款数为 637.96 万元[(1 000+836.2+656+457.8+239.8)÷5],略高于分期还本付息偿债计划的年均借款数。分期等额偿还本息的偿债计划,其风险含义和适用范围均与分期还本付息的偿债计划一样,企业可以根据其现金流入量的特征,按年、季、月等时期编制分期等额偿还本息的偿债计划。

二、长期借款利率确定

借款利率的高低直接影响到借贷双方的经济利益,是借贷双方都十分关心的事。长期借款利率的高低主要受借款期限和借款企业信用状况的影响。借款期限越长,银行等金融机构承担的风险就越大,相应地要求的借款利率也就越高。在借款期限既定的条件下,企业信用状况好和抵押品价值大、变现能力强,那么贷款人所承受的风险就低,相应地要求的借款利率也会降低。这说明,借款利率与借款期限成正比,与企业信用状况成反比。即借款期限越长,借款利率越高;企业信用程度越高,借款利率越低,反之亦然。

在我国,虽然各类长期银行借款的利率是由中央银行规定的,似乎不存在讨价还价的问题;但是,从实际上来看,借贷双方讨价还价的空间相当大。因为,中央银行规定的借款利率只是一个名义利率,而借贷双方追求的是实际利率。贷款方可以通过要求借款方保持借款量的一定比例作为最低存款余额,使借款方的实际借款量少于需支付利息的名义借款量,从而使得实际借款利率高于名义利率。

【例 3-4】 假定[例 3-1]中的甲公司,按合同要求需保持借款量的 20% 作为最低存款余额,而存款利率则仅为 2%,试问甲公司该笔长期借款的实际利率为多少?

解:

$$实际利率=\frac{1\,000\times10\%-200\times2\%}{1\,000-200}=12\%$$

从上例可以看出,虽然甲公司长期借款的名义利率仅为 10%,但是实际却高达 12%,高于名义利率 10%。这充分说明,虽然我国各类长期借款的名义利率是固定的,但在实际利率上却有相当大的讨价还价空间。根据实际调查显示,在 20 世纪 90 年代中前期,因我国通货膨胀高企,银根紧缩,名义利率严重偏离实际利率,导致不少地区银行要求借款企业的最低存款余额高达 50%,其结果是借款的实际利率远远高于名义利率。我国银行曾普遍推行的存一贷二的住房贷款方法,从本质上看,就是一种提高贷款实际利率的方法。

银行还可以通过改变利息支付期来提高实际利率。

【例 3-5】 假定[例 3-1]中的甲公司,银行借款的名义利率为 12%,银行要求按月支付利息,问该贷款的实际利率为多少?

解:

$$实际利率=\left(1+\frac{12\%}{12}\right)^{12}-1=12.68\%$$

企业在与银行协商长期借款时,应充分注意到名义利率与实际利率的差异,尽量利用有利条件去降低实际利率。比如,选择一些变现能力强的资产作为借款的抵押物,就可以减少银行承担的风险,从而易于降低借款的实际利率。

如果长期借款存在固定利率制和浮动利率制两种选择方案,那么企业还必须预测未来市场利率的变化趋势。只有在准确预测的基础上,才能作出正确的决策。一般而言,当预期市场利率会上升时,应采用固定利率制,这样可以保证借款利率不随市场利率的上升而提高;当预期市场利率会下降时,应采用浮动利率制,这样将使企业获得市场利率下降的好处。

三、长期借款的保护性条款

对贷款人而言,长期借款风险大,贷款人为了保护自身的经济利益,均会要求企业保持良好的财务状况,至少要求企业在整个借款期内保持与取得借款之时相同的财务状况。但由于长期借款时期长,借款企业财务状况完全有可能恶化,因此,贷款人为了避免借款人财务状况恶化损害到自己的利益,通常都会在借款协议中注明各种保护性条款。这些条款具体说明了贷款人在何种条件下拥有何种干预借款人行为的法律权利,这类保护性条款有利于确保借款人财务状况的稳定性和贷款人贷款的安全性。这类保护性条款可分为非限制性条款、限制性条款和违约惩罚条款三大类。

(一) 非限制性条款

非限制条款,又称例行性条款,主要内容如下。

1. 定期提供财务报表

贷款人为了保证自身的经济利益,需要了解借款人的经营情况,因此,要求借款人必须定期向贷款人提供经注册会计师审计过的财务报表,以及现金流量预测等资料。

2. 维护资产的安全完整

企业资产是保证债权人债权安全的物质基础,因此,贷款人自然会要求借款人承担维护资产安全完整的义务,保证正常的生产经营能力,限制企业为其他单位或个人提供担保,等等。

3. 及时清偿到期债务

拖欠任何到期债务,均有可能导致借款人破产,因此,贷款人不仅需要关心自身到期贷款本息的收回,而且也需要关心借款人清偿其他到期债务的能力,要求借款人及时清偿各种到期债务,特别是短期债务,只有这样,才能确实保证长期债权人的利益。

(二) 限制性条款

限制性条款主要是为了使借款人保持某一特定的财务状况和管理结构而制订的制约借款人行为的条款。限制性条款通常涉及流动比率、资产负债率、固定资产、资本性支出、负债、现金流出、专款专用以及管理等方面的内容。

1. 最低流动比率限制

企业资产的流动性直接关系到企业分期偿债的能力,因此,贷款人要求借款人保持一个最低的流动比率是最常见的限制性条件之一。该最低比率通常由借贷双方协商确定。

最低流动比率是贷款人衡量借款人财务状况好坏的重要指标,也是贷款是否继续向借款人提供信用的标准。最低流动比率的确定除需要考虑社会和行业平均标准之外,还应充分注意企业生产经营方面的特征。

2. 最高资产负债率限制

资产负债率越低,就意味着企业资产对负债的担保力越强,贷款人债权的安全性就越有保障,即风险越低。限制资产负债率实质上就是限制企业负债的增加。最高资产负债率是贷款人决定是否对借款人采取某种行动的一个很重要的标准。如果借款人的资产负债率高于限制标准,那么贷款人就可以要求借款人提前偿还借款。

3. 固定资产处置限制

贷款人为了减少其自身的风险,往往从清理、抵押等方面对借款企业的固定资产处置权利予以限制。一个支付能力不足以偿还到期债务的企业,有可能通过出售固定资产来换取偿债的现金。但是,出售固定资产来换取偿债现金的行为,会损害企业长期借款的偿还能力。贷款人从自身的利益出发,自然希望借款人为其保留固定资产,以减少长期贷款所冒的风险。因此,贷款人通常要求在借(贷)款协议中写明限制借款人随意清理固定资产的条款,比如规定借款人在进行固定资产清理前,至少应征得贷款人同意才可以进行清理的契约条款,甚至禁止借款人进行任何固定资产清理的契约条款。

长期借(贷)款协议,还经常包括不准抵押的限制条款。这一条款,可以防止借款企业把任何资产抵押给其他债权人;同样地,也限制借款企业为其他公司或个人提供担保或背书转让任何债务。

4. 资本性支出限制

为了防止借款企业把资金冻结在非流动性投资上面,贷款人有时会限制借款企业在固定资产方面的资本支出。通常的做法是要求借款企业在借款期内将每年资本支出限制在一定金额之内,这种限制条款的目的在于迫使借款人将一定量的资金投放在流动资产上,以保持资产应有的流动性。

保护条款也可能规定,未经贷款人同意,借款企业不得与其他企业兼并或合并,也不得进行企业分立,以确保借款人经营结构和财务结构的稳定性。

贷款人也可能会限制借款人进行长期证券投资,目的在于确保借款人的变现能力。

5. 增加负债限制

贷款人为了保证自己贷款的安全性,在借(贷)款协议中,经常会限制借款企业接受除季节性流动资金贷款之外的任何借款,或至少要求借款人须经贷款人同意后才能借款的条款。并进一步规定,这些新增的借款只能是无担保贷款,或处于从属地位的借款,确保贷款人在各类贷款中享有优先求偿的权利,减少其所冒的风险。借款协议通常还包括限制借款企业租赁融资的契约条款。

6. 现金流出限制

为了保证企业有足够的现金清偿借款,借(贷)款协议中经常会有限制现金流出企业的条款。比如规定最高的股利支付额、工资支付额,限制股票回购,等等。

7. 其他限制

其他限制性条款可能包括为了保证企业长期稳定发展,借(贷)款协议可能要求公司某些关键人物,如董事长、总经理、财务总监等,在贷款期内必须留在公司之中。这是因为银行在决定向一家企业贷款时,除了考虑公司法人的偿债能力之外,还会将在偿还借款中起关键作用的人物作为重要因素来考虑。其他限制性条款,还可能要求贷款必须专款专用,以便于银行对借款企业使用借款资金的监控,等等。

(三)违约惩罚条款

几乎所有的借(贷)款协议都有违约惩罚条款,该类条款详细规定了借款人违反上述各类契约条款时,将受到何种惩罚。最常见的惩罚条款是"提前偿付",即规定,如果借款人到期不能履行协议的任何一项条款时,整个借款将立即到期和偿还。这一惩罚条款有助于贷款人对违约借款企业采取必要措施,以保护其自身的利益。除了提前偿付条款外,还有其他一些罚款性契约条款,如提高贷款利息率。所有这些惩罚性契约条款,目的都在于保证贷款人在其认为必要时能据此提出强制性建议来改进借款人的财务状况,从而确保贷款人的自身利益。

各类长期借款的契约条款都是由借贷双方协商确定的,作为贷款方,因为贷款放出之后不可能再对它进行直接控制,风险大,所以贷款人会为贷款定出几乎近于苛刻的各种条款;作为借款方,则试图减少借(贷)款协议对其经营的制约,以利企业的发展。作为借款方的财务人员,在签订借款契约之前,一定要充分了解各类契约条款对企业经营的影响程度,并分析其利弊,尽量争取有利于企业发展的契约条款。

四、长期借款筹资的利弊和筹资策略

长期借款筹资有利有弊,其利弊和筹资策略分析如下。

(一)长期借款筹资的优点

长期借款筹资的优点主要有如下几点:

(1) 由于长期借款是一种权益交易形式,因此,当借款带来的收益大于借款成本时,企业可获得更大利益,使企业净资产收益率加速上升。

(2) 长期借款利息可以抵税,因此资金成本比权益性资金来源的资金成本低。

(3) 长期借款灵活机动,借(贷)款合同是借贷双方协商的结果,外部的干预比较少,企业可以利用自身的有利条件获得优惠的借款。

(4) 长期借款不必向社会公开企业经营状况,有利于保护企业的经营秘密。

(二)长期借款筹资的缺点

(1) 借款利息是固定不变的,当借款所获收益不能补偿筹资成本时,会产生负财务杠杆效应,使所有者权益收益减少。

(2) 借(贷)款合同中的限制性借款条款除了可能会对企业投资、筹资、盈利分配等方面有所限制之外,还可能对企业的资产处置、人员安排、本企业与其他企业的财务关系等方面进行限制,从而影响到企业发展战略的实施。

(3)长期借款以年金形式支付的本金和利息,会导致企业资金大量流出,形成企业固定的财务负担,使企业风险增大。

(三)长期借款筹资策略

长期借款利弊分界点是借款收益减借款成本之差,当该差额为正时,借款有利;当该差额为负时,借款无利。因此,在长期借款筹资前,必须对借款所能产生的收益进行准确预测。在进行这种预测时,要充分注意到限制性条款对企业盈利能力的影响。一般而言,限制性条款会在一定程度上降低资金的使用效益,制约企业的发展速度,限制企业经营的自主性,等等。因此,企业在预测盈利能力时,要充分考虑到这些限制条款的影响,使盈利预测尽可能准确。企业只有在准确预测取得借款后的收益和成本的基础上,才能确定长期借款的数量、期限、偿债方式、合同条款等。

第二节 融资租赁筹资

租赁是以商品资本表现的借贷资本的一种形式,它兼有商品信贷和资金信贷的两重性。具体地看,租赁是一种契约性协议,它规定资产所有者(出租人)在一定时期内,根据一定条件,将资产交给使用者(承租人)使用,承租人在规定的期限内分期支付租金并享有对租赁资产的使用权。对承租人而言,承租人实际上是取得了一笔信贷资金。本节将对融资租赁的相关财务问题进行探讨。

一、租赁分类

按租赁契约的不同,租赁可分为多种类型,在这里,我们只讨论经营租赁和融资租赁。

(一)经营租赁

经营租赁,又称为业务租赁、营业租赁等,是指承租人在租赁期届满后必须将租赁资产退还出租人的租赁。其基本特征如下:

(1)在租赁期届满时,承租人没有购买租赁资产的特殊权利,也没有续租与购买的选择权。

(2)经营租赁合同是一种可解除的合同,在一般情况下,承租人有权在租赁期间内在预先通知出租人后解除租约。

(3)租赁期短于租赁资产的经济寿命期,一般是承租人完成某一特定经营任务后就将租赁资产退还给出租人。

(4)因租赁资产的所有权不转移,出租人要承担财产的保险、维修、折旧和税金等因所有权持有而发生的费用。

从以上特征可以看出,在经营租赁中,与资产所有权有关的风险和报酬均没有转移到承租人身上,即承租人既不承担持有租赁资产的风险,也享受不到持有租赁资产所带来的收益。

(二) 融资租赁

1. 融资租赁的特征

融资租赁是指与租赁资产所有权有关的风险和报酬实质上已全部转移到承租方的租赁形式。其基本特点如下：

(1) 租赁期届满时,租赁资产的所有权转让给承租人。

(2) 租赁合同是一种不可解约合同,租赁的定义为不可解约的固定期限加上租约中规定的特权。

(3) 承租人有购买资产的选择权,且在租赁开始日就相当肯定承租人未来会行使此项选择权,资产的购买价格将充分低于行使选择权时的公允价值。

(4) 租赁期长,且在最后不转让所有权的租赁,根据会计学中的实质重于形式的原则,只要租期与租赁资产的经济寿命期相当(租期大于或等于资产经济寿命期的75%),也视为融资租赁。

(5) 与租赁资产相关的保险、维修、折旧和税金等费用均由承租人承担,租赁资产也列为承租人的资产。

从上述特征可以看出,在融资租赁中,承租人每期所付的租金实际上就是在租赁期间取得固定资产的使用权和租赁期满时取得资产的所有权所进行的分期付款,即租金实质上是对实物信贷的分期偿还。

2. 融资租赁分类

融资租赁可进一步分为直接租赁、转租赁、杠杆租赁和售后租回等租赁形式。

(1) 直接租赁是承租人直接向生产厂商或租赁机构租赁生产经营所需资产的租赁形式。它属于纯粹的融资租赁。直接租赁当事人的关系可用图 11-1 表示。

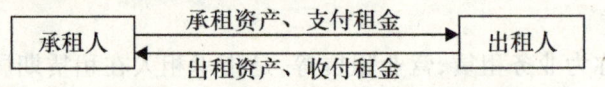

图 11-1　直接租赁当事人的关系

(2) 转租赁是指租赁机构具有承租人和出租人双重身份的租赁。即租赁机构一方面作为承租人,从其他出租人处租入资产;另一方面作为出租人,再把租入的资产转租给其他承租人。转租赁各种当事人的关系可用图 11-2 表示。

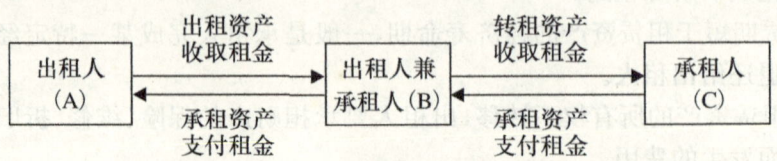

图 11-2　转租赁当事人的关系

这种租赁形式在我国较为常见,转租赁的租赁形式,对最终承租人而言,与直接租赁并无太大差异。

(3) 杠杆租赁,又称借款租赁,通常适用于金额较大的租赁项目。对于金额较大的租赁项目,租赁公司可能因财力所限,或不愿意承担全部风险,往往会邀请银行等金融机构参加该租赁项目。租赁公司自筹购买设备所需资金的 20%～40%,其余 60%～80% 的资金则以该设备作为抵押物从银行取得贷款解决。租赁公司再将购入的设备出租给承租人,同时,将收取租金的权利转让给提供贷款的银行。出租资产的所有权仍归出租方所有。由于出租方用少量的资金推动了巨额的租赁业务,产生了杠杆效应,因此称为杠杆租赁。该种租赁当事人的关系可用图 11-3 表示。

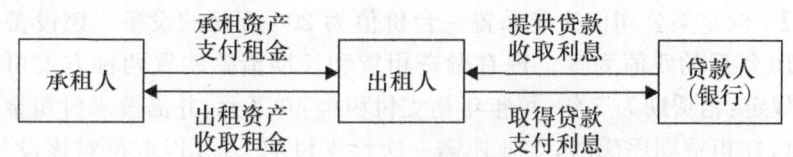

图 11-3 杠杆租赁当事人的关系

该种租赁,虽然对出租人而言有许多优点,比如贷款方没有对出租人债务的追索权,其风险仅局限于 20%～40% 的资金范围,以及用少量资金推动巨额租赁业务等;但是,对承租人而言,同直接租赁没有本质上的区别。

就我国实际来看,我国规模较大的租赁公司都是依附于金融机构的。

(4) 售后租回,又称返回租赁,是企业把现有固定资产出售给租赁公司,然后再向租赁公司原封不动地租回资产的租赁。这样,固定资产的所有权掌握在租赁公司手中,企业对固定资产则只有使用权。但企业通过放弃对某些固定资产的所有权可以解决企业现金严重短缺的问题,并且可以立即增加企业资产的流动性,优化企业的财务状况。此外,该种租赁形式,还有可能使企业获得租金抵税的好处。例如,售后租回的固定资产原账面净值为零,但通过售后租回这种租赁形式,产生的租金可获得抵减所得税的好处。因此,售后租回的租赁形式是一种值得重视的筹资方式。售后租回的租赁形式当事人之间的关系可用图 11-4 表示。

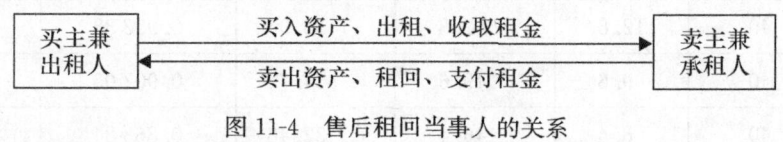

图 11-4 售后租回当事人的关系

总之,融资租赁是一种灵活的筹资方式,有着广阔的利用空间。

二、融资租赁融资决策

融资租赁融资决策需要考虑的因素是多种多样的。从融资租赁作为长期借款的替代筹资方案而言，进行融资租赁决策，应该将融资租赁与长期借款的利益相比较，以便在这两种筹资方式中选优。在这里，主要通过融资租赁与举债购置固定资产、借款与售后租回的比较，来讨论融资租赁的筹资决策问题。

（一）融资租赁与举债购置的筹资决策

当一个企业需要为添置某项固定资产筹资时，如果既可以用融资租赁的方式筹资，也可以用长期借款方式筹资，那么就需要在这两种筹资方案中进行选优。比较两种筹资方式的优劣，必须充分考虑到不同方案的现金流量和资金的机会成本，将不同方案的现金流量折算为现值，现金流出量现值低者为优。下面举例说明融资租赁与举债购置的决策。

【例3-6】假定某公司已决定添置一台价值为200万元的设备。该设备的使用期为10年，预计10年后的残值为零。现有融资租赁和长期借款购置两种方案可供选择。融资租赁合同规定：租赁期为5年，每年年初支付租金40万元，并需按未付租金部分价值的8%支付利息，在租赁期届满时，企业还需一次性支付70万元以取得对该设备的所有权。长期借款合同规定：借款期限为5年，借款利息率为10%，年末付息到期还本。已知该公司资金的机会成本为5%，所得税率为30%，租金可作为费用抵减应税收益。问哪种方案为优？

解：

（1）编制不同方案的现金流量表。

根据例中资料，可分别编制融资租赁和长期借款购置的现金流出量现值计算表，如表3-4和表3-5所示。

表3-4

融资租赁现金流出量现值计算表

单位：万元

年次	租金及转让费	利息支付额	税前现金流出量	税后现金流出量	资金成本为5%的折现系数	现金流出量现值
0	40	—	40	28	1	28
1	40	12.8	52.8	36.96	0.952 38	35.2
2	40	9.6	49.6	34.72	0.907 03	31.49
3	40	6.4	46.4	32.48	0.863 84	28.06
4	40	3.2	43.2	30.24	0.822 7	24.88
5	70	—	70	70	0.783 53	54.85
合计	270	32	302	232.4	—	202.48

表 3-5

举债购置现金流出量现值计算表

单位：万元

年次	利息支付额	税前现金流出量	税后现金流出量	资金成本为5%的折现系数	现金流出量现值
1~5	20	20	14	4.329 48	60.61
5	—	200	200	0.783 53	156.71
合计	100	300	270	—	217.32

(2) 比较两种决策。

比较表 3-4 和表 3-5 可以看出，虽然融资租赁的税前现金流出量大于举债购置的税前现金流出量，但是由于租金可以抵税，因此，税后现金流出量融资租赁比举债购置低了 14.84 万元(217.32－202.48)，融资租赁融资方式比举债筹资方式要优。

(二) 借款与售后租回的筹资决策

当一个企业固定资产占用量过大而流动资产拥有量相对不足，导致企业固定资产的生产能力不能充分发挥时，企业应当筹集资金，追加流动资产的投入。筹资资金的方式，可以是向银行申请流动资金借款，也可以是向银行或其他金融机构申请长期借款。但向银行申请借款，其财务状况必须满足银行的贷款要求。比如，申请流动资金借款，要求企业的资产有较高的流动性，或者说企业的流动比率必须达到某个标准；申请长期借款，除上述要求之外，还要求企业的资产负债率必须低于某个标准，或要求借款专款专用。如果企业的条件不能满足银行贷款的基本标准，就难以从银行取得借款。

【例 3-7】 假定 A 公司的资产负债表如表 3-6 所示，试分析该公司的筹资决策。

表 3-6

A 公司资产负债表

单位：万元

资 产	金 额	负债及所有者权益	金 额
流动资产	1 000	流动负债	1 500
固定资产	5 000	所有者权益	4 500
合 计	6 000	合 计	6 000

解：

(1) 筹资方式分析。

从表 3-6 的资产方可以看出，A 公司是一个固定资产占用量大而流动资产不足的公司；从权益方可以看出，A 公司又是一个所有者权益比重高、负债比重低的公司。根据 A 公司的财务状况，可以对该公司的不同筹资方式得出如下的分析结论：第一，通过资产与负债的对照分析,可以发现,该公司的流动比率仅为0.667:1,流动比率极低,这说明A公司资产流动性极差,公司部分固定资产的资金来源靠流动负债解决,短期偿债能力极低。以这种财务状况,A公司根本无法从银行取得流动资金借款。第二,因为A公司短期偿债能力不足,可能会危及长期借款的安全,也难以获取长期借款。即使按资产负债率标准可以取得长期借款,贷款银行为了规避风险也要求企业将长期借款专款专用于购置固定资产。但就A公司的实际情况来看,是固定资产因流动资产不足而闲置,当务之急是要增加流动资产,使固定资产的生产能力能充分发挥出来。第三,由于所有者权益比重高,筹集股权资金会进一步降低公司的财务杠杆,限制所有者权益收益率的提高;因此,筹集所有者权益资金也不是该公司最佳的筹资形式。

在长短期借款均难以取得的情况下,筹集所有者权益资金又不佳时,选择售后租回的融资租赁是一个最可取的筹资办法。

(2) 售后租回融资租赁方式的利益分析。

假定A公司将账面净值为2 000万元的固定资产卖给某租赁公司,然后,再以应付融资租赁费总额为2 500万元的价格将其租回,那么,A公司新的资产负债表则如表3-7所示。

表3-7

A公司售后租回融资租赁后的资产负债表

单位:万元

资　产	金　额	负债及所有者权益	金　额
流动资产	3 000	流动负债	1 500
固定资产合计	5 500	应付融资租入固定资产款	2 500
其中:自有固定资产	3 000	所有者权益	4 500
融资租入固定资产	2 500		
合　　计	8 500	合　　计	8 500

从表3-7可以看出,A公司采用售后租回融资租赁方式筹资之后,公司财务状况迅速改善,资产流动性增强,流动比率从0.667:1提高到2:1;资产负债率47%(4 000÷8 500×100%),低于50%,符合公认标准。企业也有足够的流动资产应付生产经营的需要。从本质上看,售后租回的筹资方式就是承租人以其资产作担保获得出租人贷款的筹资方式。

需要注意的是,承租人出售资产的实际价在多数情况下与其账面值不相等,从而会产生出售资产的损益。另外,由于存在出租人谋取利益的问题,出售资产的价与租回的价也不会相等。这些也是影响售后租回筹资决策的因素。具体地说,追求当期利润可能成为企业选择售后租回筹资方式的一个动因,因为,当出售价高于账面值时,采用售后租回筹资方式可以为当期带来利润。当然,该损益在不同的会计制度下会有不同的表现形式,从理论上讲,损失应立即确认,但收益则不能确认,因为应用它来抵减租回价高于出售价的价差。至于租回是否可取,则可以与举债相比较。总之,售后租回方式的筹资决策,实际上是资产出售和租回两个方面的决策。

【例 3-8】 某公司将一台账面价值为 200 万元的设备,出售给租赁公司为 220 万元,然后,再从租赁公司以 240 万元的价格租回。试分析该设备售后租回的盈亏状况?

解:

对该问题可以按以下思路进行分析:

(1) 出售固定资产时的会计分录为:

借:现金	2 200 000
贷:固定资产	2 000 000
损益类账户	200 000

(2) 租回固定资产时的会计分录为:

借:融资租入固定资产	2 400 000
贷:长期应付款	2 400 000

上述会计分录说明,在公司将固定资产卖给租赁公司的当时,产生了 20 万元的账面利润,但是,在未来,摊入成本费用、折旧费用和租赁费用会增加,从而导致未来若干期的利润减少。这种做法的实质是将未来的利润据为当期所有,在一定程度上改变了分配格局。

三、融资租赁筹资的利弊和策略

融资租赁在资产所有权风险和报酬方面的特征,决定了它与长期借款等负债筹资有不同的利弊,下面将详细对这些利弊和针对利弊应采取的相关策略进行探讨。

(一) 融资租赁筹资的优点

融资租赁筹资的主要优点可归纳如下。

1. 承受的风险低

企业通过租赁形式使用资产除了可以规避设备被淘汰的风险之外,还可以避免过时的风险。因为,融资租赁合同通常都规定,在承租人不能按期支付租金及相关费用时,出租人有权收回其出租的资产。如果承租人在承租期中,发现承租的设备已经陈旧过时,有被淘汰的危险,那么承租人可以拒付租金,让出租人收回设备。这样,可以在一定程度上减少损失。

另外,在承租人发生经营困难不能按时支付租金和相关费用时,出租人的权利只能是收回其出租的资产,而无权要求承租人用其他资产偿债,这样就防止了风险的扩大化。而以其他负债形式筹资,比如长期借款,债权人为追债,将企业逼至破产境地也在情理之中。

2. 全额筹资

在举债购置固定资产的情况下,贷款人为了减少贷款风险,通常都要求借款人支付部分价款,其结果是借款人不可能获得所购固定资产的全部筹资额。而融资租赁,承租人只要承诺按期支付租金就可获得固定资产的使用权,即获得了所有固定资产价款的全额筹资量。

3. 筹资灵活性强

租赁融资不仅可以避免长期借款筹资的许多限制性条款的约束,而且可以不公开企业的财务状况,使企业经营更为自主;另外,租赁是实物信贷,比举债购置资产速度快;再有,租赁形式多样,企业可以根据需要选择最有利的租赁形式,比如选择售后租回方式就可以迅速增强企业资产的流动性。

4. 可以获得减税利益

租金可以作为费用抵减应税收益是租赁融资相对于举债购置的一大优点。我国《中华人民共和国企业所得税法实施条例》对租赁费用的处理作了如下规定:

(1)以经营租赁方式租入固定资产发生的租赁费支出,按照租赁期限均匀扣除。

(2)以融资租赁方式租入固定资产发生的租赁费支出,按照规定构成融资租入固定资产价值的部分应当提取折旧费用,分期扣除。具体可按以下方法处理:

第一,承租方租入固定资产的租赁期长于该固定资产法定折旧年限的,每期支付的不高于按税法规定的折旧年限计算的折旧额的租赁费可全额扣除。

第二,承租方租入固定资产的租赁期短于该固定资产的法定折旧年限的,对每期支付的租赁费高于按税法规定的折旧年限计算的折旧额的,其超出部分不得作为本期扣除,待租赁期满后该固定资产转移至承租方时,在不少于税法规定的折旧年限减去已承租使用的期限后剩余的期间内分期扣除。对租赁期满后将该固定资产转让或变卖的,其取得的收入与扣除费用之间的差额部分可作为本期收入或支出处理。

第三,承租方对租入固定资产,视同自有资产一并提取折旧。

第四,承租方支付的手续费、利息等可在支付时直接扣除。

从以上规定可以看出,在我国,承租企业的租赁成本(包括租金)是作为费用计入成本,从而抵减课税额,或者直接享受免税利益。因此,在租赁决策中,税赋无疑是一项重要的影响因素。

(二)融资租赁筹资的缺点

融资租赁筹资虽有上述的各种优点,但也存在如下的几个主要缺点:

(1)由于出租人承受的风险大,相应地要求的回报必然会高,因此,租赁的实际成本往往会高于长期借款或债券的成本。

(2)由于承租人在租赁期中没有取得租赁资产的所有权,因此难以根据自身的需要对租入资产进行改良。即使征得出租人同意,可以对租入资产进行改良,承租人往往也会从没有获得所有权的角度出发,不愿出资对自己没有所有权的资产进行最合理的改良。

(3) 对最终所有权不转移的租赁而言,承租人不能获得租入资产的残值和升值利益。这种情况,在通货膨胀期内,会使承租人丧失更多的利益。

(三) 融资租赁筹资的策略

根据融资租赁筹资的优缺点,企业应采取如下的策略:

(1) 根据企业所具有的风险特性,选择是采取经营租赁还是融资租赁。当企业风险极大,又无其他方法可以规避时,企业应采取经营租赁方式,因为经营租赁可以规避因资产所有权带来的相关风险。

(2) 根据负债购置和融资租赁的成本,企业选择负债购置还是融资租赁,应选择成本低的方式。

(3) 根据企业资产和负债的结构,以及筹资的难易程度,选择具体的融资租赁方式。当企业的资产流动性差和借款难度大时,可选择售后租回的融资租赁方式。

第三节 长期债券筹资

一、长期债券的特征

(一) 长期债券的特征

长期债券是长期债务证书,在债券上载明有还本期和本金额,以及规定的利率和付息期。举债公司将按照债券上载明的利率定期向债券持有者支付利息,并在到期日按债券面值偿还本金。长期债券的基本特征如下。

1. 固定的现金流量

在不考虑信用风险的条件下,长期债券的现金流量是固定不变的。

2. 债券利息率与市场利息率存在差异

由于市场利率是不断变动的,而债券的利率是固定的,这样两者之间就会产生差异。另外,不同举债公司的信誉程度不同,债券持有者面临的风险也不同,因此,对投资收益率的高低有不同的要求。这些因素决定了在实际中,公司债券的利息率会与市场利息率存在差异。

3. 市场价格与债券面值存在差异

除了在债券发行时,债券票面利息率与市场利息率之间可能存在差异之外,在债券发行之后,随着市场利率的不断变动和债券利率的固定不变,也可能造成市场利率与票面利率的差异。这些因素最终都会造成债券的市场价格与债券的票面价值不相等。

(二) 长期债券信用等级的确定

1. 确定长期债券信用级别所考虑的主要因素

资信评价机构会设定很多指标来评定长期债券的信用等级,以标准普尔公司为例,其评价长期债券信用级别时所关注的因素包括:经营风险、市场状况、销售毛利和其他盈利能力指标、管理质量、会计政策的稳定性、固定费用数额、财务杠杆比率、现金流入量以及公司的财务弹性。

2. 债券信用质量评价指标

按照标准普尔公司的标准，不同级别债券与财务比率的关系如表 3-8 所示。

表 3-8

债券信用质量评价指标表

债券信用等级[2]	主要财务比率[1]					
	AAA	AA	A	BBB	BB	B
利息保障倍数	21.39	10.02	5.67	2.90	2.25	0.74
固定费用保障比率	6.96	5.31	3.42	2.22	1.62	0.85
EBITDA/利息[3]	31.68	14.78	8.25	5.02	3.46	1.56
营运资金/负债总额(%)	109.8	75.4	49.1	30.3	20.2	9.8
自由营运现金流量/负债总额	53.8	27.9	19.5	3.9	0.7	−1.7
永久资本税前收益	25.1	19.1	16.0	11.8	10.2	6.2
营业收益/销售收入	21.2	17.1	14.6	12.3	11.9	8.7
长期负债/资本化总额	9.7	18.9	28.8	40.7	50.2	62.2
负债总额/调整后资本化总额（包括短期负债）	22.6	28.3	36.7	45.3	55.6	71.4
负债总额/调整后资本变化总额（包括短期负债和8倍租金）	36.1	40.1	46.8	56.1	65.5	76.5

[1] 3 年算术平均值。
[2] 标准普尔公司的特定标准。
[3] EBITDA＝息前、税前、折旧前、摊销前的收益。

从投资机构的角度考察，信用级别在 BBB（含 BBB）级以上的债券是投资级的债券；信用级别低于 BB 级的债券是投机级的债券，该类债券被认为是垃圾债券（junk bonds），垃圾债券又称为高收益债券或低级债券。一般而言，债券的信用级别越高，筹资成本越低；反之，则越高。公司在准备发行债券之前，应该根据不同的信用评价标准，设计自身的财务结构，以降低筹资成本。

二、债券的种类

债券可按多种不同的标准分类，如按债券是否记名，分为无记名债券和记名债券；按债券是否可转换为普通股，分为不可转换债券和可转换债券，等等。下面，我们主要以债券的抵押、担保标准来对债券进行分类。

(一) 非抵押和非担保债券

我国目前尚不允许发行非抵押和非担保债券。这类债券发行时并无公司资产作为保证,投资者之所以购买这类债券,是因为相信公司的盈利能力,因此,这类债券又称之为信用债券。按信用程度的高低,它又可分为如下几类。

1. 信用债券

信用债券是指公司发行的无担保债券。债券持有者相信公司的盈利能力可作保证。由于信用债券没有公司具体资产的担保,万一公司破产清理,债券持有者将成为一般债权人。虽然这种债券没有担保,但其持有者仍受到债券契约中规定的各项限制条款的保护。其中最主要的是负债抵押条款,它要求公司不能将其资产作为其他债权人的抵押品,这样就保证了公司财产的完整无缺,维护了投资者的利益。由于信用债券的持有者是相信发行公司的信誉才购买债券,因此,只有信誉卓越的大公司才能发行这种债券。另外,如公司给予债券投资人一些权利,如给予认购普通股票的权利,那么信誉程度不是很高的企业,也可能发行信用债券。可转换为普通股的债券通常就属于信用债券。

2. 次等信用债券

次等信用债券是指债券的持有者在企业清偿时,要等到公司对享有优先债权的债务进行清偿之后,才能要求清偿的债券。但是,他们在公司偿付的次序中先于优先股票和普通股票的持有者。在公司破产清理时,次等信用债券持有者起着有利于优先债券持有者的作用,因为后者能将前者债权份额据为己有。

【例 3-9】 某公司共发行信用债券 6 000 万元,次等信用债券 6 000 万元。如该公司现破产清偿资产净得 8 000 万元,试问两种债券持有者各获得多少清偿金额?

解:

分析:由于清偿排列次序有先后,应该首先清偿信用债券持有者的债权,再清偿次等信用债券持有人的债权。故有:

$$信用债券持有人获得的清偿价值 = 6\,000(万元)$$
$$次等信用债券持有者获得的清偿价值 = 8\,000 - 6\,000 = 2\,000(万元)$$

如果上述公司债券不存在优先与非优先之分,那么两类债券持有人将会平分这 8 000 万元的清偿价值,即每类债券持有人均可以获得 4 000 万元的清偿价值。

由于次等信用债券的求偿权次于发行公司的其他所有债务,优先债权人在评估公司的财务状况时,可以将次等信用债券视为公司的所有者权益。实际上,次等信用债券通常被公司用来作为扩大所有者权益的一种方法,以支持公司增加借款。

公司决策者之所以发行次等信用债券,在很大程度上归因于这种债券的利息可以从应税收益中扣除,而最类似于它的另一种筹资方法——优先股票的股利则不能从应税收益中扣除,这样,发行次等信用债券的资金成本就低于优先股票。虽然公司为了吸引投资者购买,给予次等信用债券的利率远远高于一般信用债券的利率,但实际资金成本仍低于优先股票。如果准许次等信用债券可以转换为普通股票,那么,公司甚至可以按低于信用债券的利率来出售该种债券,从而获得更低成本的利益。从优先债权人的观点来看,不管次等信用债券是否转换为普通股票,企业的所有者权益基础并没因此发生变化。

例如,某公司有普通股权益4 000万元,无优先股。按公认的负债与资本之比的1:1标准,公司最多只可筹集4 000万元的负债资金。高于这个数,对债权人而言,风险就过大了。公司如要多筹集负债资金,就必须扩大借债的权益基础。当然,公司发行普通股可扩大其权益基础,但这容易导致股东权益稀释和控制权削弱;发行优先股虽可以避免普通股东权益稀释,但是优先股股利不能抵税,资金成本较高。为了规避扩大所有者权益的弊端,公司可以用较高利率发行一些次等信用债券,扩大对优先债权人而言的权益基础,以增加公司的财务弹性。假定该公司发行2 000万元的次等信用债券,公司借债的权益基础就扩大为6 000万元,从理论上讲,公司筹集优先负债的最高限额就可增至6 000万元。从该例可以看出公司发行不同种类债券的根本目的所在。

3. 收益债券

收益债券是一种混合债券。一方面,它与一般债券相似,有固定的到期日,求偿权排在优先股票和次等信用债券之前;另一方面,它又与一般债券不同,其利息只有在公司获利时才支付。该种债券具有累积性,即各年未付利息可以积累起来,等到公司有足够收益时酌情支付,但公司积累的应付利息一般以3年为限。显然,这种债券不能使投资者充分得到获取固定报酬的保证,因而并不受投资者欢迎,一般均是在公司改组时发行。可是,该种债券除了具有优先股的某些特点——可以不必支付股利外,还可享受利息可抵应税收益的优惠,因此,一般来说,通过提高债券利率发行这种债券,仍比发行优先股票筹资有利。

(二) 抵押债券

抵押债券是以公司某些资产的留置权作为担保的债券。抵押债券的具体资产应在抵押债券契约中详细写明。如果发行公司破产,抵押品可以拍卖,以满足债券持有者的债权要求。抵押债券按抵押品的属性来分,主要有以下两种形式。

1. 固定资产抵押债券

固定资产抵押债券是以企业固定资产作为抵押品的债券。抵押固定资产的市价应该超过债券发行额,以保证债券的安全。企业清偿时,债券持有者有权拥有这些资产的处置权。如果发行公司违反了债券契约的规定,代表债券持有者利益的受托管理人可以取消公司抵押品赎回权。在这种场合下,受托管理人将变卖被抵押的公司资产,用所得款项偿付债券。要是变卖资产所得款项少于流通在外的债券总额时,对其不足额的求偿权来说,抵押债券持有者将成为一般债权人。

这种抵押债券本身又有许多种类,诸如第一抵押债券、第二抵押债券、一般抵押债券、闭口抵押债券和开口抵押债券,等等。第一、第二抵押债券是由于同一固定资产作两次抵押所引起的,在这种情况下,要优先满足第一抵押债券持有者的利益。所谓一般抵押债券是指以企业所有资产作为抵押的债券。闭口、开口抵押债券则是指限制或允许企业发行对同一抵押资产具有同等债权排列顺序的新债券,闭口是限制,开口为允许。

2. 金融资产抵押(质押)债券

金融资产抵押债券是以发行公司所拥有的金融资产作为抵押品的债券。这里的金融资产主要是指发行公司拥有的其他公司或政府的股票和债券。这些股票和债券在债券未收回时,一般应交给受托人保管,但发行公司仍有表决权,也可获得股息和利息。万一企业破产,受托人可将这些有价证券分给债券持有者,以维护他们的利益。被抵押的金融资产的价值,一般要求超过它所保证债券价值的25%以上。我国有关股票抵押的规定,是股票市价的年波幅不超过200%,股票无亏损,抵押金额不超过股票市价的60%。

(三) 担保债券

担保债券是由发行公司以外的第三者担保的债券。它一般是由发行公司的母公司或信誉较高的公司出面担保债券发行公司的本利的支付能力。担保采用背书和签订合同的方式。根据担保者的多寡可将担保债券分为独家担保债券和联合担保债券两种。独家担保债券,系一公司担保另一公司的债务,即连带承担本利的支付义务,但债券不改变原发行公司的名称和标志。联合担保债券是指由两家或两家以上公司担保的债券,这种债券通常是由这些担保公司出资兴办的合资企业发行的,这些担保公司共同连带承担合资企业的债务。

三、公司债券的发行

(一) 债券发行条件

按我国《中华人民共和国公司法》规定,股份有限公司、国有独资公司和两个以上的国有企业或者其他两个以上的国有投资主体投资设立的有限责任公司,为筹集生产经营资金,可发行公司债券。

发行公司债券,必须符合下列条件:

(1) 股份有限公司的净资产额不低于人民币3 000万元,有限责任公司的净资产额不低于人民币6 000万元。

(2) 累计债券总额不超过公司净资产额的40%。

(3) 最近3年平均可分配利润足以支付公司债券1年的利息。

(4) 筹集的资金投向符合国家产业政策。

(5) 债券的利率不得超过国务院限定的利率水平(按国务院1993年8月公布的《企业债券管理条例》规定,企业债券的利率不得高于银行相同期限居民储蓄定期存款利率的40%)。

(6) 国务院规定的其他条件。

发行公司债券筹集的资金,必须用于审批机关批准的用途,不得弥补亏损和非生产性支出。

凡有下列情形之一的,不得再次发行公司债券:

(1) 前一次发行的公司债券尚未募足的。

(2) 对已发行的公司债券或者其债务有违约或者延迟支付本息的事实,且仍处于继续状态的。

股份有限公司、有限责任公司发行公司债券,由董事会制订方案,股东会作出决议,并报国务院证券管理部门批准。

(二) 债券发行公告

符合债券发行条件的,经国务院证券管理部门批准后可以发行债券的公司,在发行债券前必须发布公告,公告应载明下列事项:

(1) 公司名称、住所。

(2) 经营范围。

(3) 资产、资本总额。

(4) 负债总额及其结构。

(5) 发行债券的原由。

(6) 发行债券的种类、总额、面额、发行价。

(7) 公司债券的利率,利息支付方法及期限。

(8) 公司债券的偿还方法及期限。

(9) 公司债券的发行对象。

(10) 公司债券的承销商、发行地点。

(11) 发行债券的起止日期。

(三) 债券的其他规定

1. 债券形式

公司债券必须在债券上载明公司名称、债券票面金额、利率、偿还期限等事项,并由董事长签名,公司盖章。公司债券从形式上分,可分为记名债券和无记名债券。

2. 债券存根簿

发行公司债券应当置备公司债券存根簿。公司债券存根簿根据债券是否为记名债券,其内容有所不同。

发行记名公司债券的,应当在公司债券存根簿上载明下列事项:债券持有人的姓名或者名称及住所,债券持有人取得债券的日期及债券的编号,债券总额、债券的票面金额、债券的利率、债券的还本付息的期限和方式,以及债券的发行日期。

发行无记名公司债券的,应当在公司债券存根簿上载明债券总额、利率、偿还期限和方式、发行日期及债券的编号。

3. 债券转让

公司债券可以转让。转让公司债券应当在依法设立的证券交易场所进行。公司债券的转让价格由转让人与受让人约定。

记名债券,由债券持有人以背书方式或者法律、行政法规规定的其他方式转让。记名债券的转让,由公司将受让人的姓名或者名称及住所记载于公司债券存根簿。

无记名债券,由债券持有人在依法设立的证券交易场所将该债券交付给受让人后即发生转让的效力。

4. 债券募集书

债券发行时,公司应制作债券应募人填写的公司债券应募书。应募书应载明公司债券发行公告中有关事项和国务院证券管理部门批准募债的文号及日期。应募人应于公司债券应募书上填写其认购的公司债券数目及其住所,并签名盖章。应募人应按应募书所填债券金额缴纳购债款,应募人逾期不能缴纳购债款时,视为自动放弃所认购债券,所认购债券另行募集。

5. 债券持有人权利

在保护债券持有人权益方面,我国规定,债券持有人可通过债券持有人会议,委托代理发行公司债券的证券商保护其利益。债券持有人会议由发行债券的公司或代理发行公司债券的证券商召集。拥有同次发行债券总额10%的债券持有人,可以请求发行公司召集债券持有人会议。债券持有人会议,以每一张债券为一表决权。可见,我国在公司债券的发行和对债券持有者权益的保护方面已经有了相当严密的规定。

6. 可转换债券

上市公司经股东大会决议可以发行可转换为股票的公司债券,并在公司债券募集办法中规定具体的转换办法。发行可转换为股票的公司债券,应当报请国务院证券管理部门批准。公司债券可转换为股票的,除具备债券发行的条件外,还应当符合股票发行的条件。发行可转换为股票的公司债券,应当在债券上标明可转换公司债券字样,并在公司债券存根簿上载明可转换公司债券的数额。

发行可转换为股票的公司债券,公司应当按照其转换办法向债券持有人换发股票,但债券持有人对转换股票或者不转换股票有选择权。

四、债券的收回

债券发行公司可以有多种收回债券的方式,常见的收回方式:在最终到期日偿清本息后收回债券;发行新债券来收回老债券;定期偿付本息来收回债券。在这里,我们只讨论偿债基金、分批偿还和债券调换的问题。

(一)偿债基金

为了保证在债券到期时能够顺利收回发行在外的债券,公司可以设立偿债基金。所谓偿债基金,就是每年或每期按照债券的一定比例提取固定的金额,并将提取出来的基金进行专户管理,以便在未来收回债券。计提偿债基金需要考虑到期应该偿还的债券金额、到期的时间、提取偿债基金的机会投资收益率等诸多因素。下面以实例说明偿债基金提取的计算方法。

【例3-10】 设H公司发行每年年末付息,到期一次还本的5年期公司债1 000万元。

为了保证在到期日能顺利收回债券,公司决定设立偿债基金,已知该公司资金机会成本为8%,试问该公司每年平均应提取多少偿债基金?

解:

按题意,债券利息每年已支付,到期偿债总额为债券面值1 000万元。故可按下式计算每年平均应提取的偿债基金(A):

因为:

$$1\,000=\sum_{t=1}^{5}A(1+8\%)^t$$

所以:

$$A=\frac{1\,000}{\sum_{t=1}^{5}(1+8\%)^t}=\frac{1\,000}{6.335\,9}=157.83(万元)$$

计算结果表明,公司只要每年提取157.83万元的偿债基金,在债券到期时,公司就可以顺利收回发行的债券。

(二) 分期偿还

分期偿还与偿债基金不一样,它在债券发行时明确规定所发行的债券将分多少批次收回。例如,某公司发行10年期10 000 000元的分期偿还债券时,可规定10个到期日,每次偿付债券1 000 000元。每次偿付债券的号码既可事先公布,又可在每次偿还期前抽签决定,不过更多的是抽签决定。被抽中的债券,不论该债券持有者是否愿意,其债券均应在该期赎回。在这种偿还方式下,公司只要按照当年偿还金额计算提取偿债资金就可以了,而不需要将提取的偿债金额专户储存,或进行投资,因此,操作相对简单。

就公司而言,发行这种债券主要目的是为了吸引广大投资者购买该种债券。从实际上看,企业很少发行这类债券。这类债券的发行者主要是政府部门。

(三) 债券调换

所谓债券调换,是指公司发行新债券去调换老债券,即在一种债券到期之前,发行另一种债券来取而代之。公司用新债券调换旧债券的动机多种多样,对这些动机需要进行分析,以判明债券调换行为对股东利益的影响。具体来看,债券调换有以下基本动机。

1. 改变债券利息率的因素

债券发行之后,同风险的市场利率仍然在不断变化,但是债券的票面利息率却固定不变,这样就势必影响到公司负债的资金成本。降低债券的资金成本,可能成为债券调换的一个因素。一般而言,在债券发行以后,如果市场利率下降,那么通过债券调换,降低公司债券的资金成本将对企业有利;反之,如果市场利率上升,那么债券调换则会导致公司债券的资金成本上升,对企业无利。

2. 减少债券保护性条款限制的因素

当公司觉得旧债券的契约保护性条款过分限制了企业的活动,妨碍了公司的经营战略时,公司就可以通过债券调换的方式,用保护性条款限制较少的新债券来替换老债券,增加公司经营上的灵活机动性。

3. 追求会计账面利润的因素

公司期望能在当期企业会计账面上反映出较大利润,也许是一些公司调换债券的动机。在会计处理上,债券卖价与买价之差是作为收益入账的,当市场利率上涨时,老债券的市价可能会低于其面值,在这时买进老债券,就会产生会计账面收益。当然,企业新发行的债券,其利息率必定会升高,这将使企业以后支付的利息额增大,对以后财务状况不利。可以这样说,在这种情况下调换债券,其当期的利润增加是建立在以后各期利润减少基础之上的。

【例 3-11】 设 N 公司于 2000 年 1 月 1 日发行了面值为 3 000 万元、年利息率为 12% 的每年年末付息、到期一次还本的 10 年期债券。由于市场利率发生变化,到 2005 年 1 月 1 日,同风险市场期望收益率已降到 4%。现公司决定按面值重新发行年利率为 4% 的 5 年期债券去调换年利率为 12% 的公司债。设定发行新债的金额正好等于收回旧债所需的金额。已知该公司所得税率为 30%。试评价公司对该债券调换行为是否可取?

解:

该债券调换行为的分析评价过程如下:

(1) 计算收回旧债券所需金额。

$$\frac{\text{收回旧债券}}{\text{所需金额}} = \sum_{i=1}^{5} \frac{3\,000 \times 12\%}{(1+4\%)^i} + \frac{3\,000}{(1+4\%)^5} =$$

$$360 \times 4.451\,82 + 3\,000 \times 0.821\,93 = 1\,602.66 + 2\,465.79 = 4\,068.45(万元)$$

(2) 计算新债换旧债的盈亏。

按会计核算规则,债券收回价高于应付债券面值之差就是债券调换的亏损,即:

借:应付长期债券(旧)	30 000 000
损益类账户	10 684 500
贷:应付长期债券(新)	40 684 500

新旧债券调换时的亏损是建立在新债券未来利息节约基础上的,其实公司并未发生真实的亏损,这种亏损因会抵减部分税收,使企业现金流出量减少,对企业有利。债券调换后的利息节约额可计算如下:

$$年利息节约额 = 3\,000 \times 12\% - 4\,068.45 \times 4\% = 360 - 162.74 = 197.26(万元)$$

未来利息减少,利润增加,相应地税收也会增加,从而导致企业现金流出量增加,对企业不利。

(3) 计算新债换旧债盈亏引起的现金流量差异。

新旧债券调换时的亏损导致的现金流出量减少额为：

$$现金流出量减少额 = 1\,068.45 \times 30\% = 320.54(万元)$$

新旧债券调换后利息支出减少导致的年现金流出量增加额为：

$$现金流出量增加额 = 197.26 \times 30\% = 59.18(万元)$$

新旧债券调换引起的现金流出量节约额净现值为：

$$\text{现金流出量减少额净现值} = 320.54 - \sum_{t=1}^{5} \frac{59.18}{(1+4\%)^t} = 320.54 - 263.46 = 57.08(万元)$$

以上计算结果表明，该公司的新旧债券调换使公司现金流出量减少的净现值为57.08万元，该调换给公司带来了好处，对这一新债换旧债的行为应予以好评。

相反，如果利率上涨，公司原发行债券的市价就会下跌，这时用新债换旧债，在调换当时就会产生会计利润。但根据上例的分析，可以看出，这种新旧债券的调换只会增加公司的现金流出量，减少企业价值，对公司是不利的。在市场利率上涨时，采用新旧债券调换，只可能对那些以会计利润为考核目标的经营管理者有利，而对所有者不利。因此，一般不应在市场利率上涨时进行债券调换。仍以实例加以说明。

【例3-12】 设M公司于2000年1月1日发行了面值为3 000万元、年利息率为4%的每年年末付息、到期一次还本的10年期债券。由于市场利率发生变化，到2005年1月1日，同风险市场期望收益率已上升到10%。现公司决定按面值重新发行年利率为10%的5年期债券去调换年利率为4%的公司债。设定发行新债的金额正好等于收回旧债所需的金额。已知该公司所得税率为30%。试评价公司该债券调换行为是否可取？

解：

该债券调换行为的分析评价过程如下：

(1) 计算收回旧债券所需金额。

$$\text{收回旧债券所需金额} = \sum_{t=1}^{5} \frac{3\,000 \times 4\%}{(1+10\%)^t} + \frac{3\,000}{(1+10\%)^5} = 120 \times 3.791 + 3\,000 \times 0.621 = 454.92 + 1\,863 = 2\,317.92(万元)$$

(2) 计算新债换旧债的盈亏。

按会计核算规则，债券收回价低于应付债券面值之差就是债券调换的盈利，即：

借：应付长期债券（旧）	30 000 000
贷：应付长期债券（新）	23 179 200
损益类账户	6 820 800

新旧债券调换时的盈利是建立在新债券未来利息增加基础上的，其实公司并未发生

真实的盈利,但是这种盈利会导致当期利润增加、所得税增加,从而导致企业现金流出量增加,对企业无利。债券调换后的未来年利息增加额可计算如下:

$$年利息增加额 = 2\,317.92 \times 10\% - 3\,000 \times 4\% = 231.79 - 120 = 111.79(万元)$$

未来利息增加,利润减少,相应的税收也会减少,从而导致企业现金流出量减少,对企业有利。

(3) 计算新债换旧债盈亏引起的现金流量差异。

新旧债券调换时的盈利导致的现金流出量增加额为:

$$现金流出量增加额 = 682.08 \times 30\% = 204.62(万元)$$

新旧债券调换后利息支出增加导致的年现金流出量减少额为:

$$现金流出量减少额 = 111.79 \times 30\% = 33.54(万元)$$

新旧债券调换引起的现金流出量节约额净现值为:

$$现金流出量增加额净现值 = 204.62 - \sum_{t=1}^{5} \frac{33.54}{(1+10\%)^t} = 204.62 - 127.15 = 77.47(万元)$$

以上计算结果表明,该公司的新旧债券调换使公司现金流出量增加的净现值为77.47万元,该调换未能给公司带来好处,因此,不能对这一新债换旧债的行为予以好评。

从上述的两个实例中可以看出,债券调换所引起的本年利润差异是相当大的,这会对公司的经营班子产生极大的诱惑。因此,在对债券调换行为进行评价时,一定要站在股东的立场上进行分析。总之,企业债券调换的目的是多种多样的,其动机和利弊均需认真分析。

五、长期债券筹资的利弊和筹资策略

长期债券筹资,从发行公司的角度看,既有利又有弊。其主要优缺点和筹资策略如下。

(一) 长期债券筹资的优点

(1) 债券成本是固定的,如果公司收益增加,那么净资产收益率会加速增长,即可获得财务杠杆利益。

(2) 由于债券受若干限制性条款保护,债券持有者的风险较小,因此其利息比股息低。再由于企业债券的利息费用是税前费用,因此,其税后资金成本比企业总资金成本低。

(3) 用债券筹资,不会稀释企业每股收益和股东控制权,即公司所有者不会损失其对公司的控制权。

（二）长期债券筹资的缺点

（1）债券必须还本付息，是企业的固定支付费用，随着这种固定支出的增加，企业的财务负担和破产可能性增大。一旦企业资产收益率下降到债券利息率之下，会产生财务杠杆的负效应。一旦企业不能支付这种固定费用，企业破产的风险会大增。

（2）由于企业财务风险和破产风险因其债务的增加而上升，这些风险的上升又导致企业债务成本、权益资金成本上升；因此，增大了企业总资金成本。

（3）在债券合同中，各种保护性条款使企业在股息策略、筹资方式和资金调度等多方面受到制约，经营灵活性降低。

（三）长期债券筹资策略

正是由于长期债券筹资有上述利弊，而且利弊产生往往均源于同一原因，是由量的变化所引起，即在某一量的前提下为利，但在另一量的前提下则变为弊；因此，企业在采用债券筹资时，应充分注意到量变所引起的质变问题。一般来讲，应注意如下一些因素：

（1）债券对资金市场的影响，对资金成本的影响。

（2）债券使财务杠杆增大后，对权益资金收益率的影响，对股东控制权的影响。

（3）企业是否有足够的收益能力确保应付债券的还本付息。

（4）市场利率变动对债券发行和收回所产生的影响。

（5）债券契约中各种限制性条款对企业经营和财务活动的制约情况。

总之，企业在利用债券筹资时，如能扬长避短，就有可能获得最大的利益。

第四节 长期负债筹资策略综述

长期负债筹资是一种权益交换式的筹资方式，运用得当可以提高股东权益收益率，增加企业价值；运用不当，则会降低股东权益收益率，减少企业价值。因此，企业在运用长期负债筹资时，一定要注意其运用的策略。长期负债筹资策略可以分为控制财务风险的策略和放大财务风险的策略两类，本节将对这两类策略进行简要的综述。

一、控制财务风险的长期负债筹资策略

控制财务风险的长期负债筹资策略，主要就是控制增加长期负债。控制增加长期负债，主要在公司资产收益率不高和财务风险已经很大时使用。当公司资产收益率不高时，公司可能从财务杠杆中获得的财务杠杆利益就会降低，特别当资产收益率低于负债成本率时，负债筹资更是得不偿失。当公司财务风险已经很大时，增加负债会使企业的资金成本上升，从而使企业资产盈利率与负债成本率之间的正差异逐渐缩小，并最终使该差异消失，甚至转变为负差异，从而产生负的财务杠杆作用，使股东权益收益率下降。因此，在公司资产收益率不高和财务风险已经很大时，公司应采用控制财务风险的长期负债筹资

策略。

在该策略下,企业应控制长期负债筹资,多用增加股东权益资金的方式筹资。如果企业的资产收益率很高,只是企业财务风险较大,那么,企业可以通过筹集优先股的方式来提高普通股权益收益率。如果企业的资产收益率不高,财务风险又很大时,企业还不能采用发行优先股的方式筹集股东权益资金,而只能采用发行普通股的方式筹集股东权益资金,只有这样,才能保证股东权益不被稀释。

二、放大财务风险的长期负债筹资策略

放大财务风险的长期负债筹资策略,主要就是增加长期负债。它一般在公司资产收益率较高时使用。当公司资产收益率较高时,企业通过负债筹资可以使普通股东权益收益率得到快速提高。但在筹集负债资金时,企业应充分运用权益的层次结构,使企业能在控制财务风险的前提之下,尽可能地提高普通股权益收益率。下面以实例对该筹资策略加以说明。

【例 3-13】 设甲公司的资产盈利率为 20%,经营所需资产总额为 10 000 万元。假定公司负债与借债权益基础之比在公认的 1∶1 的范围之内,可以筹得资金成本为 5% 的信用债券、资金成本为 7% 的次等信用债券、资金成本为 10% 的优先股票,并假定全部资金来源可以随意组合。问该公司应如何筹集资金才能使普通股权益收益率达到最大?

解:

首先,应明确借债权益基础的含义。根据前面有关论述可知,普通股票是优先股票发行的基础,普通股票和优先股票之和是次等信用债券发行的基础,而普通股票、优先股票和次等信用债券之和又是信用债券发行的基础。按题意,该公司如能最大限度地运用负债与借债权益基础之比,即 1∶1 的比例,那么,该公司的普通股权益收益率将达到最大。故有如下的关系图,如图 11-5 所示。

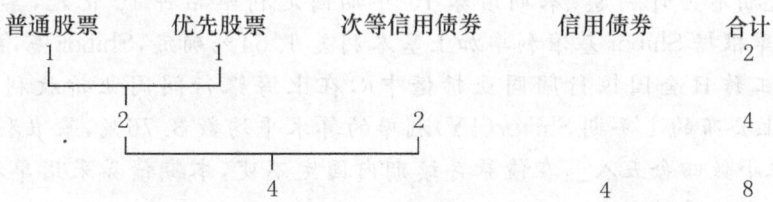

图 11-5 普通股票、优先股票、次等信用债券和信用债券关系图

即有:普通股票=10 000÷8=1 250(万元)

优先股票=普通股票=1 250(万元)

次等信用债券=普通股票 1 250+优先股票 1 250=2 500(万元)

信用债券=普通股票 1 250+优先股票 1 250+次等信用债券 2 500=5 000(万元)

按上述结构,该公司的普通股权益收益率达到最大化,其计算结果如下:

普通股权益收益率=[10 000×20%－(5 000×5%＋2 500×7%＋1 250×10%)]÷1 250＝116%

离开上述结构,普通股权益收益率都不可能达到最大化。从该例可以发现,公司将其权益分成多种层次的基本目的不外是扩大低资金成本的对外借债基础,使普通股权益收益率最大化。

案 例 与 资 料

【案例与资料1】 2007年国家电网公司企业债券募集说明书

2007年国家电网公司企业债券募集说明书(摘要)

释义(略)

第一条 债券发行依据(略)

第二条 本次债券发行的有关机构(略)

第三条 发行概要

一、发行人:国家电网公司。

二、债券名称:2007年国家电网公司企业债券(简称"07国网债")。

三、发行总额:人民币50亿元。

四、债券期限和利率:本期债券10年期固定利率品种40亿元,票面年利率为5.2%[该利率根据Shibor基准利率加上基本利差1.44%确定,Shibor基准利率为发行首日前五个工作日全国银行间同业拆借中心在上海银行间同业拆放利率网(www.shibor.org)上公布的1年期Shibor(1Y)利率的算术平均数3.76%,基准利率保留两位小数,第三位小数四舍五入],在债券存续期内固定不变,本期债券采用单利按年计息,不计复利,逾期不另计利息;本期债券15年期固定利率品种10亿元,票面年利率为5.3%[该利率根据Shibor基准利率加上基本利差1.54%确定,Shibor基准利率为发行首日前五个工作日全国银行间同业拆借中心在上海银行间同业拆放利率网(www.shibor.org)上公布的1年期Shibor(1Y)利率的算术平均数3.76%,基准利率保留两位小数,第三位小数四舍五入],在债券存续期内固定不变,本期债券采用单利按年计息,不计复利,逾期不另计利息。

五、发行价格:债券面值100元,平价发行,以1 000元为一个认购单位,认购金额必须是人民币1 000元的整数倍且不少于人民币1 000元。

六、债券形式:实名制记账式企业债券,投资人认购的本期债券在中央国债登记公司开立的一级托管账户中托管记载。

七、发行范围及对象:本期债券通过承销团成员设置的发行网点公开发行。中华人民共和国境内机构投资者(国家法律、法规另有规定者除外)均可购买。

八、发行首日:本期债券发行期限的第1日,即2007年9月7日。

九、发行期限:5个工作日,自发行首日至2007年9月13日。

十、起息日:自发行首日开始计息,本期债券存续期限内每年的9月7日为该计息年度的起息日。

十一、计息期限:10年期品种计息期限自2007年9月7日至2017年9月6日;15年期品种计息期限自2007年9月7日至2022年9月6日。

十二、还本付息方式:每年付息一次,到期一次还本,最后一期利息随本金的兑付一起支付。年度付息款项自付息日起不另计利息,本金自兑付日起不另计利息。

十三、付息日:10年期品种付息日为2008年至2017年每年的9月7日;15年期品种付息日为2008年至2022年每年的9月7日(如遇法定节假日或休息日,则顺延至其后的第1个工作日)。

十四、兑付日:10年期品种兑付日为2017年9月7日;15年期品种兑付日为2022年9月7日(如遇法定节假日或休息日,则顺延至其后的第1个工作日)。

十五、本息兑付方式:通过本期债券托管机构办理。

十六、承销方式:承销团余额包销。

十七、承销团成员:(略)。

十八、债券担保:本期债券由中国建设银行股份有限公司授权其北京市分行提供全额无条件不可撤销的连带责任保证担保。

十九、信用级别:经大公国际资信评估有限公司综合评定,本期债券信用级别为AAA,发行人的长期主体信用评级为AAA。

二十、上市安排:本期债券发行结束10个工作日内,发行人将向有关证券交易场所或主管部门提出上市或交易流通申请。

二十一、税务提示:根据国家有关税收法律、法规的规定,投资者投资本期债券所应缴纳的税款由投资者承担。

二十二、特别提示:(略)

第四条 承销方式(略)

第五条 认购与托管(略)

第六条 债券发行网点(略)

第七条 认购人承诺(略)

第八条 债券本息兑付办法(略)

第九条 发行人基本情况(略)

第十条 发行人业务情况(略)

第十一条 发行人财务情况

发行人经审计的2004、2005年和2006年主要财务数据与指标如表3-9~表3-12所示。

表 3-9
发行人 2004—2006 年资产负债表主要数据

金额单位：亿元

项　　目	2006 年 12 月 31 日	2005 年 12 月 31 日	2004 年 12 月 31 日
资产总计	12 127.86	11 696.98	11 115.37
流动资产	2 049.43	2 426.14	2 896.28
长期投资	621.97	713.34	727.65
固定资产	9 314.47	8 206.27	7 344.71
无形及其他资产合计	141.05	350.61	146.41
所有者权益	4 642.44	4 319.89	3 953.26
少数股东权益	153.62	131.87	111.02
负债合计	7 331.80	7 245.22	7 051.09
资产负债率	60.45%	61.94%	63.44%

表 3-10
发行人 2004—2006 年利润表主要数据

单位：亿元

项　　目	2006 年度	2005 年度	2004 年度
主营业务收入	8 923.22	7 127.03	6 150.53
主营业务成本	7 964.59	6 692.57	5 558.90
主营业务利润	508.67	376.20	294.55
利润总额	269.85	143.98	97.25
所得税	86.75	50.50	37.60
净利润	178.40	87.96	57.44

表 3-11
发行人 2004—2006 年现金流量表主要数据

单位：亿元

项　　目	2006 年度	2005 年度	2004 年度
经营活动产生的现金流量	1 536.82	1 190.56	1 070.99
投资活动产生的现金流量	-1 680.16	-1 164.74	-1 010.85
筹资活动产生的现金流量	-55.47	-474.53	-84.19
现金及现金等价物净增加额	-198.94	-448.60	-24.02

表 3-12

发行人 2004—2006 年有关财务指标

项 目	2006 年度	2005 年度	2004 年度
流动比率①	0.49	0.63	0.86
速动比率②	0.45	0.59	0.82
资产负债率③	60.45%	61.94%	63.44%
应收账款周转率④	48.83	36.16	29.02
存货周转率⑤	48.21	44.90	44.40
总资产周转率⑥	0.75	0.62	0.57
固定资产周转率⑦	1.02	0.91	0.87
主营业务利润率⑧	5.70%	5.28%	4.79%
净资产收益率⑨	4.02%	2.11%	1.50%

① 流动比率＝流动资产÷流动负债。
② 速动比率＝(流动资产－存货－待摊费用)÷流动负债。
③ 资产负债率＝总负债÷总资产。
④ 应收账款周转率＝主营业务收入÷应收账款平均余额。
⑤ 存货周转率＝主营业务成本÷存货平均余额。
⑥ 总资产周转率＝主营业务收入÷总资产平均余额。
⑦ 固定资产周转率＝主营业务收入÷平均固定资产。
⑧ 主营业务利润率＝主营业务利润÷主营业务收入。
⑨ 净资产收益率＝净利润÷平均所有者权益。

第十二条 已发行尚未兑付的债券

截至本期债券发行前，发行人已发行未兑付的企业债券为：

（一）发行人承继 40 亿元 2002 年电网建设企业债券中的 16.67 亿元，期限 15 年，并已按照《2002 年电网建设企业债券发行章程》约定及时足额向投资者支付利息。

（二）发行人于 2003 年 12 月 31 日发行 50 亿元 2003 年国家电网公司企业债券，期限 10 年，并已按照《2003 年国家电网公司企业债券发行章程》约定及时足额向投资者支付利息。

（三）发行人于 2005 年 7 月 8 日发行 40 亿元 2005 年国家电网公司企业债券，期限 10 年，并已按照《2005 年国家电网公司企业债券发行章程》约定及时足额向投资者支付利息。

（四）发行人于 2006 年 5 月 29 日发行 60 亿元 2006 年国家电网公司企业债券，其中 10 年期固定利率品种 10 亿元，15 年期固定利率品种 50 亿元，并已按照《2006 年国家电网公司企业债券发行章程》约定及时足额向投资者支付利息。

第十三条　募集资金用途

本期债券募集资金50亿元将全部用于河北张河湾抽水蓄能电站、安徽响水涧抽水蓄能电站、晋东南—南阳—荆门交流百万伏特高压试验示范工程、天津东郊500千伏输变电工程、江苏省500千伏第四过江通道输变电工程、浙江甬东等500千伏输变电工程、500千伏宁德开关站工程、鄂渝第二通道及鄂西水电送出500千伏输变电工程、江西丰城电厂二期500千伏外送工程、江西黄金埠电厂500千伏外送工程、重庆巴南500千伏输变电工程等项目，项目总投资253.66亿元，项目具体情况如下：（略）

第十四条　担保情况

中国建设银行股份有限公司（以下简称"建设银行"）授权其北京市分行为本期债券提供全额无条件不可撤销连带责任保证担保。

一、担保人基本情况

本期债券由中国建设银行股份有限公司北京市分行（以下简称"建设银行北京分行"）提供全额无条件不可撤销连带责任保证担保。

二、担保人财务情况

表 3-13

中国建设银行股份有限公司近3年主要财务数据

（单位：人民币百万元）

项目	2006 年	2005 年	2004 年
总资产	5 448 511	4 585 742	3 904 785
其中：客户贷款及垫款	2 795 976	2 395 313	—
负债总额	5 118 307	4 298 065	3 710 041
其中：客户存款	4 721 256	4 006 046	—
净资产	330 204	287 677	194 744
利息收入	215 189	173 601	110 025
税前利润	65 717	55 364	—
净利润	46 319	47 096	48 388

表 3-14

中国建设银行股份有限公司北京市分行近3年主要财务数据

（单位：人民币万元）

项目	2006 年	2005 年	2004 年
资产总额	47 513 991.51	38 338 383.30	33 243 375.96
负债总额	47 713 591.73	38 230 817.70	33 136 340.67
净利润	385 222.03	706 336.01	576 160.251

担保人经审计的2003年、2004年和2005年财务报表见募集说明书全文。

三、担保函主要内容

担保人为本期债券向债券持有人出具了担保函。担保人在该担保函中承诺,对本期债券的到期兑付提供全额无条件不可撤销的连带责任保证担保。在本期债券存续期及本期债券到期之日起两年内,如发行人不能按期兑付债券本金及到期利息,担保人保证将债券本金及利息、违约金、损害赔偿金、实现债权的费用和其他应支付的费用,划入企业债券登记机构或主承销商指定的账户。

第十五条 偿债保证措施

一、本期债券的偿债计划

(一) 本期债券债务负担分析及偿债计划概况

本期企业债券拟发行总额50亿元,其中10年期固定利率品种40亿元,15年期固定利率品种10亿元,票面年利率为不超过6%,按年付息,到期一次还本。公司前10年每年需要支付债券利息不超过3亿元,第10年需要支付10年期品种的本金40亿元。从第11年到第15年,每年需要支付债券利息不超过6 000万元,第15年需要支付15年期品种的本金10亿元。本期债券偿付本息的时间明确,且支付金额不会发生变化,不确定因素较少,有利于提前制订相应的偿债计划。

为了充分、有效地维护债券持有人的利益,公司为本期债券的按时、足额偿付制订了一系列工作计划,包括确定专门部门与人员、设计工作流程、安排偿债资金、制订管理措施、做好组织协调等等,努力形成一套确保债券安全兑付的内部机制。

(二) 偿债计划的人员安排

公司将安排专门人员负责管理还本付息工作。自成立起至付息期限或兑付期限结束,全面负责利息支付、本金兑付及相关事务,并在需要的情况下继续处理付息或兑付期限结束后的有关事宜。

(三) 偿债计划的财务安排

针对公司未来的财务状况、本期债券自身的特征、募集资金使用项目的特点,公司将建立一个多层次、互为补充的财务安排,以提供充分、可靠的资金来源用于还本付息,并根据实际情况进行调整。本期债券的本息将由公司通过债券托管机构支付利息。偿债资金将来源于公司日常生产经营所产生的现金收入,并以公司的日常营运资金为保障。当出现不能按时支付利息、到期不能兑付以及发生其他违约情况时,由担保人履行清偿责任。

二、本期债券的保障措施

(一) 公司具有较强的盈利能力和偿债能力

发行人具有较强的盈利能力,资本债务结构合理,负债总量适中,偿债能力充足。发行人资产负债结构在过去3年中始终保持合理水平,既较好地运用了财务杠杆,提高了净资产回报水平,同时将负债控制在安全范围内,财务状况稳健,近年来资产负债率呈下降趋势;发行人近3年的EBIT利息倍数不断增大,表示发行人偿债能力不断提升。良好的募集资金项目是偿付企业债券本息的根本保障。公司近3年的主要财务指标如表3-15所示。

表 3-15

公司近 3 年的主要财务指标

项　　目	2006 年年末	2005 年年末	2004 年年末
总资产(亿元)	12 127.86	11 696.98	11 115.37
流动资产(亿元)	2 049.43	2 426.14	2 896.28
流动负债(亿元)	4 186.93	3 834.11	3 371.53
净利润(亿元)	178.40	87.96	57.44
利息支出(亿元)	158.56	164.77	166.44
所得税(亿元)	86.75	50.50	37.60
短期偿债指标			
流动比率(倍)	0.49	0.63	0.86
速动比率(倍)	0.45	0.59	0.82
长期偿债指标			
资产负债率(%)	60.45	61.94	63.44
经营净现金流/总负债(%)	20.96	16.43	15.19
经营净现金利息倍数(倍)	9.69	7.23	6.43
EBIT 利息倍数(倍)	2.70	1.87	1.58

（三）强大的综合实力和优良的资信是本期债券到期偿还的重要支撑

（四）中国建设银行股份有限公司授权其北京市分行为本期债券提供全额不可撤销的连带责任保证担保，将从根本上保证本期债券的按期偿付

第十六条　风险与对策

一、风险

投资者在评价和购买本期债券时，应认真考虑下述各项风险因素：

（一）与债券有关的风险

1. 利率风险

受国民经济总体运行状况和国家宏观经济政策的影响，市场利率存在波动的可能性。由于本期债券为固定利率债券，且期限较长，可能跨越一个以上的利率波动周期，市场利率的波动可能使实际投资收益具有一定的不确定性。

2. 兑付风险

在本期债券存续期内，如果由于不可控制的因素如市场环境发生变化，发行人不能从预期的还款来源获得足够资金，可能会对本期债券到期时的按期兑付造成一定的

影响。

3. 流动性风险

由于具体上市审批事宜需要在本期债券发行结束后方能进行，发行人目前无法保证本期债券一定能够按照预期在合法的证券交易场所交易流通，亦无法保证本期债券会在债券二级市场有活跃的交易。

（二）与发行人相关的风险

1. 政策性风险

国家宏观经济政策和产业政策的调整可能会影响发行人的经营活动，从而可能对发行人的经营业绩产生不利影响。

2. 经济周期风险

电力工业的盈利水平受经济周期影响，如果出现经济增长放缓或衰退，将影响过网电量和最终售电量，从而影响发行人的经营效益。

3. 输配电价格风险

目前电网输配电价的合理定价机制和电网监管规则尚未完全形成，发行人盈利水平面临一定的不确定性。

4. 安全生产和内部管理风险

厂网分开导致厂网协调问题日益突出，同时发行人部分电网较为陈旧，网架较薄弱，部分新建跨区电网尚未实现双回保障，其安全生产和调度管理面临新的挑战。

（三）与投资项目有关的风险

（1）本期债券的用资项目建设规模大，如果工程建设管理中出现重大失误，有可能对项目按期投产、实现收益产生影响。

（2）尽管本期债券用资项目投入运营后能够产生稳定的现金流，但由于投资回收期较长，如果电力市场发生变化，项目实际效益可能与设计产生差异，从而影响项目收益和偿债资金的归集。

二、对策

（一）与债券有关的风险对策（略）

（二）与发行人相关的风险对策（略）

第十七条 信用评级

经大公国际资信评估有限公司综合评定，本期债券的信用级别为 AAA，发行人的长期主体信用评级为 AAA。

第十八条 法律意见（略）

第十九条 其他应说明的事项（略）

第二十条 备查文件（略）

【案例与资料2】 中国 1991—2007 年国债、企业债券、普通股票筹资情况（如表 3-16 所示）

表 3-16

中国 1991—2007 年国债、企业债券、普通股票筹资额

单位：亿元

年 份	国债发行额	企业债发行额	股票筹资额（亿元）			
			总额	A 股	H 股，N 股	B 股
1991			5.00	5.00		
1992			94.09	50.00		
1993			375.47	276.41	81.58	60.93
1994	2 086.27	161.75	326.78	99.78	188.73	38.27
1995	1 510.90	216.10	150.32	85.51	31.46	33.35
1996	1 847.77	268.92	425.08	294.34	83.56	47.18
1997	2 411.79	255.23	1 293.82	825.92	360.00	80.76
1998	3 808.77	147.89	841.52	778.02	37.95	25.55
1999	2 411.79	32.00	944.56	893.60	47.17	3.79
2000	4 657.00	83.00	2 103.08	1 527.03	562.21	13.99
2001	4 884.00	147.00	1 252.34	1 182.13	70.21	
2002	5 934.30	325.00	961.75	779.75	181.99	
2003	6 280.10	358.00	1 357.75	819.56	534.65	3.54
2004	6 923.90	327.00	1 510.94	835.71	648.08	27.16
2005	7 042.00	2 046.50	1 882.51	338.13	1 544.38	
2006	6 533.30	3 958.00	5 594.00	2 464.00	3 131.00	
2007	7 637.00	5 059.00	8 680.17	7 722.99	957.18	

资料来源：《中国统计年鉴》。

思 考 与 练 习

一、复习思考题

1. 说明长期借款偿债计划的内容。其编制方法有哪些？
2. 长期借款利率应该如何确定？
3. 长期借款保护性条款的基本内容有哪些？
4. 如何认识长期借款筹资的利弊？长期借款筹资应该注意的基本策略是什么？
5. 如何认识经营租赁与融资租赁之间的异同？

第三章 长期负债筹资

6. 融资租赁融资决策需要考虑的主要因素有哪些?
7. 售后租回方式筹资对企业财务会产生什么影响?
8. 如何认识融资租赁融资的利弊?融资租赁的基本策略是什么?
9. 长期债券的基本特征?
10. 长期债券分类的基本目的是什么?
11. 收回长期债券的方法有哪些?
12. 我国长期债券发行的基本条件是什么?
13. 如何认识公司的长期债券调换行为?
14. 你认为应该在什么条件下债券调换才对企业有利?
15. 如何认识长期债券筹资的利弊?其筹资的基本策略是什么?
16. 如何理解控制和放大财务风险的筹资策略?

二、练习题

1. 假定甲公司向银行取得1 200万元、年利息率为8%的5年期长期借款,借款合同规定的偿债方式为每年年末付息一次、到期还本。试编制甲公司的还款计划表。

2. 假定练习题1中的甲公司还款计划为每季付息一次、到期还本。试编制甲公司的还款计划表。

3. 假定练习题1中的甲公司还款计划为每年等额支付240万元的本金,对尚未偿还的本金支付利息。试编制甲公司的还款计划表,并计算甲公司实际年均占有借款数。

4. 假定练习题1中的甲公司还款计划为每季等额偿还本金,对尚未偿还的本金支付利息。试编制甲公司的还款计划表,并计算甲公司实际年均占有借款数。

5. 假定练习题1中的甲公司还款计划为按年分期等额偿还借款本息。试编制甲公司的还款计划表,并计算甲公司实际年均占有借款数。

6. 假定练习题1中的甲公司还款计划为按季分期等额偿还借款本息。试编制甲公司的还款计划表,并计算甲公司实际年均占有借款数。

7. 假定练习题1中的甲公司,按合同要求需保持借款量的20%作为最低存款余额,而存款利率则仅为2%,试求甲公司该笔长期借款的实际利率。

8. 假定某公司向银行取得年利息率为12%的长期贷款,按合同要求需保持借款量的20%作为最低存款余额,借款利息每月支付一次;而存款利率则仅为2%,每6个月结息一次。试求这笔长期借款的实际利率。

9. 假定某公司向银行取得年利息率为10%的长期贷款,按合同要求,应该在期初支付全年的贷款利息,且需保持借款量的20%作为最低存款余额,存款利率为2%,每年结息一次。试求这笔长期借款的实际利率。

10. 乙公司计划添置一台价值为500万元的设备。该设备的使用期为10年,预计10年后的残值为购置价的10%。现有融资租赁和长期借款购置两种方案可供选择。

融资租赁合同规定：租赁期为5年，每年年初支付租金100万元，并需按未付租金部分价值的10%支付利息。在租赁期届满时，企业还需一次性支付100万元以取得对该设备的所有权。

长期借款合同规定：借款期限为5年，借款利息率为12%，每半年付息一次，到期还本。

又知该公司资金的机会成本为8%，所得税率为30%，租金可作为费用抵减应税收益。试问乙公司应该选择何种筹资方式？

11. 中华股份公司决定添置一台价值为200万元的设备。该设备的使用期为10年，预计10年后的残值为零。现有融资租赁和长期借款购置两种方案可供选择。

融资租赁合同规定：租赁期为5年，首期租赁费50万元，以后每年年末支付租金30万元，并需按未付租金部分价值的8%支付利息。在租赁期届满时，企业还需一次性支付50万元以取得对该设备的所有权。

长期借款合同规定：借款期限为5年，借款利息率为10%，年末付息到期还本。

已知该公司资金的机会成本为6%，所得税率为30%，租金可作为费用抵减应税收益。试问中华公司应该选择何种筹资方式？

12. 先锋公司目前的资产负债表，见表3-17。

表3-17

A公司资产负债表

单位：万元

资　　产	金　　额	负债及所有者权益	金　　额
流动资产	1 500	流动负债	2 500
固定资产	5 500	所有者权益	4 500
合　　计	7 000	合　　计	7 000

现公司准备将账面净值为2 000万元的固定资产，以2 200万元的市场价格卖给某租赁公司，然后，再与租赁公司签订5年期的租赁合同将其租回。合同规定应付融资租赁费总额为2 500万元，每年年末支付500万元。要求：编制先锋公司新的资产负债表；对新、旧资产负债表进行比较分析，并根据分析结果说明该筹资行为是否可取；计算该筹资行为对当前和以后会计账面盈亏的影响。

13. 假定练习题12中的情况是将账面净值为2 800万元的固定资产，以2 200万元的市场价格卖给某租赁公司，然后，再以应付融资租赁费总额为2 500万元的价格将其租回。要求：编制新的资产负债表；计算该筹资行为对当前和以后会计账面盈亏的影响，并加以评价。

14. 假定练习题12和练习题13中公司的适用折现率为8%，请分别将售后回租筹资行为对公司目前和以后的盈亏影响折算为现值,并加以评价。

15. 某公司的资产盈利率为16%,现需要总投资额为20 000万元。但是目前只有普通股权益3 000万元,无其他资金来源。公司现在需要研究筹资结构。公司预计如果按公认的优先权资金来源与次优先资金来源之比的1:1标准进行筹资,其风险不会发生变化,各种资金来源的利息率分别为信用债券利息率8%、次等信用债券10%、收益债券12%、优先股票股利率12%。试根据上述资料确定公司的最优资金结构。

16. 设W公司发行年利息率为10%,每年年末付息,到期一次还本的10年期公司债10 000万元。为了保证能在到期日顺利收回债券,公司决定设立偿债基金。已知W公司资金机会成本为8%,试问该公司每年平均应提取多少偿债基金?

17. 设K公司发行年利息率为8%,到期一次还本付息的5年期公司债5 000万元。为了保证能在到期日顺利收回债券,公司决定设立偿债基金。已知K公司资金机会成本为5%,试问该公司每年平均应提取多少偿债基金?

18. 设Y公司于2000年3月1日发行了面值为10 000万元、年利息率为10%的每年年末付息、到期一次还本的10年期债券。由于市场利率发生变化,到2003年3月1日,同风险市场期望收益率已降到4%。现公司决定按面值重新发行年利率为4%的7年期债券去调换年利率为10%的公司债。设定发行新债的金额正好等于收回旧债所需的金额。已知公司所得税率为30%。试评价公司该债券调换行为是否可取。

19. 设Y公司于2000年3月1日发行了面值为10 000万元、年利息率为10%的每年年末付息、到期一次还本的10年期债券。由于市场利率发生变化,到2003年3月1日,同风险市场期望收益率上升到12%。现公司决定按面值重新发行年利率为12%的7年期债券去调换年利率为10%的公司债。设定发行新债的金额正好等于收回旧债所需的金额。已知公司所得税率为30%。试评价公司该债券调换行为是否可取。

20. 设X公司于1998年6月1日发行了面值为8 000万元、年利息率为6%的每年年末付息、到期一次还本的10年期债券。由于市场利率发生变化,到2003年6月1日,同风险市场期望收益率下降到4%。现公司决定按面值重新发行年利率为4%的5年期债券去调换年利率为6%的公司债。设定发行新债的金额正好等于收回旧债所需的金额。已知公司所得税率为30%。试评价公司该债券调换行为是否可取。

21. 设X公司于1998年6月1日发行了面值为8 000万元、年利息率为6%的每年年末付息、到期一次还本的10年期债券。由于市场利率发生变化,到2003年6月1日,同风险市场期望收益率上升到10%。现公司决定按面值重新发行年利率为10%的5年期债券去调换年利率为6%的公司债。设定发行新债的金额正好等于收回旧债所需的金额。已知公司所得税率为30%。试评价公司该债券调换行为是否可取。

22. 设甲公司的资产盈利率为16%,经营所需资产总额为16 000万元。假定公司优先负债与借债权益基础之比在公认的1:1的范围之内,可以筹得利息率为5%的信用债券、利息率为7%的次等信用债券、利息率为10%的收益债券、股利率为10%的优先股票,并假定全部资金来源可以随意组合。问该公司应如何筹集资金才能使普通股权益收益率达到最大？

23. 假设 H 公司必须借入 120 万元资金来满足某种投资的需要，银行提供了如下两种借款供 H 公司选择：第一种是年利息率为 12%，要求每月等额支付 3 年期分期偿还借款；第二种是年利息率为 10%，补偿性为 20%，存款利息率为 2%，每年年末等额还本付息的 3 年期借款。试选择成本最低的借款。

24. 假设 Q 公司必须借入 200 万元资金来满足某种投资的需要，银行可提供的几种借款方案如下：第一种，年利息率为 14%，每年付息，到期还本的 5 年期借款；第二种，年利息率为 12%，要求每季等额支付的 5 年期分期偿还借款。第三种，年利息率为 10%，补偿性为 20%，存款利息率为 2%，每年年末等额还本，按季结算借款利息，按年结算存款利息的 5 年期借款。试选择成本最低的借款。

第四章 具有选择权性质的证券筹资

【本章提要】 具有选择权的证券与以前所讨论的普通股票、优先股票、长期债券等形式的证券不同,它本质上是公司用前后期利益交换的一种筹资方法。权益交换是否对公司原有股东有利,主要取决于公司前期获取的利益与后期放弃的利益的比较。如前期利益大于后期利益,那么就有利可图;反之,如果前期利益小于后期利益,则无利可图。本章将探讨可转换证券、认股权证、优先认股权等具有选择权性质的证券筹资的理论和方法。

【学习目标】 通过本章学习,要求掌握和了解如下内容:(1)掌握可转换证券的特征与分类。(2)掌握可转换证券的价值特征,以及不同价值之间的关系。(3)掌握可转换证券收益率构成的理论,以及盈亏区间确定的方法。(4)掌握可转换证券的成本理论,以及其引起的股东权益稀释量的确定方法。(5)了解可转换证券筹资的利弊与筹资的基本策略。(6)掌握认股权证的特征。(7)掌握认股权证的价值特征,以及不同价值之间的关系。(8)掌握认股权证收益率构成的理论,以及盈亏区间确定的方法。(9)了解认股权证筹资的利弊与筹资的基本策略。(10)掌握认股权证的成本理论,以及其引起的股东权益稀释量的确定方法。(11)掌握优先认股权的特征和优先认股权的价值特征。(12)掌握优先认股权筹资的利弊与筹资策略。

第一节 可转换证券筹资

一、可转换证券的特征

(一)可转换证券的概念

可转换证券是具有转换为普通股票权利的公司债券或优先股票。该定义首先说明可转换证券本身是一种公司债券或优先股票；其次说明这种公司债券或优先股票具有某些特殊权利，这种特殊权利主要是指公司债券或优先股票享有在某一特定时期和价格条件下可以转换为普通股票的权利；最后，暗示行使这种权利的主体是可转换证券持有者。

从公司的角度出发，发行这种证券的目的，实质上是通过赋予投资者一定的优惠——获取普通股票的权利，来换取低资金成本和少限制筹资条件的利益。这种交换，本质上是公司用未来利益来换取当期利益的利益交换。

（二）可转换证券的特征

根据可转换证券的一般性条款，可转换证券的特征可归纳如下。

1. 一次转换性

持有可转换证券的投资者可以根据自己的权利决定是否将可转换证券转换为普通股票，但是，作为可转换证券的债券或优先股票一旦转换为普通股票之后，就只能作为普通股票的形态存在，而不能再转换为债券或优先股票。即可转换证券的转换权具有一次性的特征。

2. 明确规定了转换价格

任何可转换证券，都明确规定了带有转换权利的公司债券或优先股票在不同条件下的转换为普通股票的价格。转换价格有绝对数和相对数两种表示方法。绝对数是指公司债券或优先股票转换为普通股票时，每股普通股票的转换价格为多少；相对数是指每张公司债券或每股优先股票可以转换为多少股普通股票。

【例 4-1】 某公司发行面值为 1 000 元/张的可转换为普通股票的次等信用债券，条款上规定，该债券的持有人可以在 1 年以上 10 年以内，以每股 10 元的价格将该债券转换为普通股票。问此可转换债券的绝对转换价格和相对转换价格各为多少？

解：

根据题意可知：

$$绝对价格 = 10(元/股)$$

相对价格 = 1 : (1 000 ÷ 10) = 1 : 100，即每一张可转换债券可以转换为 100 股普通股票。

需要注意的是，可转换证券的转换价格并不是长期不变的，在实际中多是定期提高的。比如，[例 4-1]中的可转换证券的转换价格如果在头 4 年中为 10 元/股，在第二个 4 年中为 12 元/股，在最后 2 年为 14 元/股；那么，该可转换证券的转换价格就是定期提高的价格。随着时间的推移，可转换证券绝对转换价格提高，每一张可转换证券可以换到的普通股票数量就会相应减少。公司制订该种转换价格的目的，在于迫使可转换证券持有者及时将可转换证券转换为普通股票，以保证公司筹资计划的顺利完成。

可转换证券的转换价格通常还会随公司股票的分割或股利的分配而调整。比如,当普通股票1股拆为2股时,其转换价格将下降50%。这种反稀释条款的目的,是保护可转换证券持有者的利益在公司股票除权或除息时不受到侵害。

(三) 规定了转换期

转换期是指可转换证券持有者行使转换权的有效时间。就债券而言,转换期一般等于债券的期限。但除了这种转换期之外,还有递延转换期,即长于债券期限的转换期。公司采用递延转换期,可以获得不向递延转换那部分债券支付利息的好处。就优先股票而言,转换期通常是永久性的,即没有规定具体的转换期限。总之,转换期是公司根据筹资的需要而设定的。

二、可转换证券的价值

对投资者而言,可转换证券具有三重价值:一是它作为债券或优先股票的价值;二是它作为普通股票的潜在价值;三是可转换证券的市场价值。下面,分别讨论这三种价值。

(一) 作为债券或优先股票的价值

这种价值是指可转换证券如果不具备可转换权利在市场上销售的价值,它是可转换证券的最低极限价值,即无论普通股票市场价格下降到多少,可转换证券的价格一般都不会下跌到这个极限价值之下。可转换证券作为债券或优先股票的价值的确定方法与债券或优先股票价值的确定方法一样,是用市场同风险收益率对未来现金流量折现的结果。下面分别讨论作为债券和作为优先股票价值的确定方法。

1. 作为债券的价值

债券价值就是公司债券在证券市场上交易的市场价格。其计算公式与一般债券的计算公式一样,仍为:

$$PV=\sum_{t=1}^{n}\frac{C}{(1+i)^t}+\frac{V}{(1+i)^n}$$

【例4-2】 某公司按面值发行年利率为5%、期限为15年、面值为1 000元/张的可转换债券。如果没有赋予该债券可转换为普通股票的权利,它的年利率必须达到10%才能按面值发行。试计算该可转换债券仅作为债券的价值为多少?

解:

(1) 分析:债券按面值发行的前提是票面利率必须等于市场同风险收益率,根据这一原理和题意可知,该债券的市场同风险收益率为10%。由于该债券的票面利率仅为5%,因此,如果不赋予它可以转换为普通股票的权利,那么它必然会折价发行。

(2) 计算价值。根据公式可得:

$$PV=\sum_{t=1}^{5}\frac{1\,000\times 5\%}{(1+10\%)^t}+\frac{1\,000}{(1+10\%)^{15}}=50\times 7.606+1\,000\times 0.239\,4=619.70(元/张)$$

计算结果表明,该公司可转换债券的最低价值为 619.70 元/张。即无论公司普通股票的价格怎么下降,转换价值多么微不足道;该可转换债券的价格在市场利率保持不变的前提下,最多降至 619.70 元/张。因为在这个价格水平上,该可转换债券的实际收益率已同一般债券 10% 的收益率保持一致。

2. 作为优先股票的价值

一般优先股票的价值就是其在市场上出售的价格。其计算公式如下:

$$PV=\sum_{t=1}^{\infty}\frac{D_p}{(1+i)^t}=\frac{D_p}{i}$$

式中　PV——优先股票的价值;
　　　D_P——年股利额;
　　　i——期望收益率。

【例 4-3】 某公司发行年利率为 8%、面值为 100 元/张的可转换为普通股的优先股票。假定该优先股票的年利率要达到 12% 才能按其面值出售。试问该可转换优先股票作为优先股票的价值为多少?

解:

根据公式,可得:

$$PV=\frac{D_p}{i}=\frac{100\times 8\%}{12\%}=66.67(元/股)$$

与债券一样,该价格表明了可转换优先股票的极限价值,即无论普通股价如何下跌,该类优先股票的价格都不会低于 66.67 元。因为,在这个价格水平上,该优先股票的期望收益率已等于一般优先股票 12% 的期望收益率了。

当然,在一个较长的时期内,可转换证券的最低极限价值并非一成不变,它总是随如下两个因素的变化而变化:一是随资金市场上利率的变化而变化,当资金市场上一般利率上升时,可转换证券的极限价值会随之下降;反之,则会随之上升。二是随其发行公司的财务风险的变化而变化,当公司财务风险降低,即信用等级提高时,在其他因素不变的情况下,可使其一般有价证券的利率下降,从而提高可转换证券的极限价值;反之,极限价值则会下降。

(二) 转换为普通股票的潜在价值

转换为普通股票的潜在价值,简称转换价值,是由可转换证券转换为普通股票后的股票价格所决定的。其计算公式如下:

转换为普通股票的潜在价值=转换比率×普通股票价格

从以上公式可以看出,转换价值是由转换比率和普通股票价格两个因素所决定的。如果可转换证券的转换比率会随着时间的延长而递减,那么,可转换证券持有者在什么时候行使转换权最优,就与他对以后普通股票市场价格的预测相关。

【例 4-4】 假定某公司发行面值为 1 000 元/张、年利息率为 3%、期限为 5 年的可转换债券。转换条件规定,在可转换债券发行 1 年之后,可转换为普通股票,具体转换价格为 3 年内转换比率为 30 股,3 年以后转换比率为 25 股。目前,该可转换债券已经发行了 1 年,可转换条件已经生效,现在的普通股票市场价格为 40 元/股。可转换债券持有人估计,普通股票的市场价格将以年 10% 的速度上涨。问目前该债券转换为普通股票的潜在价值为多少?是否应该立即转换为普通股票?

解:
(1) 计算目前转换为普通股票的潜在价值。

$$转换价值 = 30 股 \times 40 元/股 = 1\,200 元$$

(2) 计算第 5 年转换为普通股票的潜在价值。

$$转换价值 = 25 股 \times 40 元/股 \times (1+10\%)^4 = 1\,464.1 元$$

(3) 计算转换价值上升的年均收益率。

因为:

$$1\,200 = \frac{1\,464.1}{(1+i)^4}$$

所以:

$$i = \left(\sqrt[4]{\frac{1\,464.1}{1\,200}} - 1\right) \times 100\% = 5.1\%$$

(4) 计算持有可转换债券的年均收益率。

持有可转换债券的年均收益率 = 转换价值上升的年均收益率 + 可转换债券的年利息率 = 5.1% + 3% = 8.1%

(5) 分析:根据上面的计算结果可知,持有可转换债券的年均收益率为 8.1%,低于在第 1 年转换为普通股票后的资本收益率 10%。仅此一项,在第 5 年转换的年均收益率就比在第 1 年转换的年均收益率低了 1.9%。如果再考虑普通股票的股利,那么,在第 5 年转换的年均收益率就比在第 1 年转换的年均收益率低得更多。因此,仅从收益率的角度考察,将可转换债券持有到第 5 年再转换是不合算的。

但是,如果注意到持有普通股票的风险大于持有可转换债券的风险,也许推迟转换是可以接受的。可转换债券的持有人究竟是应该立即转换,还是继续持有,还是在可转换债券到期时再转换,就完全取决于可转换债券持有人对风险的认识。

正是基于对风险的不同认识,在市场上才既会有人立即将可转换证券转换为普通股票,也有人一直持有可转换证券,直到到期时才将可转换证券转换为普通股票。

(三) 可转换证券的市场价值

如前所述,可转换证券持有者的利益受到最低极限价值的保护,在这种情况下,由于套利活动的存在,最终会使可转换证券市场价格至少不低于其转换价值或作为非转换证券的价值。

因为,如果可转换证券的市场价格低于其转换价值,人们将在市场上以市场价格购进可转换证券并按其转换价格换取普通股票,然后再将普通股票卖出,从中获取利润。如果可转换证券的市场价格低于其作为非转换证券的价值,人们则将在市场上以市场价格买进可转换证券,但不将其转换为普通股票,以赚取高额利息收入所带来的超额利润。正是由于这类套利活动的存在,使得可转换证券的市场价格至少不会低于它的转换价值或作为非转换证券的价值。

(四) 可转换证券三种价值之间的关系

由于可转换证券价格下降风险的有限性,以及利润增加的无限性,即随着企业经营的改善,普通股票市场价格会大大超过其转换价格,使投资者获利增加;必然导致可转换证券的市场价格经常高于其转换价值。可转换证券的市场价格高于其转换价格的差额称之为转换价值的溢价。可转换证券一般总是按溢价销售的。

可转换证券存在着两种溢价:一是作为非转换证券的溢价;二是作为转换价值的溢价。这两种溢价存在着互逆的关系。在普通股票市场价值较高时,作为非转换证券的价值往往微不足道,即转换价值溢价越高,其作为非转换证券的溢价就越低;反之,可转换证券的市价过多地超过其作为非转换证券价值的溢价时,转换价值的溢价就越低。这种关系可用图 4-1 表示。

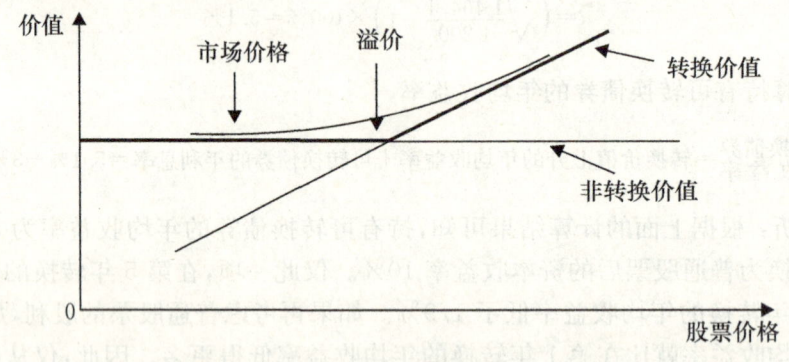

图 4-1 三种价值关系

图 4-1 中的粗线是一条基本价格曲线,称之为市场有效价格底线,粗线上的价格为基本价格。

市场价值同基本价格的关系:可转换证券市场价格不会低于转换价值和非转换价值中任意一较高者。因为,如果市场价格降至转换价值之下,套利活动将导致市场价格上升至转换价值之上;若市场价格降到非转换价值之下,这时投资者的套利也将驱使价格上升至非转换价值之上。

三、可转换证券的收益率构成及其盈亏区间

(一) 可转换证券的收益率构成

在可转换债券或可转换优先股票的市价与一般债券或优先股票价值接近时,可转换性的价值就很小了。这时可转换债券或优先股票的价值,主要就是一般债券或优先股票的价值。可转换证券的预期收益,一部分来自其利息收益,另一部分来自其资本收益,其收益率构成公式如下:

可转换证券的预期收益＝可转换证券的利息收益＋可转换证券的资本收益

可转换证券的预期总收益率(以债券为例)可按下式计算:

$$PV=\sum_{t=1}^{n}\frac{C}{(1+i)^t}+\frac{V}{(1+i)^n}$$

式中 PV——债券面值;
C——年利息额;
V——转换为普通股票后的普通股票的市价;
i——债券的收益率。

【例 4-5】 设某公司按面值发行的年利率为 5%、面值为 1 000 元/张的债券,10 年后可转换为普通股票 30 股,预计每股市价为 50 元。试求该可转换债券的收益率和收益率的构成情况。

解:
(1) 求总收益率。将各已知数代入公式,可以求得该可转换债券的总收益率。

$$PV=\sum_{t=1}^{10}\frac{1\,000\times 5\%}{(1+i)^t}+\frac{30\times 50}{(1+i)^{10}}$$

解之得:
当 $i=8\%$ 时,方程式右边＝$50\times 6.71+1\,500\times 0.463\,2=1\,030.29$(元)
当 $i=9\%$ 时,方程式右边＝$50\times 6.417\,6+1\,500\times 0.422\,4=954.48$(元)

$$i=8\%+\frac{1\,030.29-1\,000}{1\,030.29-954.5}\times(9\%-8\%)=8.4\%$$

(2) 求收益率的构成。
因为:总收益率＝利息收益率＋资本收益率
又知:利息收益率＝5%
所以:资本收益率＝3.4%

利息收益是确定的,而资本收益则具有相当大的风险。一般债券的全部收益均以利

息形式表现,而可转换债券的收益仅有一部分以利息形式表现,两者相比较,可转换债券的风险要大于一般债券的风险,相应地,其预期收益率也要大于一般债券的收益率才有利于它的发行。

总之,企业在发行可转换证券的时候,要充分考虑到其收益率的两个组成部分,并根据企业的财务状况确定其收益率中两个部分的比例,使之既能吸引广大投资者购买,又能使企业财务状况最优。

(二)可转换证券的盈亏区间

下面将以可转换债券为例来讨论可转换证券的盈亏区间。

对投资者而言,可转换债券具有双重价值:一是作为债券本身的价值,该价值由债券本身的票面利率和同风险的社会平均期望收益率决定;二是作为普通股票的潜在价值,该价值由转换为普通股票当时的普通股票市场价格决定。作为债券本身的价值是固定的(只要同风险社会平均期望收益率不变),这表明,可转换债券对投资者而言,风险是有限的。作为转换为普通股票的转换价值则是不确定的,它随普通股票市价上升而增大。从理论上讲,转换价值可以趋于无限。正是因为投资者可以以有限的风险博无限的收益,才使可转换债券成为一种颇受投资者欢迎的证券。

与投资者相反,发行公司的收益具有有限性,而风险具有无限性。因此,它的风险很大。发行公司的盈亏区间可按下式确定:

$$BV = \sum_{t=1}^{n} \frac{C}{(1+i_{\text{预}})^t} + \frac{V_{\text{计}}}{(1+i_{\text{预}})^n}$$

式中　BV——可转换债券面值;

　　　C——可转换债券各期利息额;

　　　$V_{\text{计}}$——按可转换债券预计到期时普通股市价计算出的转换为普通股票后的价值;

　　　$i_{\text{预}}$——预期的可转换债券收益率。

由于可转债券的转换价格($V_{\text{转}}$)是固定不变的(不考虑除权息后的价格调整),但普通股票市价($V_{\text{市}}$)却处于不断变动之中,因此,用上式可确定发行公司在普通股票市价($V_{\text{市}}$)变化中出现的盈亏区间。

当 $V_{\text{转}} > V_{\text{市}}$ 时,投资者行使转换权无利可图,不会将可转换债券换为普通股票。这样,公司就会出现呆滞证券。呆滞证券的产生,会使公司陷于财务困境。为了摆脱这一困境,公司往往得付出股东权益稀释的沉重代价。

当 $V_{\text{市}} > V_{\text{计}}$ 时,$i_{\text{实}}$(可转换债券实际收益率)$> i_{\text{预}}$(可转换债券预期收益率),公司必然要为可转换债券筹资付出高于预期资金成本的代价。

只有当 $V_{\text{转}} < V_{\text{市}} < V_{\text{计}}$ 时,发行公司才既可以避免呆滞证券的产生,又可以使可转换债券的实际资金成本不高于预期的资金成本,即发行公司只有在该区间内才能获得发行可转换债券的好处。

发行可转换债券,公司的盈亏区间可用图 4-2 简示。

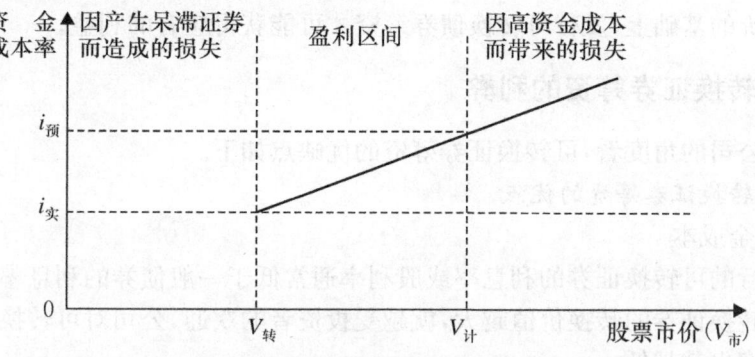

表 4-2　可转换证券的盈亏区间

从图 4-2 可以看出,利用可转换债券筹资,公司可能获得的利益局限于上下限均为常量的一定区间之内,即可能获得的利益是有限的。当 $V_市$ 越趋近 $V_转$,可转换债券的实际收益率 $i_实$ 就会最大限度地低于可转换债券的预期收益率 $i_预$,使发行可转换债券能获得最大利益;当 $V_市$ 趋近 $V_计$,发行可转换债券所能获取的利益也近于零。

同时也可以看出,公司利用可转换债券筹资可能产生损失的区间,是小于或大于某一常量的发散区间。从纯理论上考察,公司用可转债券筹资所带来的损失可能趋于无限,但也应注意,这种损失不是会计账面上的损失,而是对股东财富而言的机会损失。

【例 4-6】　设某公司按面值发行的年利率为 3%、面值为 1 000 元/张的债券,在第 5 年可转换为普通股票 50 股,公司为该可转换债券设定收益率为 10%。试求该可转换债券的盈亏区间。

解:

(1) 计算可转换债券收益率为 10% 时的普通股票市场价格。

$$1\,000 = \sum_{t=1}^{5} \frac{1\,000 \times 3\%}{(1+10\%)^t} + \frac{50V}{(1+10\%)^5}$$

$$V = \frac{1\,000 - 3.791 \times 30}{0.621 \times 50} = 28.54(元/股)$$

(2) 确定可转换债券的盈亏区间。

因为:

转换价格 = 1 000 ÷ 50 = 20(元/股)

计划价格 = 28.54(元/股)

所以,可转换债券的盈亏区间为:

20(元/股) < 盈利区间 < 28.54(元/股)

正是由于可转换债券对发行公司的盈亏影响有不均衡性的特征,或者说具有收益有限性和风险无限性的特征,所以公司发行该种证券必须慎之又慎。只有在准确预测未来普通股票市价的基础上,发行可转换债券筹资才可能获得应有的利益。

四、可转换证券筹资的利弊

从发行公司的角度看,可转换证券筹资的优缺点如下。

(一) 可转换证券筹资的优点

1. 低资金成本

公司发行的可转换证券的利息率或股利率通常低于一般债券的利息率或优先股票的股利率。可转换证券的转换价值越大,就越受投资者的欢迎,公司对可转换证券支付的利息率或股利率也就越低。

2. 可转换证券提供了一种高于目前市价出售普通股票的方法

发行可转换证券的基本目的往往是为了出售普通股票,而并非债券,只是因为某种原因,使普通股票市价偏低,如果按这种偏低的市价筹资对公司而言极不合算,而公司采用发行可转换证券这种间接性权益资本筹资方法,则可使公司以高于目前的市价出售普通股票。例如,由于某一项新工程开工初期成本很高,使公司盈利下降,进而影响到公司普通股票市价。但公司预测,随着时间的推移,盈利将会大幅度上升,从而导致普通股票价格上扬。在这种情况下,如果公司以市价出售普通股票筹资,要筹集到所需的资金数,就必须多发行普通股票,这样就会稀释企业的每股收益。但是,如果用可转换债券,就可将转换价格定得高于目前的普通股票市价。这样,当可转换债券转换为普通股票时,普通股票的股数就要比现在直接出售普通股票少,从而充分保护了现有股票持有者的权益。

【例4-7】 假定某公司现在发行在外的普通股票股数为10 000万股,普通股票账面价值为3元/股,市场价格为10元/股。公司现有一有利可图的投资项目,需要募集普通股权益资金15 000万元。公司预计,当该项目投产之后,公司净利润总额将达到10 000万元,随着盈利能力的增强,普通股票的市场价格将超过15元/股。因此,公司不愿意以目前10元/股的价格发行普通股票,而希望发行可转换债券,并将转换价格确定为15元/股。试分析该公司采用发行普通股票和发行可转换债券两种筹资方式,对现有普通股股东利益的不同影响。

解:
(1) 发行普通股票后现有普通股股东的利益。

  新发行普通股票数量=15 000÷10=1 500(万股)
  新发行普通股票后的每股账面价值=(10 000×3+15 000)÷(10 000+1 500)=3.91(元/股)
  投产后普通股票的每股收益=10 000÷(10 000+1 500)=0.87(元/股)

(2) 发行可转换债券后现有普通股股东的利益。

  转换后的普通股票数量=15 000÷15=1 000(万股)

新发行普通股票后的每股账面价值＝(10 000×3＋15 000)÷(10 000＋1 000)＝4.09(元/股)
投产后普通股票的每股收益＝10 000÷(10 000＋1 000)＝0.91(元/股)

(3) 计算两种不同筹资方式导致的现有普通股股东利益差异。

发行可转换债券比发行普通股票的每股收益增加数＝0.91－0.87＝0.04(元/股)
发行可转换债券比发行普通股票的每股账面价值增加数＝4.09－3.91＝0.18(元/股)

当然，这种好处的产生是以企业盈利能力增加和其普通股票市价上涨为前提的。如果普通股票市价没有上涨，企业将为此承担不利后果。

3. 灵活的筹资方法

用可转换证券筹资的灵活性主要表现在以下三个方面：

(1) 可转换证券通常具有可收回的特征，这一特征使企业拥有按特定价格(一般约高于可转换证券的面值)在到期日之前收回可转换证券的权利。在转换价值高于收回价格时，企业可行使收回权利，迫使可转换证券的持有者将其转换成普通股票。这样，公司可以获得减少债券，增加普通股票的好处。

(2) 发行可转换证券不仅利率较低，而且限制性条款少，使企业处于更为机动的位置。

(3) 可转换证券为公司证券发行开拓了新市场，且一般而言，它的发行成本要低于普通股票。

(二) 可转换证券筹资的缺点

1. 资金成本具有不确定性，可能会大幅度上升

尽管可转换证券给予发行公司以高于普通股票现有市价出售潜在普通股票的机会，但是，当普通股票价格大幅度上涨时，成本也将大幅度上升，因此在这种情况下用可转换证券筹资没有用一般债券或优先股票筹资优。

2. 可能出现呆滞证券

与上一情况相反，如果普通股票的市场价格没有提高到足以使投资者将可转换证券转换为普通股票的程度，那么，就会出现呆滞证券，即不行使转换权利的可转换证券。公司有了呆滞证券，它的财务风险将会增大，获取新资金来源的能力将会降低。呆滞证券的出现，不但使公司再出售新的可转换证券十分困难，而且对一般债券和优先股票的发行也十分不利。呆滞证券的风险或呆滞性，将会在某种程度上抵消可转换证券按高于普通股票市价发行所带来的好处。公司发行普通股票，可以立即取得股本，不承担财务风险；而发行可转换证券，公司并不能断定在什么时候取得股本，必然得承担这种不确定性所带来的财务风险。

3. 可转换证券的低资金成本具有时间界限

当可转换证券转换为普通股票后，可转换证券的低资金成本优势就将丧失。

五、可转换证券筹资策略

(一) 可转换证券筹资策略的理论分析

通过上面的有关讨论可知，可转换证券是作为递延的普通股票使用的，或者说它是一

种间接权益筹资证券,即推迟发行的普通股票。这种证券筹资有它的优点,也有它的缺点。在利用这种方式筹资时,为了能避劣趋优,有必要研究其筹资策略。

从有关可转换证券的优劣讨论中可知,优劣转换的分歧点,来源于公司未来的普通股票市场价格。未来的普通股票市价过低会产生呆滞证券,这时,发行可转换证券没有发行普通股票优;未来的普通股票市价过高,会使公司的筹资成本过高,这时,发行可转换证券没有发行一般债券或优先股票优;只有当未来的普通股票市价与公司预期市价基本相符时,发行可转换证券才能带来预期的收益,才是可取的筹资方式。因此,利用可转换证券筹资的正确与否,取决于对普通股票未来市场价格预测的准确性。公司和投资者双方均要对未来的普通股票市场价格进行预测,但两者的预测结果,由于种种原因,必然存在着差异。公司就要在确信自己预测的准确性的基础上,充分利用这种差异,来确定最佳的筹资方式;并在确定用可转换证券筹资后,进一步研究诸如转换证券的利率、转换价格、转换期限,以及赎回条款等等。

(二)可转换证券利息率和转换价格决策的分析

当公司预计普通股票价格在未来将落入预期的盈利区间中而低于市场上投资者的估计时,就应采用发行可转换证券的筹资策略,这样,现有普通股票持有者所受股权稀释的程度将小于发行普通股票。在决定发行可转换证券之后,公司要集中力量研究合理确定利率和转换价格的问题。

可转换证券收益率是由利息收益率和资本收益率所决定的,在可转换证券收益率既定的情况下,利息率的高低与资本收益率成反比。提高利息率,即使可转换证券的最低极限价值上升,虽可提高对可转换证券持有者的保护程度,但会增加公司的固定财务负担,使公司承担的财务风险增加,在万一盈利率下降的情况下,对公司不利。提高资本收益率,即提高转换价格,虽可减轻公司的财务负担,但在公司普通股票市价增长幅度超过预计增长幅度时,公司会为此付出更高的成本,会稀释现有股权。正因为如此,公司在确定可转换证券收益率之后,还要根据其预测的风险概率,制订最佳的可转换证券的利率和转换价格。关于如何根据风险概率来确定可转换证券的利率和转换价格的问题,是一个比较复杂的问题,在这里我们存而不论。下面,只举简例讨论利率与转换价格的关系,以及不同利率与转换价格的风险问题。

【例 4-8】 某公司在一般债券利率 10% 的情况下发行可转换债券,为吸引投资者,将可转换债券收益率定为 12%、债券面值为 1 000 元,并准备按面值发行。现设定利率分别为 3%、5%、8% 的三个方案,预计在第 10 年公司的普通股票市价为 50 元,试问不同方案的转换价格各为多少?

解:

根据公式:

$$PV=\sum_{t=1}^{n}\frac{C}{(1+i)^{t}}+\frac{V}{(1+i)^{n}}$$

可知,现 V 为未知数,当求解出 V 后,再用 V 的数值除以预计的每股普通股票市价 50 元,即可得到各方案的转换价格,即每张债券可换多少张普通股票和每股的转换价格。现将计算过程和结果列示于下:

(1) 当利率为 3%(令为 A 方案)时有:

$$1\,000 = \sum_{t=1}^{10} \frac{30}{(1+12\%)^t} + \frac{V}{(1+12\%)^{10}}$$

查表可知:

$$\sum_{t=1}^{10} \frac{1}{(1+12\%)^t} = 5.65$$

$$\frac{1}{(1+12\%)^{10}} = 0.322$$

故上式可化简为:

$$1\,000 = 5.65 \times 30 + 0.322V$$

即:

$$V = \frac{1\,000 - 5.65 \times 30}{0.322} = 2\,579.19(元)$$

$$转换比率 = \frac{2\,579.19}{50} = 51.58(股)$$

$$转换价格 = \frac{1\,000}{51.58} = 19.39(元/股)$$

(2) 当利率为 5%(令为 B 方案)时有:

$$V = \frac{1\,000 - 5.65 \times 50}{0.322} = 2\,228.26(元)$$

$$转换比率 = \frac{2\,228.26}{50} = 44.57(股)$$

$$转换价格 = \frac{1\,000}{44.57} = 22.44(元/股)$$

(3) 当利率为 8%(令为 C 方案)时有:

$$V = \frac{1\,000 - 5.65 \times 80}{0.322} = 1\,701.86(元)$$

$$转换比率 = \frac{1\,701.86}{50} = 34.04(股)$$

$$转换价格 = \frac{1\,000}{34.04} = 29.38(元/股)$$

可将以上计算结果列表反映,如表 4-1 所示。

表 4-1

计 算 结 果 表

	A 方案	B 方案	C 方案
可转换债券面值(元)	1 000	1 000	1 000
规定的收益率(%)	12	12	12
可转换债券利率(%)	3	5	8
可转换债券资本收益率(%)	9	7	4
预计普通股票第 10 年市价(元)	50	50	50
转换比率(股)	51.58	44.57	34.04
转换价格(元/股)	19.39	22.44	29.38

从表 4-1 计算结果中可以看出,随着可转换债券利率的提高,转换价格呈下降趋势。三个方案哪一个更优,需要视公司预计的不同风险来确定。如 A 方案与 C 方案相比较,C 方案每年每张可转换债券需多付利息 50 元,如公司盈利下降,这会增加公司负担;而 A 方案的转换价格相对数(转换比率)比 C 方案多 17.54 股,如普通股票价格上涨超过 50 元,就会使公司付出较 C 方案高的筹资成本。

A、B、C 三种方案收益与风险的特征可以用图 4-3 简示。

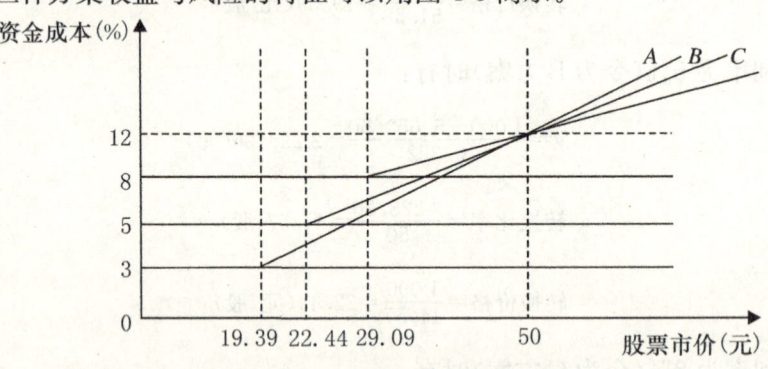

图 4-3 各方案收益与风险特征

从图 4-3 可以看出,从盈利空间来看,将票面利率定为 3% 的 A 方案的盈利空间最大,定为 5% 的 B 方案次之,定为 8% 的 C 方案的盈利空间最小。但该盈利空间随着股票市价的上升而逐渐缩小,到股票市价等于 50 元/股时,各方案的盈利均等于零。当股票市价超过 50 元/股时,各方案均发生亏损。从亏损量来看,A 方案最多,B 方案次之,C 方案最少。这说明,A 方案的特征是收益高风险大,B 方案的特征是收益与风险适中,C 方案的特征是收益低风险小。至于三个方案中究竟应该选择哪一个方案,主要取决于公司对待收益和风险的态度,激进型公司可能选择A方案,中庸型公司可能选择B方案,稳健型公司则会选择C方案。

公司除了权衡利率和转换价格高低的利弊之外,还要充分考虑可转换证券的转换期限、赎回权利,以及转换价格调整等等条款。制订这些条款的基本目的,是既能使公司在复杂多变的经济环境中保持筹资的灵活性和主动性,将成本控制在一定的范围之内;又能刺激投资者的投资热情,使公司的可转换证券易于出售。

(三) 可转换证券转换期限决策的分析

1. 可转换证券转换期限对可转换证券筹资的影响

可转换证券转换期限对可转换证券筹资的影响,可以从投资者和发行公司两个方面来考察:

(1) 从投资者的立场出发,转换期限越长,对投资者就越有吸引力。这是因为,转换期限越长,可供投资者想象的空间就越大,可转换证券产生溢价的空间也就越大。在这种情况下,投资者无论是持有可转换证券以获取利息收益,还是直接买卖可转换证券赚取资本收益,都可以在不担心到期因素制约的前提下进行;反之,转换期限越短,可转换证券的价值就越接近作为债券或优先股票本身的价值,或普通股票的价值,其溢价的空间就越小。故投资者愿意选择那些转换期限长的可转换证券进行投资。

(2) 从发行公司的立场出发,转换期限越长,公司承受的风险就越大。这是因为,市场利率和普通股票的市场价格在不断变化,当普通股票的市场价格过多地高于转换价格时,特别是公司预计的市场价格时,公司会蒙受高资金成本的损失;而普通股票市场价格低于转换价格时,又会产生呆滞证券,使公司以递延方式高价发行普通股票的计划落空,给公司带来负债增加和股东权益稀释的损失。延长转换期限,对发行公司的好处是公司的可转换证券容易发行,且可使票面利息率降低。

2. 可转换证券转换期限决策的分析例解

根据上述的分析,公司在确定可转换证券的转换期限时,除了考虑公司需要权益资金的时间之外,主要应该将发行的难易程度与发行后的风险结合在一起进行分析,从中选择最适合公司情况的转换期限。

【例 4-9】 假定公司在市场利率为 10% 的条件下发行可转换债券,预计将可转换债券的期限定为 5 年,那么其票面利息率和转换价格分别应为 5% 和 8 元/股的情况下,才能按照 1 000 元/张的面值发行;但是将可转换债券的期限定为 10 年,那么其票面利息率和转换价格分别为 3% 和 10 元/股的情况下,能按照 1 000 元/张的面值发行。公司估计第 5 年的普通股票市场价格为 10~12 元/股,第 10 年的普通股票市场价格为 15~25 元/股。问公司应该如何对该可转换债券的转换期限进行决策?

解:

(1) 分析:由于 5 年期可转换债券的转换价格低于预测的最低市场价格,即 8(元/股)

<10(元/股),10年期可转换债券的转换价格也低于预测的最低市场价格,即10(元/股)<15(元/股);因此,不存在呆滞证券的问题。故分析的重点应该放在最高市场价格对资金成本的影响之上。

(2) 计算不同方案的最高资金成本。

计算5年转换期的最高资金成本。

$$1\,000=\sum_{t=1}^{5}\frac{1\,000\times 5\%}{(1+i)^t}+\frac{125\times 12}{(1+i)^5}$$

解得:$i=12.75\%$

计算10年转换期的最高资金成本。

$$1\,000=\sum_{t=1}^{10}\frac{1\,000\times 3\%}{(1+i)^t}+\frac{100\times 25}{(1+i)^{10}}$$

解得:$i=11.69\%$

根据以上计算结果可知,不但10年转换期的最低资金成本3%低于5年转换期的最低资金成本5%,而且10年转换期的最高资金成本11.69%也低于5年期的最高资金成本12.75%,故公司应该选择发行转换期为10年的方案。

(四) 可转换证券提前赎回条款决策的分析

所谓提前赎回可转换证券,就是在提前赎回条件出现时,赋予公司可以按照事先约定的赎回条款将可转换证券提前赎回的权利。公司制订可转换证券提前赎回条款的主要目的,是使公司能够在变化的环境中掌握主动,控制可转换证券的资金成本。比如,上海虹桥机场股份有限公司在2000年2月发行的可转换债券中就规定了提前赎回的条款,该赎回条款规定:在可转换债券的转换期内,如果公司普通股票在任何连续40个交易日中有至少30个交易日的收盘价不低于转换价格的130%时,公司有权按面值加上当日的应计利息赎回全部或部分在赎回日之前未转换的机场债券。公司决定行使赎回权时,必须按照有关规定发布赎回公告。

需要注意的是,公司发布提前赎回公告,并不是要真正赎回可转换债券,而是要迫使可转换债券持有人提前将可转换债券转换为普通股票,从而将可转换债券的资金成本限制在一定的范围之内。从上述的上海虹桥机场股份有限公司可转换债券的赎回条款可以看出,该赎回条款限制了转换价格与普通股票市场价格的无限扩大,这就避免了公司可转换债券资金成本的无限升高。

【例4-10】 已知上海虹桥机场股份有限公司发行的可转换债券,期限为5年、面值为100元/张、票面利息率为0.8%,每年付息一次,转换价格为10元/股,转换期从发行半年后开始直至可转换债券期限届满。当转换期内的普通股票市场价格连续30日为转换价格的130%以上时,公司可以按照面值加应付利息将可转换债券赎回。试根据上述资料,计算上海虹桥机场股份有限公可转换债券的最高资金成本。

解:

分析:最早转换时间为持有可转换债券半年,如果在可转换债券开始转换的初期,普通股票的市场价格就在30个交易日连续地大于转换价格的130%,那么,公司可以及时行使提前赎回权。在这种情况下,公司可转换债券的最高资金成本应该按以下思路计算:

因为:

$$100=\frac{0}{(1+i)^{\frac{1}{2}}}+\frac{100\times130\%}{(1+i)^{\frac{1}{2}}}$$

所以:

$$i=\left[\left(\frac{130}{100}\right)^2-1\right]\times100\%=69\%$$

需要指出的是,上述资金成本是按照转换价格的130%为基础计算的,但在现实中,在公司发布赎回公告之时,普通股票的市场价格已经大于转换价格的130%,实际的市场价格可能高于13元/股;因此,该可转换债券的实际资金成本完全可能高于69%。

(五) 转换价格调整条款决策的分析

转换价格调整分正常调整和非正常调整两种类型。正常调整,是指随公司分配股利、公积金转赠股本或增发新股而进行的调整。正常调整的目的是为了保证可转换证券持有人的利益。非正常调整,是指因转换价格高于普通股票的市场价格,公司为了避免呆滞证券的产生而进行的向下调整。在这里只讨论非正常转换价格调整的问题。

比如上海虹桥机场股份有限公司可转换债券就规定:当任何1个月公司普通股票收盘价格的算术平均数不高于转换价格的80%时,公司有权在可转换债券存续期内降低转换价格。但是降低后的转换价格不得低于普通股票的每股净资产和每股股票面值。显然,公司制订转换价格向下调整的条款是为了避免呆滞证券的产生。制定转换价格的调整条款,对发行可转换证券的公司极为重要。因为,这些条款可以给予公司极大的灵活性,在很大程度上避免发行时的预测错误,减少因呆滞证券的存在而产生的损失。

公司转换价格向下调整幅度的大小,直接影响到公司筹资的灵活性和资金成本。转换价格下调的幅度越大,公司的筹资灵活性就越大,但是,相应地资金成本也越高;反之亦然。因此,在确定转换价格向下调整的幅度时,要将这两个因素加以综合考虑,使公司既能保持筹资的灵活性,又不至于付出太高的成本。为了保证这一目标的实现,公司应该在预计的普通股票变化区间内制定转换价格下调幅度的条款。

第二节 认股权证筹资

认股权证是一种约定该证券的持有人可以在规定的某段期间内,有权利(而非义务)按约定价格向发行人购买(或出售)标的证券的权利凭证。当然,也可能是以现金结算等方式收取结算差价的权利凭证。在本节,我们只讨论认股权证在公司筹资中的若干基本问题。

一、认股权证的特征

(一) 认股权证的特征

从法律角度来分析,认股权证本质上是权利契约,支付权利金购得权证的一方有权(非义务)在契约期间内或到期时,以事先约定的价格买进事先约定数量的证券。在公司筹资中运用的认股权证,主要具有如下特征。

1. 认股权证是优先购买普通股票的权利证书

认股权证不是公司的一种主要资金来源,而只是优先购买普通股票的权利证书。发行认股权证的主要目的,是吸引广大投资者和某些投资机构购买公司发行的债券或优先股票。认股权证往往是按购买债券或优先股票数量的某种比例赠送或低价售给投资者的。这样,投资者不仅能获取所购债券或优先股票的固定利息收入,而且还能根据规定的优惠价格购买普通股票。在我国证券市场上,将附送认股权证的债券称为认股权和债券分离交易债券,简称可分离债券。购买可分离债券的投资者,可以同时获得债券和认股权证。

2. 认股权证必须明确认购普通股票的股数

每份认股权证所能认购的普通股股数必须列示在认股权证之上。虽然最初的认购股数是固定的,但它一般会随普通股票的除权而变动。比如,某认股权证的初始认购股数每份认股权证为1股,当所认购的普通股票发生除权时,假定原股票由于送股的原因,公司的股本扩大了30%,那么相应地每份认股权证所认购的股数就会增加为1.3股。这样做的基本目的是保护认股权证持有人的利益。当认股权证持有人行使认股权时,应把认股权证交回公司。

3. 认股权证必须明确认购普通股票的价格

认股权证上规定了认购普通股票的价格,但该价格并非一成不变,它可以根据两种情况而调整:一种是随着普通股票的除权除息而调整,这种调整的最终结果是认股权证的认购价格逐渐降低,其基本目的是保护认股权证持有人的利益;另一种是随着普通股票的市场行情变化而调整,其基本目的是促使认股权证持有人行使其认股权。

4. 认股权证必须明确认购的有效期限

认股权证上还须载明认股权的有效期限,超过有效期限后,认股权证即失效。也有无限期的认股权证,即永久有效的认股权证,但多数认股权证是有期限限制的。

总之,认股权证,实质上是发行公司用给予投资者以优惠价购买普通股票的权利来换取所售债券或优先股票的低利息率的利益的一种手段。因此,用认股权证购买普通股票,其价格一般低于市价,这样认股权证就有了价值。

(二) 我国公司发行认股权证的条件

1. 认股权证发行条件

根据《上海证券交易所认股权证管理暂行办法》和《深圳证券交易所认股权证管理暂

行办法》的规定,公司发行认股权证必须满足以下四个条件:
(1) 最近20个交易日流通股份市值不低于30亿元。
(2) 最近60个交易日股票交易累计换手率在25%以上。
(3) 流通股股本不低于3亿股。
(4) 交易所规定的其他条件。
从该规定中可以看出,目前我国只允许普通股票流通性极强的公司发行认股权证。
2. 认股权证上市交易条件
公司发行认股权证上市交易必须满足以下条件:
(1) 约定权证类别、存续期间、行权价格、行权日期、行权结算方式、行权比例等要素。
(2) 申请上市的权证不低于5 000万份。
(3) 自上市之日起存续时间为6个月以上24个月以下。
(4) 发行人提供了符合要求的履约担保。
(5) 交易所规定的其他条件。
从该规定中可以看出,目前我国还不允许超过两年的认股权证上市流通。

二、认股权证的分类

(一) 认股权证分类标准

认股权证可以按照多种不同的标准进行划分,以下是一些常见的分类。
(1) 按照权利标准,认股权证可以划分为认购权证和认沽权证。
(2) 按照执行时间标准,认股权证可以划分为欧式认股权证、美式认股权证、百慕大式认股权证。
(3) 按照发行主体标准,认股权证可以划分为股本权证和备兑权证。
将以上三种分类标准组合起来,可以出现多种认股权证。比如欧式认购权证、欧式认沽权证、美式认购权证、美式认沽权证等等。

(二) 不同认股权证的基本概念

1. 认购权证

认购权证是指认股权证持有人有权利(而非义务)在某段期间内以预先约定的价格向发行人购买特定数量的标的证券。在不考虑行权有关费用的情况下,到期可得的回报:

$$回报 = (权证结算价格 - 行权价) \times 行权比例$$

2. 认沽权证

认沽权证是指权证持有人有权利(而非义务)在某段期间内以预先约定的价格向发行人出售特定数量的标的证券。在不考虑行权有关费用的情况下,到期可得的回报:

回报＝(行权价－权证结算价格)×行权比例

3. 股本认股权证

如果权证由上市公司自己发行，就叫做股本认股权证或者权益认股权证。它授予持有人一项权利，在到期日前(也可能有其他附加条款)，以行权价购买公司发行的新股(或者是库存的股票)。它的特点是期限比较长，可能长达数年。如果公司发行新股支付行权(大部分情况都是如此)，这样每股的权益会被摊薄，并且不一定都可以上市交易或自由转让。比如，当前流行的对上市公司作出贡献的人发的认股权，一般就是股本认股权证。股本认股权证最主要的功能是协助筹资，国际上通常与其他证券(如股票、债券等)结合发行，作为协助公司筹资的辅助工具，以降低筹资成本，增大对投资者的吸引力。简单而言，股本认股权证有两个基本特点：一是上市公司自己发行；二是总股本有变化。

4. 备兑认股权证

备兑认股权证是标的证券发行人以外的第三方发行的认股权证，其认兑的股票是已经存在的股票，不会造成总股本的增加。备兑权证是现在国际证券市场的主流权证。其中，备兑的含义指发行人将权证的指定证券或资产存放在独立的受托人、托管人或存管处，作为其履行责任的抵押，而受托人、托管人或存管处则代表权证持有人的利益。备兑权证一般都是国际性投资银行机构发行，在国内只有券商可以发行备兑权证。发行商必须事先拥有标的证券或有权拥有该标的证券，投资者面对的是发行商的信贷风险。

5. 指数认股权证

指数认股权证是标的证券为指数的认股权证。由于指数无法进行实物交割，所以指数认股权证全部采用现金结算。指数认股权证是市场最受欢迎的认股权证，2006年上半年，香港的恒生指数认股权证就占了香港整体认股权证市场成交金额的约46%。

6. 美式权证、欧式权证及百慕大权证

美式权证指的是在权证存续期内，在到期日前的任何时间都可按权履约；欧式权证则只有在到期日或到期限日前几天才可以履约；百慕大权证介于美式权证与欧式权证之间，是在权证存续期限内选择几个时点来履约。由于美式权证在认股权证的存续期内任何时间都可以行权，因此，认股权证一定会产生溢价；而欧式权证和百慕大式权证则只能在到期日或指定的日期才可以行权，由于在持有认股权证到行权日的这一段时间内普通股票的市场价格会有波动，因此，认股权证的价值比美式权证低，有可能产生折价。目前我国的认股权证都是欧式权证和百慕大式权证。

三、认股权证的价值

认股权证与可转换证券的价值相类似，有最低极限的理论价值和市场价格。在这里主要以美式认股权证为例讨论认股权证的价值问题。

（一）认股权证的理论价值

1. 认股权证理论价值的确定

认股权证的理论价值，或称内在价值，是标的证券价格与行权价之差同行权比例之积。就美式认股权证而言，该理论价值就是在证券市场上出售时的最低极限价格，其计算公式如下：

$$V=(P-E)\times N$$

式中　V——认股权证的理论价值；
　　　P——普通股票市场价格；
　　　E——用认股权证购买普通股票的价格；
　　　N——每张认股权证可以购买的普通股股数。

【例 4-11】 某认股权证每张能以每股 30 元的优惠价格购买普通股票 2 股，其相同股票的市场价格为每股 35 元。问认股权证的理论价值为多少？

解：
根据公式，有：

$$V=(35-30)\times 2=10(元/张)$$

2. 认股权证理论价值的特征

单从上述公式看，似乎当所定优惠价格高于市场价格时，认股权证的理论价值将为负。但从实际上看，当优惠价格高于市场价格时，人们将不会再以认股权证所规定的价格去购买普通股票，因此，其最低理论价值只能为零。

认股权证的理论价值之所以是出售认股权证的最低极限价格，是因为存在着套利活动。如果认股权证的市场价格低于其理论价值，那么人们会购入认股权证，并把它换成普通股票，然后再按市价将普通股票抛售出去，从而获得利润。正因为如此，认股权证的市价一般不可能低于其理论价值。

由于普通股票的市场价格会随着时间的推移而波动，因此认股权证的理论价值也就不是一成不变的了。下面以一个简例说明认股权证的理论价值随普通股票市价变动而变动的情况。

【例 4-12】 设某认股权证在认购期限内，每股普通股的认购价为 20 元，每张认股权证可认购 2 股。试问当普通股票市场价格分别为 10 元/股、15 元/股、20 元/股、25 元/股、30 元/股、35 元/股时的认股权证的理论价值为多少？

解：
根据认股权证价值计算公式，可确定认股权证在不同普通股票市价情况下的理论价值，如表 4-2 所示。

表 4-2

认股权证理论价值计算表

金额单位：元

普通股票市价 ①	认股权证认购价（元/股） ②	认 购 股 数（股） ③	认股权证理论价值 ④＝（①－②）×③
10	20	2	0
15	20	2	0
20	20	2	0
25	20	2	10
30	20	2	20
35	20	2	30

注：认股权证价值不能为负，当计算值小于零时，其价值为零。

从上例可见，认股权证的理论价值其最低限为零，高限可以趋于无限。

（二）认股权证的市场价格

认股权证的市场价格，即它在市场上的交易价格，是由市场上的供求关系决定的。影响认股权证的市场价格的因素主要有认股权证的杠杆效应、认股权证的有效期限的长短，以及普通股票股利等。下面分别对这些因素进行讨论。

1. 认股权证的杠杆效应

按前所述，认股权证的市场价格一般高于其理论价值。认股权证的市场价格超过其理论价值的部分称之为认股权证溢价。认股权证溢价产生的基本原理是认股权能为投资者提供杠杆效应。

认股权证的杠杆效应是指人们用同等金额资金投资，可购得的认股权数比购得的普通股票股数多。这样，当普通股票市场价格上涨超过认股权证交易时的普通股票价格时，投资认股权证的潜在利润将大于购买普通股票的利润；并且在普通股票市价上涨幅度加大时，这种潜在的利润会以更快的速度增长，从而产生杠杆作用。下面举一简例说明这种杠杆作用。

【例 4-13】 设某发行认股权证的公司，其普通股票的现在市场价格为 20 元/股，认股权证规定的认购价格也为 20 元/股；认股权证的市场价格为 5 元/股。现某人准备用 10 000元对该公司的普通股票进行投资，试分析该投资者购买普通股票和购买认股权证在不同普通股票市场价格条件下的盈亏。

解：

分析：简单地看，在准备投资时的认股权证的理论价值为零，似乎购买认股权证是不可取的。但是，这种情况会因普通股票市价的上升而发生变化。

现将两种不同投资在不同普通股票市价情况下的资本收益列表反映，如表 4-3 和表 4-4 所示。

表 4-3

购普通股票的资本收益

金额单位：元

普通股票未来市价预测	所购普通股票股数（股）	预测未来普通股总收入	普通股票的投资总金额	普通股票的资本收益额
①	②	③=②×①	④	⑤=③-④
20	500	10 000	10 000	0
25	500	12 500	10 000	2 500
26	500	13 000	10 000	3 000
27	500	13 500	10 000	3 500
28	500	14 000	10 000	4 000
29	500	14 500	10 000	4 500
30	500	15 000	10 000	5 000

表 4-4

购认股权证的资本收益

金额单位：元

普通股票未来市价预测	认股权证所规定的认购价格	认股权证理论价值	所购认股权证的认购股数（股）	预测未来认股权证总收入	认股权证投资总金额	认股权证的资本收益额
①	②	③=②-①	④	⑤=③×④	⑥	⑦=⑤-⑥
20	20	0	2 000	0	10 000	-10 000
25	20	5	2 000	10 000	10 000	0
26	20	6	2 000	12 000	10 000	2 000
27	20	7	2 000	14 000	10 000	4 000
28	20	8	2 000	16 000	10 000	6 000
29	20	9	2 000	18 000	10 000	8 000
30	20	10	2 000	20 000	10 000	10 000

对比上述两表，不难看出，当普通股票的市价超过 25 元/股（即认股权证理论价值等于其购买时的市场价格）以后，普通股票市价每上涨 1 元，投资于普通股票上的资本收益将增加 500 元，而投资于认股权证上的收益则将增加 2 000 元，后者是前者的 4 倍。

认股权证的这种杠杆作用使得投资于认股权证上的资本收益增长速度快于投资在普通股票上的资本收益增长速度，并在某一点之后，投资于认股权证上的资本收益将大于投资于普通股票上的资本收益。投资于认股权证上的资本收益，等于投资于普通股票上的资本收益时的普通股票市场价格，可以按如下方式计算：

令使投资于认股权证上和投资于普通股票上报酬率相等的普通股市价为 X，那么有：

$$\frac{X-\text{购买普通股票的市场价格}}{\text{购买普通股票的市场价格}} = \frac{\text{购买认股权证数量}}{\text{购买普通股票数量}} \times \left[X - \left(\begin{array}{c}\text{普通股票}\\ \text{认购价格}\end{array} + \begin{array}{c}\text{购买认股权}\\ \text{证 的 价 格}\end{array} \right) \right]$$

【例 4-14】 根据[例 4-13]的资料,问投资于认股权证上和投资于普通股票上报酬率相等的普通股市价为多少?

解:

根据公式,有:

$$X - 20 = 4 \times [X - (20+5)]$$
$$X = 26.67(\text{元}/\text{股})$$

即当普通股票市场价格为 26.67 元/股时,投资于认股权证上和投资于普通股票上的报酬率正好相等。

认股权证价格具有自身限制的机制。当普通股票市价为 30 元/股时,其投资收益则已数倍于普通股票的资本收益了。当然,当普通股票市价下跌时,认股权证将会产生不利于投资者的杠杆作用,如在[例 4-13]中,投资于认股权证上的资本收益,将以 4 倍于投资在普通股票上的资本收益的速度下降。

通过[例 4-14]可见,认股权证的溢价是由认股权证的杠杆作用引起的,其深层原因则是普通股票市场价格的变动。认股权证的杠杆作用并非一成不变,它随着人们普遍预测的普通股票市价上涨而减弱。因为普遍预测的普通股票市价上涨,必然导致认股权证的理论价值上升,并使其市场价格上升,从而缩小了它与普通股票价格的差异,故使其杠杆作用减弱。仍以上例为例,来分析普遍预测普通股票市场价格上涨情况下的杠杆力变化。

【例 4-15】 试根据[例 4-13]资料,分析在不同股价条件下的认股权证杠杆力。

解:

分析结果如表 4-5 所示。

表 4-5

社会普遍预测普通股票市场价格将上涨情况下的认股权证杠杆力变化表

普遍预测的普通股票未来市场价格	认股权证所规定的认购价格	认股权证市场价格(理论价格)	所购普通股票股数	所购认股权证的认购股数	认股权证的杠杆力
①	②	③=①-②	④=10 000÷①	⑤=10 000÷③	⑥=⑤÷④
25	20	5	400	2 000	5
30	20	10	333	1 000	3
40	20	20	250	500	2
50	20	30	200	333	1.67
60	20	40	167	250	1.5
70	20	50	143	200	1.4
80	20	60	125	167	1.3

该例充分表明,当股价越接近其认股权证所规定的认购价格时,认股权证的杠杆力作用就越大。这时,预测相关普通股票市场价格将会提高的投资者,就会乐意支付认股权证市场价格超过其理论价格的溢价,以期求得认股权证强大的杠杆力所带来的超额收益。随着股价不断上升,认股权证的理论价值进而其市场价格不断上涨,使得杠杆力作用逐步降低,人们愿为认股权证支付溢价的积极性也就降低,并最终拒绝支付溢价,使认股权证的市场价格停留在其理论价值的水平上。可见,认股权证价格具有自身限制的机制。关于这种机制,可用图 4-4 表示。

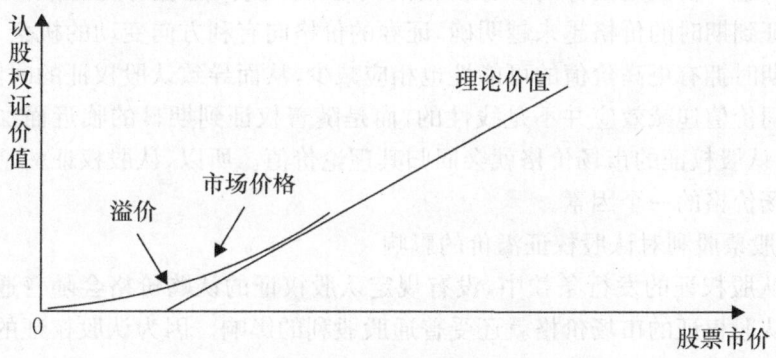

图 4-4 认股权证价格的自身限制机制

在前述两个关于认股权证杠杆力的例子中,前一例的杠杆力始终保持不变,而后一例的杠杆力则随普通股票市场价格的上升而下降。这两例实际上并不矛盾,只是各自的前提不一样。前者是从某一投资者个人对普通股票未来市价的预计出发,来确定哪一种投资对他更有利。因为在证券市场上,个人的行为尚不足以使整个普通股票和认股权证的价格发生变化,因此,他以每股 20 元的市价购得普通股票和以 5 元一张的市价购得认股权证。而他预计的普通股票未来市价并不一定就成为事实。但后者是从市场上众多投资者对普通股票未来市价的预计出发,这样整个证券市场便要受其影响,其预计的普通股票市场价格和认股权证市场价格往往就成为现实的市场价格;因此,同一投资量所能购得的普通股票股数或认股权证数会发生变化,认股权证的杠杆力也会相应发生变化。这也从一个角度反映了投资者能先于整个市场预测趋于一致前采取行动的重要意义。

2. 认股权证的有效期限对认股权证溢价的影响

认股权证的有效期限也是影响其市场价格的一个因素。认股权证有效期限的长短对认股权证市场价格的影响,可以从如下几个方面来考察:第一,认股权证距到期日的时间越长,普通股票市场价格的变化就可能幅度越大,认股权证理论价值上涨的机会就越多。这样,就给投资者提供了更大的想象空间,从而有效地刺激认股权证的交易,使认股权证市场价格上升。第二,认股权证距到期日的时间越长,行使认股权的自由度也就越大。在这种情况下,持有认股权证的人就不急于将它卖出或行使认股权,而认股权证的潜在投资者则更愿意购买有效期限长且机会多的认股权证;这样,市场的供求关系就会有利于供方,从而使认股权证的市场价格上涨。相反,认股权证的有效期限越短,认股权证理论价值上涨的机会就越少,投资者参与投资的热情就会减少;这样,投资者就越不愿为它支付溢价。

这种影响又称为认股权证的时间价值。只要认股权证还没有到期,即使一个认股权证在到期前的理论价值为零,它也仍然存在着一定的时间价值。时间价值反映认股权证在标的证券到期日前发生有利于投资者价格变动的价值(上升有利于认购权证,下跌有利于认沽权证),这一价值是由标的证券价格的波动带来的。随着时间的推移,由于标的证券在认股权证到期时的价格越来越明确,证券的价格向有利方向变动的机会日益减少,认股权证在到期时拥有更高价值的可能性也相应减少,从而导致认股权证的时间价值递减。认股权证时间价值递减效应并不是线性的,而是随着权证到期日的临近而加速。在认股权证到期日,认股权证的市场价格就会回归其理论价值。所以,认股权证的期限也是影响认股权证市场价格的一个因素。

3. 普通股票股利对认股权证溢价的影响

如果在认股权证的发行条款中,没有规定认股权证的认购价格会随普通股票除息而降低,那么,认股权证的市场价格就还受普通股股利的影响。因为认股权证的持有者不能获得股利,认股权证持有时间越久,丧失的股利收入就越多,当认股权证杠杆作用所带来的收益不足以弥补其股利的损失时,其市场价格就会降低。

【例 4-16】 某普通股票每股每年可以分得 1 元的股利,普通股票的市场价格为 12 元/股,其认股权证的市场价格为 5 元/股,认股价为 10 元/股。假定在可预见的将来,普通股票的市场价格将以年 5% 的速度上涨,试问投资者按现在的市场价格购买该认股权证是否合算?

解:

设:x 为投资于认股权证与投资于普通股票报酬率相等时的普通股票市场价格。

(1) 计算不考虑股利影响的,投资于认股权证与投资于普通股票报酬率相等时所需要的时间 t。

$$x-12=\frac{12}{5}\times[x-(10+5)]$$

解得:$x=17.14$(元/股)

由于:$17.14=12\times(1+5\%)^t$

所以:$\ln 17.14=\ln 12+t\ln(1+5\%)$

$$t=\frac{\ln 17.14-\ln 12}{\ln 1.05}=7.31(年)$$

计算结果表明,不考虑股利影响的情况下,投资于认股权证与投资于普通股票报酬率相等时所需要的时间为 7.31 年。

(2) 分析投资认股权证的收益。

由于普通股票股利每年为 1 元/股，因此，购买认股权证每年会损失 1 元/股的股利，7 年总共损失 7 元钱的股利。如果考虑投资认股权证的机会损失，那么，投资认股权证的成本为 22 元/股(5+10+7)，大大高于 17.14 元/股。因此，以 5 元/股的市场价格投资该认股权证不合算。

四、附送认股权证方式筹资的收益率构成及其盈亏区间

发行债券和优先股票并附送认股权证的盈亏区间确定方法，与可转换证券基本相同。其差异主要有两点：一是可转换证券要么以债券或优先股票的形式存在，要么以普通股票的形式存在。但以附送认股权证方式筹资，债券或优先股与认股权证是分离的，债券或优先股的存续期不会因认股权证权利的行使而消失。二是债券或优先股存续期限可能与认股权证规定的期限不一致。正是由于上述两个特征，使得附送认股权证方式筹资的收益率构成的计算方法略不同于可转换证券的计算方法。其基本计算方法，是在计算债券或优先股的全部价值的基础上加上认股权证的价值。具体计算方法见下例。

【例 4-17】 设某公司拟发行面值为 1 000 元/张，每年年末付息，到期日还本的 10 年期债券若干。公司预计这批债券的利息率要达到 10% 才能按面值卖出。但如采用购一张债券附送 20 股普通股票认股权证的筹资方案，在债券利率降为 8% 时，债券也能够按面值发行；那么，该附送认股权证发行债券筹资方案的收益率计划构成就为：债券票面利率 8%，认股权证风险收益率 2%。再假定该公司附送的认股权证认购期为 5 年，认股价为 25 元/股。试问认股权证到期时的普通股票市价为多少时，该筹资方案的实际收益率才等于 10%？（假定认股权证到期时一次认购）

解：

设 V 等于普通股票市价，有：

$$1\,000=\sum_{t=1}^{10}\frac{1\,000\times 8\%}{(1+10\%)^t}+\frac{1\,000}{(1+10\%)^{10}}+\frac{20\times(V-25)}{(1+10\%)^5}$$

$$1\,000=80\times 6.144\,57+1\,000\times 0.385\,54+20\times(V-25)\times 0.620\,92$$

$$V=\frac{122.89}{12.42}+25=34.89(元/股)$$

根据以上计算结果，该公司附送认股权证发行债券筹资方式的盈亏区间如图 4-5 所示。

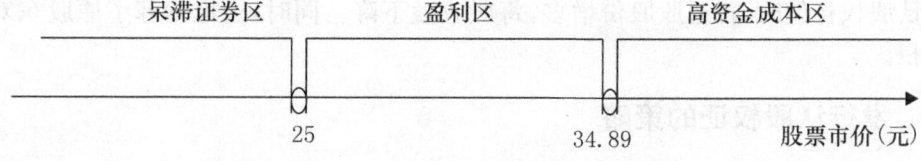

图 4-5 附送认股权证发行债券筹资方式的盈亏区间

从图 4-5 可以看出,该筹资方式对公司而言,其盈利区间的普通股票市价为 25～34.89 元/股,低于 25 元/股会因出现呆滞证券而产生损失;高于 34.89 元/股,则会产生高资金成本的损失。

五、认股权证筹资的利弊

(一)认股权证筹资的优点

1. 吸引投资者

吸引投资者是发行认股权证的主要优点。在企业发行债券或优先股票时,给予投资者认购普通股票的权利,可以有效地刺激投资者的投资欲望,使企业较容易筹得所需的资金。

2. 低资金成本和宽松的筹资条款

由于认股权证具有价值,因此,企业在发行债券或优先股票时可以适当地降低利率,从而获取低成本的资金来源。另外,投资者在获取认股权所带来的利益后,往往乐意放弃对公司来说属于过严的某些契约条款,使公司处于主动的位置。

3. 扩大了潜在的资金来源

当认股权证的认购权被行使时,就增加了企业的资金来源。对需要扩充权益资金的公司而言,它既可以获得发行债券或优先股票低资金成本的好处,又享有了筹资权益资金的好处。

(二)认股权证筹资的缺点

1. 不能确定投资者将在何时行使认股权

这一点往往使公司陷于被动。因为认股权证为公司提供了一个筹资数额,但这笔资金何时才能取得,公司并不能控制。在公司急需资金时,这笔资金数额不能满足需要,公司又不便于用其他方法再筹资,特别是用发行普通股票再筹资,因为这会过多地稀释普通股每股收益;而用负债筹资,又可能使财务风险过大。这就使公司处于既有潜在资金来源又无资金可用的困境之中,陷于被动。

2. 高资金成本风险

上述筹资困境一旦产生,公司只好通过提高普通股股利来刺激认股权证持有者行使认购权,以筹措资金,但这会使资金成本增高。如强行地逐级提高认购价格,虽可刺激认股权证持有者行使认股权,但若无充分理由,会影响公司形象,对公司不利。

3. 稀释每股普通股收益

当认股权行使时,普通股股份增多,每股收益下降。同时,这也稀释了原股东对公司的控制权。

六、发行认股权证的策略

认股权证不外乎是由公司发行的一种选择权,即一种按特定价格购买特定数额普通股票的权利,但这种认股权是否行使完全取决于该证券的持有者,而不取决于公司。因此,发行认股权证虽有若干优点,但也有其不可忽视的缺点。这就决定了公司在发行认股权证时必须慎重,必须注意其发行策略。

总的来讲,发行认股权证的策略应是充分利用其优点,控制其缺点,做好预测,留有余地,争取主动。关于利用优点,实际中容易做到,但如何控制缺点,则是一个需要认真研究的问题。控制缺点,应做好如下工作。

(一)预测认股权证成本

以认股权证随债券销售赠送为例,来讨论认股权证成本。

【例 4-18】 某公司拟发行面值为 1 000 元/张,每年年末付息,到期日还本的 10 年期的债券若干。公司预计这批债券的利息率需要在达到 10% 时才能卖出。但如改用每购一张债券附送 20 股普通股认股权,那么利率可以降为 8%,且很容易按面值卖出。认股权证规定的认购价为每股 25 元,认购期为 10 年。目前公司普通股票的市场价格为 20 元/股,估计未来市场价格将以每年 10% 的幅度上涨。试根据上述资料计算公司发行的认股权证的收益和成本。

解:

认股权证的收益等于按债券面值发行与按期望收益率计算的折现价值之差。故:

$$\text{认股权证发行的收益} = 1\,000 - \left[\sum_{i=1}^{10}\frac{80}{(1+10\%)^i} + \frac{1\,000}{(1+10\%)^{10}}\right] = 1\,000 - 877.11 = 122.89(元)$$

计算结果表明,公司发行附认股权证的债券,发行时就可取得每张 122.89 元的收益,折合为每股认股权收益为 6.14 元(122.89÷20)。

认股权证的成本等于按市场价格出售普通股票与按认购价格出售普通股票之差。故在第 10 年公司将为认股权证付出的成本为:

$$\text{认股权证收回时成本} = [20\times(1+10\%)^{10} - 25]\times 20 = (51.88 - 25)\times 20 = 26.88\times 20 = 537.60(元)$$

计算结果表明,公司在第 10 年收回认股权证时,每 20 股认股权的成本为 537.60 元,每股为 26.88 元。对比发行时的收益,收回时的成本是很高的。当然在考虑其时间价值后,差异将会有所缩小。我们也不难算出当发行时收益等于收回时成本的内部收益率 i。因为:

$$122.89 = \frac{537.6}{(1+i)^{10}}$$

$$i = \sqrt[10]{\frac{537.6}{122.89}} - 1 = 15.91\%$$

15.91% 的内部收益率是投资者的收益率,也是公司发行认股权证的资金成本率。

从投资者的角度看,他购买认股权证的投资是每股 6.14 元,但第 10 年流回的收益为每股 26.88 元,投资报酬率为 15.91%,远远高于了一般债券 10% 的收益率。从公司的角度出发,发行时虽然取得了每股认股权 6.14 元的收益,但第 10 年却要为此付出每股 26.88元的成本,其资金成本率为 15.91%,远远高于其债券 8%的利率。

以上是将认股权证的投资同债券相分离考察,目的在于单独分析其收益和成本。我们也可以将它同债券联系在一起来考察,计算出全部资金成本率。按公式有:

$$1\,000 = \sum_{t=1}^{10}\frac{80}{(1+i)^t} + \frac{1\,000}{(1+i)^{10}} + \frac{537.6}{(1+i)^{10}}$$

通过逐次测试可知,当 $i=10\%$ 时,方程式右边为 1 012.65;当 $i=12\%$ 时,方程式右边为 947.06。这表明,所求的 i 必然介于 11%与 12%之间,通过插值法可以求得:

$$i = 11\% + \frac{1\,012.65 - 1\,000}{1\,012.65 - 947.06} \times (12\% - 11\%) = 11.19\%$$

11.19%是投资者的总收益率,它高于一般期望收益率 10%。它之所以会高,一个重要原因是这一投资比纯债券投资风险大,预期来自普通股票市场价格上升的收益也许不能实现。

(二) 认股权证引起的股东权益稀释量的确定

应特别注意认股权证收回时的成本,[例 4-18]中的 537.60 元(或每股 22.68 元)是公司给予认股权证以低价购买普通股票的成本。显然,这会削弱或稀释现有普通股股东收益。普通股票市价上涨幅度越大,这种认股权的稀释力就越大。为了说明这种现象,仍以[例 4-18]为例,并加入若干必要假设条件,分认股价低于账面值和认股价高于账面值但低于市价两种情况来说明。

1. 认股价低于账面值的绝对稀释情况

【例 4-19】 设公司在发行的认股权证到期前,有 100 万股流通在外的普通股,每股账面值为 51.88 元,公司净资产收益率为 13.5%。现尚有 20 万认股权尚未行使,认股价 25 元/股,设认股权行使增资后公司的净资产收益率仍为 13.5%。试分析认股权证存在对股东权益的影响。

解:
(1) 增资前:

$$每股收益 = 13.5\% \times 51.88 = 7(元)$$
$$总收益 = 7 \times 1\,000\,000 = 7\,000\,000(元)$$

(2) 增资后:

$$总收益 = 7\,000\,000 + 13.5\% \times (25 \times 200\,000) = 7\,675\,000(元)$$
$$每股收益 = 7\,675\,000 \div (1\,000\,000 + 200\,000) = 6.4(元)$$

通过增资前后的对比,可看出每股收益绝对额下降了 0.60 元(7-6.4)。

也可以计算出增资前后每股账面值的稀释状况,即:

$$每股账面值稀释 = 51.88 - \frac{51.88 \times 1\,000\,000 + 25 \times 200\,000}{1\,000\,000 + 200\,000} = 4.48(元)$$

股东权益稀释无疑会给原有股东带来损失,这种损失是发行认股权证的成本。

2. 认股价高于账面值但低于市价的机会稀释情况

【例 4-20】 假定[例 4-19]中的每股市价为 51.88 元,每股账面值为 20 元,其余不变。试分析按 25 元/股认股价与按 51.88 元/股市场价增资对股东权益的影响。

解：根据题意应先计算增资前的股东权益情况,然后再计算按不同价格增资后股东权益的情况,最后比较按不同价格增资的差异。

(1) 增资前：

$$每股收益 = 13.5\% \times 20 = 2.7(元)$$
$$总收益 = 2.7 \times 1\,000\,000 = 2\,700\,000(元)$$

(2) 按 25 元/股的认股价增资结果：

$$总收益 = 2\,700\,000 + 13.5\% \times (25 \times 200\,000) = 3\,375\,000(元)$$
$$每股收益 = 3\,375\,000 \div (1\,000\,000 + 200\,000) = 2.81(元)$$
$$每股账面值 = (20 \times 1\,000\,000 + 25 \times 200\,000) \div (1\,000\,000 + 200\,000) = 20.83(元)$$
$$每股市价 = (51.88 \times 1\,000\,000 + 25 \times 200\,000) \div (1\,000\,000 + 200\,000) = 47.40(元)$$

(3) 按 51.88 元/股的市价筹资 500 万元的机会性增资结果：

$$总收益 = 2\,700\,000 + 13.5\% \times 5\,000\,000 = 3\,375\,000(元)$$
$$每股收益 = \frac{3\,375\,000}{1\,000\,000 + \frac{5\,000\,000}{51.88}} = 3.08(元)$$
$$每股账面值 = \frac{20 \times 1\,000\,000 + 5\,000\,000}{1\,000\,000 + \frac{5\,000\,000}{51.88}} = 22.8(元)$$

(4) 各种稀释额的计算。

按 25 元/股的认股价的实际增资结果与增资前的比较：

$$每股收益绝对增加数\ 2.81 - 2.7 = 0.11(元)$$
$$每股账面值绝对增加数\ 20.83 - 20 = 0.83(元)$$
$$每股市价绝对减少数\ 51.88 - 47.4 = 4.48(元)$$

按 25 元/股的认股价筹资 500 万元的实际增资结果与按 51.88 元/股的市价筹资 500 万元的机会性增资结果的比较：

$$每股收益相对减少数 = 3.08 - 2.81 = 0.27(元)$$
$$每股账面值相对减少数 = 22.8 - 20.83 = 1.97(元)$$

以上计算结果表明,在认股价高于账面价的情况下,虽然增资后的每股收益和每股账面值的绝对额会有所增长,但是只要认股价低于市价,同样会引起每股收益的相对稀释。

无论每股收益的绝对稀释,还是相对稀释,从股东角度看,都是发行认股权证的成本。

通过上述对认股权证收益和成本的讨论,可以看出对未来普通股票市场价格进行准确预测的重要性。对未来普通股票市场价格的预测,可分为公司自身的预测和市场公众的预测。公司在确定是否发行认股权证时,除注意自身作出的预测外,还要充分注意市场公众的预测,只有这样才能使作出的决策更优。

比如,公司预测到普通股票市场价格将会大幅度提高,并高于市场公众的预测值,在这种情况下,公司如以认股权证来换取当前收益,成本会相对高;放弃发行认股权证,直接以较高利率的债券或优先股票筹资会更为有利。以[例 4-18]而言,公司如不发行认股权证,直接把年利率提高到10%同样能筹得所需资金的话,那么提高利率筹资更为有利。因为,从成本的角度看,发行认股权证的筹资成本为11.19%,高于年利率10%;从筹集权益资金的角度看,在第 10 年,筹集同样数量的资金,将比发行认股权证发行的股份少,不会减少股东权益。

与上述预测相反,如公司预测普通股票市场价格上涨幅度低于市场公众的预测值,且股票的未来市价落在盈利区间之中,则发行认股权证来换取当前收益是可取的。因为,这时不但可以使资金成本降低,而且也更容易签订限制性少的契约,从而有利于企业。

关于为什么可以利用发行证券方和投资方的预测差异进行最有利筹资问题,希望读者能认真思考,因为这一问题是所有灵活性筹资方法都必然面临的问题,弄懂它有利于加深对若干基本理财问题的理解。

(三)留有余地,争取主动

由于认股权证持有者何时行使认股权,公司难以控制,因此,常使公司处于被动地位。为了变被动为主动,公司应抓好如下两个方面的工作:一是资金安排上要留有余地,使之在财务结构上保持一种较机动的位置,以便能在认股权没行使时,能以其他形式方便而又便宜地筹集资金。二是要采取多种有效的相关措施,刺激认股权证持有者行使认股权,使资金的无序流入变为有序流入。

第三节 优先认股权筹资

一、优先认股权的特征

优先认股权与认股权证极为相似,也是以某一优惠价格购买普通股票的权利。但是,它与认股权证也有差别。与认股权证相比,其基本特征如下。

1. 发行目的与来源的特征

优先认股权与认股权证不一样,它不是作为一种筹资工具在发行债券或优先股票时附送的,而是通过如下两种渠道产生的:一是为了维护企业原股东在企业的现有权益,在企业发行新股时,按原股东所持股份的一定比例分配给原股东的认股权;二是为了激励管理人员和员工的工作积极性,将优先认股权作为一种管理手段,按诸如工作年限、职位、贡献等指标赠送给员工的股票期权。

2. 流通性能的特征

优先认股权的流通性差,特别是内部员工的优先认股权往往并不能转让,这是优先认股权有别于认股权证的一个主要特征。

3. 流通期限的特征

按原股东所持股份的一定比例分配给原股东的优先认股权,虽然在一定程度上可以流通,但是由于发行它的目的是在增加发行新股时平衡股东之间利益的一种手段,因此,其流通期限一般很短,有效期限一般都在1个月之内。

4. 市场价格的特征

由于优先认股权的流通性能差、流通时间短,因此,它的溢价一般不大,在多数情况下,其市场价格与理论价值基本相同。

下面,以按原股东所持股份的一定比例送给原股东的优先认股权为例,来讨论其价值特征和筹资策略。

二、优先认股权的价值特征

既然优先认股权拥有按某一固定认股价格购买普通股票的权利,那么只要普通股票的市价超过了认股价,认股权便拥有了价值。其理论价值的确定方法,与认股权证理论价值的确定方法一样,等于普通股市价与认股价之差。

与认股权证不同的是,优先认股权认股期限短和流通性差,因此,在转让时,其溢价一般不会像认股权证那样高。在多数情况下,优先认股权的理论价值就是其市场的转让价格。因为,优先认股权的到期时间短,随着优先认股权到期日的临近,优先认股权的市场价格必然向其理论价值回归。在优先认股权快到期时,如果转让价还远远高于其理论价,购买优先认股权的人将承受极大的风险;一旦普通股票的市场价格未能如预期那样上升,那么,购买优先认股权的人将无利可图,甚至蒙受巨大的损失。

在我国,20世纪90年代中期,优先认股权在我国股市上流通曾是一个普遍现象,而且还普遍出现了国家股股东向社会公众股股东转售公司配股的优先认股权的现象。当时国有股的优先认股权的转售价,远远低于其理论价值,其根本原因在于国有股不能流通。因为国有股不能上市流通,社会公众购买国有股转配的国有股之后也不能流通,所以国有转配股的问题成了我国股市的一大问题。在20世纪90年代中期后,国家不再允许国有股优先认股权转售。关于国有转配股的遗留问题,我国证监会直到2000年3月才发布文件,此历史遗留问题才得到全部解决。

三、优先认股权的筹资策略

虽然优先认股权不是一种独立的筹资工具,不能直接地给公司带来资金,但是,优先认股权却给予公司普通股票筹资的灵活性,使公司可能以较高的价格增加发行新股,并使认购新股的股东增加,减少了增发股份无人购买的可能性。因此,优先认股权本质上是隶属于普通股票筹资策略的。研究优先认股权的筹资策略,必须与普通股票的筹资策略联系在一起来考虑。

(一) 发行优先认股权的优缺点

1. 发行优先认股权的优点

发行优先认股权的优点可从股东和公司两个方面来考察:

从股东角度看,发行优先认股权可以给予股东投资的灵活性,避免股东权益稀释。一般来讲,公司为了新股的顺利发行,其新股的发行价一般会在一定程度上低于股票的现行市场价格,如果公司的一些股东因没有足够的资金而放弃购买新股的话,那么,这些股东将会蒙受股东权益稀释的损失。但如果公司能向其股东送优先认股权的话,那么,由于优先认股权具有价值,当股东没有足够的资金购买公司按其原有股份数配售的新股时,他就可以将公司送给他的优先认股权转售给别人,从而减少损失。因此,公司发行优先认股权,对股东而言,是有百利而无一害。

从公司来看,发行优先认股权的优点,主要是可以给予公司筹集普通股票的灵活机动性和以较高价格发行普通股票的可能性。因为公司发行优先认股权后,公司潜在的投资者将会有所增加,这会使公司新发行股份的供求关系发生有利于发行方的变化,从而使公司有可能以较高的价格发行新股。特别在普通股票市场价格偏低,但预期普通股票市场价格会上升时,公司发行优先认股权的好处更为显著。在这时,公司发行优先认股权不但可以以较高的价格发行普通股票,甚至还可以以高于目前普通股票市场价格的方法发行普通股票。

【例 4-21】 某公司现有普通股票 20 000 万股,账面价值为 3 元/股。现决定按 10:3 的比例向所有股东配股。目前公司的普通股票市场价格为 10 元/股。公司预计,如果直接向股东配股,哪怕配股价小于现有普通股票市场价格 80% 的情况下,也只有 70% 的股份参与认购新股。但是,如果先向所有普通股股东赠送优先认股权,那么,随着优先认股权的流通转让,即使配股价为普通股票市场价格的 90%,全部新发行的股份也都能够发行出去。试分析发行优先认股权给公司带来了哪些好处?

解:

(1) 计算是否发行优先认股权在筹资额方面的差异。

发行优先认股权多筹集的股权资金额 $= 20\,000 \times 30\% \times 10 \times 90\% - 20\,000 \times 30\% \times 70\% \times 10 \times 80\% =$

$54\,000 - 33\,600 = 20\,400$(万元)

(2) 计算是否发行优先认股权在每股账面价值方面的差异。

发行优先认股权每股账面价值增加额 = (20 000×3+6 000×9)÷(20 000+6 000) − (20 000×3+4 200×8)÷(20 000+4 200) = 4.385−3.868 = 0.517(元/股)

从上例中可以看出,在配股前先发行优先认股权,不仅可以给公司带来多筹资的好处,也可以给转让优先认股权的股东带来普通股票每股账面价值加速上升的好处。总之,在多数情况下,发行优先认股权将给普通股股东权益的增加带来直接的好处。

2. 发行优先认股权的缺点

发行优先认股权的缺点,主要是在公司的普通股票市场价格不升反降时,公司将蒙受发行优先认股权所带来的不利影响。因为,如果公司不发行优先认股权,公司的股东就只能直接认购公司所发行的普通股票,公司不再承担普通股票市场价格变化的各种有利或是不利的后果;而发行优先认股权则给了优先认股权持有人选择权,在公司普通股票市场价格下降时,优先认股权持有人不行使认股权是理所当然的,公司只能承担其所带来的不利后果。

(二) 发行优先认股权的策略

根据发行优先认股权的利弊,发行优先认股权的基本策略在于要准确预测公司未来普通股票的市场价格。从理论上讲,当未来普通股票市场价格高于现行价格时,可以发行优先认股权;当未来普通股票市场价格低于现行价格时,则不可以发行优先认股权。

此外,由于优先认股权的存续时间短;因此,在发行优先认股权时,其认股价格一般不会高于普通股票的现行市场价格,这样可以规避未来普通股票市场价格不如期望值高的风险。

如果公司可以规定优先认股权的行使期间,那么,公司应该根据对普通股权益资金需要的迫切程度,确定优先认股权的存续期间。一般而论,对普通股权益资金的需要越是迫切,所确定的优先认股权的存续期间就应越短,甚至不发行优先认股权,而直接发行普通股票。相反,对普通股权益资金的需要并不迫切,所确定的优先认股权的存续期间就可以较长。

案 例 与 资 料

【案例与资料1】 广东韶钢松山股份有限公司可转换公司债券发行公告

广东韶钢松山股份有限公司可转换公司债券发行公告(摘要)

1. 债券类型:转换公司债券。
2. 发行总额:153 800 万元。
3. 发行数量:1 538 万张。
4. 票面金额:每张面值100元人民币。
5. 发行价格:按面值平价发行。

6. 申购价格：100元/张。
7. 债券期限：5年（自本次发行首日起）。
8. 利率和付息日期：

本次发行可转债5年期票面利率第一年为1.90%，第二年为2.30%，第三年为2.68%，第四年为3.06%，第五年为3.44%，每年付息一次。计息起始日为本次可转债发行首日即2007年2月6日（T日），在可转债存续期内每年的2月6日为付息日。付息日的前一个交易日为付息登记日，发行人在付息日之后5个交易日内完成付息工作。在付息登记日及之前已申请转股或已转股的可转债，将无权获得当年及以后的利息。

在韶钢转债存续期间，若中国人民银行向上调整存款利率，韶钢转债的票面利率从调息日起将按人民币1年期整存整取存款利率上调的幅度向上调整（指与上一次调整时人民币1年期整存整取存款利率比较的净增加幅度，首次调整的比较基数为可转债发行前一日的人民币1年期整存整取存款利率）；若中国人民银行向下调整存款利率，韶钢转债的利率不作变动。

9. 初始转股价格：4.73元/股（不低于本次转债公布募集说明书之日前20个交易日公司A股股票交易均价和前一交易日均价，且不低于最近一期经审计的每股净资产值）。
10. 转股起止日期：2007年8月6日至2012年2月5日（发行之日起6个月后至可转债到期日止）。
11. 发行对象：

（1）向发行人原股东优先配售：于本发行公告公布的股权登记日收市后在中国证券登记结算有限公司深圳分公司登记在册的发行人所有原股东。

（2）网下向机构投资者发售和通过深交所交易系统网上定价公开发行：在深圳证券交易所开户的符合中华人民共和国法律、法规规定，可购买可转换公司债券的投资者（自然人、法人、保险机构、证券投资基金以及符合法律、法规规定的其他投资者）。

12. 发行方式：

（1）本次发行采用向原股东优先配售，原股东优先配售后余额及原股东放弃优先认购部分采用网下对机构投资者发售和通过深交所交易系统网上定价发行相结合的方式进行。

（2）原股东可优先认购的韶钢转债数量为其在股权登记日收市后登记在册的"韶钢松山"股份数乘以1元，再按100元/张转换成张数，不足1张的部分按照中国证券登记结算有限公司深圳分公司配股业务指引执行，即所产生的不足1张的优先认购数量，按数量大小排序，数量小的进位给数量大的原股东，以达到最小记账单位1张，循环进行直至全部配完。

公司第一大股东广东省韶关钢铁集团有限公司（以下简称"韶钢集团"）持有发行人605 512 890股，已在发行前承诺认购优先配售的比例不低于50%，认购优先配售本次发行韶钢转债的数量不低于 302 756 445 元（约 3 027 564 张），占本次发行可转债总量的 19.69%。

发行人现有总股本为 1 341 120 000 股，其中除韶钢集团以外的其他股东持有 735 607 110 股，可优先配售部分最多为 7 356 071 张，占本次发行可转债总量的 47.83%。

特此公告。

广东韶钢松山股份有限公司　董事会
二〇〇七年六月三十日

【案例与资料 2】 广东韶钢松山股份有限公司可转换公司债券转股价格调整特别提示公告

广东韶钢松山股份有限公司可转换
公司债券转股价格调整特别提示公告

本公司及董事会全体成员保证公告内容的真实、准确和完整，没有虚假记载、误导性陈述或重大遗漏。

重要内容提示：调整前转股价格 4.73 元/股，调整后转股价格 4.68 元/股，转股价格调整起始日期 2007 年 6 月 28 日。

根据广东韶钢松山股份有限公司（以下简称"公司"）《发行可转换公司债券募集说明书》有关条款的规定："在本次可转债发行之后，当公司因送红股、增发新股或配股、派息等情况（不包括因可转债转股增加的股本）使公司股份发生变化时，将按下述公式进行转股价格的调整：

送股或转增股本：$P_1 = P_0/(1+n)$

增发新股或配股：$P_1 = (P_0 + Ak)/(1+k)$

上述两项同时进行：$P_1 = (P_0 + Ak)/(1+n+k)$

派息：$P_1 = P_0 - D$

上述三项同时进行：$P_1 = (P_0 - D + Ak)/(1+n+k)$

其中：P_0 为当期转股价，P_1 为调整后转股价，n 为送股率或转增率，k 为增发新股率或配股率，A 为增发新股价或配股价，D 为每股派息。"

公司实施 2006 年度每 10 股派发现金 0.50 元人民币的分配方案，除息日为 2007 年 6 月 28 日，韶钢转债的转股价格从 2007 年 6 月 28 日起由原来的每股人民币 4.73 元调整为每股人民币 4.68 元。

特此公告。

广东韶钢松山股份有限公司　董事会
二〇〇七年六月三十日

【案例与资料3】 广东韶钢松山股份有限公司关于韶钢转债票面利率调整公告

广东韶钢松山股份有限公司关于韶钢转债票面利率调整公告

本公司及董事会全体成员保证公告内容的真实、准确和完整，没有虚假记载、误导性陈述或重大遗漏。

本公司2007年2月6日发行的可转换公司债券条款规定：在韶钢转债存续期间，若中国人民银行向上调整存款利率，韶钢转债的票面利率从调息日起将按人民币1年期整存整取存款利率上调的幅度向上调整（指与上一次调整时人民币1年期整存整取存款利率比较的净增加幅度，首次调整的比较基数为可转债发行前一日的人民币1年期整存整取存款利率）；利息每年支付一次，付息日期为自韶钢转债发行之日起每满1年的当日。

韶钢转债的票面利率已于2007年3月18日、2007年5月19日、2007年7月21日根据中国人民银行上调利率的幅度进行了3次调整，即：

2007年2月6日至2007年3月17日按年利率1.90%计息；
2007年3月18日至2007年5月18日按年利率2.10%计息；
2007年5月19日至2007年7月20日按年利率2.30%计息；
2007年7月21日至2008年2月5日按年利率2.50%计息；
2008年2月6日至2009年2月5日按年利率3.05%计息；
2009年2月6日至2010年2月5日按年利率3.55%计息；
2010年2月6日至2011年2月5日按年利率4.05%计息；
2011年2月6日至2012年2月5日按年利率4.55%计息。

因中国人民银行决定，从2007年8月22日起上调金融机构人民币存款基准利率，金融机构1年期存款基准利率由3.33%提高到3.60%。经测算，金融机构1年期存款基准利率上调的幅度为8.11%。

依据本次中国人民银行上调金融机构存款基准利率的决定及本公司可转换公司债券有关条款的规定，韶钢转债（代码：125717）的调息日为2007年8月22日，利息将采取分段支付，调整后的票面利率如下：

2007年2月6日至2007年3月17日按年利率1.90%计息；
2007年3月18日至2007年5月18日按年利率2.10%计息；
2007年5月19日至2007年7月20日按年利率2.30%计息；
2007年7月21日至2007年8月21日按年利率2.50%计息；
2007年8月22日至2008年2月5日按年利率2.70%计息；
2008年2月6日至2009年2月5日按年利率3.30%计息；
2009年2月6日至2010年2月5日按年利率3.84%计息；
2010年2月6日至2011年2月5日按年利率4.38%计息；

2011年2月6日至2012年2月5日按年利率4.92%计息。

特此公告。

广东韶钢松山股份有限公司
二〇〇七年八月二十三日

【案例与资料4】 攀枝花新钢钒股份有限公司认股权证上市公告书

攀枝花新钢钒股份有限公司认股权证上市公告书（摘要）

第一节 重要声明与风险提示（略）
第二节 概览
1. 认股权证简称：钢钒GFC1。
2. 交易代码：031002。
3. 权证类别：认股权证，即标的证券发行人发行的认购权证。
4. 标的证券代码：000629。
5. 标的证券简称：新钢钒。
6. 权证数量：8亿份。
7. 发行方式：每张新钢钒分离交易可转债的最终认购人可以同时获得分离出的25份认股权证。
8. 行权比例：1:1，即一份认股权证可认购一股标的证券的A股股票。
9. 行权价格：3.95元/股，行权价格和行权比例的调整按照深圳证券交易所的有关规定执行。
10. 结算方式：证券给付方式结算，即认股权证持有人行权时，应支付依行权价格及行权比例计算的价款，并获得相应数量的新钢钒无限售条件的A股股票。
11. 上市日期：2006年12月12日。
12. 权证存续期：自认股权证上市之日起24个月。
13. 行权期间：

（1）认股权证持有人可以选择在2007年11月28～30日、2007年12月3～7日、2007年12月10～11日行权。

（2）认股权证持有人也可以选择在2008年11月28日、2008年12月1～5日、2008年12月8～11日行权。

15. 上市地点：深圳证券交易所（以下简称"深交所"）。
16. 登记结算机构：中国证券登记结算有限责任公司深圳分公司。
17. 保荐人：第一创业证券有限责任公司。

第三节 绪言
经中国证券监督管理委员会证监发行字[2006]129号文核准，新钢钒发行了分离交易可转债。新钢钒本次发行32亿元的分离交易可转债,每张面值为100元人民币,每张新钢钒分离交易可转债的最终认购人可以同时获得分离出的25份认股权证,本次分离出的认股权证总量为8亿份。(其余略)

第四节 风险因素

本认股权证属于创新品种,凡有意购买认股权证或以认股权证进行风险对冲的投资者,应充分了解认股权证之复杂性。投资者在评价发行人本次发行的认股权证时,除募集说明书提供的风险事项及相关资料外,还应认真地考虑下述各项(包括并不限于)有关投资本公司认股权证之风险因素:

1. 标的证券价格发生不利变动的风险。

投资者应当认识到,影响到认股权证价格的因素可能包括:标的证券价格、标的证券价格波动幅度和频率、股息及利率、发行人经营状况等多种因素,并且不限于上述因素。以上各种因素的变化可能使认股权证价格发生大幅波动。

本认股权证的标的证券为新钢钒A股股票,因此当钢铁行业的相关政策、新钢钒的经营状况等发生不利变化时,会对新钢钒认股权证的内在价值和价格发生不利影响,可能给认股权证投资者造成损失。

2. 认股权证价格波动风险。

认股权证具有杠杆效应,其波动幅度往往大大超过标的证券的波动幅度。因此投资于认股权证,风险要大大高于投资标的证券。而且,认股权证的交易采取T+0制度,其交易价格可能波动幅度较大,投资者在投资于认股权证之前,应对认股权证之风险特性有充分认识。

3. 市场流动性风险。

由于认股权证之特殊性,可能会出现其交易不活跃甚至出现认股权证无法持续成交的情况,从而使认股权证缺乏流动性,认股权证投资者的利益无法顺利实现。

4. 未来可能的股本扩张风险。

投资者应充分认识到:本认股权证属于股本权证,若权证到期时权证持有人全部行权,则公司股份将增加31.4%,届时公司每股收益将摊薄23.9%。这种未来潜在的股份扩张因素将可能影响到标的证券的价格,进而会对认股权证的价格产生影响。

第五节 本次认股权证的发行情况(略)

第六节 权证的条款

一、权证主要条款

1. 发行人:新钢钒。

2. 权证类型:百慕大认股权证,即标的证券发行人发行的认购权证,在权证存续期间,认股权证持有人仅有权在一个或多个时间段行权。

3. 存续期:自认股权证上市之日起24个月,即2006年12月12日至2008年12月11日。

4. 行权期：

(1) 认股权证持有人可以选择在 2007 年 11 月 28～30 日、2007 年 12 月 3～7 日、2007 年 12 月 10～11 日行权。

(2) 认股权证持有人也可以选择在 2008 年 11 月 28 日、2008 年 12 月 1～5 日、2008 年 12 月 8～11 日行权。

5. 行权比例：1:1，即一份认股权证可认购一股标的证券的 A 股股票。

6. 行权价格：3.95 元/股，行权价格和行权比例的调整见"第九节认股权证行权价格及比例调整"。

7. 认股权证上市数量：8 亿份。

8. 认股权证的上市交易时间：2006 年 12 月 12 日。

9. 权证交易、行权的程序：(略)。

二、保荐人对公司认股权证理论价值测算

保荐人第一创业证券有限责任公司对公司认股权证理论价值进行了测算，仅供投资者参考。

1. 关于公司可上市流通认股权证理论价值分析：

本期认股权证的持有人有权在权证上市第 12 个月满的前 10 个交易日或权证到期前 10 个交易日内行权。但由于时间价值的存在，第一次行权期间认股权证的市场价格会高于行权所产生的收益。因此投资者行权可能较小，可将该认股权证近似视为欧式权证；同时，由于权证行权会造成股本的扩张，传统的 Black-Scholes 模型未考虑权证行权对股本的摊薄效应，不能直接用于认股权证的定价。因此采用考虑摊薄效应的 B-S 模型对股本认购权证定价，其定价公式如下：

$$C = S \times N(d_1) - X \times e^{-r(T-t)} \times N(d_2)$$

其中，C 为认股权证理论价格；

$d_1 = \dfrac{\ln(S/X) + (r + \sigma^2/2)(T-t)}{\sigma\sqrt{T-t}}$；

$d_2 = d_1 - \sigma\sqrt{T-t}$；

S 取值为 $\dfrac{V}{N+M}$；

X 取值为 $\dfrac{N \times E}{N+M}$；

$V = N \times P + M \times W$；

r 为无风险利率，取 1 年定期存款利息(税后)；

T 为权证到期日；

t 为分析日期；

$T-t$ 的单位为年；

σ 为标的股票历史波动率；

N 为标准正态分布累计概率分布函数；

$\ln$ 为对数函数；

N 为总股本，正股在交易日期的最新总股本；

M 为权证份额；

P 为最近一个交易日标的股票收盘价格；

W 为权证价格；

E 为认股权证行权价格。

以新钢钒最新一期年报披露的相关数据为依据，结合市场相关指标，确定用于计算新钢钒认股权证理论价值的相关参数。

(1) 新钢钒在发行可分离交易的可转换债券前的总股本为 $N=25.553$ 亿股。

(2) 新钢钒发行筹资规模为 32 亿债券，面值为 100 元，共 3 200 万张。每张债券附送 25 份认股权证，共计 8 亿份认股权证，即 $M=8$ 亿。

(3) 每份认股权证对应一份新钢钒股票。

(4) 新钢钒收盘价 $P=4.05$ 元（12 月 5 日）。

(5) 新钢钒认股权证的行权价 $E=3.95$ 元。

(6) 认股权证的存续期为 24 个月，$T-t=2$。

(7) 无风险收益率取 1 年期银行存款利率，$r=2.016\%$。

(8) 理论上，B-S 模型中的波动率参数指的是股票与相应衍生产品价格之和的波动率，但由于新钢钒是第一次发行认股权证，没有相应权证的历史价格数据，因此仅用新钢钒股票价格的波动率来近似替代股票和权证的价格的波动率。根据测算，新钢钒过去 240 个交易日股价的年化历史波动率 $\sigma=41.07\%$。

将以上参数带入考虑摊薄效应的 B-S 模型，得到每份认股权证的理论价格为 0.934 元，对新钢钒历史波动率和收盘价进行敏感度分析，每份认股权证的理论价值区间如表 4-6 所示。

表 4-6

每份认股权证的理论价值区间

	37.07%	39.07%	41.07%	43.07%	45.07%
收盘价=3.85	0.734	0.773	0.811	0.849	0.887
收盘价=3.95	0.794	0.833	0.872	0.910	0.949
收盘价=4.05	0.857	0.896	0.934	0.973	1.013
收盘价=4.15	0.921	0.960	1.000	1.039	1.079
收盘价=4.25	0.988	1.027	1.067	1.106	1.146

对应不同的历史波动率和收盘价,新钢钒认股权证的理论价值区间为 0.734~1.146 元。

2. 本认股权证作为新钢钒 A 股股票的衍生产品,理论上认股权证价格与新钢钒 A 股股票价格密切关联。但由于现实市场条件并不完全满足 Black-Scholes 公式的假设前提,权证的交易价格还会受到市场供求、投资者心理预期等因素的影响,因此本权证上市后其实际价格很可能与按上述公式计算出来的理论价值存在一定的偏离。

3. 根据有关规定,本认股权证 2006 年 12 月 12 日上市当日开盘参考价将由保荐人计算后提交深圳证券交易所,保荐人将按照上述理论价值的计算公式计算该开盘参考价。

4. 认购权证上市当日设涨跌停限制,涨跌停价的计算公式如下:

权证涨幅价格=权证前一日收盘价格+(标的证券当日涨幅价格-标的证券前一日收盘价)×125%×行权比例

权证跌幅价格=权证前一日收盘价格-(标的证券前一日收盘价-标的证券当日跌幅价格)×125%×行权比例

当计算结果小于等于零时,权证跌幅价格为价格最小变动单位。其中,权证前一日收盘价格为权证上市日的保荐人测算的开盘参考价(于权证上市当天公布)。

三、标的证券的有关情况

1. 公司股票最近 1 年(2005 年 12 月 6 日至 2006 年 12 月 5 日)的最高价和最低价及其出现时间:

最高价:4.57 元/股,出现时间:2006 年 4 月 18 日。

最低价:2.55 元/股,出现时间:2006 年 4 月 25 日。

2. 公司股票最近 1 年每月月末的收盘价如表 4-7 所示。

表 4-7

公司股票最近 1 年每月月末的收盘价

单位:元/股

年 份	2005	2006										
月 份	12	1	2	3	4	5	6	7	8	9	10	11
收盘价	3.42	3.98	3.94	3.99	2.98	4.01	3.67	3.28	3.33	3.2	3.61	3.82

3. 公司股票最近 1 年的成交量:

公司股票最近 1 年成交量为 534 243.65 万股。

4. 最近 20 个交易日(2006 年 11 月 8 日至 2006 年 12 月 5 日),公司流通 A 股股份最低市值为 46.19 亿元,平均市值为 50.40 亿元。

5. 最近 60 个交易日(2006 年 9 月 6 日至 2006 年 12 月 5 日),公司流通 A 股股份累计换手率最近 60 个交易日,公司流通 A 股股份累计换手率为 113.28%。

四、标的股票发行人近3年及一期的业绩概况

1. 简要合并财务报表。

2003—2005年及2006年1~9月公司简要财务报表如下(2003~2005年财务报告已经审计;2006年1~9月财务报告未经审计):

(1) 简要合并资产负债表。

表 4-8

简要合并资产负债表

单位:人民币元

资　　产	2006.09.30	2005.12.31	2004.12.31	2003.12.31
流动资产合计	4 378 725 891.42	3 569 282 091.67	3 301 260 529.56	2 554 103 037.08
长期投资合计	108 435 305.08	108 163 601.42	110 681 505.55	106 383 442.10
固定资产合计	10 726 572 795.57	9 905 395 860.72	7 887 333 600.14	6 980 556 955.08
无形资产及其他资产合计	—	263 319 676.78		
递延税款借项	18 394 615.05	23 681 423.26	15 329 814.86	
资产总计	15 240 404 794.26	13 606 522 977.07	11 314 605 450.11	9 904 363 111.04
负债及股东权益				
流动负债合计	4 026 061 581.08	3 753 649 070.58	2 843 853 191.06	2 642 050 218.20
长期负债合计	2 540 615 000.00	1 705 475 000.00	972 325 000.00	595 685 134.74
递延税款贷项	—	46 118 852.12		
负债合计	6 566 676 581.08	5 459 124 070.58	3 816 178 191.06	3 283 854 205.06
少数股东权益:	142 477 005.43	93 032 032.95	229 987.59	193 507.32
股东权益合计	8 531 251 207.75	8 054 366 873.54	7 498 197 271.46	6 620 315 398.66
负债及股东权益合计	15 240 404 794.26	13 606 522 977.07	11 314 605 450.11	9 904 363 111.04

(2) 简要合并利润表。

表 4-9

简要合并利润表

单位:人民币元

项　　目	2006年1~9月	2005年度	2004年度	2003年度
一、主营业务收入	11 083 052 038.49	15 209 214 167.69	13 439 227 464.92	9 281 127 544.49
二、主营业务利润	1 480 507 499.57	2 088 338 135.85	1 764 573 533.03	1 513 062 953.77
三、营业利润	727 723 532.95	941 335 080.09	982 355 403.91	763 289 540.64
四、利润总额	707 782 578.56	914 038 673.58	898 604 392.95	769 669 738.70
五、净利润	644 904 221.61	811 328 876.53	824 364 486.30	574 111 017.55

(3) 简要合并现金流量表。

表 4-10

简要合并现金流量表

单位：人民币元

项　　目	2006 年 1~9 月	2005 年度	2004 年度	2003 年度
经营活动产生的现金流量净额	398 268 849.51	2 523 434 680.27	1 507 066 550.25	1 021 167 598.68
投资活动产生的现金流量净额	−1 694 365 438.83	−2 546 643 450.10	−1 790 652 088.32	−1 616 319 649.78
筹资活动产生的现金流量净额	1 044 367 586.23	223 162 807.37	295 984 952.48	690 473 571.38
汇率变动对现金的影响	−9 426 437.85	854 978.37		
现金及现金等价物净增加额	−261 155 440.94	200 809 015.91	12 399 414.41	95 321 520.28

2. 简要母公司财务报表

(1) 简要母公司资产负债表。

表 4-11

简要母公司合并资产负债表

单位：人民币元

资　　产	2006.09.30	2005.12.31	2004.12.31	2003.12.31
流动资产合计	3 608 189 608.25	3 334 216 947.62	3 250 620 429.73	2 631 832 422.99
长期投资合计	495 659 883.46	355 727 729.58	222 606 814.55	373 510 688.89
固定资产合计	10 681 433 555.82	9 858 271 188.65	7 835 869 214.76	6 634 795 988.81
无形资产及其他资产合计	263 319 676.78			
递延税款借项	18 324 071.68	23 199 456.26	15 319 083.84	
资产总计	14 803 607 119.21	13 571 415 322.11	11 324 415 542.88	9 903 458 777.47
负债及股东权益				
流动负债合计	3 697 486 282.17	3 811 573 448.57	2 853 893 271.42	2 641 339 391.95
长期负债合计	2 540 615 000.00	1 705 475 000.00		
递延税款贷项	46 118 852.12			
负债合计	6 238 101 282.17	5 517 048 448.57	3 826 218 271.42	3 283 143 378.81
少数股东权益				
股东权益合计	8 565 505 837.04	8 054 366 873.54	7 498 197 271.46	6 620 315 398.66
负债及股东权益合计	14 803 607 119.21	13 571 415 322.11	11 324 415 542.88	9 903 458 777.47

(2) 简要母公司利润表。

表 4-12

简要母公司利润表

单位：人民币元

项目	2006年1~9月	2005年度	2004年度	2003年度
一、主营业务收入	10 805 836 172.29	14 788 343 039.98	13 317 273 317.11	9 227 832 648.10
二、主营业务利润	1 409 166 023.39	1 831 184 338.27	1 734 050 911.40	1 411 946 561.14
三、营业利润	728 487 189.62	846 667 909.79	968 076 265.35	691 390 448.32
四、利润总额	727 289 319.45	876 361 302.50	897 257 729.79	769 659 750.49
五、净利润	679 158 850.90	811 328 876.53	824 364 486.30	574 111 017.55

(3) 简要母公司现金流量表。

表 4-13

简要母公司现金流量表

单位：人民币元

项目	2006年1~9月	2005年度	2004年度	2003年度
经营活动产生的现金流量净额	506 538 072.74	2 485 044 943.73	1 504 112 669.22	973 016 815.45
投资活动产生的现金流量净额	−1 854 365 438.83	−2 593 685 439.67	−1 790 588 047.80	−1 570 875 558.19
筹资活动产生的现金流量净额	1 061 327 450.55	267 601 982.83	296 060 516.52	690 473 571.38
汇率变动对现金的影响				
现金及现金等价物净增加额	−286 499 915.54	158 961 486.89	9 585 137.94	92 614 828.64

3. 公司最近3年及一期的财务指标。

表 4-14

公司最近及一期的财务指标

财务指标	2006.09.30	2005.12.31	2004.12.31	2003.12.31
流动比率	1.09	0.95	1.16	0.97
速动比率	0.34	0.41	0.68	0.47
资产负债率(%)(母公司)	42.13	40.65	33.79	33.15
全面摊薄	7.56	10.07	10.99	8.67
净资产收益率(%)				
加权平均	7.71	10.47	11.51	10.97
扣除非经常性损益后加权平均净资产收益率(%)	7.86	10.43	12.50	10.66
每股净资产(元/股)	3.35	4.74	5.74	5.29
	2006年1~9月	2005年度	2004年度	2003年度
应收账款周转率(次)	95.92	44.82	37.62	25.45
存货周转率(次)	7.56	7.55	8.52	6.46
每股收益(元/股)	0.25	0.48	0.63	0.46
每股经营活动的现金流量(元/股)	0.16	1.49	1.15	0.82
利息保障倍数	6.00	14.97	38.12	18.80

第七节　发行人情况

第八节　认股权证的行权价格及其调整方式

在认股权证存续期内,若新钢钒 A 股股票除权、除息,将对本次权证的行权价格、行权比例作相应调整。

1. 新钢钒 A 股除权时,认股权证的行权价格和行权比例分别按下列公式进行调整:

新行权价格＝原行权价格×(新钢钒 A 股除权日参考价÷除权前一交易日新钢钒 A 股收盘价)。

新行权比例＝原行权比例×(除权前一交易日新钢钒 A 股收盘价÷新钢钒除权日参考价)。

2. 新钢钒 A 股除息时,认股权证的行权比例不变,行权价格按下列公式调整:

新行权价格＝原行权价格×(新钢钒 A 股除息日参考价÷除息前一交易日新钢钒 A 股收盘价)。

第九节　本次上市联系人(略)

攀枝花新钢钒股份有限公司
二〇〇六年十二月八日

【案例与资料 5】　关于钢钒 GFC1 权证的行权价格、行权比例调整的公告

关于钢钒 GFC1 权证的行权价格、行权比例调整的公告

本公司及其董事会全体成员保证信息披露内容的真实、准确、完整,没有虚假记载、误导性陈述或重大遗漏。

攀枝花新钢钒股份有限公司(以下简称"本公司")2006 年度利润分配方案于 2007 年 6 月 22 日实施,本次分红派息股权登记日为 2007 年 6 月 22 日,除权除息日为 2007 年 6 月 25 日。根据深圳证券交易所有关规定,钢钒 GFC1 权证的行权价格、行权比例将根据攀钢钢钒股票的除权除息进行调整。

一、钢钒 GFC1 权证的行权价格、行权比例调整依据

攀枝花新钢钒股份有限公司《认股权与债券分离交易的可转换公司债券募集说明书》约定:

在认股权证存续期内,认股权证的行权价格将根据公司股票的除权除息进行相应的调整:

(1) 当新钢钒股票除权时,认股权证的行权价、行权比例将按以下公式调整:

新行权价格＝原行权价×(新钢钒股票除权日参考价÷除权前一日新钢钒股票收盘价);

新行权比例＝原行权比例×(除权前一日新钢钒股票收盘价÷新钢钒股票除权日参考价)。

(2) 当新钢钒股票除息时,认股权证的行权比例保持不变,行权价格按下列公式

调整：

新行权价＝原行权价×（新钢钒股票除息日参考价÷除息前一日新钢钒股票收盘价）

二、钢钒GFC1权证的行权价格、行权比例调整结果

除权参考价 10.36＝(12.53－0.1)÷(1＋0.2)

钢钒GFC1权证的行权价格调整结果为：3.266(元)＝3.95×10.36÷12.53

钢钒GFC1权证的行权比例调整结果为：1.209＝1×12.53÷10.36

三、钢钒GFC1权证的行权价格由3.95元调整为3.266元，行权比例由1∶1调整为1∶1.209，于2007年6月25日生效。

特此公告。

攀枝花新钢钒股份有限公司董事会
二〇〇七年六月二十二日

【案例与资料6】 我国部分上市公司发行可转换证券情况（如表4-15所示）

表4-15

我国部分上市公司发行可转换证券情况表

转债名称	信用等级	发行规模（亿元）	期限（年）	票面利率（％）	补偿利率（％）	利率类型	上市日期	转股起始日	初始转股价(元)
南化转债		1.50	5	1.00		累进利率	1998-9-2	2000-7-12	4.5600
丝绸转债		2.00	5	1.00		累进利率	1998-9-15	2000-5-29	4.1000
茂炼转债		15.00	5	1.30		累进利率	1999-8-17		
机场转债		13.50	5	0.80		固定利率	2000-3-16	2000-8-25	10.0000
鞍钢转债		15.00	5	1.20		固定利率	2000-4-17	2000-9-18	3.3000
阳光转债		8.30	3	1.00		固定利率	2002-5-16	2003-4-18	11.4600
万科转债		15.00	5	1.50		固定利率	2002-6-28	2002-12-13	12.1000
水运转债		3.20	5	0.90		固定利率	2002-8-28	2003-8-13	12.0900
丝绸转2		8.00	5	1.80		固定利率	2002-9-24	2003-3-10	8.7800
燕京转债	AAA	7.00	5	1.20		固定利率	2002-10-31	2003-10-16	10.5900
钢钒转债	AA	16.00	5	1.50	2.70	累进利率	2003-2-17	2003-7-22	5.8000
民生转债	AAA	40.00	5	1.50		固定利率	2003-3-18	2003-8-27	10.1100
雅戈转债	AAA	11.90	3	1.00	2.50	累进利率	2003-4-21	2003-10-8	9.6800
丰原转债	AAA－	5.00	5	1.80		累进利率	2003-5-20	2003-10-27	8.1300

（续表）

转债名称	信用等级	发行规模（亿元）	期限（年）	票面利率（%）	补偿利率（%）	利率类型	上市日期	转股起始日	初始转股价（元）
铜都转债	AA+	7.60	5	1.20	2.78	固定利率	2003-6-4	2003-11-21	6.9000
华电转债	AAA	8.00	5	1.50		固定利率	2003-6-18	2003-12-5	7.4300
山鹰转债	AA+	2.50	5	1.50	2.50	累进利率	2003-7-1	2003-12-16	8.4100
桂冠转债	AAA-	8.00	5	1.10	3.34	累进利率	2003-7-15	2004-6-30	12.8800
国电转债	AAA	20.00	5	0.80	3.66	累进利率	2003-8-1	2004-1-29	10.5500
西钢转债	AA	4.90	5	1.20	2.60	累进利率	2003-8-26	2004-2-11	5.3400
华西转债	AAA-	4.00	5	1.60	2.70	累进利率	2003-9-16	2004-3-1	11.8600
云化转债		4.10	3	1.60		累进利率	2003-9-25	2004-3-10	9.4300
复星转债		9.50	5	1.60	2.70	累进利率	2003-11-17	2004-4-28	10.0600
邯钢转债	AAA	20.00	5	1.00		累进利率	2003-12-11	2004-5-26	5.3400
首钢转债	AAA	20.00	5	1.50		固定利率	2003-12-31	2004-6-16	5.7600
侨城转债	AAA-	4.00	3	1.20		累进利率	2004-1-16	2004-7-1	6.1500
江淮转债	AAA	8.80	5	1.20		累进利率	2004-4-29	2004-10-15	16.6500
歌华转债	AAA	12.50	5	1.30	2.60	累进利率	2004-5-28	2004-11-12	22.5700
营港转债	AAA	7.00	5	1.80	2.52	累进利率	2004-6-3	2004-11-22	10.3500
创业转债	AAA	12.00	5	2.34	5.49	累进利率	2004-7-19	2005-7-1	7.7000
华菱转债	AAA	20.00	5	1.00	2.50	累进利率	2004-8-3	2005-1-17	5.0100
金牛转债	AAA	7.00	5	1.60		累进利率	2004-8-26	2005-2-16	10.8100
海化转债	AAA	10.00	5	1.50	2.70	累进利率	2004-9-23	2005-3-7	7.1500
晨鸣转债	AAA	20.00	5	1.50		累进利率	2004-9-30	2005-3-15	9.9900
万科转2		19.90	5	1.00		累进利率	2004-10-18	2005-3-24	5.4800
南山转债	AA+	8.83	5	1.50	2.70	累进利率	200411-13	2005-4-19	7.3700
包钢转债	AAA	18.00	5	1.30	2.60	累进利率	2004-11-25	2005-5-10	4.6200
招行转债	AAA	65.00	5	1.00	2.95	累进利率	2004-11-29	2005-5-10	9.3400
柳化转债	AAA	3.07	5	1.50		累进利率	2006-8-10	2007-1-29	9.8600
华发转债	AAA	4.30	5	1.30		累进利率	2006-8-11	2007-1-29	7.6800
凯诺转债	AA+	4.30	5	1.40	2.70	累进利率	2006-8-30	2007-2-15	4.9600

（续表）

转债名称	信用等级	发行规模（亿元）	期限（年）	票面利率（%）	补偿利率（%）	利率类型	上市日期	转股起始日	初始转股价（元）
招商转债	AAA	15.10	5	1.00		累进利率	2006-9-11	2007-3-1	13.0900
天药转债	AA	3.90	6	1.52		累进利率	2006-11-10	2007-4-25	4.3500
金鹰转债	AAA	3.20	4	1.20	2.50	累进利率	2006-12-6	2007-5-21	6.2800
上电转债	AAA	10.00	5	2.20	3.31	累进利率	2006-12-19	2007-6-1	4.6300
巨轮转债	AA	2.00	5	1.30	3.20	累进利率	2007-1-19	2007-7-9	9.8200
韶钢转债	AAA	15.38	5	1.90	4.98	累进利率	2007-3-2	2007-8-6	4.7300
澄星转债	AAA	4.40	5	1.40	3.02	累进利率	2007-5-25	2007-11-12	10.5800
锡业转债	AAA	6.50	5	1.30	3.58	累进利率	2007-5-29	2007-11-14	29.3000
中海转债	AAA	20.00	5	1.84		累进利率	2007-7-12	2008-1-2	25.3100
山鹰转债	AA-	4.70	5	1.40	2.80	累进利率	2007-9-17	2008-3-5	7.3100
恒源转债	AAA	4.00	5	1.50	3.50	累进利率	2007-10-12	2008-3-24	50.8800
赤化转债	AAA	4.50	5	1.50	3.10	累进利率	2007-10-23	2008-4-10	24.9300
唐钢转债	AA+	30.00	5	0.80	3.40	累进利率	2007-12-28	2008-6-14	20.8000
大荒转债	AA	15.00	5	1.50	2.56	累进利率	2007-12-28	2008-6-19	14.3200
海马转债	AAA	8.20	5	1.50	2.80	累进利率	2008-1-30	2008-7-16	18.3300
五洲转债	AAA	5.40	5	1.30		累进利率	2008-3-14	2008-9-1	10.1400
柳工转债	AAA	8.00	6	1.00	3.03	累进利率	2008-5-6	2008-10-18	26.8700
南山转债	AA-	28.00	5	1.00	2.34	累进利率	2008-5-13	2008-10-20	16.8900
新钢转债	AA+	27.60	5	1.50	2.96	累进利率	2008-9-5	2009-2-23	8.2200
厦工转债	AA+	6.00	5	1.20	2.92	累进利率	2009-9-11	2010-3-1	7.5000
西洋转债	AA-	2.65	5	1.00	2.04	累进利率	2009-9-21	2010-3-9	14.5500
龙盛转债	AA+	12.50	5	1.00	2.04	累进利率	2009-9-25	2010-3-14	8.9000
安泰转债	AA	7.50	6	1.00	2.17	累进利率	2009-10-12	2010-3-16	22.3000
博汇转债	AA-	9.75	5	1.00	2.46	累进利率	2009-10-16	2010-3-23	10.3400
王府转债	AA	8.21	6	0.50	2.50	累进利率	2009-10-30	2010-4-19	33.5600

注：资料来源 WIND 数据库。

【案例与资料7】 我国部分权证情况

表 4-16

我国部分权证情况表

正股简称	认购/认沽权证	股本/备兑权证	行权方式	是否可创设	存续起始日期	存续截止日期	首发数量（亿份）	初始行权价（元）	初始行权比例
鞍钢股份	认购权证	备兑权证	百慕大式	否	2005-12-5	2006-12-5	1.13	3.60	1.00
五粮液	认购权证	备兑权证	百慕大式	否	2006-4-3	2008-4-2	2.98	6.93	1.00
华侨城A	认购权证	股本权证	百慕大式	否	2006-11-24	2007-11-23	1.50	7.00	1.00
攀钢钢钒	认购权证	备兑权证	百慕大式	否	2006-12-12	2008-12-11	8.00	3.95	1.00
深发展A	认购权证	股本权证	百慕大式	否	2007-6-29	2007-12-28	2.09	19.00	1.00
深发展A	认购权证	股本权证	百慕大式	否	2007-6-29	2008-6-27	1.04	19.00	1.00
中信国安	认购权证	股本权证	百慕大式	否	2007-9-25	2009-9-24	0.96	35.50	0.50
中兴通讯	认购权证	股本权证	百慕大式	否	2008-2-22	2010-2-21	0.65	78.13	0.50
东阿阿胶	认购权证	股本权证	百慕大式	否	2008-7-18	2009-7-17	1.31	5.50	1.00
攀钢钢钒	认沽权证	备兑权证	欧式	否	2005-11-4	2007-5-3	2.33	4.85	1.00
万科A	认沽权证	备兑权证	百慕大式	否	2005-12-5	2006-9-4	21.40	3.73	1.00
华菱钢铁	认沽权证	备兑权证	百慕大式	否	2006-3-2	2008-3-1	6.33	4.90	1.00
五粮液	认沽权证	备兑权证	百慕大式	否	2006-4-3	2008-4-2	3.13	7.96	1.00
深圳能源	认沽权证	备兑权证	百慕大式	否	2006-4-27	2006-10-26	4.38	7.12	1.00
中集集团	认沽权证	备兑权证	百慕大式	否	2006-5-25	2007-11-23	4.24	10.00	1.00
盐湖钾肥	认沽权证	备兑权证	百慕大式	否	2006-6-30	2007-6-29	1.20	15.10	1.00
宝钢股份	认购权证	备兑权证	欧式	否	2005-8-18	2006-8-30	3.88	4.50	1.00
武钢股份	认购权证	备兑权证	百慕大式	是	2005-11-23	2006-11-22	4.74	2.90	1.00
包钢股份	认购权证	备兑权证	百慕大式	是	2006-3-31	2007-3-30	7.15	2.00	1.00
邯郸钢铁	认购权证	备兑权证	百慕大式	是	2006-4-5	2007-4-4	9.26	2.80	1.00
首创股份	认购权证	备兑权证	百慕大式	是	2006-4-24	2007-4-23	0.60	4.55	1.00
烟台万华	认购权证	备兑权证	百慕大式	是	2006-4-27	2007-4-26	0.57	9.00	1.00
雅戈尔	认购权证	备兑权证	百慕大式	是	2006-5-22	2007-5-21	0.91	3.80	1.00
长江电力	认购权证	股本权证	百慕大式	否	2006-5-25	2007-5-24	12.28	5.50	1.00
国电电力	认购权证	备兑权证	百慕大式	是	2006-9-5	2007-9-4	1.51	4.80	1.00
*ST伊利	认购权证	股本权证	百慕大式	否	2006-11-15	2007-11-14	1.55	8.00	1.00

(续表)

正股简称	认购/认沽权证	股本/备兑权证	行权方式	是否可创设	存续起始日期	存续截止日期	首发数量（亿份）	初始行权价(元)	初始行权比例
马钢股份	认购权证	股本权证	百慕大式	否	2006-11-29	2008-11-28	12.65	3.40	1.00
中化国际	认购权证	股本权证	百慕大式	否	2006-12-18	2007-12-17	1.80	6.58	1.00
云天化	认购权证	股本权证	百慕大式	否	2007-3-8	2009-3-7	0.54	18.23	1.00
武钢股份	认购权证	股本权证	百慕大式	否	2007-4-17	2009-4-16	7.28	10.20	1.00
深高速	认购权证	股本权证	百慕大式	否	2007-10-30	2009-10-29	1.08	13.85	1.00
日照港	认购权证	股本权证	百慕大式	否	2007-12-3	2008-12-2	0.62	14.25	1.00
上海汽车	认购权证	股本权证	百慕大式	否	2008-1-8	2010-1-7	2.27	27.43	1.00
赣粤高速	认购权证	股本权证	百慕大式	否	2008-2-28	2010-2-27	0.56	20.88	1.00
中远航运	认购权证	股本权证	百慕大式	否	2008-2-26	2009-8-25	0.51	40.38	0.50
中国石化	认购权证	股本权证	百慕大式	否	2008-3-4	2010-3-3	30.30	19.68	0.50
上港集团	认购权证	股本权证	百慕大式	否	2008-3-7	2009-3-6	2.92	8.40	1.00
青岛啤酒	认购权证	股本权证	百慕大式	否	2008-4-18	2009-10-19	1.05	28.32	0.50
国电电力	认购权证	股本权证	百慕大式	否	2008-5-22	2010-5-21	4.27	7.50	1.00
康美药业	认购权证	股本权证	百慕大式	否	2008-5-26	2009-5-25	1.67	10.77	0.50
宝钢股份	认购权证	股本权证	百慕大式	否	2008-7-4	2010-7-3	16.00	12.50	0.50
葛洲坝	认购权证	股本权证	百慕大式	否	2008-7-11	2010-1-10	3.02	9.19	0.50
江西铜业	认购权证	股本权证	百慕大式	否	2008-10-10	2010-10-9	17.61	15.44	0.25
四川长虹	认购权证	股本权证	百慕大式	否	2009-8-19	2011-8-18	5.73	5.23	1.00
南方航空	认沽权证	备兑权证	欧式	否	2007-6-21	2008-6-20	14.00	7.43	0.50
贵州茅台	认沽权证	备兑权证	欧式	否	2006-5-30	2007-5-29	4.32	30.30	0.25
青岛海尔	认沽权证	备兑权证	百慕大式	是	2006-5-17	2007-5-16	6.07	4.39	1.00
雅戈尔	认沽权证	备兑权证	百慕大式	是	2006-5-22	2007-5-21	6.35	4.25	1.00
烟台万华	认沽权证	备兑权证	百慕大式	是	2006-4-27	2007-4-26	0.85	13.00	1.00
城投控股	认沽权证	备兑权证	百慕大式	是	2006-4-19	2007-2-12	2.80	5.00	1.00
包钢股份	认沽权证	备兑权证	百慕大式	是	2006-3-31	2007-3-30	7.15	2.45	1.00
上海机场	认沽权证	备兑权证	欧式	是	2006-3-7	2007-3-6	5.68	13.60	1.00
招商银行	认沽权证	备兑权证	百慕大式	是	2006-3-2	2007-9-1	22.41	5.65	1.00
白云机场	认沽权证	备兑权证	美式	是	2005-12-23	2006-12-22	2.40	7.00	1.00
武钢股份	认沽权证	备兑权证	百慕大式	是	2005-11-23	2006-12-22	4.74	3.13	1.00

注：资料来源 WIND 数据库。

思考与练习

一、复习思考题

1. 可转换证券有什么基本特征？主要有哪些类别？
2. 如何认识可转换证券的价值特征？
3. 可转换证券不同价值之间存在着什么关系？
4. 怎样认识可转换证券收益率的构成？
5. 怎样理解可转换证券盈亏区间？
6. 可转换证券的成本主体是什么？
7. 可转换证券引起的股东权益稀释量应该如何确定？
8. 可转换证券筹资有哪些利弊？相应的筹资策略是什么？
9. 认股权证有什么基本的特征？
10. 怎样认识认股权证的价值特征？
11. 认股权证不同价值之间存在着什么关系？
12. 如何认识认股权证收益率的构成要素？
13. 认股权证盈亏区间受哪些因素的影响？
14. 认股权证筹资有哪些利弊？相应的筹资策略是什么？
15. 怎样认识认股权证的成本？
16. 认股权证是如何引起股东权益稀释的？
17. 什么是优先认股权？
18. 怎样认识优先认股权的价值特征？
19. 优先认股权筹资存在的主要利弊是什么？相应的筹资策略有哪些？

二、练习题

1. 长城公司按面值发行年利率为3%、每年付息的15年期的面值为1 000元/张的可转换债券。如果该债券没有转换为普通股票的权利的话，它的年利率必须达到10%才能吸引投资者按面值购买。试计算长城公司该债券仅作为债券的价值。

2. 光明公司按面值发行年利率为6%、每年付息的面值为100元/张的可转换为普通股的优先股票。假定该优先股票的年利率要达到12%，才能按其面值出售。试计算光明公司可转换优先股票仅作为优先股票的价值。

3. 假定S公司面值为1 000元/张的可转换债券，可转换普通股票60股。试计算其普通股票的市场价格分别为10元/股、15元/股、20元/股、25元/股、30元/股、40元/股时的转换为普通股票的潜在价值。

4. 设U公司按面值发行的年利率为2%、每年付息的面值为1 000元/张的债券，10

年后可转换为普通股票 50 股,预计每股市价为 30 元。试求 U 公司可转换债券的收益率的构成。

5. 已知 5 年期的 B 可转换债券的面值为 1 000 元/张,票面利息率为 2%,每年付息一次,在第 5 年可转换债券到期时可转换为普通股票 50 股,同风险市场利率为 12%,试求 B 可转换债券的盈亏区间?

6. 已知 5 年期每年付息的 D 可转换债券的面值为 1 000 元/张,票面利息率为 1%,在第 5 年可转换债券到期时可转换为普通股票 100 股。假定 D 可转换债券在第 3 年全部转换为普通股票,当时 D 普通股票的市场价格为 20 元/股。试求 D 可转换债券筹资的实际资金成本。

7. 假定某公司现在发行在外的普通股票股数为 8 000 万股,普通股票账面价值为 2 元/股,市场价格为 8 元/股。公司现有一有利可图的投资项目,需要募集普通股权益资金 10 000 万元。公司预计,当该项目投产之后,公司净利润总额将达到 6 000 万元,随着盈利能力的增强,普通股票的市场价格将超过 12 元/股。因此,公司不愿意以目前 8 元/股的价格发行普通股票,而希望发行可转换债券,并将转换价格确定为 12 元/股。试分析该公司采用发行普通股票和发行可转换债券两种筹资方式对现有普通股股东利益的不同影响。

8. 已知太空科技股份有限公司于 1995 年 4 月 1 日按面值发行了 5 年期可转换债券 50 000 万元。可转换债券的面值为 1 000 元/张,票面利息率为 1%,每年 3 月 31 日付息一次,可转换为普通股票 100 股。同风险市场利率为 10%。实际转换情况如表 4-17 所示。

表 4-17

资 料 表

转换时间	1995.4.1～1996.3.31	1996.4.1～1997.3.31	1997.4.1～1998.3.31	1998.4.1～1999.3.31	1999.4.1～2000.3.31
转换股数(万股)	1 000	300	500	200	300
普通股票平均市场价格(元)	12	13	14	12	11

试求该可转换债券的实际资金成本。

9. 大成公司计划在一般债券利率 10% 的情况下发行可转换债券。为吸引投资者,将可转换债券收益率定为 12%,债券面值为 1 000 元/张,并准备按面值发行。现设定利率分别为 2%、4%、6% 的三个方案,并预计在第 10 年公司的普通股票市价为 20 元/股,试问各方案的转换价格各为多少?如果在第 10 年公司普通股票的市场价格为 30 元/股,问上述三个方案中哪一个方案最优?

第四章 具有选择权性质的证券筹资

10. 已知 H 公司在同风险市场收益率为 8% 的情况下，发行了 5 年期的可转换债券，发行条款规定：面值 1 000 元/张，票面利息率为 1%，每年付息一次，在第 5 年可转换债券到期时可转换为普通股票 100 股。假定在第 5 年年末普通股票的市场价格为 20 元/股。试求 H 公司股东权益的稀释状况。

11. 假定公司预计如果将可转换债券的期限定为 3 年，那么其票面利息率和转换价格分别应为 4% 和 6 元/股的情况下，才能按照 1 000 元/张的面值发行；但是将可转换债券的期限定为 5 年，那么其票面利息率和转换价格分别为 3% 和 8 元/股的情况下，能按照 1 000 元/张的面值发行。公司估计第 3 年的普通股票市场价格为 8~10 元/股，第 5 年普通股票市场价格为 10~15 元/股。问公司应该如何对该可转换债券的转换期限进行决策？

12. 已知某公司的可转换债券，期限为 5 年，面值为 1 000 元/张，票面利息率为 2%，每年付息一次，转换价格为 8 元/股，转换期从发行 1 年后开始直至可转换债券期限届满。当转换期内的普通股票市场价格连续 30 日为转换价格的 150% 以上时，公司可以按照面值加应付利息将可转换债券赎回。试根据上述资料计算该公司可转换债券的最高资金成本。

13. 设 A 认股权证在认购期限内，其普通股的认购价为 20 元/股，每张认股权证可认购 5 股，试求 A 认股权证在普通股票市价分别为表 4-18 情况下的理论价值。

表 4-18

资　料　表

普通股票市价(元)	认股权证认购价(元)	认　购　股　数(股)	认股权证理论价值(元)
10	20		
15	20		
20	20		
25	20		
30	20		
35	20		

14. 已知目前欣欣电子科技股票的市价为 10 元/股，电子科技认股权证的市价为 3 元/股。电子科技认股权证规定的认股价为 12 元/股。试问普通股票市价要上涨到多少时才能使目前投资于普通股票上和投资于认股权证上报酬率相等？

15. D 公司发行的认股权证，其认购价格为 6 元/股。现某投资者准备用 10 000 元在 D 公司普通股票市场价格为 5 元/股，认股权证市场价格为 1 元/股的情况下选择投资方案。该投资者预测，普通股票的市场价格在认购期内呈逐年上涨的趋势，如表 4-19 所示。

表 4-19　　　　　　　　　　　资　料　表

年　次	第 1 年	第 2 年	第 3 年	第 4 年	第 5 年	第 6 年
股　价	5	6	7	8	9	10

又知 D 公司普通股票的年股利为 0.5 元/股。试求：认股权证杠杆率；各方案的最大盈利和亏损额(不考虑股利)；如果投资者的预测完全准确，投资者何时认购普通股票为优；如果表中的普通股票市场价格是社会普遍预测的结果，求认股权证杠杆力的变化情况。

16. 设 G 公司拟发行面值为 1 000 元/张，每年付息一次，到期日还本的 10 年期债券若干。公司预计这批债券的利息率要达到 10% 时才能按面值卖出。但如采用购一张债券附送 20 股普通股票认股权证的筹资方案，在债券利率降为 6% 时，债券也能够按面值发行。假定该公司附送的认股权证认购期为 5 年，认股价为 20 元/股。如果全部认股权证均在第 5 年行使认股权，当时的普通股票市价为 40 元/股。试回答：该筹资方案的实际资金成本为多少？求该筹资方案的盈亏区间。

17. 某普通股票每股每年可以分得 0.6 元的股利，普通股票的市场价格为 10 元/股，其认股权证的市场价格为 3 元/股，认股价为 10 元/股。假定在可预见的将来，普通股票的市场价格将以年 6% 的速度上涨，试问投资者按现在的市场价格购买该认股权证是否合算？

18. B 公司拟发行面值为 1 000 元/张，每年付息一次，到期日还本的 5 年期的债券若干。公司预计这批债券的利息率需要在达到 8% 时才能按面值卖出。但如改用每购一张债券附送 20 股普通股认股权，那么利率可以降为 5%，且很容易按面值卖出。认股权证规定的认购价为每股 10 元，认购期为 5 年。目前公司普通股票的市场价格为 8 元/股，估计未来市场价格将以每年 10% 的幅度上涨。计算 B 公司发行的认股权证的收益和成本。

19. 设 K 公司在发行的认股权证到期前，有 1 000 万股流通在外的普通股票，该普通股票的市场价格为 15 元/股，账面价值为 8 元/股，公司净资产收益率为 15%。现尚有 100 万股认股权尚未行使，认购价格为 10 元/股。假定认股权行使增资后，公司的净资产收益率仍为 15%。试求认股权证行使后的股东权益稀释状况。

20. 设 M 公司在发行的认股权证到期前，有 3 000 万股流通在外的普通股票，该普通股票的市场价格为 12 元/股，账面价值为 6 元/股，公司净资产收益率为 14%。现尚有 500 万股认股权尚未行使，认购价格为 4 元/股。假定认股权行使增资后，公司的净资产收益率仍为 14%。试求认股权证行使后的股东权益稀释状况。

21. R 公司拟增加发行普通股票筹资 10 000 万元，公司目前的普通股票市场价格为 10 元/股，但公司根据其自身的盈利能力和风险水平估计，其普通股票内含价值为 12 元/股。因此，公司决定先用负债筹资，并发行认购价格为 12 元/股的优先认股权。问这种筹资方式给普通股股东带来的好处是什么?

22. 某公司现有普通股票 10 000 万股,账面价值为 3 元/股。现决定按 10:5 的比例向所有股东配售新股。目前公司的普通股票市场价格为 8 元/股。公司预计,如果直接向股东配售新股,哪怕新股发行价小于现有普通股票市场价格 70% 的情况下,也只有 60% 的股份参与认购新股。但是,如果先向所有普通股股东赠送优先认股权,那么,随着优先认股权的流通转让,即使新股发行价为普通股票市场价格的 80%,全部新发行的股份也都能够发行出去。试分析发行优先认股权给公司带来了哪些好处?

第五章 流动负债筹资

【本章提要】 流动负债,是指在1年以内需要偿还的各种债务,是企业的短期资金来源。在企业确定长期债务与短期债务的比例关系之后,就应该进一步确定短期筹资方式,以及它们内部的结构。利用流动负债进行短期筹资的渠道和方式是多种多样的,且其中大部分筹资渠道不能相互替代。因此,企业在其生产经营活动中,应该根据自身的实际情况,充分考虑各种不同短期筹资方式的优缺点,作出不同的短期筹资决策。本章将分别讨论自然筹资、商业汇票、商业票据、短期银行借款和负债基金等各类常见流动负债的筹资理论和方法,及其筹资利弊和筹资策略。

【学习目标】 通过本章学习,要求掌握和了解如下内容:(1)掌握商业信用筹资的特征、分类与资金成本计算方法。(2)掌握应计费用筹资的概念和筹资额的计算方法。(3)掌握商业汇票的特征、分类与成本计算方法。(4)掌握商业票据的特征与筹资策略。(5)掌握短期银行借款的分类、借款成本的计算。(6)了解应收账款和存货担保借款的基本内容。(7)了解负债基金筹资的主要内容。(8)了解流动负债筹资的基本策略。

第一节 自然筹资

自然筹资是指利用卖方提供的商业信用和因费用形成在前、支付在后两类原因而自然形成的筹资。下面将分别讨论这两类自然筹资。

一、商业信用筹资

商业信用是卖方为了促销,向买方提供赊销而形成的信用,从买方的角度看,商业信用是一种自然筹资渠道。据有关资料统计,这种短期筹资在许多生产经营类企业中均达到流动负债的40%以上,是企业重要的短期资金来源。

(一) 商业信用分类

商业信用可按多种标准进行分类,如信用期的长短、信用是否有成本等。在这里,只讨论商业信用按是否有成本的分类。按是否有成本来分,可分为无成本商业信用和有成本商业信用两类。

无成本商业信用,是指由于纯粹的法定结算原因引起的应付未付的款项,以及由于按合同规定而预收的款项。比如,在托收承付方式的验货付款结算方式下,企业就可以不花成本地占用一段时间其他企业的资金;再如,按合同规定向购买单位收取的各种预收货款,等等。

有成本商业信用,是指卖方给予了现金折扣的信用。在这种情况下,现金折扣是卖方给予买方提前支付货款的一种报酬,如买方不按规定提前付款,将不能获得这种报酬。这种信用条件以"2/10,n/60"这类形式在发票上注明。"2/10"表示在10天内付款可以获得2%的折扣,"n/60"表示如不享受折扣可以延期至60天付款。

(二) 信用成本的确定

在上述前种情况下,如果拖延付款期,有可能继续不发生成本,也可能会产生成本。如卖方规定,买方不在规定时间内付款将加收延期支付费,这时无成本商业信用就转化为有成本商业信用。另外,企业延期付款会导致其信用等级降低,这也应视为一种信用成本。因此,我们讨论信用成本问题是以正当的信用条件为前提的。

在不考虑延期成本和信用等级降低的情况下,商业信用成本主要是由现金折扣所引起的,即由于买方在可取得现金折扣的信用期限后付款所损失的现金折扣引起的。如将因失去现金折扣而发生的信用成本换算为年利率,那就有利于把握信用成本的大小。

令:r 为现金折扣占销售收入的百分比,n 为按发票付款的信用期限天数,d 为可取得现金折扣信用期限的天数,v 为每次赊购商品的金额。

那么就有:

(1) 不考虑货币时间价值的资金成本:

$$\text{每一筹资期间的利率} = \frac{r \times v}{(1-r) \times v} = \frac{r}{1-r}$$

$$\text{每年筹资次数} = \frac{365}{n-d}$$

$$\text{年利息率表示的年资金成本} = \frac{r}{1-r} \times \frac{365}{n-d}$$

(2) 考虑货币时间价值的资金成本:

$$\text{年利息率表示的年资金成本} = \left\{ 1 + \frac{\frac{r}{1-r} \times \frac{365}{n-d}}{\frac{365}{n-d}} \right\}^{\frac{365}{n-d}}$$

考虑货币时间价值后的用年利息率表示的年资金成本,比不用年利息率表示的年资金成本要更为精确。特别是对信用期短和现金折扣大的应付账款来讲,用后式就更有必要。

【例 5-1】 问在"2/10,n/60"条件下,放弃可取得的现金折扣,在信用期限未付款的筹资成本为多少?

(1) 不考虑货币时间价值的年资金成本:

$$\text{年利息率表示的年资金成本} = \frac{2\%}{1-2\%} \times \frac{365}{60-10} = 2.04\% \times 7.3 = 14.892\%$$

(2) 考虑货币时间价值的年资金成本:

$$\text{年利息率表示的年资金成本} = \left(1+\frac{14.892\%}{7.3}\right)^{7.3} - 1 = 15.88\%$$

根据上面计算结果可知,在可取得现金折扣的信用期限后付款的年筹资成本,不考虑货币时间价值的年资金成本为 14.892%,考虑货币时间价值的年资金成本为 15.88%。企业掌握了该资金成本,就可以将它与其他资金来源渠道的资金成本进行比较,从而作出正确的决策。如果企业从其他渠道能够筹得其年资金成本低于 14.892%(严格来讲应该是 15.88%)的资金,那么,企业就应该在可取得现金折扣的信用期限内付款,获取现金折扣,降低资金成本。当然,如果企业资金紧张,又无法从其他渠道及时筹得资金成本低于 14.892%(严格来讲应该是 15.88%)的资金,那么就只好损失现金折扣了。但是,在企业损失现金折扣之后,应该将付款时间推迟到发票规定的信用期限的最后一天,以最大限度地缩小应付账款的资金成本。

总之,企业在利用商业信用时,必须将其可以在一定程度下自由使用的资金来源所能获得的收益,与它放弃利用现金折扣的机会成本和延期付款而导致的信用等级下降的机会成本进行权衡,以求取得的利益最大。

(三) 影响商业信用筹资的主要因素

影响商业信用筹资的主要因素有如下几个。

1. 商品的经济特征

销售周转快的商品由于接受信用者能迅速卖出商品,收回现金,产生支付能力,因此,供应者提供的商业信用周期相对较短。而对那些周转慢的商品,供应者为了促销,往往愿意提供较长的商业信用期。除此之外,商品的耐久性也对商业信用期的长短起着重要的作用。因为从理论上讲,商业信用期是不应该超过其商品保质期的。比如,新鲜的蔬菜和水果供应商就很难向其经销商提供商业信用,就是提供,它的商业信用期一般都不会超过罐装食品的商业信用期;而一些耐用消费品的商业信用期则可能长达 6 个月以上。

2. 供应商与销售商的经济实力

一般来讲,供应商的经济实力决定了它提供商业信用的能力。不过在实际中更常见的现象是,实力强大的销售商会利用其有利的位置,强制性地要求大小供应商都向它提供商业信用。

3. 商品的供求关系

商品的供求关系是最直接地影响商业信用的因素，如果市场上某种商品供大于求，那么，供应商为了促销就会多提供一些商业信用，相反，则会少提供商业信用。对一些价格变化大、时效性强的商品，供应商往往会采取既提供较长期的商业信用，又同时提供高额现金折扣的营销方法，比如服装行业就经常采用这种营销方法。在这种情况下，公司对于何时付款的决策，除了要考虑筹资成本之外，还要考虑销售风险的问题。

(四) 商业信用筹资的利弊及策略

1. 商业信用筹资的优点

与其他短期筹资方式相比较，商业信用筹资主要有如下优点：

(1) 商业信用易于取得。对绝大多数企业而言，应付账款是一种持续性的信贷形式。企业不需要办理任何复杂的手续就可以取得商业信用。企业购货越多，取得的商业信用也就越多。比如，某公司每天购买 20 000 元的货物，商业信用条件为"n/30"，那么，该公司就取得了 600 000 元(20 000×30)的商业信用。当该公司因业务扩大，每天购买额增加至 30 000 元时，其应付账款筹资额就自然地上升为 900 000 元。

(2) 企业享有很大的自主权。企业可以在取得现金折扣的期限内付款，获取现金折扣；也可以放弃现金折扣，在支付期限的最后一天付款。如果在支付期限的最后一天仍不能付款时，还可通过与供货单位协商，请求过若干时间再支付。

(3) 企业不必用资产进行担保。在万一不能如期支付货款的情况下，也不会像短期银行借款那样面临抵押资产被银行强行拍卖或处置的风险，使企业的生产能力在相当长一段时间内不会遭受损失，从而有利于企业渡过难关。

2. 商业信用筹资的缺点

(1) 商业信用是不可能无限利用的。它的利用受外部环境的影响，如在求大于供时，卖方就很可能不但不向买方提供商业信用，而且还要求买方向他提供商业信用，即预付货款。

(2) 商业信用筹资时间短，还款压力大。特别是企业从多个供应商处取得商业信用时，情况更是如此。这就要求企业有较高的理财技巧，安排和平衡资金，保证如期付款。

(3) 商业信用可能存在着较高的隐蔽性成本。该隐蔽性成本是指销售方通过提高产品销售价格来抵消提供商业信用的成本。

3. 商业信用筹资策略

公司利用商业信用筹资应注意如下一些策略：

(1) 关注公司的净商业信用。从事实上看，任何一个企业都既享受一些人的商业信用，又向另一些人提供商业信用，其是否获得净商业信用利益还须通过应收账款与应付账款的对比才能知道。当公司的应收账款大于应付账款时，公司的净商业信用为负。只有在应付账款大于应收账款的条件下，公司才真正利用商业信用筹集到了资金。

(2) 与供应商维持良好的关系。与供应商维持良好的关系是极为重要的。它一方面,可以继续获得商业信用;另一方面,在公司现金周转发生困难时,也容易获得供应商的谅解,允许在一定程度上延期支付已经到期的应付账款。而与供应商建立良好关系的前提条件,是公司在平时应该严守信用,不可无故拖欠供应商的款项;保持稳健的财务比率,以及多与供应商对产品销售状况等方面的问题进行沟通。

二、应计费用筹资

(一) 应计费用的概念

应计费用是指随生产经营过程产生的、形成在前支付在后的各种费用。应计费用产生的根本原因,是费用的产生是随生产经营活动的发生而产生,费用的支付是根据法定的或者合同规定的付款日支付。这样,这类费用在未支付之前就逐渐积累起来,成为了企业应付而未付的费用,使企业获得了一定的资金来源。应计费用是一种最为典型的自然筹资形式,只要企业的生产经营活动存在,就会产生应计费用筹资的现象。企业中最常见的应计费用有应交税费、应付租金、应付工资等。

(二) 应计费用筹资额的计算

应计费用筹资额的计算通常有两种方法:一是按最低占用期计算,二是按平均占用期计算。下面简要介绍这两种计算方法。

1. 按最低占用期计算

所谓最低占用期是指从会计上计算出应计费用日开始一直到支付日为止的这一段期间。会计上一般都是在月末计算或结出各种应付费用的余额,但实际支付日则因费用的性质不同而有差异,比如税金支付日是由国家税收征管法(《中华人民共和国税收征管法》)规定,租金支付日是由租赁合同约定,工资支付日则是由劳务用工合同约定,等等。按最低占用期计算应计费用筹资额的计算公式如下:

$$\frac{应计费用}{融\ 资\ 额}=\frac{某期费用总额}{某期天数}\times 费用计算日与费用支付日的间隔天数$$

公式表明,应计费用筹资额受某期的费用总额和支付日这样两个因素影响,而且某期的费用总额和支付日与应计费用筹资额成正比。企业的生产经营规模越大,相应的应付未付的费用总额也就越大,应计费用筹资额就越多;支付日越靠后,应计费用占用的天数就越长,应计费用筹资量就越多。

【例 5-2】 某企业一月应交税费总额为 600 000 元,按规定在每月 10 日前交纳。问该企业应交税费的筹资额为多少?

解:

根据公式,有:

$$应计税金融资额=\frac{600\ 000}{30}\times 10=200\ 000(万元)$$

显然,如果上例税金的交纳日为每月的 5 日,那么,应计税金的筹资额就下降为 100 000 元。

2. 按平均占用期计算

所谓平均占用期是指从应计费用产生日起到支付日止这一段时间的平均数。因为从产生到支付这一段时间内应计费用是不断增加的,到支付日累积到最高点,因此,从理论上讲,若要计算其占用平均数,应该用这一段时间的每日余额之和除以该段时间的天数的方法来计算,即:

$$\frac{应计费用}{融\ 资\ 额} = \frac{\sum 计算期每日应计费用余额}{计算期天数}$$

但是上式在实际使用中并不方便,其主要原因是在会计上平时并没有计算应计费用的每日余额,故难以用上式直接计算应计费用筹资额。为了简化计算,可采用按平均占用期近似计算应计费用筹资额的方法。其计算公式如下:

$$\frac{应计费用}{融\ 资\ 额} = \frac{某期费用总额}{某期天数} \times \frac{支付间隔期}{2}$$

【例 5-3】 试根据[例 5-2]的资料,用平均占用期法计算该企业应计税金的筹资额。

解:

按平均占用期的计算结果如下:

$$\frac{应计费用}{融\ 资\ 额} = \frac{600\ 000}{30} \times \frac{30}{2} = 300\ 000(元)$$

应该说,按平均占用期计算的筹资额更符合实际情况。

(三) 确定应计费用筹资额的意义

应计费用是一种无筹资成本的资金来源。但这种筹资方式又是不能由企业自主利用的筹资方式,企业拖欠应计费用可能会产生极高的资金成本。如应交税费的支付期是由税法规定的,企业必须按时交纳,如不按时交纳,税务机关将对其罚款,责令其交纳滞纳金等;如推迟发放职工工资,则必定会受到职工强有力的反对,使企业的生产经营受到影响;如推迟支付固定资产租金,出租人肯定不情愿,可能会为此废止合同,使企业限于经营的困境等等。

应计费用筹资额的多少,主要取决于企业经营规模的大小,在一些规模庞大的企业,仅应付税金筹资额就有可能超过亿元。再加上其他各种应付未付的费用,其应计费用的筹资额的确不可低估。

所谓应计费用筹资,实际上只能是估计出应计费用的筹资额,以便于企业能将它视同股东权益资金来使用。计算应计费用筹资额的目的,主要是为确定用其他流动负债筹资的筹资额。比如,某公司计划需要流动负债总额 1 000 万元,但公司测算,因经营活动产生的各种应计费用总额为 100 万元，那么，该公司实际需要筹集的流动负债就只有 900 万元。从该例可以看出，虽然，计算应计费用筹资额不可能增加企业的筹资额，但是可以使企业准确地把握实际需要的筹资额，从而有利于企业编制筹资计划，降低整个企业的资金成本。

第二节 商业汇票筹资

商业汇票是指企业间根据购销合同进行延期付款的商品交易时，由收款人或付款人（或承兑申请人）签发，由承兑人承兑，委托付款人在到期日无条件支付确定的金额给收款人或持票人的票据。该票据是一种反映债权债务关系的期票。根据承兑人不同，商业汇票分为商业承兑汇票和银行承兑汇票两种。本节分别讨论这两种汇票筹资。

一、商业承兑汇票

（一）商业承兑汇票的基本内容

商业承兑汇票必须以合法的商品交易为基础，按购销双方约定签发。由收款人签发的商业承兑汇票，应交付款人承兑；由付款人签发的商业承兑汇票，应经本人承兑。付款人必须在商业承兑汇票下面签署"承兑"字样并加盖预留银行印章后，将商业承兑汇票交给收款人。收款人或背书人对将要到期的商业承兑汇票，送交开户银行办理收款。付款人应在商业承兑汇票到期前将票款足额交存其开户银行，以便银行在到期日凭票将款项划给收款人、背书人或贴现银行。

在我国，商业承兑汇票一律记名，允许背书转让。商业汇票承兑期限，由交易双方商定，最长不超过 6 个月。如属分期付款，应一次签发若干张不同期限的汇票。商业承兑汇票承兑后，承兑人即付款人负有到期无条件支付票款的责任。

使用商业承兑汇票结算方式，收款人需要资金时，可持未到期的商业承兑汇票向其开户银行申请贴现。贴现银行需要资金时，可持未到期的商业承兑汇票向其他银行转贴现；在人民银行开立账户的贴现银行可向人民银行申请再贴现。商业承兑汇票的持有人向银行办理贴现手续时必须具备的条件：在银行开立存款账户的企业法人以及其他组织；与出票人或者直接前手之间具有真实的商品交易关系；提供与其直接前手之间的增值税专用发票和商品发运单据复印件。

贴现、转贴现和再贴现的期限一律从其贴现之日起至汇票到期日为止。实际支付贴现金额按票面金额扣除贴现日至到期前一日的利息计算。

贴现、转贴现、再贴现到期，贴现、转贴现和再贴现银行应向付款人收取票款。如不能获得付款人的付款，转贴现和再贴现银行应向其前手追索票款。转贴现和再贴现银行追索票款时，可从申请人的存款账户收取票款。

商业承兑汇票筹资可以分为利用本企业承兑的商业承兑汇票延期付款筹资和将收到

的其他企业的商业承兑汇票转让、贴现筹资两种形式。以下分别讨论这两种形式的筹资。

(二) 利用商业承兑汇票延期付款筹资

利用商业承兑汇票延期付款筹资,又称应付票据筹资,是指企业将由本企业承兑后的商业汇票交收款人,换取延期付款而产生的筹资。这种筹资与应付账款筹资十分相似,都是在一定时间内占用供货方的资金。所不同的是,应付账款筹资不需要给供货方规范的银行票据,而商业承兑汇票要给供货方规范的银行票据。就供货方而言,持有商业承兑汇票的风险要低于应付账款的风险。这是因为:第一,商业承兑汇票的承兑者负有到期无条件支付票款的责任,且该责任是受到银行监督的。在商业承兑汇票到期后,只要承兑方在银行账上有足够的现金,银行就会将款项划给持票的收款人。而应付账款(筹资)则没有银行参与,具体何时和如何付款,只能由提供信用方与接受信用方协商确定,收回货款的保证程度没有商业承兑汇票高。第二,接受商业承兑汇票的供货者,可以将未到期的商业承兑汇票转让、贴现,从而收回垫付在商业信用上的资金,以满足企业对资金的需要。

利用商业承兑汇票延期付款,可能不产生成本,也可能产生成本。商业承兑汇票的成本主要是由商业承兑汇票本身所带利息引起的。在一般的情况下,由于企业利用商业承兑汇票筹资,不存在像短期银行借款那样的最低存款余额,也不存在像应付账款那样的现金折扣,因此,商业承兑汇票的实际资金成本就是由票面利息决定的。只要将票面利息率换算为年利息率,就可以求得商业承兑汇票的年资金成本。不带利息的商业承兑汇票不存在资金成本。

【例 5-4】 某企业用本企业签发和承兑的带息商业承兑汇票购买货物一批,商业承兑汇票期限为 3 个月,月利息率为 1‰。问企业用该商业承兑汇票筹资的年资金成本为多少?

解:

$$年资金成本 = (1+1\%)^{12} - 1 = 12.68\%$$

(三) 商业承兑汇票转让、贴现筹资

商业承兑汇票转让、贴现筹资,又称应收票据筹资,是指企业将收到的企业承兑的商业承兑汇票转让给他人或向银行贴现,将应收债权转换为现金或其他资产的筹资行为。

1. 商业承兑汇票转让筹资

商业承兑汇票的转让是指企业将收到的其他企业承兑的商业承兑汇票通过采购货物转让给供货方的行为,当然,也可以直接将商业承兑汇票转让给他人以换取现金、偿还债务等。不过在现实中更多的情况是购货转让。这时,企业实际上是将收到的商业承兑汇票当成现金来使用,从而商业承兑汇票就产生了筹资功能。如果商业承兑汇票的承兑方的信用很高,那么,愿意接受该商业承兑汇票的企业就越多,并且成本也越低。转让商业承兑汇票的资金成本主要是由汇票折价、汇票利息损失等原因引起。对于这类资金成本,企业应该将它计算出来,以便与其他筹资行为相比较,进行正确的决策。

【例 5-5】 某企业与供货方达成协议,用持有的带息商业承兑汇票购买货物一批,票据附带的利息归供货方所有。该商业承兑汇票期限为 6 个月,目前距到期日尚有 2 个月,年利息率为 9%。问企业用该商业承兑汇票筹资的实际年资金成本为多少?

解:

$$年资金成本 = \left(1 + 4 \times \frac{9\%}{12}\right)^{\frac{12}{2}} - 1 = 19.41\%$$

2. 商业承兑汇票贴现筹资

商业承兑汇票贴现实际上是持票人把未到期的商业承兑汇票转让给银行,并贴付一定利息,以取得银行短期贷款的行为。商业承兑汇票的应付贴现票款的计算方法如下:

贴现息=汇票到期金额×贴现天数×(月贴现率÷30 天)

汇票到期金额=汇票面值+汇票到期利息

应付贴现票款=汇票到期金额-贴现息

【例 5-6】 甲企业销售材料一批,价款为 100 万元,收到期限为 6 个月、年利息率为 6% 的带息商业承兑汇票。该汇票于 3 月 10 日开出汇票,9 月 10 日到期。甲企业由于急需用款,在 4 月 10 日向银行办理贴现,其月贴现率为 9‰。问该贴现的筹资金额和资金成本为多少?

解:

(1) 计算筹资金额。

汇票到期金额=100+100×(6%×6÷12)=103(万元)

贴现息=103×150×(9‰×1÷30)=4.635(万元)

应付贴现票款=103-4.635=98.365(万元)

(2) 计算筹资成本。

贴现时的汇票金额=100+100×(6%×1÷12)=100.5(万元)

实际支付利息=100.5-98.365=2.135(万元)

$$资金成本 = \left(1 + \frac{2.135}{98.365}\right)^{\frac{12}{5}} - 1 = 5.289\%$$

从上述的讨论中可以看出,商业承兑汇票是一种灵活的短期筹资方式。但是,这种筹资有时付出的资金成本是相当高的,因此,企业在利用商业承兑汇票筹资时应该充分估计它的实际资金成本。

二、银行承兑汇票

(一) 银行承兑汇票的基本概念

银行承兑汇票与商业承兑汇票在各方面都基本一样,不同之处在于它是由承兑申请人签发,并由承兑申请人向开户银行申请,经银行审查同意承兑的、第一付款人是银行的票据。银行承兑汇票,由于有银行参与,因此信誉程度比商业承兑汇票高。

银行承兑汇票起源于国际贸易,并大量地应用于国际贸易。这是因为,在进出口双方相距甚远且无法确认对方的信誉时,交易双方为了保证自己的利益,就需要以银行信用来替代商业信用,因此,就产生了银行承兑汇票。银行承兑汇票是以一定的成本将国际贸易的风险转移给愿意承担风险的第三者的一种金融工具。

在发达国家,银行承兑汇票很少应用于国内贸易。这是因为企业面临更多的筹资渠道,其中一些如商业票据、银行信贷额度等,有着更加优惠的市场利率。此外,国内交易双方比较容易了解对方的资信和财务状况,在完善的商业信用制度下,供货方通常愿意直接向购货方提供短期贷款(也就是应收账款),而并不一定非要使用银行承兑汇票。但是,在我国,由于货币市场不发达,企业的筹资渠道和筹资工具短缺,除了银行短期贷款,几乎没有其他筹资工具;又由于我国的社会信用制度,特别是商业信用不健全,企业信用活动缺乏强有力的法律规范和制度保证,这使银行承兑汇票受到社会的广泛欢迎,成为了我国商业汇票筹资的主流。

银行承兑汇票的筹资方式与商业承兑汇票一样,也分为应付票据筹资和应收票据筹资两类。

(二)利用银行承兑汇票延期付款筹资

企业利用银行承兑汇票延期付款,必须要与银行签订承兑协议,在签订承兑协议之前,银行要审核收付款人双方签订的购销合同及"银行承兑汇票申请书",并按有关规定和程序审核出票人资格、购销合同、资信等,必要时还会要求出票人提供担保,只有符合规定和承兑条件申请,银行才同意与出票人签订承兑协议。由于银行承兑汇票要经过银行承兑,而银行为了规避自己的风险和保证自己的收益,往往会要求企业按承兑金额交纳一定比例的保证金、收取一定的手续费,以及提供担保等;因此,利用银行承兑汇票延期付款的筹资量要少于商业承兑汇票,且资金成本要高于商业承兑汇票。

【例5-7】 天成公司用3个月期的银行承兑汇票购买了100万元的商品,银行的承兑条件是企业按照承兑金额的30%交纳保证金,银行按照承兑金额收取0.1%的手续费,企业必须为申请银行承兑汇票提供抵押品。实际发生抵押品的评估、登记、公证费用为10 000元。试问该银行承兑汇票的筹资量和资金成本为多少?

解:

$$实际筹资量 = 100 \times (1 - 30\%) = 70(万元)$$

$$资金成本 = \left(1 + \frac{1 + 100 \times 0.1\%}{70}\right)^4 - 1 = 6.44\%$$

(三)银行承兑汇票转让、贴现筹资

银行承兑汇票转让、贴现筹资,也是应收票据筹资的一种,由于银行承兑汇票有银行的信誉作保证,信誉程度要远远高于商业承兑汇票,基本上可以将它视为现金的等价物看待;因此,它的转让、贴现比商业承兑汇票更加容易,筹资成本相应也较低,是一种理想的筹资证券。企业可以将银行承兑汇票作为现金使用,直接用银行承兑汇票采购货物或偿还负债,也可以把银行承兑汇票拿到银行去贴现。其贴现金额和贴现资金成本的计算方法与前述的商业承兑汇票一样,在这里不再进行讨论。

三、商业汇票筹资策略

企业使用商业汇票筹集短期资金的策略,也分为利用应付票据筹资的策略和利用应收票据筹资的策略。下面分别加以讨论。

(一) 利用应付票据筹资的策略

利用应付票据筹资的策略主要包括如下一些方面。

1. 应付票据选择的策略

所谓应付票据选择的策略,就是根据筹资量和资金成本来选择是使用商业承兑汇票还是银行承兑汇票的策略。一般而言,由于银行承兑汇票存在筹资保证金和手续费,其筹资功能不如商业承兑汇票大。所以,企业以商业汇票进行采购的时候,应尽可能支付商业承兑汇票,以求最大限度地增加筹资量和降低资金成本。

2. 考虑企业的到期支付能力

企业的到期支付能力,是利用商业承兑汇票筹资所必须重点考虑的问题。因为商业承兑汇票经过转让、贴现、转贴现和再贴现等等环节之后,与商业承兑汇票有利害关系的人会逐渐增多,再加上该种交易的后手对前手有债务追索权,如果企业不能按期付款,将会形成一条很长的债务追讨链,对企业的声誉产生极为不利的影响,使企业的信用成本急剧上升,给企业未来筹资带来不可估量的麻烦。因此,只有在企业确认到期付款能力没有问题的条件下才能使用商业承兑汇票方式筹资。如果不能确保按期付款,那么,用商业承兑汇票筹资就没有用应付账款筹资优。

(二) 利用应收票据筹资的策略

与商业承兑汇票相比,银行承兑汇票由于有银行的信誉作保证,其安全性高,收回债权有保障,可以视为现金的等价物,其转让、贴现容易,筹资功能强。因此,企业在信用销售的时候,应该尽可能收取银行承兑汇票,这样可以最大限度地增加筹资量和降低资金成本。

第三节 商业票据筹资

一、商业票据的特征

(一) 商业票据的概念

1. 商业票据的概念

商业票据,又称短期融资券,是企业在货币市场上发行的筹措短期信贷资金的信用期票。它与前述的商业承兑汇票不一样,不需要以真实的商品交易为基础,而是公司根据自己募集资金的需要,直接面向货币市场发行的信用期票。商业票据的期限多在2个月至

1年。发行商业票据的公司主要是一些信誉卓著的大公司,这些公司包括公用事业公司、金融公司、保险公司、银行持股公司,以及加工制造类公司。商业票据不仅可以满足公司季节性流动资金的需要,而且还可以为大型基本建设项目筹集临时性的资金来源。

2. 我国对商业票据的管理办法

中国人民银行于2005年5月23日发布了《证券公司短期融资券管理办法》,允许企业发行商业票据。根据该办法,中国人民银行是短期融资券的发行、交易、登记、托管、结算、兑付的监督管理机构。目前,短期融资券只能对银行间债券市场的机构投资人发行,只在银行间债券市场交易。融资券不对社会公众发行。短期融资券的期限最长不超过365天。发行融资券的企业可在上述最长期限内自主确定每期融资券的期限。

企业申请发行短期融资券应当符合下列条件:

(1) 是在中华人民共和国境内依法设立的企业法人。
(2) 具有稳定的偿债资金来源,最近一个会计年度盈利。
(3) 流动性良好,具有较强的到期偿债能力。
(4) 发行融资券募集的资金用于本企业生产经营。
(5) 近3年没有违法和重大违规行为。
(6) 近3年发行的融资券没有延迟支付本息的情形。
(7) 具有健全的内部管理体系和募集资金的使用偿付管理制度。
(8) 中国人民银行规定的其他条件。

短期融资券发行由符合条件的金融机构承销,企业自主选择主承销商。需要组织承销团的,由主承销商组织承销团。企业不得自行销售短期融资券。承销方式及相关费用由企业和承销机构协商确定。短期融资券采用实名记账方式在中央国债登记结算有限责任公司登记托管,中央结算公司负责提供有关服务。

短期筹资券发行人应按有关规定在短期融资券存续期间定期披露财务信息。对可能影响短期融资券投资人实现其债权的重大事项,发行人应当及时向市场公开披露。这些重大事项包括:

(1) 发行人的经营方针和经营范围的重大变化。
(2) 发行人发生未能清偿到期债务的违约情况。
(3) 发行人发生超过净资产10%以上的重大损失。
(4) 发行人作出减资、合并、分立、解散及申请破产的决定。
(5) 涉及发行人的重大诉讼。
(6) 法律、行政法规规定的其他事项。

《证券公司短期融资券管理办法》的颁布,表明商业票据融资形式已经正式成为我国企业的融资形式之一。在《证券公司短期融资券管理办法》颁布的短短几年的时间中,我国已经有几百家公司发行了商业票据,发行金额超过10 000亿元人民币,其发行情况如表5-1所示。

表 5-1
我国企业商业票据（短期融资券）发行情况

单位：亿元

年 份	发行量（只）	发行金额
2005	76	1 392.5
2006	242	2 919.5
2007	263	3 349.1
2008	268	4 298.5
2009 年 1~10 月	211	3 679.05

虽然商业票据在我国出现不久，但其交易十分活跃，换手率在各类债券中名列前茅。这说明，在我国，商业票据还有巨大的发展空间。具体情况如表 5-2 所示。

表 5-2
2009 年 1~10 月年我国债券累计换手率

金额单位：亿元

债券类别	本月末托管量	1~10 月累计结算量	1~10 月累计换手率
合　计	166 902.48	403 574.43	2.418 025
政府债券	56 291.19	36 811.54	0.653 949
央行票据	40 806.11	126 101.92	3.090 27
金融债券	47 847.16	145 290.20	3.036 548
企业债券	9 819.58	20 206.47	2.057 773
短期融资券	4 248.05	23 025.29	5.420 201
资产支持证券	399.38	81.22	0.203 355
中期票据	7 461.00	52 054.79	6.976 919
外国债券	30.00	3.00	0.1

数据来源：中央国债登记结算有限责任公司。

（二）商业票据率的特征

商业票据票面利率的特征是低于银行贷款利率，高于银行存款利率。商业票据利息率的这一特征，是企业采用发行商业票据筹资而不用银行借款筹资的根本原因所在。因为，用商业票据筹资，企业可以将银行的利润据为己有，从而降低筹资成本。例如，银行吸收存款的利率为 4%，发放贷款的利率为 8%，存贷利差为 4%。这时，如果企业发行票面利率为 6% 的商业票据，那么，商业票据投资者和发行者将可瓜分这 4% 的存贷利差。具体地说，商业票据投资者获得了比银行存款高两个百分点的利息收益，而商业票据发行企业的筹资成本则比银行贷款低两个百分点。

我国《证券公司短期融资券管理办法》规定，发行利率或发行价格由企业和承销机构协商确定。我国商业票据发行利率，与 1 年期存款利息率和贷款利息率的比较情况如表 5-2 所示。

表 5-2

我国部分公司商业票据(短期融资券)发行情况简表

发行人	发行日期	期限(天)	发行总额(亿元)	发行价格(元)	票面利率(发行参考利率)%	息票品种	债券信用评级	一年期存款利率%	一年期贷款利率%
济钢集团有限公司	2005-9-28	365	10	100	2.92	1	A1+	2.25	5.58
武汉钢铁(集团)公司	2005-10-31	365	30	97.16	2.923	2	A-1+	2.25	5.58
清华控股有限公司	2005-11-7	365	9	97.16	2.923	2	A-1	2.25	5.58
中华人民共和国铁道部	2005-12-13	365	150	100	2.95	1	A-1	2.25	5.58
阳泉煤业(集团)有限责任公司	2006-1-4	365	10	96.89	3.2098	2	A-1	2.25	5.58
神华宁夏煤业集团有限责任公司	2005-12-30	365	9	100	3.19	1	A-1	2.25	5.58
攀枝花钢铁有限责任公司	2006-1-4	365	10	100	3.23	1	A-1	2.25	5.58
中海油田服务股份有限公司	2006-2-10	365	10	96.9	3.1992	2	A-1	2.25	5.58
中国南方电网有限责任公司	2006-3-9	365	50	96.97	3.1247	2	A-1	2.25	5.58
中国电信股份有限公司	2006-4-10	365	200	100	3.05	1	A-1	2.25	5.58
中国石油化工股份有限公司	2006-5-16	183	100	98.68	2.668	2	A-1+	2.25	5.58
湖南泰格林纸集团有限责任公司	2006-6-1	365	8	100	3.51	1	A-1	2.25	5.58
广州白云国际机场股份有限公司	2006-7-27	274	10	100	3.5	1	A-1	2.25	5.58
北方联合电力有限责任公司	2006-8-2	365	20	96.38	3.756	2	A-1	2.25	5.58
山东晨鸣纸业集团股份有限公司	2006-9-27	365	10	100	3.82	1	A-1	2.52	6.12
广西水利电业集团有限公司	2006-10-10	365	5	96.26	3.8853	2	A-1	2.52	6.12
上海振华港口机械(集团)股份有限公司	2006-11-6	365	18	96.45	3.6807	2	A-1	2.52	6.12
重庆九龙电力股份有限公司	2006-12-1	365	3.4	96.06	4.1016	2	A-1	2.52	6.12
浙江省交通投资集团有限公司	2007-1-9	365	22	96.45	3.6807	2	A-1	2.52	6.12
上海医药(集团)有限公司	2007-2-2	365	8	100	3.85	1	A-1	2.52	6.12
中国电力投资集团公司	2007-3-5	365	25	100	3.4	1	A-1	2.52	6.12
中国电力投资集团公司	2007-4-5	365	40	100	3.4	1	A-1	2.79	6.39
华电国际电力股份有限公司	2007-5-8	272	40	97.54	3.3844	2	A-1	2.79	6.39
比亚迪股份有限公司	2007-6-22	365	7.5	95.9693	4.2	2	A-1	3.06	6.57
中国铝业公司	2007-7-3	365	50	100	3.6	1	A-1	3.06	6.57
湛江港(集团)股份有限公司	2007-8-28	272	5	96.06	5.504	2	A-1	3.6	7.02
武汉钢铁(集团)公司	2007-9-3	365	30	96.16	3.9933	2	A-1	3.6	7.02

(续表)

发行人	发行日期	期限(天)	发行总额(亿元)	发行价格(元)	票面利率(发行参考利率%)	息票品种	债券信用评级	一年期存款利率%	一年期贷款利率%
中国网通(集团)有限公司	2007-9-18	270	100	100	3.93	1	A-1	3.87	7.29
莱芜钢铁集团有限公司	2007-10-9	365	25	100	4.97	1	A-1	3.87	7.29
广东省广新外贸集团有限公司	2007-11-5	365	6	94.1354	6.23	2	A-1	3.87	7.29
四川新希望农业股份有限公司	2007-12-10	365	7.9	93.4754	6.98	2	A-1	3.87	7.29
云南煤化工集团有限公司	2008-1-23	365	10	94.14	6.2248	2	A-1	4.14	7.56
深圳能源集团股份有限公司	2008-2-18	365	20	100	5.02	1	A-1	4.14	7.56
天津泰达投资控股有限公司	2008-3-19	365	15	94.27	6.0783	2	A-1	4.14	7.56
美的集团有限公司	2008-4-18	365	10	100	6.05	1	A-1	4.14	7.56
广州白云国际机场股份有限公司	2008-5-26	122	10	100	4.6	1	A-1	4.14	7.56
金东纸业(江苏)股份有限公司	2008-6-3	365	6	93.55	6.8947	2	A-1	4.14	7.56
广州发展实业控股集团股份有限公司	2008-7-7	365	10	100	5.03	1	A-1	4.14	7.56
招商局集团有限公司	2008-8-4	365	30	100	4.83	1	A-1	4.14	7.56
中国南玻集团股份有限公司	2008-9-10	365	10	100	5.18	1	A-1	4.14	7.56
中国网通(集团)有限公司	2008-10-6	365	100	100	4.47	1	A-1	4.14	7.29
深圳市中兴集成电路设计有限责任公司	2008-10-21	365	0.2	100	6.1	1	A-1	3.87	7.02
中国电子信息产业集团公司	2008-11-27	365	13	100	4.7	1	A-1	3.6	6.75
瓮福(集团)有限责任公司	2008-11-28	365	7	100	5.05	1	A-1	2.52	5.67
广东省广晟资产经营有限公司	2008-12-5	270	10	100	4.3	1	A-1	2.52	5.67
云天化集团有限责任公司	2009-1-5	365	20	100	3.1	1	A-1	2.25	5.4
中粮集团有限公司	2009-1-21	182	50	100	1.7	1	A-1	2.25	5.4
中华人民共和国铁道部	2009-2-19	365	200	100	1.48	1	A-1	2.25	5.4
中电投蒙东能源集团有限责任公司	2009-3-2	365	10	100	2.05	1	A-1	2.25	5.4
山西太钢不锈钢股份有限公司	2009-4-2	365	20	100	1.88	1	A-1	2.25	5.4
山西晋城无烟煤矿业集团有限责任公司	2009-5-5	365	10	97.95	2.0929	2	A-1	2.25	5.4

注(1):息票品种符号定义:1为到期一次还本付息;2为贴现。

注(2):短期债务评级符号和定义:A-1级为最高级短期债券,其还本付息能力最强,安全性最高;A-2级还本付息能力较强,安全性较高;A-3级还本付息能力一般,安全性易受不良环境变化的影响;B级还本付息能力较低,有一定的违约风险;C级还本付息能力很低,违约风险较高;D级不能按期还本付息。短期债务评级每一个信用等级均不进行微调。

（三）商业票据资金成本的特征

商业票据除了票面利息率要低于银行贷款利息率之外，它还不存在向银行取得的贷款产生的保护性存款余额，因此，商业票据的实际利息率要比银行借款的利息率低很多。但是，企业发行商业票据支付的筹资费用一般较高，这些费用包括资信评估费用、发行费用、登记费用等等，在计算商业票据的资金成本时，需要将发行费用考虑在内。

【例 5-8】 某公司在货币市场上发行票面年利息率为 3％的 6 个月期的商业票据 5 000 万元，在发行过程中总共产生筹资费用 50 万元。试问该商业票据的实际年资金成本为多少？

解：

$$年资金成本 = \left(1 + \frac{5\,000 \times 3\% \div 2 + 50}{5\,000}\right)^2 - 1 = 5.06\%$$

虽然商业票据会产生一些筹资费用，但是根据经验数据统计，商业票据的利息率一般要比最优惠的银行贷款利息率低 20％。

正因为发行商业票据有这些好处，在货币市场发达的国家，商业票据成为企业的一种重要筹资方式。相信我国在不久的将来，信誉良好的大公司也会将商业票据作为短期负债筹资的主要形式之一。

二、商业票据筹资的利弊

（一）商业票据筹资的优点

企业发行商业票据筹资，其主要优点如下。

1. 可以多方面满足企业对资金的需要

发行商业票据，既可以满足企业季节性流动资金的需要，又可以在一定程度上满足诸如基本建设对资金的临时需要。

2. 可以获得连续不断的资金来源

企业可以在已发行商业票据到期时，再发行新的商业票据，通过转换信用，获得连续不断的资金来源。

3. 可以为企业在寻找最佳的长期资金来源期间提供资金支持

当股票和债券市场不能提供令人满意的长期筹资条件时，企业可以通过发行商业票据暂缓进行长期筹资，为企业在寻找最佳的长期筹资机会时提供必要的资金支持。

4. 可以补充或替代商业银行贷款

当银行贷款难以取得，或认为与银行签订信贷协议太麻烦，或银行借款的资金成本过高时，企业可以通过发行商业票据来补充或取代商业银行的贷款。

5. 可以比用银行借款筹资方法更低的资金成本筹集到更多的资金

由于商业票据直接面向投资者，避免了存贷利差，利息费用也与银行借款利息一样可以在税前利润中扣除；再由于它面对的是广大的投资者，在这些投资者中不乏喜好风险的人，愿意冒风险购买商业票据，而不像银行那样严格限制贷款数量。因此，用商业票据筹资可以比用银行借款筹资方法更低的资金成本筹集到更多的资金。

6. 发行商业票据有利于提高企业的知名度

商业票据是直接面向广大投资者的，这样发行商业票据就可以起到宣传公司产品和信誉的作用，使企业知名度得到提高。

（二）商业票据筹资的缺点

商业票据筹资的主要缺点如下。

1. 发行商业票据需要较高的资信级别

在货币市场上发行商业票据，严格地受到商业票据市场特性的制约。商业票据的市场特性，是指商业票据在市场上的交易不受某些个人主观行为影响的特征。与商业票据的发行相比，银行贷款更多地受个人主观行为的影响，比如银行认为某企业有发展前途，向它贷款安全，即使在哪怕整个市场认为无前途的情况下，银行也可能向该企业贷款。这样，一些暂时处于财务困境的优秀公司，也就会因商业票据的市场性特征而无法用商业票据筹资。

2. 筹资金额受公司偿债能力的限制

商业票据的发行额度受发行公司现阶段偿债能力的影响。虽然一家公司的发展前景很好，但是由于目前正处于投资阶段，偿债能力显得有些不足，那么就不可能按照自己的需要发行足够的商业票据，也就无法用商业票据筹资的形式来满足其资金需要。

三、商业票据筹资策略

（一）将商业票据作为补充银行信贷不足和降低银行借款成本筹资的策略

确定商业票据的发行量，主要应取决于银行发放贷款的能力和利率。当银根紧缩和贷款利率上升时，企业应该增大商业票据的发行量，这样做不仅有利于企业解决资金短缺的问题，而且还可以获得低资金成本的好处。当银根放松和贷款利率下降时，企业一方面取得贷款容易，另一方面发行商业票据，从成本来看，所得利益不大；因此，企业可以考虑减少商业票据的发行量。

从筹资策略来看，商业票据既是补充银行信贷资金不足的一种资金来源，又是加重同银行在信贷方面讨价还价的一种筹码。因为银行也是以盈利为目的的，存贷利差是银行盈利的一个最主要的来源，如果企业能以低于银行贷款利息率的资金成本，用商业票据筹集到所需的资金，无疑会增加企业与银行谈判中企业方的筹码。

（二）与长期资金来源联系起来考虑商业票据筹资的策略

商业票据无论如何都只是企业一种短期的资金来源，它只能暂时替代或补充某些长期资金来源，而无法长期取代各种长期资金来源。因此，企业只有在筹集长期资金来源时机不佳的情况下，才应考虑发行适当的商业票据来暂时替代或补充某些长期资金来源的不足。

（三）保持足够偿债能力，严守信誉

由于商业票据在公开市场上发行，影响面大，到期时间短，如果企业不能按期还本付息，其后果将是灾难性的，因此，企业必须保持足够的偿债能力，严格按合同还本付息。如果企业遇到特殊情况出现不能按期还本付息时，应提前做好信用转换，或者申请银行贷款来偿还到期商业票据的准备。总之，在企业偿债能力万一出现问题时，企业应该首先考虑如何偿还到期商业票据，其次才是其他负债。

第四节 短期银行借款筹资

在我国，短期银行借款是绝大多数企业短期资金来源中最重要的组成部分。本节将讨论短期银行借款筹资的相关问题。

一、短期银行借款的特征

短期银行借款与应付款项相比主要有如下特征：

（1）企业通过短期银行借款获得的是货币资金，而不是像应付款项那样是从供应商等那里取得的原材料和商品等实物资产。

（2）它是一种不与采购或销售量同步的、有计划的借款，而应付款项则是随采购或销售量的增减而自动增减的。

（3）应付款项只要管理得好，资金成本可以为零，而短期银行借款必定是要花费成本的。

银行对工商企业的贷款按是否需要担保分为无担保贷款和担保贷款两大类。以下简要介绍这两类短期银行借款。

二、无担保贷款

（一）无担保贷款的特征

无担保贷款，实际上是企业凭借自身的信誉从银行取得的贷款。企业在对应收账款和存货进行季节性投资时，广泛地利用无担保贷款。企业申请无担保短期贷款时，需要将企业近期的财务报表、现金预算和预测报表等送交银行。银行根据这些资料对企业风险和报酬进行分析后，决定是否向企业贷款，并拟订具体的贷款条件。

（二）贷款条件

贷款条件主要包括如下五个方面。

1. 贷款额度

贷款额度是银行规定的在某一特定时间内可以向其客户提供的最高贷款限额。但银行所规定的这个最高贷款限额并不受法律约束，而只是一种意向。如银行缺乏借贷资金或借款企业财务状况变差时，银行可以根据情况改变贷款额度，甚至拒绝提供贷款。贷款

额度的有效期通常定为 1 年,次年再重新修订贷款额度。

2. 周转信贷协定

周转信贷协定主要是规定银行在法律上有义务提供不超过某个最高贷款额度的协定。该协定的内容主要是在协定的有效期内,只要企业的借款总额没有超过贷款限额,银行就必须满足企业在任何时间提出的借款要求。这一协定的主要目的是制约银行发放贷款的随意性,以保证企业生产经营活动的正常进行。为了执行这一协定,在银根紧缩时,银行往往被迫从外部借入资金来满足签有周转信贷协定企业提出的借款要求。由于借款企业享有协定带来的这种好处,因此,一般要按周转信贷最高限额的未用部分付给银行一笔承诺费。

【例 5-9】 假定某企业的周转信贷额为 1 000 万元,贷款利息率为 8%,承诺费率为 5%。该企业年度平均借款余额为 600 万元,问该企业本年度享有周转信贷协定好处的成本和实际借款成本各为多少?

解:

享有周转信贷协定好处的成本=(1 000-600)×5%=20(万元)

$$\frac{借款实际}{资金成本} = \frac{600 \times 8\% + 400 \times 5\%}{600} = 11.33\%$$

周转信贷协定,不仅可以满足企业季节性的资金需要,而且还可以满足一般流动资金的需要,是一种有用的筹资手段。

3. 逐笔贷款

逐笔贷款是指根据某种短期需要向银行取得的借款。对于这类贷款,银行要逐笔审核企业的借款申请,估计借款企业未来偿还贷款的能力。

4. 利息率

银行对企业借款一般实行浮动利率。对信誉好、存款余额多的大公司给予优惠利率;对一般企业的贷款利率则高于这个优惠利率。因此,企业可以同银行协商以确定具体的贷款利率。虽然我国利息率是央行统一规定的,表面上银行和企业在确定利息率上没有自主权,但实际上,银行通过诸如提前扣息、规定最低存款余额等方式,可以大幅度地提高贷款的利息率。比如某借款的名义利率为 10%,但银行要求企业在借款时先付利息,那么,该笔借款的实际利率则为 11.1%[10%÷(1-10%)]。

5. 最低存款余额

最低存款余额,又称保护性存款余额,是银行要求借款企业在其银行存款账户中保持一个最低的存款额度。最低存款余额会提高企业的流动性。它对保护银行贷款的安全性有一定帮助。最低存款余额占贷款总额的百分比,是借款企业与银行双方商定的,一般在 10%~20%之间。由于最低存款余额的存在,实际贷款利息率将高于名义贷款利息率。如果某企业取得银行借款的名义利息率为 8%,但银行要求该企业必须保持贷款总额 20%的最低银行存款余额,那么,该企业取得银行借款的实际利息率就为 10%

$[8\% \div (1-20\%)]$。

三、担保贷款

（一）担保贷款的特征

担保贷款，分为保证贷款、抵押贷款和质押贷款三类。保证贷款是指按《中华人民共和国担保法》（以下简称《担保法》）规定的保证方式，以第三者承诺，在借款人不能偿还贷款时，按约定承担一般保证责任或者连带责任而发放的贷款。抵押贷款，是指按《担保法》规定的抵押方式，以借款人或第三人的财产作为抵押物发放的贷款。质押贷款，是指按《担保法》规定的质押方式，以借款人或第三人的动产或权利作为质物发放的贷款。抵押与质押的主要区别：抵押是指债务人或第三人不转移对财产的占有，用于抵押的标的物主要是不动产和部分动产，而质押是指债务人或第三人将其动产或权利证书交给债权人占有；抵押物所产生的收益归抵押人所有，而质押物产生的收益则由质权人占有；同一抵押物可以设置清偿顺序不同的数个抵押权，而质押只能"一物一质"；抵押物在一定条件下可以转让，而质押物不允许转让。

在担保贷款的条件下，银行通过掌握担保品，可以减少贷款风险。借款企业可以用自己拥有的应收账款、存货、固定资产或其他资产作为担保品。担保贷款需要借贷双方签订抵押或质押借款合同，在合同中必须注明抵押品或质押物的名称并作一系列说明，以保证贷款人的权益。

贷款人的安全程度取决于抵押品或质押物价值的大小和它的变现速度。在借款人不能偿还债务时，贷款人就可变卖抵押品或质押物，当出售抵押品或质押物所得价款超过贷款本息时，要将其差额部分归还借款人；当不够偿债时，其差额部分变为一般无担保债权。显然，抵押品或质押物价值越大，出售时可能获得的价款就越多，反之则越少；抵押品或质押物变现速度越快，出售抵押品或质押物就越容易，且折价越少，反之则出售越难，且折价越多。故贷款人总希望借款人提供的抵押品或质押物的价值大，变现速度快。

（二）不同担保资产的贷款

由于我们讨论的是短期银行借款，因此在这里只讨论应收账款担保贷款和存货担保贷款的问题。

1. 应收账款担保贷款

应收账款是企业流动性最大的资产之一，是一项较为合适的抵押物。从贷款者的角度看，这种抵押物的缺点主要是难于估计应收账款的收回率和收账费用，具有较大风险。因此，贷款者在接受这种抵押物时，总会对应收账款的质量和数额进行分析，确定应收账款的收回率和收账费用。收账费用的高低与每笔应收账款金额的大小有关系，每一应收账款账户中的金额越小，即越零星，相应地收账费用就会越高。贷款人通过对应收账款的分析，可以确定贷款额占应收账款的比例。

对借款企业来说，用应收账款作为抵押物来获取短期银行借款，不仅可以解决应收账款投资的资金来源,而且可在一定程度上转让应收账款,从而减少了风险。

应收账款担保贷款又可分为应收账款抵押(包括转让和贴现在内)和应收账款销售两种类型。下面简述这两种方式的特征:

(1) 应收账款抵押(包括转让和贴现在内)。应收账款抵押的特征是贷款人不仅对应收账款有留置权,而且还对借款人(商品销售者)有追索权,即如果商品购买者不付款的话,商品销售者必须承担这个损失。在这种情况下,不需要将应收账款被抵押的事件通知商品购买者。

应收账款抵押贷款的一般程序:首先,商品销售企业与银行签订应收账款抵押贷款协议,在协议中要明确规定双方的权利和义务;其次,商品销售企业定期将销售发票交给银行,由银行对发票进行审查,评价购买者的信用,剔除不符合银行信用标准的企业发票;最后,决定贷款额占应收账款的百分比并发放贷款。

【例 5-10】 假定某企业与一家银行签订有应收账款抵押贷款协议,协议规定的贷款比例为审核通过后发票金额的 80%,贷款利息率为 8%,贷款保证金为贷款总额的 20%。在月末,该企业将本月信用期限为 3 个月的 500 万元销售发票交银行审查,银行审查后认为只有 400 万元符合它的信用标准。试问该企业本月应收账款抵押贷款金额和资金成本各为多少?

解:

应收账款抵押贷款金额 $=400\times 80\%=320$(万元)

资金成本 $=\left[1+\dfrac{320\times 8\%\div 4}{320\times(1-20\%)}\right]^4-1=10.38\%$

(2) 应收账款销售。应收账款销售的特征是企业将拥有的收账权卖给了贷款人,由贷款人直接向商品购买者收取账款,这时需将应收账款主体发生变化的事件通知商品购买者。在应收账款销售后,贷款人对借款人(商品销售者)就再无追索权,坏账损失的风险全由贷款人承担。应收账款销售一般是通过代理融通公司进行。

代理融通,首先要求销售者与代理融通者签订规定双方权利与义务的协议,其次要对程序作出安排。一般程序:销售者收到购买者的订单之后,填写信用同意单并交代理融通公司审查,如审查通过,销售者发出商品并在发票上盖戳通知购买者直接向代理融通公司付款;如审查没通过,销售者一般应拒绝信用销售。在这里,代理融通公司起着信用审查、贷款和承担风险三方面的作用。有了代理融通公司的参与,一些中小型企业就可以不在企业内部建立信用机构,从而可以减少企业在这方面的费用,为企业带来经济利益。

代理融通公司实际支付给销售应收账款企业的资金额,是扣除代理融通公司收取的佣金和保留金额后的余额。保留金额是根据销售发票金额减去允许客户在付款时扣除的现金折扣,以及在应收账款上可能发生的销售退回和折让等计算得出的。应收账款销售折扣的比例由双方协商确定,一般为 10% 左右。

应收账款销售,实质上是公司售卖资产的行为。售卖资产就不可避免会出现销售的损益。从应收账款来看,由于应收账款都是折价销售,因此,应收账款销售会出现账面亏损。对应收账款折价销售损失的会计处理规则:将应收账款销售的折价视为公司销售收入或销售利润的减少,只将支付代理融通公司的代理融通费作为财务费用。因此,其会计分录为:

借:现金(实收金额)
　　销售利润(应收账款折价)
　　财务费用(代理融通费)
贷:应收账款(应收账款账面价值)

按照会计规则,应收账款销售筹资的资金成本的基本计算公式如下:

$$资金成本=\left(1+\frac{F}{S-F-L}\right)^{\frac{360}{N}}-1$$

式中　F——代理融通费;
　　　S——应收账款实际销售额=应收账款账面价值×(1−折扣率);
　　　L——留置金;
　　　N——应收账款的平均收账期。

【例5-11】　假定某公司与代理融通公司签订了4 000万元的应收账款销售合同,合同规定,代理融通佣金为所审查信用额度的1%,应收账款销售额为应收账款总金额的90%,应收账款的平均收账期为60天,留置金按照现金折扣1%、销售退货3%确定。试计算该公司应收账款销售筹资的资金成本。

解:

$$资金成本=\left[1+\frac{4\,000\times1\%}{4\,000\times90\%-4\,000\times(1\%+1\%+3\%)}\right]^{6}-1=7.27\%$$

虽然在上述资金成本的计算中没有将销售折扣计算在内,但是从财务的角度考察,应收账款销售所产生的折价损失也是企业为了提前取得资金来源的一种支出,因此,也应该将折价视为应收账款筹资的资金成本。如果将应收账款折价的损失考虑在内,将应收账款销售与应收账款担保贷款相比较,对借款企业而言,应收账款销售的风险虽然较小,但是成本较高;而应收账款抵押(包括转让和贴现在内)则是风险较大,成本较低。

2. 存货担保贷款

存货也是一种流动性较大的资产,可以作为短期银行借款的抵押品。由于存货种类繁多,有效期不一,因此,贷款人除了考虑存货的变现性、市场价格稳定性之外,还需要考虑存货的耐久性。这种担保贷款也是按其市价的一定百分比发放的,百分比随存货的变现性、市场稳定性和耐久性而变化。

存货担保贷款按抵押方式不同可分为多种担保贷款,主要有如下几种:

(1) 流动抵押贷款。在这种方法下,借款人可以用其存货"总额"充当担保品,而不需具体规定存货的种类。贷款人则对借款人的全部存货都拥有流动留置权。但这种留置权含意并不十分明确，贷款人很难掌握。流动抵押贷款，企业所受限制较少，贷款利息率较高。

(2) 动产抵押贷款。采用这种方法贷款，要先明确存货种类，借款人对这些存货拥有所有权，贷款人则拥有留置权。借款人未经贷款人同意不得出售这些存货；同样，贷款人在借款人不能偿债时，需经法院同意才能动用这些存货。因此，这种抵押贷款方法并不利于借款人和贷款人，故很少被采用。

(3) 信托收据贷款。在这种贷款方法下，贷款人对存货拥有所有权，但委托借款人销售该存货，存货销售所得货款用于偿还借款。贷款人为了保证自己的权益，需要了解借款人所销货款用于偿债的情况。这种贷款方法，流行于耐用消费品制造或经销行业。

(4) 公共仓库收据贷款。这种贷款是指以公共仓库开出的证明某批货物确属借款人所有的收据作为抵押物的贷款。在这种情况下，仓库只有在取得贷款人同意后，才能将货物交给借款人，这样就保证了贷款人的权益。

(5) 借款企业仓库收据贷款。这种贷款与公共仓库贷款一样，只是作为抵押品的存货放置于借款企业的仓库之中。一般由借款企业划出一定面积的仓库，专门储存已抵押的存货，贷款人派专人对抵押存货进行看守。未经贷款人批准同意，借款企业不得动用已抵押的存货。

当然，企业除了可用上述两类资产担保取得短期银行借款外，还可以用诸如股票、债券等有价证券担保取得短期银行借款，也可以靠第三者担保取得短期银行借款。不过，这些类型的担保贷款与上述两种担保贷款相比相对简单，故不再讨论。

第五节 负债基金筹资

负债基金分为两大类：一类是按职工工资总额提取的职工福利基金和按税后利润提存的集体福利基金；另一类是根据偿还各种债务的需要而专门提存的各种偿债基金。所谓负债基金筹资，就是指如何将这两部分基金用于生产周转的问题，即如何筹集生产周转资金的问题。下面讨论如何运用这两类基金为生产周转服务。

一、集体福利基金参与生产周转的问题

按职工工资总额提取的职工福利基金，以及按企业税后利润提存的集体福利基金，虽只能用于企业职工的集体福利事业，但由于集体福利基金的提取量与支出数从某一时间来看，一般存在着差异，即提取数大于支出数。这种情况的产生主要是因为该类基金必须先提后用，特别是在企业盈利较大的年份，为了以丰补歉，会留存相当一部分集体福利基金以备日后的需要。这样，就客观上为企业可以动用部分集体福利基金参与短期生产周转准备了条件。另外，在集体福利基金的使用方面，企业董事会和经理、职工代表大会拥

有决策权,可以决定支用集体福利基金的时间,这又从主观上使动用部分集体福利基金参与短期生产周转成为可能。

动用集体福利基金参与短期生产周转,要注意不能影响企业职工各种正常的集体福利的资金需要。要做到这一点,最重要的是应编制可行的集体福利基金使用计划,并根据该计划确定利用集体福利基金参与生产周转的时间和金额计划。

【例 5-12】 假定某公司本年度计划动用集体福利基金 1 000 万元并采用一次性付款方式购建一职工活动中心,在年初集体福利基金余额为 600 万元,该公司每月提取集体福利基金金额为 100 万元,日常性集体福利基金支出为 50 万元。试确定该公司可以动用集体福利基金参与生产周转的最大平均金额和最长时间。

解:

$$\text{积累到 1 000 万元所需要的时间} = \frac{1\,000-600}{100-50} = 8(\text{个月})$$

$$\text{最大平均金额} = \frac{600+1\,000}{2} = 800(\text{万元}/\text{月})$$

当然,实际动用集体福利基金参与生产周转的平均金额应该小于 800 万元/月,这是因为在集体福利基金积累到 1 000 万元之时,就是集体福利基金使用之时。为了能及时偿还借用的集体福利基金,公司必须在集体福利基金需要使用之前就积累现金,这样公司就不可能以最长的时间和最高的金额占用其集体福利基金。因此,实际中动用集体福利基金参与生产周转的时间应该短于最长可用时间,金额也应该低于最大可用金额。

如果因生产特别急需资金,迫不得已要暂缓举办集体福利事业时,那么,也必须通过多种渠道向全体职工解释其原因,使广大职工充分认识其必要性。这样,才能达到借用集体福利基金参加短期生产周转的目的。

二、偿债基金参与生产周转的问题

由于偿债基金具有专门用途,一般要求专款专存或用于短期(也可以是长期)有价证券投资,以便能保证及时清偿到期债务;因此,不是在迫不得已时,最好不要动用偿债基金参与生产周转。如果公司在生产周转上的确资金短缺,那么也应在有周密计划的条件下才可以动用偿债基金。偿债基金运用于生产周转的具体方法与动用集体福利基金参与生产周转的方法相似,故不再叙述。

第六节 流动负债筹资策略综述

流动负债进行短期筹资的渠道和方式是多种多样的,且其中大部分筹资渠道不能相互替代;因此,其筹资策略比较特殊,需要予以讨论。

从决策程序来看,流动负债筹资策略应放在各种长期资金来源筹资之后来考虑。一个企业流动负债筹资策略的决策程序一般如下：

(1) 先根据其资金需要量决定其筹资需要量。

(2) 根据企业的经营风险水平决定负债资金与股权资金的比重。

(3) 根据企业资产构成状况决定流动负债筹资与长期负债筹资的比重。

(4) 计算应计费用筹资量，即估计视同股东权益资金量。

(5) 计算出其他流动负债的筹资量。

(6) 计算出不同类型流动负债的筹资成本，并估计其具有的风险。

(7) 根据企业现金流入的特征，确定各种流动负债筹资的比例。

下面以一个企业的实例说明流动负债的筹资策略。

【例 5-13】 设某公司的资金需要量为 10 000 万元。该公司的经营风险一般，因此，公司决定以社会公认的 1∶1 标准为企业的股权资金与负债资金之比，流动比率则定为 2∶1。又知，公司的流动资产总额为 6 000 万元，日常每月的应计费用为 600 万元，并且该公司的短期流动资金贷款成本为 8%。试确定该公司流动负债的筹资策略。

解：

按前述程序，解决该公司流动负债的筹资策略，可按下列步骤进行：

(1) 计算负债资金需要量。

$$负债资金需要量 = 10\ 000 \times 50\% = 5\ 000（万元）$$

(2) 计算流动负债资金需要量。

$$流动负债资金需要量 = 6\ 000 \div 2 = 3\ 000（万元）$$

(3) 计算应计费用所产生的视同股东权益资金量。

$$视同股东权益资金量 = 600 \div 2 = 300（万元）$$

(4) 计算其他流动负债资金需要量。

$$其他流动负债资金需要量 = 3\ 000 - 300 = 2\ 700（万元）$$

(5) 确定应付账款和商业汇票的筹资策略。

应付账款和商业汇票的筹资策略为：应付账款和商业汇票的筹资成本小于 8% 的，应用应付账款和商业汇票筹资；而应付账款和商业汇票的筹资成本大于 8% 的，则应用短期流动资金贷款筹资。

当然，流动负债筹资策略并非如此简单，它除了要考虑流动负债筹资量的问题之外，还要考虑各种流动负债资金的时间界限问题，即要解决各类流动负债资金在筹资时间上的衔接问题，并争取多设计一些流动负债筹资方案，使企业有更多的选择余地，以保证在满足企业经营资金需要量的同时，使流动负债资金的筹资成本达到最低。

流动负债筹资策略是企业一项连续不断的筹资行为，在实际中除了要注意按既定计划行事之外,还要有足够的灵活性。只有这样,才能保证在满足企业经营资金需要量的前提下,使流动负债资金的筹资成本最低目标能得以实现。

案例与资料

【案例与资料1】 流动资金借款合同

流动资金借款合同

编号：

借款方：　　　　　　　　　　　　　　　贷款方：
法定代表人：　　　　　　　　　　　　　法定代表人：
法定地址：　　　　　　　　　　　　　　法定地址：

应借款方　　年　　月　　日的借款申请,贷款方愿意向借款方提供流动资金外汇贷款。借贷双方依据《中华人民共和国合同法》等法规以及银行有关业务办法的规定,经过平等协商,现达成以下条款,以资共同遵照执行。

第一条 借款币种、金额和期限

1.1 借款币种：
1.2 借款金额：　　　　（大写：　　　）
1.3 借款期限：
借款期限为　　,自　　年　　月　　日起至　　年　　月　　日止。

第二条 借款用途

2.1 借款限用于：

第三条 提款

3.1 提款期为　　天,自合同签订生效之日起算。在提款期内,借款方应按表5-3所示计划提款。

表5-3

提款计划表

计 划 提 款	金　　　额		
	年	季	月

3.2 借款方如需调整提款计划,应至少提前10天提出,并经贷款方同意。

3.3 借款方办理提款,应提前　　个银行营业日提交有效借款凭证。

3.4 提款期到期,未提贷款部分即自动注销,但事前经贷款方书面同意延展提款期限者除外。

第四条 利息

4.1 借款利率。

借款年利率为:

利息每　　计收一次,结息日为:

计息方法:以360天为1年,按贷款余额和实际用款天数计收利息。

4.2 借款方应于结息日主动支付利息。如结息日为非银行营业日,则顺延至下一个银行营业日支付。届时未付,贷款方有权主动从借款方的存款账户中扣收。如存款不足以支付利息,对应付未付利息,贷款方可计收复利。

4.3 利息以所借币种支付。

第五条 还款

5.1 借款方以销售收入及其他可还贷资金归还借款。借款方应按第1.3条款规定的期限内一次或分次归还全部借款本金。还款计划如表5-4所示:

表5-4

还 款 计 划 表

期序 序 期	期　序	金　　额			币种
		年	季	月	
第1期					
第2期					
第3期					
第4期					
……					
第n期					

5.2 借款方在原定借款期限内如确需调整还款计划,应提前1个月通知贷款方,并经贷款方同意。贷款到期,贷款方因客观原因不能如数归还,借款方应至少提前15天向贷款方提交展期申请,经贷款方同意后才能展期;同时,借贷双方对本合同中贷款期限、利率和还款计划部分作出补充和修订。展期贷款利率按修改后期限的相应利率档次确定。

5.3 借款到期未还又未经贷款方批准展期,对该逾期贷款,贷款方有权从逾期之日起,在原定利率基础上加收　　%的利息。

第六条 担保

6.1 本借款由　　提供还款担保(具体担保内容见附件)。如借款方未能按期还款,贷款方可行使上述担保项下的权利。

第七条 约定事项

7.1 借款方应在贷款方开立往来账户。借款方应将本贷款项下的进出口结算业务全部交贷款方办理。贷款项下进口贸易合同副本应交贷款方,贷款方凭以开证、付款。

7.2 借款方同意无条件接受贷款方的信贷监督和检查,并为之提供工作便利。贷款方有权审查借款方的资产和财务状况。借款方应按月报与生产经营有关的统计、财会报表及贷款方要求的其他资料。借款方应保证上述报表资料的真实性和完整性。

7.3 借款方应将本贷款项下财产以所借币种向贷款方指定的保险公司按期连续投保有关险种。

7.4 如果借款方今后采取抵押方式向第三者筹措流动资金,借款方应同比例地向贷款方提供抵押品。

第八条 违约责任

8.1 如果发生下列任何一种事件,借款方即构成违约:

(1) 未能按第四条、第五条规定还本付息;

(2) 未按第二条规定使用贷款;

(3) 未能履行和遵守本合同项下应由借款方履行或遵守的任何约定事项,如果上述不履行或不遵守发生之后30天内没有得到补救或纠正;

(4) 借款方未能履行与第三者签订的其他任何借款或筹资合同中的义务而被采取信贷制裁措施。

8.2 贷款方未能按提款计划及时供应贷款即构成违约,但由于国家经济政策和信贷政策变更者除外。

8.3 如借款方违约,贷款方有权立即同时或先后采取以下任何一种或数种措施:

(1) 从借款方在贷款方的任何账户中主动扣收欠款;

(2) 对8.1(2)条款所述违约事件,将挪用部分从挪用之日起在原订利率基础上加收50%的罚息,并限期收回被挪用贷款;

(3) 对第8.1(3)条款所述违约行为,从违约之日起违约发生日借款金额和违约天数每天向借款方收取不高于万分之　的违约金,直至违约行为纠正之日止。对其中无法纠正的行为则按违约发生日借款余额一次性收取不高于3‰的违约金;

(4) 中止或终止借款方的部分或全部提款权利;

(5) 宣布贷款本息部分或全部到期,并限期或立即偿付;

(6) 其他依本合同或/和依法律可以采取的任何措施。

贷款方因追索贷款而发生的一切费用和损失应由借款方负责。对贷款方采取上述任何措施,借款方无条件放弃抗辩权。

8.4 如贷款方违约,借款方可从违约之日起按违约金额和违约天数每天向贷款方收取不高于万分之一的违约金,直至违约行为纠正之日为止。

第九条 其他事项

9.1 本合同及其附件的任何修改、补充均须双方协商并订立补充条款或修改协议。修改、补充协议无论是否明示，均作为本合同不可分割的组成部分，对借贷双方均有法律约束力，并丝毫不影响本合同未变更部分的法律效力。

9.2 贷款方可自主决定转让其在本合同项下全部或部分权利，但应及时通知借款方。未经贷款方书面同意，借款方以任何形式转让其在本合同项下义务的行为均属无效。

9.3 本合同未尽事宜，按贷款方规定办理；没有规定的，由双方另行协商订立补充条款。

9.4 借贷双方在履行本合同过程中如有争议，应尽量通过协商解决。经协商未能圆满解决时，应向贷款方所在地主管法院提起诉讼。

9.5 本合同经双方法定代表人或其授权代表签字并加盖公章后生效，至本合同项下全部应付款项清偿完毕之日失效。

9.6 本合同正本一式　　份，借贷双方各执　　份，担保人执一份。

借款方：　　　　　　　　贷款方：
（法人公章）　　　　　　（法人公章）
签字人：　　　　　　　　签字人：
职务：　　　　　　　　　职务：

　　　　　　　　　　　　本合同于　　年　　月　　日在　　签署

【案例与资料2】 担保书

担 保 书

编号：

××银行：

鉴于你行向　　（下称"借款人"）提供（币种）　　贷款（金额）　　（大写：　　）（下称"贷款"）。该借款合同（下称"合同"）编号为　　。该贷款期限为　　，利率为　　，用于　　。本保证人已了解并同意合同所有条款，应借款人要求，现本保证人同意为上述贷款全额担保，特此开立以你行为受益人的无条件的、不可撤销的担保书，向你行保证如下：

一、本保证人保证借款人全面履行合同。如借款人未能按合同规定偿付各期到期（包括被宣布到期）应付款项，包括本金、利息、费用、罚息、违约金和赔偿金（以下称"到期应付款项"），不论由何原因造成，对此全部和任何到期应付款项，本保证人保证按下述第二条规定承担连带偿付责任和/或连带赔偿责任。

二、如果借款人未能按合同规定如数偿付上述"到期应付款项"，你行即有权直接向本保证人索偿，而无须先行向借款人追偿或/和处分抵押品，本保证人保证在收到你行第一次书面索付通知后15天内，即无条件按通知要求将上述借款人的全部到期应付款项以合同规定的币种主动支付给你行，应支付额计算至本保证人实际支付日。上述索付通知书，即作为付款凭证，对本保证人具有法律约束力。

三、如果本保证人未能按前条规定期限履行上述担保责任,由此造成的延付利息和你行的其它经济损失由本保证人承担;同时,你行有权从本保证人存款账户中扣收上述全部"到期应付款项"和延付利息。本保证人保证不提出异议和抗辩。

四、本保证人同意,今后若需追加贷款金额,对不超过合同金额　　%的追加贷款部分,按本担保书规定承担担保义务。

五、在合同项下全部应付款项清偿完毕之前,本保证人不能行使由于履行本保证项下义务而获得的任何代位权和索偿权。如果借款人向本保证人提供抵押品,非经你行书面同意,本保证人也不应行使抵押项下的权利;如果经你行同意处理抵押品,其所得全部款项保证首先用于向你行偿付上述到期应付款项。

六、本保证人在此同意,如果发生下列任何一种或数种情况时,本担保书第一、第二、第三、第四条规定的连带偿付责任和/或连带赔偿责任丝毫不受影响,本担保书继续有效。

1. 本担保项下所有当事人变更各自的名称、地址、合资合作合同、企业章程、法定代表人、经营范围、企业性质,或借款人合并、分立、停业、撤销、解散、破产等。

2. 你行延缓行使合同规定的权利和/或本担保项下的权利,或对贷款项下的还款给予任何宽限,或与借款人之间达成其它任何形式的和解或变通执行方式,无论是否通知本保证人。

3. 借款人执行其上述主管部门下达的任何行政指令和规定,或借款人与任何单位签署任何合同、协议、契约及其它文件;本保证人上级主管部门下达的任何行政指令和规定。

七、如果全部或部分到期应付款项由借款人清偿以后,发生借款人破产被清盘,而根据法律规定该全部或部分清偿无效,届时,本担保书对该全部或部分到期应付款项继续承担本担保书规定的担保义务。

八、本保证人在此同意及确认,如你行与借款人修改、补充、删除合同条款,丝毫不影响上述第一、第二、第三、第四条规定的担保责任和义务,但是变更贷款用途条款者除外。除贷款用途条款变更以外,合同中其他条款的变更无需征得本保证人同意。合同中与担保金额和期限有关的条款变更以后,本担保书的担保期限即自动顺延,上述担保义务不变,除非本保证人主动偿付全部到期应付款项;担保金额则按本担保书规定的范围及上述期限变更后的贷款利率执行,除非本保证人另有书面承诺。

九、本保证人将按你行要求定期提供有关的财务报表,并将上述第六条第1款中本保证人的变更情况及时通知你行。

十、你行可自主转让本担保项下的全部或部分权利,本担保书的受益人包括你行、你行的继承人和受让人。

十一、本保证人的继承人、代理人或受让人将受本担保书所有条款的约束,承担本担保项下的全部担保责任。但非经你行书面同意,本保证人不会转让任何担保义务。

十二、本担保书是连续性的担保,自开立之日起生效,直至合同项下全部到期应付款项偿清后自动失效。

十三、在执行本担保书过程中如有争议,应通过友好协商解决。经协商不能解决的,应向本担保项下受益人所在地主管法院提起诉讼。

十四、本担保书正本一式四份,你行执两份,本保证人和借款人各执一份。

保证人名称:

　　(法人公章)

签发人:

　　(签字)

职务:

开立日期:　　年　　月　　日

保证人:　　法定代表人:

保证人法定地址:

保证人开户银行:

结算户账户:

【案例与资料3】 中国铝业股份有限公司2007年(第一期)短期融资券募集说明书概览

中国铝业股份有限公司2007年(第一期)
短期融资券募集说明书概览

本概览仅对募集说明书全文做扼要提示。投资者在作出投资决策前,应认真阅读募集说明书全文。

(一)发行人概况

中国铝业股份有限公司成立于2001年9月10日,截至目前为止注册资本为人民币1 104 988万元。公司主营铝土矿、石灰石矿的勘探、开采;铝、镁矿产品、冶炼产品、加工产品、碳素制品及相关金属产品的生产、销售等。2006年以来,公司围绕做强主业、完善产业链、提高核心竞争力,以满足加快发展步伐的要求,抓住市场机遇,采取多种方式扩大产品产能。

2006年年底,公司资产总额761.95亿元,长期投资净额18.77亿元,固定资产合计479.93亿元,所有者权益460.20亿元。2006年,公司实现氧化铝产量883万吨,与上年同期相比增长23%;化学品氧化铝产量110万吨,与上年同期相比增长17%;原铝产品产量193万吨(包括兰州铝业全部产量17万吨,焦作万方全部产量7万吨),与上年同期相比增长84%。实现销售收入为610.15亿元,利润总额163.12亿元。

现公司已发展成为全球第二大氧化铝生产商和第四大原铝生产供应商,同时也成为中国最大的氧化铝、原铝生产商。

(二)最近3年的主要财务数据

表5-5~表5-8中的数据取自发行人2004—2006年经审计的财务会计报告。

表 5-5

资产负债表主要数据

单位：人民币万元

项　　目	2006 年	2005 年	2004 年
资产总额	7 619 465.8	5 749 943.1	4 823 038.2
负债总额	3 017 447.9	2 476 016.4	2 071 708.6
少数股东权益	347 504.2	156 045.5	123 908.3
股东权益	4 254 513.7	3 117 881.2	2 627 421.3

表 5-6

利润表主要数据

单位：人民币万元

项　　目	2006 年	2005 年	2004 年
主营业务收入	6 101 513.4	3 711 031.9	3 231 307.6
主营业务利润	2 146 263.2	1 351 970.4	1 210 586.1
利润总额	1 631 201.6	959 358.0	854 604.8
净利润	1 132 895.6	678 278.9	605 272.2

表 5-7

现金流量表主要数据

单位：人民币万元

项　　目	2006 年	2005 年	2004 年
经营活动产生的现金流量净额	1 470 533.5	939 578.8	887 051.0
投资活动产生的现金流量净额	(1 051 155.7)	(894 818.6)	(914 318.8)
筹资活动产生的现金流量净额	(198 873.0)	92 636.2	390 000.1
现金及现金等价物净增加额	220 504.8	137 396.4	362 732.3

表 5-8

主要财务指标

财务指标	2006 年	2005 年	2004 年
应付账款周转率	7.90	4.86	5.24
销售现金比例	1.25	1.28	1.22
应收账款周转率	133.68	148.67	73.28
资产负债率(%)	39.60	43.06	42.95
主营业务利润率(%)	35.18	36.43	37.46
净利润率(%)	18.57	18.28	18.73
净资产收益率(%)	24.62	20.72	22.0
总资产收益率(%)	14.87	11.80	12.55

（三）本次发行情况

1. 名称：中国铝业股份有限公司 2007 年（第一期）短期融资券
2. 发行人：中国铝业股份有限公司
3. 发行面值：人民币 30 亿元（即人民币叁拾亿元）
4. 期限：365 天
5. 面值：人民币 100 元（即人民币壹佰元）
6. 发行利率：按面值发行，发行利率根据簿记建档、集中配售结果确定
7. 发行方式：采用簿记建档，集中配售的方式发行
8. 承销方式：联合主承销商余额包销
9. 发行日：2007 年 6 月 15 日
10. 起息日：2007 年 6 月 18 日
11. 兑付日：2008 年 6 月 17 日（如遇法定节假日，则顺延至其后的第一个工作日）
12. 担保方式：无担保
13. 信用等级：经中诚信国际信用评级有限责任公司综合评定，本期短期融资券的短期信用级别为 A-1 级，长期信用评级为 AAA

（四）募集资金主要用途

本期募集的资金将用于本公司增加营运资金。目前，本公司氧化铝及原铝生产所需营运资金较大，随着近几年业务规模扩大，公司所需流动资金也不断上升。本次发行短期融资券所募集的资金将主要用于增加公司营运资金。若募集资金在使用中有节余，将用于归还公司到期贷款，以降低筹资成本，优化公司筹资结构，提高资金使用效率。

思考与练习

一、复习思考题

1. 商业信用筹资有哪些基本特征？
2. 确定商业信用的资金成本需要考虑哪些基本因素？
3. 何谓应计费用？其筹资额的计算方法有哪些？
4. 商业汇票的基本特征是什么？
5. 商业承兑汇票与银行承兑汇票有什么区别？哪一种方式的筹资成本高？
6. 企业为什么要发行商业票据？商业票据有哪些基本特征？
7. 短期银行借款应该如何分类？其借款成本受哪些因素影响？
8. 应收账款抵押借款与应收账款销售有什么异同？
9. 存货担保借款可以分为哪些形式？
10. 负债基金包括哪些主要内容？

11. 制订流动负债筹资策略需要考虑哪些基本因素？

二、练习题

1. 已知付款的信用条件为"1/10,n/60"，试分别计算放弃可取得的现金折扣在信用期限未付款的不考虑货币时间价值和考虑货币时间价值的筹资成本。如果应付账款展期至90天，那么不考虑货币时间价值和考虑货币时间价值的筹资成本又分别为多少？

2. 已知B公司可以随时取得12%的短期流动资金贷款，试问B公司对待"2/10, n/60"、"2/10,n/90"、"1/10,n/40"等信用条件的态度应该是什么？

3. S企业5月应交税费总额为2 000 000元，按规定在每月10日前交纳。请分别按最低占用期和平均占用期计算应交税费筹资量。

4. E企业的工资支付政策是每月8日前支付工资，每月应付工资总额为1 200 000元，请分别按最低占用期和平均占用期计算应付工资筹资量。

5. M公司每月发生如下应付费用：应交税费800 000元，10日前交纳；应付工资2 000 000元，8日支付；水电费300 000元，5日支付；房租30 000元，6日支付；其他100 000元，12日支付。请分别按最低占用期和平均占用期计算M公司的应计费用筹资量。

6. 某企业用本企业签发和承兑的带息商业承兑汇票购买货物一批，商业承兑汇票期限为6个月，月利息率为0.9%。问企业用该商业承兑汇票筹资的年资金成本为多少？

7. 某企业与供货方达成协议，用持有的带息商业承兑汇票购买货物一批，票据附带的利息归供货方所有。该商业承兑汇票期限为3个月，目前距到期日尚有1个月，年利息率为7%。问企业用该商业承兑汇票筹资的实际年资金成本为多少？

8. 乙企业持有一张价款为30万元、期限为6个月的无息商业承兑汇票。现距汇票到期日还有3个月，乙企业准备将该汇票在银行贴现，贴现利息率为8%，问乙企业贴现这张汇票可以获得多少资金？年资金成本为多少？

9. 某公司为了采用延期付款的方式购买货物，与银行签订了6个月期的银行承兑汇票承兑协议，协议规定承兑金额为200万元。银行承兑的条件是企业应按照承兑金额的30%交纳保证金，银行按照承兑金额收取0.1%的手续费，企业必须为申请银行承兑汇票提供抵押品。企业实际发生抵押品的评估、登记、公证等费用总额为15 000万元。试问该银行承兑汇票的筹资量和资金成本为多少？

10. A公司采购原材料一批，价值500 000元，信用条件为"1/10,n/50"。目前A公司手中没有多余的现金来支付货款，但持有9个月期的带息商业承兑汇票一张，票面金额600 000元，票面利息率为6%，该票据尚有3个月到期。又知银行的贴现利息率为9%。问A公司应该如何筹集购货款？

11. 某公司在货币市场上发行票面年利息率为5%的9个月期的商业票据10 000万元，在发行过程中发生资信评估费用20万元、发行费用50万元、登记费用10万元。试问该商业票据的实际年资金成本为多少？

12. 假定某企业与一家银行签订有应收账款抵押贷款协议，协议规定的贷款比例为发票金额的70％，贷款利息率为6％，贷款保证金为贷款总额的20％。在月末，该企业将本月信用期限为2个月的800万元销售发票交银行审查，银行审查后认为只有60％符合贷款的信用标准。试问该企业本月应收账款抵押贷款金额和资金成本各为多少？

13. 假定某公司与代理融通公司签订了5 000万元的应收账款销售合同。合同规定，代理融通佣金为所审查信用额度的1％，应收账款销售额为应收账款总金额的90％，应收账款的平均收账期为90天，留置金按照现金折扣1％、销售退货4％设置。试计算该公司应收账款销售筹资的资金成本。

14. 假定某公司本年度计划动用集体福利基金2 000万元并采用一次性付款方式购建一职工活动中心，在年初集体福利基金余额为500万元，该公司每月提取集体福利基金金额为300万元，日常性集体福利基金支出为100万元。试确定该公司可以动用集体福利基金参与生产周转的最大平均金额和最长时间。

15. 某公司预测年度总资金需要量为10 000万元，并根据自己的经营风险程度，确定其财务结构如下：企业的股权资金与负债资金之比为1∶0.8，流动比率则定为2∶1。目前公司的流动资产总额为5 000万元，日常每月的应计费用发生额为2 100万元，并且该公司的短期流动资金贷款成本为8％。试确定该公司流动负债的筹资策略。

第六章 流动资产投资管理

【本章提要】 流动资产投资属于短期投资,是公司中连续不断的投资行为。流动资产投资管理的好坏直接关系到公司经营的成败,任何一个公司都不能因为流动资产的单次投资量小、收回时间短而忽视它。在现实中,一个公司财务主管的主要精力有60%以上是用于公司的流动资金管理,而流动资产是流动资金管理的一个最重要的方面。本章将在讨论流动资产投资总额的问题之上,重点讨论流动资产中现金、短期有价证券、应收账款、存货等主要项目的投资和管理问题。

【学习目标】 通过本章学习,要求掌握和了解如下内容:(1)了解流动资产投资总额确定的理论和方法。(2)了解现金管理的意义。(3)掌握现金预算与持有量决策的基本方法。(4)掌握现金流量管理的基本方法和内容。(5)了解短期有价证券的特征和投资目的。(6)了解短期有价证券投资策略。(7)掌握应收账款投资的信用决策理论和方法。(8)了解客户信用分析的不同方法。(9)掌握信用动态管理的基本方法。(10)了解应收账款的收账策略。(11)了解存货投资总额决策的理论。(12)了解存货投资结构管理的理论。(13)掌握存货分类最佳投资额的决策方法。

第一节 流动资产投资总额决策

对流动资产的投资应从确定流动资产的投资总额开始,然后再深入到各具体的流动资产组成项目投资额的确定。本节将从收益和风险两个方面来讨论流动资产投资总额的决策问题。

一、流动资产的特征与分类

(一)流动资产的特征

在会计学中,流动资产一般被定义为可以在1年以内或者超过1年的一个营业周期以内转变为现金或者运用的资产。这些资产包括现金（包含库存现金和银行存款）、短期有价证券、应收账款、其他应收款、各种存货等。流动资产与固定资产和其他长期资产相比较，有两个显著的特征。

1. 使用期短

流动资产一般不会超过1年或者一个营业周期都不发生形态转化，如绝大多数的库存材料，在1年中都会转变为在制品，然后再转变为产成品，产成品销售之后，又转变为现金或经应收账款再转变为现金。

2. 流动性强

流动性强是指变为现金的速度快。存货销售后变成应收账款，应收账款收回后变为现金；短期有价证券可随时在金融市场上出售，迅速转变为现金。当然，固定资产也可以在各种市场上出售而转变为现金，但是固定资产是公司的主要生产手段，它不是为了转让而存在的资产，如果将它出售，公司的生产经营能力必然会遭受削弱。也就是说，除了不需要的固定资产可以转让变为现金之外，公司正常生产经营中的固定资产未到迫不得已时（如面临破产时）是不会出售的，因此固定资产的变现能力极低。

（二）流动资产的分类

按流动资产在生产经营循环中所处的位置，可以将流动资产分为处于生产领域流动资产、流通领域和生息领域发挥作用的流动资产。

1. 处于生产领域的流动资产

处于生产领域的流动资产包括各种原材料、辅助材料、燃料、低值易耗品等存货资产。它们主要是劳动对象，是构成产品的实体，或有助于产品形成的流动资产。在生产加工过程中，它们首先改变自己的形态变为在制品，随着生产加工过程的完成，在制品又转变为产成品。

2. 处于流通领域的流动资产

处于流通领域的流动资产包括产成品、应收账款、结算需要的现金等。在制品转变为产成品之后，就离开生产过程进入了流通领域。通过销售，产成品或直接转变为现金，或先通过应收账款再转变为现金。

3. 处于生息领域的流动资产

处于生息领域的流动资产包括定期存款和短期有价证券等。公司将短期闲置的现金存入银行或作短期有价证券投资均可以获得一定的利息收入，处于生息领域的流动资产随时都可以根据公司生产经营的需要转化为生产或流通领域的流动资产。

各种流动资产除了需要在处于不同领域之间和同一领域内部保持平衡关系，使各种流动资产发挥最大的效益之外，还要求与总资产保持一定的比例关系，使公司的收益和风险取得平衡。从收益和风险角度考察，变现能力强的资产风险小、收益低，变现能力弱的资产风险大、收益高。因此，流动资产投资需要注意到投资总额和结构两个方面的问题，并通过平衡总额与结构的关系使公司价值最大化。

二、流动资产投资总额决策

公司在确定流动资产投资总额时，必须权衡收益和风险的问题。为了探讨这一问题，首先，假定公司的固定资产总额不变，并在这一假定的基础上，通过变动流动资产总额来分析流动资产总额变化对公司收益和风险的影响。其次，假设公司的应收账款和存货的变现能力都很强，可以将它们作为现金来看待，这样，我们所要讨论的流动资产就都是变现能力极强的现金和有价证券了。

根据易变现资产在收益和风险方面的特征，可以推出，公司易变现资产的比重越大，风险就越小，但相应地收益率也就越低。

按上述流动资产均视为变现能力极强的现金资产的假定，流动资产占资产总额的比重越大，公司风险就越低。因为当公司有足够的易变现资产时，一方面，能保证偿还各种到期债务，减少不能偿还到期债务的不确定性；另一方面，可以增加应付各种意外情况的能力。比如，可以增加抵御因原材料短缺和产品销路不畅对生产的不利影响，即减少了外部市场变化对公司生产冲击的风险。另外，有了足够的易变现资产，公司就可以容易地根据市场变化调整生产方向，满足市场需要，使公司保持高度机动性，避免市场不确定性带来的不利影响。

但是，公司在流动资产占资产总额的比重增大的同时，闲置的流动资产就会相应增加，从而导致公司盈利能力下降。因为，将闲置资产作为生息资本带来的收益必然会远远低于将这些资产作为生产资本所带来的收益，这也是为什么投资者要投资办公司，而不将资金存入银行追求利息的根本原因。可见，公司降低风险是以降低收益为代价的。

下面，我们根据前述假定，即公司流动资产的变现能力均很强的假定，用一个例子来说明公司流动资产总额确定的风险与收益平衡的问题。

设某公司以现有的固定资产生产能力，其最高年产量可达 100 万件，在这个范围内，随着产量的增减变化，所需流动资产的总额将相应变化。现假定该公司有 A、B、C 三个流动资产投资方案可供选择。这三个流动资产投资方案与产量的关系如图 6-1 所示。

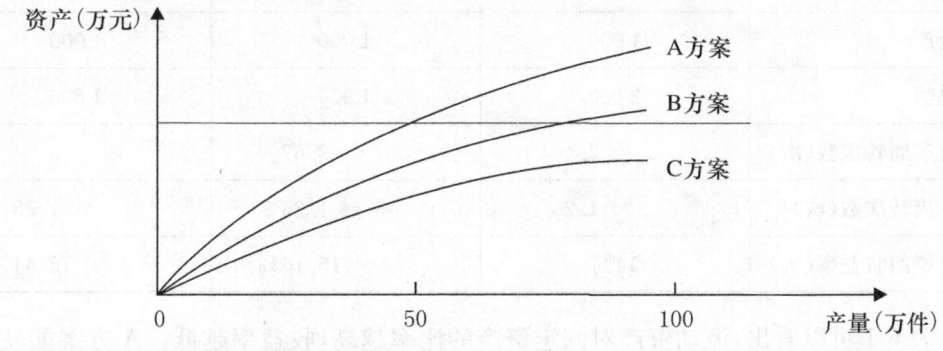

图 6-1　不同流动资产方案与产量的关系图

从图 6-1 可以看出，流动资产投入量随产量的增加而增加，但并不保持线形关系，而是随产量增加其增长率呈递减状态。这符合流动资产增长的现实状况。因为，随着产量上升，流动资产绝对量增大，流动资产内部各个项目之间互相调剂使用的机会增多，进而导致了流动资产的使用效率提高。至于固定资产，则假定它在 0～100 万件这个区间内总额保持不变。

在 A、B、C 三个方案中，A 方案最稳健，在所有产量水平下，流动资产对固定资产的比率都最高，B 方案次之，C 方案再次之。C 方案是三个方案中最为冒进的方案，在所有产量水平下，流动资产对固定资产的比率都最低。

【例 6-1】 设前述公司预计在计划年度内能实现销售量 80 万件，每件销售单价为 30 元，付息和纳税前的收益率为 15%。该公司固定资产总额为 1 000 万元，流动资产机会成本率为 8%，A、B、C 三个方案流动资产的总金额分别为 1 000 万元、900 万元和 800 万元。试根据这些资料分别计算不同方案的收益率。

解：

根据资料，可以得到三个方案的收益率计算表，如表 6-1 所示。

表 6-1

按不同流动资产方案计算的收益率

金额单位：万元

计 算 指 标	A 方案	B 方案	C 方案
销售收入	2 400	2 400	2 400
息税前收益	360	360	360
流动资产机会成本	80	72	64
税前收益	280	288	296
流动资产	1 000	900	800
固定资产	1 000	1 000	1 000
资产总额	2 000	1 900	1 800
流动资产周转次数（次）	2.4	2.67	3
总资产周转次数（次）	1.2	1.26	1.33
总资产税前收益率（%）	14%	15.16%	16.44%

从表 6-1 可以看出，流动资产对固定资产的比率越高，收益率越低。A 方案能使公司保持最大的流动性，风险最小，但收益率也最低；C 方案流动性最低，风险最大，但提供的

收益率最高。因此,公司在确定流动资产投资总额时,要充分权衡它可能给公司带来的收益和风险,使流动资产与总资产之比最适合公司的实际,即既有利于公司的稳定发展,又有利于确保股东财富最大化目标的实现。

当然,流动资产内部各项目的变现能力和收益能力都是不一样的,因此还存在流动资产内部结构决策的问题。对于这个问题,本书将放在第十章企业投资与筹资有机配合的策略中去讨论。

第二节 现金管理

从严格的意义上讲,现金不属于投资。因为所谓投资就是将现金转变为非现金形态的资产。但从持有现金会丧失投资机会的角度看,也可以将现金作为一种机会性的投资损失来看待。所以,在公司理财中往往将现金纳入投资研究的内容。

一、现金管理的意义

现金一般指可以立即用来购买商品、支付各种费用或用来偿还各种债务的支付手段。它是一种流动性最强但无法或很少产生盈利的资产。尽管公司必须以现金支付薪金,购买原材料、固定资产,支付各种税收、利息、股利,以及偿还各种债务,等等;但现金本身不能或基本不能为公司创造盈利,公司还必须为持有现金负担高额的机会成本。现金管理的主要目的就是要在现金的流动性与收益性之间进行选择,将现金余额降低到足以维持公司运营的最佳水平,并充分利用暂时闲置的现金去获取尽可能高的收益,使其持有量既能满足公司生产经营的需要,又能使风险降至合理的水平。

一般而言,公司持有现金主要的意义如下。

(一) 满足交易性的需要

为了满足交易性的需要和日常生产经营活动对货币的需要,公司必须持有现金。因为,在实际中,公司现金收入的周期和频率与现金支出的周期和频率存在着不一致,现金收入与现金支出很少在数量和时间上完全同步。这样,公司就必须保持一定的现金余额,来调节现金收入与现金支出之间存在的时间和数量差异,维持公司交易活动的需要。这些交易包括原材料采购,支付工资、费用、税金、利息、股利,以及偿还负债,等等。

(二) 满足预防性的需要

一个公司现金收支的金额和时间通常很难准确估计,因此,公司需要持有一定量的现金以防不测。这些当作安全性存量的现金,被称为预防性现金余额。公司持有预防性现金余额的多少受如下一些因素影响。

1. 公司现金流量的可预测性

公司持有的预防性现金余额的多少,取决于一个公司现金流量的可预测性,且两者成反比关系。公司现金流量的可预测性程度越高,公司的现金收支计划才会越准,公司才可能在不降低公司支付能力的基础上,减少现金的持有量;反之,如果公司现金流量的可预测性差,那么公司为了不降低公司的支付能力,就必须增加现金持有量。

2. 公司筹资能力的强弱

预防性现金余额的多少与公司对外的筹资能力强弱成反比。公司的筹资能力强,公司日常持有的现金余额就可以大大减少。因为筹资能力强的公司,在公司急需现金时,可以迅速地从不同渠道取得现金,从而满足现金支付的需要;反之,筹资能力弱的公司,则必须更多地依靠自己的现金积累来满足现金支付的需要,因此,日常的现金持有量必然会增加。

在现实中,对满足预防性的现金需要量,往往可以用变现能力很强的短期有价证券来担保。在平时公司现金有多余的时候,将现金转变为短期有价证券;在公司需要现金时,将短期有价证券卖出,转换为现金。这样,既可以减少闲置的现金量,增加收益,又可以保证公司对现金的需要。

(三)满足投机性的需要

满足投机性需要的现金余额是指公司为了从市场行情的波动中获取利益而持有的现金余额。这些市场行情包括诸如偶然出现的廉价购买原材料和其他资产机会,预期证券行情涨落获取好处的机会等。这些机会往往是稍纵即逝,因此,只有在公司保持一定现金余额的前提下,才有可能抓住这些机会,获取超常的利益。满足投机性需要的现金余额的多少,与公司的经营理念密切相关,一些喜好冒险和投机的公司,可能在这方面的现金持有量余额较大;而一些不愿参与各种投机活动的公司,则可能没有满足投机性需要的现金余额。

(四)满足补偿性的需要

满足补偿性的需要是指满足与银行签订的贷款合同的最低存款余额的需要。这完全随公司与银行签订的合同而变化。

尽管大多数公司的现金账户需要满足交易性、预防性、投机性和补偿性四种目的,但是,公司在实际中是可以用同一个现金余额来满足这些不同的需要的。例如,投机性余额就可以用来满足公司预防性的需要。故公司持有的现金余额并不是上述四种现金余额之和。此外,公司还有可能依靠举债和现有的有价证券来满足上述四种现金需要。因此,在确定公司现金持有量时,还需要考虑这两个因素。下面,将主要讨论有关因公司生产经营需要和预防性需要而持有现金的问题。

二、现金预算

现金收支,或称财务收支,是公司资金运动的主要形式。公司的现金支出意味着一次资金运动的开始,现金收入意味着一次资金运动的结束。现金收支是资金循环的纽带,要使现金收支在数量上相适应和时间上相衔接,就必须对它进行管理,进行全面的安排和调度。现金预算是对现金收支进行管理的一种有用方法。

现金预算是对公司一段时间内现金流入量与流出量所作出的预先安排。它是公司预算体系的重要组成部分,是公司进行现金管理的必要手段。有了现金预算,就可以了解公司各期现金收支情况,估算现金富余或短缺的金额和时间,为现金管理提供依据。现金预算有两种主要的编制方法:现金收支法和调整净收益法。

(一)现金收支法

现金收支法,又称直接法,是最为常见的现金预算编制方法,预算编制的基本原理是根据现金收支直接编制现金预算。其主要步骤包括:

(1)预测公司现金流入量。预测的主要依据是公司的销售收入预算、投资收入预算和其他收入预算,从这些收入预算可以推出公司能有多少现金流入。

(2)预测公司现金流出量。预测公司现金流出量的主要依据是公司的采购支出、营业费用支出、利息支出、纳税支出,以及固定资产投资性支出等方面的预算。

(3)估算出公司现金不足或富余的金额,并对不足或富余现金作出合适的处理。

估算公式如下:

$$\text{预算期现金余缺额} = \text{预算期期初现金余额} + \text{预算期现金流入量} - \text{预算期现金流出量} - \text{预算期期末现金余额}$$

如果结果为正,表明公司在预算期内现金富余,需要对闲置现金进行有效的利用;如果结果为负,表明公司在预算期内存在现金短缺,需要设法筹措资金以满足公司对现金的需要。

采用这种方法编制预算的优点,是能直接将预算与现金收支的实际情况进行比较,有利于控制和分析现金预算执行情况;但由于现金净收入并不能反映公司的盈亏状况,因此,其缺点是无法揭示预算期内公司现金与生产经营和财务成果之间的联系。

(二)调整净收益法

调整净收益法,又称间接法,也是现金预算编制的一种常用方法,预算编制的基本原理是将按权责发生制计算的会计净收益调整为净现金流量。其主要步骤为:

(1)将按权责发生制基础计算出的税前收益,调整为现金收付实现制为基础的税前收益;再扣除预算期内支付的各项税款,得出以现金收付实现制为基础的税后收益。

(2)将现金收付实现制为基础的税后收益,加、减与预算期收益无关的现金收、支金额,得出预算期内现金余额的增加额(减少额)。

(3)预算期内现金余额增加额(减少额)加、减期初、期末现金余额,再扣除发放现金股利额之后所剩金额,可以计算出该预算期内可供利用的现金余额。

(4)对预算期内的现金余缺作出处理。

这种现金预算编制方法的优点,是将现金预算与财务成果有机联系起来,将按权责发生制基础计算的净收益与现金收付实现制基础计算的净收益有机联系起来,克服了现金收支法下收益额与现金流量不平衡的缺点,如实反映了有盈利但现金不足、亏损但现金有富余的实际现象,使公司能更好地将现金收付行为与追逐盈利的目标紧密联系在一起。这种现金预算编制法的缺点,是不能直观地和明晰地反映生产经营过程中营业现金收支的具体情况,如销售收入额、直接材料和人工费用支出额等的实际情况,给现金收支控制和评价考核带来了麻烦。

三、现金持有量决策

现金管理的主要目的有二:一是保证足额和及时地满足公司生产经营对现金的需要;二是尽量缩减公司闲置现金数量,提高资金收益率。

但是,现金管理的两个目的具有相互排斥性。当财务部门为了消除闲置现金,减少现金持有量时,就容易造成现金短缺,使生产经营可能受到不利的影响;当为了满足各种潜在的现金需要和提高其保证程度而加大现金持有量时,又会导致现金闲置数量增加,资金收益率下降。因此,在现实工作中,财务人员必须要进行周密的计划,使两个具有相互排斥性的目标有机结合起来,并同时实现。

足够的现金持有量是保证现金管理第一个目的实现的前提,但持有量过大,又会影响到第二个目标的实现,为了使两个目标统一起来,必须确定最佳的现金持有量。

确定最佳现金持有量的方法较多,在这里只介绍应用较广泛的存货模型、现金周转期模型和随机模型三种。

(一)存货模型

该模型的运用是建立在存在发达的货币市场假定条件之下的。在发达的货币市场中,存在着众多的可供短期投资的有价证券,这样,在公司现金有多余的时候,就可以将现金转变为短期有价证券;在公司需要现金时,又可以顺利地将短期有价证券转换为现金。也就是说,利用短期有价证券,公司既可以减少闲置的现金量,增加收益;又可以保证公司对现金的需要。

将现金转换为有价证券和将有价证券转换为现金都会产生成本,如果这些成本都是已知的,那么,就可以借用确定存货经济批量的公式来求解公司应该持有的最佳现金余额。这个模型是通过对现金持有量成本与买卖短期有价证券的固定成本的权衡,来确定现金管理总成本最低时的现金持有量。

现金持有成本是指因持有现金而放弃证券收益的机会成本,该机会成本是一种变动成本。买卖证券的成本是指每次买卖证券所花费的费用,这里假定该费用是不随买卖量变化,而随买卖次数变化的固定成本。

假设公司期初持有现金 C 元,C 元随着每天的均衡支出而耗尽时,公司出售 C 元的短期有价证券来补充现金。这种情况如图6-2所示。

从图6-2可以明显地看出这样一种关系:每次出售短期有价证券的量越大,现金余额 C 和平均余额 $C/2$ 越大,这必然会导致持有现金的机会成本也越大;相反,每次出售量越小时,虽然机会成本减少,但是其证券买卖的交易成本会增加。按这种关系,可列出其总

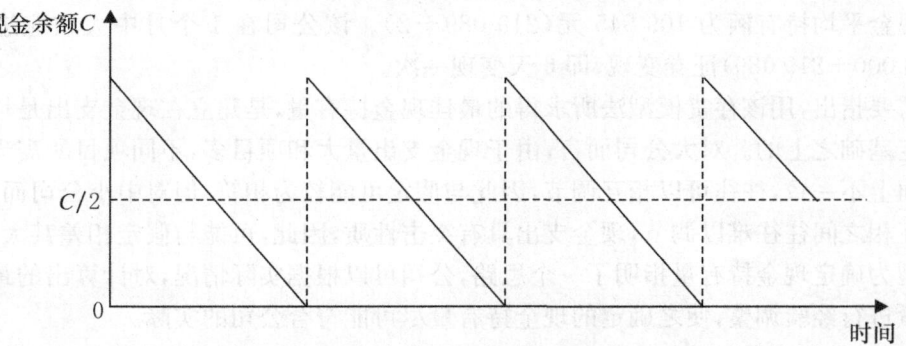

图 6-2 现金余额与时间关系图

成本公式如下：

$$b \times \frac{T}{C} + r \times \frac{C}{2}$$

式中　b——每次交易的固定成本；

　　　T——有关时期的现金总需要量；

　　　r——持有现金的机会成本。

T/C 表示该时期内证券交易次数，$C/2$ 表示该时期的现金平均余额。

当 b、T、r 均为已知数时，求上式的极小值，可先对其求导，然后再令其一阶导数等于 0，即：

$$\frac{r}{2} - \frac{bT}{C^2} = 0$$

移项整理后得：

$$C^* = \sqrt{\frac{2bT}{r}}$$

C^* 表示总成本最低时现金的最佳持有量，也就是每次证券变现的金额。从上式可以看出，现金持有量与现金需要总量 T 和每次交易费用 b 成正比，与持有现金的机会成本成反比，但它们之间的关系是非线形的。

【例 6-2】　假定某公司 1 个月的预计现金支付总额为 1 000 000 元，现金支付均匀分布，每次证券买卖费用为 100 元，现金持有的机会成本（短期有价证券的利息率）为 5%，问该公司的最佳现金持有量应为多少？

解：

根据公式，有：

$$C^* = \sqrt{\frac{2 \times 100 \times 1\,000\,000}{\frac{0.05}{12}}} = 219\,089 (元)$$

现金平均持有额为 109 545 元（219 089÷2）。该公司在 1 个月中大致应进行 5 次（1 000 000÷219 089）证券变现，即 6 天变现一次。

需要指出，用该存货模型法所求得的最佳现金持有量，是建立在现金支出是均匀分布的假定基础之上的。对大公司而言，由于现金支出量大和项目多，不同项目所需现金经常在时间上不一致，往往可以相互调节，因此与假定可能较为相符；但对中小公司而言，不同项目互相之间往往难以调节，现金支出具有突击性质，因此，可能与假定相差甚大。但是，该模型为确定现金持有量指明了一个思路，公司可以根据实际情况，对计算出的最佳现金持有量进行经验调整，使之确定的现金持有量尽可能符合公司的实际。

（二）现金周转期模型

现金周转期是指从现金投入生产经营开始到最终重新转化为现金所花的时间。它大致由三部分时间所组成：一是存货周转期，即将现金转化为原材料进而转化为在制品、产成品，并最终出售所需要的时间；二是应收账款周转期，即从产成品销售到收回现金花的时间；三是应付账款周转期，即从收到赊购原材料起到支付现金止这一段时间。现金周转期的计算公式如下：

$$现金周转期 = 存货周转期 + 应收账款周转期 - 应付账款周转期$$

现金周转期模型下的最佳现金余额计算公式如下：

$$最佳现金余额 = \frac{企业年现金需求总额}{365} \times 现金周转期$$

【例 6-3】 某公司预计存货周转期为 90 天，应收账款周转期为 35 天，应付账款周转期为 25 天，年现金需求量为 1 200 万元。试求该公司的最佳现金持有量。

解：

$$现金周转期 = 90 + 35 - 25 = 100（天）$$

$$最佳现金持有量 = \frac{1\,200}{365} \times 100 = 329（万元）$$

用现金周转期模型计算出的最佳现金持有量相当保守，在周转初期的现金持有量的富余额较大，相应地机会成本也较大。为了克服这一缺点，公司应尽可能地将富余现金投资于短期有价证券，以增加公司收益。

（三）随机模型

随机模型适用于每日现金流入量与现金流出量的变化是随机和不稳定的情况。在这种情况下，现金余额的变化接近于正态分布。随机变化情况可用图 6-3 简示。

采用随机模型，公司应当将现金余额控制在 $M \sim H$ 这个区间内。M 为下限，由于公司需要保持一定量的保险储备，所以 M 一般应大于零。当现金余额降到下限时，公司应当将短期有价证券转化为现金。H 为上限，这一金额是根据随机模型计算确定的。Z 为最佳现金余额，也是根据随机模型计算确定的。当现金余额在 H 和 M 之间波动时，公司

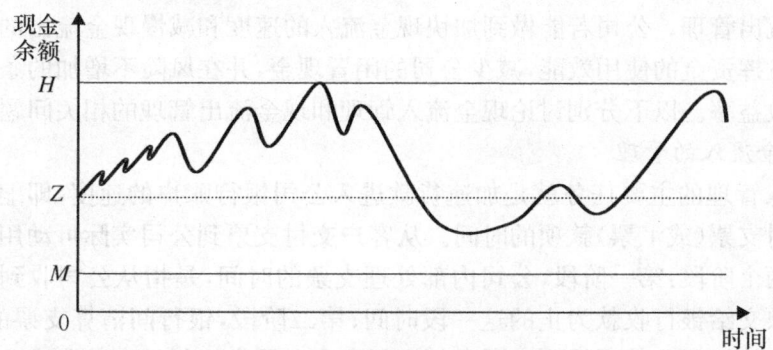

图 6-3 现金余额随机变化示意图

无需采取行动去变现短期有价证券或是将富余现金用于短期有价证券的投资。

最佳现金持有量的计算公式如下：

$$Z=\sqrt[3]{\frac{3F\sigma^2}{4K}}+M$$

式中 σ^2——现金余额的方差，即余额波动的离散程度；
　　F——短期有价证券的固定变现成本；
　　K——日机会成本率。

$$H=3\times\sqrt[3]{\frac{3F\sigma^2}{4K}}+M=3Z-2M$$

$$平均现金余额=\frac{H+Z+M}{3}=\frac{4Z-M}{3}$$

【例 6-4】 某公司日现金余额的标准差 σ 为 500 元，短期有价证券投资的固定成本为 50 元，现金的机会成本率为 10%。试计算其下限为 0 时的最佳现金持有量、上限和平均余额。

解：
因为：　　$(1+K)^{365}=1+10\%$
所以：　　$K=\sqrt[365]{1+10\%}-1=0.000\,261$
　　　　$\sigma^2=500^2=250\,000$
　　　　$Z=\sqrt[3]{\frac{3F\sigma^2}{4K}}+M=\sqrt[3]{\frac{3\times50\times250\,000}{4\times0.000\,261}}+0=3\,298.8(元)$
　　　　$H=3Z-2M=3Z=9\,896.4(元)$
　　　　平均现金余额$=\frac{4Z-M}{3}=4\,398.4(元)$

四、现金流量管理

加强现金流量管理是实现现金管理第二个目标的前提。现金流量管理分为现金流入管理和现金流出管理。公司若能做到加快现金流入的速度和减慢现金流出的速度,那么,就可以充分发挥资金的使用效能,减少公司的闲置现金,并在风险不增加的条件下为公司创造更高的收益率。以下分别讨论现金流入管理和现金流出管理的相关问题。

(一)现金流入的管理

现金流入管理的主要任务就是加速货款进入公司银行账户的速度,即缩短公司不能利用客户已付支票(或汇票)款项的时间。从客户交付支票到公司实际可动用支票款项的时间可分为两个阶段:第一阶段,公司内部处理支票的时间,是指从公司收到客户支票起到公司把支票交给银行收款为止的这一段时间;第二阶段,银行间清算支票的时间,是指公司把支票交给银行收款开始到支票金额实际存入公司在银行的存款账户止的这一段时间。缩短这两个阶段的时间都可以加速货款入账的速度。下面讨论如何缩短这两个阶段的时间的方法。

1. 公司缩短第一阶段时间的方法

缩短这个阶段时间的常见方法是银行业务集中法、锁箱法以及其他方法。

(1)银行业务集中法。这是指公司建立多个收款中心来加速资金流转的方法。采用这种方法,公司不是只在总部所在地设立收款中心,而是在许多地区分别设立收款中心,各地客户直接将货款寄给指定的收款中心,然后由各地的收款中心直接委托银行收款,最后由各地收款中心将所收资金汇至集中收款中心。同直接的集中收款相比较,这种收款方法有两个主要优点:一是可以缩短客户邮寄支票的时间;二是可以缩短银行托收支票所花的时间,这实际上是缩短了第二阶段的时间,因为当各收款中心将客户的支票交给当地银行托收后,通常就可以向该银行提取款项了。

(2)锁箱法。这是西方国家公司加速资金周转的一种常用方法,在我国尚未见采用。它是公司在采用银行业务集中法时,为了缩短公司收到支票起到把支票交到银行止的这一段时间,而在客户所在地邮局设置一个加锁的信箱,客户按要求直接将支票投入该信箱,当地代理银行每天分几次派人将客户放入该信箱的支票取走,直接将货款存入公司的存款账户,并且将每日收款的情况通知销货公司,使其可以及时地利用已收到的款项。

当然,采用这种方法由于银行直接参与收款业务,因此可以有效地缩短第一阶段的时间,使公司获得了好处。但是,银行提供这种服务是需要获得报酬的,报酬形式或是手续费,或是要求公司应存入该银行的最低存款余额,如果公司在某地所收款项较少,那么采用这种方法所获得的好处将会被以各种形式支付给银行的报酬所抵消。因此,在选择是否采用该法时,需要权衡其利弊。

(3)其他方法。其他方法,包括对大额款项派专人负责处理,以缩短处理时间的方法;内部各所属单位往来款项的集中押抵,以减少在途资金的方法,以及减少不必要的银行户头,节省资金调度时间的方法等等。

2. 公司缩短第二阶段时间的方法

这一阶段的时间是由银行间清算所引起的,似乎与公司自身的努力关系不大。但从实际来看,公司还是可以作些努力。根据实际情况来看,不同商业银行之间的清算时间要长于同一商业银行内部的清算时间,这样,公司就可以根据主要客户付款的商业银行在该商业银行开设账户,从而缩短银行间清算的时间;或在各主要商业银行开设账户,指定客户将货款汇入同一商业银行的本公司的账户。

应该注意到这样一个事实,即随着电子计算机在银行清算中的全面普及和银行间的竞争加剧,除了银行间清算的时间正日益缩短之外,客户使用电子货币形式的结算会逐渐增多,这样,公司现金流入管理的主要任务就将只是研究如何缩短大额款项的第一阶段的时间了。

(二)现金流出的管理

与现金流入管理相反,现金流出管理的主要任务是尽可能地延缓现金支出。当然,这里所讲的尽可能地延缓现金支出,是在合法合理的范围内延缓支出,而绝不是该支的不支。实际上,在法制和信用制度健全的条件下,该支的不支,该付的不付,公司是要承担责任的,由此而引起的损失会远远超过延期支付所获得的利益。

延缓现金支出主要是要充分利用卖方在商品交易中提供的信用条件,如"2/10,n/60"等,公司应根据自己的实际情况,选择或获取现金折扣,或享受信用优惠。

公司利用汇票付款也可以延缓现金支出。汇票不是"见票即付"的付款方式,而是有一定期限的商业信用。在汇票未到期前,公司就可以减少现金持有量。

第三节 短期有价证券投资管理

短期有价证券是在货币市场上流通的各种有价证券。虽然我国的货币市场并不完善,短期有价证券的流通量极小;但是可以预见,随着经济体制改革的深化、市场经济体系的完善,短期有价证券的种类一定会有所增加,短期有价证券亦将成为我国公司理财的内容之一。因此,在这里也对短期有价证券的管理进行讨论。

一、短期有价证券的特征

在货币市场上流通的短期有价证券包括短期国库券、短期金融票据、公司发行的商业票据等等,它们都具有如下的特征。

(一)具有高度的变现能力

能在货币市场上直接发行短期有价证券的机构,除了政府和金融机构之外,都是信誉程度极高的大公司,基本上无违约风险。作为一种受投资者欢迎的投资品种,其交易频繁,具有高度的变现能力,偿还期在1年以内。

(二)报酬率稳定

在货币市场上流通的各种短期有价证券的市场价格比较稳定,其市场价格基本上是随票面利息的积累而成逐渐上升趋势的,因此,其收益率可以比较精确地计算出来。一些短期有价证券是直接按票面规定的利息率为基础来计算的。也有一些短期有价证券是不计息的,但是这些短期有价证券是按面值折价出售的,到期时由发行者按面值赎回,购买者获得的报酬是通过证券买价与其面值之差来计算。如果证券持有者在证券到期前出售所持有的证券,那么,其报酬率将取决于售价与买价之差,而不是票面价与买价之差和票面规定的利息率。

二、短期有价证券的投资目的

公司在短期出现富余现金时,最佳的选择应该是购买短期有价证券。公司将暂时闲置的现金用于短期有价证券投资的基本目的如下。

(一) 作为现金的替代物

在货币市场上流通的短期有价证券,由于变现能力强和收益率稳定,因此通常被视为"准现金"。持有短期有价证券,可以在公司需要现金时立即将其变现,满足公司对现金的需要。短期有价证券的迅速变现,一般并不会发生折价损失,因此可以将短期有价证券作为现金的理想替代物。它可以作为一种以较高收益率积累现金的手段,来应付公司在不久的将来对各种现金支出的需要。

(二) 作为短期投资的手段

短期有价证券的收益率会高于银行活期存款利息率,公司用暂时闲置的现金向短期有价证券投资,既可以满足公司突发性的对现金的需要,又可以获得比银行活期存款利息率高的投资收益率。

三、短期有价证券的投资策略

(一) 短期有价证券投资应考虑的基本因素

从作为现金替代物的短期投资来考察,短期有价证券投资应考虑的基本因素如下。

1. 安全程度

安全程度,即安全性,是指如期收回短期有价证券投资本息的保证程度。短期有价证券的安全性与证券发行人的信用状况密切相关,信用级别越高,安全程度就越高。但与收益率相反,短期有价证券的信用级别越高,收益率就越低。比如 AAA 级短期有价证券的安全性高于 AA 级短期有价证券,但是,AA 级短期有价证券的收益率则大于 AAA 级短期有价证券。这说明,公司在进行短期有价证券投资时,要在短期有价证券的风险与收益之间进行权衡。不过,从作为现金替代物的角度来看,短期有价证券投资应始终将安全性放在首位。

2. 变现能力

短期有价证券变现能力是指短期有价证券在不作价格让步的前提下,迅速转变为现金的能力。价格不变,变现速度越快,变现能力就越强。现实中的任何交易价格均具有边际性,即交易价格随供求关系的变化而变化。当供大于求时,价格下降;当求大于供时,价格上升。交易的这种特征说明,公司在选择短期有价证券投资时,应尽可能选择发行量大和市场交易活跃的短期有价证券,因为这类证券的价格会相对稳定,且变现能力强。如果公司暂时闲置的现金数额较大,还需要考虑分散投资,以减少短期有价证券的投资风险。最好能选择到期日与现金需要时间相一致的短期有价证券投资,这样,就可以将投资的变现能力风险降到最低限度。

3. 收益能力

由于短期有价证券投资的目的就是希望在规避风险的前提之下追求较高的收益,因此收益能力必然是短期有价证券投资所要考虑的一个重要问题。但是,应该注意到风险与收益的关系,追求收益只能放在风险之后来考虑。对短期有价证券投资来说,追求收益能力的最大化,只能是在既定风险水平条件下的收益能力最大化。

(二)短期有价证券的投资组合决策

短期有价证券种类、数量和期限是短期有价证券投资必须认真考虑的三个问题。安排短期有价证券投资,首先,要估计公司未来现金净流入量;其次,要根据公司不同时期的现金流动模式和规律性,选择各种到期日的证券,使现金流入时间与支付时间尽可能地接近,从而形成既能保证现金流动性的需要,又能谋取最大平均收益的短期有价证券组合。

下面以实例说明短期有价证券的组合方法。

【例 6-5】 假定某公司 2002 年的预计现金支出情况如下:

(1) 公司日常每月现金流入量与现金流出量基本持平,但销售的现金收入主要在月初取得,工资、生产经营费用等的现金支出主要发生在月末,平时现金平均余额为 80 万元,可用 50 万元投资于短期有价证券。

(2) 3 月份将有一张金额为 30 万元的商业承兑汇票到期。

(3) 在 6 月份将为固定资产支付 40 万元的大修理费。

(4) 上年向银行取得的 50 万元的贷款将在 9 月份到期。

(5) 在本年年末将偿还分期还本付息的长期债券本金和利息 100 万元。

又知 1 个月内到期的短期有价证券的利息率为 3%,3 个月期的银行承兑汇票的利息率为 4%,6 个月期的商业票据的利息率为 5%,9 个月期的可转让银行定期存单的利息率为 6%,1 年期债券的利息率为 8%。试根据上述资料进行短期有价证券的投资组合决策。

解:

根据上述资料,在收支平衡的条件下,以投资收益额最大为标准的短期有价证券的投资组合及其收益额如下:

购买 1 个月期的短期有价证券 50 万元的收益额 = $(50 \times 3\%) \div 12 = 0.125$(万元)

购买 3 个月期的银行承兑汇票 30 万元的收益额 = $(30 \times 4\%) \div 4 = 0.3$(万元)

购买 6 个月期的商业票据 40 万元的收益额 = $(40 \times 5\%) \div 2 = 1$(万元)

购买 9 个月期的可转让银行定期存单 50 万元的收益额 = $(50 \times 6\%) \times (9 \div 12) = 2.25$(万元)

购买 1 年期的债券 100 万元的年收益额 = $100 \times 8\% = 8$(万元)

上述投资于短期有价证券的组合收益额合计等于 11.675 万元,如果考虑短于 1 年的投资次数可以大于 1 次,因此,实际年收益将超过 11.675 万元。可以将该短期有价证券的投资组合用图 6-4 加以直观反映。

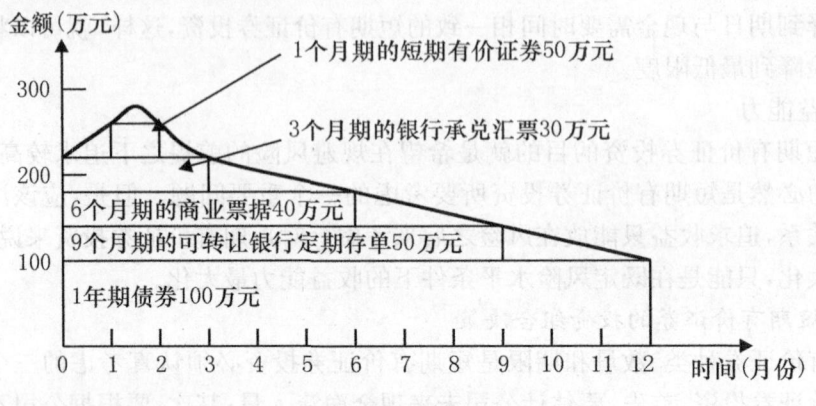

图 6-4 短期有价证券投资组合示意图

图 6-4 中的曲线反映的是现金和短期有价证券的波动状况,在波峰时,公司的现金余额最多,因此可以用来购买短期有价证券,至于购买何种短期有价证券,则应根据不同时期的现金支出量而定,这样便形成了短期有价证券的投资组合。短期有价证券的最优投资组合应是在确保满足各期现金支付情况下的投资组合收益最大化。本例如按上述投资组合,则可以达到最优。

从图 6-4 可以看出,确定短期有价证券的最优投资组合必须考虑短期有价证券的种类、数量和期限三个因素,以及三个因素之间的相互关系。短期有价证券的种类和数量相互联系,且受现金净流入量的影响。现金净流入量越多,投资短期有价证券的种类和数量就可以越多。各种短期有价证券的期限受制于现金支出的时间。如果公司能准确地估计出未来一段时期的现金流出量、现金流入量和现金净流入量,那么,短期有价证券的到期日就成为其投资组合决策中最重要的因素。

第四节 应收账款投资管理

在我国,随着市场经济的完善和发展,公司间相互提供商业信用的情况与日俱增,公司加强应收账款的投资和管理已成为流动资产管理的一项重要内容。本节将对应收账款投资和管理的若干基本理论和方法进行探讨。

一、信用策略

虽然宏观国民经济环境会对公司应收账款的高低产生重大影响,但公司本身的信用策略才是决定公司应收账款投资水平的最主要和最直接的因素。公司信用策略就是通过权衡收益和风险来确定应收账款投资水平的策略。确定最佳应收账款投资量应考虑的主要因素有信用标准、信用期限、现金折扣、坏账损失、收账费用等。

(一) 信用标准

信用标准是指公司向购货方提供商业信用时间的长短。信用标准会直接影响到应收账款的投资量,信用标准与应收账款投资量成反比,即降低信用标准会引起应收账款投资量的增加,提高信用标准会引起应收账款投资量的减少。应收账款投资量的多少,会从两个方面影响到公司收益:一方面,应收账款的增加可以扩大公司的销售量,使公司从销售收入的增长中获得更大的收益;另一方面,应收账款的投资会产生投资成本,该投资成本为应收账款的机会成本。从理论上讲,只要增加应收账款的收益可以弥补应收账款的投资成本,那么增加在应收账款上的投资就是可取的。以下将通过实例来分析应收账款投资中收益与成本的权衡的理论和方法。

【例 6-6】 某公司生产和销售一种产品,其销售单价为 100 元/件,生产和销售的单位变动成本为 60 元/件。假设该公司生产经营能力尚未能充分发挥作用,可以在不增加固定成本的条件下增加产品的产销量。该公司上年度产品赊销量为 30 000 件,信用标准为"n/30";本年度的生产和销售形式均没有发生变化。公司估计,若将信用标准降低到"n/60",那么可以增加赊销额 30%。已知增加应收账款的机会成本率为 10%。试根据上述资料分析降低信用标准的策略是否可取。

解:

为了便于分析,可编制增加应收账款的收益和成本分析表,如表 6-2 所示。

表 6-2

追加应收账款的收益和成本分析表

单位:元

项 目	金 额	算 式
1. 增加销售量产生的收益	360 000	30 000×30%×(100-60)
2. 增加应收账款产生的成本	40 000	400 000×10%
上年度应收账款平均余额	250 000	(30 000×100)÷12
本年度应收账款平均余额	650 000	(39 000×100)÷6
应收账款增加额	400 000	650 000-250 000
3. 收益-成本	320 000	360 000-40 000

通过表 6-2 的分析,可以发现,追加应收账款产生的收益大于追加应收账款产生的成本,产生了 320 000 元的净收益,因此放宽信用标准是可取的。当然,放宽信用标准产生的实际成本并不只有应收账款的筹资成本,还包括坏账损失风险等。

(二)信用期限与现金折扣

公司在提供信用时,可以给客户以较长期限的信用或现金折扣的选择权。这种选择权也称为信用条件。公司给出信用条件前,除了需要对收益和成本进行权衡之外,还要进行收益与风险的权衡,最后根据权衡的结果制订最有利的信用条件。

【例 6-7】 假定[例 6-6]中公司有将 30 天的信用标准放宽为 60 天和给出"2/10,n/60"信用条件这样两个方案。设有 50%的客户选择现金折扣,在第 10 天付款;有 50%的客户放弃现金折扣,在第 60 天付款。问哪一方案为优?

解:
根据上述资料的分析计算结果如表 6-3 所示。

表 6-3
不同信用条件的信用成本分析计算表

单位:万元

项 目	金 额	算 式
一、"2/10,n/60"信用条件		
1. 现金折扣	39 000	1 950 000×2%
2. 应收账款成本	37 917	379 167×10%
(1) 第 10 天付款的应收账款平均余额	54 167	1 950 000÷36
(2) 第 60 天付款的应收账款平均余额	325 000	1 950 000÷6
应收账款平均余额	379 167	
"2/10,n/60"信用条件下的成本	76 917	
二、"n/60"信用条件下的成本	65 000	650 000×10%
三、"2/10,n/60"信用条件下的成本—"n/60"信用条件下的成本	11 917	

根据表 6-3 的分析结果,"2/10,n/60"信用条件的成本大于"n/60"信用条件的成本,因此单从结果来看,"n/60"比"2/10,n/60"优。但是,我们也应该注意到这种结果是建立在延长信用期限不会带来风险损失的前提之下的。实际上,随着信用期限的延长,公司的风险损失也会随之增加,这样,两种信用策略的对比将会有不同的结果。

(三)坏账损失

坏账损失是指由于客户违约不支付货款而造成的损失。从理论上讲,只要公司提供商业信用,就会存在坏账损失的可能性或风险。这种风险的大小与信用期限有关,信用期限越长,坏账损失的风险就越大。因此,在制订信用策略时,公司必须要考虑到信用期限与坏账损失之间的关系,通过权衡不同信用期限产生的收益和风险来确定信用期限和信用条件。现以实例说明这种权衡的方法。

【例 6-8】 设[例 6-6]和[例 6-7]中不同信用策略的坏账损失率如表 6-4 所示。

表 6-4

不同收账期与坏账损失率对照表

项　　目	原"n/30"策略	"n/60"策略	"2/10,n/60"策略
平均收账期	30 天	60 天	35 天①
坏账损失率	2%	5%	2.5%

① $\dfrac{10\times1\,950\,000+60\times1\,950\,000}{3\,900\,000}=35$（天）

试分析不同信用策略的收益情况。

解：
根据所掌握的资料，可以编制分析计算表，如表 6-5 所示。

表 6-5

不同信用策略收益分析计算表

金额单位：元

项　　目	原"n/30"策略	"n/60"策略	"2/10,n/60"策略
1. 全年赊销额	3 000 000	3 900 000	3 900 000
2. 应收账款周转次数（次）	12	6	10.286
3. 应收账款平均余额	250 000	650 000	379 167
4. 应收账款成本（=3×10%）	25 000	65 000	37 917
5. 现金折扣	0	0	39 000
6. 坏账损失	60 000	195 000	97 500
7. 信用总成本（=4+5+6）	85 000	260 000	174 417
8. 贡献毛益（=1×40%）	1 200 000	1 560 000	1 560 000
9. 扣除信用成本后的贡献毛益	1 115 000	1 300 000	1 385 583

对比表 6-5 中的三种方案，可以看出，在考虑坏账损失之后，"2/10,n/60"的信用策略所获得的收益最大，比"n/60"的信用策略多获利 85 583 元。因此，"2/10,n/60"的信用策略是三种信用策略中最优的选择。

（四）收账费用

收账费用也是确定信用策略需要考虑的重要因素之一。收账费用包括收账所花的邮电通讯费、派专人收款的差旅费和不得已时发生的法律诉讼费等。在其他条件不变的情况下，收账费用与坏账损失成反比，即收账费用越多，坏账损失就越少，平均收账期就越短。

当然，收账费用与坏账损失和平均收账期并不存在线性关系。一般是，最初的少量收账费用对坏账损失的影响不大，即不会引起坏账损失的大幅度下降。然而，随着收账费用的逐渐增加,它对坏账损失的减少所起的作用就越来越大。但是,当达到某个程度之后,追加的收账费用对进一步地减少坏账损失的作用会逐渐减弱。同样,收账费用与平均收账期也存在着这种关系。

为什么会出现这种现象?这可以通过对实际存在的现象的分析来回答。在实际中,对信用程度差的客户,用单纯的信函或电话等方式催款对其付款行为的影响不大;但公司派人上门催款时,其作用开始增大;到动用法律手段时,收账费用所起的作用达到顶峰。可是当这类信用程度差的客户倾其家产也不可能偿还所欠款项时,公司无论花费多少收账费用对增加货款的回收也不会起到什么作用,即收账费用的作用锐减。这种关系可用图 6-4 简示。

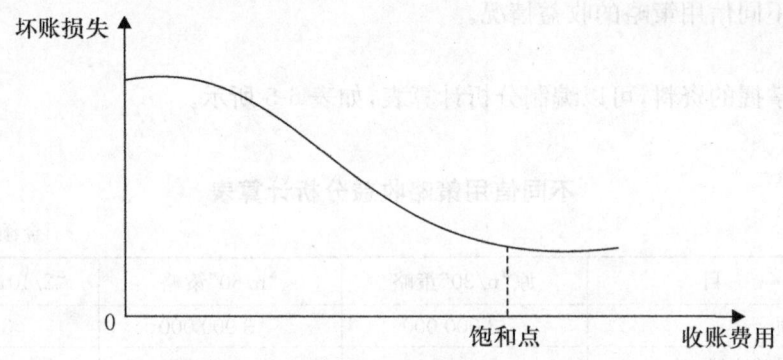

图 6-4　坏账损失与收账费用关系示意图

从图 6-4 可以看出,在收账费用投入量较少的时候,坏账损失下降不多;随着收账费用投入量的增多,坏账损失急剧下降;但是,当坏账损失下降到一定程度之后,无论收账费用投入多少,坏账损失均不会有明显的减少。追加收账费用不会引起坏账损失明显下降的这一点称为饱和点。在理论上,任何一家公司的收账费用都不应该超过饱和点,因为超过饱和点后的投资是不可能产生效益的投资。

下面继续以实例讨论考虑收账费用后的信用策略制订问题。

【例 6-9】　现在前述年赊销金额为 3 900 000 元实例的基础上假定收账费用与坏账损失和平均收账期有如下的关系(如表 6-6 所示)。

表 6-6

收账费用与坏账损失和平均收账期的关系表

项　　目	方案 1	方案 2	方案 3
全年收账费用(元)	0	100 000	200 000
平均收账期(天)	60	40	30
坏账损失率(%)	5	2	1

问该公司应该选择哪一个方案?

解：

根据资料，可以得到三个收账方案成本分析计算表，如表 6-7 所示。

表 6-7

三个收账方案成本分析计算表

金额单位：元

项 目	方案 1	方案 2	方案 3
1. 全年赊销额	3 900 000	3 900 000	3 900 000
2. 应收账款周转次数（次）	6	9	12
3. 应收账款平均余额	650 000	433 333	325 000
4. 应收账款成本	65 000	43 333	32 500
5. 坏账损失	195 000	78 000	39 000
6. 收账费用	0	100 000	200 000
7. 总成本（＝4＋5＋6）	260 000	221 333	271 500

从表 6-7 可以看出，方案 1 没有收账费用，总成本为 260 000 元；方案 2 追加了 100 000 元的收账费用，总成本降至 221 333 元，比不追加收账费用多盈利 38 667 元（260 000－221 333）；但方案 3 收账费用增至 200 000 元，总成本上升至 271 500 元，比没有收账费用的方案 1 还少盈利 11 500 元（271 500－260 000），这主要是收账费用超过其所带来的收益所致。因此，三个方案中，公司应选择方案 2。

（五）信用策略综述

以上分别讨论了制订信用策略所要考虑的若干问题，即信用标准、信用期限、现金折扣、信用条件、坏账损失和收账费用等方面的问题。现根据客户的信用态度，把客户分为付款迅速、付款迟缓和不付款三大类，以及把公司是否提供信用的决策分为提供信用和不提供信用两种，这样，就会出现六种不同的组合结果。这六种组合结果如表 6-8 所示。

表 6-8

信用决策的六种最终结果

公司信用决策 最终结果 客户付款行为	提 供 信 用	不 提 供 信 用
付款迅速	① 盈利增加	② 失去盈利机会
付款迟缓	③ 收账费用增加，盈利减少	④ 避免了收账费用，但失去了盈利机会
不付款	⑤ 收账费用增加，坏账损失增加	⑥ 避免了收账费用和坏账损失

从表 6-8 可以看出，结果①和结果⑥是公司进行信用分析所追求的目标，如果通过信

用分析得到这两个结果,公司就很容易采取果断措施提供信用或不提供信用。结果②和结果⑤是公司应该努力避免的结果,避免这两种结果可以使公司盈利能力得到提高。上述四种结果对公司盈利能力的影响是显而易见的,但结果③和结果④对公司盈利能力的影响则不明显,需要将它们产生的收益和成本进行比较后才能得出结论。在客户付款迟缓的情况下,公司提供信用,如果发生了结果③,那么,公司提供信用所增加的收益将被增加的收账费用所抵减一部分,极端者收益可能全部被抵消,甚至出现负数。如果没有提供信用的话,则如结果④所示,避免了收账费用和丧失了盈利机会。当实际上的收账费用小于丧失的盈利时,就会给公司带来机会损失;相反,在实际上的收账费用大于丧失的盈利时,就会给公司带来机会收益。显然,公司在制订信用策略时,应尽可能使结果③和结果④明朗化,以最大限度地减少收账费用所带来的风险和增加提供信用所带来的收益。

二、客户信用分析

由于存在客户延期付款和拒付款的风险,因此,公司在提供信用时必须对客户的信用状况进行分析。信用分析的传统方法是先对客户个人品质、付款能力、财产状况和外部环境四个因素进行分析,然后再将这四个方面的因素加以综合评价,以决定是否对客户提供信用。以下讨论这四个因素。

个人品质是指诚实、正直、公平等等方面的个人素质特征。这些特征对客户是否在信用期限内付款起着决定性的影响。对单位而言,客户的个人品质主要是指单位负责人或主管部门负责人的品质。对个人品质的评价,虽然可以通过面对面交谈和通过信用申请单上的有关资料来判断,但更可靠的是根据客户以往付款的实际情况来判断。当然,也可以从其他向该客户提供信用的公司,或者从信用中介机构那里取得客户品质的资料,使对客户品质的判断更为可靠。

客户是否能如期付款,除了与其品质有关之外,还与其付款能力直接有关。付款能力是指客户在信用期满时的支付能力。证明客户付款能力的方法主要是分析客户的各种财务资料。这些财务资料主要是与客户的损益表有关的资料。因为,通过对客户若干期损益表的分析,可以大致预测客户在信用期满时的支付能力。

财产状况代表着客户资产对信用所提供的担保能力。它主要通过对客户资产负债表的分析来了解。如通过对公司资产流动性的分析,可以了解客户偿付信用的能力;通过债务与权益、债务与总资产等比率的分析,可判明客户对偿付信用的财产担保能力。

外部环境主要是指信用决策时的社会政治和经济条件。这种外部环境虽然是客户不能控制的因素,但是公司在制订信用策略时必须加以详细分析。因为外部环境如何会直接影响到客户付款能力的变化,如在银根紧缩时,客户筹集资金的能力就会减弱,从而延期付款的可能性就会增大;在通货膨胀或物价上涨时,公司提供信用就会遭受贬值损失;等等。外部环境除了指社会大环境之外,还包括客户所在地区和行业的环境。外部环境的信息来源不能靠客户提供,而要靠本公司的财务人员日常搜集。

对以上四个方面的因素分别分析之后,就需要对它们进行综合分析,以得出是否提供信用的决策。这种分析程序可用图 6-5 简示。

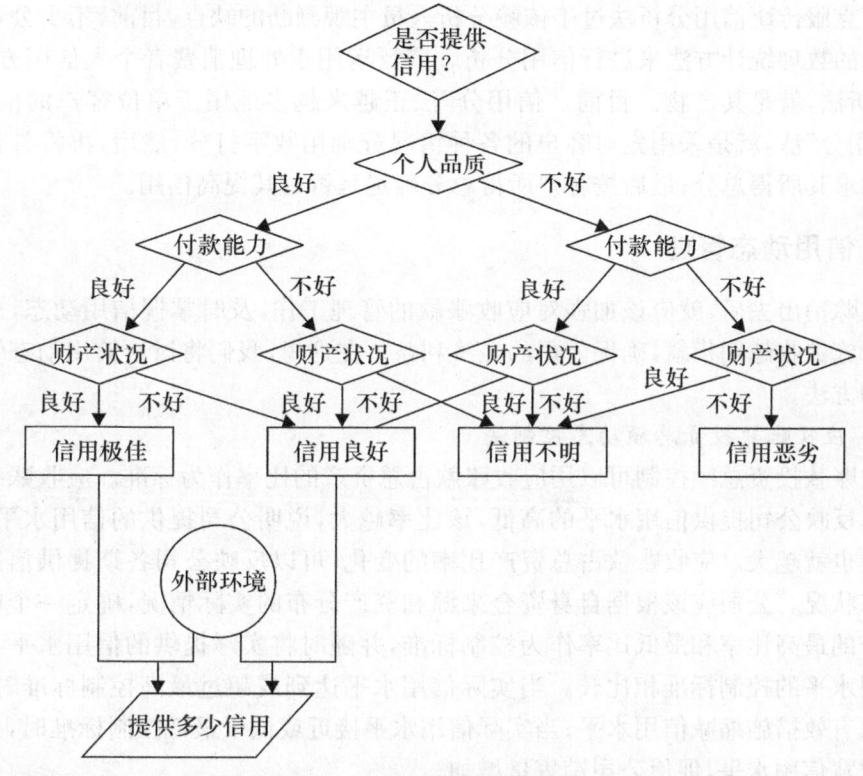

图 6-5 传统信用分析示意图

图 6-5 是一个信用分析员在处理信用资料时的主观分析示意图。简单起见,该图没有对外部环境这一因素进行深入的剖析,而主要集中于其他三个因素之上。显然,外部环境对提供信用的影响是很大的,在外部环境不好或恶劣的情况下,即使客户信用极佳,提供信用也是不明智的。另外,提供多少信用,会受到公司自身条件的制约,如公司资金状况的制约。

对个人品质、付款能力和财产状况三个因素的衡量,有时可以定量表现,如各种财务比率指标;但更多的情况下,只能定性表现,如很好、较好、不好等。对每一要素进行定量和定性分析后,分析人员就得出每一要素的好坏结果。通过层层分析,最后得到的结果分为四大类,并将它们从极佳到恶劣排列,以此来确定提供信用的取舍和提供多少信用的问题。

这种分析过程的弱点,是分析判断过程包含着大量的主观判断。虽然主观判断是必要的,但是不同的分析人员会对四个因素的重要程度、优劣标准作出不同的判断,这就使分析难以标准化。为了解决这一问题,公司应尽可能地制订主观判断的标准作为提供信用的依据,以防范提供信用上的偏见。

在进行信用分析时,信息成本是一个必须考虑的因素。随着各种信用分析的深入,其信息成本将以加速度的形式上升,致使深入调查所花的费用大大超过其可能带来的收益。因此,对客户信用的深入分析,往往只能局限于大客户身上。

为了克服传统信用分析法过于依赖分析人员主观判断的缺点,目前,不少公司已引入了较复杂的数理统计方法来进行信用分析。广泛运用于处理消费者个人信用方面的"信用分"分析法,就是其产物。目前,"信用分"法正越来越多地用于单位客户的信用分析。所谓"信用分"法,就是采用先对客户的各种情况分别用数字打分;然后,再将各种情况的得分相加求其所得总分;最后按客户所得总分确定是否对其提高信用。

三、信用动态管理

产品赊销出去后,就应该加强对应收账款的管理工作,及时掌握信用动态,采取各种必要的措施催收越期货款,确保公司的经济利益。在这里,我们将讨论信用动态管理的一般理论和方法。

(一)应收账款投资总额动态控制法

应收账款投资总额控制可以用应收账款占总资产的比率作为标准。应收账款占总资产的比率反映公司提供信用水平的高低,该比率越大,说明公司提供的信用水平越高,相应地风险也就越大。应收账款占总资产比率的变化,可以反映公司各期提供信用水平变动的动态状况。公司应该根据自身资金来源和资产分布的实际情况,确定一个应收账款占总资产的最高比率和最低比率作为控制标准,并随时将实际提供的信用水平与这两个提供信用水平的控制标准相比较。当实际信用水平达到或超过最高控制标准时,公司就应该采取有效措施缩减信用水平;当实际信用水平接近或低于最低控制标准时,公司就应该适当放宽信用水平,促使公司销售量增加。

为了便于将实际信用水平与计划标准相比较,公司可以采用控制图法来加强其应收账款管理。控制图法在信用动态管理中的运用,可用图 6-6 简示。

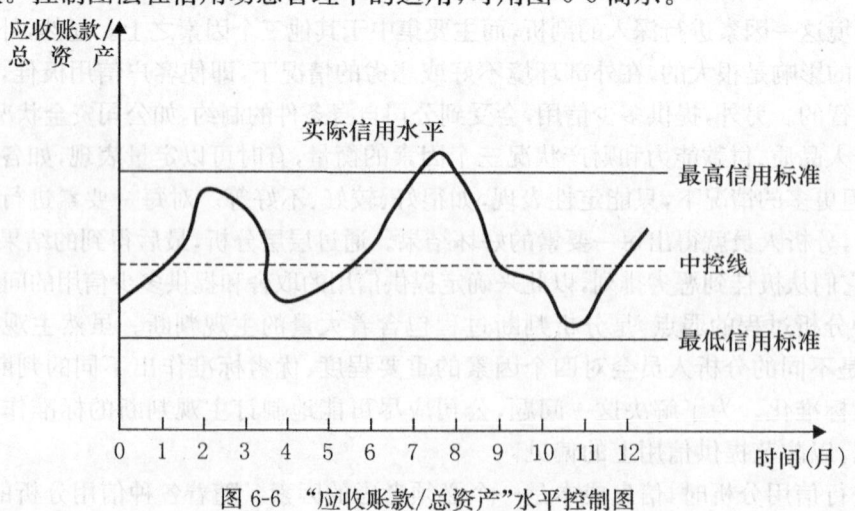

图 6-6 "应收账款/总资产"水平控制图

采用控制图法控制公司提供信用的水平,要求公司信用员在决定是否提供信用之前,必须考虑公司总的信用水平状况,只有在总信用水平低于最高信用水平的前提之下,才能提供信用。具体地说,当实际接近最高控制线时,应收紧信用;当实际接近最低控制线时,则应放松信用。

随着电子计算机在财务核算中的普及,公司应收账款占总资产比重的资料已经可以随时取得,而不是只在月末才能获得。这样,利用控制图法来控制公司信用水平就更加有实际意义了。

需要说明的是,应收账款是按销售价格计价而不是按成本计价。因为销售价格中包含有利润,因此,应收账款的账面资金占用额大于实际资金占用额,即应收账款与总资产之比所表示的信用水平大于公司实际提供的信用水平。为了准确掌握公司在应收账款方面的投资量,需要将应收账款的价值从销售价调整为成本价。调整的基本方法是首先确定销售收入成本率,然后再用该比率乘以销售收入,就得到了应收账款的成本。公司应尽可能以实际提供的信用为基础来控制信用水平。

(二) 平均收账期控制法

平均收账期是指应收账款平均余额与每日平均赊销额之比,其计算公式如下:

$$平均收账期=\frac{应收账款平均余额}{日平均赊销额}=\frac{应收账款平均余额}{\frac{某期赊销总额}{该期日历天数}}$$

平均收账期指标反映了客户偿付货款的情况,通过各期该指标的变化,就可以了解公司实际信用期限变化的动态状况,有利于公司作出是否采取加速收款措施的决策。下面以实例来说明平均收账期控制法的运用。

【例 6-10】 假设某公司的信用标准为"n/60"。全年实际每月赊销额和应收账款的资料如表 6-9 所示。

表 6-9

赊销额和应收账款余额明细资料

单位:万元

月 份	赊销额	应收账款①	月 份	赊销额	应收账款①
1	300	620	7	500	1 080
2	280	600	8	530	1 120
3	310	590	9	600	1 230
4	340	640	10	680	1 410
5	350	710	11	740	1 570
6	420	800	12	810	1 700

① 应收账款为应收账款平均余额。

试根据表中资料求各月的平均收账期。

解：

根据表 6-9 的资料，按公式可以求得各月份的平均收账期：

$$1 月份平均收账期 = \frac{620}{300 \div 31} = 64.07(天)$$

其余各月份的平均收账期按上述计算方法类推，其计算结果如表 6-10 所示。

表 6-10

各月份平均收账期一览表

单位：天

月 份	1	2	3	4	5	6	7	8	9	10	11	12
平均收账期	64.1	60	59	56.5	62.9	57.1	67	65.5	61.5	64.3	63.7	65.1

通过掌握各月份收账期的变化，可以制订相应的收账对策。特别通过将收账期与公司提供的信用期限相比较，可以发现有无延期付款的现象存在；如果有，延期付款的程度又有多大等，这就有利于公司进行收账决策。按上例，公司除 2、3、4、6 月 4 个月的收账期在其提供的信用期限以内之外，其余 8 个月的收账期均长于公司所提供的信用期限。其中，7 月份的收账期最长，为 67 天。这说明，该公司在实际执行信用策略时还不够严格，公司应该强化逾期应收账款的催收工作。

公司也可以用收账期控制图法对收账期进行管理。这时，公司所制订的信用期限就为中控线，上控线和下控线是公司准许收账期波动的范围。这样，在将各期实际的收账期填入控制图中后，就可以直接判断实际与标准的背离程度，从而有利于制订正确的收账策略。

（三）应收账款账龄分析法

上述平均收账期是销售收入和客户付款状况共同影响的结果。为了进一步了解客户的付款情况，在计算平均收账期后，财务人员还需要进一步编制"应收账款账龄分析表"。该表是按应收账款账龄分组，并反映各应收账款账龄组的金额和占应收账款总额的比重的分析表。现仍以实例对该表加以说明。

【例 6-11】 假定[例 6-10]的公司的应收账款账龄分析如表 6-11 所示。

表 6-11 中的有关数据表明，该公司应收账款期限在 30 天以内的比重很大，几乎都在应收账款总额的 40% 以上，最高的 7 月份达到了 50.9%。将账龄分析结果结合平均收账期结果来分析，可以看出，该公司长期未收回的账款，主要是以前积累下来的老账，因为公司的平均收账期仅为 60 多天；而本年度内销售收入基本上能在 60 天内收回，这可以通过各月销售收入增加数与 60 天内的应收账款增加数的对比中看出。对该问题，公司应加以深入分析，查明原因。

表 6-11

应收账款账龄分析表

金额单位：万元，比重单位：%

账龄 月份	1～30天		31～60天		61～90天		90～120天		120天以上		总　额	
	金额	比重	金额	比重	金额	比重	金额	比重	金额	比重	金额	比重
1	30	48.4	200	32.3	100	16.1	10	1.61	10	1.61	620	100
2	250	41.7	200	33.3	80	13.3	60	10	10	1.67	600	100
3	260	44.1	180	30.5	90	15.3	40	6.8	20	3.4	590	100
4	250	39.1	150	23.4	140	21.9	60	9.4	40	6.24	640	100
5	320	45.1	210	29.6	100	14.1	50	7	30	4.2	710	100
6	350	43.8	250	31.3	110	13.8	70	8.7	20	2.5	800	100
7	550	50.9	300	27.8	150	13.9	60	5.6	20	1.8	1 080	100
8	520	46.4	340	30.4	140	12.5	90	8	30	2.7	1 120	100
9	550	44.7	390	31.7	170	13.8	80	6.5	40	3.3	1 230	100
10	650	46.1	450	31.9	200	14.2	100	7.1	10	0.7	1 410	100
11	730	46.5	530	33.8	180	11.5	80	5.1	50	3.2	1 570	100
12	800	47.1	500	29.4	240	14.1	100	5.9	60	3.5	1 700	100

公司进一步的分析主要是将超过 90 天尚未付款的客户名单列出，对其信用状况逐一审核，明确账款过期未付的原因，以针对不同的具体情况采用不同的收账策略。

四、收账策略

公司对拖欠货款的客户要制订可行的收账策略。应收账款的收款工作以寄出收款单开始。当信用到期后，公司通常采用的收账策略是先给客户发出一封通知付款的信函，然后再逐渐缩短间隔期连续发给几封催收款的"讨债信"，信中的语气也随着时间的推移越来越严肃。如果信函不起作用，公司可以向客户打电话催款，直到派出专人前往客户所在地收款。如果派出专人都不能收回货款，公司就只有通过法律程序来解决问题。显然，客户拖欠货款的时间越长，公司采取的收款方式就应该越趋严厉，这样，所花的收账费用就越大。

在西方国家中，有一种专门为债权人追讨货款的收款公司，不过这类专业收款公司索取的收账费用很高，往往达到所收款项的 30%～50%。在我国，有关法律严格禁止成立专业收款公司，故在这里不加以详述。

权衡采用什么收款方式合适，必须要将支付的收账费用与它可能带来的收益联系在一起来考虑。公司一般不应花1000元钱去收回500元钱的货款。公司制订的收账策略，只有在收账费用小于其所取得的预期收益时才是可取的。现以实例说明收账费用与预期收益的权衡问题。

假定某远离公司所在地的客户拖欠了甲公司100 000元的货款已久，公司多次发"讨债信"和去电话催款，但客户都推说他现在资金紧张，无法付款，并保证在财务状况好转后一定全部偿还欠款。

对此，甲公司信用管理人员作了专门分析，得出如下结论：该客户目前的确财务状况不佳，资金严重短缺，负债累累，其主要原因是产品销路不畅。但该客户也并不是没有偿还本公司货款的资金，而是将它投入了生产周转，弥补其生产资金的不足。

【例6-12】 根据上述情况，甲公司拟订了三种收账方案：A方案，只定期用信函和电话催款；B方案，派专人前去收款；C方案，诉诸法律强行收款，并进一步估计了这三种不同方案的成本和可能得到的预期收益。其预测结果如表6-12所示。

表6-12

三种收账方案预测结果分析表

金额单位：元

A方案（收账费用3 000元）			B方案（收账费用10 000元）			C方案（收账费用20 000元）		
收回现金	概　率	预期收益	收回现金	概　率	预期收益	收回现金	概　率	预期收益
0	0.8	0	0	0.2	0	0	0	0
10 000	0.1	1 000	10 000	0.4	4 000	10 000	0.4	4 000
20 000	0.05	1 000	20 000	0.3	6 000	20 000	0.3	6 000
30 000	0.03	900	30 000	0.06	1 800	30 000	0.2	6 000
40 000	0.02	800	40 000	0.04	1 600	40 000	0.1	4 000
		3 700			13 400			20 000

从表6-12可以看出，采用A方案的净收益为700元(3 700－3 000)，B方案的净收益为3 400元(13 400－10 000)，C方案的净收益为0(20 000－20 000)。故B方案，即派专人前去收款的方案是三种方案中最优的，A方案次之，C方案是毫无意义的方案。为什么诉诸法律都不能收回全部货款呢？原因是该公司已经负债累累，诉诸法律容易迫使客户破产，在客户破产后的资产分配中，公司只能按其债权的1/5得到补偿，故只能获得20 000元。

第五节　存货投资管理

存货包括各种原材料存货、在制品存货和产成品存货等，它是一般工商企业中占用资金量最大的一类资产之一。存货资产的大小,取决于诸多因素:第一,生产规模和产品结构;第二,生产周期和工艺过程;第三,供货和销货情况;第四,其他。直接参与存货管理的部门有供应、生产、销售、财务等部门,其中前三个部门主要从数量上对存货进行管理,而财务部门则主要从价值方面对存货进行管理。与现金、有价证券和应收账款的管理相比,存货管理要复杂得多。本节将对存货投资管理的相关理论和方法进行讨论。

一、存货投资总额的决策

(一)存货投资的风险和收益特征

存货是流动资产各项目中收益率最大,同时又是风险最大的资产。存货不同于流动资产中的其他项目,公司在其他项目的投资,风险和收益具有单一方向性的特征,比如现金占用量越大,公司风险水平就越低,同时收益也越低,即现金投资的风险和收益成反比;但是公司在存货上的投资,风险和收益却具有多向性的特征。一方面,存货过多可能会增加公司风险,也可能会降低生产经营的成本,使收益增加;还可能会因资产的使用效率下降,引起收益减少。另一方面,存货过少则既可能丧失销售机会或使成本上升,导致收益下降;又可能因提高资金的使用效率而导致收益增加。这说明,增加存货可能使公司的风险和收益同时增加或减少,减少存货也可能使公司的风险和收益同时增加或减少。

有关存货风险和收益的特征可以进一步用表 6-13 具体分析如下。

表 6-13

存货风险和收益特征分析表

存货项目	存货增加对风险和收益的影响情况		存货减少对风险和收益的影响情况	
	风 险	收 益	风 险	收 益
原材料存货	变现能力减弱;原材料短缺风险减小,生产稳定性增强。	资金使用效率降低,收益率下降;成本下降,收益增加。	变现能力增强;原材料短缺风险增大,生产稳定性减弱。	资金使用效率增加,收益率上升;成本上升,收益下降。
在制品存货	变现能力减弱;生产秩序不正常风险减小,稳定性增强。	资金使用效率降低,收益率下降;成本下降,收益增加。	变现能力增强;停工风险增大,生产稳定性减弱。	资金使用效率增加,收益率上升;成本上升,收益下降。
产成品存货	变现能力减弱;不能满足市场需求的风险减小。	资金使用效率降低,收益率下降;销售收入上升,收益增加。	变现能力增强;不能满足市场需求的风险增大。	资金使用效率增加,收益率上升;销售收入减少,收益减少。

从表 6-13 可以看出，增加原材料和在制品有利于公司抵御供应市场不确定性对公司正常生产秩序影响的能力，增加产成品存货有利于公司增加抵御销售市场上销售需求上升但公司无货可供而坐失盈利机会的能力。但销售市场还有销售需求下降这一方面的不确定性，一旦销售市场需求下降，不仅会使产成品存货难以变现，而且也必然会影响到在制品和原材料的变现，这就意味着存货越多风险越大。

（二）存货投资总额决策例解

公司旨在为应付供应市场不确定性和销售市场上需求上升不确定性而增加存货以获取收益的需要，正好与为规避销售市场上需求下降的不确定性而减少存货以降低风险的要求相矛盾，解决这对矛盾的唯一办法就是权衡各种存货水平上的综合风险和收益，并从中选择出最佳的存货投资方案。

为了保证权衡建立在可靠的基础之上，公司必须对市场，特别是销售市场的各种情况进行准确的预测。关于市场预测的方法多种多样，这里不作介绍，只是要说明的是，市场预测总是建立在若干假设基础之上的，要完全精确地预测市场情况的变化是很困难的，因此，公司在进行存货投资总额决策时，要根据公司抗风险能力的实际状况留有余地。

下面，我们通过实例来讨论存货总投资的决策问题。

【例 6-13】 甲羊毛衫工厂的现有资产负债表如表 6-14 所示。

表 6-14

资 产 负 债 表

单位：万元

资　产	金　　额	负债及股东权益	金　　额
现有资产项目合计	300	普通股权益	300
总资产	300	总权益	300

表 6-14 是为了讨论问题方便而简化了的资产负债表。在资产方仅设现有资产合计项目来替代各种资产，权益方则只有一个普通股权益项目。

该工厂预计，本年秋冬季市场对一种用进口原料编织的羊毛衫的需求量将激增。若动用本厂生产潜力以及通过外加工组织生产，在不增加固定成本的条件下，可在旺季到来时生产 100 000 件该种羊毛衫投放市场。且进一步估计这 100 000 件羊毛衫有可能全部销售出去。该羊毛衫的销售单价为 50 元/件。生产该种羊毛衫的原材料必须一次性从外国进货，原材料费用为 20 元/件，其他变动费用为 20 元/件。采购原材料和支付其他变动费用的资金通过短期银行借款解决。

该公司通过向银行取得贷款 200 万元，一次性从国外购入原材料之后的资产负债表如表 6-15 所示。

表 6-15

资产负债表

单位:万元

资　产	金　额	负债及股东权益	金　额
现有资产项目合计	300	短期银行贷款	200
新增原材料存货	200	普通股权益	300
总资产	500	总权益	500

当该批羊毛衫生产完工之后的资产负债表如表 6-16 所示。

表 6-16

资产负债表

单位:万元

资　产	金　额	负债及股东权益	金　额
现有资产项目合计	300	短期银行贷款	400
新增原材料存货	0	普通股权益	300
新增产成品存货	400		
总资产	700	总权益	700

如 100 000 件羊毛衫全部按预测结果销售出去,那么,偿还短期银行贷款后的资产负债表(不考虑税收影响)如表 6-17 所示。

表 6-17

资产负债表

单位:万元

资　产	金　额	负债及股东权益	金　额
现有资产项目合计	300	短期银行贷款	0
新增现金	100		
新增原材料存货	0	普通股权益	300
新增产成品存货	0	留存收益	100
总资产	400	总权益	400

从表 6-17 可以看出,如果实际情况与预期情况完全相符,公司可以从该生产经营活动中获得 100 万元(未考虑税收影响)的收益。但是,如果市场需求情况发生了变化,公司生产的羊毛衫只销售了 50 000 件,那么,其资产负债表则如表 6-18 所示。

表 6-18

资产负债表

单位：万元

资　　产	金　　额	负债及股东权益	金　　额
现有资产项目合计	300	短期银行贷款	400
新增现金	250		
新增原材料存货	0	普通股权益	300
新增产成品存货	200	留存收益	50
总资产	750	总权益	750

在这时，如果银行贷款已经到期，公司为了偿还到期银行贷款，被迫将库存羊毛衫按成本的50%出售，并将所得现金和原销售所得现金一起偿还银行贷款。其资产负债表则如表 6-19 所示。

表 6-19

资产负债表

单位：万元

资　　产	金　　额	负债及股东权益	金　　额
现有资产项目合计	300	短期银行贷款	50
新增现金	0		
新增原材料存货	0	普通股权益	300
新增产成品存货	0	留存收益	−50
总资产	300	总权益	300

从表 6-19 可以看出，由于市场需求下降，该公司不但没有足够的现金偿还银行贷款，而且还亏损了 500 000 元。在这时，如果银行仍坚持要公司偿还所欠的 500 000 元贷款，那么，公司就只好变卖原有资产来还债。这势必会进一步引起公司财务状况继续恶化，更有甚者，将导致公司破产。

通过[例 6-13]可以看出，销售预测的准确性对存货投资决策正确性的影响，以及存货投资决策正确性对公司经营成败的影响，因此，公司应尽可能地做好销售预测工作。

从上例中，我们还可以看出风险具有自身放大的特征，即风险带来的损失的影响大于其损失金额本身，这是进行决策时必须考虑的重要问题。

在[例 6-13]中，从表面上看，将存货投资定于 50 000 件的标准，可能损失的机会盈利是 500 000 元，实际获利也是 500 000 元；而将存货投资定于 100 000 件的标准，可能多获得盈利 500 000 元，也可能造成实际损失 500 000 元，似乎两个方案的收益与风险是对等的，即公司采用哪一个存货投资方案并不取决于方案本身的优劣，而取决于决策者对待收益和风险的态度，稳健的决策者选择 50 000 件产品为标准来制订存货投资水平，而激进的决策者则选择 100 000 件产品为标准来制订存货投资水平。

但如果深入分析，我们并不难发现，由于风险具有自身放大的特征，因此两种方案各自所具有的收益和风险并不相等，即两种方案有优劣之分。具体分析如下：以 50 000 件产品为标准的存货投资方案实际获利额为 500 000 元，可能损失的机会盈利也是 500 000 元，损失的机会盈利不具有风险放大功能，因此，该方案实际获得的收益与损失的机会收益之差正好等于零，即收益与风险对等。而以 100 000 件产品为标准的存货投资方案可能多获得的机会收益为 500 000 元，可能产生的实际损失也为 500 000 元，但实际损失对公司的负面影响具有放大的功能。以[例 6-13]来看，公司为了清偿到期债务还必须变卖部分资产，这就会造成更大的亏损，甚至迫使公司破产，因此，该方案可能获得的机会收益与可能产生的实际亏损之差并不等于零，而是后者大于前者，即风险大于收益。故存货投资量为 50 000 件的方案优于存货投资量为 100 000 件的方案。

这也从一个侧面反映了公司持有现金可以抵御风险的优点。如果该羊毛衫厂在原资产项目中拥有 500 000 元的闲置现金储备，那么，它就可以在不影响公司原有生产经营规模的前提下，及时偿还短期银行贷款，从而有效地抵御了风险放大的负作用。

对究竟应该选择以 50 000 件产品为标准的存货投资方案，还是选择以 100 000 件产品为标准的存货投资方案，也可以采用如下更简单的方法进行收益与风险分析：首先，以 50 000 件产品为标准的存货投资方案为基础。然后，再考虑追加 50 000 件产品所带来的收益和风险，看收益和风险是否相等，如收益与风险相等，那么方案应无优劣之分；如果收益与风险不相等，那么就存在优劣之分。从以上分析的结果可以得出，追加 50 000 件产品所需存货可能带来的追加收益为 500 000 元，而可能造成的损失为 1 000 000 元[500 000－(－500 000)]。故选择以 100 000 件产品为标准的存货投资方案不可取。

当然，以上分析说明是在本例的各种假定条件下进行的，如果预测结果发生了变化，那么存货投资方案的优劣标准也将发生变化。但无论预测结果如何变化，均需在权衡各种存货水平收益和风险的基础上，才能作出最佳的存货投资总额决策。

二、存货投资结构管理

存货结构首先可分为原材料存货、在制品存货、产成品存货三大类，在每一大类之下又分为若干小类。比如，原材料分为主要材料、辅助材料、燃料、包装物、低值易耗品等，而它们又可按规格和型号分为若干更加明细的种类。对于这些更加明细的类别，这里不加以讨论。此处只对存货中原材料、在制品和产成品三类存货的结构问题进行讨论。

（一）影响存货结构的因素

原材料、在制品和产成品三类存货各占存货总额的比重主要受如下一些因素的影响。

1. 生产经营的因素

公司的生产经营性质直接影响到不同存货占存货总额的比重,如产品的生产制造周期、原材料采购的季节性和产成品销售的季节性,等等。制造周期长的产品,其在制品占存货总额的比重就大;原材料采购如果存在季节性,那么,原材料的储备时间就会增长,相应地,原材料的平均余额就会较大,占存货总额的比重也就会上升;如果产成品销售存在季节性,那么,产成品存货占存货总额的比重也就会增大。

2. 公司生产组织和经营管理的因素

公司生产组织和经营管理的特点也与公司存货的结构密切相关。比如订单式的生产组织形式与先生产后推销的生产组织形式相比较,前者产成品占存货的比重就比后者产成品占存货的比重小。再比如重视生产过程稳定性以降低生产成本的经营管理与重视产品密切与市场需求相符以减少产成品积压的经营管理相比较,前者原材料和在制品占存货总额的比重就比后者原材料和在制品占存货总额的比重大。

(二) 不同存货结构的收益和风险

不同存货结构存在着不同的收益和风险,因此,有必要从收益和风险的角度讨论存货的结构问题。

1. 原材料存货的收益和风险

从原材料、在制品和产成品三类存货所具有的收益和风险特征来看,原材料因为尚未投入使用,对公司而言,其潜在使用用途较多,用途转换的风险较小;但是,原材料存货尚未经过加工,本身并没有附加任何新的价值,其收益能力也相应较低。

2. 产成品存货的收益和风险

产成品是公司加工完毕后的产品。从风险角度考察,一方面对公司而言,产成品用途只有在市场上销售一条路,用途转换风险极大;另一方面按正常经营角度考察,产成品存货是存货中变现能力最强的存货,变现风险较低。产成品风险水平究竟怎样,要看产品销售市场的状况,如果销售状况不好,那么风险就会大于原材料存货;如果销售状况好,其风险会小于原材料存货。从收益角度考察,产成品中包含着在生产过程中新创造的价值,其收益能力是各类存货中最高的。

3. 在制品存货的收益和风险

在制品是正处于加工过程中的存货。从风险角度考察,第一,它的用途只有继续加工一条路,用途的转换性极差,用途转换风险大;第二,它还承受着能否转变为合格产成品的生产风险;第三,它没有完整的使用功能,几乎不具备在市场上变现的功能,变现风险极大。这三个方面决定了在制品是存货中风险最大的一种存货。从收益能力考察,产品的加工过程就是新创造价值的积累过程,在制品正处于加工过程之中,包含了一部分新创造的价值,因此其收益能力高于原材料但低于产成品。

从上述分析中不难看出,在制品是三类存货中风险最大但收益极不确定的一类存货,因此,在存货结构的安排中,应尽可能地减少在制品存货占存货总额的比重。减少在制品存活的方法,从生产上来看,主要是改进产品的生产加工工艺,以缩短生产周期;从组织管理上来看,主要应实行少量小批生产,以减少积压在生产过程中在制品的绝对量。对产成品而言,应适当减少产成品的库存量,实行以销定产,使产成品存货的库存量尽可能与市场需求保持一致。在原材料的安排上,虽然原材料与在制品和产成品相比有较大的自由空间,但是仍应坚持按需采购,以减少盲目采购所带来的风险和损失。对存货投资结构的管理,是一个日常性的工作。三类存货的比重随生产活动周期而不断变化,在实际的存货结构管理中,应为不同的生产周期制订不同的结构标准,以加强存货结构管理。

三、存货分类最佳投资额的决策

存货投资决策除了投资总额的决策之外,还要重视分类投资额的决策。存货分类投资额的决策就是确定各类存货的最佳持有量的决策。该决策一般包括如下四个步骤:第一,选择决策对象;第二,取得最佳订货批量或经济批量;第三,确定存货保险量;第四,确定各类存货的最佳持有量。下面,分别讨论各步骤的决策理论和方法。

(一)选择决策分析对象

由于公司存货种类和规格、品种繁多,重要程度各不相同,如果公司要对每种规格和标准的存货都分别制订最佳投资额,那么,不仅工作量会大大增加,而且实际上也无必要;因此,可取的方法是从众多的存货中选出重要的或投资额大的存货进行最佳投资额分析,而对重要程度低或投资额小的存货则按经验进行大类投资额确定。

选择决策分析对象的常用方法是重点分析法或称 ABC 分析法。该种方法的基本思想是将全部存货按金额的大小和占总存货的比重分为 ABC 三类,A 类是其种类在全部存货种类的比重为 10%左右,但其金额比重在 50%左右的存货;B 类是其种类比重在 30%左右,其金额比重也在 30%左右的存货;C 类是其种类比重在 60%以下,而其金额比重在 20%以上的存货。用该法分类的结果可用图 6-7 简示。

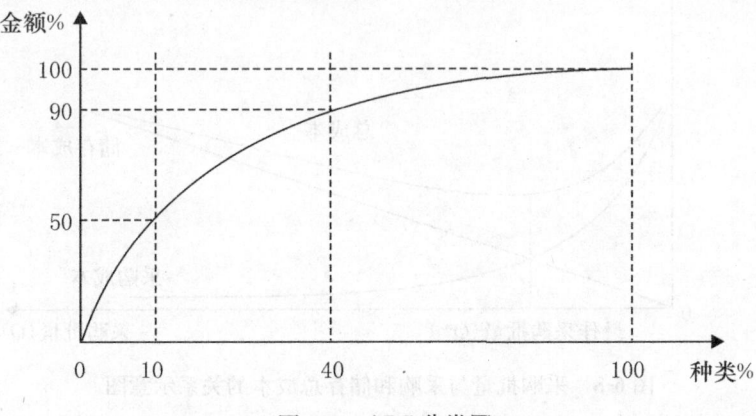

图 7-7 ABC 分类图

A 类中的各项目是存货管理的重点,对其投资和投资的日常周转都要加以注意,应对它们确定最佳持有量。对 B 类的存货,可以采取确定一次投资额在较长时期内不变的方法进行管理。而对 C 类存货的投资额则可以采用分大类确定的方法管理。通过这种分类,可以突出存货管理重点,减少不必要的工作量,收到良好的管理效果。

(二) 确定经济批量

这里以原材料存货为例来说明最佳经济批量的确定问题。原材料最佳采购批量,是指能使原材料的储存保管费用和采购费用之和最小的采购批量。这两类费用的内容,以及两类费用与采购批量的关系如表 6-20 所示。

表 6-20

储存保管费用和采购费用与采购批量的关系表

种类	主要内容	与采购批量的关系	
		批量越大	批量越小
储存保管费用	库存材料占用资金的机会成本 库存材料的保险费 库存材料的合理损耗 仓库等固定资产的折旧费和修理费等 仓库保管人员的工资和办公费用等	储存量越大,储存保管费用越高	储存量越低,储存保管费用越低
采购费用	库存材料的运输费和到货检验费等 采购人员的差旅费和办公费等	采购次数越少,采购费用越低	采购次数越多,采购费用越高

表 6-20 充分显示了当材料采购总量不变时的采购批量,与储存保管费用成正比和与采购费用成反比的关系。按这种关系推论,采购批量与采购和储存总成本的关系如图 6-8 所示。

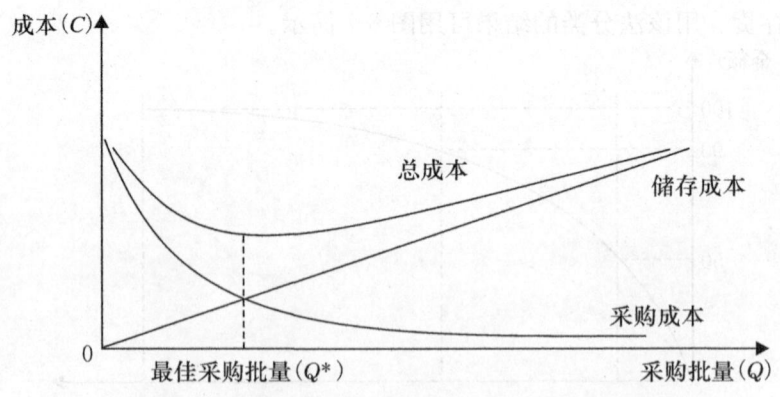

图 6-8 采购批量与采购和储存总成本的关系示意图

如果令 P 代表每次采购成本,S 代表某段时间的材料消耗量(即采购的量),C 代表某段时期内单位存货的储存成本。那么,可以得到如下总成本公式(假定存货均衡减少):

$$总成本 = P \times \frac{S}{Q} + C \times \frac{Q}{2}$$

对上式求导,并令导数等于 0,有:

$$-P \times \frac{S}{Q^2} + \frac{C}{2} = 0$$

整理方程后得:

$$Q^* = \sqrt{\frac{2PS}{C}}$$

【例 6-14】 某公司本期需要某种原材料 100 000 单位,每次采购成本为 500 元,单位储存成本为 2 元,问该种材料的最佳采购批量为多少?

解:

根据公式,有:

$$Q^* = \sqrt{\frac{2PS}{C}} = \sqrt{\frac{2 \times 500 \times 100\ 000}{2}} = 7\ 071(单位)$$

(三)确定存货保险量

上述公式计算出的最佳采购批量是以需要量预测十分准确,需要量均衡和到货不存在延误为先决条件的。但在实际中,不可能存在如此理想的状况。为了避免因存货短缺给公司带来的损失,有必要增加一定的存货作为保险。但这个保险量要增加多少才合适,是需要认真考虑的。因为,保险存货过多,会增加储存成本;而保险存货过少,又会因存货短缺发生短缺成本。确定存货保险量,就是通过权衡一定存货保险水平条件下储存成本和保险成本的大小,制订出使保险存货总成本达到最低点时的存货保险量。

【例 6-15】 假定[例 6-14]中公司估计出的不同保险存货水平下的短缺量和概率如表 6-21 所示。

表 6-21

不同保险存货水平下的短缺量和概率表

保险存货 500 单位		保险存货 1 000 单位		保险存货 1 500 单位	
短缺量	概率	短缺量	概率	短缺量	概率
0	0.1	0	0.5	0	0.8
500	0.3	500	0.4	500	0.2
1 000	0.6	1 000	0.1	1 000	0
	1.0		1.0		1.0

假定每单位存货短缺量所造成的损失为3元,即单位短缺成本为3元。试问最佳的保险存货量为多少?

解:

根据资料,可以得到保险存货的经济分析表如表6-22所示。

表6-22

保险存货经济分析表

金额单位:元

保险存货	期望短缺量			期望短缺成本	保险存货的储存成本	期望保险存货总成本
	短缺量	概率	期望短缺量			
①	②	③	④=②×③	⑤=④×3	⑥=①×2	⑦=⑤+⑥
500	0	0.1	0	0		
	500	0.3	150	450		
	1 000	0.6	600	1 800		
		1.0	750	2 250	1 000	3 250
1 000	0	0.5	0	0		
	500	0.4	200	600		
	1 000	0.1	100	300		
		1.0	300	900	2 000	2 900
1 500	0	0.8	0	0		
	500	0.2	100	300		
	1 000	0	0	0		
		1.0	100	300	3 000	3 300

从表6-22可以看出,当保险存货为500单位时,保险存货总成本为3 250元;当保险存货升至1 000单位时,保险存货总成本降至2 900元;当保险存货升至1 500元时,保险存货总成本则升至3 300元。因此,在该例中,保险存货定为1 000单位时最佳。

(四) 确定存货的最佳持有量

知道了最佳采购批量和最佳保险存货量,就很容易求得存货的最佳持有量和相应的最佳投资额。最佳存货持有量在采购发生时,等于最佳采购批量加上最佳保险存货量;在采购即将发生时,等于最佳保险存货量;在两次采购期中,等于最佳存货采购批量除以2,再加上最佳保险存货量。各种最佳持有量乘以单位价格就是其相应的最佳投资额。

【例6-16】 根据[例6-14]、[例6-15]资料,假定订货价格为20元/单位。试分别确定例中公司在采购发生时、在采购即将发生时、在两次采购期中的最佳存货持有量和投资金额。

第六章 流动资产投资管理

解：

在采购发生时最佳存货持有量＝7 071＋1 000＝8 071（单位）
在采购发生时最佳存货投资额＝8 071×20＝161 420（元）
在采购即将发生时最佳存货持有量＝1 000（单位）
在采购即将发生时最佳存货投资额＝1 000×20＝20 000（元）
在两次采购期中的最佳存货持有量＝7 071÷2＋1 000＝4 535.5（单位）
在两次采购期中的最佳存货投资额＝4 535.5×20＝90 710（元）

四、存货投资决策应考虑的其他因素

在存货投资决策时，除了要考虑上述因素之外，还有大量其他因素要考虑。在这里，我们将重点讨论数量折扣和物价变动这样两个因素。

（一）数量折扣

供货单位为了促销，往往会给订货量达到某一标准以上的购货者提供价格折扣。由于这种折扣会对单位价格产生影响，因此也会影响到公司经济采购批量。在这种情况下，公司就应该在放弃追加投资以降低储存成本与追加投资以获取折扣利益之间进行权衡。

【例 6-17】 设[例 6-14]中的供货商规定，订货量达到 10 000 单位时，可享受 2% 的价格折扣优惠。问在这种情况下，公司是按 7 071 单位的批量订货优，还是按 10 000 单位的批量订货优？

解：

决策分析过程如下：

按 10 000 单位的批量订货增加或节约的成本：

本期内获得的价格优惠（节约成本）总额＝100 000×20×2%＝40 000（元）

本期内增加的储存成本总额＝$\frac{10\,000-7\,071}{2}$×2＝2 929（元）

本期内减少的采购成本总额＝500×$\left(\frac{100\,000}{7\,071}-\frac{100\,000}{10\,000}\right)$＝2 071（元）

本期内增加的成本总额＝2 929－2 071＝858（元）

本期内节约的成本净额＝40 000－858＝39 142（元）

上述分析结果表明，按 10 000 单位的批量订货，由于获得了高达 40 000 元的折扣利益，因此在弥补改变原最优采购批量带来的损失 858 元后，还获得了 39 142 元的净利益。故将采购批量改为 10 000 单位是可取的。

从上面的分析过程可以看出，经济批量公式仍然是公司改变采购批量时权衡收益与成本的基础。

（二）物价变动

物价变动可能是由通货膨胀所引起，也可能不是由通货膨胀所引起。但无论怎样，物价变动已经成为日常生活中常见的现象。物价变动会对公司理财产生重要影响，财务人员在考虑存货投资问题时应该对物价变动问题加以关注。

在物价持续上涨的时候，增大采购批量虽然可以降低购买价格，但是会增加储存成本；而在物价持续下跌时，减少采购批量虽然可以降低购买价格，但是又会增加采购成本。因此，在物价变动条件下进行存货投资决策时，应该考虑物价变化对各种成本的影响，并权衡其利弊。下面以实例说明这种权衡。

【例 6-18】 仍以[例 6-14]的资料为基础，并假定材料价格将以每月 0.7% 的速度上涨，现有四种投资方案：第一，在 1 月份一次将全年所需的 100 000 单位的材料全部购入；第二，在 1 月份和 7 月份分两次各购入 50 000 单位；第三，在 1 月份、4 月份、7 月份、10 月份分四次各购入 25 000 单位；第四，按经济采购批量 7 071 单位采购。试评价这四种存货投资方案的优劣。

解：

该问题的分析过程如下：

(1) 计算每月材料价格。

按利率为 0.7% 复利计算的各月份材料价格如表 6-23 所示。

表 6-23

各月份材料价格计算表

单位：元

月　份	价　格	月　份	价　格
1	20	7	20.85
2	20.14	8	21
3	20.28	9	21.15
4	20.42	10	21.3
5	20.57	11	21.44
6	20.71	12	21.6

(2) 计算不同方案的采购平均价格。

在 1 月份一次将全年所需的 100 000 单位的材料全部购入的采购平均价格 = 20(元/单位)

在 1 月份和 7 月份分两次各购入 50 000 单位的采购平均价格 = (20+20.85)÷2 = 20.425(元/单位)

在 1 月份、4 月份、7 月份、10 月份分四次各购入 25 000 单位的采购平均价格 = (20+20.42+20.85+21.3)÷4 = 20.642 5(元/单位)

按经济采购批量 7 071 单位采购的采购平均价格 = (20+20+20.14+20.28+20.42+20.57+20.71+20.85+20.85+21+21.15+21.3+21.44+21.6)÷14 = 20.736 4(元/单位)

（3）编制不同方案的成本比较表如表 6-24 所示。

表 6-24

物价上涨情况下的成本比较表

金额单位：元

项　　目	序号（计算方法）	一　次　购　买　数　量			
		100 000	50 000	25 000	7 071
平均单价	①	20	20.425	20.642 5	20.736 4
购买次数（次）	②	1	2	4	14
平均储备量	③	50 000	25 000	12 500	3 535.5
购买成本	④＝100 000×①	2 000 000	2 042 500	2 064 250	2 073 640
储存成本	⑤＝③×2	100 000	50 000	25 000	7 071
采购成本	⑥＝②×500	500	1 000	2 000	7 000
总成本	⑦＝④＋⑤＋⑥	2 100 500	2 093 500	2 091 250	2 087 711

通过以上分析，可以发现，在考虑物价上涨因素后的最佳采购批量仍然是 7 071 单位。其余两个方案，即一次购买、两次购买和四次购买的方案虽可降低购买成本，但却增加了更多的储存成本，使总成本升高，因此也不可取。当然，在不同物价水平条件下，作出的决策也应相应变化。

本节的各种分析也说明，存货最优投资额，不能单纯以数学公式计算出来的最佳采购批量为标准，而应是在充分考虑多种因素的综合影响后，通过收益与风险或不同成本的权衡求得。总之，存货管理是公司管理中的重要课题，对它的投资决策必须认真对待。

思 考 与 练 习

一、复习思考题

1. 确定一个公司的流动资产投资总额需要考虑哪些关键因素？
2. 公司保持现金余额有什么作用？
3. 现金预算有哪些基本方法？其基本特征是什么？
4. 现金持有量决策的基本模型有哪些？运用这些模型的假定条件是什么？
5. 现金流入量和流出量管理的基本内容有哪些？
6. 短期有价证券的特征有哪些？投资短期有价证券的基本目的是什么？
7. 短期有价证券投资应该注意的基本问题是什么？它有哪些策略？
8. 一个公司应该如何确定信用政策？

9. 怎样了解客户信用？有哪些基本的分析方法？
10. 怎样进行信用的动态管理？
11. 制订应收账款的收账策略应该考虑哪些基本因素？
12. 确定公司的存货投资总额需要考虑哪些基本因素？
13. 确定公司的存货投资结构需要考虑哪些基本因素？
14. 公司应该如何寻找存货管理的重点？
15. 存货分类最佳投资额决策应该考虑哪些基本因素？基本方法是什么？

二、练习题

1. 甲公司以现有的固定资产生产能力，其最高年产量可达 150 万件，在这个范围内，随着产量的增减变化，所需流动资产的总额将相应变化。甲公司预计在计划年度内能实现销售量 100 万件，每件销售单价为 20 元，付息和纳税前的收益率为 15%，固定资产总额为 1 000 万元，流动资产机会成本率为 8%。公司有 A、B、C 三个流动资产投资方案，总金额分别为 1 200 万元、1 000 万元和 800 万元。要求：计算三个方案的收益率和周转率；分析三个方案在收益和风险方面的特征。

2. 假定 F 公司 1 个月的预计现金支付总额为 200 万元，现金支付均匀分布，每次证券买卖费用为 100 元，现金持有的机会成本（短期有价证券的利息率）为 5%。试求 F 公司的最佳现金持有量和变现间隔期。

3. 乙公司预计存货周转期为 110 天，应收账款周转期为 60 天，应付账款周转期为 50 天，年现金需求量为 800 万元。试求乙公司的最佳现金持有量。

4. 丙公司日现金余额的标准差 σ 为 300 元，短期有价证券投资的固定成本为 30 元。现金的机会成本率为 8%，试计算其下限为 3 000 元时的最佳现金持有量、上限和平均余额。

5. 假定某公司 2002 年的预计现金支出和现金流入情况如下：

公司日常每月现金流入量与现金流出量基本持平，但销售的现金收入主要在月初取得，工资、生产经营费用等的现金支出主要发生在月末，平时现金平均余额为 150 万元，可用 120 万元投资于短期有价证券；在 2 月份将支付全年工场租金 100 万元；在 3 月份将有一张金额为 50 万元的商业承兑汇票到期；在 6 月份将为固定资产支付 30 万元的大修理费；在 8 月份收取长期投资的利润 60 万元；上年向银行取得的 80 万元的贷款将在 9 月份到期；在本年年末将偿还分期还本付息的长期债券本金和利息 150 万元。

又知 1 个月内到期的短期有价证券的利息率为 4%，3 个月期的银行承兑汇票的利息率为 5%，6 个月期的商业票据的利息率为 7%，9 个月期的可转让银行定期存单的利息率为 6%，1 年期债券的利息率为 10%。

根据上述资料，试计算在收支平衡的条件下，以投资收益额最大为标准的短期有价证券的投资组合及其相应收益额。

6. 大通公司生产和销售一种产品，其销售单价为 80 元/件，生产和销售的单位变动成本为 50 元/件。大通公司的生产经营能力尚未能充分发挥作用,可以在不增加固定成本的条件下增加产品的产销量。已知大通公司上年度产品赊销量为 30 000 件,信用标准为"n/30";本年度的生产和销售形式均没有发生变化。现大通公司准备改变信用政策,有四种方案。

方案一:将信用标准降低到"n/60",可以增加赊销额 20%,已知增加应收账款的机会成本率为 8%,问改变信用政策是否可取?

方案二:将 30 天的信用标准放宽为 60 天和给出"2/10,n/60"信用条件这样两个方案,并设有 60% 的客户选择现金折扣,在第 10 天付款;有 40% 的客户放弃现金折扣,在第 60 天付款,问哪一个方案为优?

方案三:假定不同信用策略存在不同的坏账损失率:原信用条件"n/30"的坏账损失率为 2%,预计坏账损失率的增加速度是付款期延长的 1.2 倍。问哪一个方案为优?

方案四:计划收账费用与坏账损失率和平均收账期的关系如表 6-25 所示。

表 6-25

计划收账费用与坏账损失率和平均收账期的关系

项　目	"n/30"	"n/60"	"2/10,n/60"
全年收账费用(元)	0	100 000	200 000
平均收账期(天)	60	40	30
坏账损失率(%)	5	2	1

问哪一个方案为优?

7. 海洋公司的信用标准为"n/60",全年实际每月赊销额和应收账款的资料如表 6-26 所示。

表 6-26

赊销额和应收账款余额明细资料

单位:万元

月　份	赊销额	应收账款*	月　份	赊销额	应收账款①
1	300	700	7	550	1 280
2	380	660	8	630	1 320
3	410	690	9	610	1 280
4	400	640	10	720	1 510
5	450	710	11	740	1 670
6	480	830	12	850	1 800

① 应收账款为应收账款平均余额。

试评价海洋公司应收账款的管理状况,并指出应该注意的地方。

8. 假定某远离 A 公司所在地的客户长期拖欠 A 公司 100 000 元的货款,A 公司拟订了三种收账方案:A 方案,只定期用信函和电话催款;B 方案,派专人前去收款;C 方案,诉诸法律强行收款,并进一步估计了这三种不同方案的成本和可能得到的预期收益。其预测结果如表 6-27 所示。

表 6-27

三种收账方案预测结果分析表

金额单位:元

A 方案(收账费用 5 000 元)			B 方案(收账费用 10 000 元)			C 方案(收账费用 15 000 元)		
收回现金	概 率	预期收益	收回现金	概 率	预期收益	收回现金	概 率	预期收益
0	0.7		0	0.1		0	0	
10 000	0.15		10 000	0.5		10 000	0.6	
20 000	0.1		20 000	0.3		20 000	0.2	
30 000	0.03		30 000	0.06		30 000	0.15	
40 000	0.02		40 000	0.04		40 000	0.05	
合 计	1		合 计	1		合 计	1	

试根据表 6-27 选择最佳的收账方案。

9. H 公司生产的空调是具有季节性的产品,公司的现有资产负债表如表 6-28 所示。

表 6-28

资 产 负 债 表

单位:万元

资 产	金 额	负债及股东权益	金 额
现有资产项目合计	5 000	普通股权益	5 000
总资产	5 000	总权益	5 000

H 公司预计,本年夏季市场对一种用进口原材料生产的空调机的需求量将激增。若动用本厂生产潜力以及通过外加工组织生产,在不增加固定成本的条件下,可在旺季到来时生产 10 000 台该种空调机投放市场,且进一步估计这 10 000 台空调机有可能全部销售出去。该空调机的销售单价为 3 000 元/台。生产该种空调机的原材料必须一次性从外国进货,原材料费用为 1 500 元/台,其他变动费用为 1 000 元/台。采购原材料和支付其他变动费用的资金通过短期银行借款解决。

请编制采购完成时的资产负债表;生产完成时的资产负债表;销售 10 000 台时的资产负债表;销售 6 000 台时的资产负债表;销售 6 000 台前提下,清偿短期银行借款后的资产负债表。并且,根据以上资产负债表分析 H 公司投资存货的收益和风险。试问在上述情况下,H 公司是否存在最佳的存货投资量,为什么?

10. Z 公司本年需要甲种原材料 80 000 件,单位成本为 100 元/件,每次采购成本为 1 000 元,单位储存成本为 2 元/件,请计算甲材料的最佳采购批量和平均持有量;甲材料的最大投资量和平均投资量。

11. 假定练习题 10 中 Z 公司估计出的不同保险存货水平下的短缺量和概率如表 6-29 所示。

表 6-29

不同保险存货水平下的短缺量和概率

保险存货 1 000 单位		保险存货 2 000 单位		保险存货 3 300 单位	
短缺量	概率	短缺量	概率	短缺量	概率
0	0.1	0	0.5	0	0.8
500	0.3	500	0.4	500	0.2
1 000	0.6	1 000	0.1	1 000	0
	1.0		1.0		1.0

试求在考虑保险存货量之后的最佳甲材料投资量。

12. 设练习题 10、练习题 11 中 Z 公司的供货商规定,订货量达到 10 000 件时,可享受 2% 的价格折扣优惠。试求在这种情况下,Z 公司最佳甲材料采购批量和最佳甲材料投资量。

13. 假定练习题 10、练习题 11 和练习题 12 中 Z 公司所需的甲材料价格将以每月 0.5% 的速度上涨,现有四种投资方案:在 1 月份一次将全年所需的甲材料全部购入;在 1 月份和 7 月份两次进货,每次购入 50%;在 1 月份、4 月份、7 月份、10 月份四次进货,每次购入 25%;按经济采购批量采购。试评价这四种投资方案的优劣。

第七章 固定资产投资管理

【本章提要】 固定资产是企业从事生产经营活动的物质基础,在所有投资中风险最大。为了避免固定资产投资失误,企业必须重视固定资产投资的决策和管理。本章重点讨论固定资产投资的特征和分类,投资项目的现金流量分析,投资项目可行性分析,投资项目评价标准,投资项目排队和组合,以及风险投资决策等方面的内容。

【学习目标】 通过本章学习,要求掌握和了解如下内容:(1)掌握固定资产投资的特征。(2)了解投资项目按项目之间关系分类的方法和意义。(3)掌握投资项目的现金流量分析的基本理论与方法。(4)掌握投资项目不同评价方法的基本理论及其具体评价方法。(5)了解投资项目评价标准之间的冲突及其标准的选择问题。(6)了解投资项目排队和组合的理论与方法。(7)掌握风险投资决策的风险调整折现率法和调整现金流量法。

第一节 固定资产投资的特征及分类

一、固定资产投资的特征

固定资产投资与流动资产投资相比,从财务角度考察,具有如下的一些基本特征。

(一)单项投资金额大和回收期长

固定资产是企业进行生产经营活动的重要物质基础,它的单位价值大,使用期限长。固定资产投资决策一旦实施,就会在一个相当长的时期中对企业财务状况产生全面的影响。这一特征决定了企业对固定资产的投资必须十分慎重。

(二)投资的一次性和回收的分次性

企业在进行固定资产投资时必须一次性垫支购建固定资产的全部资金,而且垫支的资金只能在固定资产未来漫长的使用期中慢慢地分期收回。这一特征决定了对固定资产的投资所需的资金必须以长期资金来源为基础。

（三）使用效益的递减性

固定资产存在着各种有形损耗和无形损耗，这些不同的损耗会导致固定资产的使用效益逐渐下降。具体地说，有形损耗会导致固定资产使用效益绝对下降，无形损耗会导致固定资产使用效益相对下降。在科学技术高速发展的今天，无形损耗已成为固定资产使用效益下降的主要因素。比如，电子计算机遭受无形损耗的风险就极大。这一特征决定了在进行固定资产投资决策时，必须重视其有效的经济生命周期，而不能仅考虑其有形的实物寿命周期。

（四）变现能力差

固定资产投资的实物形态主要是房屋建筑物、机器设备等资产，这些资产不易改变用途，且是企业进行生产经营活动的基础。这决定了固定资产一方面难以变现，另一方面也不应该随便变现。因此，该特征决定了固定资产投资的风险大。

（五）资金占用量相对稳定

固定资产投资一旦确立，在资金占用数量上便保持相对的稳定性，不像流动资产那样经常波动。因为，企业业务量在一定范围内增减变化时，企业一般不会立即调整固定资产投资量。具体地看，当企业业务量在一定范围内增加时，企业并不会立即增加固定资产投资，而是尽可能地通过挖潜和提高效率来完成增加的业务量。当业务量在一定范围内减少时，企业为了维持一定的生产能力，也不会立即出售固定资产。特别是从固定资产实物具有的不可分割性特征来看，企业很难根据业务量的减少幅度，而将固定资产分割出售。

二、固定资产投资项目分类

固定资产投资项目可以按多种标准进行分类。在这里，我们只讨论按投资项目之间的关系为标准的分类。按投资项目之间的关系为标准，固定资产投资项目可以分为独立投资项目、互不相容的投资项目、先决投资项目和重置投资项目等几类。按这种标准分类的好处是有利于测算每一投资项目可能产生的现金流入量和现金流出量，从而为正确的投资决策奠定基础。

（一）独立投资项目

独立投资项目是指在一组项目中是否接受一个项目与是否接受另一些项目之间不存在关系的投资项目。独立投资项目按照独立性的强弱，又可以进一步分为完全独立的投资项目和非完全独立的投资项目。项目的独立性可以从技术上和经济上来考察。技术独立是指在一组投资项目中，是否接受某一项目并不影响其他项目实施的技术可行性。经济独立是指是否接受某一项目并不影响其他项目的现金流量。完全独立的投资项目是技术上和经济上都独立的项目。非完全独立的项目是指仅在技术上独立，但在经济上不独立的项目。

例如，在不考虑资金来源的情况下，一家运输公司拟购买分别用于货物运输的载重汽车和用于旅客运输的客车。从技术上来看，这两类投资项目就是独立的，因为公司可以同时购买到这两种汽车;从经济上考察,各投资项目的现金流量是无关的,因为载重货车货物运输的现金流量不会影响到客车旅客运输的现金流量。那么,这两个投资项目就是完全独立的投资项目。

如上例中,运输公司拟购买的汽车是两种不同型号,并且可以相互替换使用的载重汽车。这样,虽然它们在技术上是独立的,但由于它们的现金流量会相互影响,在经济上并不完全独立,因此,这两个项目不是完全独立的投资项目。对非完全独立的投资,在计算投资项目现金流量的时候,应该以边际现金流量作为投资项目的现金流量。

在实际中,多数独立的投资项目都属于非完全独立的投资项目,只有极少数的投资项目属于完全独立的投资项目。对独立投资项目的可行性论证可用图 7-1 简示。

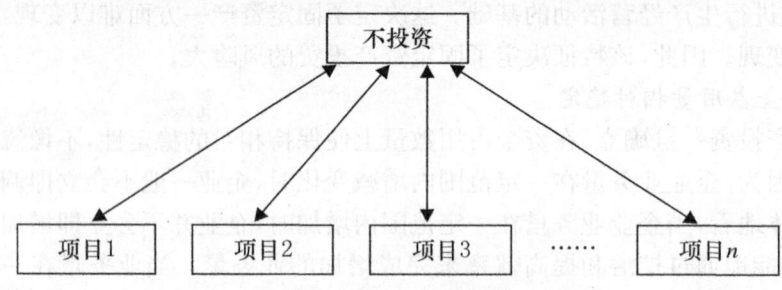

图 7-1　独立投资项目之间的关系示意图

图 7-1 表明,在对独立投资项目进行决策时,各投资项目之间不发生比较,而是独立地与不投资进行比较,有 n 个投资项目就需要比较 n 次。

从比较结果来看,一组投资项目可能全部被接受;也可能一组项目中有部分符合标准被接受,而另一些项目不被接受;还有可能全部不被接受。各个投资项目是否可取,完全取决于各投资项目本身,而与其他投资项目无关。

从对独立投资项目经济上是否可行的判别方法来看,只需要将某一投资项目的现金流入量和现金流出量统一换算为同一时点的价值(终值或现值),再比较同一时间价值的现金流入量和现金流出量的大小。如果现金流入量大于现金流出量,那么,这个投资项目在经济上便是可行的,企业就可以对该投资项目进行投资。

（二）互不相容的投资项目

互不相容的投资项目是指在一组投资项目中,各项目之间具有排他性,其中一个项目的收益将会因采用另一个投资项目而完全丧失。就如一块空地,其面积只能容纳一座厂房或一栋宿舍,那么,这两个投资项目就是互不相容的投资项目。而到底哪一个投资项目为优的投资决策就是互不相容的投资决策。

显然,对这类互不相容的投资项目进行决策,要比前述的独立投资项目的决策复杂得多。在进行决策时,从理论上讲,需要进行两两比较,通过多次比较后,才能选择出最佳的投资项目。这种可行性论证可用图 7-2 简示。

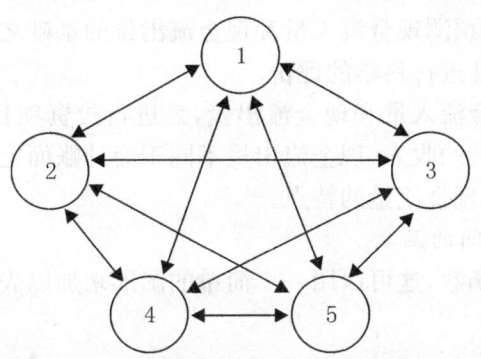

图 7-2 互不相容投资项目之间的关系示意图

若有 n 个互不相容的投资项目,就要进行 $\frac{n(n-1)}{2}$ 次比较才能得到正确的决策结果。当然,进行 $\frac{n(n-1)}{2}$ 次比较,只是从理论上而言的,在实际中,只要将各投资项目按某一标准计算出的结果从大到小顺序排列,就可以一目了然地判断投资项目的优劣。

（三）先决投资项目

先决投资项目是指接受某一投资项目的同时或在前必须接受另一投资项目的投资项目。如某企业要建造一幢新厂房,必须征得一块地的使用权,为征得这块地的投资就是建造厂房的先决投资项目。

先决投资项目这种分类实际上仅是一种暂时的分类,其目的是为了促使决策者能考虑到拟采纳的投资项目所要涉及的一切有关的现金流入量和现金流出量。将先决投资项目同与它相关的一项或多项投资项目相结合,可以得到一个综合的投资项目,这个综合的投资项目可以根据其性质,划分为独立投资项目或互不相容投资项目。

（四）重置投资项目

重置投资项目,又称固定资产更新改造项目,是指为了能更有效地生产同一产品或发挥同样作用而进行的取代现有资产的投资。重置投资项目一般是在现有资产快要报废,或由于技术进步再使用现有资产已经不经济时,才会加以考虑。重置投资项目也可以进一步划分为独立投资项目或互不相容投资项目。

第二节　投资项目的现金流量分析

对投资项目进行正确决策的关键,是要准确地估计投资项目在不同时期的现金流入量和现金流出量。本节将重点对投资项目的现金流量分析问题进行讨论。

一、投资项目现金流量的特点

在对全部投资机会进行适当分类之后,就需要对投资项目的现金流入量和现金流出量进行测算,只有在准确预测现金流入量和现金流出量的基础之上,才能对每一个潜在的投资项目经济上的效益性进行科学的评价。

预测投资项目的现金流入量和现金流出量,是进行投资项目经济评价的基础。现金流入量不同于会计账面上的收入,现金流出量不同于会计账面上的成本。关于这种差异,将在后面讨论,现只讨论现金流量的特点。

(一) 现金流量是时间的函数

现金流量是时间的函数,这可以用一个简单的图形来加以表示,见图 7-3。

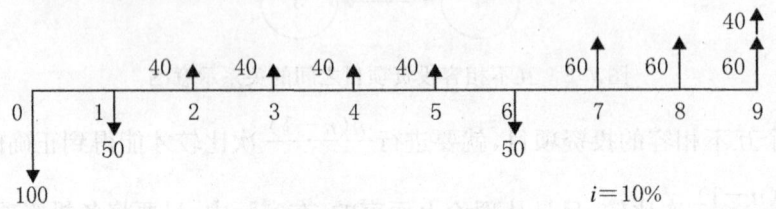

图 7-3 现金流量示意图(单位:万元)

图 7-3 表示的是一个各年度现金流入量和现金流出量的示意图。从图中可以看出,整个投资项目的期限是 9 年,要求的投资收益率为 10%。在第 0 年投资额(现金流出)为 100 万元;第 1 年投资额为 50 万元;第 2、第 3、第 4、第 5 年每年流入现金为 40 万元;在第 6 年又对项目进行再投资,现金流出量为 50 万元;第 7、第 8 年每年流入现金为 60 万元;第 9 年除了有正常经营的现金流入量 60 万元之外,还因项目终止,收回了部分投资,产生了 40 万元的现金流入量,第 9 年的现金流入量总额为 100 万元。

运用现金流量图来分析现金流入量和现金流出量的最突出优点,是可以直观地描述投资的全过程。在现金流量图中,各阶段的现金流入量和现金流出量是投资项目实际产生的现金流入量和现金流出量,而不是会计账面上的收入和成本。

(二) 不同时间段的现金流量具有不同的价值

由于货币具有时间价值,不同阶段的现金流入量和不同时间的现金流出量在折算为同一点之后的价值是不相等的,因此,在比较不同时期现金流量价值大小的时候,必须将它们换算为同一时点的现金流量。只有这样,才能对投资项目的经济效益作出合理的评价。

二、投资项目现金流入量的确定

在投资项目分析中,最重要和最困难的环节就是预测其现金流量,而预测现金流入量的难度又高于预测现金流出量。

(一) 投资项目现金流入量的内容

投资项目的现金流入量主要由两部分组成:一是项目投入营运后的经营现金净流入量;二是项目终止后的固定资产残值收入和收回的垫付流动资金。在投资项目现金流入量的预测中,经营现金净流入量的预测最为关键和困难。预测之所以关键,是因为它是投资项目现金流入量的主流,预测的准确性如何直接影响到整个现金流入量预测的准确性。预测之所以困难,是因为无论产品销售市场还是生产要素供应市场都存在着极大的不确定性,特别是固定资产的投资回收期长,市场的变化大,因此,要准确预测经营现金净流入量的难度很大,需要企业各有关部门,如财务部门、销售部门、生产部门等的通力合作,尽力克服各种主观偏见,才有可能使预测结果尽可能符合实际。

(二) 经营现金净流入量计算

1. 经营现金净流入量与会计利润的关系

投资项目营运后的经营现金净流入量不等于会计账面上的利润。这种净现金流入量,完全是从企业是否产生现金收支的角度来确定的。例如,会计成本中的折旧费,就不是企业的现金支出;会计账面利润也并不全部都是企业的现金收入,因为企业还必须交纳所得税。由于会计是以权责发生制为基础的,它无法直接提供以收付实现制为基础计算的净现金流入量,因此,在实际中,为了简化净现金流入量的计算,多采用税后利润加上折旧等非现金支出的费用作为企业或投资项目的净现金流入量。即:

$$净现金流入量 = 税后利润 + 折旧费和长期资产摊销$$

2. 投资项目的边际净现金流入量的计算

在多数情况下,投资项目的净现金流入量都具有边际性,是一种边际净现金流入量。边际净现金流入量是指在某一特定时期内,投资这个项目与不投资这个项目之间产生的净现金流入量之差。其基本计算公式为:

$$\begin{matrix}某投资项目的边\\际净现金流入量\end{matrix} = \begin{matrix}企业投资该项目后的\\净现金流入量总额\end{matrix} - \begin{matrix}企业不投资该项目的\\净现金流入量总额\end{matrix}$$

这表明,计算投资项目的边际净现金流入量,不能只考虑投资项目本身所产生的净现金流入量,而且还要考虑投资项目净现金流入量之间的相互影响,要从整个企业的角度去计算投入一个项目所产生的净现金流入量的增减变化情况。

投资一个项目对企业现有项目的影响大致可以从两个方面来考察:第一,追加一个投资项目,可能造成现有的一些投资项目现金流入量的减少,也可能导致现有的一些投资项目现金流入量的增加。这样,追加投资项目对整个企业现金流入量的贡献,就需要在追加投资项目基础上计算出的企业现金流入量和不追加投资项目基础上计算的企业现金流入量之间进行比较,两者之差才是追加投资项目所产生的现金流入量。第二,费用也具有上述特征,新投资项目的现金流出量也不是该投资项目本身的现金流出量,而是投资该项目和不投资该项目的企业现金流出量之差。

在考虑以上两个因素之后,可以用如下公式来计算投资项目营运后某时期的净现金流入量:

一定时期内某投资项目的净现金流入量＝[(企业投资该项目后的收入－企业不投资该项目后的收入)－

(企业投资该项目的经营成本－企业不投资该项目的经营成本)－

(企业投资该项目的折旧费－企业不投资该项目的折旧费)]×

(1－所得税率)＋(企业投资该项目的折旧费－

企业不投资该项目的折旧费)

【例 7-1】 某企业正考虑进行一项固定资产投资。该投资项目的投资额为 1 000 万元,寿命期为 10 年。具体现金流入量和现金流出量见表 7-1 中的"投资该项目"栏,投资项目实施前的现金流入量和现金流出量见表 7-1"不投资该项目"栏,那么,计算出的 10 年中该投资项目每年的净现金流入量的结果见表 7-1"差异"栏。

表 7-1

净现金流入量计算表

单位：万元

指　　标	投资该项目	不投资该项目	差　　异
销售额	3 000	2 000	1 000
经营成本	1 400	1 000	400
折旧费	300	200	100
税前收益	1 300	800	500
所得税(30%)	390	240	150
税后收益	910	560	350
加：折旧费	300	200	100
经营净现金流入量	1 210	760	450

从上例中可以看出,折旧费是影响净现金流入量的一个重要因素,虽然,不论采用何种折旧方法,在投资项目有效期内所提取的折旧费用总额都是相等的;但是,如果考虑货币时间价值的话,不同的折旧方法将会产生不同的净现金流入量。快速折旧方法产生的净现金流入量要大于直线折旧方法的净现金流入量。

(三)固定资产残值收入和收回的垫付流动资金计算

固定资产寿命终了时的残值收入也是投资项目的现金流入量,需要估计。虽然要精确估计这种现金流入量的难度较大,但是固定资产的寿命周期较长,且残值占固定资产的比重一般较小,特别在考虑货币时间价值后,对总现金流入量的影响会很小;因此,在实际中多采用按现行同类固定资产的残值来确定投资项目的残值。

投资项目终止之后,企业要将垫付在该项目上的流动资金收回,收回金额应该按照垫付的金额计算。

三、投资项目现金流出量的确定

(一) 投资项目现金流出量的内容

在讨论投资项目现金净流入量时,已经把投资项目营运后的各种经营上的现金流出量,纳入了经营现金净流入量中进行分析;因此,在这里所要讨论的投资项目的现金流出量,实际上就是指建设该投资项目本身,以及为使该投资项目在有效期内正常运转所产生的现金流出量,如固定资产的大修理费用、局部的更新改造费用等。

(二) 投资项目现金流出量预测应该注意的问题

估计一个小型的固定资产投资项目的现金流出量可能比较简单,但是要精确估计一个大型而复杂的投资项目的现金流出量则是极困难的。因为,一个大型投资项目的建设周期长、涉及面广,在建设中可能会遇到事先未预料到的技术上和经济上的因素;因此,投资项目的实际现金流出量与预计现金流出量之间往往会产生极大的差异。

例如,原一个认为在技术上很成熟的大型投资项目,在建设期间,发现有一些技术并不过关,要克服这些技术难关,必须投入新的资源,这样就会产生预计之外的现金流出量。又如,原投资项目现金流出量预测时的价格在建设期间发生了变化,这样也会使投资项目的实际现金流出量与预计现金流出量产生差异。

同样,为保证大型投资项目在有效期内正常运转所产生的实际现金流出量也可能与估计的现金流出量之间存在极大的差异。

这说明,对投资项目现金流出量的估计也存在着不确定性或风险。规避这种风险的可行办法是各个部门之间的通力合作,尽可能在事前考虑到影响投资项目现金流出量的各种因素和各个因素发生的概率,通过概率分析来确定其投资项目的现金流出量。

第三节 投资项目的评价方法

企业在收集到投资项目的现金流入量和现金流出量资料之后,就可以采用一定的数量分析方法对各种拟订的投资项目的经济效益大小进行评价。本节将讨论五种基本评价方法:回收期法(变形的回收期法)、平均收益率法(变形的平均收益率法)、净现值法、获利能力指数法、内部收益率法。为简化起见,在本节所举例中,各年现金流量都假定在各年年末流动。

一、回收期法

(一) 基本方法

1. 计算公式

投资回收期法是投资项目评价中最简单的方法。决定固定资产投资回收期的两个因素是投资额的大小和每年回收额的多少。其基本计算公式为:

或：

$$\sum_{t=1}^{PP} CI_t = CO_0$$

$$\frac{\sum_{t=1}^{pp} CI_t}{CO_0} = 1$$

式中　PP——回收期；

CI_t——t 期现金流入量；

CO_0——原始投资额。

其计算步骤如下：

(1) 确定投资回收期区间。具体方法是逐期将各期现金流入量相加，求相加各期的总现金流入量。每累加一期的现金流入量，就将合计数与投资额比较一次，如合计数小于投资额，则继续往后加，一直加到合计数等于或初次大于投资额那一期为止。这样，就可以得到现金流入量合计数从正负两个方向最接近投资额的两个时期，这两个时期就是投资回收期所在的区间，投资回收期就在这两个时期中间。

(2) 求投资回收期。具体方法是用插值法求投资回收期，其计算公式如下：

$$\text{投资回收期} = \text{从负方最接近投资额的现金流入量合计所需的时间} + \frac{\text{投资额} - \text{从负方最接近投资额时期的现金流入量合计数}}{\text{从正方最接近投资额时期的现金流入量合计数} - \text{从负方最接近投资额时期的现金流入量合计数}}$$

【例 7-2】 假定某企业有 A、B、C 三个投资方案，其相关资料如表 7-2 所示。

表 7-2

A、B、C 三个方案净收益和净现金流量表

单位：元

期间	A 方案		B 方案		C 方案	
	净收益	净现金流量	净收益	净现金流量	净收益	净现金流量
0	—	(300 000)	—	(300 000)	—	(300 000)
1	10 000	70 000	30 000	130 000	60 000	120 000
2	40 000	100 000	50 000	150 000	50 000	110 000
3	50 000	110 000	50 000	150 000	40 000	100 000
4	50 000	110 000	—	—	40 000	100 000
5	60 000	120 000	—	—	20 000	80 000

根据表 7-2，可以分别计算出三个方案的投资回收期如下：

$$PP(A) = 3 + \frac{300\,000 - 280\,000}{390\,000 - 280\,000} = 3.18 (年)$$

$$PP(B)=2+\frac{300\,000-280\,000}{430\,000-280\,000}=2.13(年)$$

$$PP(C)=2+\frac{300\,000-230\,000}{330\,000-230\,000}=2.7(年)$$

将计算出的回收期与期望回收期相比较,可以判断投资项目是否可行。投资回收期作为衡量投资项目变现能力的一个指标,其判断方法如下:

投资回收期≤期望回收期,投资方案可行;

投资回收期>期望回收期,投资方案不可行。

假定上述企业的期望回收期为3年,那么,方案B、方案C可行,方案A不可行。

2. 投资回收期法的优缺点

(1) 优点。投资回收期的优点可以简单概括如下:第一,计算简单,资料容易取得;第二,考虑了现金流量;第三,反映了投资项目的风险,便于选择变现能力强,风险小的投资项目。

(2) 缺点。投资回收期的缺点:第一,没有考虑到回收期以后的现金流量,不能用它来准确评价投资项目的经济效益;第二,没有考虑到回收期间流入现金的数额,以及货币时间价值。因此,仅用投资回收期作为选择方案的标准,可能作出错误的决策。如上例中的B方案回收期短于C方案,但以此断定B方案优于C方案则可能是错误的。

(二) 考虑货币时间价值的回收期法

这种方法是为了克服前述回收期法的缺点而产生的一种改进方法。

考虑货币时间价值的回收期法有两种:一是加息回收期法,另一是折现回收期法。下面对这两种方法加以介绍。

1. 加息回收期法

加息回收期法是先求出投资加计利息的本利和,然后再根据本利和作为计算回收期的基数。加计的利息可以是投资期望收益额。现以实例说明。

【例 7-3】 现假定[例 7-2]中的资料不变,投资者的期望收益额为 100 000 元,试用加息回收期法计算考虑货币时间价值的投资回收期。

解题过程如下:

(1) 计算考虑利息之后的投资额。

A 方案考虑利息之后的投资额=300 000+100 000=400 000(元)

B 方案考虑利息之后的投资额=300 000+100 000=400 000(元)

C 方案考虑利息之后的投资额=300 000+100 000=400 000(元)

(2) 计算考虑利息后的投资回收期。

$$PP(A)=4+\frac{400\,000-390\,000}{510\,000-390\,000}=4.08(年)$$

$$PP(B) = 2 + \frac{400\,000 - 280\,000}{430\,000 - 280\,000} = 2.8(年)$$

$$PP(C) = 3 + \frac{400\,000 - 330\,000}{430\,000 - 330\,000} = 3.7(年)$$

2. 折现回收期法

折现回收期法是先将各年的现金流量按规定的折现率折算为现值,然后以现值作为计算回收期的基础。现以实例说明。

【例 7-4】 现假定[例 7-2]中的资料不变,折现率为 10%,试用折现回收期法计算考虑货币时间价值的投资回收期。

(1) 计算三个方案的现金流量的现值。

三个方案的现金流量现值计算结果如表 7-4 所示。

表 7-4

A、B、C 三个方案现金净流量折现表

单位:元

期间	折现率	A 方案		B 方案		C 方案	
		现金净流量	现金净流量折现值	现金净流量	现金净流量折现值	现金净流量	现金净流量折现值
0	1	(300 000)	(300 000)	(300 000)	(300 000)	(300 000)	(300 000)
1	0.90909	70 000	63 636	130 000	118 182	120 000	109 091
2	0.82646	100 000	82 646	150 000	123 969	110 000	90 911
3	0.75131	110 000	82 644	150 000	112 697	100 000	75 131
4	0.68301	110 000	75 131			100 000	68 301
5	0.62092	120 000	74 510			80 000	49 674

(2) 计算折现回收期。

$$PP(A) = 3 + \frac{300\,000 - 228\,926}{304\,057 - 228\,926} = 3.95(年)$$

$$PP(B) = 2 + \frac{300\,000 - 242\,151}{354\,848 - 242\,151} = 2.51(年)$$

$$PP(C) = 3 + \frac{300\,000 - 275\,133}{343\,434 - 275\,133} = 3.36(年)$$

在实际工作中,上述两种考虑货币时间价值的方法,前一种方法用得较为普遍。因为,一方面,在投资的本金之外,究竟希望获得多少额外的"回报",可由投资者根据其对风险和收益的态度决定;另一方面,加息回收期法不需要查阅现值,计算比较简单。考虑货币时间价值的回收期法,虽然在一定程度上克服了基本投资回收期法的缺点,但还是不能反映投资项目的效益性。

二、平均收益率法

(一) 基本方法

1. 计算公式

投资平均收益率法,又称平均会计收益率法,是投资项目各年净收益的平均数与该投资项目平均投资额的比率。它是一种被广泛使用的评价投资项目的会计方法,其计算公式为:

$$年平均净收益率 = \frac{年平均净收益}{平均投资额}$$

【例 7-5】 试根据[例 7-2]的资料计算三个方案的年平均收益率。

(1) 计算年平均收益额。

三个方案的年平均收益额分别如下:

$$A 方案年平均收益额 = \frac{10\,000 + 40\,000 + 50\,000 + 50\,000 + 60\,000}{5} = 42\,000(元)$$

$$B 方案年平均收益额 = \frac{30\,000 + 50\,000 + 50\,000}{3} = 43\,333(元)$$

$$C 方案年平均收益额 = \frac{60\,000 + 50\,000 + 40\,000 + 40\,000 + 20\,000}{5} = 42\,000(元)$$

(2) 计算年平均投资额。

为了便于计算平均投资额,可以根据表 7-2 中的资料编制 A、B、C 三个方案各期投资余额计算表,如表 7-3 所示。

表 7-3

A、B、C 三个方案各期投资余额计算表

单位:元

期间	A 方案		B 方案		C 方案	
	累计折旧	投资余额	累计折旧	投资余额	累计折旧	投资余额
0	—	300 000	—	300 000	—	300 000
1	60 000	240 000	100 000	200 000	60 000	240 000
2	120 000	180 000	200 000	100 000	120 000	180 000
3	180 000	120 000	300 000	0	180 000	120 000
4	240 000	60 000			240 000	60 000
5	300 000	0			300 000	0

按表 7-3,可以求得三个方案的平均投资额如下:

$$A\text{方案平均投资额} = \left(\frac{300\,000+240\,000}{2} + \frac{240\,000+180\,000}{2} + \frac{180\,000+120\,000}{2} + \frac{120\,000+60\,000}{2} + \frac{60\,000+0}{2}\right) \div 5 = 150\,000(\text{元})$$

$$B\text{方案平均投资额} = \left(\frac{300\,000+200\,000}{2} + \frac{200\,000+100\,000}{2} + \frac{100\,000+120\,000}{2}\right) \div 3 = 150\,000(\text{元})$$

$$C\text{方案平均投资额} = \left(\frac{300\,000+240\,000}{2} + \frac{240\,000+180\,000}{2} + \frac{180\,000+120\,000}{2} + \frac{120\,000+60\,000}{2} + \frac{60\,000+0}{2}\right) \div 5 = 150\,000(\text{元})$$

因此,三个投资方案的年平均收益率分别为:

$$A\text{方案年平均收益率} = \frac{42\,000}{150\,000} \times 100\% = 28\%$$

$$B\text{方案年平均收益率} = \frac{43\,333}{150\,000} \times 100\% = 28.89\%$$

$$C\text{方案年平均收益率} = \frac{42\,000}{150\,000} \times 100\% = 28\%$$

根据上述计算结果,B方案的年平均投资收益率最高,而A、C两个方案的年平均投资收益率相等。如仅从该指标出发,B方案优于A、C两个方案。

2. 优缺点

(1) 优点。投资平均收益率指标的优点可以概括如下:第一,平均投资收益率指标与人们所熟悉的会计相关指标完全一致,易于为人们理解、掌握和接受。第二,考虑了投资项目的效益性,克服了回收期法在这方面的缺点。

(2) 缺点。将投资平均收益率指标作为投资项目决策的准则,也有着重大的缺陷。这些缺陷主要包括:第一,投资平均收益率法在计算投资项目收益时,用的是会计收益而不是净现金流入量,因此,在进行投资项目评价时无法考虑边际投资额和边际收益额;第二,投资平均收益率法假定在投资项目有效期内的历年会计收益相等,但是,实际与假定存在着很大差异;第三,投资平均收益率法没有考虑到现金流入和现金流出的时间,忽视了货币时间价值,因此,不能精确地反映投资项目的真实的经济效益。

按投资平均收益率法,无法对上例中的A方案和C方案进行取舍,因为这两个方案的平均收益率均为28%。显然,如果考虑到货币时间价值的话,C方案将优于A方案,因为C方案前期的净现金流入量要大于A方案。

(二) 平均现金净流入率法

没有考虑净现金流入量,是平均收益率法指标的一个主要缺陷。为了弥补这一缺陷,可以用平均现金净流入率指标来加以补充。

平均现金净流入率是指投资项目寿命周期内的年平均营业现金流量与平均投资额的

比率，也称为平均投资现金净流入率。平均现金净流入率法是通过比较平均现金净流入率的大小，选择最优可行性方案的方法。其计算公式为：

$$平均现金净流入率＝年平均营业现金流量÷平均投资额×100\%$$

其中，　　年平均营业现金流量＝项目寿命周期内各年营业现金流量之和÷项目寿命周期

$$平均投资额＝[(固定资产投资额－残值)÷2]＋残值＋流动资产垫支$$

【例 7-6】 根据［例 7-2］资料计算三个方案的平均现金净流入率指标。

由于该例的投资残值为零，因此可以直接运用公式得出如下结果：

$$A 方案年平均现金净流入率＝\frac{(70\,000＋100\,000＋110\,000＋110\,000＋120\,000)÷5}{300\,000÷2}×100\%＝68\%$$

$$B 方案年平均现金净流入率＝\frac{(130\,000＋150\,000＋150\,000)÷3}{300\,000÷2}×100\%＝95.56\%$$

$$C 方案年平均现金净流入率＝\frac{(120\,000＋110\,000＋100\,000＋100\,000＋80\,000)÷5}{300\,000÷2}×100\%＝68\%$$

从上述计算结果来看，B 方案优于 A 方案和 C 方案。

平均收益率指标与平均现金净流入率指标的差异是由垫支资金的现金流量所引起的，这种关系可用下面推论加以说明：

$$\frac{年平均营业现金流量}{平均投资额}＝\frac{年平均税后利润＋年折旧额}{平均投资额}＝\frac{年平均税后利润}{平均投资额}＋\frac{年折旧额}{平均投资额}$$

该公式的前半部分表明了投资的获利能力，即投资项目能获利润的大小；公式的后半部分表明了折旧的回收速度。这两部分合计则表明了企业现金回收的情况。

这种方法虽然全面考虑了财务人员所关心的企业现金流量状况的问题，但是却掩盖了投资项目的收益能力，特别是该指标仍然没有考虑货币的时间价值，不能得出正确的分析结果。另外，该比率也让非专业人士难以理解。因此，它只能作为平均收益率指标的一种补充指标。

三、净现值法

1. 计算公式

净现值是指投资项目未来现金流入量的折现值与其原始投资现金流出量的折现值的差额。其计算公式为：

$$NPV=\sum_{t=m+1}^{n}\frac{CI_t}{(1+i)^t}-\sum_{t=0}^{m}\frac{CO_t}{(1+i)^t}$$

式中　NPV——净现值；
　　　CI_t——第 t 期的现金流入量；
　　　CO_t——第 t 期投资的现金流出量；
　　　i——资金成本或期望折现率。

如果投资项目的投资是在 0 期一次完成，那么，上式可以简化为下式：

$$NPV = \sum_{t=m+1}^{n} \frac{CI_t}{(1+i)^t} - CO_0$$

显然，当某个投资项目的净现值为负时，该项目应予以否定；只有净现值为正时，该项目才可以接受。如评价中的两个投资项目是互不相容的，那么，应该选择净现值大的那一个投资项目。

【例 7-7】 根据[例 7-2]的资料，计算折现率为 10% 时的 A、B、C 三个方案的净现值。

解：
根据公式有：

$$NPV(A) = \left[\frac{70\,000}{(1+10\%)^1} + \frac{100\,000}{(1+10\%)^2} + \frac{110\,000}{(1+10\%)^3} + \frac{110\,000}{(1+10\%)^4} + \frac{120\,000}{(1+10\%)^5}\right] - 300\,000 = 378\,568 - 300\,000 = 78\,568(元)$$

$$NPV(B) = \left[\frac{130\,000}{(1+10\%)^1} + \frac{150\,000}{(1+10\%)^2} + \frac{150\,000}{(1+10\%)^3}\right] - 300\,000 = 354\,847 - 300\,000 = 54\,847(元)$$

$$NPV(C) = \left[\frac{120\,000}{(1+10\%)^1} + \frac{110\,000}{(1+10\%)^2} + \frac{150\,000}{(1+10\%)^3} + \frac{100\,000}{(1+10\%)^4} + \frac{80\,000}{(1+10\%)^5}\right] - 300\,000 = 393\,107 - 300\,000 = 93\,107(元)$$

以上计算结果表明，C 方案的净现值最大，A 方案次之，B 方案再次之。在原始投资额相同的情况下，净现值越大，说明投资项目的收益率越高，投资方案越可取。

在上例中，A 方案和 C 方案虽然原始投资额和累计现金净流入量相同，但是现金流入的时间上存在着差异，即 A 方案前期的现金流入量小于后期的现金流入量，而 C 方案前期的现金流入量大于后期的现金流入量，通过折现，必然有 C 方案的净现值大于 A 方案的净现值。故 C 方案优于 A 方案。

再有，在投资回收期法和投资平均收益率法下的最优方案——B 方案，在净现值法下成了最次方案，这又如何理解呢？这种情况可以从投资项目的寿命期来理解。B 方案虽然投资回收期短，但它的寿命期也短。在它寿命期终止后，A、C 两个方案的投资项目还在继续创造收益。从创造净收益和现金流入量的总量来看，A、C 两个方案要大于 B 方案，就是折算为现值之后也要大于 B 方案。企业进行投资的目的是为了创造尽可能大的收益，而不是加快回收期和提高短期投资收益率。可是，投资回收期法和平均收益率法正忽视了这一点，用个别指标来替代投资的基本目的。所以，仅用投资回收期法和平均收益率法来评价投资项目,会作出错误的决策;而用净现值法评价投资项目则弥补了投资回收期法和平均收益率法的缺陷,使决策建立在科学合理的基础之上。

2. 优缺点

(1) 优点。净现值法的优点可以归纳如下:第一,考虑了项目寿命期内的全部现金流量,能反映整个寿命期内的收益状况,克服了投资平均收益率法在这方面的缺点;第二,考虑了货币的时间价值,使对投资方案的评价建立在合理可比的基础之上;第三,引进了适用折现率,减少了投资决策失败的风险。

(2) 缺点。净现值法的缺点:第一,适用折现率的设定比较困难,但其适用折现率的准确性直接关系到决策结果的正确性;第二,当不同投资项目的投资规模不同和生命周期不一致的时候,很难根据净现值的大小来判断投资项目的优劣。

四、获利能力指数法

1. 计算公式

获利能力指数,又称现值指数,它是现金流入量现值与现金流出量现值之比。设计获利能力指数的目的,主要是为了克服净现值指标不能反映净现值与投资量关系的弊端。净现值法虽然有前述的若干优点,但是,对投资额不相等的不同方案,单纯依据净现值的绝对量来选择投资项目是不可能得出正确结论的。因为投资额不一致的各个投资方案,其净现值是不可比的。获利能力指数的计算公式如下:

$$PI = \frac{\sum_{t=1}^{n} \frac{CI_t}{(1+i)^t}}{CO_0}$$

式中 PI——获利能力指数。

PI 与 NPV 存在着如下关系:

当 $NPV>0$ 时,$PI>1$;

当 $NPV=0$ 时,$PI=1$;

当 $NPV<0$ 时,$PI<1$。

显然,只要 PI 等于或者大于 1 时,投资方案就可以采纳;而 PI 小于 1 时,投资方案不可以采纳。

【例 7-8】 根据[例 7-7]的资料,计算折现率为 10% 时的 A、B、C 三个方案的获利能力指数。

解:

按公式有:

$$PI(A) = \frac{378\,568}{300\,000} = 1.26$$

$$PI(B) = \frac{354\,847}{300\,000} = 1.18$$

$$PI(C) = \frac{393\,107}{300\,000} = 1.31$$

获利能力指数越大,表明投资项目的获利能力越大。在例中,C方案最优,A方案次之,B方案再次之。

2. 获利能力指标与净现值指标发生矛盾时的处理

由于获利能力指数使不同投资方案具有了共同可比的基础,因此,它有广泛的适用性。但是在利用获利能力指数法时也要注意到,在一组互不相容的投资方案中,选择一个方案时,用获利能力指数作为标准可能会与用净现值作为标准产生矛盾。这时,还是采用净现值作为评价标准为好。因为,获利能力指数只能表示投资项目的相对获利能力,而不能反映投资项目预期获取的绝对经济效益。

【例 7-9】 设某企业有表 7-5 显示的甲、乙两个互不相容的投资方案,问哪一个方案为优。

表 7-5

甲、乙两个方案经济效益比较表

单位:万元

指 标 名 称	甲 方 案	乙 方 案
现金流入现值 $\left[\sum_{t=1}^{n}\frac{CI_t}{(1+i)^t}\right]$	500	300
原始投资额(CO_0)	400	220
净现值(NPV)	100	80
获利能力指数(PI)	1.25	1.36

从上表计算中可看出,按净现值标准,甲方案为优;按获利能力指数标准,乙方案为优。根据企业投资的基本目的——获取最大收益,企业应该采用甲方案。因为,采用甲方案可以使企业的资源得到最充分的运用,为企业带来最大的经济效益。

3. 优缺点

(1) 优点。获利能力指数法的优点可以简单归纳如下:第一,可以克服投资额大小和投资寿命期长短对净现值大小的影响,使不同方案建立在可比的基础之上;第二,可以将不同投资项目效益性的比较简单化。

(2) 缺点。获利能力指数法的缺点:第一,仍然存在需要设定适用折现率的难题;第二,不能解决互不相容的投资方案的选择问题;第三,该指标的经济含义难以被一般人理解。

五、内部收益率法

1. 计算公式

内部收益率,又称内含报酬率,是指投资项目的现金流入量现值等于现金流出量现值时的折现率。对该问题,我们已经在计算资金成本时进行了较详细的讨论,因此,这里将在简要回顾它的概念和计算方法的基础上,重点讨论内部收益率作为投资项目评价标准与其他评价标准相比的特征和优劣。

根据内部收益率的定义,内部收益率的一般计算公式为:

$$\sum_{t=m+1}^{n}\frac{CI_t}{(1+r)^t}-\sum_{t=0}^{m}\frac{CO_t}{(1+r)^t}=0$$

在公式中,CI_t 和 CO_t 均为已知量;r 为内部收益率,是一个未知变量。具体可用逐次测试和内插值的两步骤近似计算方法求解 r。

当公式中 $m=0$ 时,则有:

$$\sum_{t=1}^{n}\frac{CI_t}{(1+r)^t}-CO_0=0$$

该公式是前一公式的一个特例。它适用于计算建设期短(1 年以内)的投资项目的内部收益率,而前一公式可适用于任何投资项目内部收益率的计算。

根据内部收益率的计算公式,可以看出内部收益率具有如下特征:

当 $\sum_{t=1}^{n}CI_t=CO_0$ 时,$r=0$;

当 $\sum_{t=1}^{n}CI_t<CO_0$ 时,$r<0$;

当 $\sum_{t=1}^{n}CI_t>CO_0$ 时,$r>0$。

第一种情况表明,投资项目产生的现金流入量之和刚好等于其现金流出量,没有带来任何盈利,这时的收益率为 0。第二种情况表明,投资项目产生的现金流入量之和小于其现金流出量,这时投资项目不仅没有产生任何盈利,而且还使一部分投资不能收回,投资收益率为负。第三种情况表明,投资项目产生的现金流入量之和大于其现金流出量,获得了一定的盈利,投资收益率为正。盈利越多,收益率(r)就越大;同样的盈利额取得越早,r 也就越大,反之则越小。可见一个投资项目的现金流入和现金流出的数量和时间都可以通过 r 的变化表示出来,因此,r 是一个投资项目经济效益的综合体现。

【例 7-10】 根据[例 7-2]的资料,计算 A、B、C 三个方案的内部收益率。

解:

根据公式,可以得出 A、B、C 三个方案的现金流量表达式如下:

A 方案

$$\frac{70\,000}{(1+r)^1}+\frac{100\,000}{(1+r)^2}+\frac{110\,000}{(1+r)^3}+\frac{110\,000}{(1+r)^4}+\frac{110\,000}{(1+r)^5}-300\,000=0$$

B 方案

$$\frac{130\,000}{(1+r)^1}+\frac{150\,000}{(1+r)^2}+\frac{150\,000}{(1+r)^3}-300\,000=0$$

C 方案

$$\frac{120\,000}{(1+r)^1}+\frac{110\,000}{(1+r)^2}+\frac{150\,000}{(1+r)^3}+\frac{100\,000}{(1+r)^4}+\frac{80\,000}{(1+r)^5}-300\,000=0$$

根据上面所列的现金流量表达式,通过逐次测试和内插值两个步骤(该两个计算步骤请读者自己完成),最后求得的三个方案的内部收益率:A 方案 18.98%,B 方案 19.86%,C 方案 22.34%。

以内部收益率作为评价标准,C 方案最优,B 方案次之,A 方案再次之。

比较前面的各种指标可知,在净现值法下,A 方案优于 B 方案,而现在则是 B 方案优于 A 方案,两种方法所得出的结论正好相反。如何认识这种矛盾,究竟哪种结论更正确?对这一问题,我们将在第四节进行专门的讨论。

2. 优缺点

(1) 优点。用内部收益率作为评价标准的主要优点:第一,特别突出货币的时间价值,可以将计算结果直接与相关的收益率相比较,从而使决策简单化;第二,不受投资规模大小和投资项目生命周期长短等因素对投资决策的影响,克服了净现值指标的不足。

(2) 缺点。用内部收益率作为评价标准的主要缺点:第一,内部收益率指标是建立在各期现金流入量创造的收益率都相等的基础之上的,但是,该假定与实际可能相差很大。第二,在某些现金流量序列中可能出现多个内部收益率。这种情况多见于分期建设和生产的投资项目,因为,在这种情况下,净现金流量序列中将会出现多次正负号的转变。从数学上看,在净现金流量序列中,正负号转变多少次,就有可能产生多少个内部收益率。在存在多个内部收益率的情况下,以内部收益率作为投资项目的评价标准,将是一件十分复杂的事情。第三,在评价互不相容的项目时,往往不能得出正确的结论。

在本节中,讨论了五种投资项目的基本评价方法。前两种方法,即投资回收期法和年平均收益率法,都是没有考虑货币时间价值,以及没有完全考虑现金流量(甚至不考虑现金流量)的方法;因此,若以它们作为投资项目的评价标准,必然难以得到科学和合理的结论,甚至会将决策引入歧途。

在基本方法上进行适当改造后的方法,即考虑货币时间价值的投资回收期法和平均现金净流入率法,虽在一定程度上克服了基本方法的缺点,但仍然有很多不足,不能全面反映投资项目的效益情况。

后三种方法，即净现值法、获利能力指数法和内部收益率法，则克服了前两种方法的缺点。但是，这三种方法得出的方案优劣往往又不一致，这就使得对投资项目的评价复杂化了。

总之，不同的投资项目的评价方法，各有各的优缺点。因此，在进行投资项目评价时，要尽可能多计算一些不同类别的指标，以全面揭示投资项目在各个方面的特征，使评价建立在科学的基础之上。

第四节　投资项目评价标准和投资项目排队

投资项目排队，就是将投资项目按优劣为序的排列。投资项目的优劣，又与投资项目的评价标准有关。因此，本节将先讨论投资项目的评价标准，然后再讨论投资项目的排队。

一、投资项目的评价标准问题

(一) 投资项目评价指标的优劣判断标准

企业从事投资，从本质上看，是为了增加企业价值和促使股东财富最大化目标的实现。因此，判断投资项目评价标准优劣的最佳方法，就是将这些标准与企业价值最大化和股东财富最大化联系起来，能够选择出使企业价值最大化和股东财富最大化的评价标准就是优的标准；反之，则是劣的标准。

将投资项目评价标准与企业价值联系在一起考虑，作为一个优的评价标准，必须要能体现出三个特征：第一，该标准必须考虑到投资项目整个有效期内的现金流量；第二，该标准必须考虑到货币时间价值，即不同的现金流量具有不同的价值量；第三，该标准在选择互不相容投资项目时，能选择出可以使企业价值最大化和股东财富最大化的项目。

(二) 净现值、获利能力指数和内部收益率等指标与企业价值的联系

净现值法、获利能力指数法和内部收益率法，都能体现上述第一和第二两个特征。但是获利能力指数法和内部收益率法，并不能完全满足上述第三个特征，它们只适用于评估独立投资项目，判断这些独立投资项目是否可取。只有净现值法不但满足第一和第二两点要求，而且还满足第三点要求。

投资项目对企业价值和股东财富的影响除了受收益率大小的影响之外，还受收益额绝对量多少的影响。收益额等于投资额乘以收益率，即收益额受投资额和收益率两个因素的影响。在互不相容的投资项目中，选择一些项目就必须放弃另一些项目。当存在一些收益率高、投资量小的项目的绝对收益额低于一些收益率低、投资量大的项目的绝对收益额的情况时，从投资项目对企业价值和股东财富的贡献的角度考察，选择收益率高、绝对收益额低的项目就不如选择收益率低、绝对收益额多的项目优。因为，企业价值大小与绝对收益额高低成正比，收益率必须通过收益额才能影响到企业价值。可见，获利能力指

数和内部收益率的高低与企业价值和股东财富的大小之间并不存在必然的线性联系,因此,这两个指标不满足第三点的要求。而净现值的大小能直接反映企业价值和股东财富的大小,所以,它满足第三点的要求。

【例 7-11】 某公司现有企业价值为 2 000 万元,现在有 G、H 两个互不相容的投资项目供选择。G 项目的投资总额为 150 万元,内部收益率为 15%,净现值为 200 万元;H 项目的投资总额为 400 万元,内部收益率为 12%,净现值为 500 万元。假设净现值能完全代表企业价值,问该公司选择哪一个方案为优?

解:

本问题可以按下述方法分析:

求实施不同投资方案后的企业价值:

实施 G 方案后的企业价值=2 000+200=2 200(万元)

实施 H 方案后的企业价值=2 000+500=2 500(万元)

由于实施 H 方案后的企业价值大于实施 G 方案后的企业价值,所以,H 方案优于 G 方案。

之所以内部收益率高的 G 方案没有内部收益率低的 H 方案优,是由于两个投资项目属于互不相容的投资项目,且 H 方案可以容纳更多的投资,这些多出的投资额足以弥补收益率低的不利影响,使 H 投资项目产生出大于 G 投资项目的净现值,从而使实施 H 投资项目的企业价值大于实施 G 投资项目的企业价值。

(三)净现值与折现率之间的关系

以上从投资项目选择标准是否有利于企业价值和股东财富最大化的角度,论证了净现值法是评价投资项目的最佳方法。现在,我们将从净现值和内部收益率指标理论意义上讨论不同指标的合理性。

净现值是随折现率和现金流入量的时间而变化的,折现率越高,现金越后流入,净现值越小;反之,则越大。不同方案的优劣状况也会随折现率和现金流入量的时间而发生变化。理解这一点,对认识不同投资项目的评价标准是很有帮助的。下面根据本节各个实例,通过作图来直观解释这种现象,见图 7-4。

图 7-4 中各方案净现值的交点是按以下程序求得:

A 方案与 B 方案的交点为下式中的 r。

$$\left[\frac{70\,000}{(1+r)^1}+\frac{100\,000}{(1+r)^2}+\frac{110\,000}{(1+r)^3}+\frac{110\,000}{(1+r)^4}+\frac{120\,000}{(1+r)^5}\right]-\left[\frac{130\,000}{(1+r)^1}+\frac{150\,000}{(1+r)^2}+\frac{150\,000}{(1+r)^3}\right]=0$$

通过逐次测试和插值求解,得到:$r=17.28\%$,净现值 $NPV=21\,826$(元)。

B 方案与 C 方案的交点为下式中的 r。

$$\left[\frac{130\,000}{(1+r)^1}+\frac{150\,000}{(1+r)^2}+\frac{150\,000}{(1+r)^3}\right]-\left[\frac{120\,000}{(1+r)^1}+\frac{110\,000}{(1+r)^2}+\frac{150\,000}{(1+r)^3}+\frac{100\,000}{(1+r)^4}+\frac{80\,000}{(1+r)^5}\right]=0$$

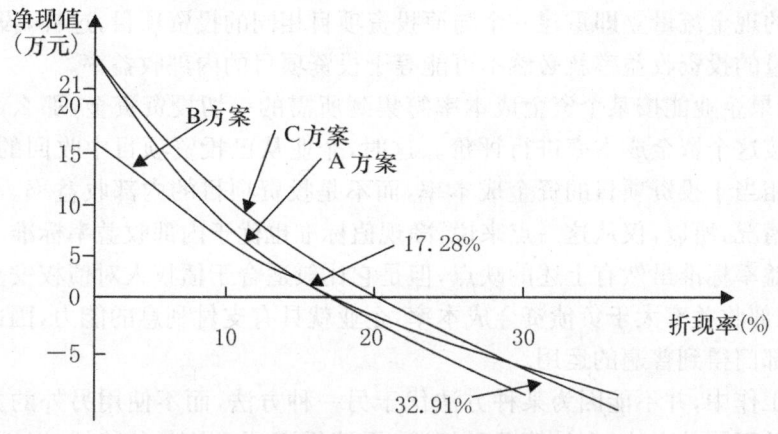

图 7-4　净现值与折现率之间关系示意图

通过逐次测试和插值求解,得到:$r=32.91\%$,净现值 $NPV=-61\,145$(元)。

从图 7-4 可以看出,A 方案对折现率的变化比 B 方案和 C 方案都敏感,即 A 方案的斜率最大,折现率的提高导致 A 方案的净现值以快于 B、C 两个方案的速度降低。B 方案的斜率又大于 C 方案,B 方案对折现率变化的敏感程度大于 C 方案。C 方案的斜率最小,对折现率变化的敏感程度也最小。究其原因,是各方案现金流入量在时间上存在差异。B 方案在前期的现金流入量最大,C 方案次之,A 方案再次之。这也说明了,为什么在净现值法下,A 方案优于 B 方案;而在内部收益率法下,B 方案又优于 A 方案的原因。

(四) 不同评价指标前期现金流入量的再投资收益率

在独立投资项目的评价中,用净现值标准和内部收益率标准作出的取舍决策是一致的,即用净现值法表示可接受的投资方案,内部收益率法也必定表示可以接受。因为,根据内部收益率标准,只要收益率大于资金成本率,投资方案就可以接受。在内部收益率大于资金成本率时,净现值必然为正。净现值为正就表示投资方案可以接受。故在独立投资项目的评价中,净现值标准同内部收益率标准并无矛盾。

在互不相容的投资项目的评价中,净现值标准和内部收益率标准则可能产生矛盾。上节例中的 A 方案和 B 方案就是如此。

前面,从评价标准是否有利于企业价值和股东财富最大化的角度论证了净现值法的优点,现在,我们再进一步从两种方法本身具有的理论意义上讨论这一问题。

解决这一问题的关键在于早期现金流入量的价值究竟有多大? 这其实也就是早期现金流入量再投资的收益率或机会成本究竟有多大的问题。净现值法本身暗示,将投资项目产生的现金流入量再投资的收益率就是该项目的资金成本率或折现率;而内部收益率法则是建立在投资项目的现金流入量再投资的收益率,就是项目的内部收益率基础之上的。撇开其他问题不论,仅就现金流入量的再投资收益率等于投资项目的内部收益率这一点而论,内部收益率就欠科学。因为投资项目具有不可分割性,因此不可能再用投资项目前期流入的现金流量立即重建一个与原投资项目相同的投资项目,这样,投资项目前期的现金流入量的投资收益率就必然不可能等于投资项目的内部收益率。

显然,如果企业能按某个资金成本率筹集到所需的一切投资资金,那么,企业所有投资项目均应按这个资金成本率进行评价。这时,企业从已投资项目中收回的现金的再投资收益率就相当于投资项目的资金成本率,而不是投资项目的内部收益率。净现值法正反映了这种情况,所以,仅从这一点来说,净现值标准也优于内部收益率标准。

内部收益率标准虽然有上述的缺点,但是它比较适合于债权人对债权安全性的评价。因为,只要内部收益率大于负债资金成本率,企业就具有支付利息的能力,因此,内部收益率在银行等部门得到普遍的运用。

在实际工作中,并不能因为某种方法优于另一种方法,而不使用另外的方法,而是应尽可能用多种不同的方法,多计算几种标准,弄清投资项目的各种特征,以选择出最优的投资项目。

二、投资项目排队和组合

（一）投资项目排队

按照投资项目的评价标准,投资项目可按净现值、获利能力指数和内部收益率三种标准进行排队。假定某公司有九个投资项目,它们的这三种指标及其排队结果如表 7-6 所示。

表 7-6

投资项目的三种指标及其排队结果表

金额单位：万元

投资项目	原始投资额	净现值		获利能力指数		内部收益率	
		净现值	排队序号	获利能力指数	排队序号	内部收益率	排队序号
A	800	100	1	1.125	6	0.18	5
B	700	90	2	1.129	5	0.17	6
C	500	80	3	1.16	3	0.20	4
D	450	50	4	1.11	7	0.14	7
E	300	45	5	1.15	4	0.34	1
F	250	42	6	1.68	1	0.32	2
G	190	−12	8	0.94	8	0.08	8
H	110	−10	9	0.91	9	0.06	9
I	100	13	7	1.32	2	0.28	3

从表7-6可以看出,不同的评价标准反映的投资项目优劣顺序是不一致的。这是在进行投资项目组合时必须认真加以考虑的问题。

(二)投资项目组合

从理论上讲,只要投资项目提供的净现值为正,或者获利能力指数大于1,或者内部收益率大于资金成本率,那么,这些投资项目都是可行的;并且当边际投资项目的净现值从正趋近于0,或获利能力指数趋近于1,或内部收益率趋近于资金成本率时,企业从全部投资中获取的利益最大。但是从实际上看,任何企业的投资总是有一定限额的,因此,难以对所有有利可图的项目进行投资,而必须是有选择性地投资。这样,就必然涉及投资项目的组合问题。投资项目组合的基本目的,是要选择能使企业价值和股东财富最大化的投资组合。

投资项目组合应考虑两个因素:第一,要选择内部收益率大的项目。由于内部收益率反映了投资项目收益率的高低,在资金来源有限的情况下,将有限的资金投资于收益率高的项目,可以使企业获得更大的收益;因此,投资项目的基本排队顺序应是以内部收益率指标进行排序。第二,要考虑有限资金的充分运用。由于投资项目具有不可分割的特征,且不同投资项目所需要的资金量和它创造的收益率都不一样;因此,若仅按投资项目的内部收益率大小为标准来选择投资项目,就有可能造成有限的资金得不到充分的运用,使企业的绝对收益额不能达到最大。

为了能选择出使企业价值和股东财富最大化的投资组合,选择投资组合的目标变量应该是净现值之和最大,约束变量是投资限额。具体的优选方法可以用线性规划模型求解,也可以用逐次测试法求解。下面以实例说明投资项目的逐次测试组合方法。

【例7-12】 假定企业的投资限额为1 500万元,试从表7-6中选择最优的投资组合。

用逐次测试法求解:

(1)先按内部收益率大小为标准进行投资项目的组合。按内部收益率为序选择的投资项目组合结果如表7-7所示。

表7-7

按内部收益率为序选择的投资项目组合结果

单位:万元

投资项目	原始投资额	净现值
F	250	42
E	300	45
I	100	13
A	800	100
合　　计	1 450	200

从表7-7可以看出,这种组合虽然保证了单个收益率高的投资项目入选,但它无法使

有限的资金得到充分的利用,因此,整个投资项目的组合并不是最优。

(2)以净现值最大为标准,采用逐次测试法得到的最佳结果如表7-8所示。

表7-8

按净现值为序选择的投资项目组合结果

单位:万元

投 资 项 目	原始投资额	净 现 值
F	250	42
E	300	45
C	500	80
D	450	50
合 计	1 500	217

比较表7-7和表7-8,可以发现表7-8的投资组合虽然没有保证内部收益率大的方案都入选,但是它充分利用了有限的资金,从而使企业的净现值比表7-7的投资组合多了17万元。

随着投资项目的增多,以及资金成本率的变化,从众多投资机会中选择出最优的投资组合,将是一件复杂的事情,需要企业认真对待。

第五节 风险投资决策

固定资产投资风险大,风险分析在固定资产投资决策中占有重要位置。风险投资决策的分析方法很多,但在本节,只讨论调整折现率法和调整现金流量法两种方法。

一、调整折现率法

调整折现率法是根据现金流量的风险大小调整净现值计算公式中的分母,使净现值计算公式的分子与分母的风险相匹配。具体地说,是将与特定投资项目有关的风险,转换为追加资金成本或要求达到的收益率以提高折现率,并按提高后的折现率计算现值。

调整后的净现值计算公式仍为:

$$NPV=\sum_{t=1}^{n}\frac{CI_t}{(1+i)^t}-CO_0$$

式中 NPV ——净现值;

CI_t ——第 t 期的现金流入量;

CO_0 ——第0期投资的现金流出量;

i ——风险调整后的资金成本率或期望折现率。

折现率的风险调整方法有如下几种。

(一) 利用资本资产定价模型调整折现率

在进行投资决策分析时,决策者可以引用与证券总风险模型大致相同的模型——企业总资产风险模型。

$$总资产风险 = 不可分散风险 + 可分散风险$$

(二) 按投资项目的风险程度调整折现率

按投资项目的风险程度调整折现率,是对影响投资项目风险的各个因素进行综合分析,然后确定风险程度的大小,并根据风险程度的大小来调整折现率的一种方法。

这是一种带有明显主观色彩的方法,一般应由企业管理人员和销售、生产、技术、财务等部门组成的专家小组对影响投资项目风险的各因素进行综合分析,确定风险程度。

(三) 利用风险收益率模型调整折现率

一项投资的总收益可分为无风险收益率和风险收益率两部分,即:

$$总收益率 = 无风险收益率 + 风险收益率$$

对特定投资项目而言,其预期总收益率或设定折现率则应按下式计算:

$$总收益率 = 无风险收益率 + 投资项目风险收益系数 \times 投资项目的预期标准离差$$

按风险调整折现率后的具体决策评价方法,与未考虑风险的决策评价方法基本相同。现以实例加以说明。

【例 7-13】 假定[例 7-2]中的 A、C 两个方案均存在风险,A 方案的风险折现率为 2%,C 方案的风险折现率为 5%。无风险折现率为 10%。试计算 A、C 两个方案的无风险净现值。

A 方案适用折现率 = 10% + 2% = 12%

C 方案适用折现率 = 10% + 5% = 15%

$$NPV(A) = \left[\frac{70\,000}{(1+12\%)^1} + \frac{100\,000}{(1+12\%)^2} + \frac{110\,000}{(1+12\%)^3} + \frac{110\,000}{(1+12\%)^4} + \frac{120\,000}{(1+12\%)^5}\right] - 300\,000 = 358\,514 - 300\,000 = 58\,514(元)$$

$$NPV(C) = \left[\frac{120\,000}{(1+15\%)^1} + \frac{110\,000}{(1+15\%)^2} + \frac{100\,000}{(1+15\%)^3} + \frac{100\,000}{(1+15\%)^4} + \frac{80\,000}{(1+15\%)^5}\right] - 300\,000 = 350\,225 - 300\,000 = 50\,225(元)$$

从计算结果可以看出,考虑风险与不考虑风险的 A、C 两个方案的优劣发生了转变,不考虑风险,C 方案优于 A 方案;考虑风险后,A 方案优于 C 方案。这说明,投资项目的优劣是随其风险程度变化而变化的。

这种方法,对风险大的项目采用较高的折现率,对风险较小的项目采用较低的折现率,简单明了,通俗易懂,因此被广泛采用。

二、调整现金流量法

调整现金流量法,与上述方法不同,它是按风险程度调整投资项目的现金流量,即通过改变净现值计算公式中的分子,降低预期现金流量的价值来进行调整。现金流量的风险越大,折算为无风险的现金流量的值就越小,相应地,净现值就越小。具体的调整方法很多,在这里只介绍肯定当量法。

肯定当量法的基本思路,是先用一个约当系数把有风险的现金流量调整为无风险的现金流量,然后用无风险的折现率对无风险的现金流量进行折现,计算无风险的净现值,并以该净现值来评价投资项目是否可行。其基本计算公式为:

$$NPV = \sum_{t=1}^{n} \frac{CI_t \times D_t}{(1+i)^t} - CO_0$$

式中 D_t——现金流量的约当系数。

约当系数是肯定的现金流量与不肯定的现金流量期望值之比,即:

$$D_t = \frac{\text{肯定的现金流量}}{\text{不肯定的现金流量期望值}}$$

在进行评价时,可根据各年现金流量的风险程度,选用不同的约当系数。如现金流量无风险,约当系数 $D_t=1$;现金流量的风险很小时,约当系数则可取 $1>D_t>0.8$;当现金流量风险一般时,约当系数则可取 $0.8>D_t>0.4$;当现金流量风险很大时,约当系数则应取 $0.4>D_t>0$。

约当系数的确定,会因人而异,愿意冒风险者使用较高的约当系数,而不愿意冒风险者则会选择较低的约当系数。为了防止因决策者偏好而造成投资决策失误,可以根据标准离差率来确定约当系数。标准离差率与约当系数经验对照关系如表 7-9 所示。

表 7-9

标准离差率与约当系数对照表

标准离差率	约 当 系 数
0~0.07	0.9
0.08~0.15	0.8
0.16~0.23	0.7
0.24~0.32	0.6
0.33~0.42	0.5
0.43~0.54	0.4
0.55~0.7	0.3

在投资决策分析中,运用肯定当量法的关键是确定约当系数,当约当系数确定后,决

策分析就比较容易了。现以实例说明该种方法的实际运用。

【例 7-14】 假定[例 7-2]中,A、C 两个方案各年净收益、相应的约当系数和无风险现金净流量如表 7-10 所示,无风险折现率为 10%。试评价 A、C 两个方案的优劣。

表 7-10

A、C 两个方案调整后的无风险现金净流量表

金额单位：千元

期间	A 方案					C 方案				
	净收益	约当系数	无风险净收益	折旧	无风险现金净流量	净收益	约当系数	无风险净收益	折旧	无风险现金净流量
0	—	—	—	—	(300)	—	—	—	—	(300)
1	10	0.95	9.5	60	69.5	60	0.9	54	60	114
2	40	0.9	36	60	96	50	0.8	40	60	100
3	50	0.8	40	60	100	40	0.75	30	60	90
4	50	0.7	35	60	95	40	0.7	28	60	88
5	60	0.6	36	60	96	20	0.6	12	60	72

$$NPV(A) = \left[\frac{69.5}{(1+10\%)^1} + \frac{96}{(1+10\%)^2} + \frac{100}{(1+10\%)^3} + \frac{95}{(1+10\%)^4} + \frac{96}{(1+10\%)^5}\right] - 300 =$$
$$342.15 - 300 = 42.15(千元) = 42\ 150(元)$$

$$NPV(C) = \left[\frac{114}{(1+10\%)^1} + \frac{100}{(1+10\%)^2} + \frac{90}{(1+10\%)^3} + \frac{88}{(1+10\%)^4} + \frac{72}{(1+10\%)^5}\right] - 300 =$$
$$358.71 - 300 = 58.71(千元) = 58\ 710(元)$$

计算结果表明,C 方案优于 A 方案。

由于固定资产投资项目的各种预测都存在风险,一般在预测现金流量的时候就将风险因素考虑进去了,即在编制投资项目的现金流量表之前,就已经根据风险程度对现金流量进行了调整;因此,在计算净现值时,用得更多的方法是根据综合风险程度调整适用的折现率。

案例与资料

冀东水泥(000401)非公开发行股票募集资金投资项目可行性分析报告(摘要)

冀东水泥是国家重点支持的大型水泥企业集团之一,在"三北"地区水泥产能达到 2 000 多万吨。天津滨海新区、曹妃甸循环经济示范区开发建设为华北地区带来了巨大的水泥市场空间,振兴东北老工业基地、西部大开发国策的深入推进,保证了西北和东北水

泥市场的稳定增长；公司在"三北"地区拥有丰富的石灰石资源，发展水泥项目具有区位优势、资源优势。本次募集资金用于马蹄山日产4 500吨新型干法熟料水泥生产线带余热发电项目等10个项目建设。项目建成后，将新增水泥产能1 679.85万吨，水泥生产能力达到3 700万吨，进一步提高公司在"三北"各大区域市场的掌控能力，实现各大区域市场领先，快速提高盈利能力，为股东创造更大的价值。

1. 项目背景

为贯彻落实国家"控制总量，调整结构"的水泥工业产业政策，发挥河北省唐山市石灰石资源丰富、交通便利、临近京津的地域优势，提升股东价值，唐山冀东水泥有限公司拟在冀东水泥丰润公司现有场地上建设一条4 500吨/天熟料新型干法水泥生产线。

唐山地处交通要塞，是华北通往东北的咽喉地带，京沈、京秦、大秦三大铁路横贯全境。津山、京沈干线横跨东西，东有秦皇岛港，西邻天津港，新建的唐山港位于津秦两港之间。境内铁路公路交织成网，交通发达。

2. 市场需求

根据唐山市2005年的统计，唐山市的水泥年产量约为3 000万吨，而新型干法水泥不到1 000万吨，新型干法水泥占的比例不到30%。随着国家"十一五"规划的出台，将天津滨海新区纳入国家重点开发经济区，京津冀区域的经济联系更为紧密，本区域的经济将会得到更快的发展，对作为基础建设的基本原材料水泥的要求量将更大。

本项目位于"大北京"经济圈中，不仅能够满足本地及周边市场对优质回转窑水泥的需求，而且依靠便捷的交通优势，可将产品运往京津、东北地区乃至海外，符合市场需要。

3. 产品方案

本项目拟在现有两条4 000吨/天的厂区基础上，建设一条4 500吨/天新型干法水泥熟料生产线，年运转310天，年产P.Ⅱ 42.5硅酸盐水泥153.45万吨；建设一座9.5MW的余热电站。

4. 投资计划

本项目建设总投资为50 032.31万元（含外汇434.09万美元）。拟用本次募集资金投资35 032.31万元。

5. 厂址方案

本项目建设场地位于河北省唐山市丰润区林荫路侧的原有生产线东侧、铁路专用线西侧的土地上，距唐山市区约25千米，西南侧有112国道通过，南侧约3.5千米处为京沈高速公路。厂区道路与厂外现有公路连接，交通条件较便利。

6. 原材料及能源供应

（1）原材料。石灰质原料采用河北省丰润县王官营水泥灰岩矿区的石灰石作为石灰质原料，矿区位于公司北约8千米处，为公司自有矿山；硅质原料，外购河北省滦县矿山建材公司芝麻山石英砂岩矿区的石英砂岩，汽车运输进厂，运输距离约65千米；铝质校正原料拟采用唐山新区热电厂的干排粉煤灰，汽车运输进厂，运输距离约2千米，已签订供货意向书。当粉煤灰供货量不足时,也可外购唐山国各庄矿的铝矾土作为铝质校正原料,汽车运输进厂,运输距离约38千米。铁质校正原料采用厂址东南滦县高家峪铁矿的铁矿石,汽车运输进厂,运输距离约35千米。也可采用河北省遵化硫酸厂的硫酸渣作为铁质校正原料,其Fe_2O_3含量42.14%,汽车运输进厂。燃料煤拟采用开滦矿业集团与山西大同矿业集团混合烟煤作为熟料烧成燃料,两者搭配比例约为1:1;调凝剂采用山西太原西山矿供应的石膏,火车运输进厂;混合材采用王官营水泥灰岩矿区的石灰石作为生产P.Ⅱ42.5水泥的非活性混合材。

（2）电力条件。本项目技改工程的供电电源,仍引自丰润区域变电站。拟选用800kW柴油发电机作为保安电源。另外,本技改工程拟设纯低温余热发电机组一套,并与总降10.5kVⅡ段母线联络,正常时,与总降并网运行。

（3）水源供应。本项目计划开采地下水。

7. 环境保护

所有物料扬尘点均设置了不同类型的袋式收尘器或电收尘器,保证各扬尘点废气粉尘排放浓度均达到国家环保要求。对产生较大噪音的设备和地点,均采取封闭隔离的办法降低噪音,以保证生产人员的身心健康。

8. 财务评价

生产期主要损益指标见表7-11。

表7-11

生产期主要损益指标

指 标 名 称	生产期年平均(万元)
销售收入	33 408
总成本费用	24 024
利润总额	9 384
税后利润	6 287

主要盈利能力指标见表7-12。

表7-12

主要盈利能力指标

指 标 名 称	数 据
1. 财务内部收益率(%)	
全投资：所得税后	16.06
所得税前	21.19
2. 投资回收期(年)	
全投资：所得税后	6.90
所得税前	5.83

注：投资回收期中包括项目建设期1.5年。

项目所得税前全投资财务内部收益率为 21.19%,超过建材行业基准收益率 13.19 个百分点左右;项目所得税前全投资回收期为 5.83 年,即项目投产后 4.33 年就可收回全部投资,项目有很强的盈利能力。

其余项目(略)

唐山冀东水泥股份有限公司
董事会
2007 年 5 月 21 日

思考与练习

一、复习思考题

1. 固定资产投资有哪些基本特征?
2. 对投资项目应该如何分类? 分类有什么意义?
3. 现金流量与会计收益有什么异同?
4. 投资项目现金流入量分析的基本理论与方法有哪些?
5. 投资项目现金流出量分析应该注意哪些问题?
6. 不考虑货币时间价值的投资项目评价标准有哪些? 基本内容是什么?
7. 考虑货币时间价值的投资项目评价标准有哪些? 基本内容是什么?
8. 投资项目评价标准之间如果出现冲突应该如何处理? 为什么?
9. 选择投资项目的评价标准应该注意哪些主要的问题?
10. 投资项目应该如何排队? 有什么意义?
11. 投资项目组合应该注意哪些问题?
12. 风险调整折现率法与风险调整现金流量法有什么区别?

二、练习题

1. E 公司拟进行一项固定资产投资。该投资项目的固定资产投资额为 1 000 万元,寿命期为 10 年,寿命终止后的残值为原始投资额的 10%;流动资产投资额为 200 万元。投资该项目与不投资该项目的年经营现金流量如表 7-13 所示。

表 7-13

净现金流入量计算表

单位:万元

项目	投资该项目	不投资该项目	差异
销售额	5 000	3 000	
经营成本	3 200	1 600	
折旧费	400	200	

(续表)

项　　目	投资该项目	不投资该项目	差　　异
税前收益	1 400	1 200	
所得税(30%)	420	360	
税后收益	980	840	
加:折旧费	400	200	
经营净现金流入量	1 380	1 040	

设折现率为8%,试回答下列问题:

(1) 计算投资该项目的年经营现金流量。
(2) 描绘投资该项目的现金流量图。
(3) 计算投资该项目的投资回收期。
(4) 计算投资该项目的平均会计收益率。
(5) 计算投资该项目的平均现金净流入率。
(6) 计算投资该项目考虑货币时间价值的回收期。
(7) 计算投资该项目的净现值。
(8) 计算投资该项目的获利能力指数。
(9) 计算投资该项目的内部收益率。

2. 假定W公司有A、B、C三个投资方案,其有关资料如表7-14所示。

表7-14

A、B、C三个方案净收益和净现金流量表

单位:元

期　间	A 方　案		B 方　案		C 方　案	
	净收益	净现金流量	净收益	净现金流量	净收益	净现金流量
0	—	(800 000)	—	(800 000)	—	(800 000)
1	10 000	90 000	60 000	220 000	50 000	130 000
2	20 000	100 000	60 000	220 000	60 000	140 000
3	30 000	110 000	60 000	220 000	60 000	140 000
4	50 000	130 000	50 000	210 000	60 000	140 000
5	50 000	130 000	50 000	210 000	50 000	130 000
6	50 000	130 000			50 000	130 000
7	60 000	140 000			40 000	120 000
8	60 000	140 000			30 000	110 000
9	60 000	140 000			30 000	110 000
10	60 000	140 000			20 000	100 000

设折现率为10%,请计算三个方案的各项指标,并根据计算出的各种指标选择最优方案:

(1) 计算投资该项目的投资回收期。
(2) 计算投资该项目的平均会计收益率。
(3) 计算投资该项目的平均现金净流入率。
(4) 计算投资该项目考虑货币时间价值的回收期。
(5) 计算投资该项目的净现值。
(6) 计算投资该项目的获利能力指数。
(7) 计算投资该项目的内部收益率。

3. 假定 G 公司有如下可供选择的投资方案,其有关资料如表 7-15 所示。

表 7-15

G 公司有可供选择的投资方案

方案	时间	0	1	2	3	4	5	6	7	8	9
A	C	(160)	0	40	40	40	40	40	40	40	40
	R	—	0	20	20	20	20	20	20	20	20
B	C	(80)	26	26	26	26	26				
	R	—	10	10	10	10	10				
C	C	(50)	9	9	9	9	9	9	9	19	
	R		4	4	4	4	4	4	4	4	
D	C	(60)	17	17	17	17	17				
	R		5	5	5	5	5				
E	C	(180)	40	50	50	50	50	40			
	R		10	20	20	20	20	10			
F	C	(240)	45	45	45	50	50	50	45	45	
	R		15	15	15	20	20	20	15	15	
G	C	(30)	10	10	10	10	10				
	R		4	4	4	4	4				
H	C	(120)	0	21	21	21	21	21	21	21	
	R		0	6	6	6	6	6	6	6	
I	C	(45)	10	10	10	10	10	10	13		
	R		4	4	4	4	4	4	4		
J	C	(130)	23	23	23	23	23	23	23	33	
	R		8	8	8	8	8	8	8	8	
K	C	(90)	17	17	17	17	17	17	17	17	17
	R		7	7	7	7	7	7	7	7	7
L	C	(100)	28	28	28	28	28				
	R		8	8	8	8	8				
M	C	(120)	25	25	25	25	25	25	25	25	
	R		10	10	10	10	10	10	10	10	

注:表中 C 为净现金流量,R 为年净利润。

要求：

(1) 计算净现值、获利能力指数、内部收益率。

(2) 将计算结果分别从大到小列表排队。

(3) 求公司投资限额为 600 万元时的最佳投资组合。

4. 假定练习题 3 中 W 公司 A、B、C 三个投资方案适用的风险收益率分别为 4%、1% 和 2%。无风险收益率为 10%。试计算三个方案的净现值。

5. 假定练习题 3 中 W 公司 A、B、C 三个投资方案的有关资料如表 7-16 所示。

表 7-16

A、B、C 三个方案各年净收益和相应的约当系数表

期间	A 方案		B 方案		C 方案	
	净收益	约当系数	净收益	约当系数	净收益	约当系数
0	—		—		—	
1	10 000	0.95	60 000	0.9	50 000	0.9
2	20 000	0.9	60 000	0.85	60 000	0.85
3	30 000	0.85	60 000	0.8	60 000	0.8
4	50 000	0.8	50 000	0.75	60 000	0.75
5	50 000	0.75	50 000	0.7	50 000	0.7
6	50 000	0.7			50 000	0.65
7	60 000	0.65			40 000	0.6
8	60 000	0.6			30 000	0.55
9	60 000	0.55			30 000	0.5
10	60 000	0.5			20 000	0.45

试根据表 7-16 和练习题 3 的相关资料，计算三个方案考虑风险后的净现值。

第八章 证券投资

【本章提要】 证券投资不是生产性投资,而是金融性投资。按金融资产的类别来分,证券投资可以分为债券投资、股票投资、权益交换性证券投资等大类,在这些不同的大类中,又可以细分为若干小类。各种证券的市场价格波动大,投资充满了风险,为了控制证券投资的风险,证券投资必须注重投资策略。在本章,不讨论证券投资的技术性分析问题,只在讨论各种证券投资特征的基础上,从公司理财的角度分析证券投资策略。

【学习目标】 通过本章学习,要求掌握和了解如下内容:(1)掌握债券的基本特征。(2)掌握债券估价和收益率计算的方法。(3)了解债券投资风险分析的理论与方法。(4)掌握普通股票估价的传统模型。(5)了解普通股票估价的其他模型。(7)了解普通股票投资的风险分析方法与投资策略。(8)掌握可转换债券投资估价和收益率计算的方法。(9)了解可转换债券的风险特征和投资策略。(10)掌握认股权证估价和收益率计算的方法。(11)了解认股权证的风险特征和投资策略。

第一节 债券投资

对任何一种证券进行投资,首先是要确定它的价值,证券价值是其未来现金流入量的折现值。证券现金流入量、流入期、适用折现率是证券最重要的特征。下面,在对债券特征讨论的基础上,研究债券投资的相关问题。

一、债券的基本特征

债券是发行者按承诺条款还本付息的债务凭证。其基本特征如下。

(一)固定面值

债券上注明了债券发行人承诺于将来某一特定日期偿付给债券持有人的本金金额。

该本金又是计算债券利息的基础。

（二）固定票面利息率

债券上注明了债券发行人承诺支付的利息率，以及利息是按复利计算或是按单利计算的规定。与债券票面利息率相对应的是市场利率，由于债券票面利率是固定不变的，而市场利率则是在不断波动变化的，因此，在多数情况下，票面利率与市场利率都不相等。只要票面利率与市场利率不一致，债券的市场价格就会与债券的面值存在差异，即发生债券的溢价或折价。

（三）固定到期日和还本方式

到期日是指发行人偿还债券本金的日期。还本方式是指债券本金是一次偿还还是分次偿还。有关这些条文都会在债券上注明。

（四）固定付息期

债券上注明了债券发行人承诺的付息期。债券的付息期大致可归纳为三种：一是到期一次付息，二是按年付息，三是一年多次付息。付息期是影响债券实际利率的一个重要因素。

债券的上述特征充分说明，债券的现金流入量和流入期都是已知的，只有适用折现率是未知的，因此，债券估价的关键因素就是寻找适用的折现率。

二、债券估价和收益率计算

（一）债券估价

进行债券投资首先应该了解债券的内在投资价值，确定债券内在投资价值的方法就是债券估价。所谓债券的内在价值就是债券未来现金流入量的折现值。其基本计算公式为：

$$PV=\sum_{t=1}^{n}\frac{C_t}{(1+i)^t}+\frac{V}{(1+i)^n}$$

式中　PV——债券的内在价值；
　　　C_t——第 t 期债券利息；
　　　i——市场同风险收益率；
　　　V——债券面值。

在各期利息相等的情况下，有 $C_1=C_2=C_3=\cdots=C_{n-1}=C_n=I$。$I$ 为每期利息现金流入量。如果再用 B 来表示债券面值，那么上述公式可以用下式来表示，即：

$$PV=\sum_{t=1}^{n}\frac{I}{(1+i)^t}+\frac{B}{(1+i)^n}$$

由于债券的未来现金流入量（利息和本金）以及现金流入量的时间（付息期和还本期）是确定的，因此，对债券估价而言，最关键的问题是要准确估计市场同风险收益率。如果能正确地估计市场同风险收益率,那么就可以准确地估计出债券的内在价值。

需要指出,如果市场同风险收益率难以估计,也可用投资者要求的最低收益率来替代。只不过,用投资者要求的最低收益率作为折现率计算出的债券内在价值,只是对该投资者而言的内在价值,而不是对社会而言的内在价值。

【例 8-1】 甲公司打算投资购买 A 公司的债券。已知 A 公司债券的市场价格为 1 100 元/张,面值为 1 000 元/张,票面利息率为 10%,每年年末付息,到期一次还本。A 公司债券现刚刚支付过利息,距债券到期日尚有 5 年。如果甲公司投资债券的最低收益率为 8%,问甲公司是否应该购买 A 公司债券?

解:

甲公司是否应该购买 A 公司债券的判断过程如下:

(1) 计算 A 公司债券对甲公司而言的内在价值。

$$PV=\sum_{t=1}^{5}\frac{1\,000\times 10\%}{(1+8\%)^t}+\frac{1\,000}{(1+8\%)^5}=100\times 3.992\,71+1\,000\times 0.680\,58=1\,079.85(元/张)$$

(2) 将债券市场价格与其内在价值相比较,判断购买该债券是否有利。

当债券市场价格<内在价值,购买债券有利;

当债券市场价格>内在价值,购买债券无利。

显然,由于 A 公司债券的市场价格 1 100 元大于对甲公司而言的内在价值 1 079.85 元,甲公司购买 A 公司债券无利。

在进行债券估价时应注意不同还本付息期的影响。现举例加以说明。

【例 8-2】 设 B 债券的面值为 1 000 元/张,票面利息率 8%,每半年付息一次,到期一次还本。现刚刚付过息,距到期日还有 6 年。已知市场同风险收益率为 10%,试求 B 债券的内在价值。

解:

根据公式,其计算结果为:

$$PV=\sum_{t=1}^{6\times 2}\frac{1\,000\times 8\%\times 1\div 2}{\left(1+\frac{10\%}{2}\right)^t}+\frac{1\,000}{\left(1+\frac{10\%}{2}\right)^{6\times 2}}=\sum_{t=1}^{12}\frac{40}{(1+5\%)^t}+\frac{1\,000}{(1+5\%)^{12}}=$$

$$40\times 8.863\,25+1\,000\times 0.556\,84=9\,11.37(元/张)$$

【例 8-3】 设 C 债券的面值为 1 000 元/张,期限为 10 年,票面利息率为 10%,每年付息一次,分两次还本,还本期分别为第 5 年末和第 10 年末。已知市场同风险利率为 12%,求 C 债券的内在价值。

解:

根据公式,有:

$$PV=\sum_{t=1}^{5}\frac{1\,000\times 10\%}{(1+12\%)^t}+\sum_{t=6}^{10}\frac{500\times 10\%}{(1+12\%)^t}+\frac{500}{(1+12\%)^5}+\frac{500}{(1+12\%)^{10}}=$$

$100×3.60478+50×(5.65022-3.60478)+500×0.56743+500×0.32197=$
$360.48+102.27+283.72+160.99=907.46(元/张)$

【例 8-4】 设有一 10 年期面值为 10 000 元的一次还本付息的国库券,其票面利率为 8%,单利计息,现距到期日尚有 6 年。已知现市场无风险收益率为 6%,试问该国库券的内在价值应为多少?

解:

根据公式,可得:

$$PV=\frac{10\,000×(1+8\%×10)}{(1+6\%)^6}=18\,000×0.70496=12\,689.28(元)$$

(二)收益率计算

判断债券投资是否可行,除了可用债券的内在价值与债券的市场价格相比较之外,还可用债券的实际收益率与期望收益率相比较。如果实际收益率大于期望收益率,则投资可行;如果实际收益率小于期望收益率,则投资不可行。

所谓债券的实际收益率,是指因购买债券所引起的现金流出量与现金流入量相等时的折现率。故债券的实际收益率的计算公式为:

$$PV=\sum_{t=1}^{n}\frac{I}{(1+i)^t}+\frac{B}{(1+i)^n}$$

式中 i——债券的实际收益率。

【例 8-5】 乙公司准备于 2010 年 5 月 1 日花 110 000 元购入面值为 100 000 元,票面利息率为 9%,每年 4 月 30 日付息的,2015 年 4 月 30 日到期的公司债券。公司的期望收益率为 6%。试问乙公司是否应该向该债券投资?

解:

(1) 计算投资该债券的实际收益率。

根据公式,有:

$$110\,000=\sum_{t=1}^{5}\frac{100\,000×9\%}{(1+i)^t}+\frac{100\,000}{(1+i)^5}$$

逐次测试:

当 $i=7\%$ 时,有:

$\qquad$右式$=9\,000×4.1002+100\,000×0.71299=108\,201<110\,000$

当 $i=6\%$ 时,有:

$\qquad$右式$=9\,000×4.2124+100\,000×0.74726=112\,638>110\,000$

内插值求解:

$$i = 6\% + \frac{112\,638 - 110\,000}{112\,638 - 108\,201} \times (7\% - 6\%) = 6.59\%$$

(2) 比较实际收益率与期望收益率的大小，判断是否应该投资该债券。

由于实际收益率 6.59% > 期望收益率 6%，因此，公司可以对该债券投资。

三、债券投资风险分析

虽然债券是还本付息的有价证券，但是，债券投资仍然存在风险。债券投资的风险包括信用风险、利率风险、币值变动风险、变现能力风险和再投资风险等。

（一）信用风险

1. 信用风险评判

信用风险是指借款人无法按时支付债券利息和偿还本金的违约风险。以政府信用作担保的财政部发行的国库券，可视为无违约风险的证券。除中央政府以外，地方政府和公司发行的债券或多或少都存在信用风险。因此，对非中央政府发行的债券都需要进行信用评级，以反映其信用风险。这种信用评级是由专门的信用评级机构负责。当然，必要时，投资者也可以对发行债券人的偿债能力直接进行分析。

债券的信用等级反映了债券偿债能力的强弱和信用风险的大小。进行债券评级，有助于投资者根据自己对风险的偏好和承受能力选择不同信用等级的债券进行投资。债券评级还有促使债券发行公司积极改进经营管理、健全财务结构的作用，从而有助于保障投资者的利益。世界最著名的评信公司有标准普尔（Standard & Poor's Corporation）和穆迪投资者服务公司（Moody's Investors Service）。它们使用的债券等级如表 8-1 所示。

表 8-1

债券信用等级表

	高品质级	投资级	次标准级	投机级
标准普尔	AAA AA	A BBB	BB B	CCC CC C
穆迪投资者服务公司	Aaa Aa	A Baa	Ba B	Caa Ca C

需要说明的是，这两家公司现在都使用修正符号来进一步区分等级在 AAA（或 Aaa）级以下的债券。标准普尔公司用"＋"或"－"来区别同等级债券的优劣，例如，A（＋）代表品质最佳的 A 级债券，而 A（－）代表品质最次的 A 级债券。穆迪投资者服务公司则用 1、2、3 来区分同级债券的优劣，其中 1 代表最佳，3 代表最差。

2. 信用级别对投资的影响

在表 8-1 中，AAA 或 AA 级债券代表安全性极高的债券；A 和 BBB 级债券为投资级债券，其安全性比 AAA 和 AA 级债券低，但仍较安全。在美国，受法律规定的制约，大多数银行和金融机构投资者只允许对债券等级为投资级别及其以上的债券投资，而对 BB 或以下级别的债券，在法律上禁止一般的金融机构购买。

债券等级对公司和投资者都很重要。这是因为:第一,债券等级是衡量债券风险的指标,对债券票面利息率和公司负债资金成本有直接的影响。第二,机构投资者是购买债券的大户,而机构投资者受法律的限制,往往只能对投资级别及其以上的债券进行投资,因此,如果公司债券的信用级别低于 BBB 级,则公司债券发行将会遇到困难。第三,信用等级变动会对公司未来的负债资金融资产生影响。比如,机构投资者在买进 BBB 级债券之后,随着时间的推移,该债券降低为 BB 级或以下水平,那么从事该债券的投资机构除了会受到其管理部门的谴责之外,管理部门可能还会要求投资机构尽快将这些低级别的债券脱手。这样,就会使机构投资者处于极为不利的境地。由于管理部门限制机构投资者购买信用级别低于 BBB 级的债券,这种限制使低级别的债券供求关系不利于供方,因此,一旦机构投资者手中出现了信用级别低于 BBB 级别的债券,那么它们就只能被折价销售,从而产生巨额亏损。正是如此,在实际中,很多投资机构只购买信用级别在 A 级以上的债券,更有甚者,有些投资机构只对 AAA 级的债券投资。总之,债券级别越低,债券购买者就越少,发行公司筹资就越困难,并且债券的资金成本也就越高。

(二) 利率风险

债券利率风险是指因利率变动而使投资者遭受损失的风险。由于债券的票面利息率在债券存续期内是固定不变的,但市场利率却是在不断变化的,因此,债券价格会因市场利率的变化而波动,即使没有信用风险的国库券,也存在利率风险。当市场利率上升时,债券价格下跌;当市场利率下降时,债券价格上升。债券到期日越长,市场利率变化的可能性就越大,相应的利率风险也就越大;因此,长期债券的利息率一般比短期债券的利息率高。

以我国最近 20 年的利率而言,在 1992 年前,我国无风险利率(国库券利率)大约在 8% 左右,但到 20 世纪 90 年代中期,由于通货膨胀高达两位数,使得利率直线上升,定期存款利息率加上保值贴补率已高达 30% 以上。在 20 世纪 90 年代中期发行的各类债券的市场价格一降再降,远远低于其票面价值。从 1996 年开始,我国又逐渐出现了通货紧缩,先是取消银行存款的保值贴补率,然后又是连续的多次降息,并开征利息所得税,到 2002 年初,1 年期定期存款的利息率已降至 2% 以下。市场利率下降,使得以前高息发行的债券市场价格一涨再涨,大大高于其票面价值。但是,从 2004 年开始,我国物价水平又开始上涨,特别是进入 2006 年之后,我国经济出现了过热的苗头,为了遏制经济过热的现象,中央银行在 1 年内 6 次提高银行存款利息率,使 1 年期定期存款利息率从 2.25% 上升到了 3.87%,相应地,以前发行的各类低息债券的市场价格又开始呈现出下降趋势。就以我国近 20 年的实际情况,也充分说明了债券投资必须承受利率变化风险的事实。

(三) 币值变动风险

币值变动风险是指通货膨胀(或紧缩)引起的债券市场价格和实际收益率下降(或上升)的风险。币值变动对债券内在价值和实际收益率的影响用下式计算:

$$PV=\sum_{t=1}^{n}\frac{I}{(1+i)^t(1+f)^t}+\frac{B}{(1+i)^n(1+f)^t}$$

式中 f——币值变化率。

【例 8-6】 某公司在 3 年前按面值购入票面价值为 1 000 元/张,票面利率为 10%,每年付息一次,到期还本的 10 年期债券若干张。现发生通货膨胀,通货膨胀率为 6%,试问该公司购买该债券所蒙受的降价损失和实际收益率为多少?

解:

根据公式,可得:

(1) 计算降价损失。

$$PV=\sum_{t=1}^{10-3}\frac{1\,000\times10\%}{(1+10\%)^t(1+6\%)^t}+\frac{1\,000}{(1+10\%)^7(1+6\%)^7}=$$

$100\times3.968\,19+1\,000\times0.341\,28=738.1(元/张)$

每张债券的降价损失 $=1\,000-738.1=261.9$(元)

(2) 计算实际收益率。

$$实际收益率=\frac{1+10\%}{1+6\%}-1=3.77\%$$

【例 8-7】 某公司在年通货膨胀率为 8%、公司要求实际收益率为 5%的条件下,准备投资购买一批票面价值为 1 000 元/张,票面利息率为 12%,每年付息一次,到期还本的 5 年期债券。试问公司购买该批债券的最高买入价应定为多少?

解:

根据公式,可得:

$$PV=\sum_{t=1}^{5}\frac{1\,000\times12\%}{(1+5\%)^t(1+8\%)^t}+\frac{1\,000}{(1+5\%)^5(1+8\%)^5}=$$

$120\times3.483\,16+1\,000\times0.533\,25=951.23(元/张)$

计算结果表明,公司购买该批债券的最高买入价为 951.23 元/张。如果买入价高于 951.23 元/张,公司将不可能获得 5%的实际收益率。

(四) 变现能力风险

变现能力风险是指无法在短期内以合理价格卖掉资产的风险。如果投资者购买了一种交易不活跃的冷门债券,那么,当他遇到另一个更好的投资机会需要出售手中的债券以便再投资时,或因为需要现金以应付其他需要时,由于找不到愿意出合理价格的买主,只能把价格降得很低才能将债券出手,或需要花很长的时间才能找到买主,这样就必然会给他带来经济损失。

(五) 再投资风险

再投资风险是指债券到期时,由于利率的变化使得用收回的本息进行再投资时的收益率变化的风险。虽然短期债券的风险没有长期债券大,但是短期债券面对的再投资风险比长期债券大。例如,在长期债券的利息率为10%,短期债券的利息率为8%时,公司为了减少利率风险购买了短期债券。在短期债券到期收回现金时,如果再投资,利率降到了6%,那么,公司就只能找到收益率为6%左右的投资机会。在这种情况下,购买短期债券就不如购买长期债券优。

四、债券投资策略

根据债券的收益和风险的特征,债券投资应该采取的策略主要如下。

(一) 安排投资资金的策略

根据债券投资收益率较低和收益率相对稳定的特征,企业可以选用那些有专门用途的闲置期较长的资金进行债券投资。安排的投资资金数应低于未来有专门用途的资金需要量,这样,企业不仅可以将富余出来的闲置资金用于收益率更高的投资项目,而且可以控制企业风险。

【例8-8】 某企业现有一笔金额为500万元的闲置资金。该企业在第3年年末将发生一笔金额为300万元的现金支出。现有一可供投资的债券,其期限为3年,年利率为10%,一次还本付息。问该企业投资多少购买该债券为优?

解:

根据题意,投资该债券的最佳金额应是在第3年年末等于300万元的金额。故有:

$$最佳投资金额 = \frac{300}{(1+10\%)^3} = 225.39(万元)$$

这样,企业就可以将其余的274.61万元(500-225.39)用于投资收益率更大的投资项目,而不产生到期的支付风险。

(二) 预测利率变化趋势

市场利率是影响债券内在投资价值的主要因素,因此,从事债券投资必须对市场利率的未来变化趋势进行预测。市场利率预测属于宏观经济预测,从宏观上看,影响市场利率的因素主要有国民经济状况、货币政策和财政政策等。

国民经济状况是引起币值变化和决定实际利率的决定性因素。就我国经济运行的现实状况来看,我国国民经济在过去也经历过"冷"、"热"交替的现象。当经济开始"热"时,固定资产投资增加,社会对资金的需求旺盛;特别当经济"过热"时,通货膨胀上升速度加快,由于预计通货膨胀率上涨,必然使得利率加速上涨。在治理整顿或经济调整时期,过热的经济开始降温,即经济开始"冷"却,资金需要量减少和通货膨胀率降低,导致利率下降,如我国1985—2008年就经历了这样一个过程。1985年,我国经济开始加速变"热",到1988年达到了顶峰,经济"过热"使通货膨胀率超过了两位数,利率也相应猛增。从1989年开始,我国通过治理整顿给"过热"的经济降温,治理的结果是通货膨胀率降低,利率也随之降低。1991年治理整顿结束,经济又开始重新向"热"转变,1992年经济"热"开始加速。1993—1995年的年通货膨胀率都超过了两位数,利率直线上升。但进入1996年之后,随着我国国民经济的软着陆成功,通货膨胀率迅速下降,并逐渐由通货膨胀转变为通货紧缩,相应地利率也一降再降。到2002年年初,居民定期银行存款利息率竟然不到1995年的1/10(考虑银行存款的保值贴补率)。可是,从2004年开始,我国物价水平又开始上涨,特别是进入2006年之后,我国经济过热的趋势越来越明显,为了遏制经济过热的现象,中央银行在1年内6次提高银行存款利息率,利息率又逐渐升高,到2007年年底1年期定期存款利息率又上升为4.14%。但是进入2008年下半年之后,经济明显衰退,中国又进入了降息周期,到2008年年底,1年期定期存款利息率重新下降为2.25%。

货币政策是影响市场利率变化的最直接的因素。它通过调控货币供应量直接引起币值变动,通过调控利率直接刺激投资和消费,进而影响到宏观国民经济状况。

财政政策是通过调控政府收入和支出的方法来引导社会投资和消费,达到调控国民经济活动的目的。比如,国家实施减税政策,可以刺激投资和消费;增大财政性投资等积极性的财政政策,则可以带动投资和消费。相反,如国家实施增税政策和紧缩的财政政策,则可以起到抑制投资和减少消费的作用。

虽然预测市场利率变化十分困难,但企业还是应尽可能对之进行预测,只有这样,才能使企业的财务决策建立在科学的基础之上。正如《孙子兵法》所曰:"夫未战而庙算胜者,得算多也,未战而庙算不胜者,得算少也。多算胜,少算不胜,而况于无算乎!"

(三)根据利率的预测结果选择债券品种

1. 预期市场利率上升时的债券品种选择策略

当预期利率上升时,企业投资长期债券必然会蒙受债券市场价格下跌和实际收益率下降的损失,这时企业投资债券的基本策略便是回避购买长期债券,而是购买短期债券。虽然在债券投资初期,长期债券的票面利息率要高于短期债券的票面利息率,但是由于长期债券的票面利息率是固定不变的,即它不随市场利率的上升而上升,而投资新的短期债券的利息率会随市场利率的提高而提高,这样,投资短期债券的实际收益率最终会高于投资长期债券的实际收益率。除此之外,投资短期债券还可以获得投资风险降低的好处。

【例8-9】 某企业现有投资购买年利息率为10%的5年期长期债券和购买年利息率为7%的1年期短期债券两种方案可供选择。假定企业预期市场利率将以4%的幅度上涨,问该企业购买何种债券为优?

解:

根据题意,可得:

购买5年期长期债券的实际收益率 $= \dfrac{1+10\%}{1+4\%} - 1 = 5.77\%$

购买1年期短期债券的实际收益率 $= \dfrac{(1+7\%)+(1+4\%)}{1+4\%} - 1 = 7\%$

因为,购买短期债券的实际收益率比购买长期债券的实际收益率高出了1.23个百分点,故购买短期债券为优。

2. 预期市场利率下降时的债券品种选择策略

当预期市场利率下降时,企业应该选择长期债券投资为优。因为,在这种情况下,企业不但可以获得债券市场价格上升和实际收益率上升的好处,而且可以规避购买短期债券带来的再投资风险。

(四) 注意信用风险与收益能力的平衡

控制由债券发行人违约所产生的信用风险的最好办法,就是购买无风险或高信用级别的债券。但高信用级别债券的收益率低于低信用级别债券的收益率,因此,两者之间存在着一个平衡问题。

企业究竟应该采用高风险高收益的债券投资策略,还是采用低风险低收益的债券投资策略,主要应该取决于企业财务的机动性。如果企业财务弹性大,应付风险的能力强,那么就可以购买信用级别低的高收益债券;反之,则只能购买信用级别高的低收益债券。一般而言,如果企业投资债券的资金是为了应付未来对资金的需要而积累的资金,如为了偿还借款而积累的偿债基金,为了固定资产更新改造而积累的更新改造基金,那么,企业就不应该将这些资金投资信用级别低的债券。如果企业投资债券的资金是与生产经营无关的资金,那么企业可以将这些资金投资于信用级别低的高收益债券,以追逐高收益。

(五) 重视变现能力与收益能力的平衡

债券的变现能力也是制订债券投资策略应该考虑的一个重要因素,债券变现能力与收益能力的关系可用我国国库券开放前后的情况来说明。

在我国,国库券是一种无信用风险的证券,但由于在国库券市场开放前,它无法定的变现能力,只能在黑市上交易,国库券交易在黑市上的收益率甚至高达100%以上,就是当时国家专业银行的法定收购价也仅为国库券票面值的60%。而公司债券,虽然存在一定的风险,但是它可以在柜台上转让,有一定的变现能力,当然转卖的收益率较低,转让价随市场利率的变化而变化。随着国库券市场的开放,国库券的变现能力增强,转卖国库券的收益率明显降低,开始接近国库券本身的利息率,甚至低于国库券本身的利息率。1991年,在国家试行国库券由摊派改推销的地区,如上海,普遍兴起了抢购国库券的热潮,不少人通宵达旦地排队等候购买国库券,在国库券销售点前抢购者人山人海,以往通过硬性摊派均难以完成销售任务的国库券,在瞬间就销售一空,使舆论为之哗然。而公司债券的收益率则与以往相差无几,其收益率由于风险的存在而高于国库券。这种现象,也从一个侧面说明,我国有必要开放各种证券市场。

但现阶段,在我国,债券市场还不十分完善,众多公司发行的债券都只能在柜台上交易,变现能力差。因此,企业购买债券时,应该根据闲置资金的长短和金额,安排购买不同到期日的债券,使企业能在追求高收益的情况下尽可能地避免中途变现给企业带来的变现损失。

第二节 普通股票投资

股票分为优先股票和普通股票,由于优先股票可以视为永久性债券,其投资方式与债券相似,且在现实中交易量较少,故此处只讨论普通股票的投资问题。

一、普通股票投资应考虑的相关概念

普通股票是股份有限公司发给普通股东的所有权凭证,是投资者入股并借以取得股利的一种有价证券。普通股票投资具有风险大、收益高的特点。企业进行普通股票投资,既可能取得股利收益和资本收益,也可能蒙受资本的巨额亏损。因此,企业在进行普通股票投资时必须要有周密的策略。而制订普通股票投资策略,理解普通股票投资的相关概念是十分重要的。

(一)普通股票市场价格

普通股票作为一种凭证,本身是没有价值的。只是由于普通股票代表了某种可以获得收益的权利,能给持有人带来收入,因此,它就有了价值形态,成为一种可以用货币计量的具有价格的有价证券,该有价证券是可以在股票市场上买卖的特殊商品。

普通股票在市场上的买卖价格就是普通股票的市场价格。普通股票的市场价格由供求关系决定,而供求关系则受诸如市场利率、预期收益率、社会政治和经济,甚至投资者个人心理等多种因素的影响。

(二)普通股票票面价值

普通股票的票面价值是在普通股票上标明的每一股的价值。对普通股票而言,由于它是一种无到期日、不需要按票面价值计算应付股利的有价证券,因此,从理论上讲,普通股票有无票面价值并不重要。票面价值仅是公司章程中规定的用于登记公司实收股本账户的每股普通股票的金额,它本身没有什么经济意义。

在我国,有关法律规定,普通股票必须标明票面价值,且规定普通股票不得以低于票面价值的价格发行。如果普通股票的发行价格低于其票面价值,那么,普通股票投资者必须承担票面价值与发行价格之差的法律责任,即按普通股票票面价值与发行价格之间的差额为限承担连带赔偿责任。

(三)普通股票账面价值

全部普通股票的账面价值等于公司净资产减去优先股票权益之差,每股普通股票的账面价值等于全部普通股票账面价值除以流通在外的普通股票股数之商。普通股票的账面价值在一定程度上代表了普通股票的内在价值,因此,它是普通股票投资时应该考虑的一个重要因素。

(四)普通股票内在价值

普通股票的内在价值,又称理论价值,是从事普通股票投资必须重点考虑的一个因

素。其最基本的表达式是普通股票预期未来现金流量的折现值。由于不同投资者对待收益和风险的态度不一样,对普通股票未来现金流量的预期不一样,所使用的折现率不一样,因此,按预期现金流量计算出来的折现值也会不一样,即普通股票的内在价值在现实中是因人而异的。但无论如何,普通股票的内在价值都是投资者决定是否对某种普通股票投资的基础。一般而言,当普通股票的市场价格低于普通股票的内在价值时,投资有利可图;反之,当普通股票的市场价格高于普通股票的内在价值时,投资无利可图。

普通股票的内在价值还可以用普通股票账面价值的现实成本来表示,即清算价值来反映。当一家公司连续发生亏损,持续经营能力受到影响时,就可以按该方法来估计普通股票的内在价值。

(五)普通股票股利

普通股票股利是公司从税后利润中支付给普通股票股东的一种投资报酬。这里所指的股利仅是指现金股利。由于普通股票股利除受公司盈利能力的影响之外,还受公司盈利分配政策等诸多因素的影响,因此,在现实中,普通股票股利并非一个常数。

(六)普通股票预期收益率

普通股票的预期收益率是指投资者期望在持有普通股票期间内所获收益与投入资本之比。预期收益率由预期股利收益率和预期资本收益率两个部分组成。即:

$$普通股票的预期收益率=预期股利收益率+预期资本收益率$$

预期股利收益率是预期股利除以股票买入价格之商,预期资本收益率是卖出价与买入价之差除以买入价格之商。

只有当普通股票的预期收益率高于投资者所要求的投资收益率时,投资普通股票才可能给投资者带来利益。

二、普通股票估价

普通股票估价就是确定普通股票的内在价值,以便投资者通过内在价值与市场价格的比较来决定普通股票的投资行为,即决定是买入,或是卖出,还是继续持有的行为。普通股票估价的模型除了传统的有股利估价模型和非股利估价模型之外,还有近期发展起来的若干新模型。下面分别讨论这三类模型。

(一)普通股票股利估价模型

按最传统有价证券的估价模型,普通股票的内在价值应该等于未来股利的折现值。但是,普通股票与债券不一样,它并无规定的股利,这样,要准确计算其内在价值就非常困难。为了解决普通股票内在价值的估计问题,传统的普通股票估价模型对以普通股票股利形式的现金流入量作了若干假定,并在此基础上对普通股票的内在价值进行估计。普通股票内在价值的股利估价模型主要有如下几种。

1. 普通股票股利估价的基本模型

对于永久持有普通股票的股东来说,他获得的现金流入量是永无休止的股利,因此普

通股票的内在价值就是这一系列股利的折现值,即:

$$PV=\frac{D_1}{1+i}+\frac{D_2}{(1+i)^2}+\cdots+\frac{D_t}{(1+i)^t}$$

式中　PV——普通股票的内在价值;
　　　D_t——t 年的股利;
　　　i——折现率(必要收益率);
　　　t——普通股票股利支付期(一般用年表示)。

对于不准备永久持有普通股票,而是持有一段时间后将其出售的投资者来说,未来现金流入量等于持有期间所获股利和转让普通股票所获得的收入。如果不考虑转让的成本,那么,转让普通股票所获得的收入就等于转让普通股票时的普通股票市场价格。其估价模型为:

$$PV=\sum_{t=1}^{n}\frac{D_t}{(1+i)^t}+\frac{PV_n}{(1+i)^n}$$

式中　PV_n——普通股票在 n 期的市场价格。

应用普通股票估价基本模型的难点在于如何估计未来的股利收入和如何确定折现率。股利的多少取决于每股股利和股利支付率两个因素,具体估计可以采用对历史资料的时间序列分析、回归分析等分析方法进行分析估计。折现率是投资者所要求的最低报酬率,可以参照债券收益率加上风险报酬率来确定。通常是直接使用市场利率,因为市场利率是投资于普通股票的机会成本,即用于其他投资可获得的报酬率。

【例 8-10】　某公司拟购买 H 公司发行的普通股票,预计每年能获股利 2 元/股,5 年以后该普通股票的市场价格为 60 元/股。公司要求的最低收益率为 12%。试问该普通股票的内在价值为多少?

解:
根据公式有:

$$PV=\sum_{t=1}^{5}\frac{2}{(1+12\%)^t}+\frac{60}{(1+12\%)^5}=2\times3.60478+60\times0.56743=41.26(元/股)$$

2. 零成长普通股票股利估价模型

在上述基本模型中,要预测普通股票的内在价值,必须先预测未来各期普通股票的股利,而各期的普通股票股利又是离散变量,再加上普通股票是一种永续性的证券,要预测无限长时期的普通股票股利难度极大,且可靠性差。因此,在实际中大量运用近似计算法来确定普通股票的内在价值。零成长普通股票估价模型便是近似计算法中的一种。

零成长普通股票股利估价模型假定预期普通股票股利的增长率为零,这样便有:

$$D_0=D_1=D_2=D_3=\cdots=D_n$$

故有：

$$PV=\frac{D_1}{1+i}+\frac{D_2}{(1+i)^2}+\cdots+\frac{D_n}{(1+i)^n}=\sum_{t=1}^{n}\frac{D_0}{(1+i)^t}$$

当 $n\to\infty$ 时,运用数学归纳法可得：

$$PV=\sum_{t=1}^{n}\frac{D_0}{(1+i)^t}=\frac{D_0}{i}(n\to\infty)$$

运用零成长普通股票股利估价模型估计普通股票的内在价值,可以使估价过程大大简化。它被普遍运用于资料不足情况下的普通股票内在价值估计。

【例 8-11】 某公司购入了一种零成长型普通股票,现在每年股利为 2 元/股,适用折现率为 10%,试确定该零成长型普通股票的内在价值。

解：

$$PV=\frac{2}{10\%}=20(元/股)$$

3. 固定成长普通股票股利估价模型

当公司普通股票的股利保持某一固定比例(g)增长时,那么,就可以将原来离散的股利变量转化为一个连续函数,即：

$$D_t=D_0(1+g)^t$$

这时便有：

$$PV=\frac{D_1}{1+i}+\frac{D_2}{(1+i)^2}+\cdots+\frac{D_n}{(1+i)^n}=\sum_{t=1}^{n}\frac{D_0(1+g)^t}{(1+i)^t}$$

当 $n\to\infty$ 时,运用数学归纳法可得：

$$PV=\sum_{t=1}^{n}\frac{D_0(1+g)^t}{(1+i)^t}=\frac{D_0(1+g)}{i-g}=\frac{D_1}{i-g}$$

按上式也可以方便地求出普通股票的预期收益率,即：

$$i=\frac{D_1}{PV}+g$$

【例 8-12】 某公司拟购买 F 公司发行的普通股票,该普通股票上年支付股利为 2 元/股,估计以后每年股利增长率为 5%。公司要求的投资报酬率为 10%。问 F 公司普通股票的内在价值为多少？

解：

按公式有：

$$PV=\frac{2\times(1+5\%)}{10\%-5\%}=42(元/股)$$

若公司按 50 元/股购买 F 公司普通股票,那么实际收益率则为:

$$i=\frac{2\times(1+5\%)}{50}+5\%=9.2\%$$

不能获得 10% 的投资报酬率。公司购买 F 公司普通股票的最高价格是 40 元/股。

4. 分段成长普通股票股利估价模型

前述的零成长和固定成长的普通股票估价模型均是建立在若干假定基础之上的,与现实差异过大。为了克服其缺点,可以按分段成长的普通股票股利估价模型来估计普通股票的内在价值。分段成长普通股票股利估价模型可以比较准确地反映普通股票成长的现实状况,从而较准确地估计出普通股票的内在价值。比如,一个处于成长初期的公司,其增长速度较快,而后增长速度渐渐减慢,到了成熟期则停滞不前。分段成长普通股票股利估价模型可以较好地模拟这种状况,使估计出的普通股票内在价值更能反映公司的实际情况。

分段成长普通股票股利估价模型的基本表达式如下:

$$PV=\sum_{t=1}^{m}\frac{D_0(1+g_1)^t}{(1+i)^t}+\sum_{t=m+1}^{n}\frac{D_0(1+g_2)^t}{(1+i)^t}+\cdots$$

【例 8-13】 设 B 普通股票上年的股利为 2 元/股,预计第 1~5 年的股利年增长率为 10%,第 6~10 年的股利年增长率为 5%,第 10 年以后的股利年增长率为 0。该普通股票的适用折现率为 10%。问 B 普通股票的内在价值为多少?

解:

根据公式有:

$$PV=\sum_{t=1}^{5}\frac{2(1+10\%)^t}{(1+10\%)^t}+\sum_{t=6}^{10}\frac{2(1+10\%)^5(1+5\%)^t}{(1+10\%)^t}+\sum_{t=11}^{\infty}\frac{2(1+10\%)^5(1+5\%)^5}{(1+10\%)^t}=$$

$$\sum_{t=1}^{5}\frac{2}{1}+\frac{2(1+10\%)^5}{(1+10\%)^5}\sum_{t=1}^{5}\frac{(1+5\%)^t}{(1+10\%)^t}+\frac{1}{(1+10\%)^{10}}\sum_{t=1}^{\infty}\frac{4.111}{(1+10\%)^t}=$$

$$2\times5+2\times4.358+\frac{1}{(1+10\%)^{10}}\times\frac{4.111}{10\%}=$$

$$10+8.716+15.85=34.58(元/股)$$

(二)普通股票非股利估价模型

普通股票的非股利估价模型是指在估计普通股票内在价值时所用的现金流入量不是普通股票的股利,而是诸如会计收益、每股收益等指标。在现实中,公司盈利与支付的股利不可能相等,一般,公司只将盈利的一部分用来支付普通股票的股利,而将另一部分盈利以留存收益的形式留存于企业,用于满足企业生产经营对资金的需要。但是,留存于企业的盈利仍归股东所有,留存收益一方面可以增加普通股票的账面价值,另一方面可以促使企业未来盈利加速增长,因而留存收益也会使普通股票的内在价值增加。正是基于这种思路,才发展出用会计收益来替代股利估计企业内在价值的模型。普通股票的非股利估价模型主要有用会计收益估计企业价值的模型,以及用市盈率和市净率估计企业价值的模型等类型。

1. 会计收益估价模型

会计收益估价模型与股利估价模型基本相同,唯一的差别是用会计收益来取代了股利。其基本计算公式如下:

$$PV=\sum_{t=1}^{n}\frac{R_t}{(1+i)^t}$$

式中 R——会计收益。

该公式可以根据会计收益的增长性,进一步分为会计收益的零增长估价模型和会计收益的固定增长模型等形式。

会计收益的零增长估价模型:

$$PV=\sum_{t=1}^{n}\frac{R_t}{(1+i)^t}=\frac{R_0}{i} \quad (n\to\infty)$$

式中 $R_0=R_1=R_2=R_3=\cdots=R_n$

会计收益的固定增长模型:

$$PV=\sum_{t=1}^{n}\frac{R_0(1+g)^t}{(1+i)^t}=\frac{R_1}{i-g} \quad (n\to\infty)$$

【例 8-14】 设 K 普通股票上年每股收益为 3 元/股,估计以后每年每股收益的增长率分别为 0 和 5%,适用折现率为 10%,问两种情况下 K 普通股票的内在价值各为多少?

解:

根据公式有:

(1) 当每股收益年增长率为 0 时,K 股票的内在价值:

$$PV=\frac{R_0}{i}=\frac{3}{10\%}=30(元/股)$$

(2) 当每股收益年增长率为 5%时,K 股票的内在价值:

$$PV=\frac{R_0(1+g)}{i-g}=\frac{3\times(1+5\%)}{10\%-5\%}=63(元/股)$$

2. 市盈率估价模型

市盈率是每股市价与每股收益之比。它是从普通股票收益与市价之间的关系来衡量普通股票价值的一种指标,在资本市场上得到了广泛运用。

$$市盈率=\frac{股票市价}{每股收益}$$

用同行业普通股票过去若干时期的平均市盈率乘以目前某个别普通股票的每股收

益,可以计算出该种普通股票的公允价值。即:

$$股票价值(公允价值)=行业平均市盈率 \times 每股收益$$
$$个别股票市场价格=个别股票市盈率 \times 每股收益$$

从上式可以看出,市盈率估价模型其实是以行业股票的平均市盈率来确定个别股票的价值。把个别股票价格与按市盈率计算出来的公允价值相比较,可以了解目前个别股票的市场价格是否合理。

【例 8-15】 设 G 普通股票上年每股收益为 3 元/股,目前的市盈率为 20 倍,所在行业的平均市盈率为 15 倍,问 G 普通股票的公允价值为多少？G 普通股票的市场价格是否合理？

解:

$$G 普通股票公允价值 = 3 \times 15 = 45(元/股)$$
$$G 普通股票市场价格 = 3 \times 20 = 60(元/股)$$

比较 G 普通股票的公允价值和市场价格,可以发现该股票的市场价格高于其公允价值。这种情况一方面说明 G 普通股票的市场评价较高,另一方面说明购买 G 普通股票的风险较大。

3. 市净率估价模型

市净率是指每股市价与每股净资产之比。它是从普通股票净资产与市价之间的关系来衡量普通股票价值的一种指标,在资本市场上也得到了广泛运用。

$$市净率 = \frac{股票市价}{每股净资产}$$

用同行业普通股票过去若干时期的平均市净率乘以目前某个别普通股票的每股净资产,可以计算出该种普通股票的公允价值。即:

$$股票价值(公允价值) = 行业平均市净率 \times 每股净资产$$
$$个别股票市场价格 = 个别股票市净率 \times 每股净资产$$

从上式可以看出,市盈率估价模型其实是以行业股票的平均市净率来确定个别股票的价值。把个别股票价格与按市净率计算出来的公允价值相比较,可以了解目前个别股票的市场价格是否合理。

【例 8-16】 设 G 普通股票上年每股净资产为 8 元/股,目前的市净率为 3 倍,所在行业的平均市净率为 4 倍,问 G 普通股票的公允价值为多少？G 普通股票的市场价格是否合理？

解:

$$G 普通股票公允价值 = 4 \times 8 = 32(元/股)$$
$$G 普通股票市场价格 = 3 \times 8 = 24(元/股)$$

比较 G 普通股票的公允价值和市场价格,可以发现该股票的市场价格低于其公允价值。这种情况一方面说明 G 普通股票的市场评价不高,另一方面说明购买 G 普通股票的风险较小。

(三) 普通股票估价的其他模型

普通股票估价除了上述传统的模型之外,近几十年来还发展出若干新模型。这些模型主要有资本资产定价模型(CAPM)、经济附加值定价模型(EVA)、套利定价理论(APT)模型、期权定价模型等。这些新模型的基本特征,是在估计企业价值时,充分考虑了收益与风险的关系。在这里只介绍资本资产定价模型(CAPM)和经济附加值定价模型(EVA)。

1. 资本资产定价模型(CAPM)

资本资产定价模型(The Capital Assets Pricing Model,简称 CAPM)是一种纯粹的经济交换中的均衡定价模型。其先驱者为美国威廉·F·夏普(William F. Sharp)。他在 1964 年发表的《资本资产定价:一个风险条件下的市场均衡理论》一文被公认为是资本资产定价模型(CAPM)的奠基性成果。在随后的几十年中,若干学者不断对资本资产定价模型(CAPM)进行研究,将最初建立在若干假定基础之上的资本资产定价模型进行扩展和调整,以使模型更符合经济现实。这些模型包括:市场 β(Beta)系数的资本资产定价模型,消费 β(Beta)系数的资本资产定价模型,有效资产组合的资本资产定价模型,均值—方差有效性、阿尔法方法的资本资产定价模型,无风险资产的资本资产定价模型,无联合正态分布报酬的资本资产定价模型,非齐次预期和税金因素的资本资产定价模型,存在非上市资产的资本资产定价模型,多期间资本资产定价模型,等等。

资本资产定价模型的核心思想是在竞争均衡条件下对有价证券定价。所谓资本市场中的均衡,就是资本的总供给等于总需求。资本资产定价模型认为,有价证券的价格,是由所有投资者都处于最优消费和最优资产组合这样一种状况下确定的。因此,要理解资本资产定价模型,必须要了解资产组合理论。关于有价证券的资产组合理论,将在下一章讨论。在这里,仅简单介绍资本资产定价模型的运用。

资本资产定价模型是一种表示预期收益率与预期风险水平线性关系的模型,其基本表达式:

$$E(R_i) = R_f + \beta_i [E(R_m) - R_f]$$

式中　$E(R_i)$——第 i 种股票的预期收益率;

R_f——无风险收益率;

$E(R_m)$——资本市场全部股票的平均收益率;

β_i——第 i 种股票的 β(Beta)系数,表示该种股票的市场风险。

当某种普通股票的预期收益率确定之后,就可以较简单地根据传统的普通股票估价模型来估计普通股票的内在价值。

【例 8-17】 设 A 普通股票预计第 1 年的股利为 2.8 元/股,该股票的 β 系数为 1.5,资本市场全部股票的平均收益率为 12%,无风险收益率为 8%。试估计 A 普通股票的内在价值。

解:

该题的求解过程如下:

(1) 根据资本资产定价模型公式求 A 普通股票的预期收益率。

$$E(R_j) = R_f + \beta_i [E(R_m) - R_f] = 8\% + 1.5 \times (12\% - 8\%) = 14\%$$

(2) 根据普通股票定价的传统模型求 A 普通股票的内在价值。

$$PV = \frac{2.8}{14\%} = 20(元/股)$$

如果 A 普通股票的年股利增长率为 4%,那么,该股票的内在价值则为:

$$PV = \frac{2.8}{14\% - 4\%} = 28(元/股)$$

从上述资本资产定价模型的简单运用中可以看出,资本资产定价模型所解决的问题是如何根据股票的风险程度确定普通股票的预期收益率,而确定普通股票的内在价值还必须运用其他方法。

有关 β 系数计算的理论与方法本书将在第九章详细介绍。在这里,仅说明 β 系数的具体含义:

β 系数=1,说明个别股票的风险水平与市场上全部股票的风险水平相等,即个别股票的收益水平完全与市场收益水平相等;

β 系数>1,说明个别股票的风险水平大于市场上全部股票的风险水平,即个别股票的收益水平将以大于市场收益水平的速度变化;

β 系数<1,说明个别股票的风险水平小于市场上全部股票的风险水平,即个别股票的收益水平将以小于市场收益水平的速度变化。

2. 经济附加值定价模型(EVA)

经济附加值定价模型(Economic Value-Added,简称 EVA)认为公司所创造的利润只有在补偿了投资者(包括债权人和股东)的资金成本之后才能为股东带来价值增值,即只有会计学上所说的经济利润才能为股东带来价值增值。该模型是在 20 世纪 80 年代后逐渐发展起来的一种企业价值估价模型。其基本估价公式如下:

$$\text{企业价值} = \text{企业未来创造的税后收益的折现值} + \text{税后利息支出的折现值} - \text{企业资金成本的折现值} + \text{企业目前的净资产}$$

上式可以进一步转化为下式:

$$PV = \sum_{t=1}^{n} \frac{ER_t}{(1+i)^t} + NA_0$$

式中　ER——企业的经济利润；
　　　NA——企业的净资产。

$$经济利润（ER）=税后收益+税后利息支出-资金成本=$$
$$税后收益+税后利息支出-总资产\times 加权平均资金成本$$

从上式可以看出,计算经济利润的关键是确定企业的加权平均资金成本。企业加权平均资金成本是负债资金成本与股东权益资金成本的加权平均数。其中,负债资金成本是实际发生数,容易取得；而股东权益资金成本是预测数,难以确定。在实际工作中,股东权益资金成本可用资本资产定价模型计算确定,如果用资本资产定价模型有困难,也可以用股东权益资金的要求收益率来替代。

【例 8-18】 设 A 公司上年全年息税前收益合计为 10 000 万元,利息支出合计为 2 000 万元,所得税率为 30%,负债平均余额为 40 000 万元,净资产平均余额为 40 000 万元,发行在外的普通股票股数为 10 000 股。且预计公司的各种基本情况在未来保持不变。又知该公司普通股票的 β 系数为 1.2,资本市场全部股票的平均收益率为 8%,无风险收益率为 4%。试根据上述资料,用经济附加值定价模型估计 A 公司普通股票的内在价值。

解：
根据题意,首先应该计算 A 公司的加权平均资金成本,再计算经济利润,最后再运用经济附加值定价模型计算公司普通股票的内在价值。

(1) 计算负债和普通股票的资金成本。

$$负债资金成本=\frac{2\,000\times(1-30\%)}{40\,000}=3.5\%$$

$$普通股票的资金成本=4\%+1.2\times(8\%-4\%)=8.8\%$$

(2) 计算公司加权平均资金成本。

$$\begin{aligned}加权平均\\资金成本\end{aligned}=\frac{40\,000}{40\,000+40\,000}\times 3.5\%+\frac{40\,000}{40\,000+40\,000}\times 8.8\%=$$
$$50\%\times 3.5\%+50\%\times 8.8\%=6.15\%$$

(3) 计算经济利润。

$$经济利润=(10\,000-2\,000)\times(1-30\%)+2\,000\times(1-30\%)-80\,000\times 6.15\%=$$
$$2\,080（万元）$$

(4) 计算公司价值（$n\to\infty$）。

$$PV=\sum_{t=1}^{n}\frac{ER_t}{(1+i)^t}+NA_0=\sum_{t=1}^{n}\frac{2\,080}{(1+6.15\%)^t}+40\,000=$$
$$\frac{2\,080}{6.15\%}+40\,000=73\,821（万元）$$

(5) 计算 A 公司普通股票每股价值。

A 公司普通股票每股价值＝73 821÷10 000＝7.382 1(元/股)

三、普通股票投资的风险分析

在前面讨论资本资产定价模型时,已经涉及普通股票投资的风险问题,现在将进一步对该问题进行讨论。按普通股票投资风险产生的原因看,主要可以分为如下几类。

(一) 系统风险

系统风险是证券市场上供求关系不平衡而引起的价格波动,是有价证券投资中最常见的风险,投资于普通股票必须特别注意这类风险。这种价格波动可能使投资者在投资期间得不到投资决策时所预期的收益。

(二) 偶然事件风险

偶然事件风险既包括诸如自然灾害、政治危机、战争危险等企业的外部事件所引起的风险,又包括诸如法律诉讼、专利申请、高级管理层变动、收购和兼并等企业内部事件所引起的风险。这些风险绝大多数是投资者在决策时难以准确预料的。偶然事件所产生的风险,是投资者必须承担的,它剧烈的程度和时效性因具体的事件而异。

(三) 流通风险

流通风险是有价证券缺乏良好变现能力而产生的风险。有价证券的变现能力是指有价证券在不作较大幅度的价格让步能在短期内变现的能力。变现能力除有价证券本身所规定的变现能力制约之外,还受若干偶然因素影响。比如,当公司的不利消息传入市场时,就可能会使投资者对该公司的前景缺乏信心,导致投资者大量抛售该公司的股票,而承接者又少之又少,使公司股票的变现能力削弱。又如,当一国政治局势忽然发生剧烈变动时,会立刻在市场上引起轩然大波,使公司股票的变现能力大大降低。

(四) 政治风险

任何一国的金融市场都不可避免地与国家的政治局面、经济运行环境、财政状况、投资气候息息相关,在受政治干扰大的金融市场中投资的政治风险,大于在受政治干扰小的金融市场中投资的政治风险。公司在进行有价证券投资时必须充分考虑到这一因素,尽可能避免在政治风险大的国家或地区的金融市场上投资。

此外,通过市盈率也可以对普通股票的风险进行简单的分析。一般而言,市盈率的高低与普通股票风险的大小成正比,市盈率高,风险大;市盈率低,风险小。但是,也应该注意到相反的情况,因为某种普通股票的市盈率高低可能与该普通股票的成长潜力相联系。当某种普通股票的市盈率高是由该普通股票成长潜力大的原因所引起,那么,随着时间的推移,该股票的每股收益将逐渐增加,而市盈率则将逐渐降低,投资该普通股票的风险亦随之降低;相反,如果某种普通股票的市盈率低是由该普通股票缺乏成长潜力的原因所致,那么,随着时间的推移,该普通股票的每股收益增加速度会相对减慢,甚至下降,从而导致该普通股票的市盈率相对提高,风险则相对上升。所以,用市盈率进行风险分析,必须与股票的成长性联系在一起进行分析。

四、普通股票投资策略

根据普通股票收益和风险的特征,普通股票投资应该采取的策略主要如下。

(一)安排投资资金的策略

由于股票市场风险巨大,因此,一个以生产产品或提供服务为主营业务的企业一般都不应该将维持正常生产经营所需的资金用于普通股票投资。只有的确存在长期富余资金和无专门用途资金的情况下,才能考虑对普通股票的投资。普通股票投资的资金规模应该控制在不影响企业正常生产经营活动的资金需要范围之内。普通股票的投资规模应在详细计算的基础上确定。

(二)币值变化时的投资策略

与债券投资相比较,币值变化对普通股票的影响显得更为复杂。这是因为普通股票既是一种有价证券,又代表一定的实物资产。

作为一种有价证券,普通股票未来的市场价格与市场利率成反比。在通货膨胀时,市场利率会随之上升,普通股票的市场价格则会相应下降;在通货紧缩时,市场利率会随之下降,普通股票的市场价格则会相应上升。

作为一种实物资产,普通股票未来的市场价格与通货膨胀率成正比。因为,一般生产经营性公司,总是用发行普通股票筹集的资金去从事生产经营性投资,购置各种实物性资产。而实物资产的价格与通货膨胀率成正比,与通货紧缩率成反比。

普通股票未来的市场价格正是由上述两种运动共同作用的结果。不过,经验统计数据表明,在通货膨胀时,实物性资产占总资产比重大的公司,其普通股票的抗跌性和升值潜力均较大;而货币性资产占总资产比重小的公司,其普通股票的抗跌性和保值性就较差。比如,金融类企业的普通股票市场价格就会在通货膨胀时加速下跌。这也说明了为什么普通股票的市场价格从长远来看是不断上升的这一现象。因为从现实来看,各国的货币都是在不断贬值的,不断贬值的货币推动了普通股票市场价格的持续上升。

根据前述道理,企业在币值变化条件下进行普通股票投资时,首先要确定普通股票投资期限的长短,如是短期投资,那么由于通货膨胀在短期内会使普通股票的市场价格下降,通货紧缩在短期内会使普通股票的市场价格上升;因此,企业不应该在预计通货膨胀即将加速的情况下对普通股票进行投资,而应在预计通货紧缩即将出现时对普通股票进行投资。相反,如是长期投资,那么由于通货膨胀在长期内会使普通股票的市场价格上升,通货紧缩在长期内会使普通股票的市场价格下降;因此,企业应该在预计通货膨胀即将加速的情况下对普通股票进行投资,而不应在预计通货紧缩即将出现时对普通股票进行投资。

除此之外,企业在通货膨胀时,应投资于实物资产升值潜力大的公司的普通股票;而在通货紧缩时,应投资于货币性资产比重较大的公司的普通股票。

(三)选择优质公司的普通股票进行投资

公司的经营状况、盈利水平和发展前景,决定了股票的股利水平和市场价格。选择一种优质股票,才能为企业带来利益。一种优质的普通股票,应该具备以下条件:

(1)普通股票发行公司的经营状况良好,发展潜力大,盈利能力强。

(2)股东的投资收益率高于市场平均收益率,而且预计今后的盈利能力仍然保持在一个较高的水平之上。

(3)普通股票的市场交易活跃,市场价格波动不大,且呈逐渐上升趋势。

第三节 具有选择权性质的证券投资

有关选择权性质证券的若干基本理论问题,在前面的筹资中已经作了详细的讨论。在这里,仅从公司投资的角度对选择权性质证券的投资理论和投资策略加以讨论。

一、可转换债券投资策略

(一)可转换债券估价和收益率计算

1. 可转换债券估价

可转换债券的内在价值是可转换债券未来现金流入量的折现值。其基本公式如下:

$$PV = \sum_{t=1}^{n} \frac{I}{(1+i)^t} + \frac{V}{(1+i)^n}$$

式中 t——折现期;

I——可转换债券的利息;

i——可转换债券的适用折现率;

V——可转换债券的面值或转换价值;

n——可转换债券存续至到期日或转换日的期数。

从上式可以看出,作为可转换债券价值的 V 和作为可转换债券的存续期 n 具有不确定性,因此要估计可转换债券的内在价值首先必须预测 V 和 n。

对 V 的预测,其实就是对普通股票市场价格的预测。预测结果不外乎分为两类:一是普通股票的市场价格低于可转换债券规定的转换价格,这时 V 就等于可转换债券的面值;二是普通股票的市场价格高于可转换债券规定的转换价格,这时 V 就等于普通股票市场价格乘以可转换债券可以转换为普通股票数量之积。

对 n 的预测结果也分为两种情况:一是在普通股票的市场价格高于可转换债券规定的转换价格时,可转换债券可能随时转换为普通股票,因此,n 就等于可转换债券转换为普通股票时的存续期数。二是在普通股票的市场价格低于可转换债券规定的转换价格时,可转换债券已经丧失了转换价值,只能以低息债券的形式存在,因此,n 就必然等于可转换债券票面上所规定的存续期。

【例 8-19】 B 公司发行 5 年期可转换债券,面值为 1 000 元/张,年利息率为 1%,每年付息,每张可转换债券可转换为普通股票 250 股;若不转换为普通股票,则在可转换债券到期时按面值收回。现假定存在如下两种情况:一是普通股票的市场价格在 5 年以内均没有超过规定的 4 元/股的转换价格;二是普通股票的市场价格在第 3 年末为 6 元/股,且可转换债券在第 3 年末转换为普通股票。再假定与该可转换债券市场同风险收益率为 8%。试求两种情况下 B 公司发行的可转换债券的内在价值各为多少?

解:
根据公式可分别求得在两种情况下可转换债券的内在价值。

(1) 普通股票市场价格低于 4 元/股时可转换债券的内在价值:

$$PV = \sum_{t=1}^{5} \frac{1\,000 \times 1\%}{(1+8\%)^t} + \frac{1\,000}{(1+8\%)^5} = 10 \times 3.992\,71 + 1\,000 \times 0.680\,58 = 720.51(元/张)$$

(2) 普通股票市场价格为 6 元/股,且在第 3 年末转换为普通股票的可转换债券的内在价值:

$$PV = \sum_{t=1}^{3} \frac{1\,000 \times 1\%}{(1+8\%)^t} + \frac{250 \times 6}{(1+8\%)^3} = 10 \times 2.577\,1 + 1\,500 \times 0.793\,83 = 1\,216.52(元/张)$$

2. 可转换债券收益率计算

可转换债券的投资收益率等于投资可转换债券所引起的现金流出量与现金流入量相等时的折现率。

【例 8-20】 假定在[例 8-19]中,A 公司在 B 公司可转换债券发行时以 1 000 元/张的面值购入可转换债券,问两种情况下可转换债券的投资收益率各为多少?

解:
(1) 普通股票市场价格低于 4 元/股时投资可转换债券的收益率:

$$1\,000 = \sum_{t=1}^{5} \frac{1\,000 \times 1\%}{(1+i)^t} + \frac{1\,000}{(1+i)^5}$$

当 $i = 1\%$ 时,有:

$$右式 = 10 \times 4.853\,43 + 1\,000 \times 0.951\,47 = 1\,000 = 左式$$

即:在该种情况下,投资可转换债券的收益率为 1%。

(2) 普通股票市场价格为 6 元/股,且在第 3 年末转换为普通股票时投资可转换债券的收益率:

$$1\,000 = \sum_{t=1}^{3} \frac{1\,000 \times 1\%}{(1+i)^t} + \frac{250 \times 6}{(1+i)^3}$$

当 $i = 15\%$ 时,有:

$$右式 = 10 \times 2.381\,85 + 1\,500 \times 0.657\,52 = 1\,010.09 > 1\,000 = 左式$$

当 $i=16\%$ 时,有:

$$右式=10\times 2.348\,395+1\,500\times 0.640\,66=984.47<1\,000=左式$$

故有:

$$i=15\%+\frac{1\,010.09-1\,000}{1\,010.09-984.47}\times(16\%-15\%)=15.4\%$$

即:在该种情况下,投资可转换债券的收益率为 15.4%。

从上面的计算方法和结果可以看出,可转换债券在内在价值和收益率方面有如下特征:第一,可转换债券存在着最低的内在价值,该价值就是纯粹的低息债券的价值。由于可转换债券受最低极限价值的保护,因此,无论普通股票的市场价格低于转换价格多少,可转换债券的市场价格最多跌至纯粹低息债券的市场价格,相应地投资收益率也最多跌至低息债券的票面收益率。第二,可转换债券的内在价值,随着普通股票市场价格的上涨,可以无限增大,相应地投资收益率也会无限上涨。这两个特征结合在一起,可以充分反映出可转换债券内在价值及其收益率所具有的下降有限性和增长无限性的特征。

(二)可转换债券的风险特征

1. 可转换债券的投资风险高于纯债券

由于可转换债券的票面利率低于纯债券的票面利率,它的实际收益一部分来自不确定的普通股票市场价格高于转换价格之差,当普通股票市场价格等于或低于转换价格时,投资可转换债券只能获得极低的票面利息收益;因此,可转换债券的投资风险要高于纯债券的投资风险。

2. 可转换债券的投资风险低于普通股票

由于可转换债券本身是带息的还本证券,受到最低极限价值的保护,当普通股票的市场价格低于规定的转换价格时,可转换债券的持有人有权要求可转换债券的发行人到期还本,这样,可转换债券持有人就只蒙受利息损失,而不蒙受资本损失;因此,可转换债券的投资风险要低于普通股票的投资风险。

(三)可转换债券的投资策略

根据可转换债券风险有限性和收益无限性的特征,投资可转换债券应注意如下投资策略。

1. 安排投资资金的策略

投资可转换债券可选择较长期闲置的有专门用途的资金。其投资额度可以根据未来资金需要量的现值确定。这样安排投资资金来源和投资额度,既可以保证未来资金的需要量,规避了未来的支付风险,又可以追求投资普通股票的风险收益。

【例 8-21】 甲公司有一笔 400 万元的用于第 2 年末偿债的专用基金,现打算用这笔资金购买票面利息率为 2%、尚有 2 年到期、每年付息的可转换债券。该可转换债券的转换价格为 5 元/股,但由于现在普通股票的市场价格低于 5 元/股,因此,可转换债券的市场价格仅为其面值的 80%。试问甲公司应如何安排资金为优?

解:

根据题意,有:

$$最佳投资金额 = \frac{400}{(1+2\%)^2} \times 80\% = 384.47 \times 80\% = 307.58(万元)$$

计算结果表明,甲公司只要动用 307.58 万元购买面值为 384.47 万元的这种可转换债券,就可以满足在第 2 年末偿债的资金需要。而余下的 92.42 万元(400－307.58)资金,则可用于收益率更高的风险投资。

如果在第 2 年末,该可转换债券所对应的普通股票市场价格上涨到 6 元/股,那么,甲公司除了可以顺利偿债之外,还可以获得超额投资收益。

$$超额收益额 = \frac{384.47}{5} \times 6 - 400 = 61.36(万元)$$

2. 预测收益率

由于可转换债券投资收益率是随其购买价格和普通股票市场价格波动而变化的,因此,为了作出正确的投资决策,必须在预测普通股票市场价格的基础上测算可转换债券的收益率。可转换债券的实际收益率有最低收益率和可能收益率之分,现分别讨论其计算方法。

【例 8-22】 根据[例 8-21]资料计算其最低的和可能的投资收益率。

解:

(1) 计算最低投资收益率。

$$307.58 = \sum_{t=1}^{2} \frac{384.47 \times 2\%}{(1+i)^t} + \frac{384.47}{(1+i)^2}$$

当 $i = 14\%$ 时,有:

右式 $= 7.689 \times 1.64666 + 384.47 \times 0.76947 = 308.5 \approx 307.58 =$ 左式

故投资该可转换债券的最低收益率约为 14%。

(2) 计算可能投资收益率。

可能投资收益率就是可转换债券的购买价与收取利息和转换为普通股票后市场价格之和相等时的折现率。由于普通股票市场价格波动无常,因此,每预测一次普通股票市场价格(只要该市场价格高于转换价格)就会产生一个收益率。根据[例 8-21]普通股票市场价格为 6 元/股的假定,其可能的投资收益率应按以下方法计算:

$$307.58 = \sum_{t=1}^{2} \frac{384.47 \times 2\%}{(1+i)^t} + \frac{\frac{384.47}{5} \times 6}{(1+i)^2}$$

当 $i=25\%$ 时,有:

$$右式 = 7.689 \times 1.44 + 461.36 \times 0.64 = 306.34 \approx 307.58 = 左式$$

故投资该可转换债券的可能收益率约为 25%。

将上述计算出的可转换债券投资收益率分别与纯债券的投资收益率和普通股票的预期投资收益率相比较,有利于作出是否应该投资于可转换债券的决策。

3. 根据可转换债券收益率的构成选择可转换债券的投资策略

可转换债券收益率是由固定的债券利息收益率和具有风险性的普通股票市场价格上涨所带来的资本收益率两部分构成。可转换债券收益率的构成状况决定了可转换债券的风险特征。固定利息收益率越高,风险越低;反之,固定利息收益率越低,风险越高。

企业在决定对可转换债券进行投资后,应根据自己现有闲置资金的量和未来资金需要量的差异对收益率构成不同的可转换债券进行选择。一般而言,如果现有资金量不足以满足未来资金的需要量,需要通过利息来积累资金的情况下,应该选择高息可转换债券;反之,如果现有资金可以或基本可以满足未来资金需要量时,则可选择低息甚至无息的可转换债券。现举例说明。

【例 8-23】 有 A、B 两家公司,A 公司现有闲置的更新改造资金 400 万元,5 年后需要更新改造资金 500 万元;B 公司现有闲置的更新改造资金 450 万元,5 年后也需要更新改造资金 500 万元。两家公司均既希望通过现有更新改造资金的积累来满足 5 年后的资金需要,又希望能获得普通股票市场价格上升的风险投资利益;因此,两家公司均决定将闲置的更新改造资金用于购买可转换债券。现问两家公司各应选择固定票面利息率为多少的可转换债券投资?

解:

根据题意,各公司最优投资方案应该是本金加上固定利息之和正好等于未来资金需要量的投资方案。因为这种投资方案既可以规避未来的现金支付风险,又可能为公司带来最大的投资收益。所以有:

$$A 公司要求的最低固定利息率 = \left(\sqrt[5]{\frac{500}{400}} - 1\right) \times 100\% = 4.56\%$$

$$B 公司要求的最低固定利息率 = \left(\sqrt[5]{\frac{500}{450}} - 1\right) \times 100\% = 2.13\%$$

计算结果表明,A 公司应该寻找固定票面利息率为 4.56% 的可转换债券;而 B 公司则应该寻找固定票面利息率为 2.13% 的可转换债券。

另外,需要注意,上述结论是在按可转换债券票面值购入可转换债券条件下推论出来的,如果是折价或溢价购入,则需要将折价或溢价的影响考虑在内。

【例 8-24】 仍以[例 8-23]的资料为例,假定两家公司分别以低于面值的 10% 和高于面值的 10% 两种情况购入可转换债券,试问两家公司在不同条件下要求的最低固定利息率应为多少?

解:
(1) 按高于面值10%条件购入,两家公司要求的最低固定利息率。

$$A公司要求的最低固定利息率=\left[\sqrt[5]{\frac{500}{\frac{400}{1+10\%}}}-1\right]\times100\%=6.58\%$$

$$B公司要求的最低固定利息率=\left[\sqrt[5]{\frac{500}{\frac{450}{1+10\%}}}-1\right]\times100\%=4.1\%$$

(2) 按低于面值10%条件购入,两家公司要求的最低固定利息率。

$$A公司要求的最低固定利息率=\left[\sqrt[5]{\frac{500}{\frac{400}{1-10\%}}}-1\right]\times100\%=2.38\%$$

$$B公司要求的最低固定利息率=\left[\sqrt[5]{\frac{500}{\frac{450}{1-10\%}}}-1\right]\times100\%=0$$

4. 根据可转换债券条款制订投资策略

投资可转换债券除了应重视上述问题之外,还应充分考虑到其发行时规定的其他各项条款,包括转换价格调整的条款、收回权利条款等等。这些条款将直接影响到可转换债券的收益率。一般而言,在其他条件不变的情况下,宽松的条款对投资者有利。故公司在对可转换债券进行投资之前,应该详细阅读各种有关可转换债券的材料,尽可能选择条款宽松的可转换债券进行投资。

二、认股权证投资策略

(一) 认股权证估价和收益率计算

1. 认股权证估价

认股权证是按某种事先规定的价格优先购买一定数量普通股票的权利证书,其价值来源于普通股票市场价格高于认股权证规定的认购价格的部分。对认股权证的估价,本质上就是对普通股票的估价。具体地说,就是通过对普通股票市场价格的预测,判断认股权证的理论价值,并分析认股权证市场价格的合理性。

(1) 认股权证理论价值的确定。

认股权证的理论价值等于普通股票市场价格与认购价格之差。其计算公式如下:

$$V=(P-E)\times N$$

式中　V——认股权证的理论价值;
　　　P——普通股票的市场价格;
　　　E——认股权证规定的认购价格;

N——每张认股权证所规定的认购普通股票的股数。

当 $P<E$ 时,认股权证的理论价值为零。因为在这种情况下,人们将不会再利用认股权证去购买普通股票了。

【例 8-25】 设 A 普通股票的认股权证所规定的认购价格为 10 元/股,每张认股权证可认购普通股票 10 股。问当普通股票的市场价格为 8 元/股、12 元/股和 15 元/股时,每张认股权证的理论价值分别为多少?

解:
根据公式有:
当 $P=8$ 元/股时,$V=0$;
当 $P=12$ 元/股时,$V=(12-10)\times 10=20$(元/张);
当 $P=15$ 元/股时,$V=(15-10)\times 10=50$(元/张)。

(2) 认股权证内在价值的预测。

认股权证的内在价值高于认股权证当前的理论价值,且低于认股权证到期时的理论价值。下面对此进行简要分析。

认股权证的内在价值高于认股权证当前的理论价值,是因为认股权证存在杠杆作用。杠杆作用的存在必然会使认股权证的市场价格高于其理论价值,从而产生认股权证溢价。如果以认股权证当前的理论价值作为认股权证投资的内在价值,那么,该理论价值必然会低于其市场价格。如果再以计算出来的当前理论价值作为认股权证投资决策的基础,那么,就应该是不投资认股权证为优。因为,购买认股权证的价格总会高于认股权证当前的理论价值,而按一般投资原理,当价格高于价值时,投资不利。显然,这与实际情况不相符。

预测的认股权证到期时的理论价值是认股权证的最大内在价值,是因为在认股权证到期时,认股权证的市场价格必然回归其理论价值,这时认股权证市场价格高于理论价值的溢价最终会等于零,故认股权证的内在价值应该等于其理论价值。

按照上述理论,应该通过如下方法求解认股权证的内在价值:第一,求当前投资于认股权证上和投资于普通股票上报酬率相等时的普通股票的市场价格;第二,求与"第一计算结果"相适应的认股权证的理论价值;第三,预测认股权证到期时的理论价值;第四,将"第二计算结果"与"第三计算结果"相比较,确定认股权证的内在价值。即当以投资于认股权证上和投资于普通股票上报酬率相等时的普通股票市场价格计算出来的认股权证理论价值,大于预测的认股权证到期时的理论价值时,预测的认股权证到期时的理论价值就是认股权证的内在价值;当以投资于认股权证上和投资于普通股票上报酬率相等时的普通股票市场价格计算出来的认股权证理论价值,小于预测的认股权证到期时的理论价值时,以投资于认股权证上和投资于普通股票上报酬率相等时的普通股票市场价格计算出来的认股权证理论价值,就是认股权证的内在价值。

之所以按上述方法来确定认股权证的内在价值,是因为认股权证的杠杆作用随普通股票市场价格上升而递减的规律,即认股权证市场价格高于理论价值的溢价递减的规律。认股权证的理论价值越大,认股权证市场价格的溢价就越小,并最终趋近于消失。用认股权证当前的杠杆力度为基础计算出的投资于认股权证上和投资于普通股票上报酬率相等时的普通股票的市场价格,正可以反映该种情况。

下面以实例说明认股权证内在价值的预测方法。

【例 8-26】 假定[例 8-25]中 A 认股权证的认股价格为 15 元/股,其余各种规定不变,目前 A 普通股票的市场价格也为 15 元/股,认股权证的市场价格为 50 元/张。投资者对 A 普通股票的股利支付额预测结果:第 1 年支付股利 1 元/股,未来股利年增长率有按 5% 和 6% 两种情况,同风险市场收益率为 10%。试预测 A 认股权证在不同条件下的内在价值。

解:
(1) A 认股权证当前的理论价值。

$$A 认股权证当前的理论价值 = (15-15) \times 10 = 50(元/张)$$
$$A 认股权证当前的理论价值 = 0 \div 10 = 0(元/股)$$

(2) 计算投资于认股权证上和投资于普通股票上报酬率相等时的普通股票市场价格。

$$A 认股权证当前的杠杆力度 = 15 \div 5 = 3(倍)$$

设投资于认股权证上和投资于普通股票上报酬率相等时的普通股票市场价格为 X,那么,有:

$$X - 15 = 3 \times [X - (15+5)]$$

解之得:$X = 22.5(元/股)$

(3) 计算以投资于认股权证上和投资于普通股票上报酬率相等时的普通股票市场价格为基础的认股权证的内在价值。

$$报酬率相等时 A 认股权证当前的理论价值 = 22.5 - 15 = 7.5(元/股)$$

(4) 计算股利年增长率为 5% 和 6% 时的 A 认股权证到期时的理论价值。

当股利年增长率为 5% 时,有:

$$预测 A 认股权证理论价值 = \left(\frac{1}{10\% - 5\%} - 15\right) \times 10 = 50(元/张)$$
$$预测 A 认股权证理论价值 = 50 \div 10 = 5(元/股)$$

当股利年增长率为 6% 时,有:

$$预测 A 认股权证理论价值 = \left(\frac{1}{10\% - 6\%} - 15\right) \times 10 = 100(元/张)$$
$$预测 A 认股权证理论价值 = 100 \div 10 = 10(元/股)$$

(5) 比较以投资于普通股票上报酬率相等时的普通股票市场价格计算出来的 A 认股权证理论价值和 A 认股权证到期时的理论价值,确定 A 认股权证的内在价值。

当股利年增长率为 5% 时,

因为:7.5＞5

所以:A 认股权证的内在价值＝5(元/股)

A 认股权证的内在价值＝50(元/张)

当股利年增长率为 6% 时,

因为:7.5＜10

所以:A 认股权证的内在价值＝10(元/股)

A 认股权证的内在价值＝100(元/张)

2. 认股权证收益率计算

认股权证收益率的计算与企业取得认股权证的方式有关。企业取得认股权证的方式主要有两种:一是购买低息证券由发行低息证券公司附送的;二是从证券市场上按市场价格购入的。这两种不同取得方式的收益率计算方法有所不同,现分别加以讨论。

(1) 购买低息有价证券而获得的认股权证收益率的计算。

通过这种方式获得的认股权证,从本质上看,其实就是投资者以放弃高息收入为代价换取可能产生的普通股票市场价格高于认购价格利益的一种投资行为。在这种方式下,计算投资收益率,应该将购买低息有价证券的收益率与认股权证可能带来的收益率合并计算。以下用实例加以说明。

【例 8-27】 甲公司在市场利率为 10% 的条件下,按面值购买了附送认股权证的低息债券,该债券为 1 000 元/张,票面利息率为 5%,每年付息,5 年到期后一次还本;附送认股权证 30 股,认购价格 10 元/股。假设在第 2 年末,该普通股票市场价格上涨到 20 元/股,且甲公司及时行使了全部认股权。问甲公司这种投资方式的投资收益率为多少?

解:

根据题意,可建立如下方程式:

$$1\,000=\sum_{i=1}^{5}\frac{1\,000\times 5\%}{(1+i)^{t}}+\frac{1\,000}{(1+i)^{5}}+\frac{(20-10)\times 30}{(1+i)^{2}}$$

当 $i=12\%$ 时,有:

右式＝50×3.604 78+1 000×0.567 43+300×0.797 19＝986.83＜1 000＝左式

当 $i=11\%$ 时,有:

右式＝50×3.695 9+1 000×0.593 45+300×0.811 62＝1 021.73＞1 000＝左式

$$i=11\%+\frac{1\,021.73-1\,000}{1\,021.73-986.83}\times(12\%-11\%)=11.62\%$$

计算结果表明,该投资方式的实际收益率为 11.62%。

(2) 从市场上按市场价格购入的认股权证收益率的计算。

在这种情况下,可以单独计算认股权证的投资收益率,现举例说明。

【例 8-28】 甲公司从证券市场上以 5 元/股的价格购入认购价格为 15 元/股的认股权证若干,在第 3 年末,当普通股票市场价格涨至 25 元/股时,公司行使了全部认股权。问甲公司投资于该认股权证的收益率为多少?

解:

根据题意,可建立方程式:

$$5 = \frac{25-15}{(1+i)^3}$$

$$i = \sqrt[3]{\frac{25-15}{5}} - 1 = 25.99\%$$

计算结果表明,该投资的收益率为 25.99%。

从上述例子可以看出,认股权证投资收益率的大小受认股权证行使时间和普通股票市场价格两个因素的影响,即与行使时间成反比,与普通股票市场价格成正比。

(二) 认股权证的风险特征

1. 认购价格高于或等于普通股票市场价格的风险

认股权证本身无任何价值保证,其价值完全依赖于认购价格低于普通股票市场价格的差价,一旦认购价格高于或等于普通股票市场价格,认股权证的价值就等于零。这表明,投资于认股权证上的投资有全部损失的可能性,风险极大。

2. 到期风险

认股权证通常规定了到期日,如果到期不行使其权利,则过期作废。如果在认股权证认股期内,普通股票市场价格一直低于认购价格,认股权证持有者将无机会行使认股权,并最终放弃该权利,使其投资于认股权证上的投资全数损失。

3. 认购价格不断上升的风险

认股权证发行者在发行认股权证时,为了使资金无序流入变为有序流入,刺激投资者行使认股权,往往会在认股权证条款中规定认购价格随时间推移而上调的款项。这类条款增加了认股权证持有者选择认购期的风险。

(三) 认股权证的投资策略

根据认股权证风险无限性和收益具有的以小搏大的特征,投资认股权证应注意如下投资策略。

1. 安排投资资金的策略

根据投资于认股权证上的资金有可能全部亏损的风险特征,企业在选用投资资金时,只能动用完全闲置的无特定用途的资金,以规避投资全部损失之后带来的风险放大损失。

2. 根据认股权证的杠杆力度决定是否投资的策略

投资认股权证的一个基本原因,就是希望通过其杠杆力获取以小搏大的利益,因此,在决定是否投资认股权证时，一定要认真计算其杠杆力的大小，并在此基础上结合对普通股票未来市场价格的预测来决定。杠杆力越大，以小搏大的潜力也就越大。

【例 8-29】 某公司决定投资认股权证，现有 A、B 两种认股权证可供选择。A 认股权证的认购价格为 10 元/股，目前市场价格 3 元/股，与它相对应的 A 普通股票的市场价格为 9 元/股；B 认股权证的认购价格为 15 元/股，目前市场价格 5 元/股，与它相对应的 A 普通股票的市场价格为 18 元/股。公司预计，A 普通股票市场价格可以达到 20 元/股，B 普通股票市场价格可以达到 30 元/股。问公司投资何种认股权证为优？

解：

设：X 为投资于认股权证和投资于普通股票收益率相等时的普通股票市场价格。

该决策可按如下步骤求解：

（1）求不同认股权证的杠杆力度。

$$A 认股权证的杠杆力度 = 9 \div 3 = 3(倍)$$
$$B 认股权证的杠杆力度 = 18 \div 5 = 3.6(倍)$$

（2）求投资于认股权证和投资于普通股票收益率相等时的普通股票市场价格。

投资于 A 认股权证和投资于 A 普通股票收益率相等时的 A 普通股票市场价格：

$$X - 9 = 3 \times [X - (10 + 3)]$$

解得：$X = 15$(元/股)

投资于 B 认股权证和投资于 B 普通股票收益率相等时的 B 普通股票市场价格：

$$X - 18 = 3.6 \times [X - (15 + 5)]$$

解得：$X = 20.77$(元/股)

（3）求投资于不同认股权证和普通股票的投资最高收益率。

$$投资于 A 认股权证的投资最高收益率 = \frac{20 - 15}{3} \times 100\% = 167\%$$

$$投资于 A 普通股票的投资最高收益率 = \frac{20 - 9}{9} \times 100\% = 122\%$$

$$投资于 B 认股权证的投资最高收益率 = \frac{30 - 20.77}{5} \times 100\% = 185\%$$

$$投资于 B 普通股票的投资最高收益率 = \frac{30 - 18}{18} \times 100\% = 67\%$$

根据计算结果可以看出，虽然公司投资于 A 普通股票的投资收益率高于投资于 B 普通股票的投资收益率，但由于 B 认股权证的杠杆力度大于 A 认股权证的杠杆力度，投资于 B 认股权证的投资收益率最高，故公司投资 B 认股权证为优。

3. 避免投资认股期限短的认股权证

认股权证投资全部亏损的主要原因，是认股权证到期时普通股票的市场价格仍然低于认购价格，为了规避这一风险，最好的方法就是尽量避免投资认购期限短的认股权证。在实际中要做到这一点并不难，只要在投资前详细了解认股权证有关条款的内容，就可以规避这类风险。

4. 选择最佳的认股权行使时期

对认购价格随时间推移而提高的认股权证投资,存在一个最佳的认股权行使时间问题。一般而言,普通股票市场价格高于认购价格的差价最大时期就是认股权行使的最佳时期。这就需要预测在认股权证行使期中普通股票的市场价格。除此之外,还要注意货币时间价值和普通股票股利对收益的影响。在进行决策时,需要用推迟行使认股权而损失的股利去抵减普通股票市场价格高于认购价格的差价,并将抵减后的净差价按一定的收益率折现,计算推迟行使认股权所获得的利益现值。

案例与资料

华靖(600886)投资价值分析报告(摘要)[①]

本文不仅从数据指标进行分析,更多关注数据背后的核心驱动力。

表 8-2

主要财务指标(已考虑增发)

会计年度	2005	2006E	2007E	2008E
主营业务收入(万元)	305 676	421 833	653 842	647 303
同比增长率(%)	28.55	38.00	55.00	−1.00
营业利润(万元)	60 105	66 336	101 577	120 037
同比增长率(%)	10.64	10.37	53.12	18.17
净利润(万元)	37 953	36 838	50 744	59 178
同比增长率(%)	15.55	−2.94	37.75	16.62
主营业务利润率(%)	32.11	26.60	26.60	28.60
营业利润率(%)	19.66	15.73	15.54	18.54
净利润率(%)	12.42	8.73	7.76	9.14
每股收益(元)	0.67	0.46	0.62	0.73
每股净资产(元)	2.45	3.70	4.02	4.38
净资产收益率(%)	27.5	12.2	15.5	16.6
每股股息(元)	0.34	0.23	0.31	0.36
股息收益率(%)	5.61	3.77	5.20	6.06
负债率(%)	72.1	64.1	66.8	60.4
P/E(倍)	8.91	13.25	9.62	8.25
P/B(倍)	2.45	1.62	1.49	1.37
EV/EBITDA(倍)	7.51	7.26	5.20	4.83

---

① 根据招商证券研究报告整理。

一、核心观点

增发为公司跨越式成长注入强劲动力,集团资产注入是发展的外因条件。增发意味着公司长远战略开始启动,收购和扩建的大幕已经拉开,预计未来5~10年是公司持续收购、规模和收益增长最快的阶段。同时收购的多半是已经成熟的优质资产,收购价格适中合理,与前次置换资产相比,收购市盈率偏高。有的单位千瓦造价只有3658元,当期即可产生明显效益,预计2006年9月完成收购后,加上在建机组投产,2007年主营业务收入比2005年增长120%以上,净利润增长21%以上,达到4.5亿~5亿元,呈现跨越式成长。

本次增发不超过2.5亿股,发行价格5.82元,老股东获得10:2.5的优先认购权,发行后股本8.1亿股。募集资金约14.3亿元,用于收购厦门华夏35%、淮北国安35%、北部湾公司55%股权后,合计权益装机容量增加96万千瓦(包括在建),装机容量由357万千瓦(水电53万千瓦)扩大至653万千瓦(水电67万千瓦),权益容量由147.5万扩大至241万千瓦,增长66%。分布在甘肃、江苏、云南、广西、安徽和福建,成为真正意义上的全国性电力上市公司。

我们预测2005年、2006年、2007年、2008年的每股收益分别为0.67、0.46(摊薄)、0.60、0.68元。由于股价长期偏低,本次增发价格只有5.82元,2007动态市盈率不到10倍,在电力板块中相对较低,价值低估明显,现金流贴现和市盈率相对估值结果表明公司合理估值在6.6~7元,2007年估值7.5~8.2元。公司股价长期处于底部,风险较小,相对涨幅较大、风险相应放大的市场,投资价值显而易见。

投资建议:适量参与申购。投资评级:推荐——A。

二、公司概要

2002年10月,国家开发投资公司受让中国石化持有的湖北兴化57.58%共计16 223万股国有法人股并置入其甘肃小三峡水电开发有限责任公司、靖远第二发电有限公司和徐州华润电力有限公司的权益性资产,成为公司第一大股东,湖北兴化更名为国投华靖电力控股股份有限公司,主营水力火力发电业务,业务极其单纯。注册地址由湖北迁至甘肃兰州,经批准成为兰州高新技术产业开发区企业。

2005年8月股权分置改革成功实施,流通股每10股获送2.6股。目前公司总股本5.63亿股,国投公司占50.98%,增发2.5亿股后大股东持股降至44%。公司优良资产:甘肃靖远第二发电有限公司50%的股权、小三峡水电开发有限责任公司50%的股权、国投曲靖发电有限公司44%的股权、徐州华润电力有限公司30%的股权,是一家业务面向全国的电力控股公司。

截至2005年年底,公司总装机容量341.5万千瓦,权益装机容量145.5万千瓦,总资产89.93亿元,净资产13.79亿元,2005年主营业务收入30.6亿元,净利润3.8亿元,每股收益0.67元,净资产收益率高达27.5%。本次增发不超过2.5亿股,发行价格5.82元。募集资金约14.3亿元,用于收购集团公司持有电厂的股权。合计权益装机容量96万千瓦。

三、行业、环境

全国供电形势渐趋缓和，2006年底基本平衡。产能过剩隐忧出现，机组利用小时总体下降导致利润下降。需求增速仍然维持高位，年均增长10%～12%，年增产能7 000万千瓦左右或14%。煤价高位稳定，电价上调后行业盈利水平有所恢复。火电行业毛利率15%～18%，优质公司的毛利率水平在25%～30%。水电的毛利率在50%～70%。尽管毛利率水平稳定下来，但由于发电量减少则必然带来收入和利润的下降。

我们认为理论上竞价上网会导致电价下跌，但实际上电力需求比较刚性，电力市场也有别于完全竞争市场，政策也引导电价上涨以促进全社会节能意识。价格竞争和下跌并不能导致需求增加，因此参与主体容易结盟，竞价的结果容易受到价格联盟抵制，甚至走向相反方向，电价下跌的可能性很小。

四、企业核心竞争力

国投华靖可能成为在行业调整中高速成长壮大的明星企业。公司的核心竞争力提供了内因根据，集团背景和资产注入是其外部条件。

核心竞争力之一——机制和制度优势。公司治理结构规范，投资控股下属电力公司，通过资本纽带实施管理。

核心竞争力之二——技术管理优势。公司电力资产均为30万千瓦以上燃煤火电和5万千瓦以上水电机组。技术参数较高，能耗较低。靖远二电的"日新"管理理念融合了国际和本土的管理精华，形成一整套涵盖生产、燃料、库存、财务、人事、信息的"靖远管理模式"，明显提高了效率，降低了成本，获得全国科技大奖和国家级企业管理一等奖，引起电力行业的极大关注。这些先进的技术和管理在国投华靖内部企业中将复制传播，成为竞争致胜的法宝。

核心竞争力之三——投资开发模式优势。公司采取了收购集团成熟资产和扩建结合的模式，兼顾中期短期的可持续增长。

表8-3

收购资产折合单位千瓦造价

单位：元

项 目	收购价格	折合单位千瓦造价
收购厦门华夏35%的股权	76 997	3 128
收购淮北国安35%的股权	53 278	3 411
收购北部湾公司55%的股权	35 447	4 436
合 计	165 722	3 658

核心竞争力之四——成本控制。公司从选址、建造、燃料、运行、资金、人力各个环节加强成本控制。公司选择全国性的区域布局，水火共济，在坑口或者负荷中心建厂，有利

于分散经营风险。公司与大型煤炭集团建立长期供货合同,合作开发曲靖煤区,煤价控制相对较好。靖远二电、嵩屿一期都采用了10~12年快速折旧,明后两年折旧基本结束。成本大幅降低,即使电价下调,公司凭借成本优势完全有能力在竞争中取得有利地位,所以高电价并不削弱公司的竞争力。另外规模效应也有利于降低成本。

五、影响业绩的关键因素——煤价、电价、发电小时及敏感性

燃煤成本在公司主营业务成本中占比50%~60%。2003年下半年以来,国内煤炭价格上涨幅度较大,对公司的经营产生了一定的影响。煤价上涨减少公司当年净利润1.4亿元。

表8-4

主力电厂煤价上涨比较

单位:元

电厂名称	2003年	2004年	同比涨幅(%)	2005年	同比涨幅(%)	主要供煤商
靖远二电	180	189	5.6	206	9	靖远矿务局
云南曲靖	190	247	30.7	311	25.9	曲靖宣威
徐州华润	274	387	41.3	482	24.6	山西、陕西、安徽
厦门华夏		476		480	0.1	
广西北部湾		460		554	20	晋煤集团
安徽淮北国安		470		520	10	安徽、山西

经过2005年5月和2006年6月两次煤电联动的电价上调,趋于稳定,短期上调和下跌的可能性都很小。

表8-5

2005年主要电厂运行指标

电厂名称	发电煤耗(克/千瓦时)	厂用电率(%)	发电量(亿千瓦时)	原来计划电价(元/千瓦时)	调整后含税电价(元/千瓦时)	标杆电价(元/千瓦时)
小三峡水电	27.42	0.54	0.33/0.24			
靖远二电	325	4.68	37.41	0.3703	0.3791	0.2385
云南曲靖	333	6.36	69.51	0.2562	0.2715	0.2553
徐州华润	332	5.03	73.36	0.3807	0.3847	0.375
厦门华夏*	321	5.55	40.7	0.425	0.425	0.364
广西北部湾	317	6.22	40.45	0.3390	0.3618	0.3618
安徽淮北国安*	334	5.72	36.71	0.401	0.403	0.356

表 8-6

发电小时数预测

单位：小时

年份 \ 电厂名称	小三峡水电	靖远二电	云南曲靖	徐州华润	厦门华夏	广西北部湾	安徽淮北国安
2005	5 175	6 235	5 800	6 113	6 780	6 350	6 116
2006	5 000	5 500	5 700	5 400	6 200	6 600	5 500
2007	5 000	5 200	5 600	5 000	5 500	6 500	5 000
2008	4 800	5 100	5 500	4 800	5 500	6 300	4 900

煤价和发电小时数对利润的影响为：煤价变动 1%，影响增发后每股收益 2 分；发电小时数变动 100 小时，影响每股收益 4 分。电价上调 1 分，抵消煤价上涨 33 元。根据公司测算，按合并报表口径，以发电机组平均利用小时 5 500 小时计算，平均标煤单价每上涨 10 元，公司的净利润减少近 2 000 万元。按合并报表口径，以发电机组平均利用小时 5 500 小时计算，平均标煤单价每上涨 10 元，公司的净利润减少近 2 000 万元。按合并报表口径，以发电机组平均利用小时 5 500 小时计算，平均上网电价每上涨 0.01 元/千瓦时，公司的净利润增加约 5 170 万元。因此，公司平均上网电价每上调 0.01 元/千瓦时，可以抵消标煤单价上涨 26 元左右引起的成本上涨。一般而言，按合并报表口径，以 2005 年各电厂平均燃料成本计算，公司现有发电机组平均利用小时每提高 100 小时，新增电量将使公司的净利润增加约 900 万元。

六、公司战略——金融与产业融合促进长期增长

国投华靖的战略——借助资本市场获得母公司优质电力资产持续注入，快速扩张，做大做强。控股股东国投公司是五大集团之外的国家级发电企业。在电力领域直接投资，或通过国投电力公司投资的控股子公司 9 家、参股子公司 16 家，拥有优质水、火电资产，包括特大型水电站——四川二滩水电站、广州抽水蓄能电站以及国投云南大朝山水电有限公司等一批大型电力企业。投产总装机容量超过 1 800 万千瓦，权益装机容量超过 600 万千瓦，预计到 2012 年，总装机容量将达到 5 000 万千瓦，2005 年国投公司电力资产利润总额 20 亿元。

国投已受托管理母公司 10 个电力项目（包括本次收购的），国投的大部分优质电力资产尽在其中，未来通过不断的整合，国投公司最终将完成电力业务整体上市。国投电力仍有 5 倍于国投华靖现有装机的容量可以运作。

本次增发收购即是资产注入整合的开始，预计未来 5~10 年是公司持续收购、规模和收益增长最快的阶段。随着优质资产的注入，公司将有效抵御电力市场风险，从而实现企业规模和效益的双增长。

表 8-7

托管资产及国投公司拥有的主要电力资产

公司名称	股权比例(%)	装机规模	发电类型	资产状态	项目阶段
厦门华夏公司	35	2×30	火电	拟收购	已投产
淮北国安公司	35	2×30	火电	拟收购	已投产
国投北部湾公司	55	2×30	火电	拟收购	已投产
甘肃电投张掖公司	45	2×30	火电	托管	已投产
国投钦洲公司	55	2×60	火电	托管	在建
湖南益阳二电	35	2×60	火电	托管	在建
国投宣城公司	40	2×30	火电	托管	在建
晋城国投	49			托管	
天津津能	65			托管	
大朝山水电	50	135	水电	托管	投产
二滩水电	48	330	水电	未托管	投产
北京三吉利	25	151.5	火电	未托管	投产

七、经营财务指标及增长点

2005 年公司业绩优良。发电量 208 亿千瓦时,同步增长 32%,主营业务收入 30.6 亿元,同比增长 28.6%,净利润 3.8 亿元,同比增长 15.6%。净资产收益率高达 27.5%,每股收益 0.674 元,每股现金流达 2.5 元。

表 8-8

2005 年主要子公司经营及利润贡献

单位:亿元

项目 \ 公司名称	小三峡水电	靖远二电	国投曲靖	徐州华润	股份公司
主营业务收入	6.21	10.34	14.0	21.8	30.6
净利润	2.17	2.56	0.88	4.61	3.8
投资差额摊消	0.002 3	0.010	0.054	0.001 3	
2005 年净利润贡献	1.08	1.28	0.35	1.35	
2006 净利润贡献预测	1.1	1.00	0.50	0.90	
2007 净利润贡献预测	1.1	1.05	0.50	0.89	

表 8-9

2005 年拟收购公司的资产估值、价格及经营成果

单位：亿元

公司名称 项　　目	厦门华夏 47%	淮北国安 35%	广西北部湾 55%
评估总资产	41.9	26.6	31.2
评估净资产	18.4	16.9	6.46
收购股权对应估值	8.56	5.92	3.55
收购价格	8.14	4.99	3.25
主营业务收入	13.5	11.04	10.99
净利润	2.33	1.5	0.155
股权投资差额摊消*	0.068	0.0268	0.0166
预测 2007 年净利润贡献	1.95	0.28	0.11

2008 年在黄河流域小三峡公司的乌金峡水电站首台机组发电。设计安装四台 3.5 万千瓦发电机组，电站总装机容量 14 万千瓦。项目静态总投资为 12.56 亿元，动态总投资为 13.88 亿元，预计 2008 年首台机组并网发电。水电投产有利于提高公司毛利率，增加收益，是 2008 年、2009 年的增长点之一。

投资收益及新会计准则对公司账面利润影响较大。公司预计 2006 年度投资收益 8 088 万元，同比减少 4 781 万元，主要是华润投资收益贡献减少 4 571 万元，公司 2006 年度因收购股权增加股权投资差额摊销额 4 257 万元。2007 年投资收益较 2006 年度预测增长额为 2 037.62 万元，增长比例为 25.19%。主要原因是 2007 年 1 月 1 日执行新会计准则减少股权投资差额摊销 4 936 万元，对徐州华润和淮北国安净利润进行调整后确认投资收益，调整金额共减少投资收益 1 852.78 万元，两项合计增加利润 3 100 万元。

由于收购资产和继续投资建厂，在建机组投产利息资本化结束，财务费用大幅增加到 4 亿～6 亿元，在 2008 年后大量偿还贷款，降低财务费用是净利润增加的又一个因素。公司环保支出有所增加，2008 年安装脱硫装置完成后，逐步减少环保费用，享受脱硫电价。火电企业的主要污染物为二氧化硫和氮氧化物等。二氧化硫、氮氧化物排污费每一污染当量均征收 0.6 元。未来 3 年每年约 4 000 万元。

公司其他财务指标均为正常。资产负债率 72% 稍高但仍然可以接受，但加息会进一步增加公司的财务负担。盈利水平、运营水平在行业内都居前列。

八、盈利预测及估值

(一) 盈利预测

假设条件:

1. 公司煤价维持 2005 年水平,如表 8-4。
2. 平均上网电价如表 8-5。
3. 发电小时数如表 8-6。
4. 公司于 2006 年 9 月 30 日增发收购完成。
5. 所得税税率如表 8-10。
6. 预测结果如表 8-11。

表 8-10

公司所得税税率

单 位	税率(%)	优 惠 政 策	期 限	免 减 政 策
国投华靖	15	高新技术区企业	2003—2010 年	
小三峡水电	15	西部大开发	2001—2010 年	
靖远二电	15	外商投资基础设施	1999 年	
徐州华润	15	外商投资基础设施	2 期 2006 年开始 3 年减	
云南曲靖	15	西部大开发	2001—2010 年	2004 年起 2 免 3 减
厦门国际	15	外商投资基础设施	1996—2006 年	
安徽国安	15	外商投资基础设施	2003 年	

公司未来业绩 2006 年有所下降,然后稳步增长,2006 年、2007 年、2008 年的主营业务收入为 41.9 亿元、64.7 亿元、63.43 亿元,分别同比增长 37%、53% 和 -1%。毛利率水平由于折旧减少而有所提升,2005 年净利润高达 27%,2006 年增发后净资产大幅增长,净资产收益率回落到 12%,然后稳步上升。未来 3 年每股收益(增发摊薄后)为 0.46元、0.60 元和 0.68 元。2008 年新水电机组投产,又有新的增长。

(二) 价值估计

市盈率相对估值方法得到价值区间为 6.3~7.5 元,2007 动态市盈率较行业主流公司平均低 20%,以可比公司市盈率/市净率估值的国投华靖公司价值区间为 5.5~7.54元。选取我们长期推荐的 10 家规模和业绩具有可比性的电力龙头公司组合,以 2006 年 7 月 7 日收盘价计算 2006—2007 年的市盈率为 17 倍和 14 倍,据此计算的区间为 6.34~7.54 元,以 2005 年每股净资产计算的平均 PB 为 2.1,计算的估值为 5.5 元。

表 8-11

可比公司市盈率、市净率估值

代码	名称	每股净资产	2005PB	股价	每股盈利			P/E		
					2005	2006E	2007E	2005	2006E	2007E
000027	G深能源	3.84	2.05	7.88	0.61	0.67	0.7	12.92	11.76	11.26
600795	国电电力	3.35	2.37	7.94	0.41	0.48	0.50	19.37	16.54	15.88
000690	G宝丽华	2.92	3.73	10.9	0.4	0.74	0.75	27.25	14.73	14.53
600900	G长电	2.76	2.42	6.68	0.41	0.41	0.47	16.29	16.29	14.21
600886	G华靖	2.43	2.47	6.01	0.67	0.46	0.6	8.97	13.07	10.02
000539	G粤电力	3.24	1.40	4.53	0.27	0.31	0.36	16.78	14.61	12.58
000531	G穗恒运	2.78	2.12	5.88	0.46	0.5	0.65	12.78	11.76	9.05
600011	G华能	3.33	1.49	4.95	0.4	0.41	0.45	12.38	12.07	11.00
600642	G申能	2.69	2.41	6.47	0.51	0.57	0.54	12.69	11.35	11.98
600236	G桂冠	2.24	2.33	5.22	0.17	0.33	0.35	30.71	15.82	14.91
	平均		2.28					17.01	13.80	12.54

注：2006年/2007年 EPS 和 PE 为预测值。

绝对估值：自由现金流折现估值在 7.42~8.2 元，国投华靖是现金流稳定的公用事业型公司，按照招商证券的 DCF 估值模型，通过两阶段法计算的公司合理估值应该为 7.42~8.2 元，估值中枢为 7.8 元。DCF 的估值对 WACC、稳定现金流增长率等因素高度敏感，利率上升会导致公司估值水平下降，在模型中考虑了增发 2.5 亿股，募集资金 14.3 亿元。DCF 估值稍高于 PE、PB 估值的原因是整个电力板块存在低估。

表 8-12

计算 WACC 的参数设置

行业平均资产 Beta	无风险利率	风险溢价	行业权益成本(Ka)	公司权益成本
0.98	0.036	0.06	0.119	0.127

股票 Beta	所得税率(T)	贷款利率(Kd)	债务成本
1.14	0.07	0.058	0.052

权益比例 E/(D+E)	负债比例 D/(D+E)	加权平均资本成本(WACC)
0.7	0.3	0.105

表 8-13

两 阶 段 估 值

单位：万元

显性/半显性预测价值	490 069.97
终值价值	784 857.13
企业核心评估价值 EVA	1 274 927.10
加:非核心资本	80 274.83
加:其他业务	
企业非核心评估价值	80 274.83
企业总价值	1 355 201.93
减:借款	515 818.00
减:少数股东权益	377 235.18
权益评估价值	462 148.76
权益市值	338 094.99
企业总价值	1 231 148.17
企业核心市场价值 EVA	1 150 873.34
每股权益价值	8.20
最新股价	6.00
隐含市盈率(动态)	12.18
市场市盈率(动态)	8.91

估值敏感性分析，首行为加权平均资本成本(WACC)的变化范围，首列为稳定自有现金流增长率变化区间，永续期间增长率为0，由于估值对WACC非常敏感，我们取保守的7.42～8.2元。

表 8-14

估值敏感性分析表

	10.00%	10.50%	11.00%	11.50%	12.00%
0	9.07	8.20	7.42	6.70	6.05
0.50%	9.55	8.63	7.79	7.03	6.34
1.00%	10.09	9.09	8.20	7.39	6.66
1.50%	10.69	9.61	8.65	7.79	7.00
2.00%	11.37	10.20	9.15	8.22	7.39

九、投资价值分析综述

国投华靖过去3年呈现高速增长和优良的经营业绩,核心竞争力是其内因根据。集团资产注入是公司快速发展的外因条件。预计未来5~10年是公司持续收购、规模和收益增长最快的阶段。同时收购的多半是已经成熟的优质资产结合扩建,收购价格适中,收购后即可产生效益。长期分红承诺保证投资收益的稳定性,在2010年以前,公司现金分红比例不低于当年实现的可分配利润的50%,预计年红利收益率将达4%左右。合理估值区间6.5~7.5元。大盘触底反弹后,电力板块走势长期落后大盘,国投华靖受制于行业颓势、公司增发不确定性以及对公司担忧的放大,走势落后大盘和整个电力板块。股价长期偏低,有上升空间,6个月目标价6.6元,12个月目标价位7.5元。建议参与增发。

十、投资建议

投资评级:推荐——A,建议参与增发。

投资风险:由于公司业务单一,火电居多,面临行业产能过剩导致发电量减少,收入和利润下降。同时公司资产负债率仍高,未来如果加息导致公司财务风险加大。股票市场目前大市上涨较多,累积了一定的市场风险。全国用电需求增速放慢,煤价波动,水电依赖气候。2006年业绩下降。

思考与练习

一、复习思考题

1. 债券有什么基本特征?债券估价和收益率计算的主要方法是什么?
2. 如何对债券投资的信用风险、利率风险、币值变动风险、变现能力风险和再投资风险进行分析?
3. 制订债券投资策略应该考虑哪些基本因素?
4. 与普通股票投资相关的基本概念有哪些?
5. 普通股票的传统估价模型可以分为哪几类?其基本特征是什么?
6. 普通股票估价的资本资产定价模型与经济附加值模型有什么主要的区别?
7. 如何对普通股票投资的风险进行分析?
8. 公司制订普通股票投资策略应该考虑哪些基本因素?
9. 可转换债券投资估价和收益率计算的基本理论与方法是什么?
10. 可转换债券风险的基本特征是什么?如何为可转换债券制订投资策略?
11. 认股权证估价和收益率计算的基本理论和方法是什么?
12. 如何根据认股权证收益和风险特征制订其投资策略?

二、练习题

1. 东风公司打算投资购买 A 公司的债券。已知 A 公司债券的市场价格为 1 100 元/张,债券的面值为 1 000 元/张,票面利率为 10%,每年付息一次,到期一次还本。A 公司债券现刚刚支付过利息,现距债券到期日尚有 5 年。如果甲公司投资债券所要求的最低收益率为 8%,问甲公司是否应该购买 A 公司债券?

2. 设 B 债券的面值为 1 000 元/张,票面利率为 6%,每半年付息一次,到期一次还本。现刚刚付过息,距到期日还有 6 年。已知市场同风险收益率为 8%,试求 B 债券的内在价值。

3. 设 C 债券的面值为 1 000 元/张,期限为 10 年,票面利率为 10%,每年付息一次,分两次还本,还本期分别为第 5 年年末和第 10 年年末。已知市场同风险利率为 6%,求 C 债券的内在价值。

4. 设公司持有 10 年期的国库券面值为 10 000 元,该国库券一次还本付息,票面利率为 8%,单利计息,现距到期日尚有 4 年。已知现市场无风险收益率为 6%,试问该国库券的内在价值应为多少?

5. 乙公司准备于 2012 年 5 月 1 日以 115 000 元购入面值为 100 000 元,票面利率为 9%,每年 4 月 30 日付息的 2017 年 4 月 30 日到期的公司债券。公司的期望收益率为 6%。试问乙公司是否应该向该债券投资?

6. 某公司在 3 年前按面值购入票面价值为 1 000 元/张,票面利率为 6%,每年付息一次,到期还本的 5 年期债券若干张。现发生通货膨胀,通货膨胀率为 4%,试问该公司购买该债券所蒙受的降价损失和实际收益率为多少?

7. 某公司在年通货膨胀率为 6%、公司要求实际收益率为 4% 的条件下,准备投资购买票面价值为 1 000 元/张,票面利率为 8%,每年付息一次,到期还本的 5 年期债券。试问公司购买该债券的最高买入价应定为多少?

8. 某企业现有一笔金额为 600 万元的闲置资金。该企业在第 2 年年末将发生一笔金额为 200 万元的现金支出。公司决定投资购买某尚有 2 年到期的一次还本付息债券,票面利率为 10%,市场同风险收益率为 8%。问该企业投资多少购买该债券为优?

9. 某企业现有投资购买年利率为 8% 的 5 年期长期债券和购买年利率为 5% 的 1 年期短期债券两种方案可供选择。假定企业预期市场利率将以 4% 的幅度上涨,问该企业购买何种债券为优?

10. 某公司拟购买 H 公司发行的普通股票,预计每股每年能获股利 1 元,5 年以后该普通股票的市场价格为 40 元/股。公司要求的最低收益率为 12%,试问该普通股票对该公司而言的内在价值为多少?

11. 某公司购入一种零成长型普通股票,现在每年股利为 0.8 元/股,适用折现率为 8%,试问该零成长型普通股票的内在价值为多少?

第八章 证券投资

12. 某公司拟购买F公司发行的普通股票,该普通股票上年支付股利为1元/股,估计以后每年股利增长率为4%。公司要求的投资报酬率为8%,问F公司普通股票对该公司而言的内在价值为多少?

13. 设B普通股票上年的股利为1元/股,预计第1~5年的股利年增长率为8%,第6~10年的股利年增长率为4%,第10年以后股利年增长率为0。该普通股票的适用折现率为8%。问B普通股票的内在价值为多少?

14. 设K普通股票上年每股收益为2元/股,估计以后每年每股收益的增长率分别为0和5%,适用折现率为10%,问两种情况下K普通股票的内在价值各为多少?

15. 设G普通股票上年每股收益为1元/股,G普通股票目前的市盈率为18倍,所在行业的平均市盈率为13倍,问G普通股票的公允价值为多少? G普通股票的市场价格是否合理?

16. 设H普通股票上年每股账面价值为8元/股,H普通股票目前的市净率为3倍,所在行业的平均市盈率为5倍,问H普通股票的公允价值为多少? H普通股票的市场价格是否合理?

17. 设A普通股票预计第1年的股利为2.3元/股,该股票的β系数为1.3,资本市场全部股票的平均收益率为12%,无风险收益率为8%。试根据资料估计A普通股票的内在价值。

18. 设A公司上年全年息税前收益合计为8 000万元,利息支出合计为2 000万元,所得税率为30%,负债平均余额为40 000万元,净资产平均余额为50 000万元,发行在外的普通股票股数为10 000万股。且预计公司的各种基本情况在未来保持不变。又知该公司普通股票的β系数为1.4,资本市场全部股票的平均收益率为8%,无风险收益率为4%。试根据上述资料,用经济附加值定价模型估计A普通股票的内在价值。

19. B公司发行的5年期可转换债券规定,面值为1 000元/张,年利率为1%,每年付息,每张可转换债券可转换为普通股票100股;若不转换为普通股票,则在可转换债券到期时按面值收回。现假定存在两种情况:第一,普通股票的市场价格在5年以内均没有超过规定的10元/股的转换价格;第二,普通股票的市场价格在第3年末为15元/股,且可转换债券在第3年末转换为普通股票。再假定与该可转换债券同风险的市场收益率为8%。试求两种情况下B公司发行的可转换债券的内在价值。

20. 如公司在练习题19可转换债券发行时以1 000元/张的面值购入可转换债券。试求普通股票市场价格低于10元/股时投资可转换债券的收益率,以及普通股票市场价格为15元/股,且在第3年年末转换为普通股票时投资可转换债券的收益率。

21. 甲公司有一笔400万元的用于第2年年末偿债的专用基金,现打算用这笔资金购买票面利率为2%,尚有2年到期、每年付息的可转换债券。该可转换债券的转换价格为5元/股,但由于现在该普通股票的市场价格低于5元/股,因此,可转换债券的市场价格仅为其面值的80%。试问甲公司应如何安排资金?

22. 根据练习题 21 的资料,计算其最低的和可能的投资收益率。

23. 有 A、B 两家公司,A 公司现有闲置的更新改造资金 400 万元,5 年后需要更新改造资金 500 万元;B 公司现有闲置的更新改造资金 450 万元,5 年后也需要更新改造资金 500 万元。两家公司均既希望通过现有更新改造资金的积累来满足 5 年后的资金需要量,又希望能获得普通股票市场价格上升的风险投资利益;因此,两家公司均决定将闲置的更新改造资金用于购买可转换债券。现问两家公司各应选择固定票面利率为多少的可转换债券投资?

24. 设 A 普通股票的认股权证所规定的认购价格为 10 元/股,每张认股权证可认购普通股票 10 股。目前 A 普通股票的市场价格为 15 元/股,认股权证的市场价格为 50 元/张。投资者对 A 普通股票的股利支付额预测结果如下:第 1 年支付股利 1 元/股,未来股利年增长率有按 5% 和 6% 两种情况,市场同风险收益率为 10%。试预测 A 认股权证在不同条件下的内在价值。

25. 甲公司在市场利率为 8% 的条件下,按面值购买了附送认股权证的低息债券,该债券为 1 000 元/张,票面利率为 3%,每年付息,5 年到期后一次还本。附送认股权证 30 股,认购价格 10 元/股。假设,在第 2 年末,该普通股票市场价格上涨到 20 元/股,且甲公司及时行使了全部认股权。问甲公司这种投资方式的投资收益率为多少?

26. 甲公司从证券市场上以 5 元/股的价格购入认购价格为 15 元/股的认股权证若干,在第 3 年年末,当该普通股票市场价格涨至 25 元/股时,公司行使了全部认股权。问甲公司投资于该认股权证的收益率为多少?

27. 某公司决定投资认股权证,现有 A、B 两种认股权证可供选择。A 认股权证的认购价格为 10 元/股,目前市场价格为 3 元/股,与它相对应的 A 普通股票的市场价格为 9 元/股;B 认股权证的认购价格为 15 元/股,目前市场价格为 5 元/股,与它相对应的 A 普通股票的市场价格为 18 元/股。公司预计,A 普通股票市场价格可以达到 20 元/股,B 普通股票市场价格可以达到 30 元/股。问公司投资何种认股权证为优?

第九章 证券投资组合

【本章提要】 证券投资组合是证券投资中的一个复杂问题,本章将先分析证券投资组合的必要性和可能性,然后讨论证券组合对投资收益和风险的影响,介绍现代证券投资组合模型,最后探讨证券投资组合的基本策略。

【学习目标】 通过本章学习,要求掌握和了解如下内容:(1) 掌握证券投资组合的必要性和可能性。(2) 掌握不同有价证券收益和风险的特征。(3) 了解证券投资组合对证券投资收益和风险的影响。(4) 了解马柯维茨投资组合模型的基本原理。(5) 掌握 β 系数的确定方法。(6) 掌握资本资产定价模型在证券组合中的运用。(7) 了解证券投资组合的分类及其控制方法。

第一节 证券投资组合的必要性和可能性

一、证券投资组合的必要性

证券投资组合的必要性可以简单地概括为降低风险和获取理想收益,下面分别对这两个方面的问题进行讨论。

(一) 降低风险

证券市场上存在着系统风险和非系统风险两类风险。系统风险是指因整个国民经济的变化而造成的市场全面风险,这种风险因其影响的全面性,任何公司都不可能避免,投资者也无法通过多元化投资来分散这种风险。非系统风险是由公司特有的因素造成的,只对个别公司产生影响,投资者可以通过多元化投资来分散这种风险。证券投资风险是上述两类风险之和,投资者可以通过增加持有证券的种类来降低证券投资风险。证券投资风险与证券投资组合之间的关系可用图9-1简示。

从图9-1可以看出,随着证券持有种类的增加,证券投资总风险呈下降趋势。当持有证券的种类和结构完全与证券市场一致时,证券投资风险就等于市场风险。

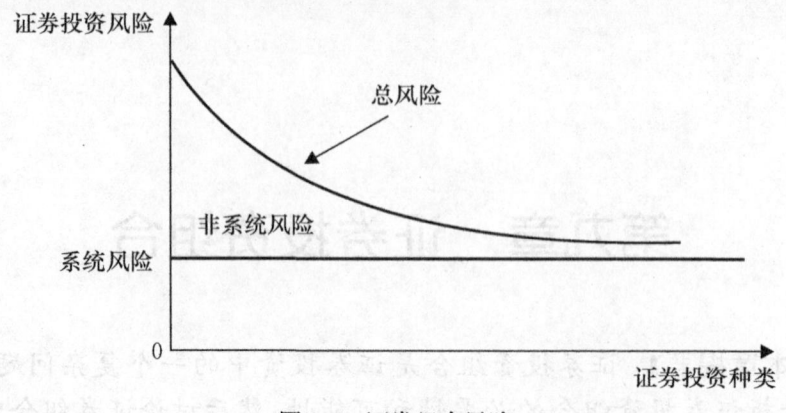

图 9-1 证券组合风险

(二)获取理想收益

理性投资者的基本行为特征是厌恶风险和追求收益最大化。但在现实中,投资的收益和风险成正比,两者是相互矛盾的。投资者必须在这一对矛盾中寻求最佳的平衡,才可以在不影响预期收益的情况下降低投资风险,或在不增大风险的情况下增加投资收益。而对金融资产的有效组合是必要的手段。

二、证券投资组合的可能性

企业无论是投资实物性资产还是投资金融性资产,都是为了追逐盈利,企业在追逐盈利的过程中必须权衡投资的收益和风险,但这两类投资具有完全不同的特点。金融性资产与实物性资产相比,具有以下突出的特征。

(一)资产的可分割性

金融资产的可分割性是指投资者可以根据自己的意愿购买某种有价证券的任何一个百分比,而不必要持有全部该种有价证券。比如,进行普通股票投资,投资者可以任意购买某公司发行普通股票的任何一个百分比,而不一定非要持有百分之百或规定百分比的股份。这一特征表明,投资者在进行金融资产投资时,不必考虑投资的规模经济问题。相反,在进行实物性资产投资时,投资者必须考虑投资的规模经济问题。

(二)资产的充分流动性

在金融市场高度发达的现代市场经济条件下,金融资产交易极为活跃。一方面,对金融资产的投资限制条件少,可以不受或少受时间和空间的约束;另一方面,金融资产具有高度的变现能力,无论金融资产是否到期,均可以通过市场将其变现。这一特征说明,投资者在进行金融资产投资时,可以少考虑,甚至不需要考虑金融资产投资的流动性因素。而投资者在对实物性资产进行投资时,资产的流动性是投资者必须关注的一个重要因素。

(三)资产的相容性

金融资产的无限可分割性决定了它具有极强的相容性。这表明,投资者在进行金融资产投资时,可以同时购买多种金融资产,而不需要考虑个别金融资产之间的互相排斥性问题,也不需要根据个别金融资产的净现值和内部收益率进行最优决策。而投资实物性资产则必须考虑各个投资项目是否为互不相容的项目,以及必须根据各个投资项目的净现值和内部收益率进行最优决策。

由此可见,金融资产投资中现金流量的时间因素和数量因素并不重要,重要的是各种金融资产之间的相关性、风险和报酬特征,以及它们之间的相互关系。投资者主要应该依据金融资产风险与收益的特征,进行金融资产的投资决策。

金融资产的上述特征决定了证券投资组合的可能性。

三、不同有价证券的收益和风险

不同有价证券存在着不同的收益和风险,这是进行投资组合的基础。为了加深对这一观点的感性认识,在这里,我们将利用美国证券市场的实际统计资料来加以说明,如表9-1所示。

表 9-1

美国1926—1997年各种有价证券收益率统计表[①]

单位:%

年 份	大公司股票	小公司股票	公司长期债券	政府长期债券	政府中期债券	美国国库券(短期)	通货膨胀率
1926	11.62	0.28	7.37	7.77	5.38	3.27	−1.49
1927	37.49	22.10	7.44	8.93	4.52	3.12	−2.08
1928	43.61	39.69	2.84	0.10	0.92	3.56	−0.97
1929	−8.42	−51.36	3.27	3.42	6.01	4.75	0.20
1930	−24.90	−38.15	7.98	4.66	6.72	2.41	−6.03
1931	−43.34	−49.75	−1.85	−5.31	−2.32	1.07	−9.52
1932	−8.19	−5.39	10.82	16.84	8.81	0.96	−10.30
1933	53.99	142.87	10.38	−0.07	1.83	0.30	0.51
1934	−1.44	24.22	13.84	10.03	9.00	0.16	2.03
1935	47.67	40.19	9.61	4.98	7.01	0.17	2.99
1936	33.92	64.80	6.74	7.52	3.06	0.18	1.21
1937	−35.03	−58.01	2.75	0.23	1.56	0.31	3.10
1938	31.12	32.80	6.13	5.53	6.23	−0.02	−2.78
1939	−0.41	0.35	3.97	5.94	4.52	0.02	−0.48
1940	−9.78	−5.16	3.39	6.09	2.96	0.00	0.96

(续表)

年份	大公司股票	小公司股票	公司长期债券	政府长期债券	政府中期债券	美国国库券(短期)	通货膨胀率
1941	−11.59	−9.00	2.73	0.93	0.50	0.06	9.72
1942	20.34	44.51	2.60	3.22	1.94	0.27	9.29
1943	25.90	88.37	2.83	2.08	2.81	0.35	3.16
1944	19.75	53.72	4.73	2.81	1.80	0.33	2.11
1945	36.44	73.61	4.08	10.73	2.22	0.33	2.25
1946	−8.07	−11.63	1.72	−0.10	1.00	0.35	18.16
1947	5.71	0.92	−2.34	−2.62	0.91	0.50	9.01
1948	5.50	−2.11	4.14	3.40	1.85	0.81	2.71
1949	18.79	19.75	3.31	6.45	2.32	1.10	−1.80
1950	31.71	38.75	2.12	0.06	0.70	1.20	5.79
1951	24.02	7.80	−2.69	−3.93	0.36	1.49	5.87
1952	18.37	3.03	3.52	1.16	1.63	1.66	0.88
1953	−0.99	−6.49	3.41	3.64	3.23	1.82	0.62
1954	52.62	60.58	5.39	7.19	2.68	0.86	−0.50
1955	31.56	20.44	0.48	−1.29	−0.65	1.57	0.37
1956	6.56	4.28	−6.81	−5.59	−0.42	2.46	2.86
1957	−10.78	−14.57	8.71	7.46	7.84	3.14	3.02
1958	43.36	64.89	−2.22	−6.09	−1.29	1.54	1.76
1959	11.96	16.40	−0.97	−2.26	−0.39	2.95	1.50
1960	0.47	−3.29	9.07	13.78	11.76	2.66	1.48
1961	26.89	32.09	4.82	0.97	1.85	2.13	0.67
1962	−8.73	−11.90	7.95	6.89	5.56	2.73	1.22
1963	22.80	23.57	2.19	1.21	1.64	3.12	1.65
1964	16.48	23.52	4.77	3.51	4.04	3.54	1.19
1965	12.45	41.75	−0.46	0.71	1.02	3.93	1.92
1966	−10.06	−7.01	0.20	3.65	4.69	4.76	3.35
1967	23.98	83.57	−4.95	−9.18	1.01	4.21	3.04
1968	11.06	35.97	2.57	−0.26	4.54	5.21	4.72
1969	−8.50	−25.05	−8.09	−5.07	−0.74	6.58	6.11

(续表)

年 份	大公司股票	小公司股票	公司长期债券	政府长期债券	政府中期债券	美国国库券(短期)	通货膨胀率
1970	4.01	−17.43	18.37	12.11	16.86	6.52	5.49
1971	14.31	16.50	11.01	13.23	8.72	4.39	3.36
1972	18.98	4.43	7.26	5.69	5.16	3.84	3.41
1973	−14.66	−30.90	1.14	−1.11	4.61	6.93	8.80
1974	−26.47	−19.95	−3.06	4.35	5.69	8.00	12.20
1975	37.20	52.82	14.64	9.20	7.83	5.80	7.01
1976	23.84	57.38	18.65	16.75	12.87	5.08	4.81
1977	−7.18	25.38	1.71	−0.69	1.41	5.12	6.77
1978	6.56	23.46	−0.07	−1.18	3.49	7.18	9.03
1979	18.44	43.46	−4.18	−1.23	4.09	10.38	13.31
1980	32.42	39.88	−2.76	−3.95	3.91	11.24	12.40
1981	−4.91	13.88	−1.24	1.86	9.45	14.71	8.94
1982	21.41	28.01	42.56	40.36	29.10	10.54	3.87
1983	22.51	39.67	6.26	0.65	7.41	8.80	3.80
1984	6.27	−6.67	16.86	15.48	14.02	9.85	3.95
1985	32.16	24.66	30.09	30.97	20.33	7.72	3.77
1986	18.47	6.85	19.85	24.53	15.14	6.16	1.13
1987	5.23	−9.30	0.27	−2.71	2.90	5.47	4.41
1988	16.81	22.87	10.70	9.67	6.10	6.35	4.42
1989	31.49	10.18	16.23	18.11	13.29	8.37	4.65
1990	−3.17	−21.56	6.78	6.18	9.73	7.81	6.11
1991	30.55	44.63	19.89	19.30	15.46	5.60	3.06
1992	7.67	23.35	9.39	8.05	7.19	3.51	2.90
1993	9.99	20.98	13.19	18.24	11.24	2.90	2.75
1994	1.31	3.11	−5.76	−7.77	−5.14	3.90	2.67
1995	37.43	34.46	27.20	31.67	16.80	5.60	2.54
1996	23.07	17.62	1.40	−0.83	2.10	5.21	3.32
1997	33.36	22.78	12.95	15.85	8.38	5.26	1.70

① 转摘自斯蒂芬·A·罗斯等著,吴世农等译:《公司理财》,机械工业出版社 2000 年版,第 172~173 页。

从表 9-1 可以看出各类有价证券的收益和风险状况。比如,用国库券与小公司股票相比较,可以看出,国库券的收益率最低,在收益率最高的 1981 年也仅为 14.71%;小公司股票的收益率最高,在收益率最高的 1933 年竟然达到了 142.87%。但是,与此相反,国库券出现亏损的年份最少,仅在 1938 年出现过 0.02% 的亏损,其他各年均盈利;而小公司股票出现亏损的年份多达 21 年,1937 年的亏损幅度高达 58.01%。这说明国库券的收益和风险均低于小公司的收益和风险。

为了便于比较各种有价证券的收益和风险,可以进一步计算各种有价证券的平均收益和标准差。美国 1926—1997 年间各种有价证券的年均收益和标准差的计算结果如表 9-2 所示。

表 9-2

美国 1926—1997 年间各种有价证券的年均收益(%)和标准差表[①]

数　列	算术平均数	风险溢价	标　准　差
普通股票	13.0	9.2	20.3
小公司普通股票	17.7	13.9	33.9
大公司普通股票	13.0	9.2	20.3
公司长期债券	6.1	2.3	8.7
政府长期债券	5.6	1.8	9.2
政府中期债券	5.4	1.6	5.7
美国国库券	3.8	—	3.2
通货膨胀率	3.2	—	4.5

① 转摘自斯蒂芬·A·罗斯等著,吴世农等译:《公司理财》,机械工业出版社 2000 年版,第 175 页。

从表 9-2 可以看出各种有价证券收益和风险的排序。在各种有价证券中,小公司股票的平均收益率最高,标准差最大,标准差越大,风险就越大,因此小公司股票的风险最高;而国库券的收益率最低,标准差最小,故国库券的风险最低,可以视为无风险的证券,不存在风险溢价。介于小公司股票和国库券之间的各种有价证券,按收益和风险均从高到低的排列顺序是大公司股票、公司长期债券、政府长期债券、政府中期债券。各种有价证券存在着不同的收益和风险这一事实说明,企业进行有价证券投资必须要考虑各种有价证券的投资组合问题,只有这样,企业才可能获得既定的投资利益。

第二节　证券投资组合的收益与风险

由于不同证券有不同的收益和风险,因此,将它们进行组合可以改变证券投资的收益和风险状况。本节将分析证券投资组合对投资收益和风险的影响。

一、证券投资组合的收益

证券投资组合是指一种以上的有价证券构成的集合。有价证券投资组合的收益,一般用有价证券投资组合的期望收益率来表示。有价证券投资组合的期望收益率是指有价证券投资组合中个别有价证券收益率的加权平均数。其基本计算公式如下:

$$E(R_p)=W_1E(R_1)+W_2E(R_2)+\cdots+W_nE(R_n)=\sum_{i=1}^{n}W_iE(R_i)$$

式中 $E(R_p)$——证券投资组合的期望收益率;
$E(R_i)$——第 i 种证券的期望收益率;
W_i——第 i 种证券的权重;
n——证券投资组合中的证券数目。

现以实例说明该公式的实际运用。

【例 9-1】 设某公司投资于 A、B 两种证券的资金比例分别为 50%,其他有关资料如表 9-3 所示。

表 9-3

A、B 两种证券的相关资料

经济状况	概 率	证 券	
		A	B
坏	0.2	14%	15%
中	0.5	20%	13%
好	0.3	25%	26%

试根据表 9-3,计算投资组合的期望收益率。

解:

$$E(R_A)=0.2\times14\%+0.5\times20\%+0.3\times25\%=20.3\%$$
$$E(R_B)=0.2\times15\%+0.5\times13\%+0.3\times26\%=17.3\%$$

故有:

$$E(R_p)=W_AE(R_A)+W_BE(R_B)=50\%\times20.3\%+50\%\times17.3\%=18.8\%$$

二、证券投资组合的风险

证券投资组合的风险可用证券投资组合期望收益率的方差、标准差、协方差和相关系数来表示。其基本公式分别为：

$$\sigma_p^2 = W_A^2 \sigma_A^2 + W_B^2 \sigma_B^2 + 2W_A W_B \sigma_{AB}$$

$$\sigma_p = \sqrt{\sigma^2(R_p)}$$

$$\sigma_{AB} = \text{Cov}(R_A, R_B) = \sum_{i=1}^{n} P_i [R_A - E(R_A)][R_B - E(R_B)]$$

$$\rho_{AB} = \frac{\sigma_{AB}}{\sigma_A \sigma_B}$$

式中 σ_p^2——投资组合的方差；

       σ_p——投资组合的标准差；

       σ_{AB}——投资组合的协方差；

       ρ_{AB}——投资组合的相关系数；

       P_i——两个离差同时发生的概率。

协方差是衡量一种有价证券的收益与另一种有价证券的收益之间相互关系的指标。

在进行有价证券投资时，除了要了解投资组合的风险程度之外，还必须了解构成投资组合的个别证券之间的相关程度，即相关性。相关系数（ρ）是衡量各种有价证券相关程度的指标，它与协方差的关系：如果两个有价证券的收益正相关，那么协方差为正值；如果两个有价证券的收益负相关，那么协方差为负值；如果两个有价证券的收益不相关，那么协方差为零。相关系数（ρ_{AB}）是有价证券投资组合的方差（σ_p^2）的函数，这表明证券投资组合的风险取决于投资组合中各种证券之间的相关程度。

现以实例说明各种风险计量公式的实际运用。

【例 9-2】 根据[例 9-1]中的有关数据，计算各个证券的风险和组合风险。

解：

按上述公式计算出的结果如下：

证券投资组合标准差如表 9-4 所示。

表 9-4

证券投资组合标准差计算表

概率	$R - E(R_A)$	$R_B - E(R_B)$	$P_i[R_A - E(R_A)]^2$	$P_i[R_B - E(R_B)]^2$	$P_i[R_A - E(R_A)][R_B - E(R_B)]$
0.2	(0.063)	(0.023)	0.000 793 8	0.000 105 8	0.000 289 8
0.5	(0.003)	(0.043)	0.000 004 5	0.000 924 5	0.000 064 5
0.3	0.047	0.087	0.000 662 7	0.002 270 7	0.001 226 7
1.0	—	—	0.001 461	0.003 301	0.001 581

$\sigma_{AB} = 0.001\,581$

$\sigma_A = \sqrt{0.001\,461} = 3.822\,3\%$

$$\sigma_B = \sqrt{0.003\,301} = 5.745\,4\%$$
$$\sigma_p^2 = 0.5^2 \times 0.038\,223^2 + 0.5^2 \times 0.057\,454^2 + 2 \times 0.5 \times 0.5 \times 0.001\,581 = 0.000\,790\,5$$
$$\sigma_p = \sqrt{\sigma^2(R_p)} = \sqrt{0.000\,790\,5} = 0.028\,116 = 2.811\,6\%$$
$$\rho_{AB} = \frac{0.001\,581}{0.038\,223 \times 0.057\,454} = 0.719\,92$$

计算结果表明，虽然证券 A 与证券 B 之间存在着正相关关系，但证券投资组合的标准差 2.811 6% 小于个别证券标准差的加权平均数 4.784%（3.822 3%×50%+5.745 4%×50%），这说明通过投资组合，投资者证券投资的风险有所降低，实现了证券投资组合的目的。

在现实经济生活中，各种有价证券之间相关性的三种极端形式：完全正相关，$\rho=1$；完全负相关，$\rho=-1$；不相关，$\rho=0$。现结合实例加以说明。

【例 9-3】 假定某公司将资金分别投资于证券 X 和证券 Y，证券 X 和证券 Y 的有关资料如表 9-5 所示。

表 9-5

证券 X 和证券 Y 的有关资料

	有 价 证 券	
	X	Y
$E(R)$	5%	8%
σ	4%	10%

根据表 9-5 的资料，证券 X 和证券 Y 以各种不同投资比例为依据，计算确定的三种不同相关系数下的期望收益率和标准差，计算结果如表 9-6 所示。

表 9-6

三种不同相关系数下的期望收益率和标准差

权 重		相 关 系 数					
		$\rho_{XY}=+1$		$\rho_{XY}=0$		$\rho_{XY}=-1$	
证券 X	证券 Y	$E(R_p)$	σ_p	$E(R_p)$	σ_p	$E(R_p)$	σ_p
100	0	5%	4%	5%	4%	5%	4%
75	25	5.75%	5.5%	5.75%	3.91%	5.75%	0.5%
50	50	6.5%	7%	6.5%	5.39%	6.5%	3%
25	75	7.25%	8.5%	7.25%	7.57%	7.25%	6.5%
0	100	8%	10%	8%	10%	8%	10%

表 9-6 中数据计算过程如下：

当完全正相关，即 $\rho_{XY}=1$ 时，有：

$$\rho_{XY}=\frac{\sigma_{XY}}{\sigma_X\sigma_Y}=1$$

$$\sigma_{XY}=\sigma_X\sigma_Y$$

$$\sigma_p^2=W_1^2\sigma_X^2+W_2^2\sigma_Y^2+2W_1W_2\sigma_{xv}$$

$$\sigma_p^2=W_1^2\sigma_X^2+W_2^2\sigma_Y^2+2W_1W_2\sigma_X\sigma_Y=(W_1\sigma_X+W_2\sigma_Y)^2$$

$$\sigma_p=W_1\sigma_1+W_2\sigma_2$$

$$\sigma_p=W_1\sigma_1+(1-W_1)\sigma_2$$

故有：

$$\sigma_p=1\times 0.04+0\times 0.1=0.04$$

$$\sigma_p=0.75\times 0.04+0.25\times 0.1=0.055$$

$$\sigma_p=0.5\times 0.04+0.5\times 0.1=0.07$$

$$\sigma_p=0.25\times 0.04+0.75\times 0.1=0.085$$

当 $\rho_{XY}=0$ 时，有：

$$\rho_{XY}=\frac{\sigma_{XY}}{\sigma_X\sigma_Y}=0$$

$$\sigma_{XY}=0$$

$$\sigma_p^2=W_1^2\sigma_X^2+W_2^2\sigma_Y^2+2W_1W_2\sigma_{XV}=W_1^2\sigma_X^2+W_2^2\sigma_Y^2$$

$$\sigma_p=\sqrt{W_1^2\sigma_X^2+W_2^2\sigma_Y^2}=\sqrt{W_1^2\sigma_X^2+(1-W_1)^2\sigma_Y^2}$$

故有：

$$\sigma_p=\sqrt{1^2\times 0.04^2+0^2\times 0.01^2}=0.04$$

$$\sigma_p=\sqrt{0.75^2\times 0.04^2+0.25^2\times 0.01^2}=0.039\ 1$$

$$\sigma_p=\sqrt{0.5^2\times 0.04^2+0.5^2\times 0.01^2}=0.053\ 9$$

$$\sigma_p=\sqrt{0.25^2\times 0.04^2+0.75^2\times 0.01^2}=0.075\ 7$$

当 $\rho_{XY}=-1$ 时，有：

$$\rho_{XY}=\frac{\sigma_{XY}}{\sigma_X\sigma_Y}=-1$$

$$\sigma_p^2=W_1^2\sigma_X^2+W_2^2\sigma_Y^2-2W_1W_2\sigma_{XY}$$

$$\sigma_p^2=W_1^2\sigma_X^2+W_2^2\sigma_Y^2-2W_1W_2\sigma_X\sigma_Y=(W_1\sigma_X-W_2\sigma_Y)^2$$

$$\sigma_p=W_1\sigma_1-W_2\sigma_2$$

$$\sigma_p=W_1\sigma_1-(1-W_1)\sigma_2=W_1\sigma_X-\sigma_Y+W_1\sigma_Y=W_1(\sigma_X+\sigma_Y)-\sigma_Y$$

故有：

$\sigma_p = 1 \times (0.04 + 0.1) - 0.1 = 0.04$

$\sigma_p = 0.75 \times (0.04 + 0.1) - 0.1 = 0.005$

$\sigma_p = 0.5 \times (0.04 + 0.1) - 0.1 = 0.03$

$\sigma_p = 0.25 \times (0.04 + 0.1) - 0.1 = 0.065$

根据表 9-6 的有关数据，可作图 9-2。

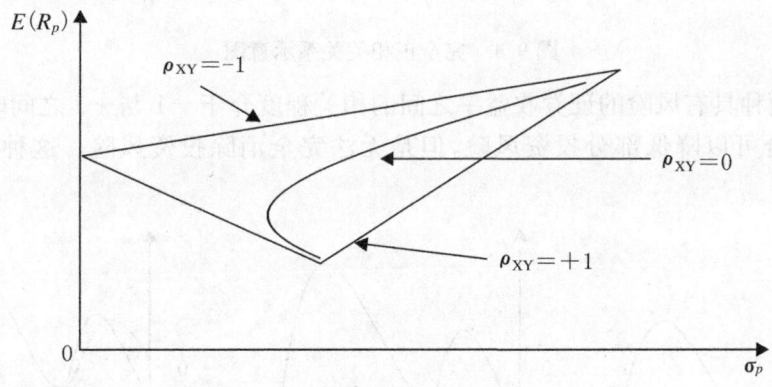

图 9-2　相关系数和期望收益率的关系

由图 9-2 和表 9-6 可以看出，证券投资组合的期望收益率是权重的一个线性函数，不受各种证券的相关程度影响。但是，证券投资组合的风险则为相关系数的函数，它随各种证券之间相关程度的变动而变动。各种证券收益率相关性与投资组合风险特征的关系可以解释如下：

(1) 当两种具有风险的证券收益率之间存在完全负相关关系（$\rho_{XY} = -1$）时，投资者借助于证券投资组合，可以将风险完全消除。这种关系可用图 9-3 简示。

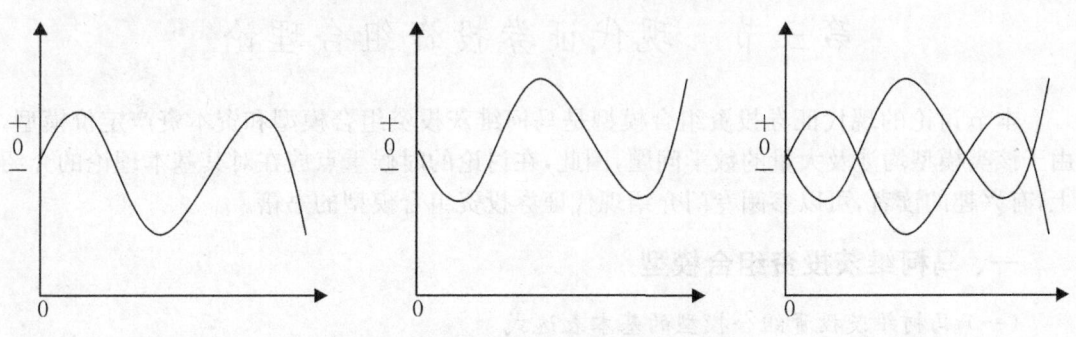

图 9-3　完全负相关示意图

(2) 当两种具有风险的证券收益率之间存在完全正相关关系（$\rho_{XY} = +1$）时，投资者无法运用证券投资组合来降低投资风险。这种关系可以用图 9-4 简示。

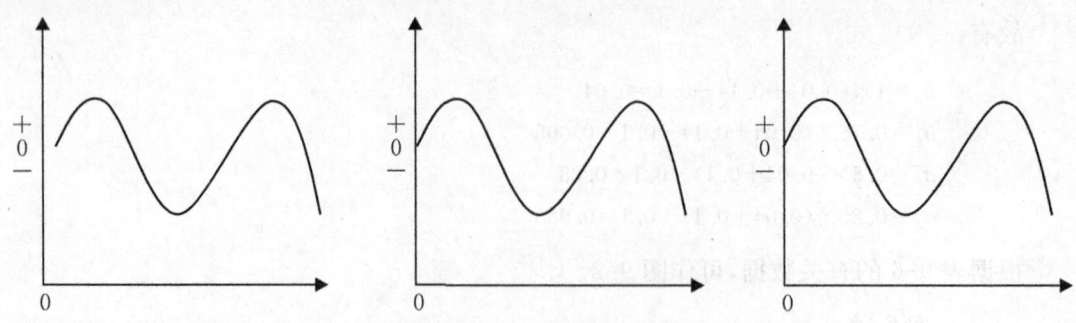

图 9-4 完全正相关关系示意图

(3) 当两种具有风险的证券收益率之间的相关程度介于-1与+1之间时,虽然通过证券投资组合可以降低部分投资风险,但是无法完全消除投资风险。这种关系可用图9-5简示。

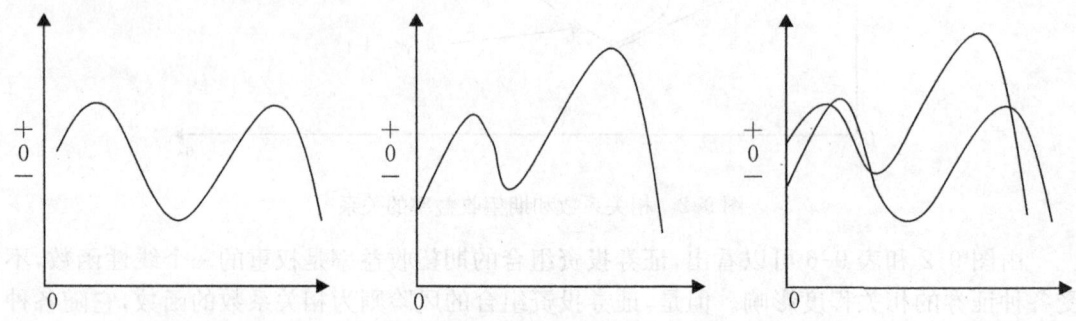

图 9-5 相关程度介于-1～+1 的示意图

在现实生活中,不相关、完全正相关或负相关的情况下并不常见,较为普遍的情况是各种证券之间的相关程度介于-1与+1之间。

第三节 现代证券投资组合理论

本节讨论的现代证券投资组合模型是马柯维茨投资组合模型和资本资产定价模型,由于该类模型均涉及大量的数学问题,因此,在讨论的时候重点放在对其基本理论的介绍上,有兴趣的读者,可以参阅专门介绍现代证券投资组合模型的书籍。

一、马柯维茨投资组合模型

(一) 马柯维茨投资组合模型的基本表达式

上面所讨论的证券投资组合的风险计量,其实就是马柯维茨投资组合理论的简化形式。马柯维茨被公认为是现代证券投资组合理论的鼻祖。马柯维茨于 1952 年发表题为《证券组合选择》一文。马柯维茨投资组合理论的基本思路是投资者不仅应该追求高收益,而且还应尽可能地追求确定性的收益。投资者在投资决策之前,就应该在预期收益最大化与风险最小化这两个相互制约的目标之间取得平衡。为了计量这种平衡,马柯维茨设计出了均值方差的最佳投资组合模型。该模型的基本表达式为:

$$\min\left(\sum_{i=1}^{n}W_i^2\sigma_i^2+2\sum_{1\leqslant i<j\leqslant n}W_iW_j\rho_{ij}\sigma_i\sigma_j\right)$$

$$E(R_p)=\sum_{i=1}^{n}W_iE(R_i)$$

$$\sum_{i=1}^{n}W_i=1$$

式中　W_i——i 种证券的投资比例;
　　　σ_i——i 种证券的标准差;
　　　$E(R_p)$——证券组合的期望收益率;
　　　R_i——i 种证券的收益率;
　　　$E(R_i)$——i 种证券的期望收益率;
　　　ρ_{ij}——第 i 种证券和第 j 种证券的相关系数。

(二)证券投资组合的协方差矩阵

在马柯维茨最佳投资组合模型的实际运用中,最重要的一步是建立协方差矩阵。下面讨论建立协方差矩阵的问题。

1. 两种证券投资组合的协方差矩阵

根据 A 和 B 两种证券的投资组合的方差计算公式:

$$\sigma_p^2=W_A^2\sigma_A^2+W_B^2\sigma_B^2+2W_AW_B\sigma_{AB}$$

可知,投资组合方差由三个因素构成:第一,证券 A 的方差;第二,证券 B 的方差;第三,证券 A 和证券 B 的协方差。单个证券的方差度量单个证券收益的变动程度,两种证券的协方差度量两种证券收益之间的相互关系。在单个证券方差给定的情况下,如果两种证券收益之间的相互关系或协方差为负,两种证券的组合方差将有所下降;如果两种证券收益之间的相互关系或协方差为正,两种证券的组合方差将有所上升。因为,当两种证券收益之间的相互关系为负时,一种证券的收益上升,另一种证券的收益会下降;因此,两种证券的收益会在一定程度上相互抵消,从而导致投资组合的整体风险下降。理财学中的对冲交易或套头交易,就是利用这种原理来降低风险。相反,当两种证券收益之间的相互关系为正时,一种证券的收益上升,另一种证券的收益也会上升;一种证券的收益下降,另一种证券的收益也会下降。因此,两种证券的收益不可能相互抵消,从而导致投资组合的整体风险上升。在这种情况下,就无法运用这种原理通过对冲交易或套头交易来降低证券投资风险。

A 和 B 两种证券的投资组合的方差计算公式还可以用矩阵加以表示。为了便于理解,先列表反映该矩阵,如表 9-7 所示。

表 9-7

方差的矩阵表示

	证券 A($W_A\sigma_A$)	证券 B($W_B\sigma_B$)
证券 A($W_A\sigma_A$)	$W_A^2\sigma_A^2$	$W_AW_B\sigma_{AB}$
证券 B($W_B\sigma_B$)	$W_AW_B\sigma_{AB}$	$W_B^2\sigma_B^2$

该矩阵的编制方法是先将各种证券按行和列排列;然后,再用行排列中的各种证券的标准差分别乘以列排列中的各种证券的标准差,就可以得到该矩阵中的四个元素:证券 A 标准差与证券 A 标准差之积也就是证券 A 的方差,证券 B 标准差与证券 B 标准差之积也就是证券 B 的方差,证券 A 标准差与证券 B 标准差之积也就是证券 A 与证券 B 的协方差。矩阵中四个元素之和就是投资组合的协方差。该矩阵的数学表达式为:

$$\begin{pmatrix} W_A^2\sigma_A^2 & W_AW_B\sigma_{AB} \\ W_AW_B\sigma_{AB} & W_B^2\sigma_B^2 \end{pmatrix}$$

下面以实例说明该矩阵的运用。

【例 9-4】 试用[例 9-2]的数据编制协方差矩阵。

解:

先编制矩阵表,如表 9-8 所示。

表 9-8

矩 阵 表

	证券 A($W_A\sigma_A$) 0.5×0.038	证券 B($W_B\sigma_B$) 0.5×0.058
证券 A($W_A\sigma_A$) $0.5\times0.038\ 223$	$W_A^2\sigma_A^2$ $0.5^2\times0.038\ 223^2=0.000\ 365\ 25$	$W_AW_B\sigma_{AB}$ $0.5\times0.5\times0.001\ 581=0.000\ 395$
证券 B($W_B\sigma_B$) $0.5\times0.057\ 454$	$W_AW_B\sigma_{AB}$ $0.5\times0.5\times0.001\ 581=0.000\ 395$	$W_B^2\sigma_B^2$ $0.5^2\times0.057\ 454^2=0.000\ 825\ 2$

再根据表 9-8 的结果编制协方差矩阵:

$$\begin{pmatrix} 0.000\ 365\ 25 & 0.000\ 395 \\ 0.000\ 395 & 0.000\ 825\ 2 \end{pmatrix}$$

2. 多种证券投资组合的协方差矩阵

多种证券投资组合的协方差矩阵是两种证券投资组合协方差矩阵的扩展。多种证券投资组合的协方差矩阵是一个 $n\times n$ 阶的矩阵。其矩阵的编制方法与两种证券投资组合协方差矩阵的编制方法基本相同。先将 n 个有价证券既按行排列成 n 行,又按列排列成 n 列;然后用行的每一个元素与列的每一个元素相乘,并将其结果放入相应的位置,就可

以得到一个 $n \times n$ 阶的矩阵。下面简述多种证券投资组合协方差矩阵的编制方法。

第一，编制矩阵计算表，如表 9-9 所示。

表 9-9

多种证券投资组合的协方差矩阵计算表

有价证券	1	2	3	…	n
1	$W_1^2\sigma_1^2$	$W_1W_2\sigma_{12}$	$W_1W_3\sigma_{13}$	…	$W_1W_n\sigma_{1n}$
2	$W_2W_1\sigma_{21}$	$W_2^2\sigma_2^2$	$W_2W_3\sigma_{23}$	…	$W_2W_n\sigma_{2n}$
3	$W_3W_1\sigma_{31}$	$W_3W_2\sigma_{32}$	$W_3^2\sigma_3^2$	…	$W_3W_n\sigma_{3n}$
⋮	⋮	⋮	⋮	⋮	⋮
n	$W_nW_1\sigma_{n1}$	$W_nW_2\sigma_{n2}$	$W_nW_3\sigma_{n3}$	…	$W_n^2\sigma_n^2$

第二，根据矩阵计算表的计算结果编制多种证券投资组合的协方差矩阵。

$$\begin{bmatrix} W_1^2\sigma_1^2 & W_1W_2\sigma_{12} & W_1W_3\sigma_{13} & \cdots & W_1W_n\sigma_{1n} \\ W_2W_1\sigma_{21} & W_2^2\sigma_2^2 & W_2W_3\sigma_{23} & \cdots & W_2W_n\sigma_{2n} \\ W_3W_1\sigma_{31} & W_3W_2\sigma_{32} & W_3^2\sigma_3^2 & \cdots & W_3W_n\sigma_{3n} \\ \cdots & \cdots & \cdots & \cdots & \cdots \\ W_nW_1\sigma_{n1} & W_nW_2\sigma_{n2} & W_nW_3\sigma_{n3} & \cdots & W_n^2\sigma_n^2 \end{bmatrix}$$

需要指出的是，协方差满足乘法交换律，即证券 A 和证券 B 的协方差等于证券 B 和证券 A 的协方差。故有：

$W_2W_1\sigma_{21}=W_1W_2\sigma_{12}, W_3W_1\sigma_{31}=W_1W_3\sigma_{13}, W_nW_1\sigma_{n1}=W_1W_n\sigma_{1n}, \cdots$

3. 马柯维茨最佳投资组合模型求解

对每一个给定的证券组合的期望收益率 $E(R_p)$，求解上述问题的一组解 $W=(W_1, W_2,\cdots,W_n)$，该解就等于在给定 $E(R_p)$ 下的最小方差组合。如果能计算完全部 $E(R_p)$ 值下的最小方差组合，那么，就可以得到最小方差的集合。

由于对给定的 σ_p^2，获得方差 σ_p^2 的所有证券组合权数将满足：

$$\sigma_p^2 = W_A^2\sigma_A^2 + W_B^2\sigma_B^2 + W_C^2\sigma_C^2 + 2W_AW_B\text{Cov}(R_A,R_B) + 2W_A(1-W_A-W_B)\text{Cov}(R_A,R_C) + 2W_B(1-W_A-W_B)\text{Cov}(R_B,R_C)$$

在允许卖空的条件下，就可以通过拉格朗日乘法公式，求出在期望收益率为 $E(R_p)$ 的情况下，证券组合的最小方差 σ_p^2。

马柯维茨投资组合模型根据有价证券收益最大化和风险最小化假设得出的结论证明，分散投资对投资者更为有利。

二、资本资产定价模型

(一) 资本资产定价模型的基本原理

从上面对马柯维茨投资组合模型的简单描述,不难看出该模型的运用极为复杂。矩阵对角线上的项数等于各种证券收益方差的个数,即等于投资组合中的有价证券种数。非对角线上的元素为每对证券收益的协方差,它的数量等于有价证券种数乘以有价证券种数再减去有价证券的种数,即:

$$协方差个数 = 有价证券种数 \times 有价证券种数 - 有价证券种数$$

按上述公式可以算出,当有价证券种数为 2 时,投资组合中有 2 个协方差;当有价证券种数为 3 时,就有 6 个协方差;当有价证券种数为 10 时,协方差数目就高达 90 个;而有价证券种数为 100 时,协方差的数目则达到了 9 900 个。其计算工作量之大,是不言而喻的。在现实的证券市场中,有价证券的品种成千上万,要按马柯维茨投资组合模型来解决有价证券的最优组合问题,可以说是几乎无法办到。因此人们想到了如何简化马柯维茨投资组合模型的问题。资本资产定价模型就是在这一基础上由马柯维茨的学生威廉·F·夏普提出来的一种简化计算方法。

资本资产定价模型是用单因素来解决有价证券投资组合问题的模型。其基本原理是通过计量个别证券收益率与市场证券投资组合收益率之间关系来解决投资组合问题。其基本公式如下:

$$E(R_i) = R_f + \beta_i [E(R_m) - R_f]$$

式中 $E(R_i)$——第 i 种证券的预期收益率;

R_f——无风险收益率;

β_i——第 i 种证券的 β(Beta)系数,表示该种证券的市场风险;

$E(R_m)$——资本市场全部证券的平均收益率。

对于证券组合而言,β 系数是证券组合的 β 系数——β_p,相应的收益率则是证券组合的预期收益率——$E(R_p)$。即:

$$E(R_p) = R_f + \beta_p [E(R_m) - R_f]$$

(二) β 系数的计算原理

资本资产定价模型运用的关键问题是要确定 β 系数。单个证券的 β 系数的计算公式如下:

$$\beta_i = \frac{\text{Cov}(R_i, R_m)}{\sigma^2(R_m)}$$

式中 $\text{Cov}(R_i, R_m)$——第 i 种证券收益率与整个证券市场组合收益率之间的协方差;

$\sigma^2(R_m)$——整个证券市场组合收益率的方差。

证券组合的 β 系数的计算公式如下：

$$\beta_p = \frac{\sum_{i=1}^{n} W_i \text{Cov}(R_i, R_m)}{\sigma^2(R_m)}$$

β 系数的一个最重要的特征：当以各种有价证券的市场价值占市场组合总市场价值的比重为权数进行证券投资组合时，那么，所有 β 系数的平均值就等于1，即：

$$\sum_{i=1}^{n} W_i \beta_i = 1$$

为了加深对 β 系数的理解，下面是以我国股票市场的实际资料计算的2008年11月26日至2009年11月25日中国股票各行业、板块的 β 系数一览表[①]如表9-10、表9-11所示。

表9-10

计算 β 的相关基础信息

标 的 指 数	上证综合指数
计算周期	周
时间范围	2008.11.26～2009.11.25
收益率计算方法	普通收益率
加权方式	算术平均
计算的价值基础	按市场价值比

表9-11

中国股票各行业、板块的 β 系数一览表

板 块 名 称	加权原始 Beta	加权调整 Beta	加权剔除财务杠杆原始 Beta	加权剔除财务杠杆调整 Beta
按行业分类				
农、林、牧、渔业 38家	1.061 8	1.041 4	0.977 8	0.985 1
采掘业 39家	1.419 5	1.281 1	1.368 5	1.246 9
制造业 1 034家	1.066 7	1.044 7	0.976 6	0.984 3
电力、煤气及水的生产和供应业 68家	1.094 1	1.063	0.790 9	0.859 9
建筑业 40家	1.189 9	1.127 2	1.107 1	1.107 1
交通运输、仓储业	1.026 8	1.018	0.889 8	0.926 2
信息技术业 114家	0.963 9	0.975 8	0.956 8	0.971 1

---

① 根据 WIND 数据库资料计算而得。

(续表)

板 块 名 称	加权原始 Beta	加权调整 Beta	加权剔除财务杠杆原始 Beta	加权剔除财务杠杆调整 Beta
批发和零售贸易 98 家	0.996	0.997 3	1.129 2	1.086 5
房地产业 90 家	1.474 7	1.318	1.371 6	1.248 9
金融、保险业 31 家	1.195 8	1.131 2	1.198 6	1.133
社会服务业 60 家	1.122 4	1.082	1.088 9	1.059 6
传播与文化产业 16 家	0.832 4	0.887 7	0.859	0.905 5
综合类 72 家	1.130 3	1.087 3	1.050 4	1.033 8
按板块分类				
深证主板 A 股 473 家	1.123 4	1.082 7	1.024 9	1.016 7
上证 A 股 859 家	1.126 8	1.084 9	1.040 1	1.026 9
中小企业板 306 家	1.017 6	1.011 8	0.985 6	0.990 3
深证 B 股 55 家	0.869 8	0.912 7	0.747 9	0.831 1
上证 B 股 54 家	0.878	0.918 3	0.938 8	0.959

表 9-11 中的金融、保险行业的 β 系数计算过程如表 10-12 所示。

表 9-12

金融、保险业 β 系数计算过程表

证券简称	最新收盘价	原始Beta	Alpha	R-Square	误差值标准差	Beta标准差	调整Beta	观察值数量	截至日期总股本（亿股）	截至日期流通股本（亿股）
浦发银行	23.18	1.073 1	0.936 8	0.670 7	1.220 4	0.042 4	1.049	51	88.30	79.26
华夏银行	11.77	1.160 7	−0.196	0.789 8	0.970 2	0.033 7	1.107 7	51	49.91	37.84
民生银行	8.36	0.968 4	0.452 6	0.763 1	0.441 4	0.015 4	0.978 8	51	188.23	188.23
招商银行	18.06	1.147 6	0.216 9	0.773 6	1.011 1	0.035 2	1.098 9	51	191.19	191.2
南京银行	18.43	0.840 5	0.725 3	0.650 8	0.961 7	0.033 4	0.893 1	51	18.37	11.61
兴业银行	40.05	1.148 4	1.032 5	0.690 1	1.744 7	0.060 7	1.099 4	51	50.00	39.80
北京银行	18.9	0.880 3	0.779	0.713 3	0.832 8	0.029	0.919 8	51	62.28	39.55
交通银行	8.9	1.056 9	0.277 9	0.774 6	0.491 3	0.017 1	1.038 1	51	489.94	390.2
工商银行	5.33	0.666 3	0.039 1	0.721 5	1.289 7	0.044 8	0.776 4	51	3 340.2	3 340.2
建设银行	6.13	0.758	0.014 2	0.702 3	1.094	0.038	0.837 9	51	2 336.9	2 336.9

(续表)

证券简称	最新收盘价	原始Beta	Alpha	R-Square	误差值标准差	Beta标准差	调整Beta	观察值数量	截至日期总股本（亿股）	截至日期流通股本（亿股）
中国银行	4.28	0.6722	−0.025	0.6941	1.3356	0.0464	0.7804	51	2538.4	2538.4
中信银行	6.68	0.8145	0.2571	0.7479	0.8303	0.0289	0.8757	51	390.33	147.0
深发展A	25.18	1.0704	0.9788	0.6837	1.2467	0.0434	1.0472	51	31.05	29.24
宁波银行	14.92	0.9609	0.5522	0.7005	0.542	0.0188	0.9738	51	25.00	10.54
中国平安	60.43	1.182	0.7197	0.724	1.6651	0.0579	1.1219	51	73.45	64.85
中国太保	25.9	1.1285	0.5831	0.6987	1.2034	0.0418	1.0861	51	77.00	25.81
中国人寿	31.66	0.984	−0.002	0.8116	0.0824	0.0029	0.9893	51	282.65	89.41
宏源证券	24	1.5890	−0.387	0.8595	4.504	0.1566	1.3947	51	14.61	14.61
中信证券	30.01	1.4201	−0.563	0.8783	2.7914	0.0971	1.2815	51	66.30	65.70
国金证券	24.28	1.5608	−0.019	0.8086	4.5687	0.1589	1.3757	51	10.00	2.68
西南证券	18.89	1.621	0.1098	0.8231	5.2204	0.1815	1.4161	51	19.04	2.40
海通证券	16.11	1.3475	−0.1615	0.7813	2.4865	0.0865	1.2328	51	82.28	40.02
招商证券									不满1年	不满1年
太平洋	17.32	1.2461	−0.916	0.7743	1.8071	0.0628	1.1649	51	15.03	2.59
光大证券									不满1年	不满1年
东北证券	41.9	1.9234	0.7567	0.8145	9.6789	0.3366	1.6187	51	6.39	1.94
国元证券	21.08	1.4916	−0.164	0.7712	3.9604	0.1377	1.3294	51	19.64	7.85
长江证券	19.5	1.8237	−0.235	0.8623	7.2935	0.2536	1.5519	51	21.71	11.07
爱建股份	12.98	1.6056	0.2368	0.7256	5.7279	0.1992	1.4058	51	8.20	7.23
安信信托	18.5	1.2291	−0.465	0.7336	1.5942	0.0554	1.1535	51	4.54	4.54
陕国投A	12.39	1.3069	−0.337	0.7714	2.136	0.0743	1.2056	51	3.58	3.58

有财务风险和无财务风险的 β 系数计算方法如下：

首先，确定无财务杠杆的 Beta(β_U)；

其次，根据企业经营中有息负债情况，计算基准日的资本结构 D/E，结合企业负担的所得税税率计算出企业的含财务杠杆的 Beta(β_L)。计算公式如下：

$$\beta_L = \beta_U + D/E \times (1-T) \times \beta_U$$

式中　β_L——有财务杠杆的 Beta；

D/E——企业资本结构，其中：D＝长、短期借款，E＝股东全部权益价值；

β_U——无财务杠杆的 Beta；

T——所得税税率。

（三）资本资产定价模型的运用例解

下面以实例说明资本资产定价模型在实际中的运用。

【例 9-5】 已知无风险收益率为 8%，股票市场的平均收益率为 10%，H 股票的期望收益率为 12%。问 H 股票的 β 系数为多少？

解：

根据公式：

$$E(R_i) = R_f + \beta[E(R_m) - R_f]$$

有：

$$12\% = 8\% + \beta(10\% - 8\%)$$
$$\beta = (12\% - 8\%) \div (10\% - 8\%) = 2$$

【例 9-6】 假定中华投资公司持有 A、B、C、D、E 五种普通股票。已知社会无风险收益率为 6%，普通股票市场平均收益率为 8%。五种普通股票的 β 系数和占投资的百分比如表 9-13 所示，试求该证券组合的期望收益率。

表 9-13

五种普通股票的 β 系数和占投资的百分比

普通股票	β 系数	占投资的百分比(%)	加权平均 β 系数(β_p)
A	1.1	20	0.22
B	1.2	30	0.36
C	0.9	10	0.09
D	0.8	10	0.08
E	1.4	30	0.42
合　计	—	100	1.17

解：

首先求加权平均的 β 系数——β_p，见表 9-10。然后，再按公式 $E(R_p) = R_f + \beta_p[E(R_m) - R_f]$ 求该证券组合的期望收益率。

$$E(R_p) = 6\% + 1.17 \times (8\% - 6\%) = 8.34\%$$

（四）资本资产定价模型的修正

1. 公司规模与普通股票收益率之间的关系

根据美国伊伯森协会的实证研究结果显示，公司规模与其普通股票的实际收益率成反比关系，其研究结果如表 9-14 所示。

表 9-14

1926—1994 年在纽约证券交易所挂牌上市的普通股公司规模与已实现收益的关系[①]

组		β 系数	算术平均收益率(%)	根据 CAPM 计算的收益率(%)	规模溢价(超出 CAPM 的收益率)(%)
大规模	1(最大)	0.90	11.01	11.45	−0.44
	2	1.04	13.09	12.46	0.63
中等规模股票	3	1.09	13.83	12.82	1.01
	4	1.13	14.44	13.11	1.33
	5	1.17	15.50	13.24	2.16
低等规模股票	6	1.19	15.45	13.50	1.95
	7	1.24	15.92	13.87	2.05
	8	1.29	16.84	14.17	2.67
微小规模股票	9	1.36	17.83	14.69	3.14
	10(最小)	1.47	21.98	15.45	6.53
中等规模		1.12	14.32	13.01	1.31
低等规模		1.23	15.87	13.75	2.12
小规模		1.39	18.92	14.90	4.02

注：a. 股权资本在 \$617 000 000 与 \$2 570 000 000 之间；
　　b. 股权资本在 \$149 000 000 与 \$617 000 000 之间；
　　c. 股权资本低于 \$149 000 000。

2. 对资本资产定价模型的修正

以上研究表明，采用 CAPM 计算的收益率与实际收益率之间存在着差异，而这个差异又随公司规模的变化而变化，因此，伊伯森协会建议用规模溢价系数对 CAPM 进行修整，其修正的结果如下：

$$E(R_i)=R_f+\beta_i[E(R_m)-R_f]+S_j$$

式中　S_j——规模溢价。

【例 9-7】 假定[例 9-6]中华投资公司持有 A、B、C、D、E 五种普通股票的规模溢价系数分别如表 9-15 所示，其余不变。试求该证券组合的期望收益率。

[①] 摘自[美]道格拉斯·R·爱默瑞等著，荆新等译：《公司财务管理》，中国人民大学出版社 1999 年版，第 228 页。

表 9-15

中华投资公司持有 A、B、C、D、E 五种普通股票的规模溢价系数

普通股票	β 系数	占投资的百分比（%）	加权平均 β 系数（β_p）	规模溢价系数 S_j	加权平均规模溢价系数（%）
A	1.1	20	0.22	1.13	0.226
B	1.2	30	0.36	1.20	0.360
C	0.9	10	0.09	0.90	0.090
D	0.8	10	0.08	0.85	0.085
E	1.4	30	0.42	1.60	0.480
合　　计	—	100	1.17	—	1.241

解：

$$E(R_p)=6\%+1.17\times(8\%-6\%)+1.241\%=9.581\%$$

第四节　证券投资组合策略

证券投资，既要考虑到不同证券投资组合的收益和风险，又要考虑到公司投资证券的目的，这样就涉及证券投资组合的策略问题，本节将对不同证券投资组合策略进行探讨。

一、选择证券投资组合类型的策略

（一）证券组合的分类

证券组合的分类通常以投资组合的目标为标准。按投资组合目标分类，证券组合可以分为避税型组合、固定收益型组合、资本收益型组合、固定收益和资本收益混合型组合、货币型组合、国际型组合，以及指数型组合等。

1. 避税型证券组合

投资者为了达到规避企业所得税的目的，就必须将资金投放于低税或无税证券，而在现实中，政府发行的债券往往就属于这种证券。因此，在这种证券投资组合中，持有的政府债券占有很大的比重。

2. 固定收益型证券组合

固定收益型证券组合的基本目的是为了追求定期的股利或利息收益最大化。投资者为了达到这一目的，必须将资金投向股利或利息收益高的收益型证券。股利或利息收益高的收益型证券主要是按期支付利息的债券和优先股票等。因此，在这种证券投资组合中，持有的债券和优先股票所占的比重较大，风险较低。

3. 资本收益型证券组合

资本收益型证券组合的基本目的是追求最大的资本收益。投资者为了达到这一目的，必须选择市场价格增长潜力大的证券进行投资。需要注意的是，市场价格增长潜力大的证券除了优秀的股票之外，还包括杠杆力度大的证券，如认股权证、可转换债券等类证券。因此，该类证券组合的风险较大。

4. 固定收益和资本收益混合型证券组合

固定收益和资本收益混合型证券组合是介于固定收益型证券组合与资本收益型组合之间的一种组合，它试图在两种收益之间达到均衡，因此，又称均衡型组合。这种均衡可以通过两种方式获得。一是通过组合，使投资者手中持有的固定收益型证券与资本收益型证券达到均衡。具体地看，就是既持有债券和优先股票等风险较低的证券，又持有诸如普通股票和认股权证等风险较高的证券。二是选择既能带来固定利息收益，又能带来资本收益的证券，如可转换债券、附送认股权证的债券等类型的证券。该种证券组合的风险水平也介于固定收益型证券组合与资本收益型证券组合之间。

5. 货币型证券组合

货币型证券是指在货币市场上流通的各种证券，如短期国库券、可转让银行存单、高信用级别的商业票据等。这类证券的基本特征是变现能力强、风险小。货币型证券组合的基本目的是保证证券的变现能力，以应付公司随时对货币资金的需要。一般而言，如果一家公司对自己未来现金需要量难以准确预测，但又持有大量货币资金时，就可以采用该类证券组合，一方面，可以降低公司不能满足现金需要的风险；另一方面，又能适度增加收益。比如，保险公司就需要将一部分投资进行该种组合。

6. 国际型证券组合

国际型证券组合是指不仅购买本国的有价证券，而且还投资购买其他国家的有价证券而形成的一种跨国的证券投资组合。因为不同国家或地区证券市场的收益和风险存在差异，因此，在更加广泛的区域进行证券投资组合，可以最大限度地分散投资风险，获取更大利益。

7. 指数型证券组合

指数型证券组合包括两层含义：一是其投资组合中的各种证券均是进入成份股的证券；二是各种证券组合的百分比也尽可能与市场百分比相同。该种证券投资组合的基本目的是希望获取与市场平均收益水平相同的投资收益率，以及只承担与市场平均风险相同的风险程度。根据模拟指数的不同，指数化有价证券组合分为两类：一类是模拟内涵广大的市场指数，比如证券市场上的综合指数；另一类是模拟某种专业化的证券指数，比如道·琼斯公共事业指数、中国上海股票市场的 180 成分股指数等。一般认为，按前一种方式进行模拟的投资是被动投资，而按后一种方式进行的投资组合则不属于被动投资组合。

（二）选择证券投资组合类型的策略

以下只重点讨论固定收益型组合、资本收益型组合、固定收益和资本收益混合型组合三种证券投资组合的投资策略。

1. 固定收益型证券投资组合的策略

固定收益型证券投资组合的收益几乎都来自持有有价证券所获得的利息或股利收入,这种证券组合在各类证券组合中的风险最小、收益最稳定。高利息率的债券、优先股票、高派息和低风险的普通股票等均可入选这类证券组合。从投资者的角度考察,这类证券组合主要适合于需要获取固定收入的投资者。如果这类证券组合所产生的固定收益能满足投资者大部分,甚至全部的日常固定开支的需要,那么,投资者就很容易在避免支付风险的前提下实现最佳收益。

固定收益型证券投资组合的策略存在如下两种极端情况:一是投资总额较少,投资者即使购买了投资性很强的债券、优先股票或普通股票,也不能满足对收入的需求,公司必须依靠日常生产经营的收入来源来满足固定支出的需要。二是公司存在大量闲置资金,将它们投资于有价证券,并进行固定收益型证券的投资组合,投资组合所产生的固定收益可以在相当大的程度上满足公司日常固定支出的需要。这时,组合的任务除了追求固定收益最大化之外,还要考虑降低税赋的问题,以使投资净收益最大化。

2. 资本收益型证券投资组合的策略

资本收益型证券投资组合获得成功的前提条件是要严格遵守投资组合的基本步骤和基本原则。投资者追求资本收益型证券组合的基本目的是希望获取高于市场平均收益率的资本收益,因此,在选择证券种类时,应该注重证券未来的升值潜力,而不是计较短期的股利收益。一般而言,该类证券组合主要适用于闲置资金多的企业。

符合资本收益型证券组合的证券一般具有如下特征:

(1) 每股收益和每股股利稳定增长。

(2) 主营业务收入增长率稳定。

(3) 股利支付率低。

(4) 风险低于市场和行业平均风险水平。

除此之外,还应该注意到发行股票公司产品的市场趋势、竞争能力、经营特点、公司管理能力等方面的因素。

3. 固定收益和资本收益混合型证券组合的策略

构建固定收益和资本收益混合型证券组合,固定收益证券和组合收益证券所占的比例,主要取决于企业对风险的承受能力和收益预期。企业对风险的承受能力,受企业资金的来源状况、资金的需要状况等因素的影响。企业对收益的预期则应是在既定风险条件下的收益预期。为了使企业的收益和风险达到均衡,企业必须注意固定收益证券与可变(资本)收益证券之间的比例问题,使两者之间的比例最适合公司风险承受能力的现状。在进行这种组合时,诸如债券、优先股票、普通股票、认股权证等各种具体有价证券应占投资组合中的比例,还取决于各种证券市场的前景、社会政治经济等诸多因素。

二、证券投资组合控制策略

证券投资组合的目标就是实现投资者在一定收益水平条件下将风险降至最低,或者在风险水平一定的条件下将收益水平提至最高。这种目标的实现有赖于证券投资组合控制策略的有效配合。证券投资组合控制策略的具体内容包括证券组合计划、选择投资时机、选择有价证券,以及监督目标实施状况等。

(一)证券组合计划

证券组合计划就是考虑和准备一组能满足证券投资组合目标的证券种类和证券目录。需要注意的是,任何一个企业的证券投资组合目标都是随时间而变化的;因此,证券组合的种类和目录也是变化的。这样,便有了长期证券组合计划、中期证券组合计划和短期证券组合计划之分。如公司长期证券组合的目标是资本收益最大化,而短期证券组合的目标是保证取得固定收益,那么,在证券组合计划中,近期证券组合目录中的债券和高股利股票的比重就应该大一点;而后期的证券组合目录中的债券、高股利股票的比重则应该小一点,低股利股票、认股权证等证券的比重则应该大一点。

总之,公司在进行有价证券投资时,一定要有具体的证券组合目标和详细的投资组合计划,绝不能随意投资。

(二)选择投资时机

虽然整个证券市场在随着社会政治、经济形势的变化而变化,个别证券的价格也随着发行公司的经营状况和市场投资者对发行公司经营状况预期的变化而变化,但无论如何,每一证券总会形成一个价格波动区间。这就给公司选择投资时机提供了空间。选择投资时机,就是确定有价证券买入和卖出的时间,以确保公司能在低价买入有价证券,并在高价卖出有价证券。

当然,要做到这一点,离不开投资分析。投资分析的任务就是确定有价证券的理论价值,并在此基础上将计算出的理论价值与不同时期的市场价格相比较,以确定哪些证券在什么时间的价值被高估,哪些证券在什么时间的价值被低估,当前市场价格是否与理论价值相背离等。只有这样,才能做到低价买入、高价卖出。虽然进行投资分析不能保证公司总在证券价格最低点买入和在最高点卖出有价证券,但是,有了一个明确的买入和卖出价格波动区间,公司就可以尽可能地赚取最大的价差,获得最大的资本收益。

(三)选择有价证券

在选择有价证券以及实际买卖时,公司一定要极为谨慎,保持理性。决定选择对某种证券投资的前提条件,一定要以有价证券的投资组合计划和对不同有价证券投资价值分析的结果为依据,要避免受证券市场上投机气氛的影响。只有这样,公司才能将风险控制在自己可以承受的范围之内,获得预期的收益。

(四)监督目标实施状况

公司对有价证券投资组合实行全面监督,是有价证券投资组合管理中一个十分重要的课题。这种监督的依据就是证券投资组合计划。通过这种监督，一方面，可以发现实际投资组合中存在的问题，促使公司按计划调整投资组合，以有效地控制投资风险；另一方面，可以检查投资组合计划的合理性，以及时调整不合理的投资组合计划，促使投资组合计划目标的实现。

案 例 与 资 料

【案例与资料1】 华夏成长证券投资基金2009年第三季度报告(如表9-16~表9-26所示)

华夏成长证券投资基金2009年第三季度报告(摘要)

表9-16

基 本 情 况

基金简称	华 夏 成 长 混 合
交易代码	000001、000002
基金运作方式	契约型开放式
基金合同生效日	2001年12月18日
报告期末基金份额总额	8 227 987 806.24份
投资目标	本基金属成长型基金，主要通过投资于具有良好成长性的上市公司的股票，在保持基金资产安全性和流动性的前提下，实现基金的长期资本增值。
投资策略	"追求成长性"和"研究创造价值"。
业绩比较基准	本基金无业绩比较基准。
风险收益特征	本基金在证券投资基金中属于中高风险的品种，其长期平均的预期收益和风险高于债券基金和混合基金。
基金管理人	华夏基金管理有限公司
基金托管人	中国建设银行股份有限公司

表9-17

主要财务指标

主要财务指标	报告期(2009年7月1日至2009年9月30日)
1. 本期已实现收益	1 124 721 729.42
2. 本期利润	−465 459 216.13
3. 加权平均基金份额本期利润	−0.055 8
4. 期末基金资产净值	11 192 588 755.56
5. 期末基金份额净值	1.360

表 9-18

业 绩 比 较

阶　段	净值增长率①	净值增长率标准差②	业绩比较基准收益率③	业绩比较基准收益率标准差④	①－③	②－④
过去3个月	－4.16%	2.03%	—	—	—	—

表 9-19

投 资 组 合

序号	项　　　目	金　额(元)	占基金总资产的比例(%)
1	权益投资	8 264 382 856.23	72.87
	其中:股票	8 264 382 856.23	72.87
2	固定收益投资	2 451 125 839.35	21.61
	其中:债券	2 451 125 839.35	21.61
	资产支持证券	—	—
3	金融衍生品投资	—	—
4	买入返售金融资产	—	—
	其中：买断式回购的买入返售金融资产	—	—
5	银行存款和结算备付金合计	580 364 731.14	5.12
6	其他资产	45 967 892.52	0.41
7	合　　计	11 341 841 319.24	100.00

表 9-20

股票投资的行业组合

代码	行 业 类 别	公允价值(元)	占基金资产净值比例(%)
A	农、林、牧、渔业	13 589 483.58	0.12
B	采掘业	296 203 513.64	2.65
C	制造业	2 603 430 666.79	23.26
C0	食品、饮料	262 266 414.72	2.34
C1	纺织、服装、皮毛	9 419 557.26	0.08
C2	木材、家具	—	—
C3	造纸、印刷	—	—
C4	石油、化学、塑胶、塑料	270 854 561.80	2.42
C5	电子	2 741 906.67	0.02

（续表）

代码	行业类别	公允价值(元)	占基金资产净值比例(%)
C6	金属、非金属	622 008 961.96	5.56
C7	机械、设备、仪表	836 758 887.74	7.48
C8	医药、生物制品	160 180 516.86	1.43
C99	其他制造业	439 199 859.78	3.92
D	电力、煤气及水的生产和供应业	1 803 178.55	0.02
E	建筑业	352 283 444.22	3.15
F	交通运输、仓储业	221 384 619.11	1.98
G	信息技术业	186 280 755.18	1.66
H	批发和零售贸易	1 113 658 294.31	9.95
I	金融、保险业	1 960 485 806.47	17.52
J	房地产业	753 483 883.45	6.73
K	社会服务业	11 498 972.56	0.10
L	传播与文化产业	20 039 979.96	0.18
M	综合类	730 240 258.41	6.52
	合计	8 264 382 856.23	73.84

表 9-21

前十大股票投资占基金资产净值比例

序号	股票代码	股票名称	数量(股)	公允价值(元)	占基金资产净值比例(%)
1	601328	交通银行	60 550 041	504 381 841.53	4.51
2	600104	上海汽车	24 440 006	482 690 118.50	4.31
3	600895	张江高科	35 192 325	457 852 148.25	4.09
4	600208	新湖中宝	41 355 919	439 199 859.78	3.92
5	601166	兴业银行	12 861 409	434 587 010.11	3.88
6	002024	苏宁电器	25 709 152	421 373 001.28	3.76
7	601169	北京银行	22 125 214	381 217 437.22	3.41
8	000667	名流置业	42 199 291	335 484 363.45	3.00
9	0 00060	中金岭南	14 150 341	321 495 747.52	2.87
10	002062	宏润建设	12 876 865	206 158 608.65	1.84

表 9-22

固定收益券投资组合

序号	债券品种	公允价值(元)	占基金资产净值比例(%)
1	国家债券	1 114 037 044.70	9.95
2	央行票据	454 260 000.00	4.06
3	金融债券	299 370 000.00	2.67
	其中:政策性金融债	299 370 000.00	2.67
4	企业债券	279 334 187.40	2.50
5	企业短期融资券	—	—
6	可转债	304 124 607.25	2.72
7	其他	—	—
8	合计	2 451 125 839.35	21.90

表 9-23

前五大债券投资占基金资产净值比例

序号	债券代码	债券名称	数量(张)	公允价值(元)	占基金资产净值比例(%)
1	010110	21 国债(10)	2 767 850	284 424 266.00	2.54
2	010203	02 国债(3)	2 009 900	203 502 375.00	1.82
3	0701082	07 央行票据 82	2 000 000	203 320 000.00	1.82
4	080404	08 农发 04	2 000 000	200 720 000.00	1.79
5	080024	08 国债 24	2 000 000	200 000 000.00	1.79

表 9-24

前六大企业可转换债券投资占基金资产净值比例

序号	债券代码	债券名称	公允价值(元)	占基金资产净值比例(%)
1	110598	大荒转债	109 132 166.40	0.98
2	110971	恒源转债	66 528 299.50	0.59
3	110078	澄星转债	47 526 837.80	0.42
4	125960	锡业转债	13 056 347.15	0.12
5	110567	山鹰转债	8 212 619.80	0.07
6	11 0003	新钢转债	5 949 000.00	0.05

表9-25

其他资产明细

序号	名称	金额（元）
1	存出保证金	4 173 106.24
2	应收证券清算款	—
3	应收股利	5 449 503.69
4	应收利息	21 197 755.06
5	应收申购款	15 147 527.53
6	其他应收款	—
7	待摊费用	—
8	其他	—
9	合计	45 967 892.52

表9-26

基金份额变化

报告期期初基金份额总额	8 506 319 900.04
报告期期间基金总申购份额	1 492 106 627.63
报告期期间基金总赎回份额	1 770 438 721.43
报告期期间基金拆分变动份额（份额减少以"—"号填列）	—
报告期期末基金份额总额	8 227 987 806.24

报告送出日期：2009年10月28日

【案例与资料2】 华夏债券投资基金2009年第三季度报告（如表9-27～表9-40所示）

华夏债券投资基金2009年第三季度报告（摘要）

表9-27

基 本 情 况

基金简称	华 夏 债 券
基金运作方式	契约型开放式
基金合同生效日	2002年10月23日
报告期末基金份额总额	5 897 606 435.47份
投资目标	在强调本金安全的前提下，追求较高的当期收入和总回报。
投资策略	本基金将在遵守投资纪律并有效管理风险的基础上，通过价值分析，结合自上而下确定投资策略和自下而上个券选择的程序，采取久期偏离、收益率曲线配置和类属配置等积极投资策略，发现、确认并利用市场失衡实现组合增值。
业绩比较基准	本基金整体的业绩比较基准为"53％中信标普银行间债券指数＋46％中信标普国债指数＋1％中信标普企业债指数"。

(续表)

风险收益特征	本基金属于证券投资基金中相对低风险的品种,其长期平均的风险和预期收益率低于股票基金和平衡型基金,高于货币市场基金。	
基金管理人	华夏基金管理有限公司	
基金托管人	交通银行股份有限公司	
下属两级基金的基金简称	华夏债券 A/B	华夏债券 C
下属两级基金的交易代码	001001、001002	001003
报告期末下属两级基金的份额总额	2 864 917 780.31 份	3 032 688 655.16 份

表 9-28

财 务 指 标

主要财务指标	报告期(2009年7月1日至2009年9月30日)	
	华夏债券 A/B	华夏债券 C
1. 本期已实现收益	37 736 774.82	36 033 379.56
2. 本期利润	−12 964 040.73	−27 940 884.06
3. 加权平均基金份额本期利润	−0.0044	−0.0089
4. 期末基金资产净值	3 138 382 974.93	3 278 656 919.74
5. 期末基金份额净值	1.095	1.081

表 9-29

华夏债券 A/B 业绩比较

阶 段	净值增长率①	净值增长率标准差②	业绩比较基准收益率③	业绩比较基准收益率标准差④	①−③	②−④
过去 3 个月	−0.45%	0.34%	−0.11%	0.06%	−0.34%	0.28%

表 9-30

华夏债券 C 业绩比较

阶 段	净值增长率①	净值增长率标准差②	业绩比较基准收益率③	业绩比较基准收益率标准差④	①−③	②−④
过去 3 个月	−0.55%	0.34%	−0.11%	0.06%	−0.44%	0.28%

表 9-31

投 资 组 合

序号	项 目	金 额(元)	占基金总资产的比例(%)
1	权益投资	179 981 197.79	2.78
	其中:股票	179 981 197.79	2.78

(续表)

序号	项目	金额(元)	占基金总资产的比例(%)
2	固定收益投资	5 695 487 727.47	87.95
	其中:债券	5 678 165 124.18	87.68
	资产支持证券	17 322 603.29	0.27
3	金融衍生品投资	—	—
4	买入返售金融资产	—	—
	其中：买断式回购的买入返售金融资产	—	—
5	银行存款和结算备付金合计	521 964 996.16	8.06
6	其他资产	78 385 502.01	1.21
7	合计	6 475 819 423.43	100.00

表 9-32

股票投资的行业组合

代码	行业类别	公允价值(元)	占基金资产净值比例(%)
A	农、林、牧、渔业	—	—
B	采掘业	—	—
C	制造业	23 765 184.62	0.37
C0	食品、饮料	—	—
C1	纺织、服装、皮毛	1 230 054.92	0.02
C2	木材、家具	—	—
C3	造纸、印刷	889 148.16	0.01
C4	石油、化学、塑胶、塑料	—	—
C5	电子	621 263.67	0.01
C6	金属、非金属	15 539 304.05	0.24
C7	机械、设备、仪表	2 957 354.18	0.05
C8	医药、生物制品	1 589 144.00	0.02
C99	其他制造业	938 915.64	0.01
D	电力、煤气及水的生产和供应业	—	—
E	建筑业	123 313 795.36	1.92
F	交通运输、仓储业	2 868 106.06	0.04
G	信息技术业	1 263 738.99	0.02

(续表)

代码	行业类别	公允价值(元)	占基金资产净值比例(%)
H	批发和零售贸易	1 178 541.00	0.02
I	金融、保险业	27 591 831.76	0.43
J	房地产业	—	—
K	社会服务业	—	—
L	传播与文化产业	—	—
M	综合类	—	—
	合计	179 981 197.79	2.80

表 9-33

前十大股票投资占基金资产净值的比例

序号	股票代码	股票名称	数量(股)	公允价值(元)	占基金资产净值比例(%)
1	601668	中国建筑	26 576 249	123 313 795.36	1.92
2	601788	光大证券	1 257 604	27 591 831.76	0.43
3	600219	南山铝业	1 569 951	14 993 032.05	0.23
4	601107	四川成渝	415 066	2 868 106.06	0.04
5	002294	信立泰	21 680	1 589 144.00	0.02
6	002276	万马电缆	52 803	1 367 597.70	0.02
7	002293	罗莱家纺	42 299	1 230 054.92	0.02
8	002277	家润多	40 950	1 178 541.00	0.02
9	002282	博深工具	68 484	938 915.64	0.01
10	002292	奥飞动漫	22 752	889 148.16	0.01

表 9-34

固定收益券投资占基金资产净值的比例

序号	债券品种	公允价值(元)	占基金资产净值比例(%)
1	国家债券	996 862 005.60	15.53
2	央行票据	—	—
3	金融债券	2 438 163 000.00	38.00
	其中:政策性金融债	1 956 643 000.00	30.49
4	企业债券	1 756 928 166.34	27.38
5	企业短期融资券	—	—
6	可转债	486 211 952.24	7.58
7	其他	—	—
8	合计	5 678 165 124.18	88.49

表 9-35

前五大债券投资占基金资产净值的比例

序号	债券代码	债券名称	数量（张）	公允价值（元）	占基金资产净值比例（%）
1	050603	05 中行 02 浮	4 100 000	411 148 000.00	6.41
2	090404	09 农发 04	3 000 000	299 310 000.00	4.66
3	110003	新钢转债	1 694 800	201 647 304.00	3.14
4	019824	08 国债 24	2 000 000	200 020 000.00	3.12
5	080218	08 国开 18	2 000 000	197 300 000.00	3.07

表 9-36

资产支持证券

序号	证券代码	证券名称	数量（张）	公允价值（元）	占基金资产净值比例（%）
1	119009	宁建 04	180 000	17 322 603.29	0.27
2	—	—	—	—	—

表 9-37

其 他 资 产

序号	名 称	金 额（元）
1	存出保证金	384 893.43
2	应收证券清算款	4 414 035.51
3	应收股利	—
4	应收利息	60 210 147.25
5	应收申购款	13 376 425.82
8	其他	—
9	合 计	78 385 502.01

表 9-38

可转换债券投资

序号	债券代码	债券名称	公允价值（元）	占基金资产净值比例（%）
1	110003	新钢转债	201 647 304.00	3.14
2	125709	唐钢转债	155 446 144.35	2.42
3	110598	大荒转债	58 834 146.40	0.92
4	110567	山鹰转债	37 755 418.90	0.59
5	125960	锡业转债	7 490 409.19	0.12
6	110971	恒源转债	3 815 617.00	0.06
7	110078	澄星转债	1 238 900.20	0.02

表 9-39

流通受限股票

序号	股票代码	股票名称	流通受限部分的公允价值(元)	占基金资产净值比例(%)	流通受限情况说明
1	601668	中国建筑	123 313 795.36	1.92	新发流通受限
2	601788	光大证券	27 591 831.76	0.43	新发流通受限
3	601107	四川成渝	2 868 106.06	0.04	新发流通受限
4	002294	信立泰	1 589 144.00	0.02	新发流通受限
5	002276	万马电缆	1 367 597.70	0.02	新发流通受限
6	002293	罗莱家纺	1 230 054.92	0.02	新发流通受限
7	002277	家润多	1 178 541.00	0.02	新发流通受限
8	002282	博深工具	938 915.64	0.01	新发流通受限
9	002292	奥飞动漫	889 148.16	0.01	新发流通受限

表 9-40

基金份额变化

项　　目	华夏债券 A/B	华夏债券 C
报告期期初基金份额总额	3 100 369 089.37	3 127 187 608.69
报告期期间基金总申购份额	478 394 867.31	1 866 433 888.90
报告期期间基金总赎回份额	713 846 176.37	1 960 932 842.43
报告期期间基金拆分变动份额(份额减少以"－"号填列)	—	—
报告期期末基金份额总额	2 864 917 780.31	3 032 688 655.16

报告送出日期：2009 年 10 月 28 日

思 考 与 练 习

一、复习思考题

1. 怎样认识证券投资组合的必要性和可能性？
2. 怎样认识不同有价证券的收益和风险？
3. 证券投资组合对证券投资收益会产生什么影响？
4. 证券投资组合对证券投资风险会产生什么影响？
5. 马柯维茨投资组合模型的基本原理是什么？
6. 什么是 β 系数？它是如何确定的？
7. 怎样运用资本资产定价模型进行证券组合？
8. 证券投资组合可以分为哪些基本类型？

9. 怎样对证券投资组合进行有效控制?

二、练习题

1. 设 A 公司投资于 A、B 两种证券的资金比例分别为 50%,其他有关资料如表 9-41 所示。

表 9-41

概 率 分 布 表

经济状况	概 率	收 益 率	
		证券 A	证券 B
坏	0.2	5%	10%
中	0.5	15%	15%
好	0.3	25%	20%

试计算该证券投资组合的风险。

2. 已知投资股票 X 与 Y 的情况如表 9-42、表 9-43 所示。

表 9-42

概 率 分 布 表

概 率	收 益 率	
	股 票 X	股 票 Y
0.1	−8%	4%
0.2	0	8%
0.3	10%	12%
0.4	20%	15%

表 9-43

权 重 分 布 表

权	重
股 票 X	股 票 Y
100	0
80	20
60	40
50	50
40	60
20	80
0	100

根据表中资料计算：每种股票期望收益率；每种股票的方差；X 与 Y 的协方差；X 与 Y 在不同组合权重下，完全正相关、完全负相关和不相关的组合收益和相应的组合标准差。

3. 假定中华投资公司持有 A、B、C、D、E 五种普通股票。已知社会无风险收益率为 6%，普通股票市场平均收益率为 8%。五种普通股票的 β 系数和占投资的百分比如表 9-44 所示。

表 9-44

不同股票的 β 系数和占投资百分比表

普通股票	β 系数	占投资的百分比(%)	加权平均 β 系数(β_p)
A	1.1	20	
B	1.2	30	
C	0.9	20	
D	0.8	15	
E	1.4	15	
合　　计	—	100	

试求该投资组合的 β 系数。

4. 已知飞达公司估计其在不同情况下的可能收益率如表 9-45 所示。

表 9-45

概 率 分 布 表

| 市场状况 | 概　　率 | 收 益 率(%) ||
		股票市场	飞达公司
停滞状态	0.1	−5	−10
缓慢增长	0.4	10	10
平均增长	0.3	15	12
快速增长	0.2	20	30

无风险收益率为 6%。试根据上述资料计算：整个股票市场和飞达公司的期望收益率；飞达公司的 β 系数；按照资本资产定价模型求飞达公司的必要收益率。

第十章 企业投资与筹资有机配合的策略

【本章提要】 在实际中,公司筹资和投资是紧密联系在一起的,在制订筹资方案和投资方案时必须考虑到两者相互制约和影响的关系,使两者有机配合起来,才能达到预期的投资和筹资效果。本章在探讨最佳投资规模和实际可行投资规模的基础上,进一步分析了投资结构的收益和风险,筹资结构的成本和风险,以及企业在投资和筹资中所采取的稳健型策略和激进型策略,然后进一步分析不同投资策略和不同筹资策略相结合的问题。在投资与筹资的综合决策中,流动资金管理占有极为重要的地位,因此,本章用了较大篇幅对该问题进行了较全面的分析。本章的重点是讨论企业如何通过收益与风险的权衡来解决投资与筹资总额的综合决策以及流动资产与流动负债的综合决策问题。

【学习目标】 通过本章学习,要求掌握和了解如下内容:(1)掌握投资和筹资总量的综合决策理论。(2)掌握投资结构与筹资结构对公司收益和风险的影响。(3)了解公司投资结构与筹资结构综合决策的理论和方法。(4)掌握流动资产结构和流动负债结构对公司收益和风险的影响。(5)掌握流动资金管理策略的基本分类。(6)了解流动资产与流动负债综合决策的理论和方法。(7)了解利用和控制财务风险策略的基本理论和方法。(8)了解财务风险与经营风险的具体匹配应该关注的问题。

第一节 投资和筹资总量的综合决策

本书前面已对企业投资规模的问题进行了简略的讨论,但当时的讨论仅是单纯从投资的角度考虑问题,而没有将它与筹资联系起来考虑,现在则要将投资与筹资联系起来考虑企业投资规模的决策问题。

一、投资规模决策

企业投资规模是指在一定时期内企业的投资总额,该投资总额以企业总资产来表示。而企业一定时期的投资规模是由企业的内部条件和外部环境决定的。由于企业的内部条件和外部环境是随时间而变化的,因此,其投资规模也应随时间而变化。

投资规模有理论规模、实际规模和增量规模之分,三者的关系是理论上的最大规模与实际上的现行资产存量规模之差等于最大理论增量规模。下面,我们将从企业的内部条件和外部环境因素出发来讨论企业最大投资规模的确定问题。

(一)理论最佳投资规模的确定

从理论上讲,根据企业具有的追求利润最大化的动机,只要投资收益为正,投资规模就可以无限膨胀,只有在投资收益等于零时,投资才会停止。

确定企业理论上的最大投资规模,首先,应明确这样两个基本概念:第一,投资收益率递减,即随着投资额的增大,单位投资额的边际收益率呈递减趋势,这一点可以从投资项目的内部收益率大小顺序的排队中看出。第二,筹资成本率递增,即随着筹资量的增大,单位筹资额的边际资金成本率呈递增趋势,这是由于,当企业靠负债筹资时,负债增大,风险升高,故负债的边际成本率提高;当企业靠发行股票筹资时,股票增多,供求关系发生变化,股票价格下跌,故其边际成本率上升。其次,应根据投资项目的边际收益率与筹资的边际成本率的关系来确定最佳投资规模。这两者之间的关系可用图10-1表示。

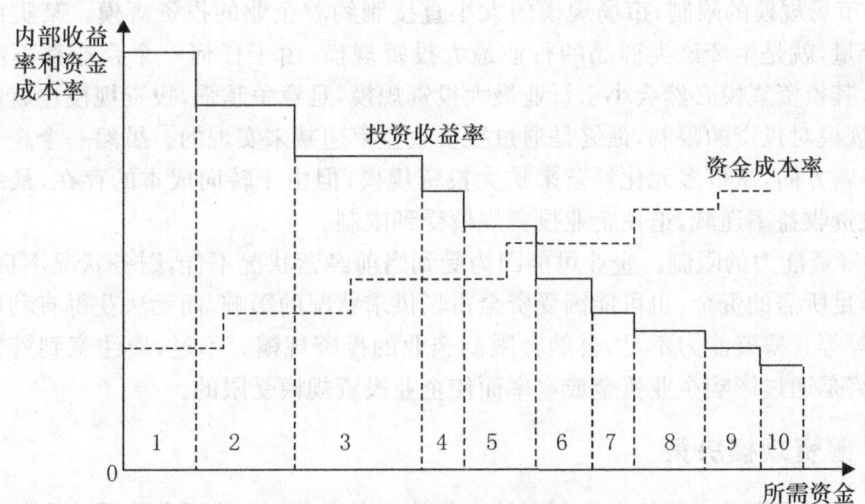

图 10-1 投资边际收益率与筹资边际成本率关系示意图

从理论上讲,投资项目的边际收益率等于其边际资金成本率时的投资规模,可以使企业获得最大收益,使股东财富最大化,这时的投资规模即为最佳的投资规模。从实际上看,由于投资项目往往是不可分割的,因此,只能选择到内部收益率从上方趋于资金成本率的那一个项目为止,以图10-1为例,即为项目5。如企业的投资额能满足项目1~5的资金需要量,那么该投资规模即为最佳规模。

(二) 实际可行投资规模的确定

实际可行投资规模的确定,可从企业内部条件和外部环境两个因素来考察,具体分析如下。

1. 企业内部条件

从企业内部看,设置最高投资规模限制的主要原因:

(1) 企业可能基于自身安全和现有股东利益的考虑,不愿意大举从外部筹集资金,甚至不愿完全动用以前的留存收益。

(2) 企业认为大量举债可能使企业债台高筑,并进一步造成负债成本上升和股票价格下降时,企业也会拒绝大规模地举债来满足所有有利可图投资项目的资金需要,即会确定投资限额。

(3) 企业也可能从现有股东的控制权出发,反对发行新的股票。

(4) 企业也可能因管理能力的限制而有意识地控制企业的发展速度,在这种情况下,企业所制订的投资限额甚至低于其所拥有的留存收益。因为,在企业管理能力受限时,过高的发展速度意味着企业走上了一条危险之路。

2. 企业外部环境

影响企业不能按最佳投资规模投资的外部环境主要包括:

(1) 市场规模的限制,市场规模的大小直接制约着企业的投资规模。某类商品的最大市场容量,就是生产该类商品的行业最大投资规模,由于任何一个企业都不能独占市场,因此,其投资规模必然会小于行业最大投资规模,且竞争越强,投资规模也就越小。当然,市场规模对投资的限制,最终是通过投资收益率递减来实现的。虽然一个企业可以通过转变经营方向,从事多元化经营来扩大投资规模;但由于转向成本的存在,最终可能导致企业投资收益率递减,迫使企业投资规模受到限制。

(2) 筹资能力的限制。企业可能因为受到当前经营状况不佳,财务状况不良的限制,而无法筹足所需的资金;也可能因受资金市场供求状况的影响,而无法获得有利可图的资金来源,等等。筹资能力不足,自然会限制企业的投资规模。不过,应注意到筹资能力的限制,最终是通过影响企业资金成本率而使企业投资规模受限的。

二、筹资规模决策

最佳筹资规模是指能使企业利润最大化的筹资规模。它也可分为理论上的最佳筹资规模和实际可行的筹资规模。

(一) 理论最佳筹资规模的确定

筹资不能创造收益,只有投资才能创造收益,因此,最佳筹资量的确定取决于投资量。根据上述最佳投资规模确定的理论,最佳筹资规模就应该是满足最佳投资规模的筹资量。

在这个投资规模和筹资规模的条件下,企业可以获得最大的利润。

(二) 实际可行筹资规模的确定

最佳筹资规模仅是一种理论上的表述,在实际中,筹资规模则可能与理论筹资规模存在差异,产生这种差异的原因除前述的企业内部条件和外部环境之外,主要还由于从决策程序上看,是投资规模决定筹资规模;但从实际操作程序上看,是先筹资后投资。在投资项目出现效益(更不用说尚未投资)之前,企业在资金市场上筹资的能力,就受企业当前的盈利能力和风险水平的影响,如果企业现有投资(筹资)能力与最佳投资规模差距很大,那么,企业实际筹资量就很难达到最佳筹资规模。因为,现行的投资(筹资)规模在一定程度上反映了企业的筹资能力,所以,企业增量筹资规模与其现行的投资(筹资)规模有密切的关系,即企业现行的投资(筹资)规模也是制约企业筹资规模的一个重要因素。

当然,也可能出现企业现行投资(筹资)规模大于最佳规模的情况,在这种情况下,实际投资和筹资规模均容易达到最优。

总之,实际筹资规模要尽可能地满足最佳投资规模的需要,要在不断的筹资和投资活动中逐渐逼近最优。

第二节 投资结构与筹资结构的综合决策

投资和筹资除了总量的问题之外,还存在结构的问题,投资结构和筹资结构会对企业的盈利能力产生重要的影响,所以,在探讨投资总量与筹资总量综合决策之外,还应该进一步探讨投资结构与筹资结构综合决策的问题。

一、投资结构与盈利能力和风险水平的关系

这里所说的投资结构,是指企业的资产结构。企业将资金投放于不同资产会产生不同的盈利能力和风险水平。一般而言,在长期资产均能得到充分运用的基础之上,资产的流动性与风险成反比,与收益成正比。即资产的流动性越大,风险水平越低,相应地盈利能力也越低;资产的流动性越小,风险水平越高,相应地盈利能力也越高。

企业对待投资结构的态度有稳健和激进之分,稳健的态度,要求企业资产保持足够的流动性,不惜牺牲收益来避免任何可能出现的投资风险;邀进的态度,则要求企业减少资产的流动性,将资产投放于可能产生最大收益的领域,不惜承受风险来取得最大收益。在极端的两种态度之间存在着众多形式的风险与收益的组合,这些组合的目的在于既能控制风险又能获得满意的收益。

二、筹资结构与筹资成本和风险水平的关系

企业从不同来源筹集资金,会产生不同的资金成本和承受不同的风险压力。资金

成本与风险水平存在着反比关系,一般而言,资金成本越高,风险水平越低。就具体的筹资来源来看,所有者权益的资金成本最高,但风险最低,或者说没有财务风险;短期负债的资金成本最低,但相应地还款压力最大,风险最高;而长期负债的资金成本和风险则居中。

企业对待筹资结构的态度也有稳健和激进之分,稳健者希望权益资金占资金来源的比重足够大,更有甚者希望负债为零,以最大限度地规避财务风险;激进者正好相反,他们希望负债资金,甚至短期负债资金占资金来源的比重尽可能地大,以获取低资金成本的利益。介于两种态度之间,存在着多种筹资结构的组合,这些组合的目的均在于能使资金成本和风险控制在一个满意的范围之内。

三、投资结构与筹资结构的综合决策

投资结构具有的盈利能力和风险水平与筹资结构具有的成本水平和风险水平相配合,构成了企业的综合盈利能力和风险水平。由于资产结构和筹资结构均有稳健和激进之分,因此,两两组合可以得到如下四种策略。

(一)稳健的投资结构与稳健的筹资结构相结合的管理策略

该策略在投资结构上要求充分保持资产的流动性,尽可能减少长期资产的投入,特别稳健者,甚至经营所需的固定资产都采用租赁的方式取得。在流动资产中,则尽可能压缩存货等变现能力差的资产,增加现金或接近于现金类的资产。结果使得资产的盈利能力相应降低。首先,在筹资结构上,要求权益资本占资金来源的比重足够大;其次,在负债中,则要求长期负债占总负债的比重足够大。这样,不仅权益和长期负债可以满足长期资产的需要,而且还可以满足部分流动资产的需要。特别稳健者,甚至全部资产的资金来源都由权益资本提供,且全部资产的流动性极强。这就使得筹资成本上升,盈利能力下降。这种策略的风险虽然低,但相应地盈利能力也极低。

(二)激进的投资结构与稳健的筹资结构相结合的管理策略

该策略在投资结构上要求最大限度地增加资产的盈利能力,不惧风险,其风险主要依靠削减负债,特别是流动负债占总资金来源的比例来控制。在这种策略中,即使投资出现失误,其风险也能受到有效的遏制,因为权益资本可以防止风险的扩大。因此,该种策略是盈利能力和风险均居中的管理策略。

(三)稳健的投资结构与激进的筹资结构相结合的管理策略

该策略是希望通过稳健的投资结构来控制投资风险,并通过降低资金来源的成本减少财务成本,增加盈利。保持资产的足够流动性除了可以在一定程度上控制投资风险之外,资产的流动性还可以在很大程度上防止筹资风险的扩大,这就为企业运用一些低资金成本的资金来源提供了保障。但是,筹资成本的节约是有限的,对盈利的贡献一般不如投资盈利能力大,因此,该种策略的盈利能力要比第二种管理策略低。它一般只适用于投资风险极大,筹资风险极小的情况。

（四）激进的投资结构与激进的筹资结构相结合的管理策略

该策略不但要求投资结构有最大的盈利能力，而且还要求筹资的资金成本最低，更为激进的，甚至相当大部分长期资产的资金来源都靠流动负债来解决。这样，该种策略承受的风险就极大，一旦环境有变，激进的投资结构不能为企业带来相应的收益，风险就会迅速放大，从而导致企业失败或破产。因此，这种收益高成本低的策略，盈利能力最高，但风险也最大。

第三节 流动资产结构和流动负债结构的收益与风险

上节讨论的投资结构与筹资结构问题，是从企业总资产和全部资金来源角度考虑的。对投资结构中的流动资产和资金来源中的流动负债的配比问题，还可进行更深入的讨论。本节将集中讨论流动资产与流动负债结构的综合决策问题。

一、流动资产结构决策

（一）流动资产结构的收益和风险

无论从理论上还是从现实上来看，流动资产各项目变现能力的大小都是不一样的，且存在如下顺序：首先是现金，变现力为百分之百；其次是有价证券，在高效率的资金市场条件下，其变现能力接近现金；再次是应收账款，在企业外部法制环境健全的条件下，其变现能力也是很高的；最后是存货，其变现能力受市场不确定性因素的影响，故最差。一般而言，资产的变现能力越弱，风险就越大。

与变现能力或风险相反，流动资产各项目可能带来收益率的大小，一般存在如下顺序：收益率极低的是现金，因为将现金存入银行只能获得利率极低的活期存款利息，如保存库存现金，则根本不能获取生息收益。其次是有价证券，其收益率高于现金，因为有价证券投资的风险大于库存现金和银行存款。再次是应收账款，其收益率高于前两者，因为应收账款中包含待实现的利润，利用应收账款还可以促销，以使企业从增加销售中获取更多利润。收益率最大的是存货，充足的原材料和在制品存货，有利于企业减少停工待料的损失和有利于按最佳投产批量安排生产；产成品存货可以保证销售的需要，减少舍弃销售所造成的损失，因此，存货有利于企业利润的形成和实现。而企业的收益主要来源于销售利润，故存货的收益率最大。

企业为了能在追求利润的同时，尽可能规避风险，就应该根据企业自身的特点和外部环境，充分权衡各项目的收益和风险，制订最佳流动资产结构。最佳流动资产结构的确定是一个复杂的问题，在实际中多用经验决策法，即：管理者根据以往的不同流动资产结构对企业收益和风险的影响状况，凭借主观经验来确定最佳流动资产结构的方法。经验决策的具体方法，这里不加以讨论，此处重点讨论流动资产管理中稳健和激进两种策略。

(二) 流动资产管理的两种策略

流动资产管理策略就是确定企业流动资产总量和流动资产内部各项目结构的策略。其主要可以分为稳健型管理策略和激进型管理策略两类。

1. 流动资产管理的稳健型策略

这种策略不但要求企业流动资产总量要足够充裕,占总资产的比重大;而且还要求流动资产中的现金和有价证券也要保持足够的数量,占流动资产总额的比重大。这种策略的基本目的是使企业的流动能力保持在一个较高的水平,使之能足以应付可能出现的各种意外情况。企业采用稳健型的流动资产管理策略,由于保持有较高的剩余流动能力,可为意料之外的销售增长提供存货和应收账款的资金保证,因此可以减少舍弃这部分销售的风险;再由于剩余的流动能力还可及时提供偿还到期债务的资金,因此可以避免或降低无力偿付到期债务的风险。

稳健型流动资产管理策略虽然具有降低企业风险的优点,但也有获取收益率低的缺点。这不但因为现金和有价证券收益率低,也因为在预期销售水平上超储存货会使企业资金积压,不能高效地发挥作用而影响企业的盈利水平。故稳健型流动资产管理策略是一种低风险、低报酬的管理策略,一般而言,它只适应企业外部环境极不确定的情况。

2. 流动资产管理的激进型策略

这种策略不但寻求最大限度地削减流动资产,使其占总资产的比例尽可能地低;而且还力图尽量缩减流动资产中的现金和有价证券,使其占流动资产的比重尽可能地小,特别激进者甚至还要求尽可能地缩减存货。这种策略的基本目的是试图通过削减流动资产占用量来提高企业的盈力能力。企业采用激进型的流动资产管理策略,虽然可以增加企业的收益,但也相应地提高了企业的风险。因为,现金和有价证券大幅度缩减,企业的机动性必然会大大降低,这就势必增加应付意外情况能力减弱所带来的风险,如会失去意外的销售和使企业不能如期偿还债务等。另外,应收账款的减少会影响到企业促销,企业的存货减少则会增加企业停工待料或生产中断的风险,以及减少销售收入的风险,等等。所以,激进型流动资产管理策略是一种高风险、高收益的策略。一般来说,它只适应企业外部环境相当确定的场合。

显然,风险与收益是可以相互转换的。高风险诚然带来高收益,但有一个度,一旦超过了这个度,高风险带来的就不是高收益,而是高损失,甚至导致企业破产。因此,采用过于偏激的流动资产管理策略一般并不可取。在企业外部环境不太明朗的情况下,采用介于稳健与激进之间的折衷策略也许是明智之举。当然,选择流动资产策略离不开企业流动资金的来源状况,特别是流动负债的状况。

二、流动负债总额的确定

企业在确定流动负债时,首先就是要权衡不同流动负债水平的收益与风险。我们已经讨论过流动负债筹资的收益与风险问题,在这里通过简例来进一步说明该问题。

流动负债的多少,一般可用流动负债总额与企业总资产的比率来表示。如该比率大,表明企业总资产中依赖流动负债筹资解决其资金来源的比重大;反之则小。当企业资产总额不变和权益资金不变时,流动负债增多,长期负债就减少。由于流动负债的资金成本低于长期负债的资金成本,因此,该比率提高时,企业的收益率会提高。但同时,企业偿还到期债务的压力就会越大,不确定性相应增加,即财务风险增大。

【例 10-1】 假定某企业的流动资产总额为 80 万元,流动负债与长期负债合计为 100 万元,流动负债的资金成本为 2%,长期负债的资金成本为 10%,那么,当流动负债总额分别为 20 万元、50 万元、80 万元时,试计算三种方案的利息费用总额、全部负债的资金成本、流动资金(营运资金)和流动比率。

解:
计算结果如表 10-1 和表 10-2 所示。

表 10-1

三种方案的利息计算

金额单位:万元

	A 方案			B 方案			C 方案		
	金额	利率(%)	利息	金额	利率(%)	利息	金额	利率(%)	利息
流动负债	200 000	2	4 000	500 000	2	10 000	800 000	2	16 000
长期负债	800 000	10	80 000	500 000	10	50 000	200 000	10	20 000
负债合计	1 000 000	8.4	84 000	1 000 000	6	60 000	1 000 000	3.6	36 000

表 10-2

三种方案的流动比率计算

金额单位:万元

	流动资产	流动负债	流动资金	流动比率
A方案	800 000	200 000	600 000	4
B方案	800 000	500 000	300 000	1.6
C方案	800 000	800 000	0	1

对比以上两表,可以得出如下结论,A 方案收益率最低,但风险也最低,其流动比率高达 4 倍,远远超出了一般公认的 2 倍标准。B 方案收益率适中,风险也属中等,其流动比率为 1.6 倍,较接近 2 倍的标准。C 方案收益率最高,但风险也最大,其流动比率为 1 倍,即全部流动资产的资金来源均依靠流动负债。显然,在一般情况下,企业应避免过于保守而过多丢掉利润的 A 方案和过于冒险而过多地增大企业风险的 C 方案,而取其收益和风险均较适中的 B 方案。无论如何,以公认的流动比率标准作为流动负债总额确定的参考

标准,应该是可取的。

三、流动负债结构的决策

(一) 流动负债结构的成本和风险

以上讨论流动负债总额的决策时,是将流动负债视为一个整体来讨论,在实际中,流动负债本身是由各种不同项目组成的。如短期银行借款,结算原因所引起的应付账款、应付票据,以及形成与解缴和支用时间不一致而引起的各种应付款项等。因此,企业在确定流动负债总额时,必须考虑流动负债的结构问题。

对流动负债,可分为自然负债和非自然负债。自然负债是指那些随企业生产经营过程而自然产生的负债,它们是由于法定结算程序的原因而导致的形成与解缴和支用时间不一致所引起的诸如应付税费、应付费用等应付款项。对这种负债,企业一般不能或不应作主观安排,而只能加以利用。非自然流动负债是企业流动负债的大头,企业的短期银行借款、应付票据、应付账款,以及计算出来的应缴未缴、应付未付的各种应付款项均属于非自然流动负债。对这类负债,企业可以根据其内部条件和外部环境,主观安排其借款期限、还款期限和支用期限等。对流动负债结构的决策,主要是指对这类可由企业安排的流动负债的决策。

所谓流动负债结构的决策,主要是研究如何安排偿债期限的问题。企业应根据自身生产经营的规律性,按不同的偿还期限来组织筹措各种短期资金来源,以保证能及时清偿各种到期债务。

由于不同流动负债项目的资金成本和偿还期限不一样,因此,它们对收益和风险的影响也各有差异。比如,用短期银行借款筹资,当企业因某些原因暂时不能如期偿还借款时,银行一般不会立即诉诸法律,而多采用提高利息率的办法来制约企业,即当不能如期还款时,产生的结果一般是低风险、高成本。而用应付款项筹资时,当企业延期偿还时,遇到的危险一般不是支付高利息,而是债权人诉诸法律,即用应付款项筹资,可能产生的结果是高风险。但若事情能顺利解决,则是低成本的。可见,用流动负债筹资时,还应权衡不同项目的收益和风险,使其结构最佳。但由于这种权衡需考虑的因素众多,因此,用数学模型来寻求最优解的难度很大,故多采用经验决策方法来寻求可行的较优结构。

(二) 流动负债管理的两种策略

流动负债管理策略就是关于用何种筹资方法来为所需流动资产筹集资金的策略。它与流动资产管理策略一样,可分为稳健型管理和激进型管理两类策略。

1. 流动负债管理的稳健型策略

这种策略不但主张最大限度地缩小企业资金来源中短期负债的数额,用发行公司长期债券或从银行获取长期借款的方法来筹集所需要的资金,而且更稳健者还试图以权益资金代替长期负债,即流动资产需要的资金除少数自然负债外均由权益资金来提供。

这种稳健型策略的主要目的是为了规避风险。当然,如用权益资金替代流动负债,可以使企业流动比率趋于无穷大,即财务风险趋近于零;如用长期负债替代流动负债,在长期负债未到期前,也可使流动比率增大,减少了不能偿还到期债务的风险。

但是,这种稳健型策略会使企业的资金成本增大,利润减少;如企业用权益资金替代负债,还会使企业丧失财务杠杆利益,使权益资金收益率降低。在权益资金既定的情况下,减少负债就会减慢企业的发展速度;而增加权益资金来追求企业发展,又会稀释现有股东权益。因此,一般而言,稳健型流动负债管理策略并不是一种理想的策略,它只适用于权益资金有多余,且找不到更佳投资机会的企业。

2. 流动负债管理的激进型策略

这种策略主张尽力扩大利用流动负债为流动资产筹集所需资金,并尽可能寻求资金成本最低的资金来源,试图将流动负债作为流动资产的唯一资金来源。

很明显,这种激进型策略的目的是追求最大利润。在满足企业各种假定的条件下,这种筹资策略的确能为企业获取最大利润。

但是,利用该种策略即使能让企业获取最大利润,也不一定能使股东财富最大化。因为,当流动比率过低时,企业风险就很大,而企业风险过大,就势必对股票市场投资者的投资积极性产生不利影响,一方面更多的现有股东出售股票,另一方面购买该股票的人又减少,出现供大于求的情况,从而造成股票市场价格下跌,影响到股东权益。反过来,股票价格的下跌,又造成权益资金成本上升,这又抵消了部分甚至全部靠增大流动负债而获得的低资金成本的利益。

以上是就企业没有因增长流动负债而产生不能偿还到期债务的风险而言,即很成功的情况下而言的,就是在这种成功的情况下,该种策略对股东财富最大化也是不利的。一旦外部环境发生变化,如银根紧缩的情况,企业将陷于十分被动的境地,不但股东财富最大化的目标不能保证,甚至企业自身的生存也将成问题。因此,激进(特别是过于激进)型的流动负债管理策略不是一种理想的策略,至少对上市股份公司来说是如此。

一个企业的流动负债管理策略既不能过于保守,也不应过于激进,而应在两者之间寻找一种适合于本企业的折衷方案。上市股份公司还应特别注意方案选择对股票市场的影响,以促成股东财富最大化目标的实现。

四、流动负债管理策略图解

以上简述了流动负债管理的不同策略,为了更清晰地反映不同策略的特征,可用图来加以简示。

(1) 稳健型流动负债管理策略,如图 10-2 所示。

图 10-2 中的虚线在永久性流动资产线以上,其长期资金来源不但能满足永久性总资产的资金需要量,而且还能满足部分或全部波动性流动资产的资金需要量。在这种情况下,

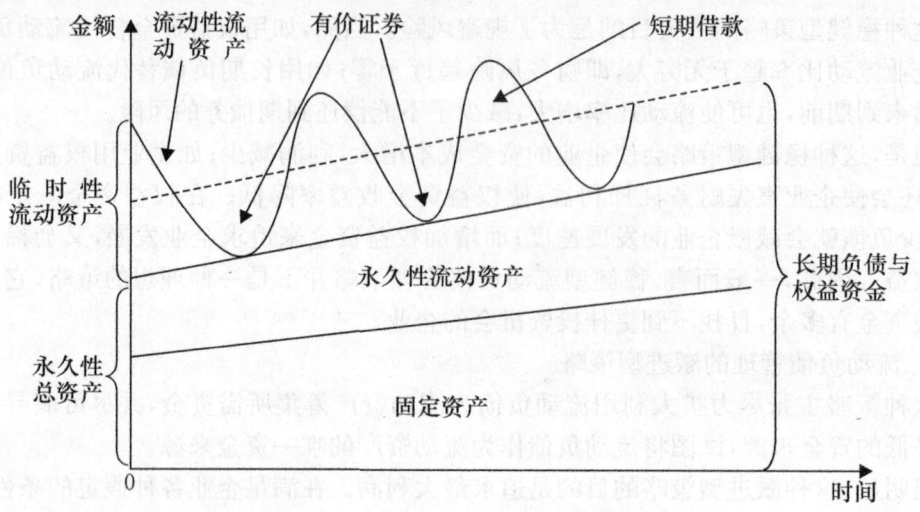

图 10-2　稳健型流动负债管理策略

当波动性流动资产出现高峰时,企业只需要借入少量短期借款就可满足需要;而在低谷时,则以有价证券形式储存流动资金以应付高峰时的需要。显然,该种策略是一种十分稳健的流动负债管理策略。

(2) 激进型流动负债管理策略,如图 10-3 所示。

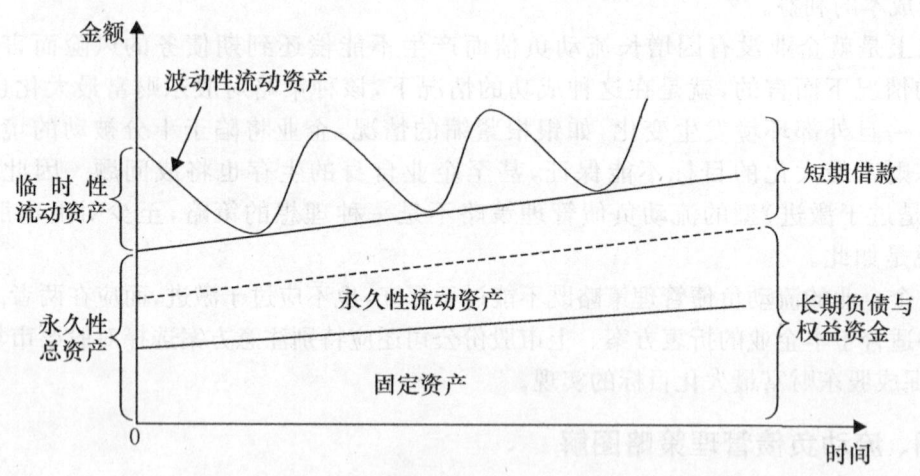

图 10-3　激进型流动负债管理策略

图 10-3 中虚线在永久性流动资产以内,表明企业部分永久性流动资产的资金需要量依赖于借款,企业所承担的风险必然会大增。如果虚线还在固定资产线以下的话,那就表明企业不但全部流动资产而且还包括部分固定资产的资金需要量都来源于短期借款,这

种策略就更为激进了。

(3) 折衷型流动负债管理策略，如图10-4所示。

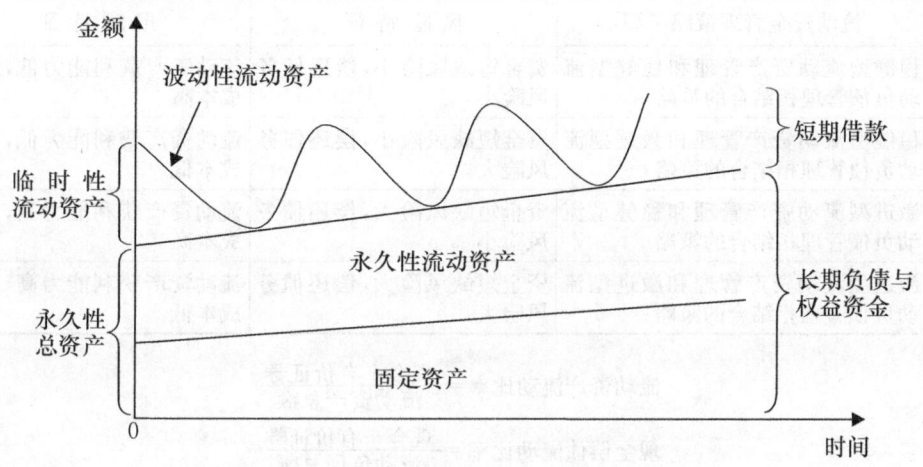

图10-4 折衷型流动负债管理策略

图10-4中，虚线刚好与永久性流动资产线重合，长期负债和权益资金正好满足永久性总资产的资金需要量，而波动性流动资产的资金需要量则全部依靠短期借款来解决。这种折衷型策略的风险小于激进型策略，但大于稳健型策略。在这种情况下，企业若要最大限度地避免风险，就应尽可能准确地计算其各种资产的变现性和负债的到期结构，使两者有机衔接起来，这样就可以减少企业不能偿还到期债务的风险。由于折衷法对资产变现和债务到期结构的衔接要求高，故又被称之为期限衔接法。

第四节　流动资产与流动负债的综合决策

前两节分别讨论了流动资产和流动负债总额与结构的决策问题，现在我们将把这两个相互联系、相互依存的两个方面综合起来讨论。

一、流动资金管理策略的四种类型

前两节分别讨论了流动资产管理和流动负债管理的稳健型与激进型两种策略，如果将其两两组合起来，可以得到流动资金管理的四种策略：稳健型流动资产管理和稳健型流动负债管理的策略，稳健型流动资产管理和激进型流动负债管理的策略，激进型流动资产管理和稳健型流动负债管理的策略，激进型流动资产管理和激进型流动负债管理的策略。这四种策略的风险特征、报酬特征可列表反映，如表10-3所示。

显然，下述四种策略会对企业的流动比率、流动资金净额产生不同的影响。流动比率除了用流动资产与流动负债的比率来表示外，还可用如下两种比率来表示。

表 10-3

不同流动资金管理策略的风险和报酬特征

序号	流动资金管理策略类型	风险特征	报酬特征
1	稳健型流动资产管理和稳健型流动负债管理相结合的策略	资金短缺风险小,偿还债务风险小	流动资产获利能力低,资金成本高
2	稳健型流动资产管理和激进型流动负债管理相结合的策略	资金短缺风险小,偿还债务风险大	流动资产获利能力低,资金成本低
3	激进型流动资产管理和稳健型流动负债管理相结合的策略	资金短缺风险大,偿还债务风险小	流动资产获利能力高,资金成本高
4	激进型流动资产管理和激进型流动负债管理相结合的策略	资金短缺风险大,偿还债务风险大	流动资产获利能力高,资金成本低

$$流动资产流动比率 = \frac{现金 + 有价证券}{流动资产总额}$$

$$现金偿债流动比率 = \frac{现金 + 有价证券}{流动负债总额}$$

流动资产流动比率是衡量企业流动资产的流动能力的指标,这一比率值越大,流动资产的流动能力就越强,就越有能力为应付各种意外情况提供资金保证。

现金偿债流动比率是衡量企业在不将其他资产变现或从外部取得借款的情况下,偿付流动负债的能力的指标,这一比率值越大,企业自身偿债能力就越强,不能偿还到期债务的风险就越小。

显然,在上述四类流动资金管理策略中,第1类由于主张尽力增加现金和有价证券在流动资产中的比重,故会有较大的流动资产流动比率;另外,再由于强调最大限度地缩小流动负债在资金来源中的比重,故会有较大的现金偿债流动比率。且由于现金和有价证券的增长与流动负债的减少同步发生,故会使得现金偿债流动比率大于流动资产流动比率。在这种流动资产大幅度高于流动负债的情况下,企业流动资金净额也将会产生较高的正值。相反,第4类由于主张最大限度地缩小现金和有价证券在流动资产中所占比重,故流动资产流动比率较低,以及由于尽力利用短期借款为流动资产筹集资金的方法,故其现金偿债流动比率也较低,甚至会低于流动资产流动比率。在一方面削减流动资产和另一方面增加流动负债的情况下,企业流动资金净额必会加速减少,甚至会出现负值。第2类、第3类流动资金管理策略则介于最稳健与最激进之间。总的来说,第2类策略的流动资产流动比率大,但现金偿债流动比率相对较小;第3类策略的流动资产流动比率小,但现金偿债流动比率相对较大。这两类折衷策略的流动资金净额情况如何,要视具体情况而定。

二、流动资金管理策略风险程度的确定

以上分别探讨了不同流动资金管理策略所具有的风险问题,但这种探讨偏重于定性方面,为了清晰地反映企业采用不同流动资金管理策略的总体风险程度,还需要进行定量

分析。下面将以实例说明流动资金管理策略总风险程度的定量分析方法。

【例 10-2】 设某公司固定资产总额为 100 万元，有 A、B、C、D 四个流动资金管理方案，四个流动资金管理方案对公司的生产经营能力完全一样，四个方案的有关数据如表 10-4 所示。

表 10-4

流动资金管理方案

单位：万元

方　案	现金与有价证券	其他流动资产	流动资产总额	流动负债
A	20	80	100	50
B	20	80	100	80
C	5	65	70	50
D	5	65	70	80

试根据上述资料计算不同流动资金管理方案的风险程度。

解：

不同方案的风险程度评价如表 10-5 所示。

表 10-5

风险程度评价表

金额单位：万元

方案	现金与有价证券	流动资产	资产总额	流动资产与资产总额之比	流动资产流动比率	1－流动资产流动比率	流动负债	流动负债与资产总额之比	流动资金管理策略的风险程度
	①	②	③	④=②÷③	⑤=①÷②	⑥=1－⑤	⑦	⑧=⑦÷③	⑨=(⑥+⑧)÷2
A	20	100	200	0.5	0.2	0.8	50	0.25	0.525
B	20	100	200	0.5	0.2	0.8	80	0.4	0.6
C	5	70	170	0.412	0.07	0.93	50	0.294	0.612
D	5	70	170	0.412	0.07	0.93	80	0.47	0.7

表 10-5 中第⑤栏，即流动资产流动比率，反映流动资产管理策略风险程度，其值越小，表明风险程度越高。表中第⑥栏是第⑤栏的转化形式，其目的是为了便于评价流动资金管理策略的总风险程度。用"1－流动资产流动比率"来替代"流动资产流动比率"评价风险程度时，其值越大，表明流动资产管理策略所具有的风险越高。表中第⑧栏为流动负债与资产总额之比，所反映的是流动负债管理策略的风险程度，其值越大，表明企业偿还

到期债务的风险就越大。表中第⑨栏,即第⑥栏与第⑧栏的平均数,反映的是流动资金管理策略的总风险程度,其值越大,表明流动资金管理策略的风险程度越高;反之,则表明其风险程度越低。

利用这种方法,既可对企业各种流动资产管理策略和流动负债管理策略所具有的风险分别进行比较,又可对由它们组合而成的流动资金管理策略的风险程度进行比较,且十分直观和方便。从[例10-2]来看,A方案风险最小,其次是B方案、C方案,D方案风险最大。就D方案来看,D方案的流动负债数大于其流动资产数,流动资金净额已为负数,企业在这种情况下必然承受着极大的风险,因此,一般而言,D方案并不可取。至于A、B、C三个方案,哪一个更可取,取决于企业管理者对待风险和收益的态度,喜爱高风险和高收益的财务管理者可能会寻求B、C方案,甚至采纳D方案,而过于稳健型的财务管理者可能会采纳A方案。

另外,如果在表中加入收益总额和投资收益率两栏,还可对流动资金管理策略所引起的风险程度与投资收益率进行综合比较,更好地确定方案的取舍。当然,还可加入其对股票市价的影响栏等进行更深入的系列分析,以股东财富最大化作为目标来选择流动资金管理策略。

【例10-3】 假定[例10-2]中公司的股东权益总额为80万元,息税前收益为30万元,长期负债利息率为12%,流动负债的利息率为6%,公司所得税税率为30%。排除流动资金管理模式风险的其他风险确定的折现率为8%,采用最保守的流动资金管理模式会使公司折现率上升2%;采用其他流动资金管理模式,其风险折现率将以不同流动资金管理策略的风险程度之比的3次方速度上升。试根据股东权益价值选择最佳的流动资金管理方案。

解:
(1) 计算不同流动资金管理方案的税后利润。

方案 A=(30-70×12%-50×6%)×(1-30%)=13.02(万元)
方案 B=(30-40×12%-80×6%)×(1-30%)=14.28(万元)
方案 C=(30-40×12%-50×6%)×(1-30%)=15.54(万元)
方案 D=(30-10×12%-80×6%)×(1-30%)=16.8(万元)

(2) 计算不同流动资金管理方案公司适用的风险折现率。

方案 A=8%+2%=10%
方案 B=8%+(0.6÷0.525)³×2%=10.99%
方案 C=8%+(0.612÷0.525)³×2%=11.17%
方案 D=8%+(0.7÷0.525)³×2%=12.74%

(3) 计算不同流动资金管理方案股权资金的股权价值。

方案 A=13.02÷10%=130.2(万元)
方案 B=14.28÷10.99%=129.94(万元)

方案 C=15.54÷11.17%=139.12(万元)
方案 D=16.8÷12.74%=131.87(万元)

根据以上结果,以股权资金价值为标准,方案 C 最优,方案 D 第二,方案 A 第三,方案 B 最差。故应该选择方案 C。

不过需要注意的是,一方面,随着资金市场的日趋完善,商业信用广泛使用,为企业提供了更多的短期资金来源渠道,使企业有可能尽量减少现金和有价证券的保有量,又可以应付意外情况;另一方面,随着计算机的普及和多种预测模型的建立,企业财务人员能够更加准确地预测和把握外部环境变化对企业经营的影响,作出的计划更符合实际,借款与还款能很好地衔接,从而增加了企业既可用流动负债筹集大量资金又不至于承担过大还款风险的可能性。这两方面的结果使企业流动资金管理策略出现日益激进的趋势。

第五节 利用财务风险策略综述

财务风险是一把"双刃剑",运用得当,可以为企业带来利益;运用不当,则会给企业造成损失。因此,财务风险的利用具有技巧性。运用财务风险就是要确定资金来源的结构,简称资金结构或财务结构。本书前面已对资金结构与资金成本的关系进行了讨论,这里将通过对运用财务风险应考虑的主要因素,以及财务风险与股权资金收益率和企业价值关系的讨论,进一步对运用财务风险的有关基本理论与方法进行探讨。

一、运用财务风险应该考虑的基本因素

运用财务风险应考虑的主要因素包括未来销售稳定性和增长率、行业特征、企业资产结构、管理者和债权人对待风险的态度等。

(一)销售稳定性和增长率

从前述的财务杠杆原理中可以看出,在利息费用一定时,财务杠杆随销售量的增加而下降。如果一个企业未来销售稳定性强,那么,该企业抵御财务风险带来的不确定性的能力就相应地强;反之则弱。因此,一个企业未来销售稳定状况如何,是企业决定是否放大财务风险必须首先考虑的因素。当一个企业预测其未来的销售量会稳定增加时,适度扩大财务风险,多用负债筹资是可取的。因为负债筹资可以在不削弱原股东控制权的前提下,迅速扩大生产规模,提高股权资金收益率,增加股东财富。相反,如果一个企业的未来销售状况不明时,则应注意控制财务风险,把财务风险降低到企业可控制的范围之内。

(二)行业特征

不同行业具有不同的经营风险水平,该经营风险不仅会影响到企业的销售状况,而且还会影响到企业的盈利状况。在竞争激烈的行业,销售收入利润率就比相对垄断的行业低。例如,我国家用电器行业就因为生产过剩,市场竞争激烈,价格一降再降,销售量虽然有所增长,但销售收入利润率却大大低于诸如供电、供油等垄断行业的销售收入利润率。

而新兴的快速发展的行业,其销售收入利润率则会高于传统的发展停滞的行业。例如,当代新兴的信息产业,由于市场容量巨大,发展迅速,其销售收入利润率远远高于诸如机械、冶金等传统产业的销售收入利润率。一般而言,经营风险大的企业,应以较低的财务风险与之匹配;只有经营风险较小的企业,才可以考虑扩大财务风险,追求财务杠杆带来的股权资金收益率的加速增长。

(三) 企业资产结构

企业资产结构对运用财务风险的影响可从两个方面来看:一是企业资产结构客观上制约了企业负债筹资的能力和种类。比如,一个固定资产比重大的企业,就有可能通过发行长期抵押债券筹资;而一个以存货等资产为主的商业公司,则只能通过短期银行借款的方式筹集负债资金。二是企业资产结构在一定程度上体现了企业的经营风险。资产流动性越大,经营风险越低;资产流动性越小,经营风险越高。这就要求企业在安排资金来源结构时,主观上必须考虑到风险匹配的问题,即用较小的财务风险与较大的经营风险相匹配,以降低风险;或者用较大的财务风险与较小的经营风险相匹配,以获取财务杠杆利益。对流动性大的资产结构,可以扩大风险,多用负债甚至流动负债筹资;而对流动性小的资产结构,则应避免用流动负债甚至长期负债筹资。

(四) 管理者对待风险的态度

管理者对待风险的态度是最直接影响企业利用财务风险的因素。喜好风险的会积极地运用财务杠杆,提高股权资金收益率;厌恶风险的则会加强对财务风险的控制,防止风险扩大化。

管理者对待财务风险的态度会受公司性质的影响。一般而言,管理者选择筹资方式时比较重视公司控制权的问题。股权分散的大公司,由于用普通股票等股权资金方式筹资对其控制权的影响不大,因此,管理者乐于用发行普通股票的方式筹资。而对股权集中的小公司而言,为了保证公司的控制权牢牢地掌握在管理者手中,公司现有股东和管理者往往愿意承受较大的财务风险,回避用股权方式筹资。特别在他们对公司前途充满信心时更是如此。因为在这种情况下,可以从放大财务风险获得更大的利益。

(五) 债权人对待风险的态度

债权人对待风险的态度,也会直接影响到企业的借债能力。比如,债权人可能要求企业必须达到某个信用级别,才能向它发放贷款。而信用级别则直接与企业资产负债率相关,当一个企业负债与资产之比过大时,其信用级别必然降低,这就自然地制约了企业提高财务杠杆的能力。

二、利用财务风险的基本原则

一个企业利用财务风险最基本的目的是通过提高股权资金收益率来增加股权价值。股权价值是股权资金收益率和风险水平的函数。放大财务风险虽然在一定程度上可提高股权资金收益率,但却不一定能增加股权价值。为了增加股权价值,就必须权衡收益和风险，使两者得到最佳匹配。只有这样，才可能使股权价值达到最大化。

在现实中，财务风险对股权资金收益率的影响往往通过负债资金成本表现出来。在资产收益率不变的条件下，负债资金成本的上升将抵减负债比重增大的利益。如果负债资金成本的变化能较准确地反映财务风险的变化，那么，股权资金收益率就可以较准确地表现股权价值。下面，以实例来讨论最优财务风险水平确定的原理。

【例 10-4】 已知某公司总资产和总资产收益率保持不变，其总资产收益率为 10%，负债与股权资金之比和负债资金成本存在着如表 10-6 所示的关系。

表 10-6

负债/股权资金与负债资金成本的对照关系表

负债/股权资金(%)	40	80	100	150	200	250
负债资金成本(%)	4	5	6	8	11	15

问如何确定该公司的最优资金结构？

解：

根据公司最优资金结构就是股权资金收益率最大的资金结构，我们可以计算在不同资金结构条件下的股权资金收益率，如表 10-7 所示。

表 10-7

股权资金收益率计算表

序号	总资产收益率(%) ①	负债/股权资金(%) ②	负债成本(%) ③	股权资金收益率(%) ④=①+②×(①-③)
1	10	40	4	12.4
2	10	80	5	14
3	10	100	6	14
4	10	150	8	13
5	10	200	11	8
6	10	250	15	−2.5

为了能更直接地反映不同资金结构与股权资金收益率的关系，可将表 10-7 的计算结果制成如图 10-5 所示。

从上述计算结果不难看出，当负债与股权资金之比为 80% 和 100% 时，股权资金收益率达到最大，为 14%；而低于该比例或高于该比例时，股权资金收益率均低于 14%。这说明，该公司的最优资金结构应在负债与股权资金之比为 80% 和 100% 之间进行选择。再根据收益率相等时，风险小的价值大的原理，该公司的最优资金结构应是负债与股权资金之比为 80%。

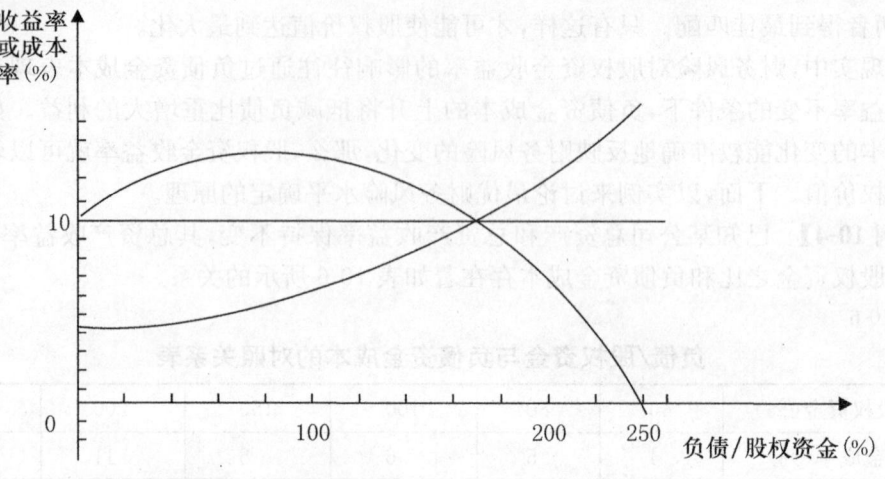

图 10-5　不同资金结构与股权资金收益率的关系图

三、财务风险与股权价值的关系

上一问题在假定企业负债资金成本已较准确反映企业财务风险的前提之下,得出了不同财务风险具有不同的股权资金收益率的结论。在这里,我们将进一步讨论不同财务风险与股权价值的关系。

$$股权价值 = \sum_{t=1}^{n} \frac{CI_t}{(1+i)^t}$$

式中　CI_t——各期股权资金产生的净现金流入量。

在实务中,为了计算方便,股权资金产生的净现金流入量多用税后利润或现金股利表示。企业税后利润的大小,在企业总资产不变的条件下,明显地受财务风险的影响。因为:

$$企业税后利润 = 股权资金额 \times 股权资金收益率$$

显然,股权资金收益率越高,每一元股权资金的税后利润就越大,而企业财务风险直接影响到股权资金收益率,因此,也就影响到每一元股权资金的税后利润。税后利润与股权价值成正比,税后利润越高,股权价值越大。

折现率是决定股权价值的另一个重要因素,在一般情况下,用市场同风险收益率作为折现率。企业财务风险的变化,自然会影响到适用折现率的高低。财务风险越大,所用的折现率就越高;反之,则越低。

财务风险是由负债筹资的原因引起的,资金结构的不同直接影响到企业股权资金收益率的高低和适用折现率的高低,进而影响到股权价值的大小。因此,用股权价值作为判别企业最优资金结构的标准,比直接用股权资金收益率标准更加具有综合性。

【例 10-5】 假定[例 10-4]中各种资料不变,又知市场同风险收益率同负债与股权资金的比率如表 10-8 所示。

表 10-8

负债/股权资金与市场同风险收益率的对照关系表

负债/股权资金(%)	40	80	100	150	200	250
市场同风险收益率(%)	6	6.5	7	9	12	15

试选择出股权价值最大的方案。

解:

根据题意,该公司不同财务风险条件下的每百元账面股权资金的实际价值可按以下思路确定。

(1) 分情况选择确定股权价值的方法。在无其他各种限制条件下,如果企业有盈利,企业可以持续经营下去,其折现期可设定为无穷大,故可以用未来现金流入量折现的方法来确定股权价值。如果企业无盈利,企业则不可能持续经营下去,从理论上讲,经营时间越长,亏损越大,因此应该立即停止经营,故其股权价值不能用未来现金流入量的折现方法来确定,而只能以清算价值确定。

(2) 用市场同风险收益率作为折现率,将相同财务风险条件下的百元股权资金收益额折现,计算出每百元股权资金的实际价值。其计算结果如表 10-9 所示。

表 10-9

股权资金收益率计算表

金额单位:元

序号	负债/股权资金(%) ①	股权资金收益率(%) ②	百元股权资金收益额 ③	适用折现率(%) ④	每百元账面股权资金价值 ⑤=③÷④
1	40	12.4	12.4	6	207
2	80	14	14	6.5	215
3	100	14	14	7	200
4	150	13	13	9	144
5	200	8	8	12	67

从表 10-9 的计算结果不难看出,当公司资金结构为负债与股权资金之比为 80% 时,股权价值最大,所以,负债与股权资金之比为 80% 的资金结构是公司的最优资金结构。

第六节　财务风险与经营风险的具体匹配策略

企业在追求股东财富最大化的过程中离不开运用财务风险。要有效地运用财务风险就离不开将财务风险与经营风险相匹配。如何将财务风险同经营风险进行匹配,是公司理财中需要研究的问题。本节将对财务风险与经营风险的匹配理论和方法进行研究。

一、财务风险和经营风险在资产负债表上的反映

会计上的资产负债表,其资产方是按资产的流动性排列,流动性大的排在前,流动性小的排在后;其资金来源方是按资金来源的稳定性排列,稳定性差的排在前,稳定性强的排在后。

资产的流动性在很大程度上反映了企业的经营风险和资产盈利能力,因为,资产的结构在很大程度上反映了企业的经营风险和资产盈利能力。而这又是因为,资产结构在很大程度上决定了一个企业的经营性固定成本,如固定资产折旧、无形资产摊销等。

资金来源的稳定性在很大程度上反映了企业的财务风险和普通股本的盈利能力。这是因为,资金来源的构成在很大程度上决定了一个企业固定的财务支出,如负债利息、优先股股利等。

因此,资产负债表可以在很大程度上综合反映企业的总风险水平。资产负债表所反映出的风险水平和潜在盈利能力如表10-10所示。

表10-10

资产负债表——风险和收益的关系

资产	经营风险	收益	负债和股东权益	财务风险	收益
货币资金	小	小	流动负债	大	大
应收账款	↓	↓		↓	↓
存货	↓	↓	长期负债	↓	↓
长期投资	↓	↓		↓	↓
固定资产	↓	↓	优先股本	↓	↓
无形资产	大	大	普通股本	小	小

从表10-10可以看出,一个企业可以通过调整资产结构和资金来源构成来控制企业的总风险和追求收益。

二、财务风险与经营风险的匹配

虽然调节两种风险可以达到调控企业总风险的目的,但在实践中,一个企业的资产结构是一个企业技术水平和经营性质的反映,它与企业所处的行业密切相关,一般而言,如

果企业不根本地转变其经营性质,资产结构是很难有根本性改变的。比如,一个机械加工企业的固定资产比重会大于一个商业贸易企业的固定资产比重;一个高科技企业的无形资产比重会大于一个传统企业的无形资产比重。这说明,一个企业的资产结构具有相对的稳定性,不是财务人员风险控制的重点。对财务人员而言,风险控制的重点是财务风险。财务人员应该根据企业经营风险的现实状况,确定合理的资金来源结构,通过调控财务风险来控制企业的总风险水平。

财务风险的大小与各种具体资金来源的比重密切相关,调控财务风险就是要调节各种具体资金来源的比重。确定各种具体资金来源的比重,要充分考虑到不同资金来源所提供的财务杠杆效应和对外筹资的基础。财务杠杆效应具有层次性和传递性。层次性是指资产负债表上方的资金来源可以向下方的资金来源提供财务杠杆;传递性是指财务杠杆的作用是通过不同层次的资金来源从上层往下层传递的。比如,负债可以向股本提供财务杠杆利益,优先股本又可以向普通股本提供财务杠杆利益,就是普通股本中的优先级别股本(A级普通股票)也可以向普通股本的一般级别股本(B级普通股票)提供财务杠杆利益。与财务杠杆效应相反,享受财务杠杆效应的资金来源是对外扩大筹资的基础。比如,普通股本是优先股本筹资的基础,普通股本与优先股本之和是对外借债的基础,而股本与次等负债之和是优先负债的基础,等等。

所谓对财务风险的调控就是根据财务风险层次性和传递性的特征,合理地安排资金来源结构,使企业总风险能得到有效控制的前提之下,尽可能提高股权资金收益率,特别是普通股权资金的收益率。下面以实例说明财务风险与经营风险相匹配的策略。

【例10-6】 假定某公司的普通股权益为4 000万元,资金成本为14%。优先求偿资金来源与非优先求偿资金来源之比的公认社会标准为1:1。现公司有一很好的投资项目,投资的资产收益率可以达到14%。投资该项目后,公司的资产总额将达到20 000万元。公司预计不同资金来源的资金成本为普通股票14%,优先股票10%,非优先债务8%,优先债务6%。

现公司有三种方案可供选择:方案一,全部用普通股票筹资;方案二,分普通股票和优先债务两级筹资;方案三,分普通股票、优先股票、非优先债务和优先债务四级筹资。试确定最佳的筹资方案。

解:

确定最佳筹资方案的决策分析过程如下:

方案一,因为全部资金来源均为普通股票,因此综合资金成本就是普通股票的资金成本,即资金成本为14%。普通股权益收益率等于公司总资产收益率14%。

方案二,将全部资金来源分为普通股票和优先债务两级,按公认社会标准筹资,企业的普通股票筹资额为10 000万元,优先债务筹资额也为10 000万元。那么,公司的综合资金成本和普通股权益收益率则分别为:

$$综合资金成本 = \frac{10\,000}{20\,000} \times 14\% + \frac{10\,000}{20\,000} \times 6\% = 10\%$$

$$普通股权益收益率 = 14\% + \frac{10\,000}{10\,000} \times (14\% - 6\%) = 22\%$$

方案三,将全部资金来源分为普通股票、优先股票、非优先债务和优先债务四级筹资,按公认社会标准,由于公司已经存在4 000万元的普通股本,因此公司只要发行1 000万元的优先股票,就可以筹集5 000万元的非优先债务和10 000万元的优先债务,满足20 000万元投资的需要。按这种结构,公司的综合资金成本和普通股权益收益率则分别为:

$$综合资金成本 = \frac{4\,000}{20\,000} \times 14\% + \frac{1\,000}{20\,000} \times 10\% + \frac{5\,000}{20\,000} \times 8\% + \frac{10\,000}{20\,000} \times 6\% = 8.3\%$$

$$普通股权益收益率 = 14\% + \frac{16\,000}{4\,000} \times (14\% - 6.875\%) = 42.5\%$$

$$6.875\% = \frac{1\,000}{16\,000} \times 10\% + \frac{5\,000}{16\,000} \times 8\% + \frac{10\,000}{16\,000} \times 6\%$$

虽然以上举例选择了三个极端的情况,但是揭示了企业分多级筹资的基本目的——降低综合资金成本和提高普通股权益收益率。

企业资金来源构成除了按上述的优先资金来源与非优先资金来源进行分类之外,还应与资产结构相匹配,按短期资金来源与长期资金来源进行分类。这种分类的目的仍然是为了控制财务风险。一般来讲,企业的长期资产所需的资金应用长期资金来源解决,企业的短期资产所需的资金则可用长期资金来源和短期资金来源共同解决。这样,不仅可以使企业总风险得到有效的控制,而且还可以使企业维持较高的股权资金收益率,有利于股东财富最大化目标的实现。

思考与练习

一、复习思考题

1. 公司最佳投资额和实际投资额分别应该如何确定?
2. 公司筹资应该如何配合公司的投资?如何理解总量综合决策理论?
3. 投资结构与筹资结构对公司收益和风险的影响有哪些?
4. 公司投资结构与筹资结构综合决策的理论和方法有哪些?
5. 流动资产结构和流动负债结构对公司收益和风险的影响是什么?
6. 流动资金管理策略的基本分类有哪些?
7. 流动资产与流动负债综合决策的理论和方法有哪些?
8. 利用和控制财务风险策略的基本理论和方法有哪些?

9. 财务风险与经营风险的具体匹配应该关注哪些问题?

二、练习题

1. 假定 S 公司流动负债与长期负债合计为 500 万元,流动负债的资金成本为 2%,长期负债的资金成本为 10%。请计算:当流动负债总额分别为 100 万元、200 万元、400 万元时,企业三种方案全部负债的资金成本,以及各方案的流动资金量和流动比率;分析三种方案的风险和收益。

2. 设长风公司股权资金为 2 000 万元,固定资产净值为 1 000 万元,预计该公司在计划年度内能销售产品 100 万件,销售单价为 40 元/件,总资产息税前收益率为 15%。现公司有稳健与激进的流动资产和流动负债所组成的四个流动资金管理方案,如表 10-11 所示。

表 10-11

流动资金管理方案

金额单位:万元

方案	流动资产		负债			
	现金和有价证券	其他流动资产	流动负债		长期负债	
			金额	成本率(%)	金额	成本率(%)
A	400	600	200	2	800	12
B	400	600	800	2	200	12
C	100	600	200	2	500	12
D	100	600	500	2	200	12

又知,公司不考虑流动资金管理模式的适用折现率为 6%,采用最保守的流动资金管理模式会使公司折现率上升 4%;采用其他流动资金管理模式,其风险折现率为流动资金管理策略的风险程度之比。

要求根据以上资料,选出你认为最优的流动资金管理方案,并分析说明。

3. 已知南华股份有限公司总资产和总资产收益率保持不变,其总资产收益率为 10%,负债与股权资金之比和负债资金成本存在着如表 10-12 所示的关系。

表 10-12

负债与股权资金之比和负债资金成本关系表

负债/股权资金(%)	30	50	80	100	150	200
负债资金成本(%)	3	4	5	6	8	12

试根据以上资料确定南华公司的最优资金结构。

4. 假定练习题 3 中的南华股份有限公司市场同风险收益率和负债与股权资金的比

率存在着如表 10-13 所示的关系。

表 10-13
负债与股权资金之比和市场同风险收益率关系表

负债/股权资金(%)	30	50	80	100	150	200
市场同风险收益率(%)	6	6.5	7.5	9.5	12	15

试根据以上资料确定南华公司的最优资金结构。

5. 已知先锋股份有限公司现有普通股权益为 3 000 万元。现公司有一很好的投资项目，投资的资产收益率可以达到 14%。投资该项目后，公司的资产总额将达到 20 000 万元。公司预计，当优先求偿资金来源与非优先求偿资金来源之比的公认社会标准为 1:1 时，不同资金来源的资金成本分别为普通股票 13%，优先股票 10%，非优先债务 8%，优先债务 5%。试求股东权益收益率最大的资金结构。

第十一章 盈利分配与股利分配

【本章提要】 盈利分配在公司理财体系中占有重要位置。盈利分配有刚性分配和弹性分配,刚性分配是公司无权自由做主,必须按照有关法规进行的盈利分配;弹性分配是公司可以自由做主,按照股东会的决定进行的盈利分配。弹性盈利分配的主要研究对象是股利分配政策的制订。本章将重点讨论盈利分配的有关规定、程序,以及股利分配的一些基本概念。

【学习目标】 通过本章学习,要求掌握和了解如下内容:(1)掌握盈利分配的内容与我国公司盈利分配的相关法律规定。(2)了解盈利分配与股利分配的关系。(3)掌握可供股东分配利润的概念,以及分配后的结果。(4)掌握股利支付率的不同计算方法。(5)了解股利分配的基本动因。

第一节 公司盈利分配的内容

盈利分配是公司理财中的三大问题之一,公司产生盈利之后,必须向公司相关的利益主体进行分配。盈利分配关系到各个利益集团的切身经济利益,因此,其分配备受有关利益集团的关注。在本节将重点讨论公司盈利分配的内容。

一、公司盈利分配程序

公司盈利的表现形式有税前利润(利润总额)和税后利润(净利润)两类指标。税前利润减去所得税之后的余额就是税后利润。所得税是国家参与企业分配的结果,从理论上讲,也属于企业盈利分配的范畴。只不过所得税分配的多少,企业没有决定权,它是按照企业利润总额和国家税法规定的所得税率由国家税务部门强制征收的。因此,在实际中,多将所得税从公司盈利分配中排除,以公司缴纳所得税之后的净利润作为公司盈利的指标。这样,公司盈利分配就变成了对公司净利润的分配。

公司的盈利分配程序受到国家法律上的制约,法律规定盈利分配程序的主要目的是为了制约公司分配的随意性,保证企业资本的充实,保护优先股股东的权益。在整个公司盈利分配链条中,普通股股东的利益是放在最后考虑的。

按我国股份公司的财务制度规定,公司的盈余应按下列顺序分配:第一,弥补亏损;第二,法定公积金;第三,优先股股利;第四,任意公积金;第五,普通股股利。

二、盈利分配的主要内容

下面简单讨论盈利分配各个程序的内容和基本目的。

(一)弥补亏损

弥补亏损是放在公司盈利分配第一个环节的,其目的是为了保证资本的充实性。在公司以前年度发生亏损时,公司的资本必然受到侵蚀,影响到公司的经营能力,为了保证资本的充实完整,在以后年度出现盈利的时候,要优先补足在以前受到侵蚀的资本。在亏损未弥补之前,公司盈利不得用于其他任何用途的分配。按照我国税法规定,以前年度的亏损可以在以后的5个年度内用税前利润来弥补。这说明,弥补亏损在一定的条件下,甚至放在缴纳所得税之前,可见盈利分配在保证资本充实方面的重要性。

(二)提取法定公积金

公积金按照来源为标准,可以分为资本公积金和盈余公积金。资本公积金是指超过股票面额发行所得的溢价额、产权变动时的资产估价增值额(扣除减值额)、接受赠与的所得,等等。盈余公积金则是从税后利润中提取。盈余公积金又可以进一步分为法定公积金和任意公积金。在这里所指的法定公积金,就是法定盈余公积金。按照我国的现行规定,法定盈余公积金按公司税后利润的10%提取,公司没有权力确定法定盈余公积金的比例。但是,当公司提取的法定盈余公积金已经达到注册资本50%以后,可以不再提取法定盈余公积金。法律强制性地要求公司提取公积金,其基本目的是为了保证公司资本的增值,为公司未来的正常发展提供资本方面的保障。

我国还对弥补亏损的资金来源作了明文规定,即:公司应先使用其盈余公积金弥补亏损,不足时,才可以用其资本公积金补充。这就制约了公司盈余公积金有亏损时不减少的可能性,使公司自由提取法定公积金的可能性减少。

(三)支付优先股股利

优先股股利的支付先于普通股股利,这也是盈利分配法规所确定。有关优先股股利先于普通股股利的问题,在讨论优先股票时已提及,故不再叙述。但是,需要注意,公司在弥补亏损和提取法定公积金前,不得分配优先股股息和普通股红利。公司无盈余,也不得分派股息和红利。

(四)提取任意公积金

任意公积金是公司按章程规定或股东大会决议从税后利润中另外提取的,它从性质上看与法定盈余公积金是一样的,所不同的是任意公积金受制于公司股利支付策略,属于股利分配的范畴。我国公司法规定:公司在从税后利润中提取法定公积金后,经股东会决议,可以提取任意公积金。

公司除了上述的分配之外,还可以提取职工福利基金、奖励基金,以及任意公益金,这些分配都排在支付普通股股利之前。目的是将盈利分配作为企业的一种激励手段,让员工在一定程度上参与企业的盈利分配,将员工的利益与股东的利益有机地联系在一起,通过提高员工的工作积极性,来增加企业经济效益。

（五）支付普通股股利

普通股股利是盈利分配程序中的最后一个环节,其支付金额的多少完全由公司的股利政策所决定。按照盈利分配程序,如果公司出现亏损,就不可能支付普通股股利,但是,在盈余公积金已超过注册资本总额50%的条件下,如果公司出现亏损或可供分配利润低于股票面值的6%,那么允许公司为了维持本公司的股票信誉,用其超过部分,以不超过股票面值6%的比率派发股息和红利,但分配股利后的法定公积金不得低于注册资本的25%。

以上法律规定是任何公司都必须遵守的,它制约了公司盈利分配政策的任意性。

三、盈利分配与股利分配之间的关系

从上述有关盈利分配的内容和程序的讨论中,可以看出,盈利分配与股利分配是存在着差异的,两者的关系是股利分配隶属于盈利分配,是盈利分配中的核心内容。这是因为,第一,盈利分配的其他环节都属于法定的刚性分配,只有股利分配环节公司才有自主权,才有权研究其分配的方案;第二,归股利分配的盈利比例占公司盈利的百分比最大。盈利分配与股利分配两者之间的关系可以用利润分配表来说明,如表11-1所示。

表11-1

利 润 分 配

项　　目	分 配 规 则 和 内 容
利润总额	
减:所得税	国家强制征收
净利润	
加:年初未分配利润	
可供企业分配利润	盈利分配
减:提取法定盈余公积金	按税后利润的10%刚性分配;当盈余公积金已超过注册资本总额50%以后,可以不再提取
可供股东分配利润	
减:优先股股利	按优先股发行合同规定的股利率刚性分配
可供普通股股东分配利润	股利分配政策
减:提取任意盈余公积金	根据股东会议的决定自主弹性分配
普通股股利	根据股东会议的决定自主弹性分配
年末未分配利润	根据股东会议的决定自主留存

从表 11-1 可以看出,公司盈利分配是由刚性的法定分配和合同分配与弹性的股利分配两部分内容所构成,其中股利分配的内容就是将可供普通股股东分配利润分解为任意盈余公积金、普通股股利和未分配利润三个部分。这三个部分在一般的公司盈利分配中的比例都高达 80%,是盈利分配的核心。正因为如此,在很多人的观念里,包括许多教科书中都将股利分配等同于盈利分配。

公司的利润分配方案和弥补亏损方案由公司董事会制订,经股东会审议批准后执行。

【例 11-1】 已知某公司本年度的净利润为 3 000 万元,上年末未分配利润为 1 000 万元,法定盈余公积金的提取比例均为 10%,应支付的优先股股利为 500 万元。公司的股利分配政策:按可供普通股股东分配利润的 20% 提取任意盈余公积金,25% 支付现金股利,35% 支付股票股利。试根据上述资料编制利润分配表。

解:

根据上述资料编制的利润分配表,如表 11-2 所示。

表 11-2

利 润 分 配

单位:万元

项　　目	计算过程	金　额
净利润		3 000
加:年初未分配利润		1 000
可供企业分配利润		4 000
减:提取法定盈余公积金	3 000×10%	300
可供股东分配利润		3 700
减:优先股股利		500
可供普通股股东分配利润		3 200
减:提取任意盈余公积金	3 200×20%	640
支付普通股现金股利	3 200×25%	800
支付普通股股票股利	3 200×35%	1 120
年末未分配利润		640

第二节　股利分配政策

公司股利分配政策是指当期可供普通股东分配利润的分配政策。具体地看,它包括股利支付的形式、股利支付率、股利支付增长率、股利发放策略、股利发放程序等。本节将对这些问题逐一讨论。

一、股利支付形式

公司股利的支付形式可以多种多样,从理论上讲主要有实际收益式股利、股权式股利和负债式股利三种。

(一)实际收益式股利

实际收益式股利是指企业将其所拥有的资产作为股利分配给股东的事件。股利分配的结果是公司的资产减少,股东拥有的资产增多,获得了实际收益。它主要有现金股利和非现金形式的资产股利两种形式。

1. 现金股利

现金股利是指公司以现金的形式向股东支付股利。现金一方面可以无限分割,便于公司向股东支付股利;另一方面可以转换为任何资产,满足股东的各种需要,广泛受到股东的欢迎。因此,现金股利是公司股利分配中最常见的形式。现金股利又称为"红利",公司发放现金股利经常被简称为分红或派现。

2. 非现金形式的资产股利

非现金形式的资产股利,简称财产股利,是指公司用现金以外的资产来支付的股利。由于股利支付具有零星性,因此,不是每项资产都适合于支付股利,能够用于支付股利的资产主要是那些可以进行分割的资产,如企业的产品、公司持有的有价证券等。从实际上看,用非现金财产支付股利的情况很少发生,特别对上市公司而言,向股东分发非现金资产的股利,根本就是行不通的。

(二)股权式股利

股权式股利,即股票股利,是指企业以增发股份的形式作为股东股利的事件。该种股利的基本形式是股票股利。股票股利本质上是收益资本化。股票股利不直接增加股东的财富,不导致公司财产的流出或负债的增加,但会影响所有者权益各项目的结构发生变化。具体地说,是将公司的盈余公积金转为注册资本,即借:应付利润、盈余公积、未分配利润等;贷:普通股票。

公司支付股票股利后,从公司的角度看,公司的资产总额不变、股份总额增加、每股的账面价值下降、每股的市场价格下降;从股东的角度看,股东持有的股份数量也增加、每股股份的价值下降、股份的总价值不变、占公司股份的比例不变。因此,公司没有为股权式的股利支付任何有价值的资产,股东也没有因为多获得股票而增加了财富。总的来说,股票股利不是一种实际收益式的股利。

(三)负债式股利

负债式股利是指公司以负债的形式向股东支付股利。如以公司的应付票据作为股利支付给股东,也可以专门为支付股利而向股东定向发行公司债券。负债形式的股利支付,本质上是一种股利的延期支付行为。在这种股利支付方式下,公司的股东又成为了公司的债权人,从会计处理上来看,是将公司的应付股利转变成为其他形式的负债,即借:应付股利;贷:应付债券等。在实际中,这种股利支付形式很少发生。公司只可能在股东对股利要求极高,但公司现金又极度短缺的情况下,才可能出现以负债的形式向股东延期支付股利的现象。

二、与股利支付形式有关的股权增减变动形式

在股利支付实践中,一家公司股权的增减变动除了发行股票股利之外,还有许多形式都可以使公司的股权数量发生增减变化。其中包括:资本公积金转增股本、股票回购、增资配股、股票分割、股票合并等。市场上的不少投资者,都在某种程度上将引起股权增减变化的这些行为视为类股利分配方式。

(一)资本公积金转增股本

资本公积金转增股本与股票股利十分相似,它们都是在不改变公司股东权益的基础上增加公司发行在外的股票数量,随着公司股本的增加,公司的注册资本也会相应地增加,并需要进行增资登记。另外,由于资本公积金转增股本和股票股利都不会使公司的股东权益发生增减变化,这样,随着公司发行在外股票数量的增加,股票的每股账面价值和市场价值均会相应降低。

资本公积金转增股本与股票股利的不同之处,在于资金来源不一样,股票股利的资金来源是利润,而资本公积金转增股本的资金来源是资本公积金,其会计处理方式为借:资本公积金;贷:普通股票。由于资本公积金本来就属于股东投入企业的资本,将资本公积金转变为股本,本质上只是公司对股东实际投入公司资本采取了不同的账务处理方法而已,因此,资本公积金转增股本不会涉及税收方面的问题。而公司发放股票股利,对股东而言,则存在所得税的问题。

(二)股票回购

股票回购是指公司将发行在外流通的股票通过现金方式购回,并将它们作为库藏股的事件。公司在回购股票的过程中,必然将公司所持有的现金分发给股东,使股东获得实际的利益。股票回购的股利分配形式,主要适用于采用授权资本法律制度的国家或地区。在实收资本制的法律制度下,以购回股票的形式分配公司股利的做法是受到禁止的。

公司回购股票对公司而言的直接后果,是现金保有量减少,股权资金来源和股票数量减少,资产结构和财务结构都趋于激进,股权资金的盈利能力增强。对股东而言的直接后果,是每股收益增加,股票的市场价格上升,给股东带来了实际的经济利益。

一般来讲,公司只能在现有资本结构过于稳健,杠杆效率低下,资金成本过高,并且现金又较为充裕的情况下,才有必要通过股票回购,来调整资本结构状况,降低综合资金成本。当然,公司在现金持有量不足的时候,也可以采用负债的方式筹集资金进行股票回购。往往在这种情况下,公司的财务结构会迅速地得到改变,获得更大的财务杠杆效应。

(三)增资配股

增资配股,也叫发行股权,是指公司向现有股东配售新股的事件。增资配股所发行的

新股通常要求首先向现有股东配售,即现有股东拥有新股的优先认股权。从性质上讲,增资配股不属于股利分配范畴,而是公司筹集资本金的行为。但是,由于公司的配股价格往往会低于股票的市场价格,这样,现有股东获得的优先认股权就有了价值,从而起到了类似股利分配的作用。以至于市场上不少投资者都将公司的低价增资配股的筹资行为视为了股利分配行为。

(四) 股票分割

股票分割,也称股份拆细或拆股,是指企业将原来面额较大的一股股票分割成若干股面额较小的新股票的事件。股票分割后,发行在外的股数增加,每股面额降低,每股盈余下降;公司价值、股东权益总额、股东权益各项目的金额及其相互间的比例保持不变。从本质上来讲,股票分割仅仅指将一股面额较高的股票交换成数股面额较低的股票的行为,不属于股利分配行为。对于公司来讲,实行股票分割的主要目的在于通过增加股票股数来降低每股市价,从而吸引更多的投资者。但是,从股东的角度看,股票分割增加了他们持有股票的数量,起到了与股票股利同等的作用或效果。因此,在市场上,不少股东都将股票分割作为股票股利来看待。

(五) 股票合并

股票合并与股票分割相反,是指公司将原来面额较小的若干股股票合并成为一股面额较大的新股票的事件。股票合并与股票回购相同之处是两者都会减少公司流通在外的股票数量,不同之处是股票回购会导致公司现金流出,给股东带来实际利益;而股票合并则不会导致公司现金流向股东,仅仅是一种数字把戏,不会给股东带来任何利益。在现实中,股票合并往往是公司处于财务困境时不得已而采取的行动。比如,公司的股票账面价值由于长年亏损,已经大大低于了证券交易所股票上市交易的最低规定,这时公司就可能对股票进行合并,以满足交易的条件;又如,公司认为公司股票的市场价格过低,以致影响到公司的形象时,公司也可能采取股票合并的行为。正因为如此,在现实中,除了因公司合并时可能发生股票合并的现象之外,在其他情况下,很少有股票合并的事件发生。

三、股利政策的关键内容

公司可供普通股东分配的利润不外有两个用途:一是作为股利分配给股东,另一是留存在公司用于再投资。决定如何将可供普通股东分配的利润用于这两个用途的政策称为股利分配政策。从理论上讲,股利政策最为核心的内容就是在遵循股东财富或企业价值最大化目标的基础上,正确处理好可供普通股东分配的利润在股利派发与企业留存彼此间的分割关系问题。股利政策要达成股东财富最大化的目标,公司就必须平衡与公司有关的经济利益主体之间的经济利益,以及平衡股东的眼前利益与长远利益,从而制订出有利于公司长远发展的股利政策,促使股东财富最大化目标的实现。公司的股利政策由如下几个方面的内容所组成。

(一)选择股利支付率

股利支付率是指确定每股实际分配股利与可供分配利润之比,它是股利政策中最核心的问题。股利支付率的计算公式按照所用的分母不同可以有多种形式,常用的指标主要有以下几方面。

1. 股利与税后利润之比

股利与税后利润之比,是使用得最为普遍的反映股利支付率的指标,因此,在许多情况下,所说的股利支付率就是该比率。它是当年股利与当年税后利润之比。其计算公式如下:

$$股利支付率 = \frac{当年发放的股利}{当年税后利润} = \frac{每股股利}{每股收益}$$

该股利支付率反映了公司现金股利占公司净利润的百分比,即公司将净利润中的多少用于支付普通股票的股利,将多少留存在公司进行再投资。

2. 股利与可供普通股东分配利润之比

该股利支付率反映了公司现金股利占公司净利润的百分比,但是,由于公司的盈利分配是受到法规制约的,因此,在公司可以自主决定分配股利之前的盈利分配不隶属于公司的股利分配政策。为了更准确地反映公司股利政策,应该将公司支付的普通股票股利与可供普通股股东分配利润进行比较。该比率的计算公式如下:

$$股利支付率 = \frac{当年发放的股利}{当年可供普通股股东分配利润}$$

【例 11-2】 根据[例 11-1]的资料计算公司的股利与税后利润之比和与可供普通股东分配利润之比两种股利支付率。

解:
由于股利支付只包含现金股利而不包含非现金股利,因此,计算结果分别为:
(1) 股利与税后利润之比。

$$股利支付率 = \frac{800}{3\,000} = 26.67\%$$

(2) 股利与可供普通股股东分配利润之比。

$$股利支付率 = \frac{800}{3\,200} = 25\%$$

3. 股利收益率

股利收益率是每股股利与每股市价之比。其计算公式如下:

$$股利收益率 = \frac{每股股利}{每股市价}$$

【例 11-3】 假定[例 11-1]中公司流通在外的普通股票总数为 10 000 万股,每股的市场价格为 5 元/股。试求该公司股票的股利收益率。

解：

$$股利收益率 = \frac{\frac{800}{10\,000}}{5} = 1.6\%$$

虽然该指标不是反映公司股利政策的指标，但是，由于该指标反映了股东以现金形式所得到的投资回报率的高低，对于指导股票投资有着重要意义，所以，在这里也进行介绍。

公司股利分配政策，按照股利占税后利润或可供普通股股东分配利润的比率大小进行分类，分为全额发放股利政策、高股利分配政策、低股利分配政策和不支付股利政策等类型。

（二）选择股利支付形式

公司可以选择的股利支付形式有现金股利、股票股利、股票回购等，有关这些股利的具体支付形式，在前面已经进行了介绍，故不再进行讨论。

（三）确定股利支付增长率

股利支付率的增长速度除了受公司盈利水平的影响之外，还受到公司股利分配政策的影响，它直接决定着公司未来股利支付率的高低。公司可以采用的股利支付率增长策略有固定股利增长率、不固定股利增长率和零增长率等。公司有了明确的股利增长率政策，就可以以时间为自变量、股利为因变量建立股利的预测函数，从而使预测未来股利的问题简单化。

固定股利增长率的股利预测模型为：

$$未来第\,t\,年的股利 = 当前股利 \times (1+股利年增长率)^t$$

零增长率的股利预测模型为：

$$未来第\,t\,年的股利 = 当前股利 \times (1+0)^t = 当前股利$$

显然，如果公司有确定的股利增长率政策，那么就有利于投资者预测股利收益和普通股票的价值，从而确定股票投资的预期收益率。相反，如果公司没有明确的股利增长率政策，如采用不固定股利增长率的政策，那么，投资者将无法预测未来的股利收益，相应地，也难以确定未来普通股票的价值。

从投资者的角度考察，他们会更喜欢有明确股利支付增长率的股票。而从公司的角度看，股利支付增长率越是确定，公司在未来股利分配的自由空间就越小，财务负担就越大，这可能会影响到公司经营的灵活性。因此，如何确定股利支付增长率也是制订公司股利政策应该考虑的一个重要因素。

（四）确定股利发放策略

股利的发放策略是指公司如何将股利发放给股东的策略。公司股利发放的策略主要有固定股利策略、稳定增长的股利策略、固定股利支付率策略、剩余股利策略和固定股利加额外股利策略。具体地看，固定股利策略就是股利支付率零增长的策略，稳定增长的股利策略就是固定股利增长率的策略，它们都属于稳定性强的股利支付策略。固定股利支付率策略、剩余股利策略就是不固定股利增长率的策略，它们都属于稳定性弱的股利支付策略。固定股利加额外股利策略，则是介于固定股利策略与固定股利支付率策略之间的策略，属于稳定性弱于固定股利策略但强于固定股利支付率策略。

除了上述讨论的股利发放策略之外，公司还应该进一步考虑股利发放的频率问题，即股利支付的间隔期问题。公司可以采用的股利支付频率有多年支付一次、每年支付一次、每半年支付一次和每季支付一次等多种。不同的支付间隔期，对股东和公司的利益有着不同的影响，也是在确定股利发放策略是应该考虑的问题。

虽然公司在若干多年的时间内支付给股东的股利总额可能是一样多的，但如果发放的方法不一样，那么，股东每年所获得的股利额就不一样，即股利的稳定性就不一样。股利的稳定性既涉及到股东的利益，又涉及公司财务安排的自主性，是公司在选择股利政策时需要认真考虑的因素之一。

（五）确定股利发放程序

股利发放程序是指从股利宣告开始一直到股利支付到股东手中为止这一段时间中的程序安排。股利发放的主要程序包括：股利宣告日、登记日、除息日和发放日。股利宣告日是公司董事会将股利支付情况予以公告的日期；股权登记日是有权领取股利的股东资格登记截止的日期；除息日是指股利权与股票分离日；股利支付日是公司向股东发放股利的日期。对上市公司而言，股利发放程序中除了股利宣告日由公司决定之外，其他程序都由专门的证券登记公司负责。上市公司的主要责任是将现金按时和足额地缴存证券登记公司的指定账户中。

第三节　股利分配的动因探讨

前两节分别讨论了盈利分配和股利分配的问题，本节将对股利分配的动因进行探讨，以说明公司分配股利的必要性。

一、从股票的本质认识股利支付的必要性

虽然，在理论上，对公司股利政策是否与股东财富或公司价值最大化相关存在着两种截然不同的理论——股利相关论和股利无相关论；但是，从现实来看，公司支付股利是必要的。这可以用股票的本质来证明。

股票作为一种有价证券，在不考虑控制公司利益和公司解散时取得的剩余财产分配权利益的前提之下，投资者购买它的目的不外是想通过它获取经济利益。该经济利益由股利收益和资本增值收益组成，股利收益是股东从公司分得的利润；资本增值收益是指投

资者卖出股票与购入股票之间价格的差异。

股票的市场价格受公司盈利能力和风险水平的影响,而这两者又受公司财务状况的影响,公司净资产或股东权益是影响公司盈利能力、风险水平的重要因素,它直接或间接地决定着公司股票的市场价格。在公司不新发行股票的前提之下,公司净资产的增减变化与公司的盈利能力和股利政策有关,公司盈利能力高、股利分配政策保守,公司净资产的增长速度就快;反之,则慢。由于任何公司的利润都是有限的,因此,公司留存收益与股利支付额之间存在着此增彼减的关系,股利支付额越多,公司留存的收益就越少;反之,股利支付额越少,公司留存的收益就越多。

虽然投资者所获得的股利收益和资本增值收益在一定程度上是可以相互转换的;但是,这绝不意味着公司可以永远不支付股利。如果公司在发行股票的合同中有诸如"本公司的股票永远不发放任何股利"的条文,我们可以相信,绝不会有任何投资者购买该公司的股票。事实上,如何支付股利,只是一个股东眼前利益与长远利益的平衡问题,而绝不是可以不支付股利的问题。这充分说明了股利支付的必要性。

在现实中,投资者之所以愿意放弃当前的股利,是因为他们认为放弃当前的股利,用股利进行再投资,可以使公司的利润上升,从而使未来的股利得以增加,并且,将未来的股利折算为现值后,其价值仍然要大于目前的股利。如果股东预期将当前的股利进行再投资后的未来股利不会增长时,股东都一定会从自身的利益出发,投票反对公司用股利进行再投资,强烈要求公司立即将利润以股利的形式分给股东。

二、从股利政策演变史认识股利支付的必要性

从公司股利政策的演变史也可以证明股利支付的重要性。在股份有限公司成为企业组织形式主流的初期,社会生产能力相对低下,市场竞争还不十分激烈,公司的主要任务就是筹集资金,组织生产,满足市场需要。在这时,公司通常都是将公司当年获得的利润以股利的形式分配给股东,以刺激股东的投资热情。利润多就多分,利润少就少分,无利润就不分。

后来,随着社会生产能力的提高,生产能力逐渐过剩,市场竞争日趋激烈,公司各年的利润开始出现较大的波动,稳定性减弱。在这个时期,公司一方面开始通过改变组织形式来追求高额利润,并出现了所谓的卡特尔运动。卡特尔是一种协议式的垄断组织,具体地说,它是生产同类商品的企业为了获取高额垄断利润,通过在商品价格、生产和销售方面订立的协议而形成的策略式同盟。该同盟的参与企业在生产上、销售上和法律上均保持自己的独立性。但是,卡特尔垄断组织的形成,并没有完全解决公司各年度利润波动大的问题。因此,公司为了平衡各年度的股利,开始改变公司的股利分配政策,将利润的一部分留存下来用于以丰补歉。

随后,公司开始又将留存下来的利润用于再投资,以满足公司未来股利能够持续增长的需要。通过实施这种股利分配政策,使公司股利支付的连续性和股利支付率持续增长

都得到了更大的保障。故股利分配政策中才出现了越来越重视留存利润的现象。

公司采用留存利润的股利分配政策,虽然可以解决公司各年度股利均衡的问题,以及满足股东对股利持续上升的要求;但是,过高的留存利润也会给股东利益造成损失,其原因如下:

(1) 股东当期获得的现金收益太低,股利对股东失去了应有的意义,结果是股东普遍轻视股利,转而追求证券投机产生的资本收益,导致股票市场过度投机化,使股东投资的风险增加和公司的理财环境变差。

(2) 公司用留存利润进行再投资存在着风险。虽然公司期望通过股利的再投资为股东带来更高的股利收益,但是,往往事与愿违,非但不能使公司盈利能力与累计的留存收益同步增长,反而有可能将多年留存下来的利润毁于一旦。

(3) 公司留存收益的增长会增加公司的自由现金流量,使公司经营者有可能不以股东利益最大化为目标,而以企业规模——自己利益最大化为目标,使股东的利益遭受侵害。

目前,各个国家的证券监管机构都开始认识到公司支付股利的重要性,并制订了强制公司发放一定股利的规定。我国证监会从2001年开始将公司的现金股利支付与公司发行新股联系在一起,其用意是强制性地要求公司支付现金股利。证监会2001年颁布的《上市公司新股发行管理办法》中第十一条第(七)款新增规定:"公司最近3年未有分红派现,董事会对于不分配的理由未作出合理解释的","要求担任主承销商的证券公司应当重点关注,并在尽职调查报告中予以说明"。同年又发布《中国证监会发行审核委员会关于上市公司新股发行审核工作的指导意见》规定:"发行审核委员会审核上市公司新股发行申请,应当关注公司上市以来最近3年历次分红派息情况,特别是现金分红占可分配利润的比例,以及董事会关于不分配所陈述的理由。"从这些政策可以看出公司支付现金股利的必要性。

思 考 与 练 习

一、复习思考题

1. 公司的盈利分配涉及哪些利益主体?
2. 我国公司盈利分配法定程序是什么?每一程序的内容有哪些?
3. 怎样认识盈利分配与股利分配的关系?
4. 股利政策包含哪些基本内容?
5. 为什么说盈利分配的核心是股利分配?
6. 现金股利与股票股利有什么区别?
7. 怎样认识股利分配的基本动因?

二、练习题

1. 已知某公司本年度的净利润为 5 000 万元,上年末未分配利润为 1 000 万元,法定盈余公积金提取比例为 10%,应支付的优先股股利为 800 万元。公司决定提取任意盈余公积金 1 000 万元,用现金支付普通股股利 1 000 万元、支付股票股利 1 000 万元。试根据上述资料编制利润分配表。

2. 根据练习题 1 计算公司的股利支付率。

3. 设练习题 1 公司发行在外的普通股票总数为 12 000 万股,目前普通股票的市场价格为 10 元/股,试计算投资该股票以市场价格为基础的股利收益率。

第十二章 现金股利

【本章提要】 股利分配在股份公司理财体系中占有重要位置,而现金股利又是公司股利分配的最基本的形式。在资金市场体系健全的情况下,现金股利支付不仅直接影响到股东的股利收益,而且也影响到股票市场的价格,即影响股东的资本收益。现金股利政策所产生的影响是复杂的,对这些影响也存在着不同的评价。本章将重点讨论股利支付率理论,最佳现金股利支付率确定的理论与方法,股利发放程序,股利支付策略,股利对不同股东利益的影响,以及影响股利支付的各种制约因素等等方面的问题。

【学习目标】 通过本章学习,要求掌握和了解如下内容:(1)了解不同股利支付率理论的基本内容。(2)了解最优股利支付率确定的基本理论和方法。(3)掌握股利支付程序。(4)掌握股利支付策略及其对股东利益的影响。(5)掌握影响股利支付的各种制约因素。(6)了解股利支付策略是如何影响到公司股东类型和公司发展方向的基本理论。

第一节 股利支付率理论

股利政策是决定如何将公司税后利润,严格地说,是可供普通股股东分配的利润合理地分配给现有股东和增加公司留存收益的分配政策。表面上它关系到股东的现金收入和公司的日后发展,实际上它影响着股东财富。对于现金股利是否会对股东财富产生影响的问题,在理论界存在着股利无关论和股利相关论两种不同的观点,本节将对这两种观点的基本理论进行讨论。

一、股利无关论

(一)股利无关论的基本内容

股利无关论是由米勒(Miller)和莫迪格莱尼(Modigliani)两位经济学家于1961年提

出的。由于这两人名字的第一个字母均为 M，因此，该理论又称为 MM 理论。

MM 股利无关论的结论有二：

（1）企业股票价格与企业股利政策无关。"在完全资本市场中，理性投资者的股利收入与资本增值两者之间不存在区别，以及投资政策已定的条件下，公司的股利政策对其股票市价不会产生任何影响。"即公司的盈利和价值完全取决于公司的投资效益，在公司投资决策既定的条件下，股利政策不会对企业价值产生任何影响；因此，不存在最佳股利政策的问题。

（2）企业的股权资金成本与企业的股利政策无关。

总之，MM 理论认为，在满足严格假定的条件下，公司股利政策对公司价值和股票价格不会产生任何影响，因此，股利政策无所谓最佳、最次等方面的问题，即股利政策与企业价值不相关。

（二）股利无关论成立的前提

股利无关理论是建立在完全资本市场、投资者的理性行为和充分假定三个基本假定基础之上的，具体地看，有如下一些重要假定。

1. 完全资本市场假设

完全资本市场是指在这个资本市场中，任何投资者都无法拥有通过自身交易行为而影响或操纵市场上证券价格的力量；投资者可以平等地免费获得影响股票价格的全部信息；证券发行不存在发行成本、交易费用等。

2. 投资者的理性行为假设

所有投资者都是追求自身利益最大化的理性投资者，他们对财富取得的形式，即股利收益或资本收益不关心，关心的只是财富量的大小。

3. 信息充分确定的假设

每一位投资者都能对未来投资机会和企业利润进行正确的预测，即各投资者都能准确地预计未来的股票价格和股利。

4. 公司投资政策保持不变的假设

公司有一既定的不会变化的投资政策，该投资政策不会因为股利政策而变化。如果因公司支付股利导致自有资金不能满足投资需要时，公司则通过外部股权筹资来满足投资对资金的需要。并且假定公司为新投资项目进行的外部筹资股权不会改变公司的经营风险，因而，也不会改变普通股权益收益率。

5. 公司可以自由在资本市场上筹资的假设

公司在资本市场上筹集资金不存在任何障碍，公司可以根据需要随时从资本市场中筹集到投资所需要的资金，这样，公司从资本市场上筹集到的现金流入量等于公司因股利支付而流出的现金量。

在上述假设条件下，股利无关论认为，由于套利机制存在，会使支付股利与外部筹资所产生的效益与成本正好相互抵消。其套利过程：当公司将盈利以股利形式发放给股东,自有资金就不能满足投资的需要,这时公司就必须发行新的股票筹措同等金额的资金,以满足投资项目的资金需要。由于股利支付会使股票市价上升,发行新股票会使股票市价下降,故最终结果是股利支付后的每股市价等于股利支付前的每股市价。再由于股东对资本收益和股利收益具有无偏好性,所以,股东财富也就不受企业现在与将来的股利政策所影响。企业的价值完全取决于企业未来的盈利能力,而非股利分配方式。

(三) MM 股利无关论推论

MM 股利无关论可以按照下列方法进行推论:

$$\rho(t)=\frac{d(t)+p(t+1)-p(t)}{p(t)}$$

式中 $\rho(t)$ ——风险折现率(投资收益率);

$d(t)$ ——公司在 t 期支付的每股股利;

$p(t)$ ——公司在 t 期的每股股价。

对上式变形之后有:

$$p(t)=\frac{d(t)+p(t+1)}{1+\rho(t)}$$

上式说明,公司的股票价格等于 1 加投资收益率 $\rho(t)$ 对当期股利支付额 $d(t)$ 与期末股票价格 $p(t+1)$ 之和折现的价值。该式说明公司无论是否支付股利,公司股票价格都相等。

如果假定:

$V(t)=$ 第 t 期期初公司的总价值;$n(t)=$ 期初发行在外的股票数量;$p(t)=$ 期初公司每股股票价格;$D(t)=$ 第 t 期支付的股利总额 $=n(t)\times d(t)$;$p(t+1)=$ 期末公司每股股票价格。

那么有:

$$V(t)=\frac{D(t)+n(t)\times p(t+1)}{1+\rho(t)}$$

用这个公式,可以推算出一家公司在投资政策保持不变的情况下,公司股利支付水平不会对公司价值产生任何影响。关于该式的推论见以下例解。

(四) 股利无关论例解

【例 12-1】 假定 A 公司目前的普通股票市场价值为 10 元/股,发行在外共 1 000 万股,公司每期净收益为 1 000 万元,假设收益率为 10%,并且保持不变。现公司有一个净现值为 1 000 万元的投资机会,期望投资收益率仍为 10%。该公司有如下两种股利分配和为投资筹集资金的方案:方案一,将净收益 1 000 万元全部作为股利发放,然后再通过发行股票筹资 1 000 万元;方案二,不发放股利,利用净收益 1 000 万元来满足投资需要。

试求两种方案对公司股票价值的影响。

解：

方案一，将净收益 1 000 万元全部作为股利发放，每股可以获得股利 1 元，其收益率为：

$$\rho(t)=\frac{d(t)+p(t+1)-p(t)}{p(t)}\times100\%=\frac{1+10-10}{10}\times100\%=10\%$$

为了满足投资项目对资金的需要，公司通过发行股票筹资 1 000 万元，然后再对其价值折现，可得：

$$V(t)=\frac{D(t)+n(t)\times p(t+1)}{1+\rho(t)}=\frac{1\,000+1\,000\times10}{1+10\%}=10\,000(万元)$$

方案二，公司将净收益 1 000 万元全部留存下来，公司的价值总额上升为 11 000 万元，每股价值变为 11 元，其收益率为：

$$\rho(t)=\frac{d(t)+p(t+1)-p(t)}{p(t)}\times100\%=\frac{0+11-10}{10}\times100\%=10\%$$

利用留存收益进行再投资的价值进行折现，可得：

$$V(t)=\frac{D(t)+n(t)\times p(t+1)}{1+\rho(t)}=\frac{0+1\,000\times11}{1+10\%}=10\,000(万元)$$

以上讨论的是净收益与投资项目的资金需要量完全相等的情况。为了使讨论的问题更具备普遍性，下面讨论在净收益与投资项目资金需要量不相等情况下，不同股利分配方案对企业价值的影响问题。

为了方便推论，设：税后利润总额$=E$；投资项目需要资金$=I$；股利支付额$=D$；新筹资额$=F$；股票回购金额$=RT$。按照股利无关论的套利规则有：

当 $E=D+I$ 时，股东所获得的利益量就等于公司的股利支付额。

当 $E>D+I$ 时，$RT=E-(D+I)$，即公司留存利润大于投资项目和发放股利所需资金的部分，将用于从股票市场上回购本公司的股票，股票回购金额为 RT。这样，股东所获得的利益量就等于公司的股利支付额加上股东向公司出售股票所获得的收入。

当 $E<D+I$ 时，$F=(D+I)-E$，即公司留存利润小于投资项目和发放股利所需资金的部分，公司就必须从资本市场上发行新的股份，筹集相当于发放股利部分的资金。而股东为了保证自己在公司的利益，则必须购买公司新发行的股份，即增加投资量。这样，股东所获得的利益量就等于公司的股利支付额减新增投资之差。

下面以实例来说明股利无关论的含义。

【例 12-2】 假定甲公司本年税后利润总额为 5 000 万元，有利可图的投资项目需要资金为 3 000 万元。乙投资者现在持有 1%的公司股份，并计划不改变在公司中的股份比例。甲公司现有四种股利支付额方案：方案一，4 000 万元；方案二，3 000 万元；方案三，

2 000万元;方案四,1 000万元。试问这四种股利支付额方案对该投资者财富(以股东获得的现金收入为标准)的影响。

解:
按照股利无关论的假设,可以对不同方案的股东财富量计算如下:

(1) 方案一公司的对外筹资量=4 000+3 000－5 000=2 000(万元)
乙投资者分得股利=4 000×1%=40(万元)
乙投资者追加投资额=2 000×1%=20(万元)
乙投资者实际财富增加=40－20=20(万元)

(2) 方案二公司的对外筹资量=3 000+3 000－5 000=1 000(万元)
乙投资者分得股利=3 000×1%=30(万元)
乙投资者追加投资额=1 000×1%=10(万元)
乙投资者实际财富增加=30－10=20(万元)

(3) 方案三公司的对外筹资量=2 000+3 000－5 000=0(万元)
乙投资者分得股利=2 000×1%=20(万元)
乙投资者追加投资额=0×1%=0(万元)
乙投资者实际财富增加=20－0=20(万元)

(4) 方案四公司的对外筹资量=1 000+3 000－5 000=－1 000(万元)
乙投资者分得股利=1 000×1%=10(万元)
乙投资者从股票回购中获得利益=1 000×1%=10(万元)
乙投资者实际财富增加=10+10=20(万元)

从上述计算结果可以看出,公司无论采用哪种股利分配方案,投资者获得的利益量都为20万元,完全相等,只是利益的来源或组合有所不同而已。

(五) 对股利无关论的争论

显然,根据各种假设条件得出的企业股利政策与企业价值无关这一论断,与现实情况不相符。因此,学术界对此提出质疑。反对股利无关论的人认为,股利无关论关于完全资本市场和不确定性的假设根本不合理。但股利无关论却认为,所有的经济理论都是根据一些十分简化的假设推演出来的,因此,不应以理论的假设是否合理,而应以理论所具备的预测未来行为能力的高低来判断理论的有效性。

股利无关论也认识到公司股票价格会随股利的增减而变动这一重要的实证结果。但它认为,股利增减所引起的股票价格的变化,并不能归因于股利增减本身,而应归因于股利所包含的有关企业未来盈利的信息内容。股利增加传递给股东的信息是公司的未来盈利将会增加;而股利减少传递给股东的信息是公司未来的盈利将会减少。总之,是股利所传递的有关企业未来盈利增减的信息内容,影响了股票价格,而不是股利支付方式本身。

此外,股利无关论还注意到,有些股东追求资本收益,因而喜欢股利支付率低的股票;而另一些股东则倾向于较多当期收入,因而喜欢股利支付率高的股票,即所谓的"股利顾客效果"。公司的任何股利政策都不可能满足所有股东的股利要求。因此,公司不必考虑股东对股利的具体意愿,而应根据自身的特点制订出一套适应企业生产经营需要的独特的股利政策,然后再去吸引那些喜欢这一政策的投资者前来购买其股票。其结果是每位投资者都可以购买到适应其股利意愿的股票,因此,公司股票的价值不受股利政策变化的影响。

二、股利相关论

股利相关论的主要代表人物有戈登(M. Gordon)、华特(J. Walter)、杜莱德(D. Durand)和林特纳(J. Lintner)等人。他们认为,在不确定的条件下,企业盈利在留存和股利之间的分配确实影响到股票价值。虽然股利无关论在其严格的假说条件下有其合理性,但这些假说一旦发生变化,股利政策就变得十分重要。

(一)股票市场价格存在不确定性

股利相关论认为,在完全资本市场中,投资者为满足其消费愿望,可以出售其所持有的部分股份或将股利进行再投资,从长期看,投资者也可以得到与正常股利相同的收入。投资者不会计较收入来源的性质。

但是,在不确定条件下,股价不断波动,股票市场价格存在不确定性,未来的资本收益也就缺乏确定性,投资者不愿为了收入而按波动不定的价格出售其所持有的部分股票。而股利支付则是肯定的、定期的和确定的报酬。股东或多或少都厌恶风险,当期股利的支付可以解除投资者心中的不确定性,这决定了投资者对股利收益和资本收益有不同的偏好,股东们更喜欢股利,认为未来资本收益的价值低于股利收益。

除股价不确定以外,为获得收入而定期地出售一小部分股票可能并不现实也是一个因素。仅仅这一原因,就会使一些股东更喜欢现行股利,而不喜欢资本收益。

股利的支付可以使企业股东按较低的普通股权益必要收益率对企业的未来盈利进行折现,从而使企业的价值得到提高。相反,不发放股利或降低股利支付率,用增加留存收益的方法进行再投资,以获得更多未来的资本收益,却会增大投资者的不确定性,使普通股票的折现率上升,企业价值下降。所以,为了使资金成本能降到最低,企业价值升至最大,公司应维持高股利支付率的股利政策。

(二)存在发行和交易成本

在股利无关论中,假定新增投资所需要的资金,公司可以在不花费发行费用的条件下取得,资本收益可以转化为等额的现金股利收益。投资者既可以定期地、不花交易成本地出售其所持有的不发放或少发放股利的股票,以获得当期的必要收入;又可以不花交易成本用股利收入购买那些自己认为股利收入高的股票。但是,在现实社会中,股票的发行成本和交易成本不仅是存在的,而且还是昂贵的。

当公司的投资政策已定,股利的支付必然会使公司从外部筹集股东权益资金。由于股票发行费用的存在,必然使对外筹集的股东权益资金的成本高于留存收益的成本。因为发放股利会提高公司的资本成本,导致公司价值下降,所以,在股票发行费用存在的情况下,会促使公司倾向于采用留存盈利的内部筹资政策。

(三)存在税收差异

股利收益所得税与资本收益所得税在现实中的差异是存在的,当不存在所得税这一假说发生变化后,不同股利分配方案对股东利益就会产生不同的影响。由于股利收益的所得税率比资本收益的所得税率高,而且资本收益税可以递延到股东实际出售股票为止;因此,投资者可能喜欢公司少支付股利,而把盈利留存下来用于再投资,以获取较高的预期资本收益。这样,投资者愿意以较低的普通股权益收益率作为折现率。在股利收益所得税率比资本利得所得税率高的情况下,只有采取低股利支付率政策,公司才有可能使其价值达到最大化。

(四)投资决策与股利政策存在着相关性

股利无关论认为,公司的投资决策与筹资决策是相互独立的,只要投资的收益率大于筹资的资金成本,公司就应该进行投资。但实际上,公司的投资决策往往受到许多制约,从而使投资决策与股利政策产生相关性。比如,公司对外筹资渠道受到限制的时候,内部筹资就成为投资主要的资金来源。这时,投资决策就必然与股利政策发生相关关系。

(五)存在着信息不对称

股利无关论认为公司管理层与投资者均可以获取相同的投资信息,并能用这些信息作出相同的判断和决策,但实际上两者之间不可避免地存在信息不对称现象,也不可能作出完全相同的投资决策。

三、投资者和市场对股票股利的认识

无论关于股利的理论如何,在现实中,投资者和市场都是极为关注公司股利支付政策的。若干研究表明,无论是美国这样的成熟资本市场,还是中国的A股市场,现金红利都是投资收益的重要源泉,而且随着投资期限的延长,现金红利对投资收益的贡献会越来越大。特别是经历了21世纪初的网络经济泡沫破裂,以及诸如美国的安然公司、世界通讯公司,意大利的帕马拉特公司等一系列大公司财务丑闻后,投资者纷纷把目光重新投向财务稳健并具有稳定分红记录的股票上来,促使上市公司的现金分红数量和分红频率显著增加。在这样的市场氛围中,一些著名的指数公司开始编制并发布上市公司红利指数,其中推出时间较早并获得较高市场认同度的指数有两个,分别是道琼斯精选红利指数和标准普尔500红利经典指数。

2003年11月,美国道琼斯公司发布道琼斯精选红利指数,其由股息率最高的100家美国上市公司的股票组成。在该指数于2003年公开发布的同时,巴克莱全球投资公司立即以该指数为投资标的开发了ETF产品,并在美国股票交易所上市交易。该产品近年来规模增长很快,其基金资产于2006年6月底达到60.81亿美元。2005年底,一家专注于指数化投资的德国公司In-dexchange也以道琼斯精选红利指数为投资标的推出了ETF产品,并在法兰克福股票交易所上市交易。除了基于美国上市公司推出红利指数外,道琼斯公司还先后针对多个国家和地区的上市公司发布了相应的精选红利指数,由此形成了一个以国家或地区为划分特征的精选红利指数家族。其中,道琼斯加拿大精选红利指数和道琼斯亚太精选红利指数已经被用作 ETF 产品的投资标的。

2005 年 5 月,标准普尔公司发布标准普尔 500 红利经典指数,由标准普尔 500 指数成份股中在过去 25 年间现金分红持续增长的大盘蓝筹股(large cap, blue chip companies)构成。除了基于美国上市公司推出红利指数外,标准普尔公司还针对欧洲市场发布了标准普尔欧洲 350 红利经典指数,由标准普尔欧洲 350 指数成份股中在过去 10 年间每年持续保持现金分红增长的大盘蓝筹股构成。

我国上海证券交易所也于 2005 年 1 月开始编制和发布上证红利指数,以顺应上述"基本面"指数化投资的潮流。上证红利指数的出现,不仅为中国 A 股市场中重视长期稳定回报的投资群体提供了一个科学的基准指数,也为投资者进行多类别资产配置提供了一个反映具有优质基本面股票的基准指数。该指数也为金融工具创新创造了条件,为国内"基本面"指数化产品的诞生提供了一个理想的标的。有人将上证红利指数与上证 50 指数、上证 180 指数和深证 100 指数等沪深主要成份股指数对比分析之后得出结论,认为无论是在基本面,还是市场表现和未来的成长性方面,上证红利指数都存在较大的优势[①]。

中国证监会 2008 年 8 月 22 日颁布了《关于修改上市公司现金分红若干规定的决定》(征求意见稿),将 2006 年颁布的《上市公司证券发行管理办法》中确定的再筹资公司最近 3 年以现金或股票方式累计分配的利润由原来的"不少于最近 3 年实现的年均可分配利润的 20%"提高到 30%,并规定允许上市公司实施半年度现金分红。为了降低分红成本,上市公司中期进行现金分红的,其财务会计报告可以不经会计师事务所审计。为了提高公司现金分红政策的透明度,促使投资者充分了解公司相关信息,该规定还要求上市公司在年度报告中详细披露公司的现金分红政策。比如,对上市公司能够进行现金分红而未进行分红的,要求公司披露未分红的具体原因,并说明未用于分红的资金留存公司的使用用途,使投资者对公司未来发展具有明确预期。在披露的具体内容上,要求上市公司提供历史现金分红数据对比,使投资者能够充分了解公司过往的股利分配情况和数据。

该规定还要求上市公司在公司章程中规定公司现金分红政策,列明公司进行现金分红的长期制度安排、条件、比例、种类等内容,以促使公司分红行为规范化,引导公司建立持续、稳定的现金分红政策,建立符合中国国情的上市公司分红机制。

总之,无论是国际市场近年越来越重视红利指数的编制和发布、以红利指数为投资标的的产品设计,还是各国政府对上市公司现金分红的制度规定,均充分说明现金股利对投资者而言并非不重要,而是极为重要。

---

① 见申银万国证券研究所王海涛:《上证红利指数及其产品的综合性研究》。

第二节 最佳股利支付率决策

本节以股利相关论的代表人物华特的股利支付率决策模型为基础来讨论最佳股利支付率的决策问题。

一、不考虑相关风险和差异的最佳股利支付率决策

（一）华特股利支付率决策模型

华特(J. Walter)股利支付率决策模型，简称华特公式，是研究股利、每股收益、投资收益率、基准折现率与股票价格之间关系的模型。该模型建立在以下假定基础之上：

(1) 留存收益是公司补充股东权益资金的唯一来源。
(2) 留存收益再投资收益率和资本市场的基准折现率稳定不变。
(3) 留存收益的增值额作为股利立即全部分给股东。
(4) 收益流的期限趋于无限。

按照上述假定条件，股票的价值为：

$$P=\frac{D+\frac{\alpha}{\beta}(R-D)}{\beta}$$

式中　P——普通股票每股市价；

　　　D——每股股利；

　　　R——每股收益；

　　　α——投资收益率；

　　　β——折现率。

从上述公式可以看出：

(1) 当 $\alpha=\beta$ 时，该公式可以简化为：

$$P=\frac{R}{\beta}$$

这说明，当再投资收益率与折现率相等的时候，股票价值与股利政策无关。

(2) 当 $\alpha>\beta$ 时，降低股利支付率，会使公式中分子的值增大，而分母的值保持不变，因此，整个分式的值增大，即股票价值增加。在这种情况下，公司应该尽可能地降低股利支付率，将利润留存下来进行再投资。

(3) 当 $\alpha<\beta$ 时，提高股利支付率，会使公式中分子的值减小，而分母的值保持不变，因此，整个分式的值减小，即股票价值下降。在这种情况下，公司应该尽可能地提高股利支付率，将利润以股利的形式分给股东。

从以上的分析中可以看出，该公式认为股票价值不仅与股利有关，而且还与留存收益

有关。按这一理论,最佳股利支付率应该完全由投资收益率和适用折现率来确定,只要公司有了投资收益率超过适用折现率的投资方案,它就应该优先运用留存收益去满足这些投资方案,只有当满足投资方案资金需要量后的余额,才应该作为现金股利支付给股东。如果各投资方案所需资金之和,超过了留存收益总额,那么,股东将得不到股利。相反,公司在找不到有利可图的投资机会时,公司也就不需要筹资了,因此应将全部收益以股利的形式付给股东。

因此,该理论是把企业股利政策作为一个涉及企业以留存收益筹资决策方案的部分来加以考查。即,它认为企业留存收益的利用,以及由此产生的股利政策,属于企业的筹资决策。并且,它把股利政策完全视为由投资方案决定的一个被动性剩余额。这意味着股利支付与否并不重要,投资者不会计较股利收益与资本收益的差别,只要能使其财富极大化就行了。

(二)华特股利支付率决策模型的运用

【例 12-3】 某公司预测 $\alpha=14\%$,$\beta=10\%$,$R=3$ 元。试问当 $D=3$、$D=2$、$D=1$、$D=0$ 时,该公司的股票价值各为多少?

解:

根据公式可得:

当 $D=3$ 时,

$$P=\frac{3+\frac{0.14}{0.1}\times(3-3)}{0.1}=30(元/股)$$

当 $D=2$ 时,

$$P=\frac{2+\frac{0.14}{0.1}\times(3-2)}{0.1}=34(元/股)$$

当 $D=1$ 时,

$$P=\frac{1+\frac{0.14}{0.1}\times(3-1)}{0.1}=38(元/股)$$

当 $D=0$ 时,

$$P=\frac{0+\frac{0.14}{0.1}\times(3-0)}{0.1}=42(元/股)$$

P 值越大,说明现金股利支付方法越优;反之,则越劣。该例最佳的现金股利分配额为 0。

显然,当股利支付额为零,即不支付现金股利时,普通股票的市场价格(P)达到最高。

我们也可以从股票价值公式推得,当 $\alpha<\beta$ 时,最佳股利支付率为 100%。

【例 12-4】 假定[例 12-3]中的 $\alpha=8\%$,其余不变。那么,何种股利分配方式最优?

解:

根据公式得:

当 $D=3$ 时,

$$P=\frac{3+\dfrac{0.08}{0.1}\times(3-3)}{0.1}=30(元/股)$$

当 $D=2$ 时,

$$P=\frac{2+\dfrac{0.08}{0.1}\times(3-2)}{0.1}=28(元/股)$$

当 $D=1$ 时,

$$P=\frac{1+\dfrac{0.08}{0.1}\times(3-1)}{0.1}=26(元/股)$$

当 $D=0$ 时,

$$P=\frac{0+\dfrac{0.08}{0.1}\times(3-0)}{0.1}=24(元/股)$$

上面推算说明,当收益全部作为股利支付时,普通股票的市场价格(P)达到最高。

二、考虑相关风险和差异的最佳股利支付率决策

显然,上述最佳股利支付率决策中"投资者不会计较股利收益与资本收益的差别,只要能使其财富极大化就行了"的假定与现实情况有很大差异,需要进行一定的修正。修正可按如下方法进行。

(一)确定股利收益与资本收益的价值差异

在不确定条件下,从投资者的角度看,股利收益要比由留存收益带来的资本收益更为可靠,即现在股利收益的价值要大于未来资本收益的价值,或者说现在的股利收益每减少一个数,就需要由大于这个数的资本收益来弥补。这样,前述的最佳股利支付率就会因两种收益的价值差异而发生变化。

每 1 元未来的资本收益相当于多少元现在的股利收益,涉及风险概率和折现系数的问题。风险概率与不同投资者对待风险的态度有关,喜爱风险的概率值大,厌恶风险的概率值小。折现系数受资本收益的实现期和市场期望收益率的影响,实现期越短,市场期望收益率越低,折现系数就越小;反之,则越大。但在实际中,风险概率与折现系数

是同时发生作用的,一般而言存在如下的关系:先是资本收益实现期影响到风险概率,再是风险概率影响到市场期望收益率,最后是三者共同决定的资本收益与股利收益的换算系数。

【例 12-5】 假定[例 12-3]中,资本收益的实现期为 3 年,市场平均无风险收益率为 8%,某投资者对该资本收益实现认同的主观概率为 80%。试问资本收益与股利收益的换算系数为多少?

解:

$$\text{资本收益与股利收益的换算系数} = \frac{1}{\left(1+\frac{8\%}{80\%}\right)^3} = \frac{1}{(1+10\%)^3} = 75.13\%$$

按该系数将有风险的资本收益换算为无风险的资本收益之后,就可直接与股利收益相比较,从而确定考虑股利收益与资本收益价值差异之后的最佳股利支付率。按[例 12-3]资料,每减少 1 元的股利支付额,资本收益将增加 4 元,那么换算为无风险的资本收益为 3 元(4×75.13%),高于股利收益 2 元(3-1)。故该例的最佳股利支付率仍为零。

(二) 确定税收和交易成本的影响

在现实中,股利收入和资本收益的税率是不同的。在我国,对投资者个人股利收入征收 20%的个人所得税,而对资本收益并不征税,股票交易只按交易额的 3.5‰支付手续费和 4‰支付印花税①。即使在对资本收益征税时,股票持有者也可以继续持有股票来延缓资本收益的实现,从而递延税收。另外,股票发行成本和交易成本也是在股利支付决策中应考虑的因素。如综合考虑这众多的因素,资本收益与股利收益的净收益量必定会发生相应的变化,从而影响到最佳股利支付率。

【例 12-6】 已知我国的个人所得税率为 20%,证券交易税费为 7.5‰。试根据[例 12-3]的资料和我国税制和证券交易规则计算其资本净收益和股利净收益。

解:

$$\text{股利净收益} = 1\times(1-20\%) = 0.8(\text{元})$$

$$\text{资本净收益} = 4\times(1-7.5‰) = 3.97(\text{元})$$

比较计算结果,资本净收益仍大于股利净收益,故最佳股利支付率仍为零。需要指出,如果投资者不急于将持有资本收益兑现,那么,印花税和交易费用均不会立即发生,这样资本净收益将会更大于股利净收益。

(三) 综合决策

根据以上分析,可以对[例 12-3]的最佳股利支付率进行综合决策。决策分析过程

---

① 我国股利收入个人所得税税率、股票交易印花税税率、股票交易手续费率均在经常变化,具体情况如何请查阅当时的资料。

如下：

$$股利净收益 = 1 \times (1 - 20\%) = 0.8(元)$$

$$资本净收益 = \frac{1}{\left(1+\frac{8\%}{80\%}\right)^3} \times 4 \times (1 - 0.75\%) = 3 \times 99.25\% = 2.9775(元)$$

$$资本净收益与股利净收益之差 = 2.9775 - 0.8 = 2.1775(元)$$

以上结果计算表明，该公司每支付1元钱的股利会使股东利益净减少2.1775元，故该公司的最佳股利支付率应为零。

第三节 股利支付程序

在公司股票交易频繁、股东经常变动的条件下，哪些股东可以享有股利的权利，就成为一个需要明确的问题。因此，在制订股利政策时，需要有一个支付程序。股利支付程序是指从公司宣告股利分配日起到股东领到股利为止的这样一个时间阶段。

一、宣告分红日期

宣告分红日期是公司董事会在有关报刊上公告股利分配事件的日期。公司可以根据自己的实际情况确定股利发放的频率，一般而言，股利可以按季、半年、年发放。公司是否分发股利和何时分发股利首先由董事会提出方案，然后交股东大会审议，审议通过后，股东大会将授权董事会处理发放股利的有关事项。一旦董事会决定何时分发股利之后，公司就发出通告，公告每股股利额、分红日期、实际支付额以及股东分红的资格，等等。例如，公司在有关报纸上公布："经公司董事会2005年3月1日会议决定，将按年每股0.5元的固定股利分红，有权参加分配的人为2005年3月10日完成登记手续的股票持有者，支付日期为2005年3月12日。"

二、股票持有者登记日

股票持有者登记日，又称股权登记日，该日在册的股东均可以获得分配的股利。按上例，公司将在3月10日这一天停止营业后，编制出当天公司所有在册的股东名单。如股票持有者在3月10日在册，将参加股利分配；如果是在3月10日或以后才完成登记手续，则股利仍为原有股东获得。

三、股利分配权转移日

股利分配权转移日，又称除息日，一般是股权登记日的下一个交易日。在该日，股利权与股票分离。按上例，除息日为3月11日。股利分配权转移日是一个不可忽视的因素。一般来说，在转移日，股票价格将会下跌，下跌幅度与股利额相当。其除息后的指导价格为：

$$除息指导价格＝股权登记日收盘价－每股现金股利$$

如上例，公司的股票价格在除息日前一日的收盘价原为 20 元/股，那么，在除息日的开盘指导价就将跌至 19.50 元/股。

四、股利支付日

按上例，公司将在 3 月 12 日将股利寄给股票登记日持有人。对上市公司而言，由于股东人数众多，因此股利多是委托券商代支。公司只对股票经纪人，而不直接对股东。

根据《中国证券登记结算有限责任公司深圳分公司上市公司权益分派及配股登记业务运作指引》的规定，上市公司办理权益分派，股权登记日（简称"R"日）由中国证券登记结算公司安排。上市公司办理权益分派，应当在刊登权益分派公告前的两个工作日向证券登记结算公司提交以下材料：股东大会决议；股本结构表；董事、监事、高级管理人员持股明细表；实施权益分派公告。公众股的现金股利由证券登记结算公司派发，证券登记结算公司按照征收个人所得税后的不同派息比例，分别向机构投资者和个人投资者派发现金股利；职工股的现金股利通过本公司或由上市公司直接派发；国有股、法人股、高级管理人员持股的现金股利通过上市公司直接派发。通过证券登记结算公司派发的现金股利，R－1 日由上市公司划至本公司指定账户，R＋1 日由本公司划至证券公司清算头寸，再由证券公司划入股东资金账户。

第四节 股利支付策略

无论不同的股利支付率理论如何认识股利的作用，在现实中，公司的经营者和股东都十分关心公司股利政策。这是因为公司股利支付策略的确会对股东，至少是不同股东财富最大化产生重大影响。有关这方面的问题，本章将在第五节加以讨论，本节只对股利支付的各种策略进行讨论。在现实中，虽然各企业的股利支付策略千差万别，但归纳起来主要有四种：固定股利或稳定增长股利、固定股利支付率、正常股利加额外股利、投资剩余额股利等支付策略。

一、固定股利或稳定增长股利支付策略

（一）固定股利或稳定增长股利支付策略的特点

固定股利或稳定增长股利是指公司首先规定了每股的年股利额，并在相当长的时期内保持不变；其次在确信未来公司收益可以维持新的更高股利时，才增加每股固定的年股利额，该年股利额一旦确定，又在相当长的时期内保持不变。

这种股利支付策略可用图 12-1 简示。

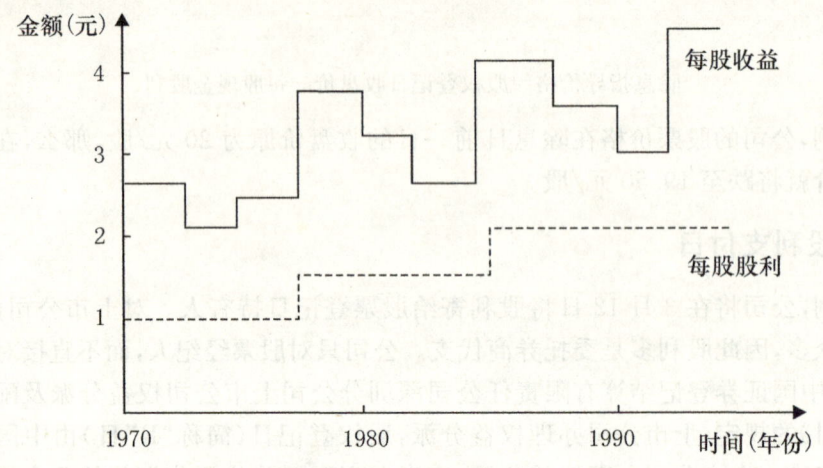

图 12-1 固定股利或稳定增长股利支付图

图 12-1 反映了公司各年支付股利的实际情况,是在相当长一个时期内,无论每股收益如何变化,它都按一个固定的数额支付股利。只有当确信每股收益会长期增长时,才提高每股股利,但该新的每股股利一旦确定下来,又需保持一个相当长的时间不变。总的来说,该种股利支付策略是呈稳定增长趋势的。

(二) 固定股利或稳定增长股利支付策略的利弊

固定股利或稳定增长股利支付策略的利弊可以归纳如下。

1. 优点

(1) 表明企业经营状况的稳定性。在公司利润减少甚至亏损时,公司都不削减每股股利情况下,会使更多投资者相信公司经营状况稳定,有能力克服各种暂时性的困难。因为当公司经营状况长期不佳时,它将无法支付固定股利。这就有利于增加投资者购买公司股票的信心。

(2) 满足希望获得固定收入的投资者的要求。许多投资者以股利为生,这类投资者除个人之外,还包括退休基金组织、保险公司等单位。当公司能支付固定股利时,就减少了这类投资者的风险,从而有效地刺激了他们的投资热情。

(3) 由于以上两点的作用,当公司支付固定股利时,就有更多的投资者愿意购买该类公司的股票,从而使股票价格上升,普通股股本成本降低,并最终促使股东财富最大化目标的实现。

2. 缺点

(1) 固定股利会成为公司的一项财务负担,当公司经营处于不利状态时,这项负担可能极为沉重,从而会影响到公司的发展。

(2) 公司为了回避过重的财务负担,往往会尽量减少每股年股利,使股利支付额显得过于保守。

二、固定股利支付率策略

（一）固定股利支付率策略的特点

固定股利支付率策略的股利支付方法不同于前者，它固定的是股利占收益的比重，而每股股利完全随公司当年每股收益的多少而定。如某公司确定其固定股利支付率为收益的50%，那么，其每股收益与每股股利的关系可用图12-2简示。

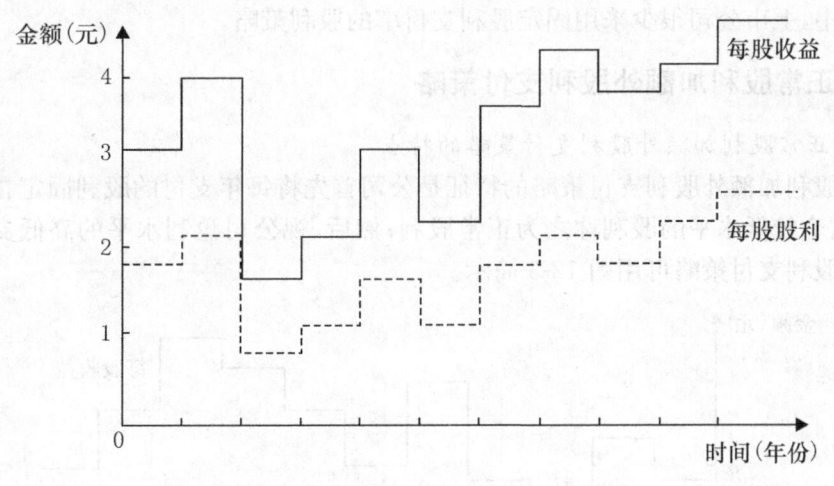

图 12-2 固定股利支付率图

（二）固定股利支付率策略的利弊

虽然，在西方，甚至有人称固定股利支付率策略是令公司倒闭的策略；但是，固定股利支付率策略的利弊不能简单而论，应按股份公司的类型来加以讨论。

1. 优点

固定股利支付率策略的主要优点就是对股东的激励力量大。它特别适用于员工持股比例大的公司。因为，在内部员工股比例较大的股份公司中采用这种股利支付策略，可以将职工的个人利益与公司利益紧密地捆在一起，使职工真正感到他们是公司的所有者，感到公司的兴旺发展与他们的切身经济利益息息相关，从而充分调动广大职工的积极性和创造性，增强企业活力。这样，就有利于企业提高经济效益，为企业盈利逐年增长创造了良好条件。随着企业经济效益连续稳定的提高，每股股利亦随之增加，这就不但保证了职工股东财富的增加，而且也相应地使企业外部股东获取的股利增加，减少了投资风险，进而使更多的投资者乐于购买这类公司的股票，使股票的市场价格上涨，保证了股东财富最大化目标的实现。

2. 缺点

固定股利支付率策略的主要缺点是股东获取股利的风险大。由于这种股利支付策略的股利支付额完全随公司的年收益而变化，虽然从长期来看，每股股利之和并不低于固定股利支付策略所得的股利之和，但它每年波动太大；因此，普通股股东获取股利的风险也就很大。对普通股票的短期持有者来说，他们不可能或难以得知在其股票持有的这段时间中能获得多少股利，甚至能否获得股利；对希望获取固定股利以利于支付其固定开支的普通股票的长期持有者（如退休基金组织和保险公司等单位）而言，这种股利支付策略则不便于他们的财务收支安排。所以，投资者一般不愿对奉行该类股利支付策略的公司的股票进行投资，这样，就势必影响到股票的市场价格，不利于股东财富最大化目标的实现。故在现实中，上市公司很少采用固定股利支付率的股利策略。

三、正常股利加额外股利支付策略

（一）正常股利加额外股利支付策略的特点

正常股利加额外股利支付策略的特征是公司首先将每年支付的股利固定在一个较低的水平，这个较低水平的股利称之为正常股利；然后，视公司盈利水平的高低支付额外股利。这种股利支付策略可用图12-3简示。

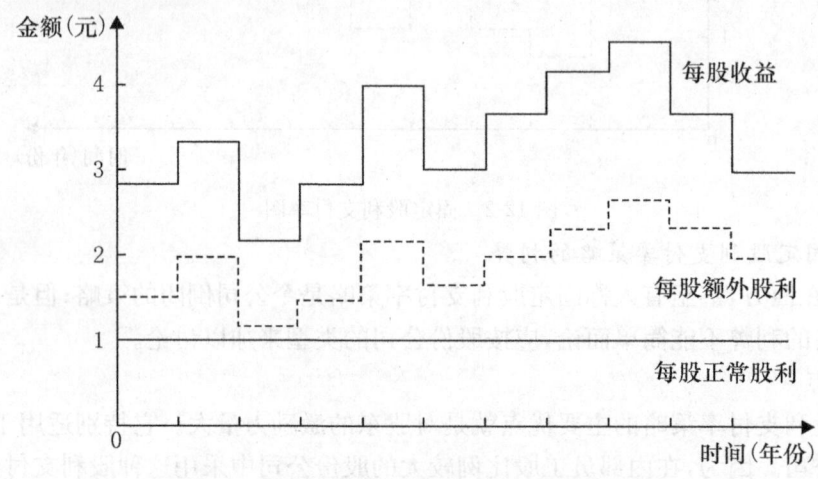

图12-3 正常股利加额外股利支付策略示意图

正常股利加额外股利支付策略介于前述两种股利支付策略之间，它既为公司的股利支付提供了灵活性，又可以使投资者得到获取最低股利的保证。

（二）正常股利加额外股利支付策略的利弊

正常股利加额外股利支付策略的优缺点是相对于固定股利支付策略和固定股利支付率策略来看的，可以简单地归纳如下。

1. 优点

（1）对公司而言，正常股利加额外股利支付策略的优点是给予了公司较大的灵活性。当公司盈利状况不佳时，可以不必支付额外股利，减轻了公司负担。另外，正常股利通常低于固定股利支付政策的每股股利，这就使公司在盈利状况不佳时也能够负担；而在盈利状况佳和资金充实的情况下,才多支付股利,享有较大的灵活性。

(2) 对投资者而言,正常股利加额外股利支付策略的优点是保证了投资者获取股利的最低数量。因为投资者获得了正常的股利之后,可以使获取股利的风险低于固定股利支付率的风险。这将有利于刺激投资者购买采用这种股利支付策略的股票,从而使公司股票保持在一个较好价格水平之上,最终有助于股东财富最大化目标的实现。

2. 缺点

(1) 正常股利加额外股利支付策略的灵活性不如固定股利支付率策略大,公司在盈利状况不佳时,仍要承担支付正常股利的负担,不利于公司渡过难关,这最终势必影响到股东财富最大化目标的实现。

(2) 正常股利加额外股利支付策略对每股正常股利没有固定股利支付策略多,因此,对期望获得较高稳定股利收入的投资者的吸引力也就没有后者大,这就使得股票价格可能低于采用后者的价格。另外,当公司持续地支付额外股利时,必然容易给市场上的投资者留下额外股利是正常股利的印象,从而希望公司永保某一额外股利的水平。如果公司因盈利下降,减少额外股利时,会引起股东的不满。以上各因素均可使股东财富最大化的目标难以实现。

在西方,一般认为,这种正常股利加额外股利支付策略是各年收益变化较大的公司股利支付的最佳策略。

四、投资剩余额股利支付策略

(一) 投资剩余额股利支付策略的特点

投资剩余额股利支付策略完全不同于上述三种股利支付策略,它是将股利政策建立在为投资筹集资金基础之上的。其基本特点,是只要投资收益率大于资金成本率,公司就应尽可能地用留存收益去满足投资需要,只有满足投资需要之后的剩余才向股东支付股利。该股利支付策略的重点是确定满足投资需要后的盈利剩余额。

由于留存收益是股东权益,而投资所需资金除了股东权益资金之外,还包括负债资金,即投资资金由股权资金和负债资金所构成;因此,需要在确定投资资金需要量的基础上,确定股东权益资金的需要量。用企业本年盈利额减去股东权益资金需要量之后的余额,就是可以用于股利支付的盈利剩余额。其具体确定步骤如下:

(1) 将所有投资项目按内部收益率高低排队,并计算满足所有投资项目需要的加权平均资金成本,然后再根据边际收益等于边际成本时收益额最大的原理,确定企业的最佳投资规模。

(2) 根据最优资金结构原理,确定股东权益资金占投资总额的比重,计算出投资所需要的权益资金数额。

(3) 根据留存收益资金成本低于普通股票资金成本的原理,尽可能用本年盈利来满足股权资金的需要量。当本年盈利不能满足股权资金需要量时,就应增发普通股票;当本年盈利满足股权资金需要量后尚有剩余时,则应将该剩余额用于支付股利。

现举例说明投资剩余盈利额的确定方法。

【例 12-7】 假定某公司本年盈利 6 000 万元,采用投资剩余额股利支付策略分配盈利。根据预算,本年最佳投资规模为 10 000 万元,最优资金结构为负债资金 50%、股权资金 50%。问该公司本年股利支付额和支付率各为多少?

解:

根据题意,可以分别求得公司的股利支付额和支付率如下:

股利支付额 = 6 000 − 10 000 × 50% = 1 000(万元)

股利支付率 = 1 000 ÷ 6 000 = 16.67%

(二)投资剩余额股利支付策略的利弊

投资剩余额股利支付策略的主要优缺点可以归纳如下。

1. 优点

投资剩余额股利支付策略将投资所需资金放在首位,有利于投资计划的正常进行,为企业未来盈利的稳定增长奠定了良好的基础,可以促使企业股票价值上升。

2. 缺点

投资剩余额股利支付策略的确定是投资者难以预测公司股利的支付额。因为在该股利支付策略下,股利支付额除受盈利水平的制约之外,还直接受投资机会的制约。这样,即使一个企业的盈利水平不变,甚至增加,也不能保证股利的不变,从而造成股利的多少与盈利水平的高低脱节,这将影响到股利收益的稳定性,难受追求稳定股利收益的股东欢迎。

当然,公司也可以通过诸如利用留存收益以丰补歉和提高资产负债率的方法,在不影响投资资金需要的前提下来相对稳定股利支付率,但是,这已不是典型的投资剩余额股利支付策略了。

第五节 影响股利支付的各种制约因素

在前面,我们讨论了有关股利支付的不同理论和股利支付策略,这些讨论主要是围绕股利支付与股东财富最大化的关系展开的。在实际中,决定采用某种股利支付策略时充分注意到股利支付与股东财富最大化的关系固然重要,但还必须充分考虑到制约股利支付的各种因素,只有这样,才能使公司制订的股利支付策略切实可行。在本节中,我们将主要讨论这些制约因素。

一、法律上的制约

任何股份公司都是在一定的法律环境条件下从事经营活动,因此,法律直接制约着公司的股利支付政策,公司的最优股利支付策略只能是在某种法律环境条件下的最优。法律上的制约因素主要包括:法定分配顺序和资本保护等。法律规定是任何股份公司都必须遵守的,它制约了公司股利支付策略的任意性。

二、负债契约的制约

公司发行债券或从银行获取贷款时,都要与债权人签订借债合同,在这些合同中规定了企业对债权人的保持条款,如强调企业应保持某个水平的流动比率、利息倍数比率以及其他各种安全比率,只有当企业达到或超过这些比率之后,才能支付股利。

这种对公司的盈利必须达到某一水平,否则公司不得发放现金股利的要求;或将股利发放额限制在某一盈利额或盈利百分比上的要求,目的在于促使企业把利润的一部分按有关条款要求的某种形式(如偿债基金准备等)进行再投资,以扩大企业的经济实力,从而保障债款的如期偿还,维护债权人的利益。总之,公司对外借债时与债权人签订的各种负债契约也限制了公司股利支付策略的随意性。

三、公司生产经营特征的制约

公司生产经营的特征直接影响着公司的现金流量,而现金流量的特征直接决定了公司现金股利的支付能力,下面对这一制约因素分别加以讨论。

(一) 公司寿命周期的制约因素

现金股利只能用现金来支付,这样,公司现金支付能力就必然制约着公司股利策略。公司现金越多,流动性越大,它支付股利的能力就越强。发展中的公司,由于投资机会多,筹资需要量大,但对外筹资的能力较弱,内部留存收益筹资成为一种重要的筹资手段,再由于将绝大多数资金用于购置固定资产和充当长期流动资金,公司的流动性较低;因此,这类公司为了保持公司应付各种意外情况的机动性,一般倾向于低现金股利支付的策略。相反,比较成熟的公司,由于投资机会减少,现金溢余量增多,因此较倾向于多付现金股利的策略。当然,这不是绝对的,它还受其他因素的影响。

(二) 筹资能力的制约因素

企业股利政策也受其筹资能力的限制。筹资能力包括筹资量、筹资成本和筹资所需时间三个方面的因素。一般而言,规模大、成熟型企业比一些正处于发展期的小企业有更多的外部筹资渠道,因此,它们多倾向于多支付现金股利;而正处发展期的小企业,由于经营和财务风险较高,对外筹资困难,因此,这些企业多倾向于限制现金股利支付,而热衷于企业内部筹资。

但是,股利支付与企业未来筹资能力之间存在着密切关系。具体表现为:多支付现金股利,有利于企业未来以较有利的条件发行新证券筹集资金,但这类筹资方法的筹资成本高于留存收益这种内部筹资的成本;反之,现金股利支付率低,尽管可以暂时降低筹资成本,但必然会对未来的筹资环境造成不良影响。这就要求企业在股利支付与筹资要求之间的利害、得失进行权衡，以制订出适合企业实际需要的股利政策。

（三）盈利稳定性的制约因素

企业股利政策在很大程度上受其盈利稳定性的制约。一般而言，一个公司的盈利越稳定，其股利支付率就越高。这是因为，盈利稳定的企业对保持较高的股利支付率更具信心。比如公用事业公司就是盈利相对稳定和股利支付率较高的典型例子。收益稳定的公司由于其经营和财务风险较小，因而比其他收益不稳定的公司，更能以较低的代价筹集负债资金。

股利具有传递信息的作用。限制股利的支付会使市场认为公司的盈利不稳定，投资风险较大，因而会要求更高的收益率作为补偿。这样，就会使股票市价降低。

（四）股权控制要求的制约因素

股利政策也会受现有股东对股权控制要求的制约。以现有股东为基础组成的董事会，在长期的经营中可能形成了一定的有效控制格局，他们就会将股利政策作为维持其控制权的工具。特别当公司存在极为有利可图的投资机会，但又无法用负债筹资时，公司为避免增发新股票，控制新股东加盟本企业以保护现有股东的控制权和防止别人参与分享高额利润，他们就会倾向于降低的股利支付率，以便从内部筹集投资所需资金。

四、股东股利要求的制约

（一）股东分类与不同股东的利益来源

在上市公司中，存在着大量的普通股股东，这些股东购买普通股票的具体目的不同，利益来源也存在着差异。归纳起来主要有如下几类。

1. 以获取稳定股利收入为目的的股东

这类股东除了诸如退休基金组织、保险公司等必须获取固定收入来满足其固定支出的投资单位外，还包括依靠股利谋生或补贴生活费支出的大量小股东。如不能获得稳定的股利收入，这类股东自身的财务状况必然趋于恶化。

2. 以获取最大资本收益为目的的股东

这类股东主要是一些大股东。首先，由于他们拥有的股票数量很多，因此，只要有较低的股利支付率就可以满足其日常开支，多余股利的出路只有再投资。其次，由于股利收入的所得税率比资本收益所得税率（我国是印花税）高，以及将获得的股利再投资会发生交易成本，这样，将企业收益转变为股利，然后再进行投资就极不合算。最后，由于股利的支付，公司留存收益减少，这一方面使股票的内含价值下降，会引起股票的市场价格上升减缓，影响到股东的资本收益；另一方面使公司增加发行普通股票来筹集企业发展基金的可能性增大，而发行新普通股票意味着原有股东对企业控制权的丧失或所有权稀释。正是以上原因，使以获取最大资本收益为目的的大股东倾向于少支付股利。

3. 以获取适当股利收入和资本收益为目的的股东

这类股东介于前述两类股东之间，他们多属于普通股票持有量中等的股东。他们既

第十二章 现金股利

比大股东更需要股利收入来满足其需要，又比小股东对股利收入的依赖小，他们期望在满足本期需要的前提下追求资本收益。

（二）股东要求对公司股利政策的制约

尽管股利无关论在其假设条件下讲得头头是道，但股利支付率会影响到不同股东切身利益却是不争的事实。这是因为，公司存在着不同的投资者，这些投资者购买股票的目的存在着差异。具体地说，不同股东会从自身的经济利益出发，对获取股利收益和资本收益这两方面的利益有不同的要求，而股东这两个方面的利益来源又与公司股利支付策略有关，因此，股东对这两方面利益要求的差异，势必影响到公司股利支付策略。

显然，股东的投资目的不同、经济利益的来源不同、对风险和收益的认识不同、不同收入来源的税率不同，等等，必然会对公司的股利支付策略产生重大影响。其结果是以追求稳定股利收入为目的的股东将投资于股利支付率较高和较稳定的公司；以追求最大资本收益为目的的股东将投资于股利支付率较低的公司；而以获取适当股利收入和资本收益为目的的股东则将投资于股利支付率中等的公司。

因此，公司在制订股利政策时，要针对股东对股利收入和资本收益的偏好，以及公司的发展战略来加以考虑。可以这样说，一个公司的股利支付策略可决定公司股东的类型，影响到公司的发展方向。

案例与资料

上证 50 指数股票派现/募资对比情况如表 12-1 所示。

上证 50 指数股票派现/募资对比情况表

（公司上市至 2009 年年底）

表 12-1

名称	派现/募资比	首发	增发	配股	发行可转债	合计	现金分红	可转债付息	合计
浦发银行	0.1924	40.00	235.35	0.00	0.00	275.35	52.97	0.00	52.97
武钢股份	0.7687	13.76	89.99	0.00	75.00	178.75	137.40	0.00	137.40
华夏银行	0.2171	56.00	115.58	0.00	0.00	171.58	37.25	0.00	37.25
民生银行	0.1559	41.30	181.6	0.00	40.00	262.90	40.75	0.25	41.00
上港集团	2.2533	0.00	0.00	0.00	24.50	24.50	55.21	0.00	55.21
宝钢股份	0.7927	78.46	256.0	0.00	100.0	434.46	344.38	0.00	344.38
中国石化	2.0838	118.16	0.00	0.00	300.00	418.16	871.36	0.00	871.36
南方航空	0.0000	27.00	22.79	0.00	0.00	49.79	0.00	0.00	0.00
中信证券	0.1995	18.00	296.45	0.00	0.00	314.45	62.73	0.00	62.73
招商银行	0.7205	109.50	0.00	0.00	65.00	174.50	125.09	0.64	125.73

(续表)

名 称	派现/募资比	首 发	增 发	配 股	发行可转债	合 计	现金分红	可转债付息	合 计
保利地产	0.0249	20.93	150.0	0.00	0.00	170.92	4.26	0.00	4.26
中国联通	0.4520	115.00	0.00	45.00	0.00	160.00	72.32	0.00	72.32
特变电工	0.1515	1.56	15.60	7.44	0.00	24.60	3.73	0.00	3.73
上海汽车	0.2103	21.06	190.61	33.60	63.00	308.27	64.83	0.00	64.83
振华重工	0.2056	3.59	85.31	0.00	0.00	88.90	18.28	0.00	18.28
江西铜业	0.3281	5.22	40.00	0.00	68.00	113.22	37.15	0.00	37.15
金地集团	0.0751	8.48	96.34	0.00	0.00	104.82	7.87	0.00	7.87
中金黄金	0.1018	4.05	39.86	0.00	0.00	43.91	4.47	0.00	4.47
贵州茅台	1.6630	22.44	0.00	0.00	0.00	22.44	37.32	0.00	37.32
山东黄金	0.1957	2.87	19.84	0.00	0.00	22.71	4.44	0.00	4.44
天威保变	0.3443	5.46	6.16	0.00	0.00	11.62	4.00	0.00	4.00
北大荒	0.8677	16.14	0.00	0.00	15.00	31.14	26.72	0.30	27.02
辽宁成大	0.4986	0.99	0.00	3.03	0.00	4.03	2.01	0.00	2.01
国电电力	0.1306	0.00	31.00	32.59	59.95	123.54	15.49	0.65	16.13
海通证券	0.0312	0.57	435.8	0.00	0.00	436.36	13.60	0.00	13.60
长江电力	0.4085	100.02	201.35	0.00	0.00	301.37	123.11	0.00	123.11
大秦铁路	0.7786	150.00	0.00	0.00	0.00	150.00	116.79	0.00	116.79
中国神华	0.1912	665.82	0.00	0.00	0.00	665.82	127.29	0.00	127.29
中国国航	0.3139	45.89	0.00	0.00	0.00	45.89	14.41	0.00	14.41
兴业银行	0.3220	159.96	0.00	0.00	0.00	159.96	51.50	0.00	51.50
西部矿业	0.1537	62.01	0.00	0.00	0.00	62.01	9.53	0.00	9.53
北京银行	0.1246	150.00	0.00	0.00	0.00	150.00	18.68	0.00	18.68
中国铁建	0.0555	222.46	0.00	0.00	0.00	222.46	12.34	0.00	12.34
中国平安	0.2400	388.70	0.00	0.00	0.00	388.70	93.28	0.00	93.28
交通银行	0.8748	252.04	0.00	0.00	0.00	252.04	220.47	0.00	220.47
中国中铁	0.0000	224.40	0.00	0.00	0.00	224.40	0.00	0.00	0.00
工商银行	2.2486	466.44	0.00	0.00	0.00	466.44	1 048.82	0.00	1 048.82
中国铝业	0.0000	0.00	0.00	0.00	0.00	0.00	48.35	0.00	48.35

(续表)

名 称	派现/募资比	首 发	增 发	配 股	发行可转债	合 计	现金分红	可转债付息	合 计
中国太保	0.1540	300.00	0.00	0.00	0.00	300.00	46.20	0.00	46.20
中国人寿	0.7885	283.20	0.00	0.00	0.00	283.20	223.29	0.00	223.29
中国建筑	0.0000	501.60	0.00	0.00	0.00	501.60	0.00	0.00	0.00
上海电气	0.0000	0.00	0.00	0.00	0.00	0.00	14.63	0.00	14.63
中国南车	0.0579	65.40	0.00	0.00	0.00	65.40	3.79	0.00	3.79
中国石油	1.5409	668.00	0.00	0.00	0.00	668.00	1 029.29	0.00	1 029.29
中煤能源	0.1118	256.71	0.00	0.00	0.00	256.71	28.69	0.00	28.69
紫金矿业	0.2768	99.82	0.00	0.00	0.00	99.82	27.63	0.00	27.63
中国远洋	0.1089	151.27	289.6	0.00	0.00	440.88	48.02	0.00	48.02
建设银行	1.0434	580.50	0.00	0.00	0.00	580.50	605.72	0.00	605.72
金钼股份	0.1206	89.15	0.00	0.00	0.00	89.15	10.76	0.00	10.76
中国银行	3.4268	200.00	0.00	0.00	0.00	200.00	685.37	0.00	685.37

资料来源：WIND 数据库。

思考与练习

一、复习思考题

1. 股利无关论的基本假设有哪些？你认为其推论可靠吗？
2. 股利相关论的理论依据是什么？
3. 如何认识最佳股利支付率的理论和方法？
4. 为什么要制订股利发放程序？
5. 具体的股利支付策略有哪些？各自的优缺点是什么？
6. 影响股利支付的主要制约因素有哪些？
7. 股利支付策略如何影响到股东利益？
8. 为什么说"一个公司的股利支付策略可以决定公司股东类型和公司发展方向"？

二、练习题

1. 试证明 MM 股利无关论。
2. 假定甲公司目前的普通股票市场价值为 5 元/股，发行在外共 3 000 万股，公司每期净收益为1 200万元,假设收益率为8%,并且保持不变。现公司有一个净现值为1 000万元的投资机会,期望投资收益率仍为8%。该公司有如下两种股利分配和为投资筹集资金的方案:方案一,将净收益1 200万元全部作为股利发放,然后再通过发行股票筹资1 200万元;方案二,不发放股利,利用净收益1 200万元来满足投资需要。试求两种方案对公司股票价值的影响。

3. 假定某公司本年税后利润总额为4 000万元,有利可图的投资项目需要资金为3 000万元。甲投资者现在持有1%的公司股份,并计划不改变在公司中的股份比例。该公司现有四种股利支付额方案:方案一,4 000万元;方案二,3 000万元;方案三,2 000万元;方案四,1 000万元。试问这四种股利支付额方案对该投资者财富(以股东获得的现金收入为标准)的影响。(用股利无关论的理论加以说明)

4. 某公司的投资收益率为15%,股本成本率为10%,每股收益为4元,试问当每股股利分别为4元、3元、2元、1元和0元时的股票市场价值各为多少?

5. 某公司的投资收益率为8%,股本成本率为10%,每股收益为4元,试问当每股股利分别为4元、3元、2元、1元和0元时的股票市场价值各为多少?

6. 假定练习题3中,资本收益的实现期为3年,市场平均无风险收益率为7%,某投资者对该资本收益实现认同的主观概率为60%,个人所得税为20%,再投资交易税费为1%。问公司的最佳股利支付率应该为多少?

7. 假定B公司本年盈利3 000万元,采用投资剩余额股利支付策略分配盈利。根据预算,本年最佳投资规模为5 000万元,最优资金结构为负债资金40%、权益资金60%。按投资剩余盈利额的股利分配办法,B公司本年股利支付额和支付率各为多少?

第十三章 非现金股利

【本章提要】 非现金股利有股票股利和股票回购这样两种主要形式,股票分割和股票合并本来不属于股利分配,但由于它们会同股票股利和股票回购产生某些相同的效果,因此,也将它们放在本章中讨论。本章重点讨论股票股利、股票回购、股票分割和股票合并的理论与方法。

【学习目标】 通过本章学习要求掌握和了解如下内容:(1)掌握股票股利的实质及其对股东的影响。(2)了解我国股票股利的实际支付方式及其与国际通行做法的差异。(3)掌握股票回购的实质及其对股东的影响。(4)掌握股票分割的目的及其对股东的影响。(5)了解我国股票分割的实际形式及其与国际通行做法的差异。(6)掌握股票合并的目的及其对股东的影响。

第一节 股票股利

股票股利是股利分配的一种重要形式,本节将重点讨论股利分配的问题。

一、股票股利的本质及其会计处理方法

(一)股票股利的本质

股票股利,又称为分红股或送股,是指公司不以现金的形式支付股利,而是以增发股票的形式付给股东的股利。从本质上看,股票股利并不属于公司将利润分配给股东的事件,而仅是公司收益的资本化。它既不会直接增加股东的财富,也不会导致公司财产的流出或负债的增加,受股票股利影响的仅仅是所有者权益各项目结构的变化。如不考虑税费因素,仅从账面上看,股票股利对公司和股东都没有任何实际的影响。这是因为:

(1)股票股利是按原股份的比例发给股东的新股,因此,股票股利不会使股东所有权比例发生变化。

(2)股票股利不会增加企业价值,引起的直接结果是股东手中的股票数量增加和每股价值下降同时发生,因此,股票股利没有分给股东任何有价值的东西,对股东财富没有

影响。

(3) 股票股利的直接结果仅是公司账面股东权益中的股本增加和留存收益的金额相应减少，因此，股票股利不会使股东权益的总数发生任何变化。

(二) 股票股利的不同会计处理方法

1. 美国会计程序委员会和纽约证券交易所的规定

按照美国会计程序委员会和纽约证券交易所的规定，股票股利的会计账务处理一般有以下几种处理方式：

(1) 按股票市价入账的会计处理。

当送股比例低于25%时，称之为小额送股，必须按增发股份的市价结转。他们对此所作的解释是，在发放小额股票股利时，投资者会将其视为公司收益的分配，其数额相当于收取额外股份的公允价值。基于这种认识，市场一般不会对小额送股作出明显反应。因此，公司在发放小额股票股利时应按市价结转。

但在控股公司中，由于股东对公司事务十分了解，不会把股票股利看成是公司收益的分配，因此，应当按照法定要求的面值或设定价值予以资本化。

(2) 按股票账面价值入账的会计处理。

当送股比例大于25%时，称之为大额送股，美国会计程序委员会和纽约证券交易所提供了两种备选处理方法：一是将它视为股票股利，但是按面值或设定价值结转，并将送股描述为"以股利形式实施的分割（split up effected in the form of a dividend）"；二是完全将它视为股票分割，在会计上对股票分割是不需要进行任何账务处理的，即不需要对留存收益进行资本化。

2. 我国会计法规的规定

我国目前并未对股票股利的资本化金额作出正式规定。公司如果支付股票股利，应该根据公司连续盈利情况和财产增值情况确定股票股利的价值，按确定的股票股利的价值减少留存收益。其结转分录的规定是，公司按股东大会批准的应分配股票股利的金额，办理增资手续后，借记"利润分配——转作股本的普通股股利"科目，贷记"股本"科目。如实际发放的股票股利金额与票面金额不一致，应当按其差额，贷记"资本公积——股本溢价"科目。从上述规定中可以看出，虽然我国现在并未对股票股利的资本化金额作出明确规定，但从其账户处理所涉及的科目看，是允许公司按股票市场价格和按股票账面价值进行会计处理的。

二、股票股利对资本结构、每股账面价值和每股收益的影响

下面我们通过实例来说明股票股利的不同会计处理方法对资本结构、每股账面价值和每股收益的影响。

(一) 按市场价格支付股票股利

【例13-1】 某公司分配股票股利之前的资本结构如表13-1所示。

表 13-1

资 本 结 构 表

单位：元

普通股票(10 000 000 股,每股面值 5 元)	50 000 000
资本公积金	20 000 000
留存收益	50 000 000
普通股权益合计	120 000 000

现在再假设该公司拟用 20 000 000 元的留存收益,按股票市场价格以 10 股送 1 股的比例向股东支付股票股利 1 000 000 股,现该种普通股票的市价为每股 20 元。试分析在按市价分配股票股利后公司的资本结构。

解：

第一步,计算出从留存收益中转入普通股账户的资本公积金账户的金额。

$$留存收益账户减少额 = 20 \times 1\,000\,000 = 20\,000\,000(元)$$

第二步,计算出普通股账户中应增加的金额。

$$普通股账户增加额 = 5 \times 1\,000\,000 = 5\,000\,000(元)$$

第三步,计算出资本公积金账户应增加的金额。

$$资本公积金账户增加额 = 20\,000\,000 - 5\,000\,000 = 15\,000\,000(元)$$

第四步,编制会计分录。

借：留存收益	20 000 000	
贷：普通股		5 000 000
资本公积		15 000 000

第五步,将各账户的增减额分别加减各账户的原有余额,即得到如表 13-2 所示。

表 13-2

资 本 结 构 表

单位：元

普通股票(11 000 000 股,每股面值 5 元)	55 000 000
资本公积金	35 000 000
留存收益	30 000 000
普通股权益合计	120 000 000

从表 13-2 可以看出,10％的股票股利支付之后,普通股总权益并没有发生任何变化,仍为 120 000 000 元。所不同的只是三种普通股权益资金的量发生了变化。

由于公司的普通股票数量增加了10%,公司普通股票的账面价值和每股市价会相应降低,其具体计算方法如下:

$$除权后每股账面价值=12\div(1+0.1)=10.91(元)$$
$$除权后每股市价=20\div(1+0.1)=18.18(元)$$

除权后每股账面价值和每股市价均下降了9.1%,相应地每股收益也会下降9.1%。但是,原普通股票持有者各自占普通股总权益中的比重,以及各自在所得总收益中所占的比重均没有发生变化。

(二)按股票面值支付股票股利

【例13-2】 假定[例13-1]中的资料不变,试分析公司将20 000 000元留存收益按股票面值支付股票股利后的资本结构。

解:

其会计分录为:

借:留存收益　　　　　　　　　　　　　　　　　　　　　　20 000 000
　　贷:普通股　　　　　　　　　　　　　　　　　　　　　　20 000 000

将各账户的增减额分别加减各账户的原有余额,即得到如表13-3所示。

表13-3

资 本 结 构 表

单位:元

普通股票(14 000 000股,每股面值5元)	70 000 000
资本公积金	20 000 000
留存收益	30 000 000
普通股权益合计	120 000 000

这时,普通股票的每股账面价值降为8.57元(120 000 000÷14 000 000),下降了28.57%[(8.57-12)÷12×100%];相应地除权后的每股市价则将降为14.29元[20÷(1+0.4)],下降了28.57%[(14.29-20)÷20×100%];同理,每股收益也会下降28.57%。

(三)两种股票股利支付方式的合理性分析

将按市场价格支付股票股利与按股票面值支付股票股利的结果相比较,可以发现,虽然两者都是用同样数量的留存收益支付股票股利,但结果大不一样。两种方法哪一种更合理,可分析如下:

从理论上讲,无论用现金形式支付股利还是用股票形式支付股利,在股利支付后,两种支付方式对股票账面价值和市场价格的影响应基本一致,即它们在支付股利之后的股票账面价值和市场价格应该基本相等。其依据是分配同样的盈利,应该有相同的结果。按该理论,我们可将两种股票股利支付形式的结果与现金股利支付形式的结果相比较,以验证其合理性。

因为,在现金股利支付形式下每股将支付现金 2 元(20 000 000÷10 000 000),因此股利支付后的每股账面价值为 10 元(12－2),每股市场价格为 18 元(20－2)。这样,可将三种方法对每股账面价值和市价的影响列表比较,如表 13-4 所示。

表 13-4

不同支付形式对每股账面价值和市价的影响情况表

单位:元

	支付现金股利后	支付股票股利后	
		按股票市价	按股票面值
每股账面价值	10	10.91	8.57
每股市价	18	18.18	14.29

从表 13-4 可以看出,按股票市价支付股票股利后的结果与支付现金股利后的结果相差不大,而按股票面值支付股票股利后的结果却与支付现金股利后的结果相差极大,这说明,按股票市价支付股票股利比按股票面值支付股票股利更为合理。正因为如此,国际上才通用按股票市价支付股票股利的方式,只有在股票股利起到分割作用的时候,才采用股票面值支付股票股利。

三、我国公司股票股利的支付形式

尽管我国会计制度允许企业采用多种股票股利的计价方式,但是,在我国股票股利分配的实务中均不采用按股票市价支付股票股利的方式,而采用按股票面值支付股票股利的方式。造成这一现象的主要原因如下:

(1) 股票市价波动性太大,不易确定。且在我国,股票股利涉及增加注册股本,审批手续复杂,所花时间长。公司在确定股票股利分配方案时,必须一次确定支付股票股利的量和分配的金额,这样,就难以按股票市价来支付股票股利。在这种情况下,即使按预测市价来支付,实际上也只能算是设定价,而不是现实的市价。

(2) 我国股票市场尚不成熟,股份种类繁多,流通市场不统一,价格差异大,许多股份还不能上市流通,因此,也难以为全部股份设定一个统一的市价,这决定了在我国现阶段还很难按股票市价来支付股票股利。

(3) 公司股票的面值与市价差异极大,市场平均市盈率极高,若按股票市价支付股票股利,支付量可能对股东而言显得微不足道。比如,在我国 A 股市场的平均市盈率为 50 倍的条件下,就是公司的全部收益都按股票市价的方式来支付股票股利,平均也就只能是 50 股送 1 股的比例分配。这种低比例分配股票股利的方式,定难以迎合我国股票投资者的心理需要,不受股票投资者的欢迎。

(4) 按股票面值支付股票股利,不但操作简单,而且股票股利支付量可以大增,从而比较容易满足股票投资者的心理需要，受投资者的欢迎。

我国实际采用的按股票面值支付股票股利的方式，虽然操作简单和迎合了投资者的需要，但它却扭曲了股票股利分配，使股票股利分配产生了股票分割的作用。对盈利能力较低的公司而言，采用这种股票股利分配方式，可能对公司的股价上扬带来极为不利的影响，最终影响到股东的利益。

四、股票股利的利弊

股票股利的优缺点可以从公司和股东两个方面来考察。

（一）股票股利对公司而言的优缺点

1. 股票股利对公司而言的优点

股票股利能给公司带来的好处是不言自明的，因为公司根本没有支付任何现金或其他有价值的东西，公司的经营资金毫无减少。这比公司为了留存利润而不分配股利的方法要高明一些。具体地看，其优点主要有：

（1）既可以使公司保留大量的现金，便于进行再投资，有利于公司的长期发展；又可以迎合投资者的心理，使他们不感到失望，而感到是在进行再投资。

（2）支付股票股利，可以使股票价格维持在一个自己认为合乎需要的范围。特别是当股票价格过高，失去对小额投资者的吸引力时，通过股票股利分配的方法，可以使股票价格调整到公司感到满意的范围之内，从而吸引更多的投资者。

（3）发放股票股利往往向社会传递公司继续发展的信息，从而提高投资者对公司的信心，在一定程度上能稳定股票价格。

2. 股票股利对公司而言的缺点

股票股利对公司而言的主要缺点，是它的管理费用比现金股利高得多。这些费用包括增加注册资本的验资费用、注册登记费用、证券登记费用等，从纯理论的角度看，这笔管理费用是股东的损失，因为公司不发放股票股利，节约的管理费用就会使公司的利润有所增加。

（二）股票股利对股东而言的优缺点

1. 股票股利对股东而言的优点

虽然，从理论上看，股票股利不会给股东们带来任何益处或价值，甚至还在某种程度上损失了权益资金。但事实上，股票股利能给股东们带来某些利益或价值。这些价值主要来自于股东们的心理感受和期望。具体地看，主要有：

（1）将股票股利视为一种意外之财。如果股东想出售若干股票以换取现金，那么在这种情况下，他们可能不会把股利股票的销售看成是原有股本的减少，而当作是意外之财，从而感觉到股票股利具有价值。

（2）如果公司在分配股票股利之后，仍然按以前一样的股利支付额支付股利，那么，股东就更容易感觉到股票股利的价值。例如，公司原每股支付股利1元，某投资者原持有100股可分得100元的股利，如公司分配10%的股票股利，他就持有了110股。这以后，公司若继续按每股支付1元股利的话,他就可以获得110元的股利,多获得了10元的利益。

(3) 公司分配股利股票,可能给股东造成公司有有利可图的投资机会,这样在未来将会给股东带来丰厚收益的印象,从而感到了股票股利的价值。这种心理会在一定程度上起到稳定股价甚至抬高股价的作用。

(4) 如果公司发放股票股利后,股价并不成比例下降;那么,这将使股东得到股票价值相对上升的好处。事实上,当股票股利少量增加时,如在2%~3%,并不一定就会立即影响到股票的市场价格,这样就使股东得到了股票市场总价格上升的好处。当然,这种好处会随着市场反应过来而消逝。

2. 股票股利对股东而言的缺点

股票股利对股东而言的最大缺点,是分配股票股利与支付现金股利一样必须支付所得税。按我国税法规定,股票股利的所得税与现金股利所得税一样,均为20%。对股票股利征收所得税的基本依据是,在公司清算时,公司支付各种债务后的归普通股东所拥有的净资产如大于股东原始投入,即资本出现增值,那么就应对资本增值部分征收20%的所得税。而资本原始投入包括股本和资本公积。股票股利本质就是将公司盈余转为资本的原始投入,即股东原始投入增加,这样在清算时净资产不变的情况下,资本增值部分就会相应减少,国家征收的所得税也就同比例减少。因此,国家要求公司支付股票股利时,必须缴纳所得税。

显然,因公司支付股票股利引起的将本来可以一直递延到公司清算时才缴纳的所得税,前置在支付股票股利当时缴纳,对股东而言是一种损失。如公司不支付股票股利,而将它作为留存收益的形式保留在公司中,则可获得将该资本增值所得税递延下去的好处。在[例13-1]中,如公司不支付股票股利而是将留存收益保持不动,那么将少支付4 000 000元(20 000 000×20%)的所得税。支付股票股利,仅是公司资本结构发生了变化,没有给股东带来任何实质性的好处;但却引起了税收形式的现金流出,无论该股票股利所得税是由公司支付,还是由股东支付,最终都会给股东造成实质性的损失,这就是股票股利对股东而言的最大缺点。

第二节 股票回购

一、作为股利支付策略的股票回购的实质

(一) 我国对股票回购的法律规定

我国《公司法》第一百四十三条规定:公司不得收购本公司股份。但是,有下列情形之一的除外:

(1) 减少公司注册资本。

(2) 与持有本公司股份的其他公司合并。

(3) 将股份奖励给本公司职工。

(4) 股东因对股东大会作出的公司合并、分立决议持异议，要求公司收购其股份的。

属于第(1)项情形的，应当自收购之日起 10 日内注销。属于第(2)项、第(4)项情形的，应当在 6 个月内转让或者注销。属于第(3)项规定收购的本公司股份，不得超过本公司已发行股份总额的 5％；用于收购的资金应当从公司的税后利润中支出；所收购的股份应当在 1 年内转让给职工。公司不得接受本公司的股票作为质押权的标的。

为适应资本市场发展实践的需要，中国证监会于 2008 年 9 月 21 日颁布了《关于上市公司以集中竞价交易方式回购股份的补充规定(征求意见稿)》，对《上市公司回购社会公众股份管理办法(试行)》(证监发[2005]51 号)中有关上市公司以集中竞价交易方式回购股份行为补充规定的主要内容如下：

上市公司以集中竞价交易方式回购股份(以下简称上市公司回购股份)，应当由董事会依法作出决议，并提交股东大会批准。股东大会就回购股份作出的决议，应当包括下列事项：回购股份的价格区间，拟回购股份的种类、数量和比例，拟用于回购的资金总额以及资金来源，回购股份的期限等。上市公司股东大会对回购股份作出决议，必须经出席会议的股东所持表决权的 2/3 以上通过，依法通知债权人。上市公司回购股份占上市公司总股本的比例每增加 1％的，应当自该事实发生之日起 3 日内予以公告，包括已回购股份的数量和比例、购买的最高价和最低价、支付的总金额。公司在公布回购股份方案之日起至回购股份完成之日后的 30 日内不得公布或者实施现金分红方案。上市公司回购股份期间不得发行股份募集资金。

回购股份数量最大的 10 家公司如表 13-5 所示。

表 13-5

回购股份数量最大的 10 家公司

代 码	名 称	变动日期	变动原因	总股本变动(万股)	流通 A 股变动(万股)
600642.SH	申能股份	1999-12-17	回购	－100 000	0
000887.SZ	中鼎股份	2007-3-30	缩股	－64 857.072	－21 563.894 2
600812.SH	华北制药	2004-12-30	以股抵债(定向回购)	－40 748.488 7	0
600894.SH	广钢股份	2006-4-17	股权分置	－26 686.037 7	0
600839.SH	四川长虹	2006-4-11	以股抵债(定向回购)	－26 600	0
600637.SH	广电信息	2006-4-13	以股抵债(定向回购)	－25 737.141 2	0
600679.SH	金山开发	2006-1-4	以股抵债(定向回购)	－25 000	0
600663.SH	陆家嘴	1994-10-30	回购	－20 000	0
600096.SH	云天化	2000-11-22	回购	－20 000	0
600876.SH	＊ST 洛玻	2006-12-6	以股抵债(定向回购)	－19 998.175 8	0

资料来源：WIND 数据库。

虽然我国法律禁止将股票回购作为股利支付的一种替代方法，但是为了完善股利分配方法的论述，下面仍然对作为现金股利替代方法的股票回购进行介绍。

(二)作为股利支付策略的股票回购的实质

股票回购作为一种支付现金股利的替代方法，是将公司缺乏有利可图投资机会的多余现金通过收购本公司流通在外股票的方式分给股东。公司购回本身发行的部分股票后，流通在外的股票就相应减少；再由于收购股票的资金是企业闲置的资金，因此，也不会对公司收益产生不利影响，这样，流通在外股票的每股收益就会有所增加，从而导致股票价格上涨。在国际上，不乏股票回购的实例。

由于股利收入与资本收益在纳税方面存在着差异，前者的税率高于后者，因此，从理论上来说，用股票回购来替代股利支付对股东更为有利。下面将举例说明该问题。

【例13-2】 假定某公司普通股票的每股收益和每股市价的资料如表13-6所示。

表13-6

公司普通股票资料表

税后净利润(元)	4 000 000
流通在外股数(股)	1 000 000
每股收益(元)	4
每股市价(元)	40
市盈率(倍)	10

现再假设，该公司计划从利润中拿出50%，即2 000 000元分给股东，现正在考虑用支付现金股利的方式还是用股票回购的方式分给股东。假定现金股利所得税率为20%，资本收益免征所得税，股票交易印花税率为2‰，股票交易费用率为2‰，分配股利之后公司股票的市盈率保持不变。试分析不同股利支付方式的优劣。

解：

(1) 计算每股可以获得的现金股利。

$$每股可得现金股利 = 2\,000\,000 \div 1\,000\,000 = 2(元)$$

(2) 计算采用回购方式，每股可以获得的资本收益。

分析：由于股票含有未支付的现金股利，因此在现金股利支付前的普通股票市价将为42元。如果公司按每股42元的市价购回股票，那么每股将获得以下利益：

$$公司购回股票数量 = 2\,000\,000 \div 42 = 47\,619(股)$$
$$购回后每股收益 = 4\,000\,000 \div (1\,000\,000 - 47\,619) = 4.2(元)$$
$$购回后股票市价 = 4.2 \times 10 = 42(元)$$
$$每股所获得的资本收益 = 42 - 40 = 2(元)$$

(3) 比较两种股利支付方式股东所获得的净收益。

现金股利的净收益=2×(1-20%)=1.60(元)
资本收益的净收益=2×(1-4%)=1.92(元)
两种股利支付方式利益差异=1.92-1.60=0.32(元)

通过上述分析可以得知,股东获得的利益均为2元,可以是2元的现金股利,也可以是2元的资本收益。表面上看,无论采用哪种方法对股东利益的影响都是一样的,但实际上如将两者的不同税率和交易成本考虑进来,股东获得的最终利益——扣除税后的收益将是有区别的。根据《中华人民共和国个人所得税法》规定,对个人的利息、股息、红利所得按20%的比例税率征收个人所得税,股票印花税和交易费用率之和一般要大大低于所得税率。而目前对股票交易增值部分免交所得税,即使国家开征股票交易所得税,投资者也可采用推迟交易的方法来递延该种税金。当然,在现实中,实际执行的股利所得税率和交易印花税率都是在不断变动的。

可见,用股票回购代替现金股利的实质,是使股东的股利收入转变为资本收益。这样做可以使股东回避较高的税率,获得少纳税的好处。当然,这种股利策略由于减少了国家税收,因此会受到国家税务机关的制约。不但我国明文规定不准企业以该种目的回购本公司的股票,就是西方国家,税务部门也十分警惕企业采用股票回购的方式来替代支付现金股利的方式,企业若有不慎,将会受到罚款处分。

2008年9月,美国微软公司和惠普公司,就利用金融市场的动荡,分别宣布回购自己公司的股票,其中微软计划回购400亿美元股票,而惠普则计划回购80亿美元股票。受这一利好消息影响,微软股价在9月22日的早盘交易中大涨4%。

据标准普尔公司的统计,近年美国企业股票回购呈现以下特点:一是股票回购规模超过分红。2005年,美国公司的股票回购增长了77%,而分红仅增加了11.5%。美国上市公司的股票回购资金比分红要多73%以上。二是大幅减少了流通股规模。标准普尔500指数成分股中,有226家企业通过回购方式减少了流通股,其中80家公司的股票总额下降幅度甚至超过了4%以上。三是回购规模几乎与企业利润相当。标准普尔公司称,标普500指数成分股公司2005年第四季度的回购规模相当于当季利润额的93%左右。[1]

二、股票回购方式

股票回购的常用方法包括公开市场回购、要约回购、协议回购和可转让出售权四种方式。

(一)公开市场回购

公开市场回购是指公司在市场上同其他任何投资者一样,都必须按照公司股票的当前市场价格从其他投资者手中购买股票。这种回购方式很容易改变市场上的供求关系,将股票价格推高,增加回购成本。一般而言,在股票市场表现欠佳、公司股票市场价格低

---

[1] 为股票期权激励政策作铺垫,美公司回购股票升温[N],中国证券报,2006-3-27。

迷时,公司可以用此种股票回购方式来维持股票市场价格的稳定;公司还可能因为对股票有特殊用途的需要,如公司为了实施股票期权计划、员工持股计划等,而采取这种方式进行小规模的回购。

据统计资料显示,在美国有90%以上的股票回购是采用公开市场回购的方式进行。由于公司回购自身的股票可能会涉及股票价格操纵和内幕交易的问题,因此,各国的证券监管部门对公司在公开市场回购的行为都实施了包括回购时间、交易价格、交易数量等方面的严格监管。在美国,公开市场方式回购股票对股票价格的平均影响仅为2%~3%。

(二)要约回购

要约回购可以分为固定价格要约回购和荷兰式拍卖回购,在这里只讨论固定价格要约回购。

所谓固定价格要约回购,是指公司通过发布固定价格要约的回购,在要约书中必须包含回购的时间、回购的价格、回购的数量等方面的内容。其中,固定价格是回购要约中最关键的内容。该回购价格一定是高出股票当前市场价格水平的价格。在要约回购中,对公司而言,关键的是要确定回购溢价水平和溢价范围,使公司既能按照计划回购到既定数量股票,又可以避免为此付出过高的代价。溢价的高低与公司股票的集中程度有关,一般而言,两者之间成反比。即公司股权越集中,溢价就可以越小;相反,股权越分散,溢价就必须制订得越高。根据统计资料显示,回购溢价大约在10%~25%之间,平均为20%。

固定价格要约回购的优点:第一,赋予了所有股东平等的机会,股东既可按此价出售股票,也可依旧持有股票;第二,公司可以在较短的时间内完成回购股票的任务;第三,向市场发出了有关公司经营稳定、现金富余的积极信号。固定价格要约回购的缺点是回购的成本较高。

(三)协议回购

协议回购,又称定向回购,是指公司以协议价格的方式直接向一个或几个主要股东回购股票的事件。协议由于参与者相对较少,价格制订一般有利于收购方,其协议价格在多数情况下都要低于市场价格。特别在卖方首先提出希望公司回购其股票的情况下更是如此。由于协议回购只涉及一部分股东,协议回购价格的高低会直接影响到不同股东之间的利益关系,因此,协议回购的关键是确定回购价格。协议价格过高将不利于剩余的股东,公司如果处理不当,除了会遭受到剩余股东的反对之外,还有可能会因为"公司向出售方输送利益",而遭受股东的起诉。

协议回购在我国也时有发生,并且发生较多的是国有股的回购。在我国,上市公司控股股东侵占上市公司资金的现象极为普遍,有些控股股东因无法偿还所欠上市公司的债务,便希望能将其持有的一部分股份卖给上市公司以抵偿所欠债务,即"以股抵债"。这种"以股抵债",其实就是股票的协议回购。我国上市公司股份回购的基本情况如表13-7所示。

表 13-7

我国上市公司股份回购的基本情况表

	定向回购（家数）	公开市场回购（家数）
1994—2005 年	10	1
2005—2008 年	56	9
合　　计	66	10

资料来源：WIND 数据库。

我国首家实施"以股抵债"的电广传媒公司，其控股股东公司控股股东——湖南广播电视产业中心与电广传媒公司达成的协议回购价格为 7.15 元/股，在 2004 年 9 月 22 日，将其所持有电广传媒 7 542.1 万股，抵偿其所欠电广传媒的债务及利息合计 53 926 万元。协议回购之后，控股股东所持股份的数量由 16 900 万股减少为 9 357.9 万股，持股比例由 50.31% 下降为 35.92%。协议转让价格比每股净资产 7.12 元/股高出 0.03 元/股，但低于最低的市场价格 7.40 元/股。电广传媒公司的这一旨在解决控股股东欠债的协议回购，在中国股票市场上引起了轩然大波，有的批评这是大股东侵占小股东的权益，有的则认为对小股东是件好事。就其争论的根源来看，还是在于对协议回购价格的不同认识之上。因为，在我国，法人股和国有股是不能流通的，其价格远远低于流通股的市场价格，因此，按照此种观点，有人认为该协议价格被定高了，小股东的利益受到了侵害。但是，从国家规定的国有资产的转让价格必须高于其每股净资产的规定出发，该协议价格的溢价很低，因此，有人认为是合理的，没有侵害小股东的利益。当然，也有人深入分析电广传媒公司控股股东公司控股股东——湖南广播电视产业中心每一股的实际成本，得出其折算为 6 年前的历史成本仅为 0.39 元/股[1]，目前净资产 7.12 元/股中的绝大部分都是流通股东的贡献，现在卖 7.15 元/股，增长了 17.38 倍；因此，认为协议回购价格定得过高，损害了流通股股东的利益。

（四）可转让出售权

可转让出售权是指公司赋予股票持有人以某种价格将股票卖给公司的权利。这种权利一般以认沽权证的形式出现。认沽权证与认购（股）权证相反，是指权证持有人有权利（而非义务）在某段期间内以预先约定的价格向发行人出售特定数量标的的证券。

在股票回购中，公司不能强迫股东将手中的股票卖给公司，公司只能设定股票的回购数量和回购价格，每位股东均可以按照自己的意愿选择接受或拒绝接受回购要约。

---

[1] 广电传媒发行上市时，最初发起人以每股 1.37 元的净资产折合 10 800 万股，公司上市至 2004 年 9 月共有 4 次分红、3 次扩股，其中流通股股东分得扣税红利 5 336 万元，国家股股东分得 7 682 万元。根据上述数据，依公司 2004 年 9 月股本计算，国有股股东的历史成本是每股 0.39 元[(10 800×1.37 − 7 682) ÷ 18 252]。

在固定价格回购要约中,公司可以按照股东持股的比例分派认沽权证,认沽权证其实就是赋予股东一项卖出期权,固定回购价格就是该期权的执行价格。当回购价格高于市场价格时,该期权就有了价值。由于可转让出售权与股票是分离的,因此,如果股票持有人不愿意将股票卖给公司,他就可以将该可转让出售权在市场上卖出,获取利益。在不考虑行权有关费用的情况下,

$$认沽权证到期可得的回报=(行权价-权证结算价格)\times 行权比例$$

比如,某公司发行在外的普通股票总股数为 10 000 万股,现决定以 8 元/股的价格回购 1 000 万股,每 10 股送 1 股可转让出售权,出售权的有效时间为 30 天。如果该公司的市场价格为 6 元/股,那么,可转让出售权就有 2 元/股的价值。

公司发行可转让出售权,既可以满足不同股票投资人的需要,又可以限制股东向公司出售股票的数量,避免股东过度接受回购要约的情况发生。

无论采用哪种回购方式,公司在收购股票之前,都必须将自己回购股票的真实意图告诉全体股东,使股东了解公司收购股票的意图,并在此基础上作出正确的决策。

三、股票回购的利弊

（一）股票回购对公司而言的优缺点

1. 股票回购对公司而言的优点

股票回购对公司而言的优点可简单归纳如下:

(1) 从公司的角度看,有了多余资金才会考虑是否回购股票。股票回购给予股东的利益,一般会使股东认为是一种暂时现象,这就回避了以现金股利形式支付可能造成的新增股利渴望长期维持的期望,当公司以后无多余资金时,就不必去勉强维持新的股利水平。

(2) 股票回购作为一种筹资决策,可大规模地改变资本结构,提高财务杠杆,使资本结构最优化。如公司资金来源中权益资金比重过大时,可采用发行长期债券并用发行长期债券所得的资金回购股票,这样,就可迅速改变公司资本结构,获得财务杠杆利益。

(3) 公司藏有库存股票,给公司筹资带来了灵活性,当其需要资金时,可随时将库存股票投放市场。

(4) 股票回购还可用于阻止公司被兼并,掌握公司的控制权等。例如公司通过股票回购,减少市场上的股票数量,将所有权内部化,就可有效地阻止公司被敌意收购或兼并。

2. 股票回购对公司而言的缺点

(1) 从公司的角度看,股票回购可能会给投资者造成一种公司投资机会少、增长率低的印象,进而影响企业声誉和股票市价。虽然这种情况并不会发生。

(2) 从法律上考虑,股票回购往往行不通。公司在股票回购时,操作稍有不当,可能会违反有关法律的规定,承担由此而来的风险责任。

(二)股票回购对股东而言的优缺点

1. 股票回购对股东而言的优点

(1) 股东可从股票回购中获得少纳税或推迟纳税的好处。

(2) 股票回购可以减少市场上股票流通的数量,使股票的供求关系发生有利于供方的变化,从而股票市价更有可能保持持续上涨的势头,为股东带来丰厚的资本收益。从现实来看,该利益要远远大于前述少纳税或推迟纳税给股东带来的利益。

2. 股票回购对股东而言的缺点

(1) 股东们可能认为现金股利与资本收益更为可靠,放弃现金股利追求资本收益会使风险上升。

(2) 股东与公司所掌握的信息不对称,公司掌握的信息量要远远多于股东,因此,股东会担心被公司欺骗,即担心公司没有向他们提供股票回购的真实原因,使他们难以作出正确的决策。

(3) 对一些市场交易不活跃的公司股票而言,公司回购股票的价格订得过高,将不利于其余的股东,因为这将使股票交易更不活跃,使资本收益难以实现。

总之,虽然从各种法规上看,股票回购不一定可行,但是从理论上讲,它确实是股份公司可以采用的一种股利支付、调整资本结构、筹集资金、阻止公司被兼并和掌握控制权的有效方法,因此,仍需研究它。

第三节 股票分割

股票分割本来是与公司股利支付策略无关的问题,但它同股票股利产生某些相同的效果,因此,将它放在非现金股利一章中进行讨论。

一、股票分割的特征

(一)股票分割的含义

股票分割,又称为拆股,是指公司用一定数额的面值较低的新股按比例交换一定数额的面值较大的老股的事件。股票分割的本质是通过降低公司股票的面值来增加公司股票的股数。

【例 13-3】假定某公司股票分割前的资本结构如表 13-8 所示。

表 13-8

资 本 结 构

单位:元

普通股票(10 000 000 股,每股面值 5 元)	50 000 000
资本公积金	20 000 000
留存收益	50 000 000
普通股权益合计	120 000 000

已知该公司股票的市场价格为 10 元/股，试编制按 1∶2 的比例减少股票面值和增加股数后的资本结构表，以及确定该股票的除权价格。

解：

(1) 编制股票分割后的资本结构如表 13-9 所示。

表 13-9

资 本 结 构

单位：元

普通股票(20 000 000 股，每股面值 2.50 元)	50 000 000
资本公积金	20 000 000
留存收益	50 000 000
普通股权益合计	120 000 000

从表 13-9 可以看出，股票分割之后，公司股权资金各个账户的余额均没有发生任何变化，变化的只有普通股票的面值。

(2) 计算股票除权后的市场价格。

$$除权后的市场价格 = 10 \div 2 = 5(元/股)$$

(二) 股票分割与股票股利的异同

与股票股利相比，股票分割的特征是股数增多、每股面值减少，但是权益资金各账户的余额不发生变化。两者的异同可归纳如下。

1. 股票分割与股票股利的共同之处

股票分割与股票股利的共同之处是两者均不增加公司的股东权益总额，只增加流通在外的股票数量，从而引起每股账面价值和内含价值的降低，并最终导致股票的市场价格下跌。

2. 股票分割与股票股利的不同之处

股票分割与股票股利的不同之处是股票股利不减少股票面值，但要调整权益资金各账户的余额；股票分割则是减少股票的面值和不调整权益资金各账户的余额。

(三) 股票分割在会计处理上的特征

从会计角度看，股票分割不会对公司的资本结构产生任何影响，因此，不需要对股票分割进行会计上的账务处理，会计上要做的是：一方面，在资本账上将股票的面值调低；另一方面，按照一定的比例将股份数量调增。

二、我国股票分割的特殊情况

在我国，目前各股份公司的股票面值绝大多数为每股 1 元。在新股发行时，发行价均大大高于股票面值，使得资本公积金数倍于股本。比如，公司按 15 元/股的价格发行股票,其股本只有1元/股,但资本公积金却高达14元/股。在这种情况下,再对1元/股的面值进行分割就显得不太方便。另外,公司又存在大量的资本公积金,对1元/股的面值进行分割也显得意义不大。因此,我国股份公司对股票分割实际上多是采用资本公积金转增股本的形式来进行。虽然,严格地说,资本公积金转增股本并不属于股票分割,但它的确起到与股票分割同样的作用,即股票数量增加的作用。所不同的是,不是分割股票面值,而是摊薄每股资本公积。

在我国实务中,公司往往把它与股利分配混在一起,所谓盈利分配公告中的10送2转增3就是如此,它表明,公司盈利分配政策为10股送2股股票股利,另外再用资本公积金转增3股股票。由于我国公司发行股票时,存在大量的资本公积金,因此,在公司上市初期,不少公司均有能力大比例转增股票,以致让不少股票持有者将它视为了一种盈利分配。正如在本章股票股利一节所指出的一样,按股票面值支付股票股利也具有股票分割的性质。这说明,我国股票分割的情况普遍存在,但其表现形式特殊而已。

三、股票分割的利弊及其策略

(一) 股票分割的优点

1. 可以使股票价格保持在最优价格区间

从理论上分析,股票最优价格范围是存在的。所谓最优,就是指如果股票价格在这一范围内,那么其价格一收益比率以及公司价值就能达到最大化。当某股票价格过高时,许多中小投资者买不起该股票,这样使得股票购买者减少,抑制了股票价格的上涨。这时若通过股票分割,使每股市价随股数的增加而下降,这样股票的总价值并没发生增减变化,但由于每股的市场价格较分割前有所降低,使更多的中小投资者能买得起,根据供求规律,这将导致该种股票价格重新上涨,使该种股票的价格一收益比率增大,从而使公司总价值增大。

我们以深圳股票交易所为例来进一步讨论股票最优价格的问题。按深圳股票交易所的规定,每手交易量为100股,每股面值为1元,即每手交易量的面值为100元。但随着股票价格的上涨,价高的股票,市场价格可以达到50元/股。以50元/股来说,每手交易的金额高达了5000元,这不能不使小额投资者望而却步,从而影响了交易量。如能将这种价格过高的股票进行分割,比如说按1:2的比率分割,那么每股市价降为25元/股,但因为价格降低,使许多投资者买得起该种股票,这又使供求关系发生了有利于供的变化,而导致每股市价高于25元/股。其结果就是以前100股价值5000元的股票,现在分割为200股后,价值已超过了5000元。当然,如不分割股票,采用降低每手交易量也能达到吸引投资者的目的,但降低每手交易量不是企业所能办到的了。

2. 可以用于增加发行量,扩大股东数

因为,现有股东手中持有的股数增多,其出售股票的可能性就会增大,从而引起股东数增多。股票数和股东数的增加会扩大公司股票的交易规模,在企业发行新股票时,股票价格过高不利于新股票的发行,通过股票分割可以有效地提高股票的市场性,刺激交易,满足筹资的要求。

(二) 股票分割的缺点

股票分割的主要缺点是随着股票的分割,股票的流通数量将增加,股票市价将会下跌,特别是连续进行股票分割的公司,股票市价更将持续下跌。虽然,因分割下跌后的股价乘上其股数的总市价不一定就比分割前低,但如果公司股价太低将影响到公司股票的形象,为公司带来不利影响。比如,我国就有若干上市公司在经济效益不理想的情况下,为了取悦股东,连续多年向股东转增股票,最后导致公司股价一降再降,这不仅影响了公司的形象,还影响到公司股东的切身经济利益,因为股票转增后的市价之和已低于了股票转增前的市价之和。

(三) 股票分割的策略

根据前述股票分割的优缺点,公司采取股票分割策略的前提条件是公司的盈利能不断增加,只有在公司盈利不断增加和股价高企的前提下,才可能通过股票分割增加公司的市场价值;反之,如在公司盈利下降和股价本身较低的情况下,对公司股票进行分割,那么,则只可能给公司和股东的利益带来不利影响。因此,公司在决定是否对公司股票进行分割之前,一定要详细预测公司盈利能力的趋势,评判公司现行股价的高低和分割后公司股价可能的走势等等;并在这些预测和评判的基础上,认真研究股票分割的比例和方式等细节问题。只有这样,才能使股票分割达到预期的增加公司市场价值的目的。

第四节 股票合并

股票合并也不是股利分配,只是由于它在某些方面与股票回购有相似之处,所以也把它放在非现金股利一章中进行讨论。

一、股票合并的特征

股票合并,又称为反分割(reverse split),是指通过将数股旧股合并为一股新股,并相应增加新股票每股面值的事件。股票合并的本质是通过提高公司股票的面值来减少公司股票的股数。通过股票合并可以大大减少流通在外的股票数量,以及提高新股的票面价值和内含价值,从而使股票的市场价格上涨。

【例 13-4】 假定[例 13-3]公司目前的股票市场价格仅为 3 元/股,公司感觉股票的市场价格过低,因此决定按 2:1 的比例对股票进行合并,试编制股票合并之后的资本结构表,并确定股票合并后的市场价格。

解:

(1) 编制合并后的资本结构如表 13-10 所示。

表 13-10
资 本 结 构
单位：元

普通股票（5 000 000 股，每股面值 10 元）	50 000 000
资本公积金	20 000 000
留存收益	50 000 000
普通股权益合计	120 000 000

从表 13-10 可以看出，股票合并对权益资金构成并没有影响，而只是使普通股股数减少和每股面值增加而已。

（2）计算合并后股票的市场价格。

合并后股票的市场价格＝3×2＝6（元/股）

二、股票合并与股票回购的异同

（一）股票合并与股票回购的相同之处

股票合并与股票回购有相似之处，两者都是通过减少流通在外的股份数，使股票账面价值上升，每股收益增加，市场价格上涨。

（二）股票合并与股票回购的不同之处

股票合并与股票回购的区别：股票回购是通过购买方式减少流通在外的股票；而股票合并则仅仅是股数的以多合少，股票面值的由小变大而已。从公司来看，股票回购，发生了实际的现金流出；而股票合并，公司没有发生任何现金流出。从股东来看，股票回购，股东不但获得了实际的现金利益，并且通过将原来的股利收益转变为资本收益，还获得了减少税负的好处；而股票合并，股东没有获得任何实际的现金利益。

从会计处理来看，股票回购必须进行账务处理，即借：普通股票；贷：现金。而股票合并则不需要进行账务处理，只是在股东权益账户的备注栏中，按照一定的比例增加普通股票的面值和减少股份数量而已。

三、股票合并的意义

股票合并的意义主要有如下三个方面。

（一）改变公司的市场形象

在市场上，当投资者对某公司的盈利能力、现金净流入量、风险水平、成长性和稳定性都不看好时，就会导致该股票的出售者多，而购买者少，从而引起该公司的股票下跌。当公司股票的市场价格太低，以至影响到自己声誉的时候，公司可以通过股票合并，使公司股票的市场价格得到提高，从而在一定程度上起到维护自己声誉的作用。

（二）将股票价格维持在最优价格区间

从纯理论上讲，股票合并与股票分割一样，也可以将股票价格维持在一个最优的价格区间，从而有利于股东财富的最大化。这是因为，当某公司的股票价格过低，影响到该股票的流通性和市场性时，通过股票合并可以增加每股收益，提高股票的市场价格，这样就有利于改善股票的流通性和市场性，从而有利于股东财富的最大化。

（三）降低交易成本

当公司股票市场价格过低时，股票的交易成本会上升。比如，我国证券登记公司向上市公司收取的证券登记费用就是按照公司发行在外的股票数量来收取的，当公司将数股合为一股之后，股票的流通数量就自然减少，与股票数量相关的费用就会相应地降低。

但是，各种研究都表明，股票合并会向市场传输不利的信号，即股票发行公司承认自己处于财务困境的信息，这样，股票合并就会导致股票的市场价格下降，不利于股东财富最大化。因此，在实际中，除公司合并之外，很少有股票合并的现象。

案例与资料

【案例与资料 1】 申能股份有限公司回购国有股份案例

申能股份有限公司股份变动报告（摘要）

现将本公司本次股份回购后的股份变动情况公告如下：

（一）本次公司股份变动的原因①

公司于 1999 年 11 月 22 日召开第十一次股东大会，审议通过了回购并注销部分国有

---

① 1999 年中期，申能股份总股本为 26.33 亿股，其中国有股和法人股 23.82 亿股，流通 A 股 2.51 亿股，仅占股份总额的 9.53%，不能满足《公司法》第 152 条"公司股本总额超过 4 亿元的，向社会公开发行股份的比例为 15%"的规定。公司要满足上市的要求，就必须增加流通股的比例，股票回购就是在这种情况下提出来的。回购前后股本变动情况如表 13-11 所示。

表 13-11

回购前后股本变动情况表

股份类别	回购前		回购后	
	股数（万股）	比例（%）	股数（万股）	比例（%）
国有法人股	211 309.67	80.25	111 309.67	68.16
募集法人股	26 899.91	10.22	26 899.91	16.47
社会公众股	25 099.2	9.53	25 099.2	15.37
股份总数	26 330 878	100	26 330 878	100

回购之后，1999 年中期每股收益从原来的 0.164 1 元上升至 0.264 6 元，相应地净资产收益率也从 6.45% 增至 10.32%。公司的盈利能力随着股份的回购而明显增强。

法人股的决议：① 回购数量：回购国有法人股10亿股，回购并注销该部分国有法人股后公司总股本为16.33亿元。② 回购价格：按大华会计师事务所有限公司审计确认的公司截至1999年6月30日的调整后每股净资产2.51元的价格回购。③ 回购支付资金的总额、来源和方式：回购资金总额25.1亿元，全部使用公司自有资金并以现金支付。④ 回购对象：公司向申能（集团）有限公司回购部分国有法人股。⑤ 回购期限：自1999年12月17日至12月31日。

上述回购方案业经中华人民共和国财政部财管字(1999)359号文批准和中国证监会证监公司字(1999)140号文批复同意。

根据回购双方协议，本次回购资金共计人民币25.1亿元，已分别减少"货币资金"43 923.935万元，"其他应收款"54 500万元，"应收利息"1 576.065万元和增加"其他应付款"151 000万元；同时分别减少"股本"10亿元，"资本公积"99 563.834 095万元和"盈余公积"51 436.165 905万元。

（二）公司股份变动情况表（如表13-12所示）

表13-12

股份变动情况表

单位：万股

一、尚未流通股份	本次变动前	本次回购减少	本次变动后
国有法人股	211 309.67	100 000	111 309.67
社会法人股	26 899.906 9	0	26 899.906 9
其他：转配股	8 964	0	8 964
尚未流通股份合计	247 173.576 9	100 000	147 173.576 9
二、已流通股份A股	16 135.2	0	16 135.2
已流通股份合计	16 135.2	0	16 135.2
三、股份总数	263 308.776 9	100 000	163 308.776 9

申能股份有限公司董事会

1999年12月24日

【案例与资料2】 丽珠B(200513)回购方案

丽珠B(200513)回购方案

2008年6月5日，丽珠集团公告，拟通过深圳证券交易所以集中竞价交易方式回购丽珠B股，在回购资金总额不超过1.6亿港元，回购价格不超过16港元/股的条件下，拟回购B股1 000万股，占公司已发行B股股份和总股份的8.18%和3.27%。

公司公告称：回购的目的是"增强公众投资者对公司的信心，并进一步提升公司价值，实现股东利益最大化"。回购的直接动因是因为丽珠B股股价持续下跌,已接近每股净资产,公司认为股价被严重低估。如表13-13所示。

表13-13

丽珠B回购前估值对比

2008-4-2	丽珠集团(000513)	丽珠B(200513)
股价(元)	21.02	11.16
折价率(%)		−46.91
2008年以来跌幅(%)	−50.89	−38.20
2007年每股收益(元)	1.66	1.66
2007年每股净资产(元)	6.35	6.35
市盈率	12.66	6.72
市净率	3.31	1.76
行业平均市盈率	41.95	
行业平均市净率	5.01	

注:B股股价按照4月2日港币汇率1港币=0.9026元人民币折算。
资料来源:公司公告,《申万研究》。

公司历史业绩保持持续快速发展,盈利能力和偿债能力很强,经营性现金流充足,同时获得了11家银行超过15亿元人民币的综合授信额度,为公司回购提供了保证。如表13-14所示。

表13-14

丽珠B回购前3年财务指标

	2007年度	2006年度	2005年度
净利润(元)	523 380 924.66	163 551 324.38	107 891 938.6
经营活动现金净额(元)	248 553 495.13	226 461 050.90	161 070 286.9
每股收益(元)	1.66	0.50	0.36
每股净资产(元)	6.35	4.57	3.94
全面摊薄净资产收益率(%)	26.17	10.97	8.93
扣除非经常性损益后净资产收益率	25.56%	10.88%	8.67%
资产负债率	32.41%	42.80%	42.76%
流动比率	1.90	1.26	0.93
速动比率	1.51	0.96	0.67

资料来源:公司公告,《申万研究》。

回购完成后，公司的日常生产经营活动不会受到很大影响，短期偿债能力和长期偿债能力都有充分保障。如表13-15所示。

表 13-15

丽珠 B 回购前后财务状况对比

主要财务指标	回购前	回购后	增减幅度
每股收益（元）	1.66	1.72	3.61%
每股净资产（元）	6.35	6.07	−4.41%
净资产收益率	26.17%	28.27%	提高2.10个百分点
股东权益（万元）	194 266.41	179 835.37	−7.43%
资产负债率	32.41%	34.08%	提高1.67个百分点
长期负债率	4.02%	4.22%	提高0.2个百分点
流动比率	1.90	1.72	−9.47%
速动比率	1.51	1.33	−11.92%

资料来源：公司公告，《申万研究》。

公布方案之后，丽珠B股（200513）股价上涨，从12港元最高上涨到15.17港元。

思考与练习

一、复习思考题

1. 股票股利的实质是什么？
2. 股票股利如何对股东利益产生影响？
3. 股票股利的会计处理方式有哪些？
4. 股票股利的支付方式有哪些？我国实务中多采用哪一种？为什么？
5. 怎么认识股票股利的优缺点？
6. 为什么股票回购可以作为现金股利支付方式的替换形式？
7. 股票回购有哪些常用的方式？这些回购方式各有什么特点？
8. 怎样看待股票回购的优缺点？
9. 股票分割的基本目的是什么？
10. 我国股票分割有什么特殊性？
11. 怎样认识股票分割的利弊？针对其利弊应采用什么策略？
12. 股票合并会给股东带来好处吗？

二、练习题

1. 某公司分配股票股利之前的资本结构如表13-16所示。

表 13-16

资本结构

单位:元

普通股票(10 000 000 股,每股面值 2 元)	20 000 000
资本公积金	30 000 000
留存收益	50 000 000
普通股权益合计	100 000 000

现普通股票的市价为每股 20 元。公司拟用留存收益支付股票股利。现有三种股票股利支付方式:第一,按股票市场价格以 10 股送 1 股的比例向股东支付股票股利 1 000 000 股;第二,按股票面值 10 股送 1 股的比例支付股票股利;第三,按股票面值和 2 000万元的既定股利支付金额支付股票股利。试分别计算分配股票股利后的结果,并编制资产负债表;分析三种股票股利支付方式的合理性。

2. 假定甲公司普通股票的每股收益和每股市价的资料如表 13-17 所示。

表 13-17

每股收益和每股市价的资料

税后净利润(元)	4 000 000
流通在外股数(股)	1 000 000
每股收益(元)	4
每股市价(元)	40
价格—收益比率	10

假设甲公司计划股利支付率为 50%,试分析比较现金股利与股票回购对股东的影响。

3. 某公司分配股票股利之前的资本结构如表 13-18 所示。

表 13-18

资本结构

单位:元

普通股票(10 000 000 股,每股面值 4 元)	20 000 000
资本公积金	40 000 000
留存收益	40 000 000
普通股权益合计	100 000 000

试按 1:2 的比例进行股票分割,并编制新的减少股票面值和增加股数后的资本结

构表。

4. 某公司分配股票股利之前的资本结构如表 13-19 所示。

表 13-19

资 本 结 构

单位：元

普通股票（10 000 000 股，每股面值 4 元）	20 000 000
资本公积金	40 000 000
留存收益	40 000 000
普通股权益合计	100 000 000

试按 2:1 的比例进行股票合并，并编制新的增加股票面值和减少股数后的资本结构表。

第十四章　企业年金

【本章提要】　企业年金除了具有提高职工福利待遇的补充性养老金的特征之外,还具有诸如增强企业凝聚力、留住和吸引优秀人才、激励员工的工作积极性、保证企业发展战略的顺利实施,甚至还有为高收入者合理避税等方面的功能。在我国,企业年金虽然起步较晚,但可以预期,它定会成为我国养老保险制度的重要组成部分。

【学习目标】　通过本章学习,要求掌握和了解如下内容:(1)掌握企业年金与企业年金基金。(2)掌握企业年金基金的管理模式。(3)理解建立企业年金计划的意义。(4)掌握企业年金基金筹集的模式。(5)掌握企业年金基金投资的原则。(6)了解控制企业年金基金投资风险的方法。(7)了解有关企业年金的会计规范。

第一节　企业年金制度

一、企业年金的基本概念

(一)企业年金

企业年金是指在政府强制实施的公共养老金或国家养老金之外,企业在国家政策的指导下,根据自身经济实力和经济状况建立的,为本企业职工提供一定程度退休收入保障的补充性养老金制度。企业年金又称为企业补充养老金计划、企业退休金计划或职业养老金计划,在实行现代社会保险制度的国家中较为普遍实行,是不少国家养老保险制度的重要组成部分。

我国正在完善的城镇职工养老保险体系,是由基本养老保险、企业年金和个人储蓄性养老保险三个部分组成。因此,企业年金被称为我国城镇职工养老保险体系"三个支柱"的重要组成部分之一。

(二)企业年金基金

企业年金基金,简称企业年金,是指根据企业年金计划筹集的资金及其投资运营收益形成的企业补充养老保险基金。企业年金基金由企业缴费、职工个人缴费和企业年金基金投资运营收益组成,实行完全积累,采用个人账户方式进行管理。

(三)企业年金基金的特征

1. 企业年金基金的特征

企业年金基金作为一种信托财产,独立于委托人、受托人、账户管理人、托管人和投资管理人等的固有资产及其他资产,应当存入企业年金基金专户,作为独立的会计主体进行确认、计量和列报。受托人、托管人、账户管理人和投资管理人等必须将企业年金基金与其自有资产和其他资产严格区分,确保企业年金基金的安全。

2. 企业年金基金账户分类的特征

企业年金基金采用个人账户方式进行管理,企业年金个人缴费的部分实行完全积累模式,个人和单位缴费的本金、孳息及投资收益全部计入个人账户。职工个人账户由以下四部分构成:

(1) 职工个人缴费。

(2) 单位缴费。

(3) 企业年金基金投资流转过程中产生的孳息按比例(个人账户归属资金/企业年金基金)划入个人账户的部分。

(4) 企业年金基金投资净收益按比例(个人账户归属资金/企业年金基金)划入个人账户的部分。

职工本期末个人账户累计余额为:

$$\text{职工本期末个人账户累计余额} = \text{期初个人账户累计余额及其本期投资净收益} + \text{本期个人缴费和单位缴费及所产生的孳息和投资净收益}$$

其中:

$$\text{投资净收益} = \text{投资净值} - \text{按比例收取的受托费、托管费及投资管理费}$$

当职工一次性提取企业年金时,其个人账户自然注销。

企业年金实行专户储存、专款专用,定期汇入专用账户。职工个人是企业年金基金的最终受益人。

3. 企业年金基金生命周期的特征

企业年金基金的生命周期由缴费、投资和领取三个阶段组成。企业缴费、职工个人缴费一般逐年固定增加,这个期间比较漫长,贯穿于职工在企业的整个服务期间。逐渐累积的企业年金基金本金,通过投资增值之后,积累金额逐渐增大,为职工未来的养老提供保障。年金基金的领取一般发生在职工退休时一次领取,当职工一次领取个人账户中积累的金额之后,个人年金账户消失。当然,职工个人年金账户的金额也可以分次领取,分次领取之后的余额仍然处于投资生息的过程。这样,随着年限的增加,职工从个人账户中领取的养老金金额会大于其退休时账户中的金额。

二、企业年金基金管理模式

（一）企业年金基金管理模式

企业年金管理在我国主要有两种形式：

(1) 契约型，即企业从保险公司购买团体年金产品。

(2) 信托型，即通过企业和（或）职工个人注资成立基金。

从现实来看，目前以信托型为基本模式。

建立企业年金的企业，应当确定企业年金受托人，受托管理企业年金。受托人可以是企业成立的企业年金理事会，也可以是符合国家规定的、具有企业年金计划受托资格的法人受托机构。

受托人和企业与职工之间依据《信托法》建立信托关系，受托人与企业签订书面信托合同；受托人与账户管理人、托管人、投资管理人之间依据《合同法》建立委托代理关系。

（二）企业年金基金管理当事人

企业年金基金的管理涉及多方当事人，具体地看，企业年金基金管理各方当事人包括：委托人、受托人、账户管理人、托管人、投资管理人和中介服务机构等。

1. 委托人

委托人是信托的设立人，在信托法律关系中是将自己的财产权委托给他人（受托人）进行管理和处分的人。我国《信托法》第十九条规定："委托人应当是具有完全民事行为能力的自然人、法人或者依法成立的其他组织。"作为一项具体的信托行为，必须有明确具体的委托人。企业年金的相关法规明确规定了以下两种民事主体可以成为企业年金基金的委托人：一是设立企业年金计划的企业，即法人；二是企业职工，是自然人。委托人应当与受托人签订书面合同。

2. 受托人

受托人是指受托管理企业年金基金的企业年金理事会或符合国家规定的养老金管理公司等法人受托机构。受托人根据信托合同，负责编报企业年金基金财务报表等。受托人是编报企业年金基金财务报表的法定责任人。

企业年金理事会理事应当诚实守信，无重大违法记录，并不得以任何形式收取费用。法人受托机构应当具备下列条件：

(1) 经国家金融监管部门批准，在中国境内注册。

(2) 注册资本不少于1亿元人民币，且在任何时候都维持不少于1.5亿元人民币的净资产。

(3) 具有完善的法人治理结构。

(4) 取得企业年金基金从业资格的专职人员达到规定人数。

(5) 具有符合要求的营业场所、安全防范设施和与企业年金基金受托管理业务有关的其他设施。

(6) 具有完善的内部稽核监控制度和风险控制制度。
(7) 近 3 年没有重大违法违规行为。
(8) 国家规定的其他条件。

受托人应当履行下列职责：
(1) 选择、监督、更换账户管理人、托管人、投资管理人以及中介服务机构。
(2) 制订企业年金基金投资策略。
(3) 编制企业年金基金管理和财务会计报告。
(4) 根据合同对企业年金基金管理进行监督。
(5) 根据合同收取企业和职工缴费，并向受益人支付企业年金待遇。
(6) 接受委托人、受益人查询，定期向委托人、受益人和有关监管部门提供企业年金基金管理报告。发生重大事件时，及时向委托人、受益人和有关监管部门报告。
(7) 按照国家规定保存与企业年金基金管理有关的记录至少 15 年。
(8) 国家规定和合同约定的其他职责。

3. 账户管理人

账户管理人是指受托管理企业年金基金账户的专业机构。账户管理人根据账户管理合同负责建立企业年金基金的企业账户和个人账户，记录企业缴费、职工个人缴费以及企业年金基金投资运营收益情况，计算企业年金待遇，提供账户查询和报告活动等。

账户管理人应当具备下列条件：
(1) 经国家有关部门批准，在中国境内注册的独立法人。
(2) 注册资本不少于 5 000 万元人民币。
(3) 具有完善的法人治理结构。
(4) 取得企业年金基金从业资格的专职人员达到规定人数。
(5) 具有相应的企业年金基金账户信息管理系统。
(6) 具有符合要求的营业场所、安全防范设施和与企业年金基金账户管理业务有关的其他设施。
(7) 具有完善的内部稽核监控制度和风险控制制度。
(8) 国家规定的其他条件。

账户管理人应当履行下列职责：
(1) 建立企业年金基金企业账户和个人账户。
(2) 记录企业、职工缴费以及企业年金基金投资收益。
(3) 及时与托管人核对缴费数据以及企业年金基金账户财产变化状况。
(4) 计算企业年金待遇。
(5) 提供企业年金基金企业账户和个人账户信息查询服务。
(6) 定期向受托人和有关监管部门提交企业年金基金账户管理报告。
(7) 按照国家规定保存企业年金基金账户管理档案至少 15 年。

(8) 国家规定和合同约定的其他职责。

4. 托管人

托管人是指受托保管企业年金基金财产的商业银行或专业机构。托管人根据托管合同负责企业年金基金会计处理和估值,复核、审查投资管理人计算的基金财产净值,定期向受托人提交企业年金基金财务报表等。托管人一般是指受托人委托保管企业年金基金财产的商业银行或专业机构。单个企业年金计划托管人由一家商业银行或专业机构担任。商业银行担任托管人,应当设有专门的基金托管部门。

托管人应当具备下列条件:

(1) 经国家金融监管部门批准,在中国境内注册的独立法人。

(2) 净资产不少于50亿元人民币。

(3) 取得企业年金基金从业资格的专职人员达到规定人数。

(4) 具有保管企业年金基金财产的条件。

(5) 具有安全高效的清算、交割系统。

(6) 具有符合要求的营业场所、安全防范设施和与企业年金基金托管业务有关的其他设施。

(7) 具有完善的内部稽核监控制度和风险控制制度。

(8) 国家规定的其他条件。

托管人应当履行下列职责:

(1) 安全保管企业年金基金财产。

(2) 以企业年金基金名义开设基金财产的资金账户和证券账户。

(3) 对所托管的不同企业年金基金财产分别设置账户,确保基金财产的完整和独立。

(4) 根据受托人指令,向投资管理人分配企业年金基金财产。

(5) 根据投资管理人投资指令,及时办理清算、交割事宜。

(6) 负责企业年金基金会计核算和估值,复核、审查投资管理人计算的基金财产净值。

(7) 及时与账户管理人、投资管理人核对有关数据,按照规定监督投资管理人的投资运作。

(8) 定期向受托人提交企业年金基金托管和财务会计报告。

(9) 定期向有关监管部门提交企业年金基金托管报告。

(10) 按照国家规定保存企业年金基金托管业务活动记录、账册、报表和其他相关资料至少15年。

(11) 国家规定和合同约定的其他职责。

5. 投资管理人

投资管理人是指受托管理企业年金基金投资的专业机构。投资管理人根据投资管理合同负责对企业年金基金财产进行投资,及时与托管人核对企业年金基金会计处理和估值结果等。

投资管理人应当具备下列条件：

(1) 经国家金融监管部门批准，在中国境内注册，具有受托投资管理、基金管理或资产管理资格的独立法人。

(2) 综合类证券公司注册资本不少于 10 亿元人民币，且在任何时候都维持不少于 10 亿元人民币的净资产；基金管理公司、信托投资公司、保险资产管理公司或其他专业投资机构注册资本不少于 1 亿元人民币，且在任何时候都维持不少于 1 亿元人民币的净资产。

(3) 具有完善的法人治理结构。

(4) 取得企业年金基金从业资格的专职人员达到规定人数。

(5) 具有符合要求的营业场所、安全防范设施和与企业年金基金投资管理业务有关的其他设施。

(6) 具有完善的内部稽核监控制度和风险控制制度。

(7) 近 3 年没有重大违法违规行为。

(8) 国家规定的其他条件。

投资管理人应当履行下列职责：

(1) 对企业年金基金财产进行投资。

(2) 及时与托管人核对企业年金基金会计核算和估值结果。

(3) 建立企业年金基金投资管理风险准备金。

(4) 定期向受托人和有关监管部门提交投资管理报告。

(5) 根据国家规定保存企业年金基金财产会计凭证、会计账簿、年度财务会计报告和投资记录至少 15 年。

(6) 国家规定和合同约定的其他职责。

6. 中介服务机构

中介服务机构是指为企业年金基金管理提供服务的投资顾问公司、信用评估公司、精算咨询公司、会计师事务所和律师事务所等。

三、企业年金基金管理费标准

按照我国有关法规规定，受托人提取的管理费不高于受托管理企业年金基金财产净值的 0.2%；账户管理人的管理费按每户每月不超过 5 元人民币的限额，由设立企业年金计划的企业另行缴纳；托管人提取的托管费不高于托管企业年金基金财产净值的 0.2%；投资管理人提取的管理费不高于投资管理企业年金基金财产净值的 1.2%。

根据企业年金基金管理情况，劳动保障部会同中国银监会、中国证监会和中国保监会，适时对有关管理费或托管费进行调整。

四、建立企业年金计划的意义

在知识经济时代，人才的价值日益突出，人才流动的速度加快，吸引人才和留住人才将成为企业人力资源发展战略的核心内容。通过建立企业年金制度,为职工未来的养老等福利问题在现时作出安排,可以增强企业对职工的吸引力和凝聚力,调动职工的工作积极性,促进企业生产效率的提高。具体地看,有如下的意义。

（一）企业年金是一种重要的人力资源战术

不同的企业战略目标决定了企业不同的竞争战略,为了增强和保持竞争优势,企业必须对自身资源——技术、资金和人力资源作出规划。职工是实现企业战略的最终载体,是企业的核心竞争力,如何有效地发挥职工核心竞争力以及留住人才成为人力资源战略的主要内容,而薪酬战略更是为实现这一目标来支持人力资源战略的核心内容。具体的薪酬战术包括确定基础工资水平、奖金水平和福利水平等。只有提供具有市场竞争力的薪酬体系,才能吸引和留住优秀职工和核心人才。

薪酬体系中,基本工资水平的增长可能会对组织成本结构产生毁灭性的影响,必须另辟途径制订和实施具有吸引力的薪酬管理方案。企业年金作为福利薪酬的重要组成部分,能帮助企业实现薪酬体系的内部协调性、市场竞争性以及承认个人贡献的目标。随着人才需求竞争的加剧,企业年金日益成为市场竞争工资体系的关键组成部分,是支持企业战略的人力资源战术之一。

（二）企业年金是一种延期支付的工具

延期支付理论把企业年金视为劳动报酬的一部分,但并不是劳动者可获得的当期收入,而是在为企业工作一定年限以后才能获得的收入,为企业服务年限的长短与获得养老金收入的多少成正比。知识经济时代的劳动者具有双重身份,既是自己劳动能力的所有者,又是劳动力资本的所有者,他们基于自己劳动能力的使用享有劳动报酬权,基于自己的劳动力资本的增值享有利润分享权。随着职工对雇主依附性的下降,肯定智能型人才的劳动力附加价值,在支付效率工资的基础上,以延期支付的手段对他们进行收入分配,无疑是具有可持续发展动力的人力资源战略之一。

企业年金是一个延期支付账户,与同样数额的奖金相比,由于税收优惠政策,职工通过企业年金得到的收入将高于奖金。更为重要的是,这一项资金是独立于公司业务的,即使公司破产,职工仍然可以领到养老金。企业年金的实施,不仅可以使企业在吸引优秀职工方面极具诱惑力,还可以有效降低职工的流失率,因为当职工跳槽时势必会考虑离开后损失年金的因素,从而达到稳定职工队伍、保留优秀职工的目的。企业可充分利用企业年金的延期支付功能为职工设计出更加完善的薪酬方案。

第二节 企业年金基金筹集

一、企业年金基金的来源

企业年金基金由企业缴费、职工个人缴费和企业年金基金投资收益三部分组成。以下分别探讨三方面基金筹集的问题。

（一）企业缴费

企业年金基金是法定基本养老保险的补充，依法参加基本养老保险并按时足额地缴纳法定基本养老保险费是企业建立企业年金计划的前提条件。由于企业年金计划的存续时间长，每年缴费又相对固定，存在着企业和职工共同缴费的问题，这就要求企业的生产经营有足够的稳定性，企业和职工都必须要有稳定的资金来源。除此之外，还由于建立企业年金基金存在着职工缴费的问题，必须交由职工决定。因此，建立企业年金计划的企业一般应具备三个基本条件：

(1) 依法参加基本养老保险并按时足额缴费。

(2) 企业管理基础好，民主管理制度比较健全。

(3) 企业经营相对稳定，经济状况较好。

2004年劳动和社会保障部《企业年金试行办法》（劳动和社会保障部令第20号）规定：企业缴费比例每年不超过本企业上年度员工工资总额的1/12，即年不超过8.33%。但办法只对缴费总数进行封顶，并不涉及企业如何缴费的问题，也就是说，企业可以在不突破该比例的前提之下，对不同员工制订不同的缴费比例。

按照财政部2008年2月颁布的《关于企业新旧财务制度衔接有关问题的通知》的相关规定，补充养老保险属于企业职工福利范畴，由企业缴费和个人缴费共同组成。补充养老保险的企业缴费总额在工资总额4%以内的部分，从成本（费用）中列支。企业缴费总额超出规定比例的部分，不得由企业负担，企业应当从职工个人工资中扣缴。个人缴费全部由个人负担，企业不得提供任何形式的资助。企业缴费与职工缴费共同形成的补充养老保险基金，属于参加补充养老保险计划的职工所有，应当单独设账，与本企业及其他当事人的资产、业务严格分开。企业应当依法委托具有相应资质的基金管理机构对补充养老保险基金实施管理，并定期向职工公开补充养老保险基金的相关财务状况和会计信息。

（二）职工缴费

无论是企业为职工缴费，还是职工自己为自己缴费，缴费都必须划入职工个人账户，其实都属于职工个人缴费。两种缴费方式不同之处是，企业为职工缴费属于职工薪酬的范围，而职工用自己的钱缴费不属于职工薪酬的范围。一旦企业为职工缴费作为职工的工资收入，就产生了个人所得税方面的问题。

按照1997年财政部发布的《关于住房公积金、医疗保险金、养老保险征收个人所得税问题的通知》中规定，通过国家或地方政府规定的比例缴付的住房公积金、医疗保险金、基本养老保险金，应将其超过部分并入个人当期的工资，计征个人所得税。因此，目前只要进入个人账户的资金，就会作为即期收入征收个人所得税。根据1999年《关于企业发放补充养老保险征收个人所得税问题的批复》，职工取得补充养老保险按照"工资、薪金所得"应税项目计算缴纳个人所得税，在职职工应全额计入当月个人的工资、薪金收入，合并计征个人所得税，离退休职工应单独作为一个月的工资、薪金收入按规定计征个人所得税。

　　企业年金在职工在职期间，企业缴费其实只是名义收入，不是实际收入所得，职工要等到退休时才能领取年金。在企业缴费时，让职工缴纳个人所得税是将职工未来的收入提前到当期征收所得税，这并不太合理。合理的做法应该是企业缴费到个人账户环节，企业缴费不作为职工当期所得，不征收个人所得税；年金投资经营所得分配进入个人账户后，暂缓征收个人所得税；退休职工从企业年金个人账户领取养老金时，应当按照工资薪金所得征税。我国税务部门认为，虽然这种区分收入来源的性质征税会更为公平，但是，在实际税收征管中难度很大，并且由于个人和企业缴费在缴费环节免税，因此对养老金按工资薪金所得征税比较适宜。

（三）年金基金投资收益滚存

　　年金基金投资收益是在年金基金积累阶段取得的收益，根据企业年金计划，这部分收益职工在退休之前不能提取，会滚存在各个职工的账户之中，形成年金基金的一大来源。由于年金计划的时间长，因此，这笔收益的终值会相当可观，是职工未来领取养老金的主要来源之一。

【例 14-1】 A 公司已经实行了企业年金计划，有一现年 25 岁的男性员工，目前年工资收入 40 000 元，未来工资每年增长 5%，按照企业年金计划，企业和员工个人各按员工工资收入 10% 和 6% 的固定比例缴纳企业年金基金，每年年末缴费。假定企业年金基金的年投资收益率为 8%，该员工退休年龄为 60 岁，试回答以下问题：

（1）企业缴费总金额为多少？
（2）个人缴费总金额为多少？
（3）不考虑税费，年金基金产生的总投资收益为多少？
（4）在该员工退休时其个人账户中的余额为多少？

解：
年金缴费年限为 35 年（60－25）。
（1）计算企业缴费总金额。

$$\text{企业缴费总金额} = \sum_{t=1}^{35} 40\,000 \times (1+5\%)^{t-1} \times 10\% = 40\,000 \times 90.320\,307 \times 10\% = 361\,281.23(\text{元})$$

（2）计算员工个人缴费总金额。

$$\text{员工个人缴费总额} = \sum_{t=1}^{35} 40\,000 \times (1+5\%)^{t-1} \times 6\% = 40\,000 \times 90.320\,307 \times 6\% = 216\,768.74(\text{元})$$

（3）计算年金基金产生的总投资收益。

$$\text{年金基金产生的总投资收益} = \sum_{t=1}^{35} 40\,000 \times (1+5\%)^{t-1} \times (10\%+6\%) \times (1+8\%)^{35-t}$$

列表计算,如表 14-1 所示。

表 14-1

年金基金投资收益计算表

初始工资(元)①	工资增长率 ②	年限 ③	实际工资(元)④	缴费比例 ⑤	年缴费金额(元)⑥	投资收益率 ⑦	投资年限(年)⑧	投资收益(元)⑨
40 000	0.05	0	40 000	0.16	6 400	0.08	34	87 616.86
40 000	0.05	1	42 000	0.16	6 720	0.08	33	85 183.05
40 000	0.05	2	44 100	0.16	7 056	0.08	32	82 816.86
40 000	0.05	3	46 305	0.16	7 408.8	0.08	31	80 516.39
40 000	0.05	4	48 620.25	0.16	7 779.24	0.08	30	78 279.82
40 000	0.05	5	51 051.26	0.16	8 168.202	0.08	29	76 105.38
40 000	0.05	6	53 603.83	0.16	8 576.612	0.08	28	73 991.35
40 000	0.05	7	56 284.02	0.16	9 005.443	0.08	27	71 936.03
40 000	0.05	8	59 098.22	0.16	9 455.715	0.08	26	69 937.81
40 000	0.05	9	62 053.13	0.16	9 928.501	0.08	25	67 995.09
40 000	0.05	10	65 155.79	0.16	10 424.93	0.08	24	66 106.34
40 000	0.05	11	68 413.57	0.16	10 946.17	0.08	23	64 270.05
40 000	0.05	12	71 834.25	0.16	11 493.48	0.08	22	62 484.77
40 000	0.05	13	75 425.97	0.16	12 068.15	0.08	21	60 749.08
40 000	0.05	14	79 197.26	0.16	12 671.56	0.08	20	59 061.61
40 000	0.05	15	83 157.13	0.16	13 305.14	0.08	19	57 421.01
40 000	0.05	16	87 314.98	0.16	13 970.4	0.08	18	55 825.98
40 000	0.05	17	91 680.73	0.16	14 668.92	0.08	17	54 275.26
40 000	0.05	18	96 264.77	0.16	15 402.36	0.08	16	52 767.61
40 000	0.05	19	101 078	0.16	16 172.48	0.08	15	51 301.85
40 000	0.05	20	106 131.9	0.16	16 981.11	0.08	14	49 876.79
40 000	0.05	21	111 438.5	0.16	17 830.16	0.08	13	48 491.33
40 000	0.05	22	117 010.4	0.16	18 721.67	0.08	12	47 144.35
40 000	0.05	23	122 861	0.16	19 657.75	0.08	11	45 834.78
40 000	0.05	24	129 004	0.16	20 640.64	0.08	10	44 561.59
40 000	0.05	25	135 454.2	0.16	21 672.67	0.08	9	43 323.77

(续表)

初始工资(元)①	工资增长率②	年限③	实际工资(元)④	缴费比例⑤	年缴费金额(元)⑥	投资收益率⑦	投资年限(年)⑧	投资收益(元)⑨
40 000	0.05	26	142 226.9	0.16	22 756.31	0.08	8	42 120.33
40 000	0.05	27	149 338.3	0.16	23 894.12	0.08	7	40 950.32
40 000	0.05	28	156 805.2	0.16	25 088.83	0.08	6	39 812.81
40 000	0.05	29	164 645.4	0.16	26 343.27	0.08	5	38 706.9
40 000	0.05	30	172 877.7	0.16	27 660.43	0.08	4	37 631.71
40 000	0.05	31	181 521.6	0.16	29 043.45	0.08	3	36 586.39
40 000	0.05	32	190 597.7	0.16	30 495.63	0.08	2	35 570.1
40 000	0.05	33	200 127.5	0.16	32 020.41	0.08	1	34 582.04
40 000	0.05	34	210 133.9	0.16	33 621.43	0.08	0	33 621.43
合计			3 612 812		578 050			1 977 457

(4) 计算该员工退休时其个人账户中的余额。

$$总投资收益 = 1\ 977\ 457 + (361\ 281.23 + 216\ 768.74) = 2\ 555\ 507(元)$$

从上例中可以看出,投资收益是年金基金中最重要的组成部分。

在企业年金的积累阶段,我国还没有出台相关的优惠政策。根据财政部1999年《关于住房公积金、医疗保险金、基本养老保险金、失业保险基金、个人账户存款利息所得免征个人所得税的通知》,企业年金的投资回报若非来源于国债,则不能免税。对于投资基金、股票的分红按20%的比例税率全额征收个人所得税。企业年金个人账户的利息等同于城乡居民同期储蓄利息,故这种利息收入也要缴纳个人所得税。

总之,我国目前对企业年金方面还没有什么税收优惠政策。相对于我国,许多发达国家企业年金在缴费阶段、积累阶段和领取阶段均可减免税。当然,由于各国社会保障体系的不同,对这三个阶段可征税点的政策也不尽相同。绝大多数国家对企业年金在缴费阶段给予减免税的优惠,有的对雇主的缴费部分免税,有的则对职工缴费部分免税。在积累阶段,大多数国家也都给予免税的待遇,只有少部分国家,如澳大利亚、丹麦、意大利等国,对投资收益课以较低税率。在领取阶段,除个别国家外,一般都要征收个人所得税,但也有一些国家提供养老金收入所得税率低于边际所得税率的优惠。领取阶段的税率通常因是否一次性给付而有所区别。由于退休职工将企业年金一次性提取后,往往还要将这笔资金投资于寿险公司或其他金融机构,日后再以年金的形式从这些机构领取养老金,在那时也需要缴纳所得税。所以,为了避免重复纳税,如英国、德国等一些国家,若一次性领取养老金则可以免税或缴纳比正常税率低得多的税。

二、企业年金计划的建立程序

(一) 基本程序

企业年金计划的建立程序:

(1) 企业与工会或职工代表通过集体协商确定企业年金计划。

(2) 企业根据国家的有关政策规定,制订具体的结合自身实际的企业年金方案,国有及国有控股企业的企业年金方案草案提交职工大会或职工代表大会讨论通过。

(3) 企业年金方案报送所在地区县以上地方人民政府劳动保障行政部门;中央所属大型企业企业年金方案报送劳动保障部。

(4) 劳动保障行政部门自收到企业年金方案文本之日起15日内未提出异议的,企业年金方案即行生效。

(5) 企业和职工与受托人签订企业年金信托合同。

(6) 受托人根据自身资格和能力,挑选账户管理人、托管人或投资管理人,并签订账户管理合同、托管合同或投资管理合同。

(二) 建立企业年金计划需要考虑的基本因素

从年金计划建立的基本目的是为了更好地招揽人才和留住人才出发,建立企业年金计划应该考虑的基本因素包括如下两个方面。

1. 服从企业经营战略

建立企业年金计划,首先要从企业经营战略出发,分析企业的外部环境和内部条件。外部环境包括企业所处的行业现状、有关竞争对手的信息以及长期发展前景;内部条件包括企业的财务状况、职工在企业经营中的重要性,特别是企业对核心职工的吸引力。企业要具体地进行薪酬调查,其重点是竞争对手的基本工资水平和福利水平。根据战略分析的结果和薪酬调查来确定企业的工资体系,再依据工资体系确定企业年金的实施方案。只有基于企业战略的企业年金计划才能留住企业所需要的职工,实现企业的战略目标。

2. 关注公平性与效率性的统一

企业年金计划首先应该体现公平性原则。养老金福利属于为劳动者提供的法定福利,所以必须为职工建立统一的企业年金计划,该计划应该与职工的工龄、岗位、工资水平等因素挂钩。

除此之外,企业年金计划还必须充分体现效率性原则,使企业年金计划对于核心职工有足够吸引力。企业可以为核心职工提供不同于普通职工的养老金。例如,为经理人员设计的企业年金计划可以为额外退休金计划和向经理人员适当倾斜的年金计划。此类激励性养老金还可与关键岗位的风险挂钩。这对于稳定关键人才队伍具有重要的作用,因为如果其在职业生涯中期或晚期变动工作则可能会使未来的退休金待遇遭受重大损失。

三、企业年金基金的筹集模式

(一)企业年金基金的筹集模式

企业年金基金的筹集模式主要有以下几种类型:

(1)薪酬延期支付模式。该模式是职工与企业约定将薪酬的一部分从工资表中扣除,并作为养老金存入职工的个人账户。

(2)利润分享模式。该模式是企业将利润的一部分作为职工个人账户缴款而建立的一种退休金模式,允许企业根据当年的经营效益和财务状况来确定给职工养老金账户缴款的数额。

(3)固定缴款模式。该模式是企业定期按薪酬的一个固定百分比为职工的养老金账户缴款。

(4)利润分享加薪酬延付模式。该模式鼓励职工与企业共同分担养老金成本,激励职工积极性,提高企业盈利能力,职工可以从企业利润的增加中获得更多的未来收益。

(5)固定缴费加薪酬延付模式。该模式可以保证养老金账户的稳定增长,并鼓励职工调节现时收入以备未来养老之用。

(6)固定缴费加利润分享模式。该模式可以使企业获得财务灵活性的好处。一般而言,当一个企业处于成长期时,企业对资金的需求量比较大,往往无法承担固定的年金缴费负担,如果按照利润的一定百分比提取企业年金,这就可以给企业较大的灵活性,减轻企业的财务负担,从而有助于企业的成长。当企业发展到一定阶段,收益相对稳定之后,再附加一个固定的缴费模式,增加养老保障的可靠性。

企业年金制度作为公司为其职工所提供的一项福利模式,企业必须从公司战略和自身实际情况出发,选择合适的企业年金模式,使其既能为职工谋福利,又能满足实现企业价值最大化目标的需要,获得双赢。

(二)企业年金方案设计

企业年金方案是建立企业年金的用人单位依据国家有关法律法规和政策,通过合法程序制订的本单位企业年金实施计划和运行程序。企业年金方案的设计必须有支持企业年金制度运行的政策法规、监管机构、中介机构、投资市场、资金能力、劳动关系协调机制,以及现代企业制度管理体系。设计企业年金方案的基本要求:

(1)设计企业年金方案,既要实现企业年金制度的目标,又要遵守国家相关法规规定,还要有利于企业年金制度和企业自身的长远发展。

(2)企业年金方案对职工要有吸引力,要明确养老金的预期目标。

(3)合理确定企业缴费比例的下限和上限;根据企业经济状况和养老金目标,明确职工每月的缴费比例,该比例一定应该是参加企业年金的职工工资总额的一个恰当的百分点,缴费比例由企业自定或通过集体协议规定。

(4)企业年金在选择和设计上的灵活性使得企业能够对不同服务年限、不同岗位、不同贡献的职工提供不同的保障计划。在设计企业年金实施方案时,可以将职工的职务、职称、工龄和工作岗位等因素进行综合考虑,采用不同的分配方法确定企业年金缴费额度。

四、企业年金方案的制订和审批

企业年金计划,作为企业人力资源管理制度的一项核心内容,直接影响到企业现实的和未来的盈利水平,必然引起公司股东和管理层的密切关注,企业年金计划方案的决策权归董事会所有。由于企业年金涉及企业全体职工的切身经济利益,必须让职工充分了解企业年金的全部价值,充分了解企业年金与工资及其他福利配合组成的薪酬体系总体设计,以利职工在择业决策时作出理性和正确的判断,因此,职工必须参与企业年金方案的决策。根据国家有关政策规定,企业需要与工会或职工代表通过集体协商确定企业年金计划;国有及国有控股企业的企业年金方案草案要提交职工大会或职工代表大会讨论通过。

企业年金方案需报送所在地区县以上地方人民政府劳动保障行政部门;中央所属大型企业企业年金方案报送劳动保障部。

企业还要成立企业年金理事会,该理事会由企业代表和职工代表等人员组成,依法管理本企业的企业年金事务,但不得从事任何形式的营业性活动。

第三节 企业年金基金投资

在我国,作为养老保险体系三大支柱的第二支柱——企业年金正步入快速发展时期,2007年底,我国企业年金规模接近1 500亿元,有人预测,2010年,我国企业年金将达到1万亿元,2030年将有8万亿元的市场规模。任何投资行为追求的就是收益,回避的就是风险,对企业年金而言,由于年金是企业职工未来的养老补充资金,因此平衡投资收益和风险就更显得重要。

一、企业年金基金的投资原则

(一)企业年金基金投资的基本原则

企业年金基金投资运营应当遵循谨慎、分散风险的原则,充分考虑企业年金基金财产的安全性和流动性。

(二)国家对企业年金投资的相关规定

1. 基本规定

企业年金基金应当严格按照国家相关规定进行投资。企业年金基金财产的投资范围,限于银行存款、国债和其他具有良好流动性的金融产品,包括短期债券回购、信用等级在投资级以上的金融债和企业债、可转换债、投资性保险产品、证券投资基金和股票等。

2. 投资比例规定

企业年金基金财产的投资,按市场价计算应当符合下列规定：

(1) 投资银行活期存款、中央银行票据、短期债券回购等流动性产品及货币市场基金的比例,不低于基金净资产的20%。

(2) 投资银行定期存款、协议存款、国债、金融债、企业债等固定收益类产品及可转换债、债券基金的比例,不高于基金净资产的50%。其中,投资国债的比例不低于基金净资产的20%。

(3) 投资股票等权益类产品及投资性保险产品、股票基金的比例,不高于基金净资产的30%。其中,投资股票的比例不高于基金净资产的20%。

根据金融市场变化和投资运作情况,劳动保障部会同中国银监会、中国证监会和中国保监会,适时对企业年金基金投资管理机构、投资产品和比例进行调整。

单个投资管理人管理的企业年金基金财产,投资于一家企业所发行的证券或单只证券投资基金,按市场价计算,不得超过该企业所发行证券或该基金份额的5%；也不得超过其管理的企业年金基金财产总值的10%。

二、企业年金投资规划

在企业年金计划方案基本确定完成以后,下一个问题就是如何制订合适的企业年金投资规划？企业作为委托人,了解企业年金计划投资策略制订的原则、流程和方法,对于更好地了解企业年金投资管理运作、后期合同谈判、职工培训等均具有现实的意义。一般来说,企业年金的投资管理主要包括以下几个方面的内容。

（一）设定投资目标

企业年金作为养老金资产,其对安全的偏好特征非常明显,在考虑通货膨胀的经济增长前提下,确保基金委托资产的实际购买力不下降是基本目标；同时,为了保证长期稳定增值,在承担可控较低风险前提下,力争实现相对业绩基准的长期合理超额收益是比较现实的目标。另外,还必须满足适当的流动性,以较低的变现成本,满足预期支付和其他变现要求。这方面的主要影响因素就是年金计划的成员变动,即退休和离职的发生。因此,对于那些计划成员平均年龄较高、临近退休人员较多、离职率较高的企业来说,就有必要经过一定精算分析评估其未来可能的基金负债需求。

（二）制订投资政策

企业年金的投资范围有着明确的法规要求,特别是对于权益类品种的投资比例限制、单只证券的投资比例限制,这些都是企业年金资产安全性非常重要的政策保证,企业一定要严守这些底线。在这一过程中,一些企业往往迫于企业生产再发展的投资需求,或者上市公司股票价值等方面的压力,希望利用企业年金基金来解决企业内部的资金需求问题,这样的操作在国外通常是证券投资行业和上市公司的高压线,而客观上对于企业年金资产的安全性来说也是非常不利的,国外众多养老金计划破产的案例多与此相关。

(三) 选择投资组合策略

固定收益资产与风险收益资产相结合的投资策略是目前企业年金投资比较常用的方法，主要是通过定量化的资产类属配置达到本金安全，用投资于固定收益类证券的现金净流入来冲抵风险资产组合潜在的最大亏损，并通过投资可转债及股票等风险资产来获得资本利得。

年金基金管理中，首先需要确定基金的资产组合，西方学者在该领域的研究主要有"税收套利模型"和"对养老金收益担保公司的看跌期权模型"两个理论模型。

税收套利模型认为，由于养老基金可以免税，因此应该将其全部投资于公司债券上。其理由是公司债券是所有金融工具中税负最重的，必须提供足够的收益，才能吸引纳税投资者的投资，而免税投资者持有公司债券相当于获得了"经济租金"。比如，一种债券提供10%的收益率，纳税投资者可以获得7%的税后投资回报，而免税投资者则可以多获得3%的收入。税收套利模型认为养老基金法人作为免税投资者，应充分利用免税优势，获得最大利益。

对养老金收益担保公司的看跌期权模型认为，养老基金资产组合应该全部投资于股票和其他高风险的资产。原因在于美国政府的养老金收益担保公司保证了参保企业养老基金的最终责任，在公司无法支付退休职工的养老金时，由担保公司接管养老基金的全部资产并加上发起公司净资产市场价值的30%。这等于是公司养老计划和担保公司签订了一个看跌期权合约，当养老计划资不抵债时，公司就将养老计划出售给担保公司。在此条件下，企业年金基金就有道德风险，将基金投资到风险最高的股权证券中，以最大化期权价值，因为假使投资失败造成养老计划损失，亏损也由担保公司承担；而投资成功，则收益全归养老计划所有。这种模型的逻辑推理是强有力的，但实践中很少有企业采用。

上述两种模型无论是从税收还是从政府成立的养老金收益担保公司出发，都是以政府政策的安排为推理起点，得出了逻辑上合理的、但却是极端单一的投资组合。这种理论模型和实践是不相符的。

现实中，大部分年金计划都是采取混合资产构造组合。在对现实中年金组合构成的真实数据进行分析后，西方学术界主要有如下一些结论：

(1) 不同国家企业年金组合的不同主要是由于金融市场特别是资本市场的发展程度不同，资本市场发达的国家的企业年金较多投资于股票等权益类工具，而发展中国家的资本市场不发达，企业年金主要投资于存款与国债。

(2) 无论资本市场成熟程度如何，政府债券一直是各国养老金重要的投资工具。

(3) 各国对企业年金投资的监管可以区分为"谨慎人原则"与"严格比例限制原则"两大范畴，谨慎人原则下的监管不作任何投资品种、比例的规定，而严格比例限制原则下的监管对基金的可投资品种、投资比例进行了严格限制。因此，不同的养老金资产组合是和两种不同的监管原则紧密联系的。从投资的实际效果看，实施谨慎人原则监管的年金基金投资收益比严格比例限制原则监管的年金基金更具优势。

1996—2003 年 401(k)计划总资产配置比例如表 14-2 所示。

表 14-2

1996—2003 年 401(k)[①]计划总资产配置比例(%)

年 份	股票基金	平衡基金	债券基金	货币基金	GICs 及其他稳定价值基金	公司股票[②]
1996	44	8	7	5	16	19
1997	48	8	6	5	13	19
1998	50	8	6	5	12	18
1999	53	7	5	4	11	19
2000	51	8	5	4	11	19
2001	48	8	6	5	14	17
2002	40	9	11	6	16	16
2003	45	9	10	5	13	16

① 按照美国《税收法》(IRC)第 401(K)条款授权计划设立的养老基金。

② 表中"公司股票"并非一般上市股票,而是主要指企业年金计划主办公司自家的股票(包括上市或未上市的本公司股票)。

三、我国企业年金投资的现实状况

目前我国企业年金的管理主要分为三种情况,即年金分别由企业或行业的年金理事会、地方或工会的社会保险机构,以及保险公司三方在经办,三种方式下的年金参保人数和基金资产的比例分别为 40%、30%、30%。对三种方式下的企业年金基金的投资组合,具体阐述如下:

对于行业或大型企业的年金来说,截至 2005 年底前,基金主要集中在行业体系内部运转,主要投资本行业内的盈利项目或本行业的企业债券,比如 2003 年 8 月成立的全国第一家行业试点年金,也是我国目前资产规模最大的行业年金——电力企业年金,在 2004 年中期时,归集到电力企业年金管理中心本部进行集中投资运营的近 14 亿元资金中,9.8 亿元购买了电力企业债券,3 亿元委托电力行业内的财务公司理财,1 亿元购买了 2004 年的 7 年期国债。这样的企业年金资产组合,风险必然主要集中在本行业内部。

对于地方社会保险机构经办的企业年金,以上海市企业年金发展中心规模最大,也最具有代表性。目前,其管理的资金量在 100 亿元人民币以上,资产配置主要分两级:一级资产配置是将全部受托管理资金按比例投资于银行协议存款、委托机构理财、国债等不同领域;二级资产配置是指各委托理财机构(主要是证券公司和信托公司)按照双方的协议,再将资金投资于资本市场。但根据劳动和社会保障部的要求,社会保险机构在 2007 年底以后将不再管理企业年金,企业年金转给专业的养老金保险公司管理。上海企业年金也转给了新成立的长江养老保险公司管理。

目前我国专业保险公司管理的企业年金规模并不大,但发展速度很快,具体情况如表14-3 所示。

表 14-3

专业保险公司管理的企业年金统计表[①]

单位:万元

年 份	企业年金缴费	受托管理资产	投资管理资产
2007	855 461.40	840 101.90	797 369.90
2008	2 054 823.00	4 736 396.10	3 773 747.90
2009 年 1 月 6 日	1 149 317.26	5 903 684.51	4 676 034.59

2008 年专业保险公司的受托管理资产总额为 334 184 386.7 万元,投资管理资产总额为 224 652 161.1 万元,企业养老年金仅占专业保险公司受托管理资产和投资管理资产的 1.42% 和 1.68%。可以相信随着时间的推移,我国养老年金将会加速上升。

四、风险控制

(一)风险分类

企业年金运营中面临着多种风险,主要有信用风险、关联交易风险、投资风险、集中风险、通货膨胀风险、利率风险、政策风险等。

1. 信用风险

信用风险是指企业年金的受托人、账户管理人、托管人或投资管理人违约而给受益人造成直接或间接的损失风险。信用风险存在于企业年金的治理结构中,在这种关系链中,受托人、账户管理人、托管人和投资管理人的信用风险状况如何,将直接影响一项企业年金计划运行的成败,所以信用风险是进行企业年金风险管理时首先要考虑的风险。特别是受托人的责任重大,企业年金会因受托人管理不善、监督不力或违法行为而遭受损失。

2. 关联交易风险

关联交易风险是指运营机构间存在控制关系或者在运作流程上相互间有重大影响的市场交易带来的风险。

由于企业年金制度包括了众多运营主体,涉及面广,利益驱使产生关联交易的可能性很大。目前我国一些大型企业的企业年金基金主要投资于自己发行的各种企业债券或购买自己公司发行的股票等。企业将企业年金基金投资于本企业,不利于分散投资风险,一旦企业遇到困难,职工工资薪酬和养老金账户都会受到不利影响。企业一定要充分意识到这种投资行为的利害得失,严格限制企业年金基金对与企业相关联行业、企业的投资。

---

① 资料来源:中国保险监督管理委员会网站。

3. 投资风险

投资风险是指企业年金基金在投资运营过程中由于某种因素的不确定性引起年金基金保值增值结果的不确定性，即年金基金运作结果有可能偏离预期目标，从而给年金带来损失。投资是企业年金实现保值增值的重要途径，但任何投资都要承担一定风险，对于企业年金资产来说，其投资管理应坚持"高度安全，适度收益"的原则，投资领域、品种选择、比例及集中度都会影响安全性及效益性。

4. 集中风险

集中风险是指企业年金基金过度集中投资于某类或某一资产的风险。过度集中投资导致的风险主要是投资组合不能实现必要的投资分散，不能有效地降低投资组合的非系统风险；不能有效地分享其他金融工具提供的投资机会，最终使委托人和受益人的利益受到损害。控制企业年金基金投资的集中风险，有效的办法包括：制订投资分散化为原则的投资政策、设计分散化的投资资产配置策略、检查和督促实施分散的投资操作策略。

5. 通货膨胀风险

在货币经济环境下，所有金融投资所面临的一个重要风险就是通货膨胀风险。企业年金基金投资年限长，受通货膨胀影响的风险巨大，特别是在长期持续地发生严重通货膨胀时，企业年金的现值甚至可能为负，即使未来企业年金计划支付能力不受影响的条件下，养老金的购买能力也会被大打折扣，使养老金形同虚设，不能发挥养老的功能。通货膨胀影响所有金融市场金融工具的内在价值和投资收益率。对确定缴费型企业年金计划来说，通货膨胀的影响主要通过受益人资产购买力的潜在下降来体现。如同确定给付型计划所面临的情形，确定缴费型企业年金计划或可提高缴费，或可通过取得更好的投资收益来抵消通货膨胀对企业年金基金的影响。从现实来看，在20~30年里，即使是温和的通货膨胀，企业年金计划受通货膨胀的影响也非常巨大。对待通货膨胀风险的正确方法是在企业年金计划设计和企业年金基金投资管理当中，将通货膨胀作为一个重要的风险因素纳入企业年金计划设计和企业年金基金投资管理当中。

6. 利率风险

利率风险是资产价格的风险。利率的变化显然影响企业年金计划的充足性。利率风险是期限（期限越长，对利率越敏感）、现金流（现金流越低，对利率越敏感）和现在的利率水平（利率水平越高，对利率的变化越不敏感）的函数。因为这些因素对于不同证券资产、不同固定收益证券的影响各不相同，对不同的债务结构和资产的影响也不相同。利率产生了两种不同形式的投资风险：一种是对企业年金基金存量资产价值的影响，另一种是对企业年金基金投资增量的价值影响。利率存在着周期性，进行企业年金基金投资选择时，必须重视利率的周期性影响。

7. 政策风险

政策风险是非金融风险，是企业年金基金投资由于国家政策、法律、法规等金融市场外部因素导致的企业年金基金投资风险。政策风险对企业年金基金投资会产生极为重大的影响。

（二）风险控制

风险管理的目的是识别风险，然后进行适当的控制和防范，健全风险管理机制，将损失降至最低。根据企业年金的性质及管理过程中出现的风险特性，要对其进行全过程、多层次风险控制，将风险管理技术嵌入企业年金的管理流程中。

1. 内部控制

年金参与各方应当完善各自相应的内部控制制度。作为一种基础性的风险管理制度，内控制度的有效运行可以在很大程度上发现和化解这些机构本身遇到的外部风险，隔断风险的传递。

2. 相互制衡

我国企业年金制度在设计中体现了相互制衡的主导思想，只要年金参与各方严格执行国家有关管理办法，遵守企业年金合同中各自的责任，以受益人的最大利益为出发点，尽心、专业、谨慎和勤勉地履行自己的职责，就可以保证企业年金资产安全。在某些参与主体之间，还可以通过合同的设计、实时的监控相互制约，改变目前风险与回报不对等的局面。

3. 监管控制

在事前预防方面，除了建立健全相关管理办法外，以劳动保障部门为首的监管部门必须加强不同领域监管机构之间的协调。对企业年金的监管摒弃传统的以机构为主体的监管模式，由机构型监管转为功能型监管，转向更加注重企业年金金融功能实现的功能模块形式，实施跨产品、跨机构、跨市场的协调，从而使监管更具一致性和连续性。在事后补救方面，对于在运行中出现违规行为的从业机构和人员，要坚决取消其从业资格并予以严厉惩罚。

4. 建立严格的信息披露制度

完善信息披露机制，及时发现从业机构在运行中存在的问题，将各种风险因素化解在萌芽状态。信息披露提高了企业年金营运的透明度，使参与各方获得充分的信息，减少因不完全甚至虚假错误信息导致的风险和损失。除了相互间的季度和年度的管理报告外，年金营运机构必须将年金投资的成本、效益及其他重大事项及时向受益人披露，监管机构则着重审查信息披露的真实性。社会保险机构应当每年向社会公告社保基金的支付、积累、运营等情况。这样，年金营运机构才能置于监管机构和年金受益人的双重监督之下。

5. 引入外部中介机构

企业年金管理存在涉及面广、环节多、流程复杂、专业化程度高等特点，需要投资顾问公司、信用评估公司、精算咨询公司和律师事务所等中介机构提供服务；并要求会计师事务所、审计部门对企业年金管理绩效进行评估，对企业年金财务报告进行审计和监督，以借助第三方力量来达到预警目的。

第四节 年金会计处理规范

2004年,劳动和社会保障部以部长令的形式陆续发布了《企业年金试行办法》(20号令)、《企业年金基金管理试行办法》(23号令)和《企业年金基金管理机构资格认定暂行办法》(24号令)的补充养老保险会计处理办法。根据这些法规的规定,企业年金采取设立基金并托管的方式运行,上述法规将企业年金界定为唯一的补充养老保险形式,且均为设定提存计划。

一、投资收益的计量

1. 投资的范围

投资是企业年金基金最主要的资产,按照《企业年金基金管理试行办法》的规定,企业年金基金的投资包括股票投资、债券投资、基金投资、买入返售证券和其他投资。

企业年金基金的投资是受到国家严格限定的。《企业年金基金管理试行办法》第四十七条规定了各类投资占投资总额的比例。企业年金基金管理机构要严格遵守法律的规定,贯彻谨慎和分散风险原则。

2. 投资的计量

设立"投资公允价值变动"科目用于核算公允价值的变动。企业年金基金的投资在初始和后续计量时均采用公允价值计量,公允价值的变动计入当期损益。在初始日进行投资时,以交易日支付的成交价款作为公允价值。发生的交易费用及相关税费直接计入当期损益。支付的价款中所包含的、已到付息期但尚未领取的利息或已宣告但尚未发放的现金股利,分别计入应收利息或应收股利。

估值日对投资进行估值时,应当以其公允价值调整原账面价值,公允价值与原账面价值的差额作为"投资公允价值变动"计入当期收入。估值日的公允价值按以下方法确定:投资存在活跃市场,以市场报价作为公允价值;投资不存在活跃市场,采用估值技术确认公允价值。企业年金基金的投资应当按日估值,或至少按周进行估值。

投资处置时,应在交易日按照卖出投资所取得的价款与其账面价值(买入价)的差额,确定投资损益。

二、收入、费用的会计处理

1. 收入的确认及计量

企业年金基金在运营过程中形成的各项收入包括:股票差价收入、债券差价收入、基金差价收入、存款利息收入、债券利息收入、股利收入、基金红利收入、投资公允价值变动和其他收入。收入应当在会计期末转入净资产。

对股票差价收入、债券差价收入和基金差价收入,应当在交易日按照卖出投资所取得的成交价款与其账面价值的差额入账;同时按照所取得的成交价款增加货币资金,并冲减相关投资的账面价值。发生的交易成本直接计入当期费用。

对存款利息收入,应按期计提,按照本金和适用的利率计算的金额入账,同时增加应收利息。

对债券利息收入,应按期计提,按照债券票面价值与票面利率计算的金额入账,同时增加应收利息。

对股利收入,应在除息日按照上市公司宣告的分红派息比例计算的金额入账,同时增加应收股利。

对基金红利收入,应在证券投资基金公告的登记日按照其宣告的分红派息比例计算的金额入账,同时增加应收基金红利。

对投资管理人缴纳的风险准备金补亏,应在实际收到或确认为其他应收款时计入其他收入。

2. 费用的确认及计量

企业年金基金在运营过程中发生的各项费用包括:交易成本、受托人管理费、托管费、投资管理人管理费和其他费用。费用应当在会计期末转入净资产。

受托人管理费、托管费和投资管理人管理费,应当根据相关合同规定的方法和标准计提,按照实际计提的金额入账。

三、净资产的会计处理

企业年金基金的净资产,指企业年金基金的资产减去负债的差额。净资产应当分别企业和职工个人设置账户,根据企业年金计划按期将年金的运营收益分配计入各账户。

除了当期收入、费用会在期末转入净资产,还有以下几项直接增减净资产。

1. 收取年金缴费

按企业年金计划向企业和职工收取的年金缴费,应当在增加货币资金或应收年金的同时,增加净资产。

2. 个人账户转入

因职工调入企业而发生的个人账户转入,应当按照核定的个人账户金额,在增加货币资金的同时,增加净资产。

3. 支付年金待遇

向受益人支付的年金待遇,应当在减少货币资金或增加应付年金待遇的同时,减少净资产。

4. 个人账户转出

因职工调离企业而发生的个人账户转出,应当按照核定的个人账户金额,在减少货币资金的同时,减少净资产。

四、企业年金基金财务报表的编制

受托人、托管人、投资管理人应当参照《企业会计准则——应用指南》(会计科目和主要账务处理)设置相应会计科目和账簿,对企业年金基金发生的交易或者事项进行会计处理。

(一)企业年金基金财务报表的构成

受托人应当按照准则的规定,定期向委托人、受益人等提交企业年金基金财务报表;托管人应当按照准则的规定,定期向受托人提交企业年金基金财务报表。企业年金基金的财务报表由资产负债表、净资产变动表和附注组成。

1. 资产负债表

资产负债表应当反映会计期末年金的财务状况,按照资产、负债和净资产分类列报。资产类一般应列报以下项目:货币资金、应收年金缴费、应收股利、应收利息、应收基金红利、其他应收款、股票投资、债券投资、基金投资、买入返售证券、其他投资和其他资产。负债类一般应列报以下项目:应付年金待遇、应付受托人管理费、应付托管费、应付投资管理人管理费、应交税费、卖出回购证券和其他应付款。净资产类只有一个项目,即企业年金基金。

资产负债表项目如表14-4所示。

表14-4

资产负债表(20×1年12月31日)[①]

资产			负债		
项目	期初	期末	项目	期初	期末
货币资金	2 000 000	2 089 400	应付年金待遇		100 000
应收年金缴费		80 000	应付受托人管理费		5 000
应收股利			应付托管费		10 000
应收利息		46 000	应付投资管理人管理费		20 000
应收基金红利			应交税费		
其他应收款			卖出回购证券		
股票投资		700 000	其他应付款		
债券投资		100 000			
基金投资					
买入返售证券					
其他投资			净资产		
其他资产			企业年金基金	2 000 000	880 400

① 摘自《企业会计准则第10号——企业年金基金》应用指南。

2. 净资产变动表

净资产变动表应当反映当期净资产的增减变动情况。净资产变动表一般应单独列报以下项目：期初净资产、当期净资产增加数、当期净资产减少数和期末净资产。

当期净资产增加数一般应包括以下项目：当期收入（包括股票差价收入、债券差价收入、基金差价收入、存款利息收入、债券利息收入、股利收入、基金红利收入、投资公允价值变动和其他收入），企业缴付的年金，职工缴付的年金和个人账户转入。

当期净资产减少数一般应包括以下项目：当期费用（包括交易成本、受托人管理费、托管费、投资管理人管理费和其他费用），向职工支付的年金待遇和个人账户转出。

净资产变动表项目如表14-5所示。

表14-5

净资产变动表（20×1年12月31日）[①]

项　　　目	金　　　额
（1）期初净资产	2 000 000
（2）当期净资产增加	
当期收入	156 000
企业缴付的年金	480 000
职工缴付的年金	480 000
个人账户转入	
（3）当期净资产减少	
当期费用	35 600
向职工支付的年金待遇	100 000
个人账户转出	100 000
（4）期末净资产	2 880 400

① 摘自《企业会计准则第10号——企业年金基金》应用指南。

3. 附注

企业年金基金财务报表附注应当披露以下内容：

（1）财务报表的编制基础。

（2）重要会计政策和会计估计变更及差错更正的说明。

（3）报表重要项目的说明，包括货币资金、买入返售证券、债券投资、基金投资、股票投资、其他投资、卖出回购证券、收取企业缴费、收取职工个人缴费、个人账户转入、支付受益人待遇和个人账户转出等。

（4）企业年金基金净收入，包括本期收入、本期费用的构成。

(5) 资产负债表日后事项、关联方关系及其交易的说明等。

(6) 企业年金基金投资组合情况、风险管理政策等。

(二) 与国际会计准则的比较

与《国际会计准则第26号——退休福利计划的会计处理与报告》相比，我国的企业年金会计准则(《企业会计准则第10号——企业年金基金》)没有规范设定受益计划，其他则与国际会计准则相一致。

我国企业年金会计准则与国际会计准则的比较如表14-6所示。

表14-6

会计准则比较表

比较项目	我国会计准则	国际准则
名称	《企业会计准则第10号——企业年金基金》	《国际会计准则第26号——退休福利计划的会计处理与报告》
年金实现计划	设定提存计划	设定提存计划及受益计划

案例与资料

【案例与资料1】 深圳能源集团(000027)企业年金方案

深圳能源集团(000027)企业年金方案

2008年12月5日公告

1 总则

1.1 建立企业年金的目的。

为了保障和提高公司职工退休后的生活水平，建立多支柱养老保障体系，调动职工的劳动积极性，增强企业的凝聚力，促进企业的健康持续发展，根据《中华人民共和国劳动法》、《中华人民共和国信托法》、《企业年金试行办法》、《企业年金基金管理试行办法》、《集体合同规定》、《深圳市企业年金实施意见》及其他相关法律、法规和政策，结合公司的实际情况，制订本《企业年金方案》(以下简称"本方案")。

1.2 本方案的制订遵循以下五项原则：

1.2.1 有利于企业发展的原则：通过建立企业年金计划，提高职工养老待遇，减少职工后顾之忧，最大限度地保障职工的利益，调动职工的劳动积极性，提高劳动生产率，从而促进公司的发展。

1.2.2 公平与效率兼顾的原则：根据国家以及深圳的相关政策确定缴费水平；结合公司的人力资源发展策略，保证资金分配的合理和公平。

1.2.3 集体协商的原则：本方案必须通过公司职工代表大会或职工大会讨论，采取无记名的方式投票通过，并形成书面决议。

1.2.4 高度安全的原则：选择合适的企业年金管理机构，在国家规定的投资范围及比例内，根据合理的风险承受能力选择相应的投资产品，以减少投资风险，保证企业年金基金的高度安全和适度收益。

1.2.5 适时调整的原则：根据国家企业年金政策的调整、企业年金市场以及公司的发展，适时调整本方案。

2 关键词定义

2.1 企业年金：企业年金是企业及其职工在依法参加基本养老保险的基础上，自愿建立的补充养老保险制度。

2.2 公司及公司总部：在本方案中，公司指深圳能源集团股份有限公司及下属全资及控股企业，合称公司；公司总部特指深圳能源集团股份有限公司。

2.3 企业年金计划：包括企业年金方案和企业年金基金管理合同，合称企业年金计划。

2.4 企业年金基金：指企业年金计划所筹集的资金及其投资运营收益所形成的企业补充养老保险基金。

2.5 计划参加人：指依据本方案的规定已成为公司企业年金计划的成员，并在账户管理人处开设有个人账户的职工。

2.6 受托人：指受托管理公司企业年金基金的法人受托机构。

2.7 账户管理人：接受受托人委托，依法管理企业年金基金账户的专业机构。

2.8 托管人：接受受托人委托，依法保管企业年金基金财产的商业银行或专业机构。

2.9 投资管理人：接受受托人委托，依法投资管理企业年金基金财产的专业机构。

2.10 受益人：参加企业年金方案的职工本人为企业年金基金的受益人，若职工死亡，受益人按照国家继承法的有关规定确定。

2.11 个人账户：由账户管理人为计划参加人设立，用于核算和分配计划参加人个人缴费、企业缴费和相应的投资收益。

2.12 归属：职工个人账户金额的所有权向职工个人的转移。

2.13 未归属权益：职工由于离职等原因退出公司企业年金计划导致其个人账户中企业缴费及其投资收益部分暂时未确定归属的权益。

2.14 企业账户：由账户管理人设立，用于记录企业基本信息及企业年金方案权益信息。企业基本信息包括企业编码、企业名称、组织机构代码、通讯地址、联系人姓名及电话等；企业年金方案权益信息包括缴费基数、缴费、支付、投资收益、权益余额等总括信息及未归属权益信息等。

2.15 保留账户：主要指职工离开公司或计划终止要求账户管理人继续管理其个人账户时，为记录这些职工的缴费、待遇支付及投资收益等信息专门设立的个人账户。

2.16 未归属权益账户：主要指用于归集职工企业年金未归属权益的账户，未归属权益账户资金仅用于抵减公司的后续企业缴费。

2.17 受托财产托管专户：由受托人以公司企业年金基金的名义在托管人处开立的企业年金基金财产专用存款账户，用于归集企业年金的缴费和支付待遇。

3 计划参加人

参加公司企业年金计划的职工应同时具备以下条件：

3.1 劳动合同期限为3年及3年以上的长期合约工（含公司首席产权代表）。

3.2 已参加基本养老保险。

3.3 试用期满。

3.4 所在企业属于参加公司企业年金计划的企业范围。

3.5 职工本人提出申请。

4 公司和计划参加人的权利与义务

4.1 为加强集团化管理，公司企业年金实行统一管理，下属各全资和控股企业委托公司总部统一处理以下事项：

4.1.1 制订企业年金方案。

4.1.2 向深圳市国有资产监督管理委员会申请企业年金方案备案。

4.1.3 向深圳市劳动和社会保障局申请企业年金方案备案。

4.1.4 选择企业年金基金管理服务商。

4.1.5 签订企业年金基金受托管理合同。

4.1.6 根据有关政策以及企业实际情况，修订、中止或终止企业年金方案、受托管理合同以及变更企业年金基金管理服务商，并履行相应审批、备案程序。

4.1.7 统一开立企业年金基金相关账户（包括企业年金基金银行账户、证券账户等）。

4.1.8 办理企业年金缴费、待遇支付、信息变更、账户查询和账户转移等事宜。

4.1.9 与受托人沟通，监督受托人的受托管理行为，处理与受托人之间的争议，维护公司和计划参加人的合法权益。

4.1.10 核准年金计划参加人的归属权益及企业年金待遇支付。

4.2 下属各全资和控股企业应经过本企业职工大会或职工代表大会的批准，与公司总部签订《企业年金管理委托协议》，明确各方在企业年金管理中的权利义务关系。各方享有《企业年金管理委托协议》中约定的权利，并应全面履行《企业年金管理委托协议》中约定的义务。

4.3 计划参加人的权利。

4.3.1 有权了解公司企业年金计划的有关内容。

4.3.2 有权参与本方案的讨论和依照本方案进行合理的民主决策。

4.3.3 有权了解企业年金基金及职工本人个人账户的运作情况和相关信息。

4.3.4 有权按照本方案规定领取或转移企业年金待遇。

4.3.5 法律法规规定应享受的其他权利。

4.4 计划参加人的义务。

4.4.1 按照本方案的约定进行个人缴费,并授权所在企业从本人工资中代扣。
4.4.2 授权公司总部选择受托人对其个人账户中的企业年金资产进行管理运营。
4.4.3 法律法规规定的其他义务。

5 资金筹集方式和缴费办法

5.1 资金来源。

公司企业年金计划缴费由企业缴费和职工个人缴费组成,企业缴费部分由计划参加人所在的具体企业承担。

5.1.1 企业缴费:按照董事会、劳动保障部门核定的企业缴费比例,遵照权责发生制原则,以计划参加人上年度工资总额为基数,计提企业年金缴费金额(公司根据企业年金计划设立的原则,在不违反相关规定的前提下,有权结合公司经营发展需要,对计提比例进行调整),税收优惠比例和列支渠道按政府有关规定执行。

5.1.2 个人缴费:个人缴费金额每年最低为12元,最高不超过该职工本人上年度工资总额的8%。个人缴费每年可变动一次,税收处理参照国家规定执行。

5.2 企业缴费的分配规则:

企业缴费向个人分配的金额＝计划参加人个人上年度工资总额×个人分配比例

5.2.1 职工个人上年度工资总额是按照权责发生制的原则,为计划参加人上一日历年度的工资总额。

5.2.2 个人分配比例＝A×B×C

其中:

A＝董事会核定公司的年金企业缴费比例÷《企业年金试行办法》规定的企业缴费比例上限。

2007年度核予公司的年金企业缴费比例为6%,《企业年金试行办法》规定的企业缴费比例上限为1/12,则2007年度A为0.72。

B＝(1/12×∑计划参加人上年度工资总额)÷∑(计划参加人上年度工资总额×C)。

C＝基础缴费比例＋保障缴费比例×[公司服务年限×权重1＋(年龄－16)×权重](其中:基础缴费比例为6%,保障缴费比例为0.1%,权重为0.4,权重为0.6)。

5.2.3 职工个人每年分配的企业缴费额不得超过当年企业缴费向个人分配的金额平均值的5倍。

5.3 缴费时间和划转缴费的途径。

缴费按年直接划入托管人开立的企业年金基金受托财产托管账户。

6 账户管理

6.1 账户的开立。

由账户管理人设立个人账户、企业账户、保留账户和未归属权益账户。

6.2 账户的维护与变更。

账户管理人按照合同规定,负责账户日常维护和更新。

6.3 账户的转移。

计划参加人变动工作单位并且参加新单位的企业年金计划,应将其个人账户转至新单位。出现下列情况之一,可申请转入保留账户,由原账户管理人继续管理:

公司企业年金计划终止。

6.4 账户的注销。

个人账户积累额领取完毕或转移完毕的,应注销个人账户。

6.5 计划参加人与公司解除劳动关系或离职的,公司终止为其缴纳任何企业年金相关缴费或费用。

7 基金管理

7.1 企业年金基金的组成。

企业年金基金由企业缴费、职工个人缴费和企业年金基金投资运营收益组成。

7.2 企业年金基金管理。

企业年金基金实行完全积累制,采用个人账户方式进行管理。企业年金基金按照国家规定投资运营,获得的收益并入企业年金基金。企业年金基金与受托人、托管人、账户管理人、投资管理人的自有资产和其他资产分开管理,不得用于抵押或挪作其他用途。

8 企业年金待遇归属和支付

8.1 归属规则:

8.1.1 计划参加人个人账户中职工个人缴费及其投资收益的累积金额全部归属于计划参加人。

8.1.2 计划参加人的企业缴费及其投资收益每年按以下规则归属给计划参加人。如表14-7所示:

表14-7

未归属累积金新的归属规则

公司服务年限	企业缴费及其投资收益的未归属累积金额的归属规则
不满3年	0
3年及以上	100

8.1.3 其他归属约定:

8.1.3.1 深圳市委组织部、市国资委推荐的干部在任职期满后,其企业缴费及相应的投资收益未归属的累积金额全部归属于计划参加人。

8.1.3.2 计划参加人非主动离职的,其企业缴费及相应的投资收益未归属的累积金额全部归属于计划参加人,但出现以下两种情况时,按照下列规则归属。

8.1.3.3 当计划参加人被依法追究刑事责任而被解除劳动合同的,其企业缴费及相应的投资收益未归属的累积金额不进行任何归属。

8.1.3.4 当计划参加人严重违反劳动纪律或企业规章制度而被解除劳动合同的,或因严重失职,营私舞弊,对企业利益造成重大损失而被解除劳动合同的,其企业缴费及相应的投资收益未归属的累积金额不进行任何归属。

8.2 支付条件：

8.2.1 符合以下条件之一时，受益人可以领取本人个人缴费及其投资收益、企业缴费及其投资收益的全部累积金额。

8.2.2 计划参加人出境定居，或因计划参加人本人或其直系亲属患重大疾病或家庭无经济收入来源而导致生活出现非常困难的特殊情况，可以领取本人已归属的企业年金缴费及其相应的投资收益。

8.3 待遇支付方式。

受益人可选择一次性领取或分期领取企业年金。

9 企业年金计划的修订、中止与终止

9.1 本方案的修订条件。

符合下列情况之一时，本方案进入修订程序：

股份有限公司董事会1/3以上成员提议进行本方案的修订。

9.2 修订应当依据以下程序：

9.2.1 公司与职工代表通过集体协商修订。修订方案须经过公司职工代表大会或职工大会2/3以上成员表决通过，并经深圳能源集团股份有限公司董事会2/3以上成员表决同意。

9.2.2 修订后的企业年金方案须重新报市国资委、市劳动保障部门备案；同时书面通知有关方面。

9.3 中止缴费的条件：

9.3.1 符合下列情况之一时，公司可中止向企业年金计划缴费。

9.3.2 当上述中止条件消失时，公司可根据实际情况恢复企业缴费。

9.4 符合下列情况之一时，计划参加人可中止个人缴费。

9.5 公司企业年金计划终止的条件：

9.5.1 公司企业年金计划终止须经公司职工代表大会或职工大会2/3以上成员表决通过，并经深圳能源集团股份有限公司董事会2/3以上成员表决同意，报市国资委、市劳动保障部门备案，并告知受托人和全体计划参加人。

9.5.2 公司企业年金计划终止时，已经建立的个人账户和企业账户仍然合法有效，计划参加人的个人账户金额不受影响，其具体管理将服从国家相关规定。

10 组织管理和监督

10.1 本方案确定的程序。

公司代表与职工代表通过集体协商形成企业年金方案；经公司职工代表大会或职工大会2/3以上成员表决通过，并经深圳能源集团股份有限公司董事会2/3以上成员表决同意后，报市国资委、市劳动保障部门备案。

10.2 选择受托人。

公司企业年金计划所归集的企业年金基金全权委托受托人进行管理。公司代表和职工代表共同作为委托人与受托人签订《企业年金基金受托管理合同》。

10.3 受托人与其他管理人建立合同关系。

由受托人选择具备资格的托管人、账户管理人、投资管理人，并分别签订《企业年金基金托管合同》、《企业年金基金账户管理合同》、《企业年金基金投资管理合同》。

10.4 管理费用支付。

企业年金基金管理运营的费用，由公司和职工按照合同规定标准予以支付。

10.5 检查监督机构。

公司指定企业年金管理委员会负责公司企业年金计划的执行和监督，同时接受劳动保障部门的指导和监督。

10.6 争议的处理。

因订立或者履行公司企业年金计划发生争议的，由公司与职工协商；协商不成的，由劳动争议仲裁机构进行仲裁；对仲裁不服的，可向有管辖权的人民法院提起诉讼。

11 附则

11.1 本方案由公司企业年金管理委员会负责解释。

11.2 本方案经深圳市劳动和社会保障局备案同意后生效，自2006年1月1日起实施。

11.3 本方案未尽事宜之处，参见《深圳能源集团股份有限公司企业年金计划操作细则》。

【案例与资料2】 海南航空(600221)企业年金实施细则

海南航空(600221)企业年金实施细则

2008年3月25日公告

为建立多层次的企业养老保险体系和长效人才激励机制，保障员工退休后的生活质量，特制定海南航空股份有限公司（以下简称"海南航空"）企业年金实施细则。

一、总则（略）

二、企业年金实施范围

（一）海南航空企业年金按照"保障型"与"激励性"两种方式交叉实施，第一阶段人员实施范围

1. 在海南航空工作满4年(含)以上，且在册45岁(含)以上女性员工、在册50岁(含)以上男性员工。

（其余略）

三、企业年金缴费

（一）企业年金分配

1. 企业年金由单位和员工个人共同缴费。

2. 企业年金个人缴费、单位缴费按月计入员工个人账户。

3. 企业年金缴费基数每年1月进行调整。

(二) 企业年金的缴费标准

1. 企业年金的月缴费标准为员工本人上年度12月份纳税工资标准;新加入企业年金计划的人员以加入月份的纳税工资标准作为企业年金的缴费标准。

2. 企业年金的月缴费标准上限为5 000元,即员工纳税工资标准超过5 000元的,企业年金的月缴费标准按5 000元执行。

(三) 企业年金的缴费比例

海南航空企业年金试行期间,单位和员工的月缴费比例各8.33%。

四、企业年金个人账户管理

(一) 企业年金实行专户储存、专款专用,定期汇入专用账户

(二) 企业年金基金采用个人账户方式进行管理,企业年金个人缴费的部分实行完全积累模式,个人和单位缴费的本金、孳息及投资收益全部计入个人账户

个人账户采用员工本人的居民身份证号码建立,并与员工基本养老保险个人账户的号码相同。

(三) 员工个人账户由以下四部分构成

1. 员工个人缴费。

2. 单位缴费。

3. 企业年金基金投资流转过程中产生的孳息按比例(个人账户归属资金/企业年金基金)划入个人账户的部分。

4. 企业年金基金投资净收益按比例(个人账户归属资金/企业年金基金)划入个人账户的部分。

(四) 员工本年末个人账户累计余额为:年初个人账户累计余额及其本年投资净收益+本年的个人缴费和单位缴费及所产生的孳息和投资净收益

其中,投资净收益=投资净值-按比例收取的受托费、托管费及投资管理费。

(五) 员工按规定一次性提取企业年金的,其个人账户应及时注销

五、企业年金的办理、提取及转移程序

(一) 申请企业年金

1. 根据"平等自愿"的原则,员工在加入海南航空企业年金计划时,须填写《个人参加企业年金计划申请表》(附件1),并报海南航空企业年金管理办公室存档。

2. 员工在填写《参加企业年金计划信息明细表》(附件2)时须保证信息真实有效,以利于及时、正常办理。

(二) 提取企业年金

1. 员工办理退休手续后,填写《员工企业年金领取申请表》(附件3),经海南航空年金管理办公室审批同意后,可提取企业年金个人账户余额。

2. 员工出国定居的,按海南航空企业年金管理办公室规定提交相关材料,填写《员工

企业年金领取申请表》，经海航集团企业年金管理办公室审批同意后，可提取企业年金个人账户余额。

3. 员工死亡（含退休后死亡），其指定受益人或法定继承人按海南航空企业年金管理办公室规定提交相关材料，填写《员工企业年金领取申请表》，经海南航空企业年金管理办公室审批同意后，可提取企业年金个人账户余额。

（三）转移企业年金

1. 员工在海南航空内部调动的，企业年金个人账户随同转移，基金暂不划转。

2. 员工离开海南航空的，按以下规定办理：

（1）员工办理完毕离职手续并解除劳动关系后，如有新工作单位且新工作单位已建立企业年金制度的，个人账户和个人账户累计余额可办理转移。

（2）员工办理完毕离职手续并解除劳动关系后，如没有新工作单位或新工作单位未建立企业年金制度的，填写《离职人员企业年金代管协议》（附件4），企业年金个人账户转入保留账户暂由海航集团代为管理，并按国家规定标准收取相关费用，待员工新工作单位建立企业年金制度后办理转移。

六、个人账户的中断

1. 员工个人不愿缴费的，填写《个人退出企业年金计划申请表》（附件5），经海南航空企业年金管理办公室审批同意后，不再为其建立企业年金个人账户，且不享受企业年金的单位缴费部分；其个人账户由账户管理人转入保留账户，以后不再补缴、补记。封存账户余额待员工退休方可提取。

2. 员工因被追究刑事责任、劳动教养、开除、自动离职等原因终止或解除劳动关系的，自终止或解除劳动关系之日起停止缴纳企业年金，其个人账户可按第五条规定办理提取或转移程序。

3. 员工因参军、升学、自费出国留学等原因中止劳动关系，自中止劳动关系之日起，中断享受企业年金待遇，个人账户转入保留账户，以后不再补缴、补记，其个人账户可按第五条规定办理提取或转移程序。

七、其他

1. 已办理企业年金的员工因工作原因需赴境外工作的，在境外工作期间原则上单位缴费和个人缴费不间断，缴费标准按照同职务同条件的境内在岗员工执行，可比照同职务同条件的境内在岗员工享受企业年金待遇；但在境外已办理当地政府规定的养老保险或商业养老保险的（如在香港办理强积金），则中断享受企业年金待遇。

2. 已办理企业年金的员工调入境外企业工作的，如境外企业允许继续享受企业年金，可参照境外机构的原则在国内办理；如果境外企业不同意继续享受企业年金，则在境外工作期间中断企业年金计划。

3. 本实施细则未尽事宜按照《海航集团企业年金指导意见》及海航集团企业年金管理办公室相关规定执行。

附件：

【附件 1】

表 14-8

个人参加企业年金计划申请表

姓名		性别		出生日期		联系电话	
所在单位		身份证号码					

参加海航集团企业年金计划申请

1. 本人已参加当地社会养老保险。
2. 本人已认真阅读并同意接受《海航集团企业年金指导意见》及本公司企业年金实施细则的内容。
3. 本人同意通过海航集团选定的投资管理人制订的投资计划。
4. 本人经慎重考虑，特申请加入海航集团企业年金计划。

      本 人 签 字：   年 月 日

部门审核意见：

      负责人签字：   年 月 日

企业（人事部门）意见：

      负责人签字：   年 月 日

【附件 2】

表 14-9

员工参加企业年金计划信息明细表

姓名	性别	年龄	证件类型	证件号码	出生日期	进入海航工作时间	受益人姓名	与参保人关系	受益人证件类型	证件号码

说明：(1) 证件类型指身份证、军官证；
   (2) 证件号码须与参加社会保险号码保持一致。

【附件 3】

表 14-10

员工企业年金领取申请表

姓名		性别		身份证号码	
企业		部门		联系电话	
退休时间		退休登记编号		出国定居时间	
死亡时间					

个人退休企业年金领取申请

因（可选择填写：已办理退休手续；出国定居；死亡），根据《海航集团企业年金管理指导见》，经慎重考虑，本人一次性领取海航集团企业年金个人账户累积额人民币　　元。

      本人（或法定继承人）签字：　　　　　　年　月　日

部门审核意见：

      负责人签字：　　　　　　　　　　　　　年　月　日

企业（人事部门）意见：

      负责人签字：　　　　　　　　　　　　　年　月　日

企业（财务部门）意见：

      负责人签字：　　　　　　　　　　　　　年　月　日

海航集团企业年金管理办公室意见：

      负责人签字：　　　　　　　　　　　　　年　月　日

【附件4】
表 14-11

离职人员企业年金代管协议

姓名		性别		身份证号码	
企业		部门		个人联系电话	
离职时间		家庭联系电话			

离职人员企业年金代管协议

本人现已批准离职，新单位未实行企业年金制度，请将本人企业年金转入保留账户并由海航集团代为管理，待本人新就业单位实行企业年金制度后再办理转移手续。

代管期间本人同意按国家规定标准收取费用，其中：①账户管理费：RMB　　元/月，由本人另行支付；②受托费每年按本人企业年金净值的　％，托管费每年按本人企业年金净值的　％，投资管理费每年按本人业年金净值的　％，共计企业年金净值的　％，在本人企业年金账户余额中扣除。

      本人签字：　　　　　　　　　　　　　　年　月　日

部门审核意见：

      负责人签字：　　　　　　　　　　　　　年　月　日

企业（人事部门）意见：

      负责人签字：　　　　　　　　　　　　　年　月　日

企业（财务部门）意见：

      负责人签字：　　　　　　　　　　　　　年　月　日

海航集团企业年金管理办公室意见：

      负责人签字：　　　　　　　　　　　　　年　月　日

【附件5】
表14-12

个人退出企业年金计划申请表

姓名		性别		身份证号码	
企业		部门		联系电话	

退出海航集团企业年金计划申请

  本人经过慎重考虑,因(   )特申请退出海航集团企业年金计划。本人已认真阅读并同意接受《海航集团企业年金指导意见》第(六)部分第1条的规定:"员工个人不愿缴费的,在填写《个人退出企业年金计划申请表》后,企业和账户管理人不为其建立企业年金个人账户,并且不享受企业年金的单位缴费部分;员工中断缴费的,从中断缴费之月起个人账户不作缴费记录,也不计算缴费年限,其个人账户由账户管理人转入保留账户,以后不再补缴、补记。"

           本人签字: 年 月 日

部门审核意见:

           负责人签字: 年 月 日

企业(人事部门)意见:

           负责人签字: 年 月 日

海航集团企业年金管理办公室意见:

           负责人签字: 年 月 日

【案例与资料3】 2007年养老保险公司企业年金业务情况(如表14-13~表14-15所示)

表14-13

2007年养老保险公司企业年金业务情况表[①]

单位:万元

公司名称	企业年金缴费	受托管理资产	投资管理资产
太平养老	359 379.90	334 488.10	292 419.30
平安养老	488 728.10	498 260.40	504 950.60
国寿养老	7 353.40	7 353.40	
长江养老			
泰康养老			
合 计	855 461.40	840 101.90	797 369.90

---

① 中国保险监督管理委员会网站(下同)。

表 14-14

2008 年养老保险公司企业年金业务情况表

单位：万元

公司名称	企业年金缴费	受托管理资产	投资管理资产
太平养老	342 785.10	616 619.30	942 566.90
平安养老	901 652.80	1 240 172.10	1 461 311.90
国寿养老	535 732.60	613 668.70	
长江养老	215 800.00	2 226 094.30	1 369 869.10
泰康养老	58 852.50	39 841.70	
合　　计	2 054 823.00	4 736 396.10	3 773 747.90

表 14-15

2009 年 1—6 月养老保险公司企业年金业务情况表

单位：万元

公司名称	企业年金缴费	受托管理资产	投资管理资产
太平养老	164 141.62	906 795.16	1 174 754.85
平安养老	480 315.10	1 723 547.79	2 067 540.92
国寿养老	358 657.37	853 260.37	
长江养老	91 814.78	2 324 810.13	1 433 738.82
泰康养老	54 388.39	95 271.06	
合　　计	1 149 317.26	5 903 684.51	4 676 034.59

注：① 企业年金缴费、受托管理资产、投资管理资产的统计口径见《保险业经营数据》。

② 以上数据来源于各养老保险公司报送保监会统计报表数据，未经审计，目前统计频度暂为季度报。

思考与练习

一、复习思考题

1. 什么是企业年金和企业年金基金？两者之间有何异同？
2. 企业年金基金有哪些基本管理模式？各有什么优缺点？
3. 企业年金基金管理过程中涉及哪些利益主体？这些利益主体各有哪些权利和

义务？

4. 怎样从企业战略高度认识建立企业年金计划的意义？
5. 企业年金基金筹集的模式有哪些？这些筹集模式又各有哪些优缺点？
6. 企业年金基金投资的基本原则有哪些？
7. 企业年金基金投资的主要风险有哪些？不同风险对企业年金基金价值究竟有何影响？
8. 你认为何种企业年金基金投资风险需要重点加以关注？为什么？
9. 企业年金基金的会计主体是什么？会计账户又有什么基本特征？
10. 企业年金基金投资收益计量的基本理论与方法是什么？
11. 企业年金基金的会计报表有什么特点？
12. 请仔细阅读《深圳能源集团企业年金方案》和《海南航空企业年金实施细则》，并谈谈阅读后的想法。

二、练习题

1. 华电集团公司已经实行了企业年金计划，有一现年30岁的男性员工，目前年工资收入30 000元，未来工资每年增长4%，按照企业年金计划，企业和员工个人各按员工工资收入8%和6%的固定比例缴纳企业年金基金，每年年末缴费。假定企业年金基金的年投资收益率为7%，该员工退休年龄为60岁。试问：企业缴费总金额和个人缴费总金额各为多少？不考虑税费，年金基金产生的总投资收益为多少？在该员工退休时其个人账户中的余额为多少？

2. 有一海南航空的女性员工，现年35岁，目前月薪8 000元。假定海南航空企业年金基金的年投资收益率为6%，该员工在55岁退休时。试问：企业缴费总金额和个人缴费总金额各为多少？不考虑税费，年金基金产生的总投资收益为多少？该员工在退休时可以从其个人账户中领取的金额为多少？（其余资料参考《海南航空企业年金实施细则》）

参 考 文 献

[1] 熊楚熊. 股份公司理财学原理[M]. 广州:广东高教出版社,1993.
[2] 熊楚熊. 公司理财学原理[M]. 北京:中国财政经济出版社,1995.
[3] 宋献中,熊楚熊. 公司理财[M]. 杭州:浙江人民出版社,2000.
[4] 熊楚熊. 公司筹资策略[M]. 深圳:海天出版社,2001.
[5] 熊楚熊. 公司投资策略[M]. 深圳:海天出版社,2001.
[6] 熊楚熊,刘传兴. 公司中级理财学[M]. 北京:清华大学出版社,2005.
[7] 熊楚熊,赵晋琳,刘昱熙. 公司理财学教程[M]. 北京:机械工业出版社,2009.
[8] [美]威廉·L·麦金森. 公司财务理论[M]. 刘明辉,译. 大连:东北财经大学出版社,2000.
[9] [美]斯蒂芬·A·罗斯,等. 公司理财[M]. 吴世农,等,译. 北京:机械工业出版社,2000.
[10] [美]道格拉斯·R·爱墨瑞,等. 公司财务管理[M]. 荆新,等,译. 北京:中国人民大学出版社,1999.
[11] Joel M Stern. The Revolution in Corporate Finance. Basil Blackwell Ltd,1992.